T0153799

CLASSIQUES JAUNES

Essais

Armand Robin
ou le mythe du Poète

Françoise Morvan

Armand Robin
ou le mythe du Poète

PARIS
CLASSIQUES GARNIER
2022

Françoise Morvan est spécialiste de l'œuvre d'Armand Robin, dont elle a retrouvé et publié de nombreux textes, dont les tomes I et II d'*Écrits oubliés* et *Poésie sans passeport*. Elle a également édité les *Fragments* et les photographies du poète. Ses travaux portent aussi sur la littérature bretonne et le conte populaire. Empruntant les voies de traverse de la littérature, elle a publié des poèmes, des contes, des essais et des traductions.

Couverture : *Armand Robin*, portrait publié
dans « La jeune poésie et ses harmoniques », 1943.
Source : armandrobin.org

© 2022. Classiques Garnier, Paris.
Reproduction et traduction, même partielles, interdites.
Tous droits réservés pour tous les pays.

ISBN 978-2-406-12459-7
ISSN 2417-6400

Portrait d'Armand Robin par Claude Roland-Manuel.
© Françoise Morvan.

À *la mémoire de Robert Gallimard,*
et aussi d'Annie Guéhenno, Georges Lambrichs,
Pierre Leyris, Maurice Nadeau et Claude Roland-Manuel.

INTRODUCTION

À l'origine de ce travail, la découverte d'un livre et quelque chose comme un assez vague sentiment d'étrangeté.

Le livre était *Le Monde d'une voix*, son auteur Armand Robin. Mais, précisément, dans quelle mesure en était-il l'auteur ? Ou bien : comment l'était-il ? Le sentiment d'étrangeté naissait de ce que, d'un certain point de vue, il l'était trop et, de l'autre, il ne l'était pas du tout. Il l'était trop : les fragments rassemblés là semblaient pour une bonne part les vestiges d'une autobiographie qui n'aurait été écrite que pour soi. Valaient-ils en raison de leur sincérité ? Mais pourquoi ces confidences et ce refus sans cesse affirmé de tout commentaire sur soi, pourquoi ces passages repris à deux ou trois endroits du volume, également maladroits sous leurs formes également incomplètes, et pourquoi, près de poèmes où se devinait l'écho d'un travail véritablement puissant, d'insoutenables faiblesses ?

Admettre ces faiblesses et ces incohérences au nom de la sincérité était facile ; cependant, l'impression de gêne ne s'en trouvait guère diminuée. Il y avait excès : Robin était là, omniprésent, envahissant, sous forme de Je, de Il, de Nous, de On, d'absence totale même de pronom impersonnel, et ce rien le manifestait encore, comme en creux, comme autre. Il y avait manque : de cet autre, qui évoquait une expérience étrangère à ce qui, par ailleurs, se disait là, rien ne semblait pouvoir être su. Du moins, ni la préface d'Henri Thomas, ni la présentation d'Alain Bourdon n'apportaient d'éclaircissements à ce propos :

> Les manuscrits des poèmes ici réunis ont été trouvés épars, souvent froissés et maculés, dans son logement resté ouvert. Ils furent ramassés littéralement sous les pieds des employés municipaux qui vidaient le logement, par Georges Lambrichs et Claude Roland-Manuel. C'est à eux premièrement que ce recueil doit d'exister[1].

---

1   Alain Bourdon, *Le Monde d'une voix*, Paris, Gallimard, 1968, p. 2.

À eux premièrement… Mais à qui secondairement ? Rien n'était dit quant au livre lui-même : ces poèmes avaient été « ramassés littéralement sous les pieds des employés municipaux » – quelle raison de douter que le livre avait été ainsi ramassé tout fait, tout prêt à être publié ?

Une seconde édition, qui reste encore le livre le plus largement diffusé d'Armand Robin et continue de faire autorité, fut publiée en 1970 : aux fragments rassemblés dans *Le Monde d'une voix* s'adjoignait le premier recueil publié par Robin, *Ma vie sans moi*. *Le Monde d'une voix* avait été refait : sous le même titre, c'était le même livre et ce n'était plus le même. Toutes les pièces du volume avaient changé de place ; l'architecture primitive avait disparu ; des fragments s'étaient trouvés supprimés parce qu'ils ne venaient pas s'insérer « comme d'eux-mêmes » dans le « mouvement général amorcé depuis *Ma vie sans moi* » ; la préface d'Henri Thomas avait disparu, remplacée par une introduction d'Alain Bourdon ; la présentation biographique de ce dernier s'était transformée en notice placée à la fin du volume ; enfin, *Ma vie sans moi* servait désormais d'introduction au *Monde d'une voix*.

Une remarque identique aurait d'ailleurs dû s'imposer au sujet de *Ma vie sans moi* : sous le même titre, c'était et ce n'était pas le même livre puisque la moitié du volume (à savoir tous les poèmes traduits) avait été supprimée. Des explications étranges étaient fournies à ce sujet :

> De *Ma vie sans moi* donc, nous donnons ici intégralement toutes les pièces *originales*, telles qu'elles parurent, dès 1939, dans la collection « Métamorphoses ». Nous avons au contraire laissé délibérément de côté les *poèmes-traductions*, ceux qui, pour reprendre l'expression dont Armand Robin se servait, se rattachent à sa production de : « poésie non-traduite ».

Pour l'éditeur, les poèmes traduits n'étaient donc pas des pièces originales. Ce travail de réduction était pourtant effectué au nom d'une intégrité de l'œuvre – et d'une exhaustivité sur laquelle l'éditeur insistait jusqu'au pléonasme : nous pouvions être rassurés, il nous donnait « intégralement toutes » les pièces composant l'œuvre poétique d'Armand Robin. Et, sans ambiguïté possible, les deux volumes étaient présentés comme semblablement dus à Robin :

> Une fin solitaire et tragique – pareille à sa vie – vint condamner Armand Robin à un exil plus atroce encore que celui qu'il avait choisi.

Disparu de chez lui pendant deux jours et deux nuits, il fut arrêté dans Paris, conduit à l'Infirmerie spéciale du Dépôt. La mort, qui l'avait si cruellement poussé de l'autre côté des choses, le surprit, le mit au secret.

Mais nul ne pourra enfermer au ghetto des discours routiniers, nul ne pourra aliéner en propos mensongers, les mots que, tendre entêté, il aimait, comme il disait : « murmurer, promurmurer » entre rage et pitié. « Petit Poucet de la charité », les chants qu'il a laissés derrière lui « d'arbre en arbre au fond du bois tomber... » les voici réunis[2].

La vérité du livre était ainsi donnée comme celle, définitive, de l'auteur : les deux se confondaient comme les deux volumes (à savoir les poèmes extraits de *Ma vie sans moi* et cent vingt-cinq poèmes ou extraits divers sélectionnés par Alain Bourdon). Et, de même que la mort confirmait la vie « solitaire et tragique » de l'auteur en la scellant de manière adéquate, la mort « solitaire et tragique » de l'auteur confirmait le livre qui la scellait. Tout s'emboîtait ainsi pour aboutir à ces « mots » et ces « chants » qui se trouvaient enfin réunis.

Il aurait suffi d'avoir accès au fonds recueilli par Georges Lambrichs et Claude Roland-Manuel après la mort d'Armand Robin pour que cette vérité si parfaite vole en éclats, mais le doute, en l'absence de vérification possible, se retournait contre celui qui l'opposait : au nom de quel savoir, au nom de quelle vérité parlait-il puisque l'auteur n'existait pas hors du livre ? À la compréhension qu'il en avait (issue de la lecture des poèmes préalablement recueillis) s'opposait la connaissance qu'il n'avait pas. Et seule cette connaissance qui gisait dans des bulletins d'écoutes radiophoniques, des livres peu accessibles et des archives non communicables en leur totalité aurait permis de répondre aux questions posées. C'est dans le soupçon que l'auteur existait pourtant ailleurs et dans la recherche de ce qu'il avait écrit que ce travail s'est enraciné : un immense détour pour en revenir au point initial, qui est cette question à laquelle il était alors interdit de répondre.

Cherchant l'auteur d'un livre qui n'existait pas, je me suis condamnée à la recherche de textes qu'il n'avait pas écrits. J'en ai trouvé d'autres, de plus en plus nombreux. Au fur et à mesure qu'ils surgissaient, l'œuvre « première » se défaisait. Pas du tout le monde d'un livre : celui de centaines d'écrits épars, disséminés, gaspillés en des centaines de revues ou de journaux. Pas du tout le monde d'une voix : celui de cent voix

---

2   Alain Bourdon, préface à *Ma vie sans moi*, suivi de *Le Monde d'une voix*, coll. Poésie, Gallimard, 1970, p. 17.

jamais justes, cherchant à s'accorder jusqu'à l'épuisement. L'expérience de la « non-traduction » était un moyen de sortir de la poésie pour ne pas se laisser enfermer dans une œuvre de poète conventionnel. Or, c'est ce poète conventionnel construit à partir des textes posthumes qui justifiait *Le Monde d'une voix*, lequel justifiait le Poète.

Passé un certain seuil, l'incompatibilité entre cette œuvre éparse et ce qui en était dit étant apparue évidente, il m'a semblé simplement nécessaire, avant d'écrire quoi que ce soit (hormis des textes de pré-sentation, informatifs et réduits au strict nécessaire) d'amener Robin à témoigner pour lui-même. Si la publication de ses œuvres complètes était impossible pour des raisons éditoriales (il aurait fallu pouvoir reconstituer l'ensemble du travail de traduction depuis *Ma vie sans moi* jusqu'aux derniers textes de *Poésie non traduite* mais les éditions Gallimard possédaient deux volumes de *Poésie non traduite*), du moins était-il possible de fournir l'essentiel, année après année, des écrits qu'il avait publiés et souvent laissés épars dans des journaux et revues.

Cette exploration interminable, si harassante, si décourageante fût-elle, était étrangement féconde : on y apprenait tout à fait autre chose que ce que l'on aurait cru apprendre, et l'on découvrait une pratique de la critique ouvrant à son tour sur la traduction comme détournement : écrivant un article sur Rimbaud pour la revue *Comœdia*, Robin laissait percevoir en transparence sa propre fuite ; présentant Joyce comme « outlaw of time and space », il évoquait l'épopée de la non-traduction et, parlant de Claudel, qui semblait bien l'auteur le plus éloigné de lui, il écrivait ces phrases qui, par la suite, devaient être présentées comme poèmes lyriques inclus dans *Le Monde d'une voix* :

> Il parut en possibilité flottante, également éparse au long d'une mer d'espaces : en lui les quatre points cardinaux étaient mêlés ; son langage était mouillé et troublé d'on ne sait quels prestiges antédiluviens : ses phrases se déposaient en sédiments au travers de toute chose : du sommet d'une tour plus haute, plus lointaine que celle de Babel son français se répandait en fluide sans nom où des milliers d'atomes primordiaux appareillaient. Il fut ces océans, ces continents qu'il se représentait « crucifiés par un milliard de bras » ; empereur central et stagnant de ce chaos vogueur, il se repaissait magnifiquement de l'absence de Dieu, et Rimbaud à sa droite parce qu'il avait tout déréglé, défait toute l'œuvre de la Genèse, lui paraissait le patriarche de l'avant-monde[3].

---

3   « Paul Claudel », *Comœdia*, 25 août 1942 ; *Écrits oubliés I*, p. 158.

Même sans avoir eu accès aux manuscrits interdits, le lecteur pouvait reconnaître en ces articles les poèmes donnés épars dans *Le Monde d'une voix*. Ainsi, entre autres, « Possibilité flottante » :

> Ahannant âprement, jamais confiante, la conscience
> Vient jusqu'à la vie ;
> Chaos placides, aplanis,
> Nous sommes superposés au monde !
>
> L'homme, lorsque le songe le prend,
> Est grossement modelé d'origine et de fin
> Et de toutes les étoiles rassemblées
> Et de toutes les lueurs les plus dispersées.
>
> > Anarchiste de la grâce !
>
> Il se trouve être le même bras que la poussée de Dieu dans les choses.
> Alors un énorme état le surprend.
>
> > Anarchiste de la grâce, il se tend
> > En jongleur tendant ses mains en fleurs,
> > En blés, en été saccagés, en automnes mécontents
>
> > Il demande[4]…

C'est bien à Claudel que se rapportait la formule « anarchiste de la grâce » si souvent employée par les journalistes pour désigner Robin (et faire de l'anarchisme une forme de mysticisme somme toute rassurante).

Critique, traduction et poésie étaient à repenser comme « possibilités flottantes », permettant de sortir des limites des genres. Pour tenter d'en rendre compte ont paru en 1986 aux éditions Ubacs deux volumes d'*Écrits oubliés* puis *Savva Groudzine* d'Alexeï Rémizov, faisant suite à une édition de *La Fausse Parole* qui aurait dû ouvrir sur une étude du travail d'écoute : Armand Robin avait consacré une grande partie de son temps au décryptage des propagandes radiophoniques et je voyais là une manière d'échapper à ce qu'il appelait la « poésie pour poètes » ; dans la mesure où son œuvre m'intéressait d'abord parce qu'elle me semblait ouvrir des voies nouvelles, je tenais à prendre connaissance de la collection complète des bulletins d'écoute et de l'ensemble des archives détenues par Alain Bourdon, mais la photocopie n'était autorisée que

---

4   *Le Monde d'une voix*, coll. Poésie, Gallimard, 1970, p. 182.

sous surveillance, pour de rares exemplaires préalablement sélectionnés. Ainsi toute recherche sérieuse était-elle rendue impossible.

Par la suite, avec l'aide d'un jeune historien, Dominique Radufe, qui rédigeait un mémoire sur le travail d'écoute, j'ai réussi à découvrir des bulletins d'écoute en explorant, entre autres, les archives d'Edmond Humeau (qui, en fait, étaient les archives du Conseil économique et social). Il nous a bien fallu nous rendre compte que ces recherches solitaires, longues et hasardeuses avaient surtout pour conséquence de nous amener à découvrir un travail d'écoute radicalement incompatible avec ce qui en était dit : alors que nous assistions à une prolifération de discours autorisés faisant de Robin un militant libertaire de la première à la dernière heure, sacrifié à ses convictions d'extrême gauche, victime de son combat contre les propagandes, assassiné sans doute par la police au temps de la guerre d'Algérie, nous nous trouvions face à des prises de position erratiques, qui nous amenaient à une exploration de la presse d'extrême droite. D'ores et déjà, nous constatons que les textes retrouvés menaient d'*Europe* à *Comœdia* et du *Libertaire* à la *Nation française*, organe monarchiste. Cet itinéraire demandait, lui aussi, à être repensé. Or, les *Écrits oubliés*, qui mettaient en lumière ce parcours si peu compatible avec les discours officiels, tels que véhiculés par Alain Bourdon, la Société des Amis d'Armand Robin et, en somme, tous les critiques, semblaient n'être pas lus, ou plutôt n'être lus que pour enfler encore l'image du poète martyr. Même énoncer les faits et donner les textes à lire ne servait qu'à servir le mythe…

Parallèlement, les articles critiques et les traductions retrouvées invitaient à prendre connaissance des fragments posthumes qui semblaient en être issus. Mais, là encore, la communication fragmentaire des archives interdisait toute compréhension de l'ensemble. En l'absence d'archivage et de classement, les textes se perdaient dans un flou que l'on aurait dit entretenu pour éviter toute question trop précise. Comment les archives recueillies par Georges Lambrichs et Claude Roland-Manuel s'étaient-elles retrouvées chez Alain Bourdon ? Telle était la première question qui se posait. Sur ce point, nous avions le témoignage de Claude Roland-Manuel lui-même, donné au *Monde des livres* le 12 avril 1985 :

> Parler d'Armand Robin, c'est terrifiant. J'ai été habité par cet homme qui
> fut un ami difficile et exigeant. Toute la vie d'Armand fut un suicide en même
> temps qu'un hymne à la vie. Il cherchait l'annulation de sa personne. Après sa

mort dans un commissariat de police, nous avons essayé avec Henri Thomas de récupérer ses textes pour les préserver du pire, mais il y avait des scellés sur la porte de Robin. J'ai demandé alors à la concierge de me prévenir quand les déménageurs municipaux viendraient. Elle m'a téléphoné ; c'était un 13 juillet. J'y suis allé avec Georges Lambrichs. Il y avait dans l'appartement de Robin une montagne de papiers qui semblait monter jusqu'au ciel. Nous avons eu dix malheureuses minutes pour essayer de sauver quelques manuscrits. Les déménageurs piétinaient tout. Nous sommes repartis avec trois valises. Le reste des inédits de Robin est allé à la décharge publique.

Interrogé à ce sujet, Georges Lambrichs précisait qu'ils étaient accompagnés de sa femme, Gilberte, et que les trois valises de papiers avaient été déposées dans les caves des éditions Gallimard. Un tract marquant les débuts de ce qui devait devenir la Société des amis d'Armand Robin le confirme d'ailleurs :

> Quelques-uns des amis parisiens d'Armand ROBIN se sont réunis le 30 janvier 1963 – 60 boulevard Saint-Michel à PARIS (6ᵉ) – pour examiner en commun la possibilité d'une édition éventuelle de ses œuvres posthumes.
> En quoi consistent-elles ? Après le décès d'Armand ROBIN, Monsieur LAMBRICHS de la librairie Gallimard, et Monsieur Claude ROLAND-MANUEL, réalisateur de la RTF., ont eu accès à son appartement et ont pu recueillir à la suite d'un tri sommaire, un certain nombre de feuillets manuscrits ou ronéotypés, qui sont actuellement entreposés dans les caves de la *NRF.*
> La librairie Gallimard en vertu d'un contrat signé par ROBIN disposait d'un droit d'option sur ses dix premières œuvres à venir et paraît disposée à assurer dans ce cadre l'édition de ses écrits posthumes.
> Un travail préparatoire sera toutefois nécessaire, il faudra en effet trier, recenser et mettre en ordre la pile de documents en dépôt chez Gallimard. Seule une personne familière des publications de ROBIN sera en mesure de déceler là les inédits et d'en proposer une classification. Cette tâche qui exige de la rigueur et des connaissances particulières pourrait être confiée soit à un chercheur du CNRS, soit à un étudiant étranger bénéficiaire d'une bourse d'étude en France, qui trouverait là un sujet de thèse. ...

Au 60 boulevard Saint-Michel se trouvait l'École des Mines dont Léon, dit Alain, Bourdon était le secrétaire général. Cet ancien condisciple d'Armand Robin lui avait un temps permis de tirer son bulletin d'écoute en se servant d'une ronéo de l'École des Mines. Comment était-il devenu dépositaire des archives, éditeur des textes posthumes de Robin, d'abord avec son ami le romancier Henri Thomas, puis seul pour la réédition, et président de la Société des amis d'Armand Robin ? Sur ce point, Henri

Thomas était clair : tous deux s'étaient rendus une nuit dans les caves des éditions Gallimard et avaient emporté le contenu des valises en vue de donner une édition de ce qu'ils appelaient les « inédits de Robin ».

Dès lors que cette édition était parue, pourquoi Alain Bourdon ne restituait-il pas les textes ? Un courrier de Georges Lambrichs, alors rédacteur en chef de la *Nouvelle Revue française*, puis un autre de Robert Gallimard, pour demander la restitution des archives étant restés lettre morte, j'avais prié Alain Bourdon de déposer ce fonds en bibliothèque afin qu'il soit accessible à tous. Cette requête n'avait eu pour résultat que de provoquer la fureur des membres de la Société des amis d'Armand Robin et du petit groupe de spécialistes, éditeurs, poètes, critiques divers rassemblés autour d'une figure de Poète à leurs yeux pleinement satisfaisante.

C'est bien cette figure qui posait problème : comment un auteur qui avait fui ce qu'il appelait la « poésie pour poètes » et qui, poursuivant une expérience de dépossession de soi, avait revendiqué le droit à l'inexistence, se trouvait-il constitué *post mortem* en poète maudit parfait ?

D'un côté, il y avait le travail d'un auteur dont on ne savait pas grand-chose et, de l'autre, son avatar proliférant sous forme de Poète ; d'un côté, un travail en majeure partie oublié, et qui semblait pouvoir le rester sans que cela gêne en rien les thuriféraires du Poète et, de l'autre, le Poète, avec sa vie fabriquée selon des critères obscurs, et son œuvre poétique, quoique chétive, engloutissant toutes ses productions comme une sorte de monstre vorace acharné à produire du poète ; d'un côté, un auteur publiant dans la presse collaborationniste et passant du *Libertaire* à *La Nation française*, fervent soutien de l'OAS ; de l'autre, un poète libertaire sans doute assassiné pour avoir soutenu le FLN ; bref, d'un côté, une œuvre engloutie et, de l'autre, une construction imaginaire ayant pour fonction d'assurer la cohésion et la promotion d'un groupe (telle est la définition que je proposais du mythe) contre l'œuvre même en ce qu'elle pouvait avoir de novateur.

Articles, colloques, films, poèmes, études et commentaires, entretiens, florilèges, lectures, promotion par les libraires, les bibliothèques, les universités, tout venait alimenter le mythe aspirant, broyant, assimilant la moindre bribe d'écrit, de dire, de rumeur, fût-ce au mépris total des faits. C'est ce qui m'a amenée à rédiger une thèse pour faire une sorte de bilan des connaissances disponibles sur un auteur en dépit de l'interdiction de consulter librement les archives et montrer comment un discours s'était développé pour promouvoir cet auteur sous forme de Poète.

Cette double enquête – sur l'auteur et l'invention de l'auteur – s'est trouvée bousculée par un événement qui, en d'autres circonstances m'aurait semblé heureux, à savoir la restitution du fonds Robin aux éditions Gallimard, alors que ma thèse était pour l'essentiel déjà rédigée. Fallait-il recommencer en faisant comme si les archives avaient été librement accessibles ? Ignorer la restitution et donner un état de la recherche à un moment donné ? Après avoir archivé le fonds tel qu'il avait été restitué (des trois valises, il ne restait plus qu'à peine la valeur de deux ramettes de papier-machine), j'ai découvert qu'Alain Bourdon avait découpé aux ciseaux un volume intitulé *Fragments*, constitué par Robin vers 1943. Ce manuscrit (ou plutôt ce tapuscrit puisque Robin dactylographiait ses textes à la hâte et se corrigeait parfois en script) avait été démantelé pour fabriquer *Le Monde d'une voix* mais il était possible d'en reconstituer des pans entiers, et le titre même donné par Robin autorisant l'inachèvement, plutôt que d'étudier les discours critiques proliférant à partir du *Monde d'une voix*, j'ai préféré tenter de préparer une édition du livre tel que l'étude des papiers, des machines à écrire, des filigranes, et autres données textologiques permettait de le reconstituer.

Ce volume sauvé par miracle pour être démantelé par la suite changeait totalement la compréhension de l'œuvre d'Armand Robin puisque les meilleurs de ses poèmes avaient été écrits avant une grande crise qui l'avait laissé, comme il le disait, dépersonnalisé. Il ne s'agissait nullement de poèmes écrits à la fin de sa vie dans un sursaut de génie – ce qu'Alain Bourdon laissait accroire pour alimenter le mythe du Poète, et ce que les commentateurs répétaient et répètent encore à l'envi – mais, tout au contraire, de textes de jeunesse, montrant la perdition dans les textes mêmes. Ce qui se jouait là était bien le passage à la non-traduction et à un détournement de la poésie par la traduction : disant qu'il n'existait pas, Robin disait, de fait, qu'il n'avait d'existence que celle d'autrui, et qu'il pouvait se faire chacun des poètes dont la voix lui parlait. C'est ce qu'il appelait « franchir le mur de l'existence individuelle », et sortir de l'enfermement dans une œuvre personnelle pour au contraire se livrer à une expérience de désappropriation. Nous étions bien loin des lieux communs dans lesquels les commentateurs l'enfermaient inlassablement : Armand Robin avait revendiqué le droit à l'inexistence et il était, de fait, possible de comprendre l'expérience littéraire à laquelle il s'était livré, précisément à partir de ce point de non-existence.

Cette thèse m'avait amenée à rassembler tout ce qui s'était écrit sur Armand Robin de 1938 à 1988 afin d'étudier la constitution du mythe : au total quelque 670 articles offrant un matériau passionnant puisque, sur cinquante ans, il était possible de suivre les phases de la mise en œuvre du mythe, notamment à partir de la mort d'Armand Robin – mort qui, brutalement, le constituait en Poète. Cette analyse s'est trouvée réduite du fait de l'ampleur prise par la découverte des manuscrits, leur archivage et leur mise en relation avec les textes par ailleurs mis au jour, mais elle ouvrait sur la question qui orientait toute cette recherche : dans quelle mesure la publication des textes et l'exposé de faits allaient-ils influer sur le mythe[5] ?

En effet, ce travail de recherche m'offrait la possibilité de placer en annexe des projets d'éditions critiques de livres prêts à être publiés : les *Fragments* mais aussi *Poésie sans passeport* puisque j'avais retrouvé ces émissions, avec l'appui de Claude Roland-Manuel lui-même qui pensait pourtant qu'elles avaient disparu. Ces émissions prenaient un tout autre sens comme poursuite des *Fragments* par le biais des ondes et ouverture sur les volumes de *Poésie non traduite* publiés à la fin de sa vie. Au lieu du poète sacrifié à son prodigieux don des langues et traduisant parce qu'il ne pouvait pas créer (sauf ultime sursaut donnant *Le Monde d'une voix*...), il y avait un détournement concerté de la poésie par la traduction, et l'inexistence donnant lieu à une existence de plus en plus vaste par les langues et les poèmes où se retrouver pour se perdre et fuir comme le disaient les *Fragments* :

> Ruisseau d'herbe en herbe étourdi
> Je me fuis de vie en vie
> Hâte sans fin rafraîchie
>
> Je dépasserai le temps
> Je me ferai mouvant, flottant
> Je ne serai qu'une truite d'argent[6].

---

5   Ces articles, classés par ordre chronologique, ont été déposés à l'Institut Mémoires de l'édition contemporaine (IMEC) où ils ont servi de base à la création d'un fonds Armand Robin.

6   « Vie avec toutes les autres vies (vie sans aucune vie) », *Fragments*, Paris, Gallimard, 1992, p. 111.

Enfin, il était possible de rassembler pour la première fois les textes liés au travail d'écoute radiophonique et, grâce à la découverte par Dominique Radufe d'une chronique d'Armand Robin donnée au journal *Combat* sous le titre *Expertise de la fausse parole*, d'autoriser une compréhension nouvelle de ce travail en le liant aux *Fragments* et à l'expérience de la « non-traduction » prolongée par les émissions de *Poésie sans passeport*.

De ces textes exhumés naissait une expérience poursuivie comme une prise de liberté laissant bien loin les avatars du Poète. Pour donner cohérence à cette thèse éclatée, je l'avais construite autour du poème de Boris Pasternak « Ébranlant la branche odorante » tel qu'Armand Robin l'avait traduit au moment où il écrivait les poèmes qui allaient donner lieu à ce livre éclaté dont il rassemblerait les vestiges dans ses *Fragments* sans jamais chercher à les publier : entre deux spirées, une goutte de rosée que le vent martyrise et qui pourtant reste une comme par miracle... une simple image, une image aussi simple que les fragments écrits par Robin avant la perdition. Puis tout éclate et il ne fait plus que rassembler des bribes, des éclats... Plusieurs *Fragments* témoignent au passé d'une expérience qui n'est plus déjà que celle d'un autre :

> Rien ne l'attendait, très peu l'acceptèrent, nul ne l'invita. Il s'arracha du temps, se coupant de tous les rameaux qui le liaient à un monde menacé de noyade. Pas d'extension, pas d'expansion, presque pas de tentation ; pour une tendresse terrible, il rudoya sa condition, délogea son âme de la grotte où pour un hôte venu des cieux elle préparait nectar et repos.
> Poète sans œuvre, aboli par sa poésie, se suicidant chant par chant, gorge étouffée en mots trop exigeants. Toute pensée sur lui est poème[7].

Cette thèse a été soutenue en 1988, la même année que le mémoire de Dominique Radufe sur le travail d'écoute, mémoire qui exposait clairement l'itinéraire politique d'Armand Robin et ouvrait sur une étude des réseaux de la Cagoule et de l'anarchisme de droite ; les *Fragments* ont paru en 1992, avec l'engagement de Robert Gallimard de remplacer *Le Monde d'une voix* et *Ma vie sans moi*, une fois le tirage épuisé, par une édition non tronquée ; *Poésie sans passeport* et *Expertise de la fausse parole* ont paru en 1990 aux éditions Ubacs ; un film a été diffusé, évoquant pour la première fois cette expérience d'édition peu commune[8]. Passé 1992,

---

7   « Poète silencieux », *Fragments*, p. 40.
8   *La Vraie Légende d'Armand Robin*, documentaire de Laurent Desprez et Paul-André Picton, France 3 ouest, 1994, 1 h 10.

du Robin prophète christique et parangon des grands rebelles voués à ranimer la flamme du romantisme, il ne restait plus grand-chose pour qui voulait bien lire. La notice « La vie et l'œuvre » placée à la fin du *Monde d'une voix* était fausse, chacun pouvait s'en assurer, et les informations biographiques travesties ne laissaient plus guère qu'à étudier cette fabrique du Poète contre son œuvre – œuvre qui ouvrait sur des questions autrement passionnantes que le mythe orchestré comme pour les réduire à néant. Une vision nouvelle avait pu se faire jour dans un champ littéraire encore relativement ouvert à des expériences dissidentes.

Or, un quart de siècle plus tard, les *Fragments* ont disparu, remplacés par *Le Monde d'une voix*, réédité tel quel, avec *Ma vie sans moi* sans la partie traduite et la notice « La vie et l'œuvre » toujours donnée pour ultime vérité (un « poème indésirable » a même été ajouté par l'éditeur, André Velter, pour venir appuyer le portrait du Poète mis en œuvre par Alain Bourdon) ; *Poésie sans passeport*, *Expertise de la fausse parole* et *Savva Groudzine* ont, eux aussi, disparu, épuisés de longue date ; les *Écrits oubliés* ont été démantelés pour donner lieu à un volume intitulé *Le Combat libertaire* : l'auteur de l'édition, également à l'origine du site Internet faisant d'Armand Robin « le premier poète du web », y expose une vision d'un poète maudit, anarchiste du début à la fin et voué au combat libertaire qui a fait de lui le « poète indésirable » prophète et martyr que tous attendaient ; cette édition est prolongée par une biographie intitulée *Armand Robin, le Poète indésirable* préfacée par ce même Jean Bescond, responsable du site Internet armandrobin.org, lequel explique qu'aucune recherche n'a eu lieu depuis quarante ans, soit depuis la parution du *Monde d'une voix*[9]. Le site et la biographie alimentent des productions qui, à leur tour, viennent grossir le mythe du Poète, non seulement intact mais nourri d'abondance par mes recherches ainsi détournées : la biographie d'Armand Robin, subventionnée par le Centre national du Livre, et partout donnée pour référence, est rédigée en exploitant des pans entiers de ma thèse pour les faire servir à conforter le mythe. Condamnée en justice pour contrefaçon, cette biographie continue de faire autorité : c'est elle qui sert de base à des travaux universitaires produits par de nouveaux spécialistes cautionnant la *doxa* désormais reproduite, augmentée, multipliée, démultipliée par Internet, et diffusée à partir de tous les lieux de pouvoir.

---

9   Anne-Marie Lilti, *Armand Robin, le Poète indésirable*, Bruxelles, Aden, 2008, p. 12.

Il n'a pas fallu un quart de siècle pour que les textes qui dérangeaient disparaissent et que les analyses qui gênaient soient réinvesties, assimilées, contrefaites, restituées sous la forme de mythobiographie avec textes à l'appui. Ce que montre cette expérience d'édition, c'est la force du mythe tel que l'impose le lieu commun utile pour faire fonctionner l'institution littéraire[10]. Établir les faits, y compris en les soumettant à la critique d'un jury impartial, publier les textes, y compris avec l'appui de l'éditeur qui les possède, donner la parole à l'auteur pour l'amener à témoigner pour lui-même ne sert à rien : « Pour ridiculiser la fable de Rimbaud, rien ne vaut l'œuvre de Rimbaud », écrivait Étiemble à la fin d'une thèse consacrée à étudier le mythe de Rimbaud[11]. C'est tout à fait faux dans le cas de Robin : le mythe forge l'œuvre qui ne dit plus que la fable. Robin n'est plus que le mythe de Robin.

---

10 Bien que Pierre Bourdieu estime qu'« on ne gagne rien à remplacer la notion de "champ littéraire" par celle de l'"institution" : outre qu'elle risque de suggérer, par ses connotations durkheimiennes, une image consensuelle d'un univers très conflictuel, cette notion fait disparaître une des propriétés les plus significatives du champ littéraire, à savoir son faible degré d'institutionnalisation » (« Le champ littéraire », in *Actes de la recherche en sciences sociales*, septembre 1991, p. 18), il me semble préférable de conserver ici ce terme : en l'occurrence, le champ littéraire a laissé émerger une expérience dissidente témoignant d'une possibilité de pluralité (puisque j'ai pu soutenir une thèse et publier des textes aisément disponibles) mais la brèche ainsi ouverte a été rapidement colmatée et la pluralité réduite à néant, l'institutionnalisation du champ me paraissant correspondre à une prolifération et à un appauvrissement simultanés (concentration de l'édition et de la presse, concentration des financements publics via des institutions favorisant le pouvoir de groupes de pression, poids accru des instances régionales organisant le champ littéraire sous la pression de groupes militants, soumission aux instances universitaires, soumission au barnum poétique institutionnalisé, salons, prix, événements subventionnés). Je désigne donc par ce terme l'ensemble des institutions qui, dans le champ littéraire, ont joué un rôle de légitimation/délégitimation (éditeurs, université, Centre national du Livre, commission Livre et lecture en Bretagne, Printemps des Poètes, Haut Comité aux commémorations nationales et médias divers…).

11 Étiemble, *Le Mythe de Rimbaud*, Paris, Gallimard, 1970 (nouvelle édition), p. 402.

PREMIÈRE PARTIE

ÉLARGISSEMENT

BIOGRAPHIE
ET ANTIBIOGRAPHIE

Me chassant de pays en pays, j'ai
cherché dans toute terre des complices
pour m'aider durement à m'exiler ; hôte
sauvagement ingrat, j'ai prié les vents
qui m'accueillaient de me porter vers des
orages où me sentir flottant et menacé. Je
serai pour toute ère un étrange étranger :
J'aurai passé mes jours à supprimer ma vie.
Fragment posthume.

Armand Robin qui, de son vivant, avait revendiqué le droit à la
non-existence, étant devenu après sa mort l'objet de discours biographiques envahissants, j'avais, dans un premier temps, pris le parti de
rendre compte exclusivement de son travail. C'était un parti-pris qui
avait l'immense avantage de le sortir de ce qu'Antoine Compagnon
appelait la *vieuvre*, ce composé bâtard unissant invariablement la vie et
l'œuvre comme entité ayant l'auteur pour centre : quelle vie supposée
engendrer quelle œuvre puisque Robin, dès l'origine, invitait sa vie à
se poursuivre sans lui et refusait de s'enfermer dans une œuvre ? Et
quel auteur puisqu'il avait choisi d'être tous ces autres qu'il traduisait ? Considérer que, de fait, Robin n'existait que dans la mesure où il
n'existait pas et que son œuvre n'avait d'intérêt que dans la mesure où
elle était pur *désœuvrement*, ouverture à ces autres par lesquels il pouvait
passer, permettait tout à la fois d'échapper aux clichés beuviens et de
prendre en considération son travail en ce qu'il avait d'unique (et qui
se trouvait enlisé sous l'inflation biographique). Mais, dans la mesure
où la mythobiographie, à savoir la fabrique d'une biographie mise au
service du mythe du Poète, l'a emporté au point de régir même la

publication des textes d'Armand Robin, force est de tenir compte des
éléments biographiques constitutifs du mythe pour montrer comment,
retravaillés, interprétés, mis en valeur ou effacés, ils viennent inlassablement le servir.

CONFIGURATION DE L'ABSENCE

Encore faut-il rappeler que si la biographie est constitutive du mythe,
l'absence revendiquée est, elle, constitutive d'une expérience littéraire
particulière que le mythe tend à rendre invisible. Dès les premiers
textes, cette expérience se donne pour arrachement à soi, volonté d'en
finir avec la poésie lyrique et les bornes de la fiction romanesque. Se
voulant étranger à l'institution littéraire, Robin trouve par les langues
étrangères une liberté d'errer hors de l'espace et du temps, de se perdre
et s'oublier ; un brouillon intitulé « Les anciennes souches » témoigne
encore de l'euphorie de cette perdition consentie :

> En de très vieux temps je parus exister
> On prétendit m'avoir rencontré.
>
> Me faufilant à rebours dans les âges
> J'ai empoigné, secoué les années où je fus dit en vie,
>
> Attendant qu'en tremblotement de poussière mon avant-vie ait dansé.
> J'ai dansé dans la poussière toutes les danses de l'avant-vie.
>
> Je ne rendrai pas compte de la vie
> Qu'on dit avoir été ma vie[1].

Comme en écho, un ultime texte, publié dans la *NRF* peu après la
mort de Robin[2], expose avec une ironie amère cette configuration de
l'absence qui est désormais celle d'un errant, dépersonnalisé, sans vie,

---

1 *Fragments*, p. 116.
2 Le texte est paru en octobre 1961. Il faut certainement attribuer à la prescience de Georges
   Lambrichs la publication, comme à titre de testament, de cet essai daté de 1949 intitulé
   « L'homme sans nouvelle », essai qui devait sans doute se trouver dans les trois valises
   de papiers recueillis sous les pieds des employés municipaux (mais ne figure plus dans
   les archives restituées).

mais affligé d'une existence qui continue de l'enfermer dans le piège dérisoire des apparences :

Ma vie n'avait pas encore commencé. Comme en vue d'exister, je me harcelais et me labourais ; mais ce travail moi contre moi ne pouvait être dit travail de moi, car en ces temps-là, véritablement, comme je n'étais pas en vie, aucun labeur n'était mien. Quelques souches vaillamment m'habitaient, très seules. Or il m'est parvenu qu'en ces très lointains âges, singulièrement de 1930 à 1950, on prétendit m'avoir rencontré. J'eus la faiblesse de me soucier de ce ouï-dire. Me faufilant dans ces époques détruites, j'ai empoigné et secoué les années où je fus abusivement inséré, curieux que tombât d'elles quelque poussière où j'eusse en avant-vie trembloté. Tour à tour, m'immolant au successif autre, je me fis tous les tous que je fus dit. Parfois, mû de bonté, je niai mon évidence pour tenter de donner raison à quiconque assura m'avoir surpris en flagrant délit de présence.

Non-né, j'étais non-vivant et non-mort. Une situation si simple et si naturelle ne pouvait être tolérée. Étant innocente, elle parut suspecte. Au lieu de laisser ma copieuse nullité pleuvoir sa monotone ondée, on me fabriqua des jours, on m'ajusta des bras, on me couronna d'une tête déplaçable aux tempêtes. Le mot d'ordre fut : « Par n'importe quel moyen, obtenir qu'il devienne quelqu'un ! ». Au cours de mon enquête, j'entendis chuchoter : « Il faut absolument qu'il vive ! »

Pour les raisons que j'ai dites, je prie qu'on pardonne à ces insolents. De surcroît, comme il apparaîtra tout au long de mon récit, leurs argumentations, témoignages, documents sont si puérilement contradictoires qu'on ne peut que les plaindre.

Ainsi, de leur propos le plus constant, et que j'entendis d'abord.

Par propagande chuchotée de bouche à oreille, on accrédita que j'étais né à Plouguernével (Côtes-du-Nord, France) le 19 janvier 1912, que je m'appelais Armand Robin, que j'habitais au septième étage d'une maison sise au 50, rue Falguière, Paris (France).

Je confesse que je fus quelque peu désarçonné ; un instant, mes abominables calomniateurs me parurent dangereux. Ce fut pis encore lorsqu'on me produisit des gens de Plouguernével qui certifièrent m'avoir vu passer parmi eux mal coiffé, mal habillé, mal aimé, l'air stupide, bref, fort peu digne de considération ; sans conteste, leur témoignage était vraisemblable. J'allais céder et me laisser localiser.

Je fus sauvé par Staline. Seuls quelques érudits, tout poudreux d'archives, connaissent aujourd'hui le nom de ce grand sorcier qui pourtant parvint à la notoriété en ce vieux siècle. Il n'eut pas de mal à prouver que je ne m'appelais pas du tout Armand Robin, que je n'étais pas du tout né à Plouguernével (France) ; selon lui, je n'appartenais ni au temps ni à l'espace matériellement présents et la justesse était, si d'aventure j'y paraissais, de m'en enlever au plus vite[3].

---

3   « L'homme sans nouvelle », *Écrits oubliés I*, p. 361.

De fait, au moment où il rédige ce texte, Staline lui assure une apparence de survie puisque Robin passe ses nuits à décrypter les propagandes soviétiques et s'apprête à publier *La Fausse Parole*, mais il se sait absent, offrant les apparences d'un homme qui se survit, passé une crise violente au terme de laquelle, à l'âge de trente ans, il s'est dit dépersonnalisé – et les *Fragments* qu'il a conservés sans chercher à les publier sont les vestiges de cette perdition. Rédigeant « L'homme sans nouvelle », Robin ironise et fait de son absence une plaisanterie ouvrant sur une revendication d'anonymat intrinsèquement liée à la poésie même. On se souvient de la célèbre lettre de Keats à Woodehouse :

> En ce qui concerne le caractère du poète (je parle de l'espèce, si je suis quoi que ce soit, à laquelle j'appartiens, et qui se distingue de l'espèce wordsworthienne, celle du Moi Sublime, qui est une catégorie *per se* et bien à part), ce caractère n'existe pas par lui-même – il n'a pas de moi – il est tout et rien – il n'a rien en propre – il jouit de la lumière comme de l'ombre – il savoure la vie, que celle-ci soit ignoble ou belle, noble ou vile, riche ou pauvre, médiocre ou élevée. Il éprouve une joie égale à concevoir un Iago ou une Imogène. Ce qui choque le vertueux philosophe ravit le poète caméléon. Ce caractère n'est pas plus nocif que la délectation qu'il prend du côté sombre des choses que par son goût du côté lumineux car ces deux visions se rejoignent en un état de contemplation (« they both end in speculation »). Un poète est l'être le moins poétique qui soit, parce qu'il n'a pas d'identité[4].

Rien ne peut mieux s'appliquer à Robin, et l'on se souvient aussi de Mallarmé, à propos de Rimbaud, refusant de commettre le « méfait » d'« ordonner, en fragments intelligibles et probables, pour la traduire, la vie d'autrui[5] ». Commentaire abrupt du « Je est un autre », le texte de Mallarmé trouve un prolongement très clair dans l'article de Robin sur Rimbaud :

> Il se peut que de cet homme nous connaissions et tous les vers et toutes variantes, et toutes les folies et toutes les implacables lucidités, et toutes les colères, et toutes les prières, et toutes les misères ; il se peut qu'il n'y ait plus un seul de ses gestes qui soit passé inaperçu des commentateurs et des observateurs européens, américains, chinois, qu'il n'y ait plus un seul de ses vers qui n'ait été surveillé, disséqué, analysé plus que ne le fut jamais une formule d'Aristote, plus imité qu'un vers de Pindare, plus admiré qu'un vers

---

4   Lettre du 27 octobre 1818 à Richard Woodhouse (traduction d'Albert Laffay in Keats, *Poèmes choisis*, Aubier, 1968, p. 51-52).

5   « Arthur Rimbaud », in *Médaillons et portraits*, Mallarmé, *Œuvres complètes*, Pléiade, p. 517.

d'Homère ; il se peut bien que jamais espionnage ne fut aussi réussi qu'autour de ce sublime fuyard, oui, il se peut bien enfin que les détectives de la critique aient remporté à son sujet une de leurs plus éclatantes victoires ; qu'importe : de ces cinquante années de perpétuelles recherches, enquêtes, commentaires, il sort blanc de toute participation véritable à tout ce dont nous découvrons qu'il s'est occupé. Il surgit entouré d'un mystère aussi grand qu'au premier jour : il a beau être connu, signalé, pisté, traqué, imité, reproduit, singé, décalqué, il reste « l'introuvable » : quoi qu'on fasse, il reste le mystère qu'il était d'abord[6].

Évoquant Rimbaud, Robin ne parle, bien sûr, que de lui-même. Mais la conception romantique du poète sans existence puisque voué par l'exercice de la poésie à se fondre dans l'existence universelle ouvre sur une pratique qui en change la signification[7]. Au moment où il essaie de traduire Keats, ou plutôt de se traduire en Keats, Robin est porté par un élan qui fait de ses traductions les fragments d'une épopée cosmique ; la biographie existe comme moyen de trouver autrui pour mieux s'éloigner de soi. Au moment où il écrit « L'homme sans nouvelle », il sait qu'il ne se survit plus que comme absence, et la biographie n'est plus que ce vestige de circonstances abandonnées à leur parodie. L'essai intitulé « Romantisme, symbolisme et surréalisme » qui clôt la série des grands articles inaugurée par l'article sur Rimbaud marque une limite :

> Las ! aux premières berges de l'absolu s'abattent des formes harassées, affamées, imminents cadavres d'âmes ! Ô Rimbaud, il fallut tant payer pour le passage que plus rien ne resta pour le but[8] !

---

6   *Comoedia*, 20 décembre 1941, *Écrits oubliés I*, p. 121.
7   La lettre de Keats marque bien le passage d'une conception romantique du poète comme individualité d'exception – ce « moi sublime » wordsworthien à propos duquel il ironise – à ce que l'on pourrait appeler une inquiétude consentie. Et c'est en cette incertitude, cet errement et cette ouverture – Keats parle aussi d'« universalité innée » – que Robin se révèle proche de lui. Il est à noter, par ailleurs, qu'une lettre à Paulhan mentionne en 1939 une traduction de l'« Ode on a Grecian Urn » probablement destinée à figurer dans *Ma vie sans moi*, mais laissée inachevée (les quatre premiers vers figurent dans le fonds Robin restitué aux éditions Gallimard. Le « silence à franges de ramilles » du dernier poème de *Ma vie sans moi* est une transposition de la « leaf-fring'd legend » de Keats, bel exemple de transfusion de poème traduit dans un poème personnel). Ajoutons que la conclusion du poème de Keats « Beauty is truth, truth beauty – that is all / Ye know on earth, and all ye need to know » est l'abrégé des convictions platoniciennes de Robin à l'époque.
8   *Comoedia*, 18 septembre 1943. *Écrits oubliés I*, p. 196.

Comme Robin l'explique lui-même, il n'existe plus, sinon par ces autres qui lui assurent un refuge provisoire – ainsi, grâce à la langue hongroise, sa métamorphose en Ady :

> Pour sauver mon non-lieu, je me traduis en Ady ; nulle personne, je fus sa personne ; je mis tête dans sa tête, pris bras dans ses bras ; épaules, mains, faim maladroites, j'usurpai ses balafres. Je vécus sans ma vie dans sa vie[9].

Tout se condense là de manière si extrême qu'il suffit de lire attentivement ces quelques lignes pour pouvoir définir à grands traits ce que Robin devait nommer plus tard « non-traduction » et qui est, bien sûr, de la traduction – non pas une forme de traduction absolue ou d'hyper-traduction, comme il a tenté de le faire accroire, non pas un genre inédit de traduction, comme certains commentaires, distinguant entre un « traducteur » et un « non-traducteur » sembleraient l'indiquer, mais une inclusion de la traduction, maintenue en tant que telle, dans un ensemble en expansion qu'elle constitue et qui, tout à la fois, la modifie entièrement[10]. D'une certaine façon, l'élargissement a eu lieu : Robin a fait de soi sa création – une sorte de structure englobante qui intègre les poèmes d'autrui et change la traduction en épopée lyrique.

Dans la mesure où il donne lui-même des nouvelles de l'homme sans nouvelle, et joue de l'antibiographie, la seule manière de faire pièce à la proliférante biographie qui l'enferme dans son dérisoire carcan est de donner leur place aux événements flottants qui ont, au hasard des années, contribué à faire de lui, pour reprendre son expression, un « poète sans œuvre, aboli par la poésie, se suicidant chant par chant[11] ».

---

9   André Ady, *Poèmes*, rééd. Le Temps qu'il fait, p. 7.
10 Ce qui signifie que rééditer ces traductions comme telles en omettant de les placer dans le contexte qui leur donne sens, ou placer d'un côté l'œuvre poétique et de l'autre les traductions revient à les trahir en tant que traductions (puisqu'elles ne peuvent *in fine* être jugées comme telles) et en tant que fragments d'une épopée qui seule les justifie.
11 « Poète silencieux », *Fragments*, p. 18.

DE L'INVENTION BIOGRAPHIQUE
AU PASTICHE MIMÉTIQUE

Inlassablement répétée depuis 1970, la notice « La vie et l'œuvre » rédigée par Alain Bourdon pour *Le Monde d'une voix* indique :

> Né le 19 janvier 1912 à la ferme de Kerfloc'h en Plouguernevel (C.-du-N.), Armand Robin était le huitième enfant d'une famille de cultivateurs bas bretons. Jusqu'à son entrée à l'école il ne pratique que le dialecte de son pays natal : le fissel.
>
> 1918-1929 : Élève au collège de Campostal à Rostrenen ; il y apprend le français, l'anglais, le latin, le grec, puis termine ses études secondaires au lycée de Saint-Brieuc.

Il n'est pas inutile de se pencher sur ces quelques lignes pour montrer à partir de quels détails se construit une biographie exploitable pour servir le mythe du poète maudit, d'autant que nul n'a jamais mis en cause l'absurdité de cette synthèse donnée pour objective : comment Robin aurait-il parlé autre chose que le dialecte de sa région puisque le breton ne se parlait que sous forme dialectale ? Aurait-il fallu qu'il parle en breton surunifié, le breton mis au point par les nationalistes au fil du XXᵉ siècle ? Plouguernével ne se trouve pas en pays fisel mais en pays fañch, et le « dialecte de son pays natal » n'est donc pas le « fissel » (aussi mal orthographié que le nom de sa commune natale)[12]. Plouguernével et Rostrenen se trouvent en haute Cornouaille, à la lisière du Vannetais, ce qui n'a d'incidence que sur la prononciation du nom de la ferme où la famille Robin, quittant Plouguernével, s'est installée en 1917 et que Robin écrit Oisquay, Ouesquié, Ouasquié, Ouesquer[13].

Il n'est pas moins absurde de prétendre que Robin aurait appris le français au collège en même temps que les langues mortes ; le but

---

12   Comme le fait d'ailleurs observer Fañch Morvannou (*O klask roudoù Armand Robin*, Armorica, 2001, p. 19).

13   Le nom prononcé *ouestchié* (avec palatalisation marquant l'influence vannetaise) signifie le ruisseau bordé d'une haie. La graphie bretonne surunifiée *Gwazh kae* imposée par l'Office de la langue bretonne est à présent adoptée pour les panneaux signalétiques (le but des militants de l'Office de la langue bretonne étant d'effacer toute trace du breton dialectal). Le breton n'est d'ailleurs plus guère parlé localement et la ferme est occupée par des Anglais.

est, bien sûr, de laisser accroire que le français lui aurait été inculqué
comme une langue étrangère, ce qui laisse ignorer le fait qu'à Rostrenen
(et ce au moins depuis la Révolution) la langue était le français : les
mauvaises langues disaient que les commerçants se souvenaient le
mardi, jour de marché, qu'ils comprenaient le breton – boutade qui
est à mettre en relation avec la scène de clôture du *Temps qu'il fait*
où la bonnetière parle en breton à la Mort, cette pouilleuse, puis
revient à sa langue habituelle pour sa fille « qui ne sait que le français[14]. » Cette scène de clôture serait elle-même à mettre en relation
avec la dédicace de la nouvelle qui a ensuite donné *Le Temps qu'il
fait* : « À Eugénie M…, la fille de ferme qui m'apprit à écrire sur des
baguettes de noisetier, hommage de reconnaissance ». Interrogé à ce
sujet, Hippolyte Robin expliquait qu'en effet, son jeune frère savait
lire et écrire avant d'entrer à l'école, ce qui signifie qu'il lisait le français. Un fragment le rappelle d'ailleurs : « Je suis né solitaire, je dois
tout à une mère muette, à une fille de ferme qui sut m'apprendre en
cachette l'ABCD et mes premiers mots français ». Ailleurs, il nomme
Eugénie Le Moigne, fille de ferme qui, assurément, devait se cacher
pour donner ces leçons prises sur son temps de travail. Ce jeu d'écrire
des lettres sur des baguettes de coudrier était partout pratiqué (on le
retrouve d'ailleurs dans « Le lai du chèvrefeuille » de Marie de France
où Tristan écrit son nom pour signaler sa présence à la reine[15]). Cette
scène est parfois développée comme preuve de la persécution jacobine
subie par les jeunes Bretons : ainsi Michel Kerninon explique-t-il que
Robin avait « appris le français au cœur d'un chêne creux, aux marches
d'une République qui avait décrété l'interdiction "de parler breton
et de cracher par terre"[16] ». L'apprentissage du français était perçu
comme une chance offerte aux enfants, surtout s'ils étaient pauvres,
nombreux et destinés à quitter une ferme trop petite, ce qui était le cas
d'Armand Robin – mais, sur ce point aussi, l'on aurait tort d'accorder
foi aux évocations misérabilistes qui font de lui le dernier enfant d'une
« famille nombreuse et déshéritée de la Bretagne la plus pauvre », né
dans une masure « grossièrement maçonnée plantée en plein champ

---

14   *Le Temps qu'il fait*, 1941, p. 212.
15   Marie de France, *Lais*, Babel, 2008, p. 185.
16   « Poète, anarchiste, breton. Voici vingt ans mourait Armand Robin », *Le Peuple breton*,
      n° 210, juin 1981. Le panneau « Interdit de cracher par terre et de parler breton » qui a
      fait couler tant d'encre est une invention.

dans la glaise[17] », où même « l'air et la lumière ne lui furent d'abord accordés que parcimonieusement[18] » : la haute Cornouaille était loin d'être la région de Bretagne la plus pauvre, la ferme du Ouesquié était une grande ferme, proche de la ville de Rostrenen et, par la suite, Hippolyte la reprit, jugeant que la terre était bonne et qu'elle était bien située. C'est de cette ferme du Ouesquié qu'Armand Robin fit le centre d'un grand livre éclaté ouvrant sur l'univers : le lieu de son non-lieu, le lieu de l'impossible retour :

> Ô miens si obscurs, pour me garder près de vous il me faudrait pendant toute ma vie le moins de mots possible et chaque jour, malgré ma nouvelle existence, une retraite près des plantes, une main passée dans la crinière des chevaux. Pour rester près de vous malgré moi, malgré ma vie, j'ai vécu toutes mes nuits dans les songes et, le jour, je me suis à peine réveillé pour subir une vie où je n'étais plus[19].

D'Alain Bourdon à Anne-Marie Lilti, c'est à qui exposera les malheurs du petit Armand né chez les Bas-Bretons : « La culpabilité d'avoir choisi le français contre le breton, le monde intellectuel contre le monde paysan le fait énormément souffrir », explique Anne-Marie Lilti, « et il ne peut assumer cette souffrance que par la conviction qu'il est chargé de la responsabilité de donner une voix à ceux qui n'en ont pas ». Car, pour elle comme pour Alain Bourdon, les paysans n'ont pas de voix. Et les paysans bretons, eux, n'ont même pas de langue : le paysan breton « parle une langue morte », « une tombe de la pensée » ; Armand Robin est venu d'un monde muet car le breton interdit à ses locuteurs toute expression autre que rustique : il s'agit d'une langue « suffisante certes pour les échanges quotidiens, mais qui ne leur permet pas de se dire poétiquement[20] ».

C'est évidemment en totale contradiction avec ce que Robin a pu écrire sur ceux qu'il appelle les siens et sur le breton :

> J'ai commencé par le breton
> Brume exquise où l'âme se mire d'une brume à l'autre
> Et n'arrive jamais à se dévoiler[21].

---

17   Alain Bourdon, « Entretiens du polyèdre », *Études*, janvier-juin 1969, p. 85.
18   Alain Bourdon, *Armand Robin*, Paris, Seghers, 1981, p. 33.
19   *Fragments*, p. 166.
20   *Armand Robin, le Poète indésirable*, Bruxelles, Aden, 2008, p. 106.
21   *Fragments*, p. 76.

Pour ce qui est de cette plaisanterie qu'est sa biographie, le mieux est de donner la parole à Robin : sommé de rédiger un « Prière d'insérer » pour *Ma vie sans moi*, il rédige ce qu'il appelle une « allègre biographie » :

> BIOGRAPHIE : Armand Robin. – Né en 1912 à Plouguernével (Côtes-du-Nord) – dans la ferme la plus rétive de la commune, évidemment. L'acte de naissance porte : « Comparants et témoins ont déclaré ne savoir signer ». Vers deux ans recevait déjà de son cheval favori un grand coup de pied en plein crâne. Cessa peu de temps après de croire aux difficultés et sut d'une âme égale accueillir les miracles, même étonnants, qui l'aidèrent à apprendre français et grec parmi les ronces. Eut peur, bien qu'il ne fût alors au courant de rien, le jour où une sorcière des environs de Guéméné le menaça d'avenir poétique et de bien d'autres choses encore. Mais que tout continue !...
> (Cependant se méfier des légendes qui lui prêteraient des lueurs en plus d'une vingtaine de langues).
> A publié dans la *NRF*, dans *Mesures, Esprit, Europe, Les Cahiers du Sud*, etc.[22].

L'allègre biographie n'est pas qu'une plaisanterie : la ferme rétive est évoquée dans *Le Temps qu'il fait* – pourquoi « rétive » sinon parce que le père y exerce une autorité brutale et sans partage ? Le père en est le centre et reste le personnage le plus présent non seulement dans ce roman qui n'en est pas un mais dans les traductions – et c'est encore lui que l'on croit voir derrière le Staline qui hante les bulletins d'écoute.

L'acte de naissance porte, de fait, la mention « les comparants et témoins ont déclaré ne savoir signer » mais Fañch Morvannou fait observer qu'ils ont signé l'acte de baptême. C'est, comme on peut le voir, Robin lui-même qui orchestre le thème « surgi des illettrés » qui servira de fil directeur à tout son travail (ainsi comptait-il écrire un livre intitulé *Souvenirs de la maison des morts* – livre dont il ne reste que la dédicace : « Ce livre est dédié à ma mère, qui ne savait ni lire ni écrire et qui m'a instruit pour toute la vie[23] »).

Sous son allure parodique, l'allusion au coup de pied de cheval est une plaisanterie qui n'en est pas une non plus : Stéphane Hessel, doué d'une mémoire exceptionnelle, évoque l'un de ses camarades qui, à la suite d'une maladie, avait développé une mémoire plus exceptionnelle encore[24] et Jean-Marie Déguignet, autre fils de paysan « surgi des illettrés » explique qu'après avoir reçu un choc violent à la tempe, il avait

---

22   © Éditions GALLIMARD.
23   *Fragments*, p. 168.
24   *Danse avec le siècle*, Seuil, 1997, p. 22.

constaté qu'il retenait immédiatement tout ce qu'il voyait ou entendait[25]. Hippolyte Robin se plaisait à évoquer les exploits de son frère : il lisait une pièce de Racine le matin et lui demandait de suivre sur le livre jusqu'à ce qu'il fasse une faute, mais il pouvait réciter la pièce entière sans hésiter. Les biographes si attachés à montrer le génie du poète s'attardent principalement sur ses souffrances d'élève révolté : au collège de Campostal, entre les prêtres et les petits-bourgeois de Rostrenen, il n'a pas lieu de se réjouir mais le désir d'apprendre balaye tout. Il vend des peaux de taupe pour acheter des livres, il en vole au curé (dit-il) et il réussit à passer une classe pour gagner du temps. Renvoyé, semble-t-il, pour insolence, celui que l'on appelle « Voltaire » est seul reçu de sa classe au premier baccalauréat ; les études à Rostrenen s'arrêtant là, il obtient le droit d'aller en pension à Saint-Brieuc ; un de ses camarades se souvient de l'épreuve de latin au baccalauréat et de sa stupeur à voir Robin traduire sans dictionnaire et sortir au bout d'une heure[26]… Reçu avec mention bien, il se retrouve en khâgne dans la classe de Jean Guéhenno et échoue à l'oral, prépare l'agrégation de Lettres et échoue trois fois à l'oral : accent breton, timidité, désir de fuir une profession dont il ne veut pas ? De ces études inutiles, il garde un désir de ne pas enseigner et d'apprendre ce qui échappe aux études classiques – le polonais, le russe, l'allemand, l'anglais, l'italien, parce que des cours gratuits sont donnés et que l'on peut obtenir des bourses de voyage qui permettent d'apprendre les langues dans la vraie vie et dans les livres de poésie à traduire…

C'est ce qui l'amène à faire en septembre 1933 un voyage en URSS donné pour l'événement décisif de sa vie – voyage dont, en fait, on ne sait à peu près rien. La légende veut que, fanatiquement communiste, il soit allé faire la moisson en Ukraine et soit revenu si cruellement déçu qu'il aurait inventé le métier d'écouteur en chambre afin de décrypter les propagandes soviétiques. Cependant, la moisson n'a pas lieu au mois de septembre en Ukraine et ce que l'on peut savoir de ce voyage en URSS., d'où il serait rentré, « désenchanté et sans argent, après un douloureux périple par les pays baltes, la Pologne, l'Allemagne[27] » est qu'il aurait

25   *Mémoires d'un paysan bas-breton*, An Here, 2000, p. 32.
26   Entretien de l'auteur avec Louis Rabardel, octobre 1980. Voir aussi les souvenirs de Louis Rabardel (*Les Cahiers bleus*, hiver-printemps 1980, p. 19).
27   Alain Bourdon, « La vie et l'œuvre d'Armand Robin », *Le Monde d'une voix* (1970), p. 241.

obtenu sur concours une bourse du gouvernement polonais et que le séjour en URSS se serait inscrit dans le prolongement de ce voyage.

En réalité, le témoignage le plus probant sur le voyage en URSS tel qu'il était proposé à des étudiants est celui d'Étiemble, parti en août 1934 et qui, comme Robin, a d'abord séjourné dans un hôtel de Moscou, puis est parti pour l'Ukraine, prenant des notes très précises sur les rencontres, les visites, les banquets organisés : « Oui, je dus attendre 1936 pour me purger de mes fantasmes ou du moins de mes illusions de 1934 prétendument marxistes », écrit-il, et, relisant ses notes, il déplore de n'avoir fait aucune allusion « au fastueux festin dans un kolkhoze de l'Ukraine : quantité, qualité époustouflantes. Or j'appris, il y a peu de temps, qu'en 1933, donc l'année précédente, Staline avait fait mourir de faim des millions d'Ukrainiens [...]. Ainsi voyage-t-on en pays de tyrannie, sans rien voir, sans rien savoir, sans rien comprendre[28] ». Dans *La Fausse Parole*, donc bien plus tard, Robin écrira aussi : « À Moscou, pour la première fois, j'entrevis des capitalistes banquetant ». Cependant, une carte postale adressée de Moscou en septembre 1933 le montrait enthousiaste : « Tu sais à quel point j'étais disposé à juger favorablement l'URSS, mais la réalité dépasse et de très loin toutes mes espérances [...]. Réellement, c'est bien ici notre patrie à tous. J'ai la sensation de vivre parmi les paysans de chez moi, des paysans débarrassés de la servilité et de l'ignorance[29] ». Début 1934, loin d'être anticommuniste, il participe aux manifestations de la CGTU à Lyon[30] ; en avril, une carte adressée d'Italie à Marcel Laurent le montre « assez déçu » par « la jeunesse fasciste » et « l'idéal fasciste[31] » – étrange déception pour un militant d'extrême gauche et premier signe de cette oscillation qui caractérisera tout l'itinéraire de Robin ; en février, il écrit à ce même Marcel Laurent qu'il lui « arrive de recevoir des chèques signés René Doumic et Abel Hermant[32] ». Cette lettre comporte un passage étrange :

---

28 *Le Meurtre du petit père*, Paris, Arléa, 1990, p. 61 et 105.

29 « Éphémérides », 1933, armandrobin.org. Carte à Jacques Permezel, septembre 1933.

30 Marcel Laurent, *Armand Robin et la poésie poignante*, p. 35.

31 *Ibid.*, p. 202.

32 *Ibid.*, p. 211. René Doumic et Abel Hermant étaient académiciens. L'un dirigeait la *Revue des deux mondes*, l'autre était critique au *Temps* et au *Journal des débats*, organes de la droite réactionnaire naturellement anticommuniste. Robin précise que cet argent « ne communique aucun mauvais goût » à son café. Même si l'on n'a pas trouvé de textes de lui dans cette presse, il y a là une première mention de ses liens avec la droite, voire l'extrême droite (en 1937, *Le Journal des débats* prendra ouvertement parti pour le franquisme ; Abel Hermant sera condamné à la prison à perpétuité à la Libération).

Je ne fréquente pas la haute société parisienne ; je suis bien plus difficile que cela ! Mais ceci fait partie de la vie mystérieuse que chacun de nous est censé mener par une convention bien établie entre nous : nous sommes entre nous, marchant côte à côte dans la rue, et parlant de tout ; soudain, l'un de nous part, prend le tramway, et soudain, il devient autre ; sa poignée de main donnée marque l'instant où il entre ou rentre dans un autre univers, dans une autre nature. Parfois aussi, il revient dans sa première vie, un peu distrait, portant encore un reflet de l'une de ses autres vies.

Faut-il y voir la première trace des liens de Robin avec ces militants de la Cagoule qui s'abonneront après-guerre à son bulletin ou le signe d'une volonté d'être autre jusque dans la vie la plus quotidienne ? À cette date, Robin est bien loin d'avoir conçu *Ma vie sans moi* dont il met là le thème en œuvre sous forme d'énigme. Quoi qu'il en soit, c'est une lettre à Jean Guéhenno qui, en juillet 1935, exprime pour la première fois son revirement :

Il y a deux ans, je suis allé à Moscou [...]. J'y suis allé ; j'ai mis bien longtemps à en revenir. Cher Guéhenno, j'ai pu me mentir ; j'ai voulu me persuader que j'avais mal vu, mal entendu ; pour me permettre d'espérer encore, je me suis, en bon intellectuel, inventé des prétextes. Écoutez, je dois avoir l'esprit malhonnête, vraiment ; j'aurais dû m'avouer mes impressions vraies : « Ce que tu as vu, c'est la famine, ce sont des paysans qui depuis 18 mois n'ont jamais mangé ni viande ni pain, ce que tu as vu, c'est un peuple à bout de souffle, un peuple mort ; souviens-toi de ces visages d'affamés, de ces regards éteints ; ce que tu as vu, ce sont des hommes qui à force de souffrir bêtement ont perdu le sens de la souffrance, le plus précieux de tous [...]. Ce que tu as entendu, c'est : presque le tiers de la population mort de faim en Ukraine dans l'hiver 1931-1932 ; des villages cernés et bombardés ; la famine sur les bords de la Volga ; le brigandage dans la région de Kazan [...]. Ce que tu as perçu, ce fut un cauchemar, ce fut un monde dans lequel tout sens de la dignité humaine est mort, traqué[33] ».

Cette lettre est destinée à indiquer à Guéhenno, rédacteur en chef de la revue communisante *Europe*, ses scrupules à y collaborer – ce qu'il fera pourtant, dans le temps même qu'il prépare l'agrégation.

De ces études il reste un diplôme d'études supérieures intitulé *Le Pastiche mimétique dans* La Légende des siècles – sujet passionnant pour un auteur qui devait faire du mimétisme la base de son travail[34], une enquête sur les agrégatifs et une dissertation d'agrégation...

---

33 Lettre du 18 juillet 1935, *Écrits oubliés I*, p. 23-26.
34 Déposé à la Faculté des Lettres de Lyon en juin 1934 et transmis à la Sorbonne le 16 novembre 1934, il n'a pu être retrouvé à ce jour.

Il est d'ailleurs remarquable que la longue enquête publiée par *Le Figaro* sous le titre « Les agrégatifs souffrent-ils d'une crise spirituelle ? » commence par une lettre d'un agrégatif anonyme qui est manifestement Robin lui-même. « Dans l'ensemble, la préparation à l'agrégation ne favorise ni la culture au sens noble du mot, ni la vocation de l'enseignement. Au contraire, la plupart des agrégatifs vous diront comme moi que s'ils se cultivent vraiment, c'est en dehors – et même en dépit – de cette préparation, et que si leur vocation résiste à cette forme intellectuelle de la lutte pour la vie, c'est qu'elle est solide[35] ». Il s'agit donc de résister, telle est la conclusion de ce Robin qui est et n'est pas Robin.

De même, la dissertation sur Madame de Sévigné (« contre Madame de Sévigné », écrit-il à Jean Guéhenno) est et n'est pas une dissertation : il écrit qu'il considère ce devoir comme « le premier engagement d'une lutte contre l'hypocrisie de l'esprit[36] »), prétexte absolu, puisque cette dissertation, reproduite en plusieurs exemplaires (très différents, à en juger d'après les versions disponibles[37]) est de toute évidence un faux. Le sérieux avec lequel Alain Bourdon introduit un tel texte a d'ailleurs de quoi surprendre :

> Le sujet proposé, en 1936, au concours de l'agrégation des Lettres, auquel Armand Robin se présenta, n'était pas, comme on dit, particulièrement « dans ses cordes » […]. Il faut convenir cependant que le hasard des concours a ses cruautés et s'entend parfois à déjouer les calculs les plus poussés des candidats les mieux préparés.
>
> Non content de le mettre en présence du Personnage consacré le mieux fait pour l'embarrasser, le concours de 1936 plaçait Armand Robin devant un nœud de difficultés résultant à ses yeux de l'évidente stupidité de ceux-là mêmes qui prétendaient le juger.
>
> Alors, nullement décontenancé, mais se refusant à traiter avec gravité d'aussi faux problèmes, Armand Robin décida de livrer, au papier immaculé, des réflexions personnelles plus candides que son état même de candidat sacrifié[38].

---

35   *Le Figaro*, samedi 25 octobre, p. 1.

36   Lettre du 14 décembre 1936 à J. Guéhenno.

37   Robin en envoie une version dactylographiée en juillet 1936 à Jean Guéhenno. Il la lui redemande le 14 décembre 1936 et en adresse un exemplaire remanié à Jean Paulhan le 15 février 1937. C'est la version remise à Paulhan qui a été retenue pour la publication dans les *Écrits oubliés* ; le texte remis à Jean. Guéhenno était beaucoup plus court et plus maladroit. La version recueillie par Georges Lambrichs et Claude Roland-Manuel publiée dans *Les Cahiers des saisons* à l'automne 1964 semble avoir disparu. Elle ne figure plus dans le fonds restitué aux éditions Gallimard.

38   *Les Cahiers des saisons*, automne 1964, p. 504-505.

Dactylographier son brouillon de dissertation relève d'un masochisme singulier de la part d'un candidat recalé – masochisme ou forfanterie, cet exercice ouvre l'œuvre critique de Robin, et la forme dissertative, le recours au « nous » ne sont employés que pour renvoyer la marquise à son inexistence.

> Mme de Sévigné reçoit de la vie la somme de joies, tristesses, idées, sottises, qu'elle contient avec une régularité désespérante. Il n'y a rien de plus en ce que les jours lui ont apporté de rêverie ou d'activité, de bagatelle ou de gravité, d'intelligence ou de mesquinerie. Les comptes sont impeccables, on n'ose parler ni de justice ni de justesse. D'autres êtres, établissant le même commerce avec les instants, ont su renverser la balance à leur profit, s'agrandir du contenu successif des heures. Mme de Sévigné, elle, n'oppose à ce qui passe qu'une substance poreuse ; elle s'évanouit dans la vie qu'elle subit. Mais une vie humaine est toujours une chose merveilleuse ; Mme de Sévigné n'est sans doute ni constamment intelligente, ni constamment délicate ; mais cette inconstance, solide comme celle de la vie, vaut à ce qu'il est convenu d'appeler son talent cette portée que nous signalions au début. La vie de Mme de Sévigné, si mesquine soit-elle, existe ; Mme de Sévigné n'existe pas.

Au terme de l'exercice, le sujet a disparu : il n'y a plus de dissertation puisque Robin, prenant prétexte de l'inexistence de la marquise, en vient à écrire à sa place et faire par son intermédiaire l'image même de l'écrivain qu'il est dans le moment qu'il écrit ; il n'y a plus de Marquise de Sévigné puisque ce qui a suscité la fascination de Robin est cette porosité, cette intarissable absence à soi qui lui ont permis, non de s'identifier à elle, mais d'approcher par elle l'absence, l'inessentialité qui sont, selon Maurice Blanchot, le propre de la littérature[39]. Où le badinage de Robin semble rejoindre celui de la marquise, il se heurte à son propre anéantissement : la question posée dans cette dissertation est la question majeure – et le fait qu'une dissertation sur l'auteur français le plus manifestement voué à l'exécration de Robin en soit le prétexte n'est pas sans importance. « Un Racine acharné, acharné à construire dans les cadres d'un drame tout le contenu de l'être humain, s'isole du temps,

---

39   « La pensée de Blanchot semble buter contre l'impossibilité de définir positivement, et de manière autonome, la littérature. Elle ne peut répondre à la question – que d'ailleurs elle ne pose pas comme telle : qu'est-ce que la littérature ? Mais la non-réponse et l'impossibilité de la réponse, est la réponse qu'elle ne cesse de répéter : la littérature est absence d'essence, sa condition, l'inessentialité » (Françoise Collin, *Maurice Blanchot et la question de l'écriture*, Gallimard, coll. « Tel », 1986, p. 39).

s'installe dans la pure durée et, narguant la mesquine instabilité des
jours, implacablement aveugle aux détails que les instants lui apportent
sans choix, bâtit, orne, fortifie au milieu du temps un monument fait de
sa propre substance[40] », écrit-il. Derrière l'œuvre personnelle de Robin se
profile constamment cette image idéale d'un créateur élevant sa propre
statue. Quoi qu'il en dise, quoi qu'il veuille croire, de même que *La
Recherche du temps perdu* est issue du *Contre Sainte-Beuve* et fait de la critique l'origine fluctuante d'une recherche intuitivement liée à un refus
de la critique, la dissertation contre Mme de Sévigné est « le premier
engagement d'une lutte » non pas, sans doute, contre « l'hypocrisie
de l'esprit » au sens moral, mais contre « l'hypocrisia », le jeu sous le
masque inerte, la répétition d'un rôle.

C'est à cette hypocrisie et à cet enfermement qu'il essaie de résister par la poésie. La sorcière des environs de Guéméné l'avait menacé
d'avenir poétique : dans le temps même qu'il se soumet à la prophétie,
il s'efforce de détourner la menace de se laisser enfermer dans un genre
littéraire aux limites par trop étroites.

---

40 *Ibid.*, p. 36.

PREMIERS POÈMES

La poésie,
Herbe très vieille, qui tant de fois déjà
fut ruminée…
Fragment posthume.

En ces années où il se soumet à la préparation de l'agrégation, Robin publie ses premiers textes dans la revue *Europe* dirigée par Jean Guéhenno. Ce sont des notes de lecture, puis, en novembre 1936, une nouvelle intitulée « Hommes sans destin », nouvelle qui devait devenir après quelques remaniements, la première partie du *Temps qu'il fait*. C'est en 1936 également que paraît son premier poème. Quand Jean Paulhan, qui dirige la *Nouvelle Revue française* mais aussi la revue *Mesures* (laquelle sert, en quelque sorte de banc d'essai à la *NRF*), s'intéresse à son travail, son statut change : en 1937, il publie dans *Mesures*, en 1939, dans la *NRF*. À la fois pères et maîtres, Jean Guéhenno et Jean Paulhan jouent un rôle qui ne va pas sans ambiguïté : Robin leur doit d'exister comme auteur publié, jeune auteur peut-être prometteur, mais il leur doit aussi une forme d'allégeance. Jean Paulhan dirige la plus prestigieuse revue littéraire au monde et exerce un pouvoir occulte sans commune mesure avec ses responsabilités de rédacteur en chef. C'est lui qui fait Robin en décidant notamment de la publication de *Ma vie sans moi*[1].

---

1   À cette date, Robin est sous contrat pour dix volumes à paraître aux éditions Gallimard. Le 20 juillet 1939, Gaston Gallimard lui a fait signer un contrat le liant à ses éditions (ce qui signifie qu'il compte sur lui comme sur un auteur d'avenir).

GENÈSE DE *MA VIE SANS MOI*

La publication des premiers poèmes peut se suivre ainsi jusqu'en 1940 (date à laquelle ils sont rassemblés dans *Ma vie sans moi*.)

Sans passé	1936	*Cahiers du Sud*
Offrandes	1937	*Mesures*
Travail de joie	1937	*Cahiers du Sud*
Mort d'un arbre	1939	*NRF*
La nuit parle	1940	*Cahiers du Sud*
Air de ronde pour lutins	1940	*Esprit*
Ma vie sans moi	1940	*NRF*

Les neuf autres poèmes qui figurent dans *Ma vie sans moi* ne semblent pas avoir été publiés en revue.

Un seul poème publié par ailleurs (« Temps passé ») n'a pas été repris dans le recueil *Ma vie sans moi*[2] : on pourrait supposer que les seize pièces qui y figurent constituaient ce que Robin considérait comme l'ensemble de son œuvre poétique à la date de 1940 s'il n'existait un assez grand nombre d'inédits (soit adressés à Jean Guéhenno, soit adressés à Jean Paulhan, soit recueillis par Georges Lambrichs et Claude Roland-Manuel après sa mort). On constate qu'au nombre de ces inédits se trouvent des textes d'une valeur tout à fait comparable à celle des pièces retenues par Jean Paulhan : Robin aurait pu en quelques mois composer un volume de poèmes – sans doute assez mince (mais la plupart des volumes de la collection « Métamorphoses » l'étaient). Associer poèmes et traductions relevait donc d'une volonté délibérée[3].

Loin d'être inutile, la prise en compte du magma de poèmes de jeunesse conservés éclaire la genèse de *Ma vie sans moi* et offre une voie

---

2   Il fut probablement achevé après la composition du volume (*La Nouvelle Revue française* le publia en décembre 1940).

3   Quatre poèmes sont datés d'avril 1935 (« Une nuit » ; « Sans passé » ; « Neige du mois d'avril » ; « Offrandes »), deux de juin 1935 (« La tentation » ; « Marche sans halte »), quatre d'octobre 1936 (« Lettre fatale » ; « Ronde » ; « Crépuscule » ; « Imagerie de la mer »), trois de 1937 (« Mort d'un arbre » ; « Transfiguration » ; « Un printemps paysan »). Passé 1938, la datation est plus incertaine.

d'accès inédite au travail d'Armand Robin dans son ensemble[4]. Il s'agit certainement, sauf exception, de poèmes faibles mais qui permettent de suivre un effort remarquable pour échapper aux lieux communs poétiques attendus – un effort d'autant plus remarquable d'ailleurs que l'aptitude de Robin au pastiche mimétique aurait pu faire de lui le jeune poète que tous attendaient, un poète paysan mais lettré, ouvert sur les langues du monde en un temps où des revues de recherche comme *Mesures* s'ouvraient aux littératures étrangères (et il faut reconnaître en ce domaine l'immense mérite de Paulhan qui a voulu ouvrir la poésie à la traduction. À l'automne 1940, alors qu'il a dû laisser la direction de la *NRF* à Drieu, il écrit à Marcel Arland : « N'oublie pas les traducteurs : telles traductions de Karin Pozzi, de Robin, de Prévost sont de beaux poèmes français[5] »).

De la vingtaine de poèmes de jeunesse conservés seul émerge un texte, intitulé « Café », sans rapport avec la thématique de l'ensemble et qui, bien que maladroit, subsiste comme un isolat de silence, une ouverture vers une voie ouverte pour être laissée non frayée[6].

> Vitreux et vague sur la nappe,
> Le soleil, rêvant aux nuages,
> Fait la sieste entre mes bras
> Et se réchauffe à l'écarlate
> Caniculaire de la grand-salle.

---

4   Précisons qu'il est important que ces textes soient replacés aussi clairement que possible dans cet ensemble car ils risquent d'être utilisés, comme ils l'ont déjà été, sans la moindre explication quant à leur origine. Ainsi « Crépuscule » figure-t-il à la date du 22 juillet 1984 dans la chronique de poésie du journal *Le Monde*. Il s'agit là d'un poème refusé par Paulhan en 1936, jugé impubliable par Robin lui-même (il ne l'a donné à aucune revue). Or, on le voit publié comme représentatif du travail de Robin et de son œuvre tout entière : « Ce poète fut aussi un traducteur d'une espèce nouvelle… À force d'écouter avec soin plus d'une vingtaine de radios il s'était voulu un capteur de l'universel langage… Dans cet inédit que nous devons aux éditions Le Temps qu'il fait Armand Robin modifie son tempo. Ce curieux absolu aimait détraquer les syntaxes, prendre les vents et déclencher les orages. » Ce brouillon consternant n'a pour but en 1984 que de prouver l'existence du Poète – un poète dont la qualité des poèmes importe peu : ils ne sont pas faits pour être lus mais pour servir d'objets du culte.

5   Paulhan-Arland, *Correspondance*, Paris, Gallimard, 2000, p. 229. Il s'agit de poèmes traduits par Catherine Pozzi (1882-1934) et par Jean Prévost (1901-1944). Précisons toutefois que Paulhan écrit cette lettre pour persuader Arland d'aider Drieu en sous-main.

6   Ces poèmes ont été rassemblés avec tous les inédits de Robin in *Armand Robin : bilans d'une recherche*, Annexe I. Il en existe une version manuscrite datée du 16 janvier 1937 (archives Paulhan) et une seconde version dactylographiée, identique, sans mention de destinataire.

> L'hiver se voûte en chien pelé
> Que l'on chasse de seuil en seuil,
> D'un coup de pied avant d'entrer,
> Et qui s'en va grossir un œil
> Humide aux fenêtres chauffées.
>
> Dès que la vieille eut de la porte
> Laissé crier l'âme heurtée,
> Elle a grandi devant la forte
> Liqueur et ri avant d'aller
> Se revêtir de ciel fripé.
>
> « Il souffrira ; chacun son tour ! »
> Souffle la blonde à son lait chaud
> Et ses voisins absents contemplent
> Les vitres où d'un pas d'agneau
> Passe le temps, l'air innocent.
>
> Mon Dieu, veuillez bénir ces gens
> Qui viennent, heurtant leurs silences,
> River au zinc indifférent
> Leurs gris loisirs lustrés aux manches
> Et l'ironie de vos dimanches.

Tout le reste est consacré à une soumission à une rhétorique poétique post-valéryenne qui semble être la caractéristique même de la poésie écrite alors par les hommes de la génération de Robin. Paulhan a encouragé Robin à écrire, il a sans doute lu les poèmes maladroits qui lui étaient adressés et leur a trouvé des mérites, ce qui a provoqué un travail intense d'écriture et de réflexion, mais poursuivi sans vrai lecteur, sans vrais conseils : on suit les progrès d'un écrivain qui s'extrait seul d'un académisme de commande.

Ce qui caractérise ces textes ou, du moins, se donne dès l'abord comme leur caractéristique principale, c'est leur extrême grandiloquence – grandiloquence qui se manifeste notamment par le recours systématique à l'apostrophe suivie d'impératifs dont le retour constitue parfois la structure syntaxique d'appui du texte : le procédé, employé de façon obsédante, en se dénonçant lui-même produit un effet inverse à celui qu'il était censé produire et l'insistance apparaît d'un lyrisme plus puéril que grandiose. On le retrouve dans tous les premiers poèmes de Robin – ainsi « Une nuit », où l'apostrophe revient comme en refrain dans les quatre strophes d'appui du texte :

> Nuit, foule-moi sous l'horizon…
> Berce-moi ton sommeil d'affiche.

L'apostrophe est présente, on peut le voir, même dans le moins mala-droit de ces essais, « Café ». C'est avec « Travail de joie », annoncé à Jean Paulhan dès le 29 octobre 1937 comme achevé[7] qu'un tournant s'amorce : si les apostrophes restent nombreuses, scandant chaque strophe[8], les impératifs sont désormais disjoints, réduits à deux adresses à un « vous » qui ne désigne personne, et le thème de « ma vie sans moi » fait irrup-tion pour la première fois dans ce texte :

> Voici qu'il me reste ma vie, toute ma vie !
> Qui donc, oh quel voleur à ma place ose vivre ?

Une fois consenti, le renoncement autorise le retour à soi par le biais d'un passé, non pas remémoré mais réalisé dans l'écriture : il se produit alors un mûrissement que l'on peut percevoir avec clarté dans les textes suivants, notamment « Prière » (achevé en août 1938, selon une lettre à Paulhan) et « Le vieux paysan » (texte adressé dans son état définitif le 13 décembre 1938 à Jean Guéhenno). Il y a un ton tout à fait nouveau, un abandon progressif des procédés marqués comme poétiques : c'est qu'alors Robin se livre à un exercice de traduction implicite, ces poèmes étant l'un et l'autre écrits au nom de la mère (« Prière ») et du père (« Le vieux paysan »).

C'est aussi qu'à cette date, il a, durant un été, photographié la ferme du Ouesquié, son père, ses frères, les herbes, les chevaux… Ces clichés qui ont été retrouvés après sa mort par Claude Roland-Manuel et Georges Lambrichs (et qui ne figurent plus dans le fonds Robin) sont autant d'exercices d'objectivation : regards sur un monde qu'il sait avoir quitté et qui ne peut se retrouver que par l'écriture[9].

---

7   Il fut publié par Les *Cahiers du Sud* en décembre 1937.
8   *Cf. Ma vie sans moi*, p. 59 et 60.
9   Ces photographies ont été mises en relation avec les *Fragments* contemporains (*Le Cycle du pays natal*, La Part commune, 2001 et 2010). Elles ont aussi fait l'objet d'une exposition au Centre d'art GwinZegal de Guingamp et ont donné lieu à un diaporama publié par la revue *Babel heureuse* (n° 3, printemps 2018).

ILL. 1, 2 et 3 – des voisins de la ferme du Oisquay.

ILL. 4, 5 et 6 – le père.

Or, c'est à ce moment que l'imagerie symbolique (Robin lui-même emploie le mot « imagerie » dans le titre de l'un de ses poèmes les plus déclamatoires) cède pour laisser place à des images très simples et qui se constituent en réseau léger. Le meilleur exemple est offert sans doute par les deux versions d'un même texte. Dans un premier temps, les images sont encore lourdement chargées de signification symbolique :

> Au pays où ne cesse de s'étendre la première ombre,
> Un mendiant noir et blanc, qui te ressemble un peu
> Agite une fleur creuse au lever du soleil
> Et compte pour lui seul les minutes où tu l'oublies.
> C'est lui qui sur un pan de ton ombre l'écrit : « Peut-être »
> Et laisse dans ta paume frissonner son « au revoir »
>> Comme des doigts de foin coupé,
>> Comme des doigts de foin séché.

Dans un second temps, l'alibi folkloriste n'étant plus utile, le mendiant noir et blanc devient le Père, tel qu'on peut le voir sur les photographies prises au cours de l'été 1937, et le travail sur la trame des sonorités qui est la marque du style d'Armand Robin est déjà reconnaissable :

> Au village où ne cesse de s'étendre ma première ombre,
> À l'heure où, chatouillées par les doigts rouges de l'aurore,
> L'église sa voisine, la timide bijouterie des bruyères
> Échangent un grand sourire mouillé de pourpre,
> Un vieillard qui mâchonne une herbe jeune et fière
> S'avance en grandissant sous la splendeur de l'éphémère
> Et compte pour lui seul toutes les minutes où tu l'oublies[10].

Des remarques comparables pourraient être faites au sujet d'autres textes comme « Une nuit » (avril 1935), « Crépuscule » (octobre 1936), « Imagerie de la mer » (octobre 1936) pour percevoir la même évolution.

Avec « Travail de joie » (que Jean-Philippe Salabreuil considérait comme le point culminant du recueil[11]), pour la première fois, l'investissement du passé par le langage, autorisé par le thème de « Ma vie sans moi » surgissant à la fin du poème, coïncide avec la

---

10 *Ma vie sans moi*, p. 44.
11 *Cahiers des saisons*, hiver 1965, p. 608.

perception du langage comme matériau personnel, objet de travail et de plaisir :

> Parole fraîche où je cherche un feuillage[12].

Cela, Robin le doit au passage par Essénine.

MIMÉTISME ET TRADUCTION

En effet, et l'on touche ici à une caractéristique importante aussi à signaler pour la compréhension du travail d'Armand Robin dans son ensemble, ses premiers poèmes comportent des zones de mimétisme qui ne sont ni pure réminiscence ni pastiche. On reconnaît aussi (pour s'en tenir à quelques exemples sommaires) la voix de Verlaine :

> Goutte à goutte, épuisante, une rumeur de lune
> Ébruitait sur la mousse humide une musique
> Presque muette ou bien trop pure[13].

Puis, l'instant d'après, celle de Baudelaire :

> Ce vieil étang ressemble-t-il,
> Ma sœur, au désespoir subtil
> Où nos riches pays détruits
> Glissaient, tristes et gris débris[14] ?

voix confondues dans un poème qui pourrait se donner à certains moments pour une imitation pure de Valéry :

> Silence au loin dans la mémoire !
> Garde qu'un sursaut trop songeur
> Au détour d'une pensée brusque
> N'effarouche les blancs nageurs[15].

---

12 *Ma vie sans moi*, 1970, p. 59.
13 « Sans passé », *ibid.*, p. 24.
14 Id. *ibid.* (*Cf.* Baudelaire : « L'invitation au voyage »).
15 Id., *ibid.*, p. 25 (*Cf.* Valéry, « Anne » : « À peine effleurent-ils de doigts errants ta vie / Tout ton sang les accable aussi lourd que la mer, / Et quelque violence aux

Il n'est guère de poème, à vrai dire, qu'épargne l'influence de Valéry. L'imitation a ceci de particulier qu'elle résulte de la fusion de textes parfaitement localisables dans l'œuvre de Valéry mais dissous, détruits, mis en relation avec d'autres textes comme par un travail de traduction, identifiables et méconnaissables – ce qui sera le cas de toutes les traductions de Robin – et que l'on peut parfaitement percevoir ensemble la voix de Robin, celle de Valéry et les réminiscences tout à fait évidentes de Rimbaud, Apollinaire ou Mallarmé. Le propre de ces pastiches mimétiques (pour reprendre le titre de son diplôme d'études supérieures) est d'être le signe d'une capacité à capter, reproduire, relier des traits sémantiques, reconstituer des systèmes stylistiques et les réutiliser mais aussi d'une incapacité à les intégrer : les emprunts de Keats à Shakespeare et de Shakespeare à la Bible sont aussi indiscernables que les citations d'Horace et de Callimaque dans les poèmes d'André Chénier. Il est net que pour Robin, au contraire, les poètes français qu'il prend pour modèles restent objets d'imitation : irréductiblement étrangers.

Or, les abstractions valéryennes cèdent à partir du moment où se sent l'influence d'Essénine. C'est par la traduction que la poésie de Robin trouve sa voix : le passage de la première version de « L'invité des prés » (1938 ?) à la version définitive (sans doute revue en 1939) publiée dans *Ma vie sans moi* montre, on l'a vu, un renoncement au style oratoire ; il manifeste aussi une irruption de mots concret et d'adjectifs inattendus : « l'azur », les « ondes » des premiers poèmes[16] laissent place au gui, au trèfle, à l'abreuvoir. Lorsque Robin écrit

> Moi, l'invité des prés, je ne sais plus ce qu'est l'été
> Et la fourche sanglante qu'est mon chant m'a pénétré
> M'a secoué, m'a rejeté : c'est moi l'ivraie [...]
> Qui me fane très loin du Robin que vous glanez
> Et même si les chevaux ne viennent pas me consoler
> Quand je trempe ma tête dans l'abreuvoir glacé du temps.
> Sur les collines que l'ombre affine en touffes d'attente
> J'ai besoin de la prière craquelante des genêts.

il y a certainement usage du même trope, mais « l'abreuvoir *glacé* du temps » et la « prière craquelante des genêts » sont rendus plausibles par

---

abîmes ravie / Jette ses blancs nageurs sur tes roches de chair. » (*Poésies*, Poésie/ Gallimard, p. 31).

16   « Sans passé », *ibid.*, p. 24 et 29.

l'adjectif (« craquelante » est la première de ces créations verbales qui seront foison dans *Le Temps qu'il fait*). Or, ce que l'on entend comme en surimpression, au loin, derrière ces strophes encore hasardeuses, malhabiles et guindées, c'est la voix d'Essénine :

> L'arbrisseau de ma tête s'est fané[17].
>
> Il brûle et croule en flammes d'or
> Le cierge dont mon corps est la cire[18].
>
> Et maintenant, alors que s'est fanée
> Cette guirlande bouillonnante de mes années d'été
> Ma force de sauvage, de bête blessée,
> Dans mes poèmes la voilà déversée[19].

Essénine fait craquer ce lyrisme tiré à quatre épingles, mêle sa vitalité à cette placide poésie valéryenne. La dernière strophe de « L'invité des prés » (supprimée dans la version définitive) semble bien en apporter le témoignage :

> Et dans le ciel très haut à la droite du Christ,
> Triste malgré les eaux, les taureaux, les taillis,
> Aussi tendre que les vents qui chérirent son suicide,
> Caressant toute ma Bretagne comme une gerbe de sa Russie,
> Essénine giclant de sang impie m'assiste.

Ce que dit cette strophe si gauche confirme ce que Robin écrira en 1943 :

> Dès que je pus lire le russe, je me sentis délivré, mieux, accompagné : j'avais rencontré une langue natale ; j'étais depuis longtemps sevré du breton ; après une longue quête je retrouvais une langue aux mots frais, touchants et violents, animés d'une tendresse barbare encore mal domptée. Ce fut bien mieux dès que je pus connaître Essénine, Maïakovsky : je me sentis traduit : tout ce que j'avais à dire, d'autres, sur une terre autrement poignante, l'avaient crié auparavant ; le plus grand bonheur que je puisse concevoir m'était échu ; j'étais dispensé de mon œuvre et cependant je pouvais la chérir sans m'y choquer à mon importune présence[20].

Cette « dispense » qu'énonce la fin du texte (en 1943, c'est-à-dire à une période où Robin se dispense, en effet, de son œuvre personnelle) semble d'abord avoir été à entendre au sens d'affranchissement.

---

17 Essénine, « La pluie avec ses balais humides… ». *Ma vie sans moi* (1940), p. 70.
18 Id., *ibid.*, p. 74.
19 Id., *ibid.*, p. 71.
20 « Trois poètes russes », *NRF*, février 1943, *Écrits oubliés I*, p. 178.

Faut-il prendre sans réserve la référence à Maïakovski ? Son influence n'est guère perceptible que dans un texte, presque parodique, « Sur la rouge place publique saignante qu'est mon cœur[21] ». Si la correspondance mentionne avec fréquence le travail de traduction de poèmes d'Essénine en 1937 et 1938, il n'est guère question de Maïakovski avant 1939, et d'une façon qui manifeste une forme d'identification tout à fait particulière – une forme d'identification inverse, pourrait-on dire : Robin capte Maïakovski, s'empare de lui. C'est avec lui que l'abus devient le plus manifeste : « J'ai fait don à Maïakovski des 8/10ᵉ de ce qu'il paraîtra être au lecteur français », écrit Robin à Paulhan[22]. Encore faut-il rappeler ici en quelles circonstances la traduction de « Sur une flûte de vertèbres » fut effectuée : en 1939, Elsa Triolet préparait un hommage à Maïakovski pour le dixième anniversaire de sa mort ; elle avait adressé à Jean Paulhan le manuscrit de son *Maïakovski, poète russe, souvenirs* (qui devait paraître aux Éditions sociales internationales en 1940). Elle soutenait que Maïakovski était intraduisible en français et sa traduction n'était, de son propre aveu, qu'un mot à mot[23]. Soit par intérêt pour la poésie de Maïakovski, soit par plaisir de contrarier Elsa Triolet, soit par volonté de mettre Robin à l'épreuve, soit par simple sadisme ou pour tous ces motifs ensemble, Paulhan pria Robin de fournir une traduction des poèmes à inclure dans l'article d'Elsa Triolet – ce qui le mettait, en tant que jeune auteur ayant à faire ses preuves, face à la détentrice des droits, du pouvoir et de la légitimité, en plus du soutien de l'establishment soviétique, dans une position intenable. S'étant totalement investi dans cette traduction et plongé dans la poésie de Maïakovski au point d'y trouver en profondeur des résonances qui devaient le bouleverser jusqu'à sa mort, Robin se heurta de manière violente au couple Aragon/Triolet. Il devait en payer le prix fort en 1944 lorsque Aragon, de retour à Paris, prit le contrôle du Comité national des Écrivains dont il fit un organe du Parti communiste. L'article d'Elsa Triolet fut publié en avril 1939 dans la *NRF*, suivi de la traduction de « Sur une flûte de vertèbres » par Robin, humiliation qu'Elsa Triolet ne devait pas oublier de sitôt.

Il semble bien, à tenter de lire en profondeur ces textes initiaux, que ce soit d'abord la traduction d'Essénine qui rende possible l'émergence de la langue maternelle dans le français et l'émergence de mots liés à l'enfance

---

21   « Temps passés ».
22   1939, sans date précise.
23   *Le Temps traversé*, correspondance Aragon-Paulhan-Triolet, Paris, Gallimard, 1994, p. 39.

dans une thématique abstraite : cette langue maternelle, nocturne, ambiguë qu'appelait le premier texte (cette « nuit dévoreuse de mensonge ») se
réalise progressivement comme langue de confluence. L'assouplissement,
le passage de l'abstrait au concret, la simplification dont témoignent les
textes de 1938 et l'usage retourné de la métaphore, employée non plus
pour dissimuler l'absence de réel sous des abstractions symboliques mais
pour manifester l'abstrait, lui donner force de présence : tout semble rapprocher ces textes des fragments du premier cycle du pays natal[24] et d'un
article comme « Celui qui ne peut meurtrir », lui aussi rédigé en 1938 :

> En chaque poème de Supervielle hésite au moins la vertu d'une eau frêle,
> d'un ciel tremblant d'aurore, d'une clairière menacée d'ombrage. C'est renaître
> au monde que d'en chérir la fragilité, c'est renaître à la poésie que de chérir
> dans les mots leur réalité[25].

Considéré dans cette perspective – en relation avec les textes que l'on
pourrait dire matriciels – le volume de *Ma vie sans moi* apparaît comme
blocage d'un mouvement d'expansion.

L'idée de rassembler ses textes en volume est exprimée par Robin dès
la fin de l'année 1938 : « Je voudrais bien publier cet hiver un recueil de
poèmes. Alors, vous pourriez peut-être m'aider à le faire éditer[26] ? », écrit-
il à Jean Guéhenno. Si le livre est intéressant, c'est d'abord parce qu'il
invite à une lecture transversale, prenant en miroir poèmes personnels
et traductions, mais il immobilise ce qui aurait pu prendre ampleur et
profondeur. Robin paraît, d'ailleurs, s'en rendre compte, comme le montre
le texte intitulé « À mes dépens », donné pour préface à *Ma vie sans moi* :

> Il me semble déjà sentir à quel point dans quelques années ces poèmes
> m'assureront de quoi me gronder moi–même : j'ai eu, bien à moi, dès mes
> premiers instants, les buissons, les arbres, les chevaux, les paysans, je suis
> presque certain qu'au moment d'écouter les légendes de la fraîcheur le lecteur
> entend rôder, intruses parmi les herbes, les dernières rumeurs de mon effort.

---

24 Que j'ai publié avec les photographies d'Armand Robin (*Le Cycle du pays natal*, La Part
    commune, 2000 et 2010).
25 *Écrits oubliés I*, p. 97-98 (*Regains*, été 1938).
26 Lettre sans date, probablement novembre ou décembre 1938. Une lettre à Jean Paulhan
    témoigne du même désir, d'autant plus impérieux qu'entravé de contradictions : « Est-il
    vraiment nécessaire que je publie un recueil de poèmes ? Je ne définis pas bien mon
    sentiment là-dessus […]. Je puis […] vous apporter le manuscrit, qui contient environ
    1100 vers. » Lettre du 16 novembre 1938.

J'aime à rêver d'une poésie qui serait une grande chose simple ; il ne peut sans doute être bon que la beauté ait honte d'être humaine. Depuis quelques générations beaucoup parmi les poètes les plus authentiques n'ont guère écrit que de la poésie pour poètes ; cette poésie a sa grandeur propre, elle a donné naissance à quelques-uns des chefs d'œuvre de notre langue, mais il faut avouer que malgré sa beauté elle n'a pas aujourd'hui encore conquis la confiance des hommes[27].

Le volume, paru au début de l'Occupation, est bien accueilli, parce qu'il s'accorde aux thèmes à la mode – ce qu'un critique hostile à *La Nouvelle Revue française* dirigée par Drieu énonce d'une phrase : « Il n'y a guère plus à dire de ce "retour à la terre" tout verbal, moins significatif que l'article "Domaine terrestre", du même auteur, paru en janvier[28] ». Il a aussi l'avantage d'offrir une rhétorique poétique assez rassurante : le fait qu'en 1942 Robin compte au nombre des lauréats possibles du prix de l'Académie Mallarmé en est le signe ; le fait que ce prix soit attribué finalement à Yanette Delétang-Tardif, « fille poétique de Valéry[29]... » est également significatif.

Cependant, les critiques qui prennent la peine de le lire avec attention[30], montrent tous Robin en contradiction avec lui-même, signalent qu'il ébauche des solutions plausibles à des problèmes qui se posent alors et que, dans le même temps, il dérobe cette ébauche sous divers alibis de bon aloi. « Il étouffe dans son alexandrin libéré », écrit encore Jean-José Marchand[31]. C'est un encouragement acerbe, mais un encouragement, et d'autant plus énergique qu'il vient d'un critique qui ne se soucie pas de ménager Robin. Georges-Emmanuel Clancier ne fait guère que confirmer aimablement ce qu'écrit J.-J. Marchand :

> Après la poésie-apparition d'Éluard et de ses disciples, de jeunes poètes semblent s'attacher plus patiemment à révéler toutes les chances de l'homme [...]. Le recueil d'Armand Robin, *Ma vie sans moi*, marque bien cette volonté de

---

27 Cette préface, « À mes dépens », a été supprimée lors de la réédition de 1970.
28 Jean-José Marchand, *Poésie 41* n° 3, février, p. 93.
29 *Le Figaro*, samedi 27 juin, p. 3 (non signé). Le prix Mallarmé avait été créé en 1937. Les autres lauréats possibles étaient Maurice Fombeure, Georges Pillement, André Roland de Renéville, Pius Servien et Paul Lorenz, auteurs que rien ne rapprochait, sinon le fait qu'ils étaient tous plus âgés qu'Armand Robin.
30 Et sans doute n'est-il pas si courant qu'un premier livre soit lu avec une telle attention par trois critiques des principales revues littéraires du temps, Drieu la Rochelle, Jean-José Marchand, Georges-Emmanuel Clancier.
31 *Poésie 41*, mai, p. 93.

salut s'étendant à tout l'horizon du poète. Les paysans, le village, la campagne et tous ses charmes simples, il leur demande les plus sûrs secours [...]. De l'ampleur même de cette poésie naît par moments sa secrète faiblesse : il lui faut aller du simple récit [...] jusqu'aux drames abstraits de l'âme que suggère un symbolisme, à mon sens parfois un peu trop mallarméen[32].

Et Drieu la Rochelle résume très bien l'opinion générale : « Il y a dans la préface qu'Armand Robin a mise à ses poèmes une protestation contre la "poésie pour poètes", contre la poésie trop complaisante à l'aveu de ses énigmes qui est d'autant plus frappante qu'elle n'est pas suivie d'effets[33] ». En somme, Robin promet ce que l'on attend mais il ne le donne pas. Il s'en approche mais pour s'en éloigner. « Il s'est le mieux sauvé là où il s'est le plus perdu », ajoute Drieu. « Dans ces poèmes, les plus vifs sont les moins réguliers. Et pourtant on y regrette que la vivacité y crie dans un cercueil[34] ».

La perplexité de Drieu vaut ici, comme celle de J.-J. Marchand, pour approbation : il suffit de lire les *Fragments* les plus anciens pour constater que le travail simplifié, assoupli, attendu comme accomplissement des promesses de *Ma vie sans moi* était possible, voire déjà disponible. Robin pouvait continuer d'écrire : sa poésie était assurée de rencontrer un accueil unanimement favorable. Elle lui valut une bourse Blumenthal, ce qui était une sorte de consécration officieuse[35]. Or, ce demi-volume est son premier et son dernier recueil de poèmes : sa poésie commence et s'arrête là. Robin, en 1940, était déjà passé à autre chose, qui détruit de l'intérieur le travail de *Ma vie sans moi* – c'est-à-dire la seconde partie du livre, constituée de traductions, et qui ouvre sur *Le Temps qu'il fait*.

---

32 *Esprit*, mars 1941, p. 343.
33 *NRF*, décembre 1940, p. 112.
34 Id., *ibid.*
35 *Le Figaro*, 27 juin 1942, p. 3.

TRADUCTION

Le grand avantage d'une traduction est
que personne ne vous en saura gré… Puis
c'est autant de gagné sur son propre poème.
Fragment posthume.

Il est remarquable que le travail de traducteur de Robin semble, dès l'origine, voué à l'oubli : les critiques qui l'appellent à produire la poésie que, de fait, il écrit – et qui font preuve, en somme, chacun à leur façon, d'une indéniable lucidité – s'accordent également pour ne rien dire des traductions[1]. La manière la plus radicale de n'en rien dire est celle de Drieu la Rochelle, qui ne les mentionne même pas. G.-E. Clancier procède par escamotage, leur consacrant quatre lignes au terme d'un article de quatre pages – mais ces quatre lignes se réduisent à une demi-ligne si l'on y regarde plus attentivement – encore est-ce beaucoup dire, car l'allusion aux traductions consiste à les englober, après les avoir réduites à trois, comme annexe du sujet, dans ce sujet même : « Les poèmes d'Armand Robin et des traductions par cet auteur d'Essénine, de Juljan Tuwim, d'Edgar Poe, composent un beau livre où la vie d'un homme s'affirme, fraternelle en sa solitude, plus fort que les sombres tâtonnements des peuples[2] ». Jean-José Marchand, lui, procède par louange : ayant blâmé la traduction de « Nuit sur la grandeur », il qualifie toutes les autres de magnifiques : « Le Corbeau » est « très beau », « La "Vie d'Essénine par un paysan de la région de Riazan" et les poèmes d'Essénine sont admirables », « les traductions du Polonais Tuwim et d'Anton Tchékhov sont excellentes », « le sommet du livre est la "Prière du guetteur" du poète vannetais J.-P. Calloc'h (1888-1917) traduit du

---

1   Rappelons que les traductions qui font l'objet de ce chapitre peuvent être lues dans le
     second volume d'*Écrits oubliés* ainsi que l'introduction « Étonnements du traducteur » à
     laquelle il est fait référence ci-après. L'édition de 1940 est, bien sûr, difficile à trouver.
2   *Esprit*, mars 1941, p. 343 (c'est moi qui souligne).

gaélique[3] ». La transformation du vannetais en gaélique indique suffisamment que les éloges ne disent pas grand-chose de plus que le silence de Drieu.

Silence d'autant plus étonnant que Jean-José Marchand consacrait le même mois une note de lecture à *L'Amateur de poèmes* de Jean Prévost, livre que Robin devait commenter lui aussi, et qui témoigne d'une entreprise à la fois très proche et radicalement opposée à la sienne. En effet, *L'Amateur de poèmes*, publié la même année que *Ma vie sans moi*, et dans la même collection[4], est l'une des premières tentatives de traduction poétique raisonnée, c'est-à-dire prenant en compte la rime, le mètre, l'organisation en strophes comme éléments signifiants – éléments à prendre en compte mais pour les transposer. Jean Prévost se réclame de Chénier[5] et, par là, signifie que la traduction, dans son essence même, ouvre sur le renouvellement des thèmes et des formes poétiques. « Il appelle de ses vœux une poésie nouvelle sur des rythmes populaires (ce qui peut paraître curieux de la part de ce normalien très "homme de lettres") », écrit J.-J. Marchand[6]. Ce n'est pas très curieux : l'appel est alors unanime, à en juger d'après les déclarations de Robin (notamment dans sa préface « À mes dépens »), celles de Drieu et de J.-J. Marchand lui-même. « L'air de ronde pour lutins » qu'il cite comme modèle de réussite est, du reste, un exemple de « poésie nouvelle sur des rythmes populaires » – poésie plus ou moins librement dérivée de chansons bretonnes, d'ailleurs. « Serait-il impossible d'avoir en France une poésie inspirée par la chanson populaire, sans en être pourtant le centon ni la parodie ? Je le suppose. L'Espagne nous a donné déjà cet exemple. Et c'est pourquoi les poésies populaires espagnoles et les poésies de Federico Garcia Lorca tiennent la place la plus ample parmi mes traductions. En Espagne comme en France, populaire est le contraire de vulgaire ; la poésie populaire est l'amie du mystère, de l'image hasardeuse, de l'extrême brièveté. Nous n'avons pas encore eu de Lorca », note Jean Prévost[7]. Si la constatation reste vraie, c'est néanmoins à cette époque que Desnos, dont

---

3   *Poésie 41*, mai, p. 93.
4   La collection « Métamorphoses », créée dans le prolongement de la revue *Mesures* fondée par Paulhan, avait pour but d'accueillir des textes brefs de jeunes écrivains (« Toute "l'écurie paulhanienne" s'y retrouve : Audiberti, Michaux, Artaud, Thomas, Leiris, Caillois, Boissonnas, Dubuffet, Lubin, Bisiaux, Supervielle, Lambrichs, Chaissac, Jaccottet, Judrin, Oster, Bauchau », indique l'actuel site des édtions Gallimard).
5   Tout en indiquant qu'il a pris le parti de « différer de lui » dans la traduction de Théocrite.
6   *Poésie 41*, mai, p. 93.
7   *L'Amateur de poèmes*, Gallimard, 1940, p. 9.

Robin se moquera d'ailleurs bien souvent et bien injustement[8], compose ses *Chantefables* et que Maurice Fombeure, lui aussi normalien, proche, comme Robin à un certain moment, de l'École de Rochefort, publie ses *Chansons du sommeil léger*. Il semble que l'on retrouve alors une veine qui s'était perdue depuis Nerval (dont les traductions du *Faust* de Goethe s'inspirent d'anciennes chansons françaises), depuis Verlaine et Vicaire.

C'est une poésie simple mais ce n'est pas une poésie facile, l'exemple de Lorca le montre assez bien – et si les traductions de poèmes du *Romancero gitan* et de *Bodas de sangre* par Jean Prévost sont remarquables (sans doute restent-elles les meilleures à ce jour), en revanche les chansons de Robin paraissent contraintes : l'évolution entre « La fiancée du sabotier » ou « L'air de ronde pour Bretons » et « L'air de ronde pour lutins » est claire : du respect d'une forme stricte, sinon classique[9], impératif pour ce genre de poésie, Robin est passé à une forme savamment irrégulière, les strophes devenant des laisses, les rimes des assonances :

> Dans ce dernier de tous mes siècles je peine avec les paysans.
> Doux bûcheron du clair de lune, j'entasse des copeaux d'argent.
>
> Sans espoir j'en fais des clairières. Je ne dois plus dorénavant
> Saisir un souvenir sur terre. Pour m'égayer j'ai fait ce chant[10].

Cet exemple n'est pas choisi au hasard : c'est, dans le travail de Robin, une zone de confluence – confluence de la poésie personnelle et de la traduction à l'intérieur de la partie du volume apparemment réservée à la poésie seule, bien séparée de la traduction : puisqu'il s'agit, en fait, d'une traduction lointaine mais d'une traduction de complainte, de même que « La fiancée du sabotier » semble inspirée de « Mellezourou arc'hant » ou d'une chanson proche et « L'air de ronde pour Bretons » d'un chant à danser[11]. Le même phénomène se produit dans la seconde

---

8   Notamment, donnant la parole à la pie dans *Le Temps qu'il fait* : « Pourquoi dit-on que je bavarde, que je desnose, desnosite, desnosotise ? Jamais ne m'écouter, pourquoi ? Ne suis-je pas grand chantre, moi la pie ? » (éd. 1942, p. 105).

9   Les exigences étant limitées en l'occurence (comme le faisait déjà observer Nerval) à l'emploi d'un mètre régulier et d'une rime suffisante (réduite à un seul élément vocalique).

10 *Ma vie sans moi*, 1970, p. 52.

11 Selon le témoignage d'Hippolyte Robin, quelques fragments de *Ma vie sans moi* auraient été traduits directement du breton : « Mon frère a dû apprendre ces chansons avec moi en breton et il les a traduites en français sur le livre. On apprenait ça dans les battages et les arrachages de pommes de terre. Tous les jeunes comme moi, dans ce temps-là, savaient "chanter à danser" mais, lui, il n'y avait que la lecture qui comptait pour lui »

partie du volume, elle, réservée aux traductions et qui s'ouvre par une
« vie d'Essénine » qui est prétendument ce que J.-J. Marchand aurait
désigné comme « poésie populaire paysanne » russe.

RETOUR AU PREMIER TRAÎTRE

D'un côté, fausse poésie personnelle, impossible traduction de la langue
maternelle en langue française écrite[12], de l'autre, fausse traduction, poésie rendue possible par le recours à une langue maternelle substitutive : c'est ce que
Robin appelle « le plus déconcertant de tous les biais » dans le texte qui ouvre,
avec la seconde partie de *Ma vie sans moi*, toute son œuvre de traducteur :

> Traduire un poème c'est conclure une alliance avec un premier traître ;
> confronté au réel du bon sens, tout beau poème est par nature un contre-sens
> orienté par l'harmonie ; rien ne doit, rien ne peut dispenser le poète traducteur
> de l'impérieux devoir de créer dans une autre langue un contre-sens équivalent[13].

L'ART DU FAUX

Toutes les explications qui précèdent (l'inspiration comme perception
océanique, vision profonde, et l'incertitude, la remontée vers l'attention

---

(enregistrement de février 1980, traduit du breton). Hippolyte Robin signalait qu'il était,
à sa connaissance, le seul chanteur de *kan ha diskan* de sa famille et qu'il ne se souvenait
pas d'avoir entendu son père chanter une seule fois (contrairement à ce qu'indique *Le Temps
qu'il fait* et contrairement à ce que répètent bien des commentateurs). Hippolyte Robin
ne se rappelait que quelques chansons de Philomène Cadoret. Il n'était pas en mesure
de citer les chants qui auraient pu servir de référence aux poèmes de *Ma vie sans moi*.

12   Impossibilité que Robin dénonce en maints endroits (« J'aimais d'autant plus les langues
étrangères / Pour moi pures, tellement à l'écart : / Dans ma langue française (ma seconde
langue) il y avait eu toutes les trahisons… » (*Le Monde d'une voix*, 1968, p. 119). Ou encore :
« En langue française de mon temps, ce qu'on nommait poésie semblait souvent mauvaise
traduction. Je fus malheureux. Fuyant cet enfer, cheminant d'ère en ère, me combattant à
chaque pas, je me fis tous les grands poètes de tous les pays de toutes les langues » (*Poésie
non traduite I*, p. 11). Ces essais de poésie française inspirée du breton (ceux du *Temps qu'il
fait* comme ceux de *Ma vie sans moi*) témoignent aussi de cette impossibilité. S'il y a dans
l'« Air de ronde pour Bretons » un écho affaibli des airs de *kan ha diskan*, fortement rythmés,
qui se chantent aussi bien sur des paroles de complaintes, l'impression tragique, grandiose
d'une fatalité unanime à laquelle on consent est perdue dans le poème de Robin.

13   « Étonnements du traducteur », *Ma vie sans moi*, 1940, p. 65.

consciente comme « douloureuse hésitation[14] ») ne sont que tâtonnement vers cet aveu : il n'y a pas lieu de traduire (de transférer l'autre à soi) mais de trahir : emprunter l'identité d'un autre – un « premier traître » – pour retrouver le chaos oscillant de la langue maternelle – et accomplir un contre-sens équivalent.

C'est ce que *Le Temps qu'il fait* mettra en scène sous forme symbolique : le Père, ayant avoué avoir tué son propre père, offrant un livre à son fils et lui donnant ainsi « de quoi parler pour toujours » – ce dont *Ma vie sans moi* présente une première image inversée puisque le Père est supposé déclarer : « J'apprends à lire maintenant que te voilà poète[15] » (déclaration assez pathétique lorsqu'on sait que le père Robin se servait pour allumer son feu de l'exemplaire du *Ma vie sans moi* qui lui avait été dédicacé). Dans ce jeu de miroirs dont le livre est le centre, et le terme, le point vers où tout converge, la traversée du miroir équivaut à une disculpation : il ne s'agit plus de commettre une faute mais de redoubler une faute antérieure, en l'avouant et l'annulant par l'aveu – l'autre, le double, n'étant séparé de soi que par « le négligeable obstacle d'un langage qu'il lui suffit d'effleurer pour qu'il ne soit déjà plus[16] ». Il est évident que le scandale est là : dans cette transgression au nom d'une illusoire transparence, cette folie de se prétendre traduit par les autres, et que ces autres soient Poe, Tchekhov, Rilke ou Maïakovski, tous sans liens, sans parenté – ni entre eux ni avec Robin.

Trois ans plus tard, dans l'essai « Trois poètes russes », il reprendra tranquillement la même affirmation :

> Dès que je pus lire le russe, je me sentis délivré, mieux, accompagné : j'avais rencontré une langue natale [...] Ce fut bien mieux dès que je pus connaître Essénine, Maïakovski : je me sentis traduit[17].

Ce « je me sentis traduit » à partir duquel tout bascule, – et la traduction s'anéantit alors, se donne pour « non-traduction » – c'est d'abord Essénine qui le provoque. Et c'est dans le bouillonnement, l'incertitude, le mouvement de

---

14   Ce qui correspond à ce qu'Anton Ehrenzweig analyse comme phases de projection et d'introjection : une phase de scanning ou vision profonde permettant l'intégration inconsciente des éléments de la structure globale de l'œuvre, suivie d'une phase de reprise des éléments projetés – qui sont alors perçus par l'analyse consciente comme fragmentaires, incohérents, décevants (*L'Ordre caché de l'art*, collection « Tel », Gallimard, p. 142-143).

15   *Ma vie sans moi*, 1970, p. 32.

16   « Étonnements du traducteur », *Ma vie sans moi*, 1940, p. 65.

17   Texte cité plus haut. Repris in *Écrits oubliés I*, p. 178.

tâtonnement et d'expérimentation qui entourent les premières traductions
que l'on perçoit le mieux la complexité du travail de Robin.

L'idéal que s'assigne le traducteur demeure, quoique la notion de fidélité
ait varié au cours des âges, la transparence absolue ; il s'agit de « devenir un
verre si transparent qu'on croie qu'il n'y a pas de verre », écrit Gogol[18], et
Chateaubriand, pour présenter sa traduction du *Paradis perdu* : « J'ai calqué le
poème de Milton à la vitre[19] » (alors même qu'il traduit en prose un poème
rigoureusement versifié…). Quels que soient les arguments développés par
les innombrables partisans de la traductibilité de la poésie – et par leurs
adversaires tout aussi farouchement attachés à démontrer l'impossibilité
de traduire la poésie, tous s'accordent au moins sur ce point : il n'y a de
traduction que par l'absence du traducteur. Que cet effacement soit jugé
possible, toutes les raisons théoriques et pratiques en faveur de la traductibilité s'ensuivent ; qu'il soit jugé impossible, tous les arguments contraires
peuvent en découler. Il est à observer que si les traducteurs ne font pas
forcément preuve de la même sérénité que Chateaubriand, tous estiment
néanmoins s'être faits le plus invisibles qu'ils pouvaient. Sauf à pratiquer ce
qu'Efim Etkind appelle « traduction-imitation », comme Verlaine écrivant
à seize ans le poème « Imité de Cicéron[20] », ou à récrire *Le Moine* de Lewis
comme Artaud, chaque traducteur, quitte à déplorer ses insuffisances ou
celles de sa propre langue, « calque », comme l'écrit Mallarmé[21], « trans-
vase », comme l'écrit Marguerite Yourcenar[22], propose une « peinture de
la peinture originale », comme l'écrit Robert Vivier[23] ou un « moulage »,
comme l'écrit Baudelaire[24] – bref, « c'est la même musique jouée sur un

---

18   Cité par G. Mounin, « Les belles infidèles », *Cahiers du Sud*, 1955, p. 111.
19   « Tout le monde, je le sais, a la prétention d'exactitude », ajoute-t-il, il est vrai., « je ressemble
      peut-être à ce bon abbé Leroy, curé de Saint-Herbland de Rouen et prédicateur du roi : lui aussi
      a traduit Milton, et en vers ! ». La traduction de Chateaubriand est, elle, en prose (« *Le Paradis
      perdu* de Milton », *in* Chateaubriand, *Œuvres complètes*, t. XXXV, Pourrat éd., 1840, p. VII).
20   Cité par Efim Etkind, *Un Art en crise, essai de poétique de la traduction poétique*, L'Âge
      d'Homme, 1982, p. 27.
21   *Œuvres complètes*, collection « La Pléiade », Gallimard, 1979, p. 1517. Mallarmé parle à
      propos de ses traductions d'Edgar Poe de « ces calques d'un inimitable poëte ».
22   *La Couronne et la Lyre*, Gallimard, 1979, préface, p. 10.
23   « Le traducteur tentera à son tour une peinture de cette peinture en la transposant dans
      un coloris nouveau où il s'efforcera de conserver les relations et l'effet général de l'œuvre
      primitive ». *Traditore*… Bruxelles, Palais des Académies, 1960, p. XI.
24   À propos de sa traduction du « Corbeau » de Poe : « Dans le moulage de la prose appliqué
      à la poésie, il y a nécessairement une affreuse imperfection ; mais le mal serait encore plus
      grand dans une singerie rimée » (La genèse d'un poème, *Revue française*, 20 avril 1859. Repris
      in *Les Poèmes d'Edgar Poe*, traduction de Stéphane Mallarmé, Poésie/Gallimard, 1982, p. 160).

autre instrument[25] » ou la même peinture copiée avec des moyens différents : ce que montre l'illustration du livre d'Efim Etkind, « traduction » par Van Gogh du tableau de Millet, « Le Moissonneur ». Il s'agit, de toute façon, de s'en tenir à une dialectique du même et de l'autre qui aboutisse au semblable.

Sous des apparences bien pensantes, voire dévotes, invoquant « l'inspiration » et le « miracle » qui a permis aux mots d'être poésie, l'introduction de Robin procède à un total renversement de perspective : revendiquer pour sienne « l'inspiration » de tous les autres, revient à énoncer – non sans ironie – que l'imitation a déjà eu lieu, qu'il n'y a donc qu'à reprendre son bien propre – ou plutôt à reconnaître qu'il n'y a pas de « bien propre », que tout poème est à celui qui le lit et que celui qui le lit n'existe que dans la mesure où il n'est personne. Aussi libre, indifférencié, dans l'acte de lecture que « le premier traître », l'auteur : se connaissant par lui dans un mouvement de va-et-vient comparable à celui qu'Anton Ehrenzweig décrit comme mouvements de projection et d'introjection – la lecture, avant même la traduction (en tant que traduction) supposant un glissement, une labilité mentale semblable chez l'auteur et son double[26]. S'arroger « l'impérieux devoir » de créer un « contre-sens équivalent » ne va pas sans insolence – principalement à l'égard de la traduction universitaire, soucieuse d'abord de s'en tenir au respect de la signification sans prise en compte de la forme. On pourrait penser que Robin, ici encore, parle en disciple de Valéry :

> La fidélité restreinte au sens est une manière de trahison. Que d'ouvrages de poésie réduits en prose, c'est-à-dire à leur substance significative, n'existent littéralement plus. Parfois, l'absurde à l'état libre pullule sur ces cadavres déplorables, que l'Enseignement multiplie, et dont il prétend nourrir ce qu'on nomme les « Études ». Il met en prose comme on met en bière.
>
> C'est que les plus beaux vers du monde sont insignifiants ou insensés, une fois rompu leur mouvement harmonique et altérée leur substance sonore, qui se développe dans leur temps propre de propagation mesurée, et qu'ils sont substitués par une expression sans nécessité musicale intrinsèque et sans résonance. J'irai même jusqu'à dire que plus une œuvre d'apparence poétique survit à sa mise en prose et garde une valeur certaine après cet attentat, moins elle est d'un poète. Un poème au sens moderne (c'est-à-dire paraissant après une longue évolution et différenciation des fonctions du discours) doit créer l'illusion d'une composition

---

25 La Harpe, *Le Lycée*, Paris 1816, p. 152.
26 Gérard Genette : « Le temps des œuvres n'est pas le temps défini de l'écriture, mais le temps indéfini de la lecture et de la mémoire. Le sens des livres est devant eux et non derrière, il est en nous : un livre n'est pas un sens tout fait, une révélation que nous avons à subir, c'est une réserve de formes qui attendent leur sens. » *Figures*, Éditions du Seuil, 1966, p. 132.

indissoluble de son et de sens, quoiqu'il n'existe aucune relation rationnelle entre ces constituants du langage, qui sont joints mot par mot dans notre mémoire, c'est-à-dire par le hasard, pour être à la disposition du besoin, autre effet du hasard[27].

Cela rejoint la conclusion de Jakobson : « En poésie, les équations verbales sont promues au rang de principe constructif du texte [...] ; la paronomase règne sur l'art poétique ; que cette domination soit absolue ou limitée, la poésie, par définition, est intraduisible. Seule est possible la transposition créatrice[28] ». « Transposition créatrice » : c'est, avec le principe de non-ingérence, le seul point sur lequel semblent s'accorder à présent les partisans de la possibilité de traduire la poésie et les partisans de l'impossibilité – les premiers se trouvant contraints de déployer beaucoup d'efforts pour concilier le premier principe (de l'absence) avec le second (de l'intervention créatrice). La notion de transposition créatrice reste, d'ailleurs, des plus floues – « un contre-sens équivalent », selon la formule de Robin – seulement, si le contre-sens résout le hiatus logique (autorisant l'intervention d'un « second traître ») l'équivalence doit être maintenue, fût-ce comme apparence. Et, d'une part, les apparences sont vraies : rien n'interdit de lire les poèmes d'Essénine, de Maïakovski, de Tuwim ou Poe comme traductions. Robin lui-même y invite, et de façon d'autant plus insistante qu'il y a là aussi un alibi grâce auquel le jeu doit pouvoir se jouer. Mais d'autre part, les apparences sont fausses : c'est ce que diront le « je me sentis traduit » de « Trois poètes russes[29] » et le « Je me traduisis en Ady » de la préface « L'un des autres que je fus » – seulement l'identification sera alors perte d'identité : impossible retour à soi.

Toute l'ambiguïté du travail de Robin réside dans cette incompatibilité entre une apparence vraie – mais qui n'est qu'apparence – et une réalité mensongère : le jeu en ce qu'il a de vrai, de profond, est écriture de poésie, travail identique à celui de l'autre, du « premier traître », semblablement dissimulé, usant de la langue comme d'un travestissement transparent.

ESSÉNINE : « LITTÉRAL ET INTÉGRAL » ?

L'insistance avec laquelle il exalte et revendique l'exactitude de ses traductions attire l'attention et finit par surprendre. Les manuscrits des

---

27   Paul Valéry, *Œuvres*. Pléiade, Gallimard, 1968, tome I, p. 211.
28   *Essais de linguistique générale*, Minuit, 1963, p. 86.
29   *Écrits oubliés I*, p. 178.

traductions d'Essénine remis à Jean Paulhan indiquent : « Deux poèmes traduits du russe. Traduction littérale et intégrale (système de rythmes, rimes, assonances et allitérations le même qu'en russe) » – ce qui confirme les affirmations de la lettre du 5 avril 1937 à Jean Paulhan : « Le détail qui m'a donné le plus de peine était de transposer en français les assonances (mêlées parfois de rimes) du texte russe en gardant les mêmes intervalles et en conquérant le même timbre ». Il est vrai que, Jean Paulhan se trouvant détenteur d'un pouvoir considérable[30], l'attitude de Robin, entre deux phases de révolte ouverte, a consisté la plupart du temps à utiliser, et ainsi soumettre, le pouvoir, le faire servir ses propres desseins : aussi les contre-vérités ironiques ne manquent-elles pas et la correspondance tend elle-même vers la fiction détournée. Ce n'est pas le cas ici, ou, du moins, pas entièrement, l'exagération étant trop abusive pour ne pas s'annuler comme telle, et manifester de manière indirecte une insistance sur une donnée méritant d'être prise au sérieux ; – or, cette donnée primordiale – à en croire Robin – qui est une exigence extrême de fidélité au texte, semble, à première vue, relever de la plaisanterie. Il suffit d'examiner les textes (en l'occurrence, « Хулиган » (xuligan) (Le voyou), titre remplacé dans *Ma vie sans moi* par l'incipit « La pluie avec ses balais humides[31]... ») pour constater que le titre a été supprimé[32], que la distribution en strophes a disparu et que le « système de rimes », comme l'écrit Robin, a été complètement modifié. La meilleure manière d'amener le lecteur à juger étant de lui donner le matériau disponible, le texte russe et sa transcription[33] seront suivis d'un mot à mot[34] et de la version du texte par Robin comportant un schéma destiné à mettre en évidence le « système de rimes ».

---

30 Considérable mais fondé sur la seule reconnaissance d'un talent quand l'autorité de Jean Guéhenno se doublait d'une reconnaissance officielle (il avait été le professeur de Robin). La correspondance avec Jean Guéhenno est beaucoup plus fiable – comme si son pouvoir gardait, malgré la rébellion, un caractère légitime. Le ton des lettres de Robin à Supervielle est plus ouvert – mais il s'agit toujours de lettres anodines. Elles permettent surtout de sentir par contraste la tension qui rend si pénible la lecture des lettres à Jean Paulhan.

31 Le second poème est probablement « Je suis le dernier poète des villages... ».

32 Suppression incompréhensible, *xuligan* (le voyou) introduisant un thème bien vu et bien mis en évidence par Robin – à moins qu'il n'ait voulu en effaçant le titre effacer l'opposition entre Essénine (le voyou) et Maïakovski (le poète prolétarien), titre qu'il efface aussi dans le cas de Maïakovski.

33 Je dois cette transcription, ainsi que les suivantes, à Irène Fougeron.

34 Le mot à mot a été établi, pour tous les textes russes, par André Markowicz.

Xuligan

Doždik mokrymi mjotlami čistit
Ivnjakovyj pomjot po lugam.
Pljujs'ja, veter, oxapkami listjev -
Ja takoj že, kak ty, xuligan.

Ja ljublju, kogda sinie čašči,
Kak s tjažoloj poxodkoj voly,
Životami, listvoj xripjaščimi,
Po kolenkam marajut stvoly.

Vot ono, mojo stado ryžee!
Kto ž vospet' evo lučše mog ?
Vižu, vižu, kak sumerki ližut
Sledy čelovečix nog.

Rus' moja, derevjannaja rus' !
Ja odin tvoj pevec i glašataj.
Zverinyx stixov mojix grust'
Ja kormil rezedoj i mjatoj.

Vzbrezži, polnoc, luny kuvšyn
Začerpnut' moloka berjoz !
Slovno xočet kovo pridušit'
Rukami krestov pogost !

Brodit čjornaja žut' po xolmam,
Zlobu vora struit v naš sad.
Tol'ko sam ja razbojnik i xam
I po krovi - stepnoj konokrad.

Kto vidal, kak v noči kipit
Kipjačonyx čerjomux rat' ?
Mne by v noč v goluboj stepi
Gde-nibud' s kistenjom stojat' !

Ax, uvjal golovy mojej kust,
Zasosal menja pesennyj plen.
Osuždjon ja na katorge čustv
Vertet' zernova poem.

No ne bojsja, bezumnyj vetr,
Pljuj skokojno listvoj po lugam.
Ne sotrjot menja klička "poet",
Ja i v pes'njax, kak ty, xuligan.

ХУЛИГАН

Дождик мокрыми метлами чистит
Ивняковый помет по лугам.
Плюйся, ветер, охапками листьев —
Я такой же, как ты, хулиган.

Я люблю, когда синие чащи,
Как с тяжелой походкой волы,
Животами, листвой хрипящими,
По коленкам марают стволы.

Вот оно, мое стадо рыжее!
Кто ж воспеть его лучше мог?
Вижу, вижу, как сумерки лижут
Следы человечьих ног.

Русь моя, деревянная Русь!
Я один твой певец и глашатай.
Звериных стихов моих грусть
Я кормил резедой и мятой.

Взбрезжи, полночь, луны кувшин
Зачерпнуть молока берез!
Словно хочет кого придушить
Руками крестов погост!

Бродит черная жуть по холмам,
Злобу вора струит в наш сад.
Только сам я разбойник и хам
И по крови — степной конокрад.

Кто видал, как в ночи кипит
Кипяченых черемух рать?
Мне бы в ночь в голубой степи
Где-нибудь с кистенем стоять.

Ах, увял головы моей куст,
Засосал меня песенный плен.
Осужден я на каторге чувств
Вертеть жернова поэм.

Но не бойся, безумный ветр,
Плюй спокойно листвой по лугам.
Не сотрет меня кличка «поэт»,
Я и в песнях, как ты, хулиган.

LE VOYOU
(mot à mot)

La pluie avec [ses] balais mouillés nettoie
La crotte des osiers sur / dans / les prés.
Crache, vent, par brassées de feuilles,
Je suis, comme toi, un voyou.

J'aime, quand les forêts bleu-foncé,
Comme par leur démarche lourde les bœufs
Par leurs ventres, leur feuillage, râlant,
Jusqu'aux genoux tachent leurs troncs, salissent.

Le voici, mon troupeau roux !
Qui pouvait le chanter mieux ?
Je vois, je vois, comme le crépuscule lèche
Les traces des pieds humains.

Ma Russie, ma Russie de bois !
Je suis ton seul chanteur et héraut.
De mes vers bestiaux la tristesse fauve
Je nourrissais de réséda et de menthe.

Fais briller [irradie], nuit, de la lune la cruche
Pour puiser [prendre une bolée] du lait des bouleaux,
[C'est] comme si voulait étouffer quelqu'un
Par les mains des croix le cimetière.

Erre la noire angoisse dans les collines
[Faisant] gicler la méchanceté du voleur dans notre jardin.
Mais moi-même je suis un bandit et un salaud
Et – dans mon sang – un voleur de chevaux des steppes.

Qui a vu comme dans la nuit bouillonne
Des cerises ébouillantées l'armée ?
Je devrais dans la nuit dans la steppe bleu-ciel
Quelque part avec un bâton être debout.

Ah, s'est fané de ma tête le buisson,
M'a sucé du chant la captivité.
Je suis condamné dans le bagne des sentiments
À tourner les meules des poèmes.

Mais n'aie pas peur, vent fou,
Crache tranquillement le feuillage sur les prés.
Ne m'effacera pas le sobriquet de « poète »
Même dans les chansons je suis, comme toi, un voyou.

TRADUCTION D'ARMAND ROBIN

La pluie avec ses balais humides nettoie	a
Les crottes de l'osier sur les prés ;	b
Crache, vent, tes crachats de feuillage par brassées,	b
Je suis un voyou comme toi.	a
J'aime quand les forêts bleu-foncé,	(b)
Comme des bœufs à démarche pesante,	c
Avec leurs ventres de feuilles sifflantes	c
Salissent les tiges jusqu'aux genoux.	d
Le voilà, mon seul troupeau roux !	d
Qui pourrait le chanter aussi bien !	e
Je vois, je vois comment le crépuscule lèche	*
Les traces des pieds humains.	e
Ô ma Russie, sainte Russie des bois,	(f)
Je suis ton seul crieur et ton chantre ;	*
La tristesse de mes vers de bête farouche,	*
Je l'ai nourrie de réséda ou de menthe.	*
Monte et pointe, minuit de lune, avec ton broc	g
Pour puiser d'un seul coup le lait des bouleaux !	g
On dirait bien qu'avec ses mains de croix	(f)
Le cimetière veut étouffer quelqu'un.	(h)
La noire angoisse rôde sur les coteaux	i
Et verse la haine du bandit sur notre jardin,	h
Seulement je suis moi-même un mufle et un gredin,	h
Et dans mon sang de steppe un voleur de chevaux.	i
Qui de vous a vu dans la nuit fourmiller	j
L'armée bouillonnante des merisiers ?	j
Moi, je devrais, la nuit, dans la steppe bleuâtre	*
Être au guet quelque part avec une matraque.	*
Hélas ! l'arbrisseau de ma tête s'est fané,	k,
La captivité des chansons m'a sucé jusqu'à l'âme,	*
Dans la galère des sentiments me voici condamné	k
À tourner la meule des poèmes.	*
Mais sois sans crainte, vent insensé,	l (b)
Crache tranquillement tes feuillages sur les prés !	l (b)
L'étiquette de « poète » ne m'écorchera pas,	m (a)
Moi aussi dans les chants je suis un voyou comme toi.	m (a)

* rime allitérative ou assonancée.
(b) rime errante.

La disposition en rimes croisées, tout à fait régulière dans le texte d'Essénine, donne lieu dans la traduction de Robin à un mélange de rimes embrassées (schéma proposé au début mais abandonné dès la seconde strophe – ou ce qui correspondrait à la seconde strophe), de rimes plates et de rimes croisées, avec ce que l'on pourrait appeler des « rimes errantes » (ainsi « bleu-foncé », qui se rattache à « pré/brassées » un peu plus haut mais reste sans correspondant propre).

Le rythme du vers – en russe, un « dolnik », vers à nombre de syllabes irrégulier mais à nombre d'accents fixe –, n'a rien à voir avec celui du poème original : le vers de Robin n'est ni syllabique ni accentuel ; en tout cas, les trois accents d'appui qui autorisent l'irrégularité syllabique en russe font défaut en français.

Pour ce qui concerne les « rimes mêlées d'assonances et d'allitérations », il n'y a guère plus de parenté entre le texte original et celui de Robin. Il est vrai que la rime employée par Essénine diffère de la rime classique russe[35] par un certain nombre de licences – mais il s'agit de licences codifiées : ainsi « čistit » et « listjev » (la voyelle sous accent et les deux consonnes suivantes sont reprises, la dernière syllabe, non accentuée, ne comptant pas) ou encore « lugam » et « xuligan » (la voyelle sous accent et la consonne précédente se répondent). Il n'y a pas là un mélange de rimes, d'assonances et d'allitérations, comme Robin le laisse entendre, mais une sorte de dérive instituée.

LA DOUBLE TRAHISON

Or, ce qui est à remarquer, c'est que Robin, s'inspirant manifestement de ce système, en a fait tout autre chose : que « chantre » rime avec « menthe », « bleuâtre » avec « matraque », cela répond à peu près au premier type de rime (istit/listjev) – et se rapproche de l'assonance en ancien français – mais que « poème » rime avec « âme », et « lèche » avec « farouche » (surtout à cinq vers de distance) ne répond à rien. La « rime par allitération » est ce qu'Henri Morier (après Michel Bréal)

---

35 C'est-à-dire de la rime employée aussi bien par Pouchkine que par des poètes de la génération d'Essénine, comme Mandelstam ou Akhmatova.

appelle une « rime apophonique » – on en trouve sans doute les premiers exemples dans les poèmes de Rimbaud[36], mais l'utilisation qui en a été faite par Francis Vielé-Griffin est beaucoup plus intéressante s'agissant de Robin :

> On lit souvent que certains poètes symbolistes, comme Fernand Gregh ou Francis Vielé-Griffin, ont remplacé la rime stricte par une rime « affaiblie ». En réalité, ils ont substitué au principe de l'homophonie celui de l'apophonie, qui est un jeu sonore raffiné, où la part du choix que s'octroie le poète le charge de responsabilités : son goût doit s'y manifester ; il doit profiter de la liberté nouvelle dont dispose le timbre pour obtenir, en rapport avec le sentiment ou l'idée exprimée, des accords suggestifs.
>
> Mais, fort souvent aussi, l'apophonie se combine avec l'allitération dans un simple jeu poétique[37].

L'analyse de ce travail « en continu » déjà observé par G. Duhamel et Ch. Vildrac à propos de F. Vielé-Griffin, ouvre sur la caractéristique majeure des meilleurs poèmes de Robin (et de ses meilleures traductions). Ainsi est-il impossible de croire qu'il y ait là une tentative de « transposer en français les assonances (mêlées parfois de rimes) du texte russe ». Bien au contraire, si la volonté de calquer le sens au plus près est évidente, la structure formelle apparaît complètement ruinée.

DÉRÈGLEMENTATION ET PARODIE

Un tel exemple incite à la réflexion – incite en tout premier lieu à revoir les méthodes qui tendent actuellement à ordonner la traduction poétique. Ce qu'écrit Efim Etkind à ce sujet semble limpide :

> La poésie, c'est l'union du sens et des sons, des images et de la composition, du fond et de la forme [...] En croyant ne sacrifier que la forme, on exécute aussi le fond [...]. Un poème est un organisme dont chaque élément a une importance vitale : le rythme, les rimes, les strophes, la composition syntaxique, l'organisation phonétique et musicale [...]. Privez une ballade de Villon de ses rimes [...] il est clair que par la même occasion disparaîtra la structure phonique du poème, laquelle est fondée principalement sur la rime. Le résultat est qu'il ne restera rien du poème, sinon son squelette sémantique[38].

---

36 Voir, par exemple, « L'éternité » : « Âme sentinelle / Murmurons l'aveu / De la nuit si nulle / Et du jour en feu. »
37 Henri Morier, *Dictionnaire de poétique et de rhétorique*, PUF, 1961, p. 36.
38 Efim Etkind, *Un Art en crise*, Lausanne, L'Âge d'Homme, 1982, p. XI-XII.

Ainsi le respect du mètre et de la rime s'impose-t-il comme exigence primordiale, incontournable, et la nécessité de calquer la forme organise-t-elle la reproduction du sens. C'est une méthode rigoureuse – qui n'a que le défaut de ne pas l'être assez en voulant l'être trop : un texte littéraire est – pour reprendre la métaphore employée par Efim Etkind – un organisme, non pas un mécanisme. La structure phonique d'un poème peut être « calquée à la vitre » sans que le poème existe pour autant ; ce qui l'anime est d'une complexité que l'on ne peut réduire à son imitation. Le mérite des traductions de Robin est, du moins, d'amener à percevoir l'énigme : par l'agacement, l'étonnement, le doute, la perception d'une émotion qui passe et, simultanément, la perception d'une trahison, l'impression d'être en présence d'un système d'incohérences régies selon une cohérence profonde mais indécelable.

Lorsqu'on s'en tient à une lecture orientée par l'examen du système prosodique employé, on arrive à des conclusions qui se vérifieraient probablement si l'on abordait les textes par d'autres biais, moins ponctuels peut-être mais moins fiables aussi.

C'est avec les traductions d'Essénine que Robin inaugure son système personnel d'utilisation de la rime – système des plus fantasques, apparemment, et qui résulte d'une étrange conjonction d'influences, la poésie russe et la poésie symboliste française se mêlant de manière assez hasardeuse. Robin, dès le début, (et il le fera jusqu'à la fin de sa vie) généralise cet emploi, l'allitération valant assonance et le retour d'un seul phonème identique valant pour rime, quelle que soit sa place. Désormais, le système étant mis au point, l'irrégularité fonctionne comme norme.

Lorsque cette norme est transgressée (par un emploi de rimes régulières), il y a toujours surenchère, excès, insistance parodique ou tragique.

Ainsi, lorsque Robin imite Essénine, la rime, elle aussi, devient parodique :

> Pour oublier son mal il dut faire le mal
> Même alors il aimait saluer un cheval[39].

Il en va de même dans le cas du « Potiron », qui annonce, de manière assez inquiétante, les poèmes des dernières années de Robin et, plus particulièrement, « Le sens par le son » de l'année 1960. « Le potiron » – en

---

39 « Vie d'Essénine », *Ma vie sans moi* (1940), p. 68.

russe « Le navet » – est un conte populaire repris par Tchékhov sous forme de petit récit parodique fortement assonancé[40] ; le héros de l'histoire est un petit garçon à tête de navet qui s'appelle Serge ; il n'est bon à rien mais pépé, mémé, tata, tonton, papa, maman à force de tirer sur sa tête de navet finissent par en faire… un haut fonctionnaire. Robin a transformé Serge en Léon et le navet en potiron pour se moquer de son camarade Léon Bourdon qui se destinait à l'administration. Il va de soi que clore le volume sur cette bouffonnerie résulte d'un parti-pris de dérision. Or, la dérision se remarque, comme dans le texte qui ouvre le volume, par l'insistance sur la rime : ici, le « on » indéfiniment répété est engendré par le thème (potiron) et désigne comme en écho la perte dans le « on », l'inexistence (au sens où Robin, vers la même époque, l'assignait à Madame de Sévigné), la dépersonnalisation.

« LE CORBEAU »

Il n'est pas besoin d'une analyse détaillée du « Corbeau » pour constater que le tragique est, lui aussi, marqué par le retour obsédant de la même rime : le texte est même d'abord travaillé pour la sonorité, en fonction de cette sonorité, le « nevermore » anglais étant capté en français, détourné et réinvesti dans la langue par le biais du mot « mort ».

Que ce détournement puisse passer pour un contre-sens est indéniable – et les reproches de Pierre Leyris sont assez justifiés : « Pourquoi faire dire au corbeau autre chose que l'impitoyable "nevermore" ?… "Et tout le reste c'est ma mort" (à la fin de la troisième strophe) va complètement à l'encontre du texte. Le heurte de front[41] ». Le texte est certainement faussé, le tragique appuyé même aux endroits où l'original tend à l'écarter. Tout le texte est bâti autour de la syllabe finale « mort » : si le martèlement induit des dérapages sémantiques, ces dérapages sont admis, tacitement, le sens devant ici se soumettre au son. C'est une trahison, et c'est aussi une forme de fidélité profonde à l'original : T. S. Eliot trouvait « unfair » de traiter le corbeau de « craven » à seule fin d'avoir une rime à « raven[42] ». Il est évident que « Le corbeau » est fondé sur la paronomase : ce pour quoi Robin l'a choisi, ce pour quoi il offre un exercice d'école si parfait[43].

---

40 Paru le 19 février 1883 dans le journal humoristique *Oskolki* (Débris de verre).
41 Lettre à l'auteur du 14 mars 1986.
42 Comme le rappelle Pierre Leyris dans la même lettre.
43 E. Etkind, qui accorde une analyse particulière à ce poème, loue les traductions de Strodtman (1870) en allemand, de Balmont (1895) et de Bétaki (1972) en russe (*op. cit.*, p. 250-251).

On observe que Robin respecte la méthode même de Poe – telle qu'il l'expose, au moins, dans ses commentaires sur « Le corbeau » :

> Méditant soigneusement sur tous les effets d'art connus, ou plus proprement sur tous les moyens d'effet, le mot étant entendu dans le sens scénique, je ne pouvais m'empêcher de voir immédiatement qu'aucun n'avait été plus généralement employé que celui du refrain [...]. Je résolus de varier l'effet pour l'augmenter, en restant généralement fidèle à la monotonie du son, pendant que j'altérais continuellement celle de la pensée.

D'autre part, ce que Poe ajoute quant au « caractère » du refrain ne fait que justifier le contre-sens de Robin :

> Que cette conclusion, cette chute, pour avoir de la force, dût nécessairement être sonore et susceptible d'une emphase prolongée, cela n'admettait pas de doute, et ces considérations me menèrent inévitablement à l'o long comme étant la voyelle la plus sonore, associée à l'r, comme étant la consonne la plus vigoureuse.

Et le thème profond du poème se trouve également respecté, fût-ce par son excessive mise en évidence :

> Alors, ne perdant jamais de vue le superlatif ou la perfection dans tous les points je me demandai : de tous les sujets mélancoliques, quel est le plus mélancolique selon l'intelligence universelle de l'humanité ? – La Mort, réponse inévitable[44].

La rime, reprise en écho, exhibe l'argument du poème, le condense avec une violence qui change ce qui pourrait n'être qu'un exercice de virtuosité, souvent forcé, en un texte assurément éloigné mais qui a sa cohérence propre. S'il n'y a pas lieu de se livrer ici à une analyse détaillée de la traduction (l'étude des versions du « Corbeau » en différentes langues mériterait à elle seule une thèse entière), il suffit de citer les trois premières strophes de chacune de ces versions pour constater que la version de Robin se tient par la grille de sons qui se trame à partir du leitmotiv rimé.

> *Once upon a midnight dreary, while I pondered, weak and weary,*
> *Over many a quaint and curious volume of forgotten lore –*
> *While I nodded, nearly napping, suddenly there came a tapping,*

---

44 Traduction de Baudelaire, in *Les Poèmes d'Edgar Poe*, trad. de Stéphane Mallarmé, coll. « Poésie » Gallimard, 1982, p. 169-171.

As of someone gently rapping, rapping at my chamber door.
« 'Tis some visitor », I muttered, « tapping at my chamber door –
   Only this and nothing more. »

Ah, distinctly I remember it was in the bleak December;
And each separate dying ember wrought its ghost upon the floor.
Eagerly I wished the morrow; – vainly I had sought to borrow
From my books surcease of sorrow – sorrow for the lost Lenore –
For the rare and radiant maiden whom the angels name Lenore –
   Nameless here for evermore.

And the silken, sad, uncertain rustling of each purple curtain
Thrilled me – filled me with fantastic terrors never felt before;
So that now, to still the beating of my heart, I stood repeating,
« 'Tis some visitor entreating entrance at my chamber door –
Some late visitor entreating entrance at my chamber door; –
   This it is and nothing more ».

Version de Baudelaire :

Une fois, sur le minuit lugubre, pendant que je méditais, faible et fatigué, sur maint précieux et curieux volume d'une doctrine oubliée, pendant que je donnais de la tête, presque assoupi, soudain il se fit un tapotement, comme de quelqu'un frappant doucement, frappant à la porte de ma chambre. « C'est quelque visiteur, – murmurai-je, – qui frappe à la porte de ma chambre ; ce n'est que cela, et rien de plus. »

Ah ! distinctement je me souviens que c'était dans le glacial décembre, et chaque tison brodait à son tour le plancher du reflet de son agonie. Ardemment je désirais le matin ; en vain m'étais-je efforcé de tirer de mes livres un sursis à ma tristesse, ma tristesse pour ma Lénore perdue, pour la précieuse et rayonnante fille que les anges nomment Lénore, – et qu'ici on ne nommera jamais plus.

Et le soyeux, triste et vague bruissement des rideaux pourprés me pénétrait, me remplissait de terreurs fantastiques, inconnues pour moi jusqu'à ce jour ; si bien qu'enfin, pour apaiser le battement de mon cœur, je me dressai, répétant : « C'est quelque visiteur qui sollicite l'entrée à la porte de ma chambre, quelque visiteur attardé sollicitant l'entrée à la porte de ma chambre ; – c'est cela même, et rien de plus[45].

Version de Mallarmé :

Une fois, par un minuit lugubre, tandis que je m'appesantissais, faible et fatigué, sur maint curieux et bizarre volume de savoir oublié – tandis que je dodelinais de la tête, somnolant presque : soudain se fit un heurt, comme

---

45   *Histoires grotesques et sérieuses*, Paris, Michel Lévy, 1871.

de quelqu'un frappant doucement à la porte de ma chambre – cela seul et rien de plus.

Ah ! distinctement je me souviens que c'était en le glacial Décembre : et chaque tison, mourant isolé, ouvrageait son spectre sur le sol. Ardemment je souhaitais le jour – vainement j'avais cherché d'emprunter à mes livres un sursis au chagrin – au chagrin de la Lénore perdue – de la rare et rayonnante jeune fille que les anges nomment Lénore : – de nom pour elle ici, non, jamais plus !

Et de la soie l'incertain et triste bruissement en chaque rideau purpural me traversait – m'emplissait de fantastiques terreurs pas senties encore : si bien que, pour calmer le battement de mon cœur, je demeurais maintenant à répéter : « C'est quelque visiteur qui sollicite l'entrée, à la porte de ma chambre – quelque visiteur qui sollicite l'entrée, à la porte de ma chambre ; c'est cela et rien de plus[46].

Version de Jean Malaplate :

Au cœur d'une sinistre nuit, je méditais, las, plein d'ennui,
Sur maint volume étrange, obscur, de savoir désuet et mort,
Je rêvais, j'allais m'endormant, lorsqu'on frappa soudainement
Un coup sourd, comme un frôlement, vers la porte du corridor.
« C'est quelque visiteur, pensai-je, qui frappe dans le corridor
      Et c'est tout ; que serait-ce encore ? »

Qu'il est distinct ce souvenir ! Décembre était triste à plaisir
Et les tisons près de mourir jetaient une spectrale aurore ;
J'aurais voulu qu'il fût matin ; dans mes livres j'avais en vain
Cherché l'oubli de mon chagrin pour la perte de ma Lénore,
La rare et radieuse enfant que les anges nomment Lénore,
      Qu'ici-bas nul ne nomme encore.

Le crissement vague de soie des rideaux rouges près de moi
M'emplissait d'un secret effroi, de terreur inconnue encore ;
Pour calmer ce cœur effaré, je me répétais sans arrêt :
« C'est un visiteur égaré qui rôde dans le corridor,
Un visiteur qui veut entrer dans ma chambre et frappe au-dehors
      Et c'est tout ; que serait-ce encore[47] ? »

Version d'Armand Robin :

Aux bords d'une ombre d'épouvante mon âme sombrait lasse lente,
Lourde d'étranges, grisants grimoires d'une doctrine sans apôtre,
J'étais soumis, presque assoupi, lorsque naquit un tapotis,

46 *Le Corbeau*, Paris, Richard Lesclide, 1875.
47 Jean Malaplate, *Bulles de savon*, Paris, Debresse., 1983, p. 122.

Comme si quelque ami gentil eût su sans bruit gratter ma porte !
« Ce n'est qu'un hôte, chuchotais-je, qui rôde et tapote à ma porte
        Et tout le reste c'est ma mort ! »

Ô souvenir qui luit d'hiver ! Décembre net tenait la terre
Et mon brasier, mort solitaire, brodait fantômes de mauvais sort.
J'avais gros besoin du matin et je priais tout livre en vain
D'accorder pause à mon chagrin, chagrin d'avoir perdu Lénore,
Perdu la rare et radieuse femme que Dieu nomme Lénore,
        Sur toute terre nom de mort.

Le froufroutis triste, imprécis, de chaque pli des rideaux gris
M'avait saisi, m'avait rempli d'effrois jamais sentis encore ;
Pour me tenir le cœur sans cri, je me repris, je me redis ;
« C'est quelque ami qui cherche abri, me prie de lui ouvrir ma porte,
« C'est un ami d'après-minuit qui cherche abri, prie à ma porte
        Et tout le reste c'est ma mort ! »

La version de Baudelaire et celle de Mallarmé trahissent la forme
du texte ; celle de Jean Malaplate rappelle le jugement de Baudelaire :
« Dans le moulage de la prose appliqué à la poésie, il y a nécessairement une affreuse imperfection ; mais le mal serait encore plus grand
dans une singerie rimée[48] ». Ce n'est pas une « singerie rimée » : plutôt
un double terne, éteint, sans vie. « La sonorité profonde et lugubre »,
« la puissance monotone de ces vers, dont les rimes, larges et triplées,
sonnent comme un glas de mélancolie[49] » ne passent guère que dans la
version de Robin – qui est fausse (puisque, entre autres travestissements,
il n'hésite pas à transformer les « purple curtains » en « rideaux gris »)
mais juste par ce qu'elle a de faux – le contre-thème en /i/ appuyé par
un /r/ répondant au « o long » de Poe prolongé, mais comme à l'inverse,
par un r (le /i/ étant toujours chez Robin signal d'alarme : son d'angoisse
suraiguë, chargé d'une valeur d'intensité – ce qui se trouve ici traduire
très précisément le « thrilled me » de Poe).

On constate, d'autre part, que l'aspect gauche et raide du texte
accompagnant une excessive virtuosité est aussi, de façon sous-jacente
(ce que dénonçait Eliot), part intégrante du poème de Poe.

Si l'on s'en tient à l'observation du système de « rime apophonique »
mis au point par Robin et utilisé dans les autres poèmes du volume, on
se heurte à une question incontournable : pourquoi, ayant adopté une

48 *Poèmes d'Edgar Poe, op. cit.*, p. 160.
49 Id., *ibid.*, p. 160.

forme libérée qui se justifiait, s'agissant d'Essénine, comme imitation détournée, avoir choisi de traduire des textes de forme strictement régulière ? Pourquoi, d'autre part, avoir choisi d'utiliser le même procédé pour des auteurs aussi différents que Maïakovski, Calloc'h, Tuwim et Rilke ? Soit il y a là une aberration systématique et l'on peut conclure comme Armand Guibert que « le résultat est uniformément désastreux parce qu'il ne traduit pas en français, il traduit uniformément en Armand Robin[50] », soit les poèmes traduits de *Ma vie sans moi* appellent une autre lecture : la traduction vaut en tant que zone de confluence, donc déjà en tant que non-traduction, c'est-à-dire en tant que détournement. Mais c'est un détournement qui s'opère, lui aussi, de l'intérieur : par associations, oppositions, jeux d'échange entre la première partie de *Ma vie sans moi*, dite « personnelle » et qui, de ce point de vue, ne l'est guère, et la seconde, qui la conteste et la détruit, qui lui donne la dimension d'un roman mis en chantier, avec ses espaces propres, ses durées démultipliées, ses personnages et ses thèmes esquissés par échos et par symétrie.

---

50 *Visages sans masques*, Paris, Eibel., p. 177.

ROMAN

Tous les éléments se versant l'un dans
l'autre,
énorme désordre sphérique.
Fragment posthume.

Que *Ma vie sans moi* ait été composé comme un ensemble étroitement lié, un simple survol du recueil tel qu'il a été publié initialement suffit à le montrer : non seulement les thèmes se répondent mais la mise en place d'un système d'équivalences est ce qui permet la circulation du sens, sa diffusion, sa reprise en abyme et son glissement par déformations successives – ce qui constitue peut-être le principal intérêt du volume, et, quoi qu'il en soit, son originalité. Faut-il démontrer l'évidence ? La suppression de la partie traduite du volume efface ce qui en faisait l'intérêt et en fausse la signification – mais c'est bien cette signification qu'il était nécessaire de rendre invisible pour faire d'Armand Robin un Poète, le Poète sorti du *Monde d'une voix* tel que l'éditeur l'avait constitué, avec les poèmes de *Ma vie sans moi* pour caution. La partie traduite n'a pas été supprimée parce qu'elle occupait trop de place : les quatorze poèmes traduits pouvaient sans difficulté figurer dans le volume (quitte à supprimer quelques désastreux poèmes de la fin de la vie d'Armand Robin). Simplement, lire poèmes et traductions comme parts d'un même roman à la trame éparse était inadmissible – raison pour laquelle les critiques ont préféré ne pas voir les traductions, raison pour laquelle en 2004 le poète André Velter a choisi de rééditer le volume sans la partie traduite.

MA VIE SANS MOI

Il n'empêche que le livre forme, plutôt qu'un diptyque, fait de volets qui, à la rigueur, auraient pu être séparés, un ensemble indissociablement lié. Aussi ce mouvement de différenciation par une avancée que l'on pourrait dire triple, sinon en trois temps (la présentation successive n'étant guère ici qu'un leurre) mérite-t-il peut-être d'être explicité.

CONSTRUCTION EN MIROIR

Faire la part du hasard n'empêche pas de prendre en considération une composition symétrique qui est manifeste : la plupart des textes se répondent deux à deux (reproduisant ainsi, d'une certaine façon, le travail phonologique par thèmes et contre-thèmes dédoublés).

Pour s'en tenir aux exemples les plus simples : les poèmes illustrant les thèmes du peuple, de la mère, de la nuit et de l'arbre.

La chanson populaire satirique traduite du russe qui ferme le livre correspond à « L'air de rondes pour Bretons » de la première partie qui se donne pour chant à danser inspiré du breton. L'aspect satirique se trouve d'ailleurs comme inversé : dans le premier cas, la raillerie à l'égard du Potiron (Léon) comme figuration du bourgeois (ou de ce que Flaubert aurait appelé le Garçon) est le fait de l'auteur (auquel le lecteur est amené à s'identifier) ; dans le second cas, la raillerie est prise en charge par le personnage et, tournée contre soi, ne dénonce plus que le mauvais sort, avec un fatalisme et une ironie que l'auteur supposé de la chanson associe également dans le refrain. Le thème de l'homme du peuple, perçu comme universel, indifférencié – opposé au bourgeois, tendant, lui, à la distinction – trouve ici sa première expression : il est en résonance avec le travail de Robin lui-même, traduisant.

Dans le poème intitulé « Prière », après trois strophes de dialogues, c'est la mère qui prend la parole :

> Jésus, qui fîtes mal de quitter votre mère,
> Je crains pour lui de grandes choses inconnues,
> Une maison couverte d'ardoises fines

Et toujours assise, une femme coûteuse à nourrir.
J'entends des hommes se rassembler derrière son dos
Et bavarder de l'un à l'autre : voilà celui qui nous étonne[1] !

Essénine, au contraire, s'adresse directement à elle :

Tu vis encore, ma vieille mère ?
Moi aussi. Salut, salut à toi !
Pourvu que coule sur ton isba
Cette lueur du soir que nul n'a pu décrire !

Mais le thème est le même :

On m'écrit que cachant ton angoisse
Tu t'es grossi le cœur très fort à mon sujet[2].

Les titres des poèmes à eux seuls laissent percevoir le jeu de miroirs entre « La nuit » et « Nuit sur la grandeur » (en fait, « Die grosse Nacht », « La grande nuit ») de Rilke. Ici encore, la nuit, parfaitement silencieuse dans le poème de Rilke, se change en allégorie dans le poème de Robin, qui apparaît comme une réponse :

Hélas ! ne pas savoir pourquoi je suis si douce !
Me direz-vous comment je puis tant vous aimer ?
Mes propres pas me sont plus muets que la mousse.
Par moi sauvés de tous, vous m'avez tous blessée[3].

Enfin, à « L'arbre inconnu » de Tuwim correspond « Mort d'un arbre ». Mais, cette fois, c'est le poète polonais qui interroge :

Où es-tu, arbre puissant et fier,
Ample en ramure, bruissant de feuilles,
Avec ton nœud de racines qui pousse dans la terre,
Ô toi, mon arbre, qui feras mon cercueil[4] ?

---

1   *Ma vie sans moi* (1970), p. 35.
2   *Ma vie sans moi* (1940), p. 77, *Écrits oubliés II*, p. 22. Tous les poèmes traduits peuvent
    être lus dans le second volume d'*Écrits oubliés*, p. 15 à 47 ; les pages seront donc données
    selon cette édition, plus accessible, malgré tout, que l'édition originale de *Ma vie sans
    moi*.
3   *Ma vie sans moi* (1970), p. 58. Le titre original du poème était d'ailleurs « La nuit parle »
    (*Cahiers du Sud*, avril 1939).
4   *Écrits oubliés II*, p. 37.

et la réponse est ici une absence de réponse :

> Alité sur la mousse et la ruine des fleurs,
> Tenant, ainsi qu'un dieu, immobile et grondante,
> Sa tête, il aura beau cacher loin de son cœur
> Son désespoir d'aimer les nues indifférentes,
> La vanité des eaux et les plaines stagnantes,
>
> Il aura beau crier qu'il aidait au bonheur
> Des herbes, des printemps, des destins et des chantres,
> Qu'à l'aube il s'élançait sans attendre son heure
> Et qu'il jugeait toujours sa peine insuffisante,
> Cet être presque humain, nul ne voudra l'entendre[5].

Si la construction s'appuie sur ces oppositions duelles, il existe aussi des symétries moins apparentes, plus complexes, qui montrent l'existence d'un tissu conjonctif très dense.

Certains thèmes majeurs – celui de l'arbre et celui de la mère, par exemple – se trouvent repris en mineure, soit dans les traductions, soit dans les poèmes : ainsi le thème de l'arbre – majeur dans le poème de Tuwim et « Mort d'un arbre » de Robin – est-il repris par Essénine[6] et le thème de la mère – majeur et semblablement repris en écho dans « Lettre à sa mère » d'Essénine et « Prière » de Robin – est-il repris par Rilke[7], redoublé par Essénine[8] et par Robin lui-même dans le poème « Mort d'un arbre » qui, pour finir, entrelace ainsi les deux thèmes.

D'autre part, le jeu de correspondances peut se jouer de manière très évidente dans la seconde partie du volume et ne trouver qu'un écho affaibli dans la première : « Sur une flûte de vertèbres » condense abruptement les thèmes que « Le corbeau » reprend avec une violence beaucoup plus contenue – thèmes qui n'étaient qu'esquissés dans « Sans passé » et qui deviendront des leitmotive dans le reste de l'œuvre.

Ainsi l'amour impossible :

> Je veux ce que tu veux ! Je fermerai la bouche,

---

5   *Ma vie sans moi* (1970), p. 30.
6   « Mon érable sans feuilles… », *Écrits oubliés II*, p. 24.
7   « Nuit sur la grandeur », *Écrits oubliés II*, p. 35.
8   « Tous les vivants porteurs d'une marque secrète… », *Écrits oubliés II*, p. 19.

Sur mes lèvres en sang pas une plainte ne caillera,
Mais seulement... écoute, écoute-moi :
Enlève-moi cette maudite
Que tu me demandes d'aimer[9].

La souffrance s'exaspérant jusqu'à la folie :

Avec mes pas de fou je fais mal aux distances,
Moi qui cache chez moi l'enfer, où me loger[10] ?

Le suicide :

Moi qui songe
À fixer une balle comme point sur ma fin,
Dans cette ombre je donne un récital de mort
Pour m'accorder d'avance au la de mon destin[11].

Les deux textes sont, de ce point de vue, à la fois complémentaires et antithétiques – « Le corbeau » immobilise ces thèmes, les englobe, les soumet à celui de la mort :

« Prophète, dis-je, ou signe vil, sylphe ou stryge, prophète habile,
Par tout le ciel plié, priant, par ce Dieu qu'avec toi j'adore,
Dis à ce cœur lourd de torture si dans les jardins du futur
Il peut compter saisir la pure femme que Dieu nomme Lénore,
Saisir la radieuse et rare femme que Dieu nomme Lénore ? »
    Il dit : « Pas même après la mort[12] ».

mais, d'une certaine façon, cette présence du tragique donné pour irrémédiable (ce qu'exprime le « nevermore » de Poe) est là pour faire rebondir le volume tout entier contre ce néant. En effet, la conclusion de Maïakovski :

Resplendis sur les mots de joie de ma souffrance,
Magie lancée loin de l'humanité.
L'enclos de mon esprit gît brisé par l'angoisse ;
Dans la fièvre et le feu je dois bâtir mon désespoir[13]...

9   « Sur une flûte de vertèbres », *ibid.*, p. 26.
10   *Ibid.*, p. 25.
11   *Ibid.*, p. 25.
12   *Ibid.*, p. 45.
13   *Ibid.*, p. 29.

n'est pas seulement le thème majeur des poèmes « personnels » de Robin mais celui qui rassemble tous les autres – et c'est pourquoi la traduction de Maïakovski atteint ici un tel point de mimétisme.

L'amour impossible[14], le renoncement au suicide[15], le consentement à la souffrance et à la folie[16] aboutissent au thème de la création poétique (gagnée par le consentement à la souffrance et à la folie, par le renoncement aussi bien à la mort qu'à l'existence personnelle – ce qu'indique le titre du volume, qui est emprunté au poème de conclusion). Ce thème unificateur, qui se donne, très explicitement, pour l'argument du livre, existe à l'état plus ou moins diffus dans tous les poèmes. Il trouve, avec « La prière du guetteur » de Calloc'h, une expression tragique, grandiloquente :

> Pour être ici, j'ai tout quitté, parents, maison,
> Plus haut est le devoir où j'ai dû m'attacher ;
> Plus de fils, plus de frère ! Seul, un guetteur, sombre, muet[17] !

L'image du veilleur se voit reprise dans les ajouts au poème « Sans passé », liée une fois de plus à l'affirmation emphatique du désir – ou du devoir – de surmonter la douleur par la création[18], elle est implicite dans tous les poèmes liés à l'attente, la nuit : aussi bien « Déesse d'écume » que « Nuit sur la grandeur » de Rilke. Mais l'emphase tragique s'accompagne, ici encore, d'une expression ironique – esquissée dans la poésie de Robin, qui se montre comme « Un pauvre bougre accoutré d'infini[19] », beaucoup plus nette par la voix d'Essénine :

> Je sais pourquoi je suis pour tous un charlatan[20].

ou celle de Maïakovski :

---

14 Dénoncé avec violence dans « Sans passé », avec douceur dans « Offrandes », avec une résignation presque joyeuse dans « Ma vie sans moi » : « Mes chants les plus secrets naissent loin de moi-même, / Sur les derniers sommets d'où je puis l'entrevoir / Et m'y quittent, voulant près d'Elle être en prière…

15 Le fait même de traduire Essénine et Maïakovski étant aussi une allusion au suicide.

16 Thèmes également obsessionnels : « Et vous, confins d'esprits embellis de démence / Que ne me guidiez-vous plus bas que la souffrance ? » (p. 61). Ou encore : « Entre l'amour qui ne peut venir et la mort qui va venir / L'abîme que la souffrance indicible poussse vers la terrible / Joie de l'écume » (p. 67).

17 *Écrits oubliés II*, p. 32.

18 « J'écoute, fier veilleur, sous mon soleil vieillir… » (*Ma vie sans moi* (1970), p. 28).

19 *Ibid.*, p. 60.

20 *Écrits oubliés II*, p. 21.

Et partout, ciseleur somnambule de mon délire
À tâtons j'ai taillé mes pauvres cris en vers[21].

DIFFUSION DE LA POÉSIE DANS LA TRADUCTION

Il serait possible de pratiquer une lecture transversale en sens inverse à partir du thème majeur de « Ma vie sans moi », exploité constamment dans la poésie de Robin, et de montrer par quelles voies il se diffuse en reflets dans les poèmes de Tuwim (« Les joncs » en est l'expression la plus claire) :

Je riais, j'ignorais qu'après bien des années
Ces plantes dans mes poèmes fleuriraient en mots,
Et qu'au lieu de m'étendre sur les fleurs au bord de l'eau
Je pouvais seulement de loin les appeler[22].

ou dans ceux d'Essénine :

Et maintenant, alors que s'est fanée
Cette guirlande bouillonnante de mes années d'été,
Ma force de sauvage, de bête blessée,
Dans mes poèmes la voilà déversée[23].

On le voit se confondre purement et simplement avec celui du pays perdu dans les poèmes de Calloc'h :

Pour être ici, j'ai tout quitté, parents, maison,
Plus haut est le devoir où j'ai su m'attacher ;
Plus de fils, plus de frère ! Seul un guetteur, sombre, muet !
Aux frontières de l'est, je suis rocher, je suis breton.

Et pourtant je soupire, je suis lâche plus d'une fois.
Ils sont si pauvres ! hélas, ils sont malades et ne le diront pas.
Mon Dieu, ayez pitié de ma pauvre maison à moi !
Je n'ai rien d'autre sur terre que ceux qui pleurent là-bas[24] !

Il serait, bien sûr, possible également de pousser beaucoup plus loin l'étude des symétries fines (principalement lexicales) qui unissent

---

21 *Ibid.*, p. 26.
22 *Ibid.*, p. 39.
23 *Ibid.*, p. 19.
24 *Ibid.*, p. 32.

les poèmes traduits et non traduits. Une telle étude ouvrirait sur la mise en lumière d'images d'emprunt, qu'il faudrait peut-être appeler référentielles. Ainsi, la menthe : « La menthe sur la fontaine faisait l'odorante... » (Tuwim) ; « La tristesse de mes vers de bête farouche, / Je l'ai nourrie de résédas et de menthe... » (Essénine) ; « Ce village, mon village, tendre parmi les menthes... » (Robin). Ou encore les chevaux, qui sont constamment présents dans les poèmes d'Essénine et dans ceux de Robin. Si Robin évoque à plusieurs reprises dans ses propres poèmes « le bruit si dru des bœufs », « le regard des bœufs blancs[25] », c'est qu'il s'agit d'une référence à Essénine :

> J'aime les forêts bleu-foncé
> Comme des bœufs à démarche pesante [...]
> Salissent les tiges jusqu'aux genoux
> Le voilà, mon seul troupeau roux[26].

Désigner précisément ces gauchissements et ces distorsions revient à mettre en évidence ce fait que la traduction, bien que maintenue comme telle, est une zone floue ; la poésie personnelle y circule, Robin introduit du jeu dans la structure des textes, s'y glisse à tout instant. Il ne s'agit ni de captation ni de construction sur des récurrences ou des similitudes voulues mais de travail en profondeur : lorsqu'on parle de tissu conjonctif unissant les poèmes de Robin et les traductions, la métaphore ne sert qu'à désigner ces liens serrés – l'existence de ces liens ne peut être mise en doute mais la comparaison laisse ignorer ce travail profond. On ne peut pas dire non plus que la seconde partie du volume dérive de la première ni qu'elle la complète quoique, une fois de plus, ces dérivations existent, cette complémentarité soit indéniable : là n'est pas l'essentiel. Il semble même que ces jeux de miroir, ces variations qui font la richesse du volume soient secondaires et que l'intérêt majeur d'un tel livre soit de rendre perceptible une sorte d'effraction – comme si la traduction attaquait, diffractait un noyau stable et, prenant en charge ce qui tendait à s'indurer dans les poèmes, lui donnait existence en le détruisant.

Pour percevoir un tel travail, une lecture transversale, mettant des symétries en évidence, ne suffit plus. Les relations ponctuelles, les

25 *Ma vie sans moi*, 1970, p. 31, 41.
26 *Écrits oubliés II*, p. 17.

glissements d'un thème à l'autre pourraient dissimuler, si l'on s'en
tenait là, un mouvement beaucoup plus vaste. C'est, sans doute, à partir d'une lecture du « Corbeau » que l'on percevrait le mieux ce travail
d'ouverture – à partir du « Corbeau » parce que c'est, apparemment, le
texte le plus éloigné des poèmes de Robin : il faut passer par Maïakovski
pour entrevoir les liens qui l'unissent aux poèmes « personnels », et, s'ils
apparaissent alors, c'est bien parce qu'ils sont explicités dans « Sur une
flûte de vertèbres », non directement dans les premiers poèmes de *Ma
vie sans moi*, qui lui demeurent étrangers – sauf à pratiquer une lecture à
la fois plus large et plus distante, plus attentive aux zones de confluence
profonde, apparentée à ce qu'Ehrenzweig nomme « scanning ».

On verrait alors que les poèmes de Robin, tels qu'ils se trouvent rassemblés dans ce premier volume, sont, à de rares exceptions près, bâtis
sur une exploitation obsessionnelle de trois thèmes qui se recouvrent et
s'équivalent : le thème majeur est celui du temps, présent dans treize
poèmes sur les seize que compte le recueil ; le thème de la mort est présent
dans douze poèmes sur seize[27] ; quant à la nuit, thème également présent
dans douze poèmes, elle prend la parole pour se désigner allégoriquement
dès le premier vers, comme mort du temps : « J'ai rejeté le Temps bien
loin de mes épaules[28] ». Elle aussi, en tant que durée délivrée, équivaut
à une présence de l'éternité dans l'éphémère.

Au total, le temps, la mort, la nuit, se trouvent associés dans neuf
poèmes – et de manière intensive dans les deux premiers et les deux
derniers. Ce qui reste omniprésent mais sous-jacent dans la poésie
personnelle de Robin se condense dans le poème de Poe ; et c'est, probablement, parce que le poème opère cette condensation que le passage
à un type de création devient possible : le tragique et la grandiloquence
prennent ici une force telle que Robin y joue ses propres excès.

Le point de rupture est celui où la mort devient ce vide de sens,
ce heurt des sons produisant du néant ; le point où le manque dans le
langage est mis à découvert. Et c'est parce qu'il se bat contre ce néant
– perçu par Mallarmé aussi à partir de Poe – que le texte a une grandeur tragique qui ne justifie pas seulement ses pires incohérences mais
les inclut. Quoique les intrusions dans la biographie de Robin soient

---

27 Très souvent comme personnage, ce qui ébauche, bien entendu, *Le Temps qu'il fait* (*Ma
    vie sans moi* (1970), p. 38, 42, 62, 67).
28 *Ibid.*, p. 58.

toujours hasardeuses, on trouverait un écho de cette violence dans les menaces de suicide qui hantent sa correspondance sitôt terminée la traduction du « Corbeau ». Il faudrait pouvoir citer ici in-extenso le texte de Julien Gracq sur Edgar Poe pour mettre en évidence des résonances plus vastes – du moins les quelques lignes consacrées à cette mort de Poe en diront-elles l'essentiel : « Dans cette caricature tragique de "chute dans l'anonymat du *on*" – une bouteille de whisky d'une main, un bulletin de vote de l'autre ; et ce regard atrocement vide qu'on lui voit dans le fameux daguerréotype de Mac Farlane, que fut sa suprême et ubuesque "prise en charge" par les négriers électoraux de Baltimore, dans cette régalade civique un peu appuyée sur laquelle le poète prend congé de l'aimable société, il y a l'image d'un homme qui s'est beaucoup, qui s'est gravement absenté de sa vie[29]. »

TRAVESTISSEMENT

Il semble que ce soit en ce point précis, en cette *vacance*, cette impuissance à diffracter le sens à partir du son et cette douleur que l'on puisse déceler le noyau de la non-traduction – noyau à fracasser contre lequel Robin s'est risqué et s'est manqué : brutalement condensés, les thèmes profonds de sa propre poésie se sont bloqués. Il n'y aura plus de poèmes de Robin sur la nuit, la mort, le temps : plus de poèmes. Mais la nécessité de fragmenter l'unique chose, de la disséminer, d'éparpiller les membres d'Osiris – pour reprendre « l'étonnante définition que Pic de la Mirandole donnait de l'art d'écrire » citée par Jean-Pierre Richard : « Tantôt nous descendons, déchirant l'unité avec une puissance titanesque, l'éparpillant, tel le corps d'Osiris, en de multiples fragments, et tantôt nous montons, avec l'énergie d'un Phébus qui rassemblerait ces fragments, les membres d'Osiris, au sein d'une unité nouvelle[30] ».

Envisagée de ce point de vue, la traduction est la face nocturne, dissimulée (avec ce que l'étymologie indique de dissemblance) d'une entrée dans la fiction qui se joue également au grand jour : la « Vie d'Essénine » qui sert d'introduction à la partie traduite du volume est aussi introduction à une autobiographie détournée dont « Le Corbeau » constitue la conclusion – fin du livre et fin véritablement théâtrale d'une

---

29 Julien Gracq, *Préférences*, José Corti éd., 1961, p. 180.
30 *Onze études sur la poésie moderne*, Points, Seuil, 1981, p. 8.

dramaturgie en transparence où « Le potiron » viendrait jouer le rôle de Prologue, bouffonnant pour conclure dans la tradition shakespearienne.

Tout se clôt sur le tragique et sa caricature – mais se trouve englobé dans une structure plus vaste, structure en expansion puisque la « Vie d'Essénine chantée par un paysan russe de la région de Riazan » est une vie de Robin jouée tout à la fois par procuration et par anticipation. Elle n'est pas seulement une introduction à un recueil, voire à un faux travail de traduction mais, franchissant de la manière la plus étrange les œuvres personnelles de Robin, une introduction à ses derniers poèmes, ceux d'avant le silence : « Lettre à mon père » (où la référence au poème d'Essénine est explicite), « Le traducteur » et « Dieu ». Tout ce qui se rassemble et se joue comme aveu d'impuissance autant qu'adieu dans ces poèmes se trouve énoncé dans cette fausse traduction – énoncé de façon d'autant plus surprenante que les thèmes alors mis en œuvre n'apparaissent jamais dans les écrits de Robin contemporains de cette « Vie d'Essénine ».

On ne peut dire qu'il s'agisse là de prémonition – plutôt d'une entrée dans la fiction autorisée par un travestissement avoué : le travestissement se dénonçant comme tel dans l'instant qu'il en est fait usage – ainsi le mime lisant comme en miroir son jeu devant cela qu'il mime, et décelant dans le miroitement variable des formes empruntées celle qu'il lui faudra confier au futur, et les assumer alors, comme on assume un rôle, jusqu'à les vivre. C'est dans cette perspective que la « Vie d'Essénine » prend sa valeur : ce texte d'une maladresse appliquée, faussement calqué sur les textes de chansons populaires, se révèle d'une ingéniosité surprenante dès lors qu'on s'attache à y discerner le roman caché du roman à venir.

Le roman caché se joue par l'exploitation de thèmes propres aux poèmes d'Essénine : on voit se tracer par instantanés un portrait de l'artiste en jeune paysan :

> Le plus triste et le plus tendre des garnements
> Fut batailleur, battu, saignant pendant trente ans…

ce qui est un écho du second poème traduit :

> Souvent, souvent je rentrais tout faraud
> Avec un nez saignant de quelque bosse,
> Ma mère à ma rencontre accourait, les bras fous[31].

---

31 *Ma vie sans moi*, 1940, p. 72 (*Écrits oubliés II*, p. 19).

Le portrait du mauvais fils :

> – « L'as-tu donc vu dans l'ombre, ô mère sans parole ? »
> – « Oui, mais pâle : ses yeux me rendent maigre et folle ! »

redouble évidemment le poème « Lettre à sa mère ». Quant aux figures
de l'exclusion, elles se superposent et se mêlent : déclassé,

> Il fut bientôt partout l'homme dont nul ne veut :
> Quand il revint à nous le blé fut silencieux.

Il se trouve exclu du monde littéraire et réduit à la solitude :

> Il était plus que seul quand il marchait tout seul,
> Il embrassait la nuit l'érable et le tilleul.

Le thème du suicide est traité d'une manière bizarrement larmoyante :

> Vit le bleu dans le ciel, vit le bleu dans ses veines,
> Se tua sans penser, sans croire à notre peine.
>
> Sur les bouleaux s'endort notre complainte vaine,
> La neige de sa gloire a contristé nos plaines.

Cette parodie de complainte à rimes plates (forme souvent utilisée
par Essénine), style gauche, vocabulaire pauvre, donne l'impression
que Robin, reproduisant les errements stylistiques de ses traductions,
s'efforce de rendre la parodie manifeste, et l'on est, de fait, d'autant
plus étonné que personne ne se soit jamais avisé de ce que cette « Vie
d'Essénine » était un faux – il ne s'en cache pas, et le titre même offre
un écho ironique à celui du volume.

Quoi qu'il en soit, donner la partie « personnelle » du recueil composé
en miroir en excluant les traductions revient à fausser totalement le
sens du volume tel qu'Armand Robin l'avait construit. Il y avait là
– dans cette tension violente vers la lucidité – le principe d'une œuvre
véritablement forte. On en verrait aussi le témoignage dans les essais
critiques de cette époque (à partir de l'essai consacré à Supervielle,
« Celui qui ne peut meurtrir ») et les fragments du cycle du pays natal
où la fiction acquiert une densité translucide et pourtant sans trouble,
laissant percevoir des ombres contradictoires puis, dans une soudaine
lumière, un autre aspect d'une même réalité – qui en constitue la vérité

dérobée. C'est ce jeu serré qui importe dans cette première phase : ces échanges à l'intérieur des traductions aussi bien que des essais ou des poèmes, ce travail sur la sonorité des mots. Et tout le travail de Robin au cours de ces années semble tendre à les rendre possibles. On glisse insensiblement d'un type de fiction codifié et soumis aux règles d'un genre (en l'occurrence, la poésie ou la traduction) à un type de fiction plus large. Le seul à s'en être avisé – mais pour rendre compte du *Temps qu'il fait* (où l'apparence de roman implique à nouveau, malgré tout, soumission à un genre) est Maurice Blanchot :

> L'insistance poétique est chez Armand Robin d'autant plus significative qu'il a publié avant *Le Temps qu'il fait* une suite de poèmes dont quelques-uns annoncent les thèmes de son livre et dont presque tous recherchent les images qui en forment le chœur. Il serait sans doute vain de comparer ces œuvres différentes et de voir comment ont changé, en passant de l'une à l'autre, les rêves qui les animent. D'un premier regard on aperçoit que ce qui dans les poèmes demandait une expression essentielle, privée du temps, formée dans des conditions de simplicité presque abstrait, par l'accord de peu d'images avec une harmonie tout intellectuelle, se développe dans l'œuvre romanesque comme un mythe qui exige la durée, appelle une surabondance de figures, se transmet d'échos en échos, par un mouvement de plus en plus rapide et se déclare dans une matière résistante où la pensée voit plus clairement son chemin[32].

Le Temps qu'il fait constitue, en effet, une sorte d'expansion de *Ma vie sans moi* mais une expansion arrêtée, figée – de là, sans doute encore, le désarroi de Maurice Blanchot : derrière ce roman qui se referme sur lui-même se décèle une sorte de vaste création rhapsodique dont il laisse entrevoir la grandeur et l'échec.

LE TEMPS QU'IL FAIT

On ne peut pas dire que l'échec ait jamais été jugé caractéristique du *Temps qu'il fait*, qui passe, depuis sa publication, pour l'œuvre majeure de Robin et reste, avec *Le Monde d'une voix* (mais *Le Monde d'une voix* ne peut être considéré comme une œuvre de Robin) la plus commentée.

---

32 « Roman et poésie », *Faux pas*, Gallimard, 1943, p. 232-233. © Éditions GALLIMARD.

L'accueil fait à *Ma vie sans moi* avait été favorable, quoique réservé ;
Le Temps qu'il fait fut louangé. Drieu La Rochelle évoque « une chanson
de geste, un cycle humain, une épopée de rêve et de vie » celte puisque
bretonne[33], Yanette Delétang-Tardif loue, elle aussi, « un roman-poème
celtique[34] » et Maurice Blanchot, ayant essayé de « traduire l'histoire »
du *Temps qu'il fait* et constaté que « cette traduction en trahit la nature »,
renonce à « résumer en-dehors de toute histoire le roman d'Armand Robin
en mettant en valeur les thèmes qu'une grande richesse d'orchestration y
développe harmonieusement » avant de conclure que « l'accord entre la
fiction et le mythe, entre la réalité et le chant, entre ce qu'il y a d'irréel
dans la fiction et d'immédiatement saisissable dans le mythe, imposé par
un art à la fois très naïf et infiniment rusé, donne au *Temps qu'il fait* son
complet équilibre[35] ». Cependant, « la preuve, peut-être, qu'il s'agit là de
tout autre chose qu'une œuvre simplement conduite par une intuition
naïve, c'est que l'on n'y voit guère d'autres défauts que des mièvreries
précieuses, des artifices sans objet, d'inutiles surcharges baroques, témoignages d'un art qui a oublié momentanément de surmonter son effort[36] ».

La seule critique inquiète, et suffisamment vigilante pour oser évoquer cette inquiétude, reste celle de Maurice Blanchot. On pourrait dire
qu'elle touche juste par ce qu'elle a de fuyant, d'incertain, glaçant sous
une apparence claire une approche louvoyante – de là aussi sa qualité
esthétique, accordée à celle du roman. Il semble cependant que cette
lecture trop respectueuse laisse ignorer ce que le texte a de violent : l'un
sauvegarde ce que l'autre mise et perd.

C'est un reflet de la situation, alors, de Blanchot et de Robin – et
ce face à face de deux textes, comme mis en miroir pour s'éluder,
reflète peut-être aussi, sur un plan plus général, la situation du critique
et de l'auteur : conflit que Blanchot a tenté de mener à son point de

---

33 Drieu oppose à la « latinité scolaire » les trésors de poésie cachés depuis le Moyen-Âge
    au fond du peuple breton, « et y a-t-il tant de distance entre celtisme et germanisme ? »
    (*NRF*, août 1942, p. 233). Il est à noter que l'édition originale, dédicacée par Robin à
    Drieu (« À Drieu, avec toute mon affection, ce livre que j'ai écrit en pensant à lui très
    souvent »), montre que Drieu n'en a lu que les soixante-dix premières pages, les autres
    n'étant pas coupées.

34 « Ainsi le poème naît dans une prose charnelle, tâtonnant parfois parmi ses richesses de
    rimes internes, de répétitions, d'architectures sonores, selon toute la mélodie épique de
    l'accent celtique… » (*Comœdia*, 25 avril 1942).

35 *Faux pas*, Gallimard, 1943, p. 324-325.

36 *Ibid.*, p. 326.

dissolution – sinon de résolution – dans ses romans, comme Robin, par un mouvement inverse, dans son travail de critique. À cet étrange croisement, les « Réflexions sur la jeune poésie » de Blanchot apportent un prolongement qui est à la fois un dernier reflet (puisqu'il prend en miroir un article critique d'Armand Robin) et une conclusion paradoxale, car ce qu'il écrit alors du poète vaut surtout pour ce qui le sauve d'être un critique et Robin un romancier : il n'est tel que par son absence « et si, devenu conscient de la singularité de l'expérience qu'il poursuit, il la conduit, non en homme de lettres rassuré par ses formules, mais en homme résolu à les briser et à se briser avec elles, chaque fois qu'elles lui assureront le repos[37] ».

Toutes les interprétations semblent s'être construites pour dissimuler la singularité de l'expérience poursuivie par le biais du *Temps qu'il fait* et cette évidence que Robin, en s'acharnant à briser ses formules, s'est brisé avec elles.

CONDENSATION

Qu'il y ait deux textes dans *Le Temps qu'il fait* n'est pas douteux : Robin attire lui-même l'attention sur ce fait dans la curieuse note (curieuse pour un auteur qui s'est si peu soucié de dater ses textes) placée à la fin du roman : « La première partie a été écrite en septembre 1935, publiée dans la revue *Europe* en novembre 1936 ; les cinq autres parties ont été écrites en juillet et août 1941 ».

Ici encore, il semble qu'il y ait intérêt à pratiquer une lecture sans prévention : à déconstruire le texte et suivre les étapes de la fabrication plutôt que de tenter, selon l'expression de Mallarmé, d'en « rémunérer le défaut ».

Il est exact que la nouvelle publiée sous le titre « Hommes sans destin » par *Europe* le 15 novembre 1936 (le titre original était « Les servitudes terrestres ») qui a donné la première partie du roman, intitulée « Lueurs de paille », a été rédigée en septembre 1935 :

> J'ai voulu vous écrire cet essai sur la Bretagne ; il m'a été impossible d'empêcher idées et impressions de devenir personnages, faits et dialogues.

---

37 *Faux pas*, « Réflexions sur la jeune poésie », éd. 1943, p. 152. M. Blanchot analyse notamment l'essai de Robin « Pendant que l'enfant dort » paru en 1942 in *La Jeune Poésie et ses harmoniques* (voir *Écrits oubliés I*, p. 126-136).

Toute la vie de ces gens a surgi en moi, m'a maîtrisé, s'est mise d'elle-même à se mouvoir à l'écart de ma propre volonté. Et les hommes, boueux et maladroits, ont parlé, marché, travaillé ; ils me quittent, m'échappent, puis me reviennent, parfois si différents de ceux que je voulais créer que j'ai bien envie de leur demander : « mais d'où revenez-vous donc ? »

Je ne pourrai pas achever cette œuvre : dans cinq ou six semaines, je dois me remettre au travail. À peine 120-130 pages en seront terminées, arrachées aux conditions morales et matérielles les plus étonnantes[38].

La lettre situe bien la nouvelle comme un travail contemporain des premières notes de lecture données à *Europe* et la définit comme un essai, écrit pour Jean Guéhenno[39]. L'essai est devenu roman de même qu'« Une journée » donnée à *Esprit* s'est changée en essai romancé. Cette fluctuation originelle de la frontière entre les genres et cette tendance à aller de l'abstrait au concret sont caractéristiques : on en perçoit la trace dans l'évolution des titres (« Les servitudes terrestres », « Hommes sans destin », « Lueurs de paille ») ; l'abstraction et la grandiloquence s'effaçant au fur et à mesure que le travail de l'imagination se concrétise dans le travail de la langue.

Ce qui concerne la suite du roman est beaucoup moins certain. Il existe une lettre à Jean Paulhan (sans date précise mais antérieure à septembre 1939 puisqu'il est fait allusion à la note de lecture sur les *Contes de Bohême* de Rilke parue dans la *NRF* de septembre 1939) qui indique que Robin a continué le « récit » dont une partie avait paru dans *Europe*. Une autre lettre sans date[40] adressée à Jean Guéhenno aborde ce sujet : « Je me suis mis à donner une suite au texte ("Hommes sans destin") que vous aviez publié autrefois dans *Europe*. » Un long morceau de la

---

38 Lettre à Jean Guéhenno, 26 septembre 1935.

39 Ce qui n'est pas indifférent puisque le livre offert par le Père est, en conclusion, celui qui vient de s'écrire – et que l'autorisation d'écrire est donnée par le maître, autre « premier traître » destiné à être trahi : la publication de la nouvelle dans *Europe* sera, même en regard des règles de la morale la plus élémentaire, une trahison à l'égard de Jean Guéhenno qui venait de démissionner, ayant appris que le PC avait racheté en sous-main la revue dont il était rédacteur en chef. Quant à la publication du *Temps qu'il fait*, elle sera, comme la collaboration de Robin à la *NRF*, l'une des raisons de la rupture de Robin et Guéhenno : le premier dans le rôle du traître revendiquant le rôle de Juste, le second dans le rôle du Juste invité à jouer le rôle du traître (c'est-à-dire traître à son désir de rester pauvre, écarté des honneurs). De cet étrange entrecroisement la fin du *Temps qu'il fait* offre une image idyllique : de don et de pardon – mais suivis de silence.

40 Elle aussi antérieure à septembre (au plus tard octobre) 1939 puisque Robin annonce qu'il est nommé au lycée de Versailles.

troisième partie du roman (« Chevaux-oiseaux ») fut publié sous le titre « Chevaux » en décembre 1941 dans la *NRF*. Il est donc peu probable que les cinq dernières parties du *Temps qu'il fait* aient été rédigées en juillet et août 1941 – mais il est certain qu'elles ont été refondues, sinon entièrement composées à la hâte[41]. Un fragment posthume indique :

> *Le Temps qu'il fait* : Ce fut un cri jeté debout. Grimpant de ronce en ronce, l'âme faite de tonnerre, j'ai réussi à m'élancer. Poète des buissons et des ronces[42].

Comme dans le cas de *Ma vie sans moi*, au terme d'années de recherche, une brusque diffraction d'éléments jusqu'alors bloqués paraît s'être produite. À partir d'une nouvelle évoquant un jour de fin d'hiver en Bretagne et la mort d'une mère paysanne, Robin a fait éclater les conventions réalistes et transformé le roman en épopée cosmique, ébauche de l'épopée de la non-traduction.

Comparable en cela aux poèmes de *Ma vie sans moi* et comme eux orienté par la volonté de réaliser une œuvre[43], le texte initial est surtout remarquable par la façon dont il met les éléments en place. L'évocation du paysage (« Février finissait, mais cette année-là, dans toute la Bretagne, l'hiver s'entêtait à se coller au sol… ») cède le pas dès le second paragraphe du roman à une évocation de la condition humaine (« Les hommes eux-mêmes étaient secrètement tentés de s'arrêter… »). Puis le personnage central, Yann, apparaît en compagnie d'un valet : travail d'élagage, rebuffades du vieil homme, solitude et silence. Seule rupture dans cette trame parfaitement lisse, conforme à l'objectivité du miroir promené le long du chemin, l'intervention de l'auteur : « Pitié ! Ils vont mourir dans cette solitude sans avenir ! Il ne faut pas que leur âme meure ! Yann, tu n'as que dix-huit ans ; ne t'apprêtes-tu déjà qu'à la servitude ? » et son intrusion lorsque l'action se noue :

> Que qui peut vivre vive encore ! Tant pis à cette heure ! Il est temps que la mort paraisse ; elle vient ; elle est là, brusque, debout, dans ce cri que la neige accueille avec indifférence :
> – Yann, vite ! Ta mère vient de mourir.

---

41 Une autre lettre à Jean Paulhan est éclairante à ce propos : « Je vais enfin pouvoir écrire des poèmes sans être obligé de me réveiller en cachette au milieu de la nuit (comme pour *Le Temps qu'il fait*). » (28 octobre 1942).

42 *Fragments*, p. 44.

43 C'est le terme que Robin emploie dans sa lettre à Guéhenno.

La description des personnages autour de la morte, la description de la morte elle-même, la dénonciation de la violence du père et la querelle après l'enterrement, tout est ordonné, presque rituel :

> Le soir venu, quelques hommes ivres battirent leur femme. Une querelle remplit la demeure abandonnée par la morte et l'on entendit la voix du père Jouan :
> – Tous les mêmes ! Voilà que tu m'embêtes encore plus qu'elle ne m'embêtait. Eh bien, fais ce que tu veux, à la fin ! Lis tes livres et va-t'en ensuite au diable. Je m'en fiche. Pourvu que tu me fasses ton travail à la ferme… Le reste !…
> Tout se tut. Il ne resta plus qu'un grand ciel écartelé entre les quatre coins de l'horizon[44].

La version initiale s'arrête là, sur cette image d'un espace immobile, fixé aux quatre coins. Robin l'a conservée jusqu'au dernier paragraphe. On pourrait dire : jusqu'à la dernière limite. La version définitive est une figuration de l'explosion qui écartèle cet espace inerte :

> Tout se tut. Il ne resta plus qu'un grand ciel endolori de nuages bas, traversé les grands éclairs violets de la nuit. À l'instant où les ténèbres allaient dominer, un espace irréel, torturant de transparence, se dressa, se tint quelques instants debout, grelotta, soubresauta. Et ce linceul sale écartelé entre les quatre coins de l'horizon, quatre mortes hâtives et flottantes, quatre mortes d'ombre molle se le disputaient, les mains cruelles de silence.
> Un fou, un chien hurlèrent. Brusquement bondirent bourrasques, rafales, rages, refrains de fou traversé d'orage[45].

La chanson du fou intervient dans cet ensemble bien ordonné comme un écho extravagant de la complainte citée au début – complainte publiée sous le titre « Air de ronde pour Bretons » dans *Ma vie sans moi*, complainte imitée du breton et qui fait la jonction d'un livre à l'autre…

DISSÉMINATION

Le plus étonnant dans le travail de Robin est la façon dont il remet en jeu les données initiales et les intègre en les inversant. Ainsi la Mère surgit-elle à nouveau : morte, brutalement présente dans un chaos où la prolifération des voix au milieu de la tempête, les lambeaux de prose et de vers, les dialogues en écho qui s'enchaînent sur un mot sans jamais se répondre et se disloquent produisent une impression d'égarement

---

44   « Hommes sans destin », p. 348.
45   *Le Temps qu'il fait*, 1942, p. 34.

absolu. « Il aime sa mère parce qu'elle est un élément », note Robin à propos d'Essénine dans un texte paru peu après *Le Temps qu'il fait*[46]. La Mère est ici un élément parmi des centaines d'autres (des millions, faudrait-il dire, puisque « 28 millions de soldats » interviennent dans le chœur pour interrompre le récitatif de la mer) mais c'est un élément qui s'impose d'emblée comme gigantesque : brusquement grandie, intimant l'ordre à la bourrasque de se taire, rassemblant autour d'elle une foule de figures qui tentent de l'assister, c'est elle qui souffle les paroles aux autres, qui leur insuffle les thèmes dont ils s'inspirent à tour de rôle, avant de disparaître. Elle n'était que silence dans la nouvelle initiale, elle devient une voix qui n'en finit plus de crier, qui éclate (« La rage, ce n'est pas vous, c'est moi ! J'éclate à la fin ! Je suis l'âme qui éclate et vous, vous n'êtes que des apparences dérisoires[47]... »). C'est elle qui parle le plus longtemps, imposant silence aux autres, et c'est elle qui parle le plus souvent[48]. Elle éclate au sens figuré – qui est ici, par une inversion supplémentaire, le sens propre : en tant que voix organisant le texte – et au sens propre : car elle provoque une explosion de voix qui parlent pour elle, qui l'amplifient par démultiplication. De la coccinelle qui la précède à la mendiante morte, Maïjann, qui l'assiste jusqu'au dernier moment, toutes les figures féminines sont des fantômes, des ombres de la mère : elles peuvent se dédoubler (ainsi les fées, qui prennent la parole à tour de rôle) ou se fondre (ainsi la mer, qui se démultiplie et redevient, par paronomase, la mère – au pluriel – dans l'apostrophe des soldats : « Place, place, place, les mer(e)s ».

Autour de la mère bataillant contre la tempête, le Christ, le chien, le fou, également impuissants, également confondus parmi les éléments et les voix que l'apparition de la Mère suscite comme au hasard, constituent, si l'on s'applique à lire le texte sans se laisser prendre par son tourbillon, des éléments de stabilité : d'abord, par leur constance (le dialogue entre le chien et le fou, puis le chien, le fou et le Christ, ouvre le texte, qui se ferme par un récitatif auquel participent le chien et le Christ, puis le Christ seul, répondant à la mère ; ils sont donc les seuls personnages qui tiennent d'un bout à l'autre le fil du texte) ; ensuite par leur présence

---

46   « Trois poètes russes », *NRF*, février 1943 (*Écrits oubliés I*, p. 181).

47   *Le Temps qu'il fait*, p. 56.

48   Ses interventions sont de loin les plus longues (la première de quatre pages ; quatre autres d'une à trois pages) et les plus nombreuses (vingt-huit interventions au total).

au début et à la fin du texte, qui apparaît ainsi construit, malgré son apparente incohérence[49], enfin par leur importance, qui équilibre et compense l'amplification du personnage de la Mère.

Il est difficile de ne pas observer que les figures masculines se dédoublent et se redoublent de la même façon que les figures féminines : aux trois fées correspondent les trois fous et, de même que les fées se dédoublent en lavandières nocturnes des contes, en mendiante folle diseuse de contes, en Ophélie, noyée, folle aussi, en mer, en herbes, en prairie, les fous sont autant de variables de Merlin, fou comme eux, du « prophète presque muet », du poète gallois Taliesin, prophète et fou, de Sugawara no Michizane, poète japonais, de Rimbaud, du « génie mort à vingt ans », ou du suicidé qui rage contre la belle-famille de Robin[50]. Le personnage central de la nouvelle, qui se bornait à son identité, et qui doublait celle de Robin, s'est effacé lui aussi : il n'est plus que ce que la mère peut dire de lui çà et là – absent de l'orage, en tout cas. Mais il s'est dissipé par amplification, lui aussi : jouant ainsi dans le texte même la disparition et le passage à l'« Odyssée de syllabes sans attaches » qu'évoque le texte sur Joyce[51], le tour du monde assez long pour n'avoir jamais à revenir à soi qu'évoque l'essai « Trois poètes russes[52] ». Le voyage de la mère dans la tempête d'après la mort est aussi celui de son fils : mais absent, joué, changé en voix.

Par un mouvement inverse, toute l'intrigue du roman (de ce qui reste roman dans le livre) consiste à montrer le réveil, l'approche, le grandissement du Père (au sens où Verlaine parlait du « grandissement du jour[53] ») jusqu'à la scène finale où il occupe la totalité du ciel, la totalité de l'avenir (« J'ai de quoi parler pour toujours ! À cause de toi ! Merci, ô Père ! ») et la totalité du texte qui vient aboutir à son nom. Ainsi

---

49   Une analyse précise montrerait une construction en trois mouvements flous, décentrés (selon l'esthétique baroque) : un dialogue amplifié (le Christ / le fou / le chien / Jean Hiroux) ; la mère et le tourbillon des voix ; un dialogue allant decrescendo (la mère / le Christ).

50   « Les gens nouveaux qui s'occupaient de moi ne m'ont pas compris, ils m'ont envoyé des mots par la poste de Nevers… Aussi m'ont-ils tous abreuvé de tourments. De ricanements. De gémissements insultants. De la famille ! Des grands-parents si opulents ! On peut bien après ça mépriser fils d'indigents ! » (p. 83-84). C'est la première mise en abyme de l'existence de Robin dans la fiction : fiction elle aussi, non-existence – elle ne peut être dite que par un « suicidé ».

51   *Comœdia*, 30 octobre 1942 (*Écrits oubliés I*, p. 170).

52   *NRF*, février 1943 (*Écrits oubliés I*, p. 187).

53   *Jadis et naguère*, « L'angélus du matin ».

Robin l'amène-t-il à reddition en lui faisant occuper progressivement la place qui était celle de la Mère. « Vous, le Temps, continuez ! » est en quelque sorte la clé d'un texte qui s'est construit comme expansion d'une figure allégorique.

Faudrait-il dire que deux durées s'inversent au cours de la narration ? La réalité apparaît beaucoup plus complexe. Pour simplifier, cependant, il est possible de représenter l'intrigue implicite comme un échange – mais un système d'échanges impliquant l'économie générale du texte, et faisant résonner ses thèmes dans sa profondeur : le « temps sans minutes[54] » et la « nuit sans distance[55] » de la nouvelle initiale se trouvent, comme la représentation de la mort, soudain rompus par l'entrée de la Mère dans le temps sans durée, chaotique, houleux, de l'après-mort. C'est un éclatement, puis un affaiblissement – qui a d'ailleurs sa cohérence sous son apparente incohérence et rappelle les « stages » énumérés par le *Livre des morts tibétain*. La Mère s'efface dans l'absence de temps, dans un temps qui s'élargit jusqu'à sa disparition et l'éloigne, ne lui laisse plus que de faibles occasions d'apparaître (c'est-à-dire de revenir, pouvant voir et entendre mais être vue et entendue).

Le point culminant du roman est bien celui qui marque la substitution du temps du Père, celui du travail diurne, au temps de la Mère, celui de la nuit – et l'on voit comment les allégories figées des premiers poèmes ont été remises en circulation par leur investissement dans une autre forme que la poésie – forme qui annule les conventions romanesques dans le moment même où elle les utilise.

LES VESTIGES D'UN LIVRE ÉCLATÉ

On ne peut nier qu'il y ait effort pour construire et maintenir une intrigue, et même pour inscrire cette intrigue dans le cadre circonscrit d'une journée. En somme, le roman se borne à raconter une journée au cours de laquelle le Père cherche son fils, parvient à lui parler après des années de colère et va lui acheter un livre. Le premier texte publié par Robin (le premier, du moins, retrouvé à ce jour), le compte rendu du roman de Claire Sainte-Soline, *Journée*, pourrait être lu comme préambule du *Temps qu'il fait* : « Journée, village, rien ; c'est tout le roman ;

---

54 « Doucement s'écoule le temps sans minutes », p. 16.
55 « Yann s'est élancé dans la nuit sans distance », p. 17.

unité de temps, unité de lieu, mais unités de la monotonie, du néant[56] ». On se souvient aussi de l'essai « Une journée » publié dans *Esprit* en septembre 1937 (et peut-être engendré aussi par la première tentative qui avait donné lieu à « Hommes sans destin »). Enfin, c'est encore vers *l'Ulysse* de Joyce que l'expérience se dirige : une journée pour perdre toute durée, pour dissoudre les temps[57].

L'effort pour maintenir en tant que tel un paysage, des personnages, est, d'autre part, manifeste. C'est ce qui permet au lecteur de suivre le texte « Hommes sans destin » dans *Le Temps qu'il fait*, voire de le réduire à la matrice initiale. Mais le paysage se change en voix constamment prêtes à se mêler aux dialogues, et les personnages se trouvent dilués, pour ainsi dire, diffusés dans ces voix parmi lesquelles ils ne peuvent que glisser les leurs. « Essénine, au-delà des révolutions et des institutions, nous fait souvenir d'un âge où l'homme ne se savait pas important ; l'animé et l'inanimé se confondaient. La poésie du miraculeux paysan russe nous reporte à des ères où les éléments étaient sacrés ; elle est plus que primitive, elle est ancestrale, comme, en un autre sens pourtant très proche, celle de Rimbaud. Ces poèmes tentent de rétablir la prééminence des choses sur les hommes ; admirables et douloureux tours de passe-passe : la lune plonge dans la mare et devient grenouille, le vent prend un balai, hennit, mange, se saoule, fait l'amour "tout comme moi, mieux que moi", semble se crier le poète[58] ». Essénine, qui est à l'origine de l'expérience (c'est-à-dire de l'expérience dans son ensemble, de passage à la fiction), l'accompagne presque à chaque instant, mais en sourdine, sans que cela soit dit. C'est dans la conclusion du *Temps qu'il fait* que Robin prend en miroir sa propre tentative de faux critique et de non-traducteur :

> Une voix que nul n'entend, qu'il ne faut pas entendre :
> – Il croit parler de quelqu'un d'autre et c'est de son propre cas qu'il parle[59].

---

56 *Europe*, 15 avril 1935 ; *Écrits oubliés I*, p. 18.
57 La référence à Joyce est faite aussi bien par Y. Delétang-Tardif (« Tout son système d'allitérations ... est saisi tout vif dans une sorte d'obsession d'une langue-mère dont une des lois est la mutation des consonnes (Nous avons trouvé cela chez Joyce ; on pense souvent à lui dans *Le Temps qu'il fait*) ». (*Comœdia*, 25 avril 1942) que par Yves Jouanne (article sans lieu ni date) ou Drieu la Rochelle (« Je retrouve en Robin ce pouvoir que je n'ai trouvé que chez quelques nordiques de nationalités fort diverses, d'ailleurs – l'Irlandais, comme Joyce, les concentrait tous : le pouvoir d'être érudit et aussi directement poète qu'un jeune berger » *NRF*, août 1942, p. 235).
58 « Trois poètes russes », *Écrits oubliés I*, p. 181-182.
59 *Le Temps qu'il fait*, p. 202.

À ce moment-là, il n'y a plus roman mais sortie du roman et, dans le même temps, façon de glisser au lecteur une nouvelle clé pour y entrer – ce à quoi fait allusion aussi le texte sur Joyce : « Toutes les clés semblent valables pour pénétrer dans cette forteresse ; prenons garde qu'elles ne nous donnent accès qu'à quelque dépendance. La démarche de Joyce fut assez habile pour abolir d'elle tout vestige ; tout fut brouillé avec une précise, perverse patience ». Les deux pages qui suivent seraient à citer in extenso. On ne peut douter qu'elles ne soient une tentative d'élucider, non ce que fut *Le Temps qu'il fait*, mais ce que Robin recherchait : « faire éclater tous les cadres, y compris les siens », faire « de son œuvre un répertoire de toutes les formes d'expression », « se mouvoir de la prose au poème avec l'aisance d'une herbe qui s'aventure entre toutes les nuances du vert », « accepter de se perdre… dans une odyssée de syllabes sans attaches » pour « assumer avec confiance toutes les "disgrâces" du chaos[60] ». On voit dans *Le Temps qu'il fait* les traces d'une création excentrée, à plusieurs registres, plusieurs centaines de voix – une création qui, par le travail des métaphores, l'expansion, la naïveté violente aussi, serait beaucoup plus proche des grands livres de Blake que d'*Ulysse* ou de *Finnegann's Wake*, beaucoup plus proche de Blake aussi que de Mallarmé auquel Robin fait pourtant référence :

> Il rêvait du « Livre » unique, où les mots, libres de toute basse besogne et jusque de leur habituelle corvée poétique, auraient reçu le pouvoir de perpétuer le monde, de lui fournir au fur et à mesure une matière de remplacement par laquelle réparer les dommages créés par l'érosion du temps[61].

D'une certaine façon, *Le Temps qu'il fait* apparaît comme le reste d'un grand livre : grand par la capacité d'intégration et d'invention dont il témoigne – mais manqué, comme on le dit d'une cible manquée par la flèche, effleuré, laissé de côté, gâché à la hâte. Pour s'en assurer, il suffit de le survoler : envisagé à distance, il semble fait de pièces et de morceaux invraisemblables ; envisagé au fil de son développement, il apparaît au contraire fortement lié, tenu par des thèmes qui se nouent en alternance et se tressent[62] ; pris de près, sous un regard immobile, dans

---

60 « James Joyce », *Comœdia*, 30 octobre 1942. Toutes les citations figurent aux pages 170 et 171 du premier volume des *Écrits oubliés*.

61 *Comœdia*, 21 mars 1942. *Écrits oubliés I*, p. 142.

62 Ainsi le dialogue des chevaux est-il annoncé (en germe ou, si l'on veut, en esquisse) dans le monologue de la mère (p. 65) ; de même l'idée de l'offrande finale est-elle présente dès le milieu du livre (p. 142).

son ensemble, il apparaît issu d'une matrice initiale fracassée pour donner lieu à cinq chapitres qui sont autant d'expériences : la prolifération de voix de la seconde partie (quarante personnages, un mélange de prose et de vers) laissant place au dialogue des chevaux et aux monologues entrecroisés des oiseaux (dialogues parfaitement équilibrés, construits en quatre mouvements). Avec le quatrième chapitre le récit reprend, mêlé de dialogues dérivés des chapitres précédents comme s'il s'agissait de diluer les voix disparates, disséminées dans une intrigue qui les relie. Tout à l'inverse, le cinquième chapitre intègre le récit dans le dialogue – il n'y a plus aucune subdivision, rien qu'un dialogue entrecoupé par des interventions de personnages issus des second et troisième chapitres : le monologue versifié de la mère intégré au récit du Père est de la plus extrême maladresse. Le dernier chapitre est une mosaïque : une trentaine de fragments recommencent le roman en réduction (le premier fragment est d'ailleurs intitulé « recommencement[63] ») et le disséminent, mais avec une capacité d'intégration bien amoindrie.

C'est peut-être là le chapitre le plus intéressant du roman, parce qu'il marque une possibilité d'évasion : chaque fragment tend à prendre son autonomie, se constitue en centre dérivé – soit poème, soit dialogue, soit esquisse d'un récit nouveau – et les fragments posthumes du « Cycle du pays natal » écrits sans être publiés semblent circuler autour des thèmes lancés ici. Seulement, la force centrale manque. On mesure à quel point elle fait défaut à comparer le reste du livre au troisième chapitre, « Chevaux-oiseaux », qui est certainement l'un des meilleurs textes de Robin.

Les premiers poèmes des *Fragments* se rattachent à cette prose assouplie : pendant un temps, Robin semble pouvoir « se mouvoir de la prose au poème avec l'aisance d'une herbe qui s'aventure entre toutes les nuances du vert, » comme il l'écrivait à propos de Joyce ; il atteint le mouvement flottant que les poèmes perdus ou les textes sur la langue chinoise disent avec la même douceur :

> À l'heure où lune et brume sont murmure sur toute mousse
> [...]
> L'herbe souple et rapide où s'essouffle la brise
> La devance[64].

---

63   *Le Temps qu'il fait* (1942), p. 187.
64   *Le Temps qu'il fait*, p. 91.

Une telle phrase rappelle nombre de poèmes assonancés :

> Sous la lune quand je vais me courbant
> Ombre à la hâtive nuit mêlée
> Je ne sais si je fuis ou les nues ou mes ans
>
> Éparse en tous nos temps maladroits, la durée
> Nous compose en frêle forme superposée au monde[65].

« Les gestes des ajoncs », « Image », « Frêle passager », enfin, « Longtemps mes voyages » semblent des extensions plausibles du dialogue des chevaux :

> Longtemps mes voyages ne furent que de feuillages, de couchants, de chevaux ; les camarades vents et ruisseaux me guidaient, je flottais en obscur passager dans leurs voyages [...]
>
> Jours tremblants des seuls joncs...
> Mes voyages n'étaient que de fontaines, de chevaux, de ruisseaux...
> ... L'herbe ployante sous les vents me composait mes seuls voyages...
> Dans leurs légers passages flottait ma patrie
>
> Soudain, allègrement et douloureusement, je me mis en quête d'un règne où plus aucune aide ne pût me parvenir[66].

C'est dans « Chevaux-oiseaux » que le travail des sonorités par thème / contre-thème opposés trouve sa plus grande efficacité parce qu'emporté – malgré la tendance à l'abus et à la redondance caractéristique de Robin – par le cours du récit. Le chœur des oiseaux (que cite Maurice Blanchot), le chant de Treithir, et le passage où il ouvre la porte à l'aube[67] sont les zones de passage à un autre type de création – peut-être une façon de se faire une langue maternelle en français, en tous cas une façon de prendre ses libertés, d'inventer les mots manquants. Ce sont ces inventions qui frappent le plus dans *Le Temps qu'il fait* mais elles sont circonscrites, localisées (à peu d'exceptions près) dans le troisième chapitre, où l'élan garantit, entraîne sans altérations toutes les inventions de mots : « La

---

65 « Le fugitif », *Fragments*, p. 139.
66 *Ibid.*, p. 201.
67 « Et ce seigneur aux dents rusées, qui savait toutes choses, fit bouger son corps, jusque là semblable au ciel noir humide, agita sa crinière à courbures marines, et lentement s'en vint appuyer sa mâchoire bien droit sur le loquet ; de ses naseaux il sut pousser la porte, ouvrit sur lui, sur tout, l'espace, l'aurore ; c'est un art qu'il tenait de Morvarc'h an Dreïzour, qui fut cheval du Roi des Pauvres, au temps de la Grande Révolte. » (p. 102).

pauvre Brunelune, si bruisserante et buis-blessée », « la pauvre morte blanchelunante… », « la morte chancelunante » regardant avec honte « ses mains goulourdes[68] », et « les fées, les farfadines fragiles[69]… » la pie qui « desnose, desnosite, desnosottise » avec « /son/ titre automatique, / son/ titre pour poème à bruit de bois sec[70] » — toutes témoignent d'une prise de liberté. Robin invente les mots qui lui manquent et ces mots se trouvent immédiatement justifiés, de même que le mélange de gallois et de breton provoque un effet de distanciation, qui étonne et ne choque pas.

Il atteint là une forme souple, intermédiaire entre le roman et le poème, le poème et le théâtre – mais un théâtre invisible, fait de voix et d'images mentales impossibles à représenter, qui est une forme nouvelle : d'une certaine façon, il est entré dans une zone libre, le passage à une oralité fluide, interne[71] correspondant à un domaine absolument vacant, et une façon d'accepter le flottement, l'incertitude.

À l'oralité heureuse…

> Ruisseau d'herbe en herbe étourdi
> Je me fuis de vie en vie
> Hâte sans fin rafraîchie
>
> Je dépasserai le temps
> Je me ferai mouvant, flottant
> Je ne serai qu'une truite d'argent[72].

répond une oralité disséminée, douloureuse, excessive, et qui va vers sa désintégration : ce sont les voix déchiquetées, perdues, de la tempête qui marquent l'arrachement du texte à sa gangue initiale. Cette désintégration est, dans le second chapitre du *Temps qu'il fait*, justifiée puisque le thème, ainsi mimé par le texte, lui doit sa force de conviction – si étonnante soit-elle. D'autre part, elle se trouve elle-même intégrer en profondeur, comme un mouvement unifiant, des thèmes d'emprunt, des personnages qui se dédoublent, des récits qui se répondent, enfin tout un travail dont la cohérence éparse est approximativement celle de la « non-traduction » : aussi le Christ et le chien qui assistent la Mère

---

68 *Le Temps qu'il fait*, p. 91 à 98.
69 *Ibid.*, p. 100.
70 *Ibid.*, p. 105.
71 Le scénario *Pâques, fête de la joie*, rédigé à la même époque, est une tentative de passer à un autre type d'oralité.
72 « Vie avec toutes les autres vies », *Fragments*, p. 111.

dans le voyage d'après la mort sont-ils tout droit issus de la tempête
des *Douze* de Blok et certains passages

> – Crevons de faim! Crevons de froid!
> – Ça se plaint donc! Mitraillons ça[73]!

semblent traduits directement du poème russe.

Éperdue, hallucinée, c'est malgré tout l'ébauche d'une création pas-
sionnante en soi – d'autant plus captivante si l'on tient compte de la
date à laquelle elle fut écrite et de la voie qu'allait emprunter le roman
français après la Libération. Sur ce point aussi, la confrontation établie
par Maurice Blanchot entre *L'Étranger* de Camus et *Le Temps qu'il fait*
est d'une rare clairvoyance :

> *Le Temps qu'il fait* d'Armand Robin et *L'Étranger* d'Albert Camus, premières
> œuvres romanesques de deux jeunes écrivains, témoignent fort bien de la
> diversité et de l'étendue des valeurs que peut comprendre le genre du roman.
> Le livre d'Armand Robin touche à la poésie non seulement par la présence
> d'un chant poétique mais par la transformation du langage que des liaisons
> rythmiques, un surcroît de figures, un assemblage nouveau de mots essaient
> de faire servir à une vision inexprimable du monde. Le roman d'Albert Camus
> est sous l'emprise de la prose qui n'accepte ni image ni mélodie ni invention
> née des paroles. Il repousse toute beauté extérieure, et la seule métaphore
> dont il admette de s'enrichir est l'histoire même qui offre à une idée invisible
> la chance d'une expression exacte et émouvante[74].

S'il est bien vrai que tout le « nouveau roman » devait dériver de
cette écriture objective – de ce « degré zéro de l'écriture » où Barthes
voyait le signe du « déchirement de la conscience bourgeoise[75] » – le
roman de Robin devait rester sans postérité, à tous les sens du terme :
sans suite, sans fin, unique – non seulement parce qu'il y avait là une
tentative d'écriture baroque, incompréhensible, mais parce que la question centrale était bien celle du sujet, comme le notait Blanchot, et que
Robin, lui aussi, faisait « disparaître la notion de sujet », par excès, par
outrance, par transgression de toutes les limites du genre.

La présence de Taliesin, que Robin a peut-être voulu traduire, celle
de Merlin, de Rimbaud, et du poète japonais Sugawara no Michizane le

---

73 *Le Temps qu'il fait*, 1942, p. 40.
74 « Le roman de l'étranger », *Faux pas*, Gallimard, 1943, p. 248. © Éditions GALLIMARD.
75 *Le Degré zéro de l'écriture*, Gonthier, 1969, p. 12.

montrent aussi bien que l'enrichissement du chapitre central « Les témoins parallèles » par les héros d'Homère : la traduction est exploitée comme possibilité de rebondissement d'un auteur à un autre par métonymies.

Certaines traductions sont intégrées, au point de constituer le tissu conjonctif du texte (c'est le cas des *Douze* de Blok) ; d'autres se mêlent aux noms des personnages, aux motifs projetés çà et là pour fabriquer une sorte d'arrière-fond dérobé ; quelques-unes restent à l'état de traductions fictives : elles sont bien comme ces silhouettes de héros qui sortent du livre d'Homère. Ainsi, Llywarch-Hen apparaît-il, bien plus tard, dans un livre qui n'en est plus un. Et s'il ne reste plus trace de la poésie japonaise dans *Le Temps qu'il fait*, certains fragments posthumes semblent des haïkaï assemblés au hasard des pages :

Ainsi :

> Quand une grenouille plonge
> Dans l'étang
> Que de silences pris tendrement
> Dans un cyclone doux.

Et

> Léger trouble sur l'eau
> La vie d'une bestiole
> Prend tous les avantages d'un moment
> Sur l'eau toute-puissante[76].

Quant à la traduction d'Homère, elle est le motif tramé en filigrane, la traversée, le motif premier, qui permet de se perdre. Jean-Pierre Robert le constate, dans un mémoire de maîtrise qui reste sans doute à ce jour le texte le plus riche d'intuitions qui ait été consacré à Robin : « Après l'épopée du *Temps qu'il fait*, forme qui lui permettait de dire en s'éclipsant [...], il s'intéressera surtout à une autre forme littéraire qui permet de se dire en disparaissant : la traduction des autres poètes[77] ». Mais pour la traduction aussi, passé un certain point, il ne semble plus possible de dire autre chose que l'éparpillement, l'égarement, le tarissement.

---

76   *Fragments*, p. 145.

77   Jean-Pierre Robert, *Itinéraire de la poésie d'Armand Robin*, Université de Rennes, 1973, p. 36.

Le dernier chapitre, « Seul avec de grands gestes » (le titre est, lui aussi, révélateur), ne se borne pas à dire l'égarement du Père qui ne sait plus que faire une fois l'aveu accompli, mais celui de l'auteur :

> Où en étais-je resté avec cette histoire de mère et de temps qu'il fait. Hélas ! Dans ma pauvre tête, ils bougent tous, les mots, les choses, les chants. Ah oui ! les yeux de la mère sont calmes, semblables au ciel ; ils peuvent aller au-delà de l'horizon. Oh encore l'horizon ! Pourquoi est-ce que j'en ai parlé ainsi ? Faut-il que je m'en aille d'ici ! Que je me sépare de moi ! Vite, très trrr trr vite[78] !

Faut-il dire que Robin s'est hâté d'en finir parce que l'expérience avait été menée aussi loin que possible, par tous les biais possibles, et qu'elle n'offrait plus aucune prise ? Y voir le signe d'une perdition, qui se joue là aussi comme brusque gaspillage, extase de lucidité puis lente dissolution ? Ou, comme Gilles Quinsat, supposer qu'il s'agissait bien pour Robin d'en finir, de se débarrasser de sa mémoire ? « De cette époque[79] naît la pratique de l'évidement, de la vacance ; il s'éloigne des autres en même temps que de lui-même. Il renonce à la mémoire, s'exile loin d'elle, et son seul roman, *Le Temps qu'il fait* (1942), semble bien être à travers le recours au mythe, une sorte de sacrifice de la mémoire, né du besoin de lui assigner un lieu : le livre, et de l'enfermer à jamais dans ce lieu », écrit Gilles Quinsat[80]. Mais il semble au contraire qu'il n'y ait jamais aucun lieu où enfermer quoi que ce soit pour Robin : rien que des constructions labiles, provisoires, à détruire aussitôt et, plutôt qu'un désir d'enfermer sa mémoire[81] un désir de s'en défaire, de se défaire de soi (comme il ne cesse de le répéter alors), de « sauter le mur de l'existence individuelle » (comme il l'écrira dans *La Fausse Parole*[82]), afin d'être vacant. *Le Temps qu'il fait* ouvre sur cet état que disent aussi les fragments posthumes.

---

78 *Le Temps qu'il fait*, p. 202-203. Le fragment est intitulé « Hâte ». On ne sait pas exactement si les paroles sont prononcées par l'auteur ou par le Père, ce qui accroît l'impression d'égarement.

79 Son retour d'URSS.

80 *Libération*, 28 février 1980, p. 13.

81 Ce qui serait en revanche une tendance caractéristique de G. Quinsat (voir notamment *L'Éclipse*, Gallimard, 1986 – « Le dernier cercle de la mémoire »).

82 Éditions de Minuit, 1953, p. 18.

DEUXIÈME PARTIE

ÉCLATEMENT

HORS DE LA CRITIQUE

> Alice, sitôt la glace passée, n'est plus
> Alice flottant d'un fantôme à l'autre,
> mais fantôme d'Alice flottant vers
> d'autres fantômes ; elle s'exile dans ses
> intimes étrangetés, se heurte sans bles-
> sure ; elle n'a pas peur, car les monstres
> viennent d'elle, sont elle, elle ne fait que
> s'apprivoiser à la partie de soi qu'elle
> croyait étrangère et qui était au fond
> de ses craintes d'avant... Il n'y a point
> métamorphose, mais...
> *Fragment posthume.*

Le travail critique d'Armand Robin n'a pas été, à proprement parler, ignoré mais il a été publié de manière éparse, sans lien avec le travail de traduction et de poésie qu'il prolonge, et il le prolonge si bien que plusieurs poèmes du *Monde d'une voix* sont, en fait, des fragments d'articles. Pour s'en assurer, il a fallu avoir accès aux archives : les *Fragments* sont les éclats d'un grand livre ébauché dans *Le Temps qu'il fait* incluant Rimbaud, Claudel ou Joyce dans l'épopée menant d'Essénine à Blok, Maïakovski, Pasternak...

EFFACEMENT PAR MIMÉTISME

Critique et traduction sont les deux faces du même et l'exercice commencé par la fausse dissertation d'agrégation sur Madame de Sévigné se prolonge dans un premier temps par des comptes rendus donnés à la revue *Europe*. Exercice obligé pour un jeune auteur, manière de prendre place parmi ses pairs, la chronique est un genre ingrat, qui se prête mal à la relecture, et l'on peut être surpris de voir Robin rédiger des notes de lecture sur des romans aujourd'hui bien oubliés, *Journée* de Claire Sainte-Soline, *Lueurs dans nos ténèbres* de Karen Bramson, *Vieux-Chéri* de Maurice Rué, *Basil Zaharoff* de Robert Neumann, *Magiciens et logiciens* d'André Maurois, *La Marche sur Rome* d'Emilio Lussu, *Les Anthropophages* de Christian Mégret ou *Ces routes qui ne mènent à rien* de Jean-Marcel Bosshard… Autant de routes qui apparemment ne mènent, de fait, à rien, mais il suffit de parcourir la note de lecture sur le roman de Bosshard pour comprendre en quoi consiste l'exercice critique : « Bosshard manifestement appartient à ce groupe très restreint d'hommes pour qui la vie n'est plus qu'un beau prétexte, dans les deux sens du mot : camouflage de soi-même et prologue à un texte[1]… » Comme Robin l'écrit au détour d'une chronique sur un essai consacré par Alain à Balzac, « c'est parfois Stendhal qu'Alain éclaire en s'aidant des ombres balzaciennes, c'est toujours soi-même qu'il éclaircit ». En effet, depuis la note de lecture sur *Journée* jusqu'au dernier grand essai donné à *Comœdia* en 1943, la critique est un moyen de se dire et « c'est à son déguisement que se mesure l'authenticité d'un aveu[2] ».

On peut voir dans la première note de lecture, sur *Journée* de Claire Sainte-Soline, une sorte de préfiguration de l'essai « Une journée », du *Temps qu'il fait* et plus tard du texte sur Rostrenen : « Journée, village, rien ; c'est tout le roman ; unité de temps, unité de lieu, mais unités de la monotonie, du néant… », écrit-il après avoir résumé l'intrigue : « Un esprit a vécu seul, tout petit point au milieu d'un cercle d'ennui et de bassesse. Il conçoit et mûrit sa vengeance. ». Il ne s'agit pas seulement de critique allusive ou de critique abusive, le critique se servant de l'auteur pour parler de soi. Ce premier compte rendu expose sa méthode : « Non pas même en l'attaquant affaiblir [l'] adversaire mais lui laisser toute sa force, accuser tous ses traits, donner le plus de densité possible à son existence, l'affaiblir enfin dans tous ses avantages et, à ce moment même, triompher de sa laideur. – Vengeance raffinée et puissante, puisqu'elle s'installe dans son objet même[3] ». C'est très exactement ce qu'on le voit

---

1   *Écrits oubliés I*, p. 88.
2   « Alain : *Avec Balzac* », *Écrits oubliés I*, p. 71.
3   « Journée », *Europe*, 15 avril 1935, *Écrits oubliés I*, p. 17.

faire dans *Le Temps qu'il fait* contre « ce très vieil adversaire » qu'est le Père : tout travail critique est aussi travail contre la Loi et marque l'aboutissement dans le texte d'un conflit posé dès l'origine. Ce conflit, et les solutions de plus en plus efficaces (fines, dissimulées, « raffinées ») que Robin trouve pour le résoudre font l'intérêt de ce travail. Affirmer qu'il s'agit là d'une critique d'identification serait à la fois juste et réducteur, car l'identification est toujours le moyen de soumettre l'auteur à une loi qui soit celle d'un jeu poussé trop loin pour ne pas tendre à son propre anéantissement. Nier que ce travail se soit opéré sur fond de maintien de l'activité critique serait tout aussi réducteur.

Il semble que le compte rendu, comme genre (tel que Robin l'a pratiqué – tel qu'il se pratique actuellement) se soit fixé dans *La Nouvelle Revue française* – et qu'il en ait constitué, bien plus que le fondement, le moteur, le principe vital : un article de Gaston Sauvebois dans l'un des premiers numéros de la *NRF* (février 1911) posait le problème de la « crise de la critique » comme origine de la fondation de la revue. Et, de fait, la *NRF* aura en premier lieu contribué à résoudre la crise de la critique en forgeant l'instrument nécessaire à lier une sorte d'école sous-jacente, jamais nommée parce que constituée d'autant de forces complémentaires. Ceux que l'on nomme les « maîtres de la critique créatrice » sont les critiques de la *NRF* : Gide, Arland, Valéry, Thibaudet, Suarès, Alain, Giraudoux, Du Bos, Rivière, Fernandez ou Crémieux. Si les dissensions entre eux étaient nombreuses, elles n'ont fait que cimenter l'unité d'un ensemble dont la cohérence était assurée par la pratique du compte rendu : ainsi Du Bos écrit-il sur Gide, qui écrit sur Suarès, qui consacre une chronique dans la *NRF* à Valéry. Il est permis de se demander si la virulence critique, ou anti-critique, des surréalistes (on se souvient du *Traité du style* d'Aragon : « la critique, c'est le bagne à perpétuité » – 1926) n'a pas été provoquée par la nécessité de bousculer, de hausser la voix pour simplement se faire entendre : de là le choix de la forme du manifeste.

Robin (comme Sartre et Camus, comme Barthes ou Blanchot) a commencé d'écrire en référence à cette critique, alors toute puissante, de la *NRF*, bastion de la littérature européenne – bastion imprenable mais vieilli. Est-ce faire un rapprochement abusif que de rappeler que le moment où Robin rédige ses premiers comptes rendus est, à quelques mois près, exactement intermédiaire entre la mort de Gustave Lanson

(1934) et celle d'Albert Thibaudet (1936)? Résumer les deux grands
courants issus de la critique de Sainte-Beuve à deux noms, mener
toute la lignée positiviste à Lanson – et lui attribuer « l'invention »
de la dissertation baptisée « composition française[4] » – mener toute la
lignée impressionniste à Thibaudet, critique en titre de la *NRF* dans
l'entre-deux guerres – est-ce simplifier? Lorsque Robin commence
d'écrire, il se trouve face à une « crise de la critique » semblable à celle
qui a provoqué la création de la *NRF* : de cette nouvelle crise le *Qu'est-ce
que la littérature?* de Du Bos (1938) apparaît comme l'un des premiers
signes; *Les Fleurs de Tarbes* de Paulhan rappellent l'actualité de la question
en 1941 et l'avivent l'année suivante par une attaque en règle (*F. F. ou
le critique*). Au *Comment la littérature est-elle possible?* de Blanchot (1942)
répond *Qu'est-ce que la littérature?* de Sartre (1948). Mais Sartre est alors
le seul, semble-t-il, à mettre en question la forme même de la critique,
et plus précisément du compte rendu (puisque ces remarques sont faites
à l'occasion d'une étude sur Georges Bataille) :

> Il y avait une crise de l'essai. L'élégance et la clarté semblent exiger que
> nous usions, en cette sorte d'ouvrage, d'une langue plus morte que le latin :
> celle de Voltaire. C'est ce que je notais à propos du *Mythe de Sisyphe*. Mais si
> nous tentons vraiment d'exprimer nos pensées d'aujourd'hui par le moyen
> d'un langage d'hier, que de métaphores, que de circonlocutions, que d'images
> imprécises : on se croirait revenu au temps de Delille. Certains, comme Alain,
> comme Paulhan, tenteront d'économiser les mots et le temps, de resserrer, au
> moyen d'ellipses nombreuses, le développement abondant et fleuri qui est le
> propre de cette langue. Mais alors, que d'obscurité! Tout est recouvert d'un
> vernis agaçant, dont le miroitement cache les idées. Le roman contemporain,
> avec les auteurs américains, avec Kafka, chez nous avec Camus, a trouvé son
> style. Reste à trouver celui de l'essai. Et je dirai aussi : celui de la critique;
> car je n'ignore pas, en écrivant ces lignes, que j'utilise un instrument périmé,
> que la tradition universitaire a conservé jusqu'à nous[5].

---

4   « En français, Lanson est le promoteur des exercices fondamentaux de la nouvelle pédagogie,
      qui privilégie l'observation et l'analyse au détriment de la mémoire et de l'imitation :
      ce sont la composition française et, bien plus important encore, son préliminaire que
      la méthode expérimentale substitue aux règles de la rhétorique, l'explication des textes
      grâce à laquelle l'élève devrait apprendre à écrire. » (Antoine Compagnon, *La Troisième
      République des Lettres*, Paris, Seuil, 1985, p. 79).
5   « Un nouveau mystique » in *Situations*, I, 1947, p. 143. Peut-être n'est-il pas sans utilité
      de citer à titre d'exemple, et de contrepoint, le compte rendu consacré par Rolland de
      Renéville aux *Fleurs de Tarbes* : « Quant à la forme de cet essai, écrit dans une langue dont
      la pureté et la grâce rejoignent celles des auteurs du XVIIIe siècle français, elle épouse les
      détours d'une pensée qui progresse par thèse et antithèse constamment confrontées à

Robin abuse de cet instrument qu'il blâme çà et là, au détour d'un article : c'est sa façon de s'en défaire. Le recours aux formules impersonnelles, le recours à un « nous » dissertatif vont de pair avec des formules ou des définitions sentencieuses ou un ton doctoral ; ainsi, à propos de Benda : « Infidèle à l'éternel, mais avec constance » ; « M. Benda n'a jamais tort, mais peut-on dire qu'il ait quelquefois raison[6] ? » ; à propos d'Ostrovsky : « Nul n'a créé avec du savoir-faire[7] » ou encore, en guise de conclusion : « R. Breuil a conquis l'essentiel : ce n'est pas assez[8] ».

La technique est habile, souvent drôle ; elle respecte apparemment les exigences de l'objectivité, à cela près que le « nous » est plutôt celui de la fraternité que de la majesté et qu'il introduit un brouillage comparable à celui qu'inaugurait la dissertation sur Madame de Sévigné.

Ce « nous » obsessionnel, envahissant, correspond, autant qu'à un souci d'obtenir l'adhésion, à un désir d'adhérer. De là aussi une facilité à écrire sur les auteurs qu'il convient de louer (Claire Sainte-Soline, auteur de romans publiés aux éditions Rieder où paraissait *Europe*, avait obtenu le prix Minerva en 1935 pour *Journée* ; elle publiait en feuilleton un autre roman dans *Europe*, revue à laquelle collaborait Robin ; de même, un peu plus tard, Roger Breuil, collaborateur d'*Esprit*, faisait-il partie des écrivains à encourager. Il devait recevoir en 1945 le prix de la Pléiade pour son roman *Brutus*). De là surtout une progression dans la hiérarchie littéraire que le nom des auteurs vient confirmer de manière explicite : pour quelles raisons avoir choisi Rué, Neumann, Maurois, Mégret, Bourdhouxe ou Bosshard ? L'auteur est de peu d'importance ; ce qui compte est la stratégie d'enveloppement et de détournement.

Lorsque Robin abandonne *Europe*, le choix des auteurs change : peu à peu surgissent des livres qui, à leur parution, apparaissent comme des livres forts – même s'il s'agit de livres dont, parfois, on ne parle guère, comme il le faisait observer dans *Esprit* au sujet des *Vanilliers* de Georges Limbour :

> Il se publie, dans les meilleures années, quelque dix ouvrages de valeur :
> dans une civilisation bien faite, il est de règle que ce soient les seuls dont

l'intérieur du même discours, de sorte que chacune de ses conclusions se forme d'elle-même dans l'esprit du lecteur plus encore qu'elle ne s'exprime. » (*NRF*, 1er janvier 1942, p. 85).

6 *Écrits oubliés I*, p. 72.
7 *Ibid.*, p. 70.
8 *Ibid.*, p. 74.

presque nul contemporain ne songe à tenir compte ; et sans doute est-il fort bon de laisser aux personnages considérables, qui dans les différents quotidiens, hebdomadaires ou revues font profession de suivre pas à pas la production littéraire de leur temps, le soin de louer systématiquement ce qui n'est digne d'aucune louange et de nous avertir ainsi, avec une admirable infaillibilité, du médiocre : notre tri s'en trouve d'autant facilité.

Silence complet sur l'œuvre de Georges Limbour : en effet, *La Pie voleuse* (publié dans *Mesures*) et *Les Vanilliers* sont d'une qualité et, parfois, d'une beauté, qui justifient pleinement cet insuccès[9].

Ainsi parvient-il assez rapidement à s'inscrire dans sa génération par le biais de notes de lecture dans lesquelles il met son pouvoir au service d'écrivains encore peu connus (La Tour du Pin, Sartre, Limbour, Robert Aron). La revue *Esprit* avait été fondée cinq ans plus tôt par Emmanuel Mounier. De 1937 à 1940, Robin fut, en tant que critique littéraire, l'un des principaux collaborateurs d'*Esprit* (plus de trente contributions de septembre 1937 à janvier 1940). Il s'agissait d'une revue représentative des tendances intellectuelles de la génération dite « de 1925 » qui était aussi, à quelques années près, celle de Robin : spiritualisme, flottement idéologique, recherche d'une « troisième voie », anarchisme et personnalisme, ce qui a été rassemblé sous le terme flou de « non conformisme des années 30 » correspond assurément mieux aux tendances de Robin qu'*Europe* – et ce n'est pas un hasard s'il n'a pas suivi Guéhenno, qui, ayant quitté la revue à la suite d'un coup de force des communistes, a pris, avec André Chamson et Andrée Viollis, la direction de *Vendredi*, considéré comme l'hebdomadaire du Front populaire. L'itinéraire de Mounier serait d'ailleurs à rapprocher de celui de Robin : anticommunisme, vichysme, passage à une résistance amenant à des prises de position de gauche après-guerre sur une base idéologique de droite incluant une forme d'anarchisme[10]. Au-delà du risque de découverte, les éloges de Jouhandeau, Giraudoux, Paulhan et Guéhenno sont un exercice de jeune auteur qui cherche à s'imposer, qui exploite une stratégie de mise en place et qui réussit. Mais ce même travail qui, par les mêmes voies louvoyantes, mène tant d'autres écrivains à la célébrité, Robin le nie en y cherchant, plutôt que l'instrument

---

9   *Esprit*, février 1939, *Écrits oubliés I*, p. 100.
10   Michel Winock expose cet itinéraire dans son *Histoire politique de la revue* Esprit, *1930-1960*, Paris, Seuil, 1975. Voir aussi Pierre de Senarclens, *Le Mouvement Esprit 1932-1941. Essai critique*, Lausanne, L'Âge d'Homme, 1974.

d'un pouvoir, ce qu'il définit bien comme confrontation dans son article sur l'essai d'Alain :

> Confrontation encore plus que commentaire : c'est Balzac qui véritablement interroge et lit son lecteur, prolonge les pensées d'Alain par l'amplification charnelle d'un roman, nourrit de références vivantes les créations un peu maigrichonnes de l'intellect[11].

Le jeu vaut surtout pour son insolence. Ainsi, sur le personnalisme, à propos de *La Femme de Gilles* de M. Bourdhouxe : « Thèse authentiquement personnaliste, mais qui ne peut rien gêner[12] » (ce qui, dans la revue d'Emmanuel Mounier, était plutôt malsonnant) ou sur la critique littéraire, comme on l'a vu à propos de Georges Limbour.

Il est difficile de lire ces essais sans y voir un effort pour se définir contre les critiques majeurs, non ceux qui sont les plus proches, mais ceux qui peuvent, sous un angle ou un autre, le prendre en miroir. C'est le cas de Giraudoux : « La plus réelle infortune de Giraudoux – ces infortunes lui ressemblent – est d'avoir jadis travaillé ses dissertations dans le parc du plus futile des lycées[13]. » Cela s'applique à soi – l'infortune est celle d'une génération, plus que les précédentes encore, vouée à ce qu'il appelle « le stérile et peu rustique travail de la dissertation[14] ».

Ni la critique polémique de Benda ni la critique biographique de Maurois ne sont épargnées. La « vaine escrime » du premier est étrillée en quelques paragraphes : « Socrate ne se serait pas hâté de triompher en mettant en forme les bévues d'autrui, car il tenait bien davantage à vaincre une vraie difficulté qu'à battre M. Maurras[15] ». La même aménité féroce est réservée à André Maurois : « André Maurois, dont la vocation paraît être de passer sa vie à se fixer sur des êtres divers avec une heureuse inconstance et un bonheur constant, s'épargne l'ennui de pénétrer trop intimement les individus qui réussissent à l'intriguer un instant ; par un privilège enviable, les anecdotes, pourvu qu'elles soient rapides, suffisent à sa curiosité[16] ». C'est, en l'occurrence, retrouver la « solide inconstance » de la Marquise de Sévigné. « La critique, telle

---

11 *Écrits oubliés I.*, p. 71.
12 *Ibid.*, p. 76.
13 *Ibid.*, p. 78.
14 *Ibid.*, p. 108.
15 *Ibid.*, p. 73.
16 *Ibid.*, p. 30.

que la pratique A. Maurois, qui sait admirablement se mettre à l'aise dans les cadres de la pensée d'autrui, présente ceci d'excellent qu'elle permet de se nourrir des écrivains critiqués, de se faire rendre d'eux en idées ce qu'on vient de leur prêter en traits d'esprit[17] ».

Robin énonce là pour la première fois ce qui devient sa propre méthode. Il l'approche d'un peu plus près encore grâce à (ou malgré) Alain – autre maître, autre occasion de sarcasmes. À l'égard d'Alain, pourtant lui aussi hostile à la critique (« Je ne fais nullement le métier de critique, et de plus j'y trouve quelque chose de laid », écrit-il dans la dédicace de ses *Propos de littérature*) et qui affirme n'en faire que pour prolonger grâce à Balzac une réflexion philosophique, Robin se surpasse en insolence : pas de critique à prétention philosophique à chercher, mais une confrontation. « C'est parfois Stendhal qu'Alain éclaire en s'aidant des ombres balzaciennes, c'est toujours soi-même qu'il éclaircit. » Éclairer autrui, s'éclaircir soi-même, confier à autrui la charge d'altérer l'ombre en soi : « C'est à son déguisement que se mesure l'authenticité d'un aveu[18] ».

Avec l'article sur *Les Trois Grands Vivants* de Suarès le ton change : « C'est un projet en soi réalisable que de réunir dans une même fraternité Cervantès, Baudelaire et Tolstoï et d'accorder à leur voisinage une efficacité mythique ; les trois héros de l'art et de la pensée peuvent hors du temps et de l'espace dessiner les lignes pures de l'ordre européen[19] ». Si l'esquisse est gauche, pour la première fois se profile l'approbation d'un projet critique : confronter les auteurs pour les intégrer comme figures d'une critique mythique. Un mois sépare l'article sur Suarès (mai 1938) de la note de lecture sur *L'Arche de Noé* de Supervielle, qui précède de quelques semaines « Celui qui ne peut meurtrir », puis les articles consacrés à Paulhan et Guéhenno, par lesquels s'achève sa collaboration à *Esprit* (et il n'est pas indifférent que tout se termine en décembre 1939 avec l'article sur les *Hain-tenys* de Paulhan). Exercice périlleux entre tous pour un jeune auteur que la critique des œuvres d'un maître et père – et surtout d'un maître et père aussi puissant et retors que Paulhan – puisque cet exercice même le place en pair et constitue ainsi une subtile mise à mort... Robin commence par laisser entendre que

17 *Ibid.*, p. 30.
18 *Ibid.*, p. 71.
19 *Ibid.*, p. 90.

les « hain tenys », « poèmes de dispute malgaches » édités par Paulhan, relèvent d'une culture populaire revue et corrigée et contiennent moins de poésie que l'introduction de Paulhan :

> Cette introduction est elle-même poésie ; mieux, on se prend parfois à se demander si nous n'avons pas là, pour la première fois peut-être en France, de la critique pour poètes ; j'entends par là que ces pages semblent constituer l'un des très rares textes critiques qui puissent apprendre quelque chose aux poètes et non pas seulement enseigner quelque chose sur eux ; j'ajouterais même qu'elles peuvent apprendre aux poètes quelque chose contre eux : rien de plus salutaire[20].

C'est exposer là sa propre méthode : de fait, ces textes sont aussi ses premiers essais de critique poétique (selon l'expression qu'il utilise à propos d'un article de Giraudoux sur Charles-Louis Philippe[21]). Il est certain que Robin s'oppose plus habilement, plus sournoisement désormais aux auteurs dont il fait l'éloge et que, les armes s'étant affinées, la méthode d'infiltration définie à propos de Claire Sainte-Soline trouve une efficacité parfois redoutable ; on se souvient de l'introduction de la dissertation d'agrégation : « Peut-être est-il préférable de rester ignoré de Voltaire que d'être par lui ; nul n'a su faire tenir plus de menaces dans un éloge. » Le jeu est trop appuyé pour n'avoir pas été au moins en partie volontaire. Or, c'est cette même technique d'infiltration qui commande l'approche poétique : l'image sert à saisir de l'intérieur et, par intuition, happer un trait qui soit définitif, c'est-à-dire qui marque une limite et vaille ainsi pour définition mais soit simultanément la fin de cette limite, celle où la définition s'efface en liaison avec ce qu'elle évoque, en suggérant ce qu'elle n'est pas, et qui l'entoure : « Naguère encore, alourdi de jeux trop légers, Supervielle venait de sa propre époque ; il ne vient plus que de sa solitude et notre songe, quand il a souci de lui, doit presque cesser d'être nôtre[22] ». « Celui qui ne peut meurtrir » est encore une esquisse assez floue. Le trait est beaucoup plus appuyé dans l'article consacré à Guéhenno, qui tend presque vers le portrait dans la tradition de Sainte-Beuve :

> On ne peut s'empêcher de songer à quelque poète égaré dans un des recoins sombres du Moyen-Âge, entouré d'intrigues, de violences et de misères et

---

20 *Esprit*, novembre 1939. *Écrits oubliés I*, p. 110.
21 *Ibid.*, p. 77.
22 *Ibid.*, p. 97.

témoignant pourtant qu'il n'y avait chance autour de lui que pour un chant
très doux, très naïf, très clair de l'âme. [...] Il semble qu'il faudrait plutôt
songer à Guéhenno comme à un regard ; encore ne faudrait-il pas manquer de
faire tenir dans l'image le paysage que ces yeux reflètent : quelques maisons
voûtées dans une humble ville bretonne, quelques collines, quelques églises
de campagne et quelques étoiles : paysage étonnamment fidèle à lui-même
d'un livre à l'autre, toujours mouvant et toujours immuable, immense comme
le monde ou comme la nuit, simple et solide comme un village[23].

L'image atteint sa pleine force à la fin de l'article sur Paulhan où
la vigueur « foisonnante et ondoyante » de l'eau désigne, autant que
l'intelligence de Paulhan, celle de Robin qui se prend en regard. « On
sent avec abondance et une sorte de joie le bien qu'il conviendrait de
dire de Paulhan et de son œuvre ; l'embarrassant est qu'on ne voit pas
comment s'y prendre pour le dire : de Paulhan nul n'a jamais pu rien
rapporter à domicile[24] ». Louer en Paulhan sa propre inexistence, c'est
une façon de l'énoncer, et pour la première fois de s'opposer, sinon ouvertement, du moins clairement : nul adversaire à susciter, nul patriarche,
nul Paulhan véritable, mais une lutte à l'état pur, où Robin affronte
son peu de réalité au peu de réalité de Paulhan.

Il est certain que l'exercice critique tel qu'il se forge là est une pratique
de la poésie contre la poésie – pratique allusive, détournée, ambiguë :
« Cette intelligence, foisonnante et ondoyante, ne nous laisse apercevoir
que la beauté de ses herbes, jamais le sol sur lequel elle a poussé ; les
mots même, dans la poésie de Paulhan, semblent l'un après l'autre, venir
s'adosser solidement et fugitivement à d'influentes ressources dont nulle
n'accepte de paraître[25] ». La conclusion – « C'est de la pensée vraie » –
désigne évidemment ce qui vient de s'écrire : au terme de ce qui, pour
n'être ni mensonge, ni silence, ni exercice d'ironie, atteint une vérité
métaphorique, il y a là de la « pensée », et qui est vraie – une forme de
pensée par images, à double ou triple sens, usant de la duplicité pour
annuler sa propre fausseté, disant, bien sûr, tout à fait autre chose que
ce qui est apparemment dit et laissant discerner des sens variables par
transparence.

Exercice poétique, exercice autobiographique (beaucoup plus complexe
qu'il n'y paraît, comme on peut déjà le voir à lire ces essais sur Guéhenno,

---

23 *Ibid.*, p. 103-104.
24 *Esprit*, novembre 1939, *Écrits oubliés I*, p. 111.
25 *Ibid.*, p. 111.

Supervielle et Paulhan, ses trois maîtres), la critique pratiquée de cette façon-là tend à son propre anéantissement. La fin de l'article consacré aux hain-tenys malgaches présentés par Jean Paulhan marque le franchissement d'une limite longtemps maintenue : que le franchissement soit transgression, c'est ce qui en fait bien autre chose qu'un jeu – quoique ce jeu existe, sans doute flatteur et mondain, mais joué sur la corde raide. Cette tension fait l'intérêt de tels textes, et le risque pris, la profondeur à déceler car, parlant des hain-tenys, Robin parle de sa propre culture qui reste comme un gigantesque vide en lui. La haine de cette culture, le mépris, et le refus de ce mépris – cela ne peut se dire que par les poèmes malgaches :

> Tout ce qui se rapporte à la sottise est bien plus rigoureusement défini, bien plus adroitement puni chez les primitifs que chez les intellectuels étriqués ; peut-être aussi l'intellectualisme authentique, que l'on remarque dans ces poèmes, n'est-il que la forme la plus achevée de la méfiance et le moyen le plus assuré d'être constamment roublard avec ses sentiments. Il y a là, au-dessous de ce qu'on appelle officiellement le « folklore », un immense domaine, presque insoupçonné. Ces hain-tenys, poèmes de dispute malgaches, ressemblent étonnamment aux « discours de combat » que s'échangeaient il y a quelque 50 ans les paysans bretons ; mêmes habiletés d'avocats, même refus de recourir aux arguments qui ne sont pas ceux de l'intelligence, même volupté de vaincre par la seule raison[26].

La note ajoutée par Robin est d'une ironie que l'on apprécie mieux en regard de ses observations sur les hain-tenys (« Peut-être est-il sage de craindre que beaucoup de "chants populaires" ne soient déjà jeux de paysans en vacances ») et sur Paulhan (« En ce poète du clair-obscur intellectuel il y a je ne sais quelle allusion fuyante »). Est-il dupe de ses propres pièges ? « Dans chaque région deux ou trois paysans particulièrement doués pour ces joutes louaient leurs services et "discouraient" dès que surgissait quelque querelle d'importance. Un certain nombre de ces poèmes avaient été recueillis sous le titre (que je traduis du breton) : "Discours de combat pour mariage : attaque et répliques". Par suite de l'influence française, livre et tradition orale ont complètement disparu », écrit-il. La « dispute » était en Bretagne un genre codifié, connu de longue date et répertorié par les collecteurs qui était sans doute en

---

26 *Ibid.*, p. 109-110. Les citations suivantes figurent aux pages 109 et 111, la note à la page 110.

voie de disparition mais existait encore[27]. « Livre et tradition orale ont complètement disparu » est aussi un jeu de miroir, où les hain-tenys malgaches et les poèmes bretons, voués à l'oubli, sont rappelés par la littérature, et où Robin pourrait bien maîtriser Paulhan, car « l'immense domaine encore insoupçonné » lui appartient, et la « ténuité », et la « méfiance » – de sorte que le combat se retrouve, désigné par transparence.

C'est bien un jeu joué sur la corde raide, un jeu grave et risqué : en écrivant sur ses aînés (à la fois pairs et patriarches, comme il l'écrit), il ne joue pas seulement son existence littéraire mais son existence même ; Paulhan l'annule : il le suscite pour l'annuler ; à ce point, la critique s'annule aussi en tant que telle, car la transgression touche à ce qui, dans l'exercice critique, reste intangible, à savoir l'intégrité de l'autre, son maintien – c'est-à-dire le fait de le maintenir (et lui porter atteinte par la polémique est encore le maintenir – le tenir en respect, sinon le respecter). Robin s'en prend à ce contour fixe. Il le rend flou : personne « foisonnante et ondoyante », cela peut-être dit de Paulhan, avec une justesse, au sens propre, confondante – mais la confusion est toujours fugitive, mobile, à tout instant remise en cause – ce que Robin dit très bien : il « n'engage jamais que juste les pointes extrêmes de son esprit, mais il les applique avec une acuité et une agilité singulières sur tout son sujet, le cernant, le pressant par tous les côtés à la fois, en faisant jaillir de toute part et dans le même instant des pensées où la ténuité aide à rendre allègre la profondeur. »

La « ténuité » est le maître-mot de la critique de Robin – allusion à la finesse, l'absence de densité facilitant l'infiltration (selon une procédure très proche de celle de Proust), incluant aussi le double sens de l'adjectif « ténu » : à la fois mince, fragile, et tenu – comme un son tenu juste, un équilibre absolu et précaire. On en dirait autant de la traduction et, plus généralement, de son travail de poésie, dans la mesure où il a eu lieu (et « l'hérésie de la simplicité inouïe » de Pasternak, mentionnée, de manière bien explicite, dans « Le poème qui suit les poèmes » en est une expression dérivée[28]).

---

27 Notamment en haute Cornouaille, autour de Rostrenen, des chanteurs étaient capables de composer des « discours de combat » rimés (en octosyllabes pour le « diskour », forme plus noble de joute, en vers de treize syllabes pour le « prokoant » ou « kan a boz », plus libre, voire licencieux). Certains « discours de combat » composés par la chanteuse Phiilomène Cadoret, de Rostrenen (« Disput etre ur C'hernevad hag ur Gwenedour ») ont été édités et sont toujours chantés.
28 *Poèmes de Boris Pasternak*, Fédération anarchiste, p. 28.

C'est en s'extrayant de la rhétorique dissertative par le travail de la métaphore que Robin semble avoir pu accéder à cette forme de critique mimétique dont « Trois poètes russes » offre sans doute l'exemple le plus accompli : fausse critique, traduction par antiphrase ? On pourrait y voir surtout, pendant un temps limité, et de manière incongrue, excessive, ironique, une réponse à la « crise de la critique » que Paulhan s'efforçait de cerner au même moment.

ÉPIPHORE ET DIAPHORE

À ses meilleurs moments, peut-être par l'excès même, lorsque la saisie poétique se produit, il semble que la pensée agisse, en effet, par un mouvement de fusion : « Le sens métaphorique [...] n'est pas l'énigme elle-même, la simple collision sémantique, mais la solution de l'énigme, l'instauration de la nouvelle pertinence sémantique », note Paul Ricœur. « À cet égard, l'interaction ne désigne que la diaphora. L'épiphora proprement dite est autre chose. Or, elle ne peut se faire sans fusion, sans passage intuitif. Le secret de l'épiphore paraît bien alors résider dans la nature iconique du passage intuitif[29] ». L'épiphore est l'origine, la source du travail critique d'Armand Robin – c'est ce que note, peut-être gauchement mais très clairement un fragment retrouvé après sa mort :

> La perfection est une dure conquête ; à l'instant où l'on tient toute l'œuvre comme une pensée fulgurante, l'éclair est sans force, il ne troue l'obscurité que pour une seconde isolée, dans une nuit immense ; et ce sont ces ténèbres qu'ensuite seul un long labeur détruit[30].

L'essai sur Claudel est certainement, de tous les textes d'Armand Robin, le plus révélateur à cet égard – non seulement parce que la métaphore y est plus visible, plus facilement lisible qu'ailleurs mais parce que les multiples variantes du texte révèlent, un peu à la façon des états des poèmes de Ponge, comment s'opère la construction à partir

---

29 *La Métaphore vive*, Paris, Éditions du Seuil, 1975, p. 271.
30 *Fragments*, p. 64.

d'intuitions fugitives. Ce sont des variantes dans lesquelles il est difficile
de déceler un ordre : pas d'antériorité, donc pas d'étapes successives,
mais des états.

Un premier état (autant qu'il soit possible d'en juger[31]) permet de
reconnaître les images esquissées :

> Claudel naquit avant la Genèse. Il s'étendit au long d'un grand limon, de
> pair avec Dieu ; il refusa d'être créé :
>
> Je suis venu me mettre de niveau avec l'éternité
> Je n'ai pas ma place avec les choses créées mais ma part avec ce qui les crée.
>
> Il n'y eut pas chez lui de séparation de la terre et des eaux ; jamais il n'abjura
> le Chaos ; il ne fut pas compromis dans l'affaire d'Adam.
>
> *
>
> Dieu et lui ne travaillèrent d'entente que dans l'avant-monde. Claudel
> n'accepta pas que les immenses possibilités flottantes fussent fixées en formes ;
> il batailla pour garder puissamment mêlées toutes les directions, il refusa
> d'aider à la répartition des noms, il ne fut pas complice des premiers rivages
> arrêtant les mers : « je ne veux pas de vos eaux arrangées ! » cria-t-il. Il batailla
> pour qu'il n'y eût, de nul temps, nul espace, de début décisif. Il fut en Dieu
> participant épars.
> Refusant de se rallier à l'œuvre des six jours, il garda toujours secrètement
> rancune à Dieu d'avoir ordonnancé les formes et les forces, d'avoir réglementé
> les vents, les nuits, les continents. Et, pour se sentir à l'aise auprès d'un Créateur
> coupable d'avoir créé, il lui fallut Rimbaud, le destructeur de l'œuvre des six
> jours, l'homme qui ne fut pas au monde[32].

Robin procède par avancées, par brusques condensations d'images qui,
à leur tour, appellent la condensation en formules : « Jamais il n'abjura
le Chaos », « il ne fut pas compromis dans l'affaire d'Adam » – la fin
du second paragraphe marque bien le tâtonnement à la recherche de la
formule juste. Un autre état du texte reprend les mêmes images en les
organisant différemment :

> Ce qu'on peut lui reprocher, c'est de n'avoir pas été compromis dans l'affaire
> d'Adam ; il reste, loin de nous tous, possibilité flottante.

---

31   Tout ordonnancement est contestable, un fragment inédit l'indique : « Il n'y a point de
     premier ni de dernier ouvrage chez lui. Tout chez lui, chaque phrase même, est à la fois
     au centre et à la périphérie ».
32   *Plein Chant*, automne 1979, p. 121. Le texte a disparu des archives restituées aux éditions
     Gallimard.

Ce qui justement, à cause de son calme, manqua à Claudel, c'est l'épreuve. Il n'a pas vécu la souffrance humaine ; il n'a pas admis que nous sommes des créatures dont l'existence fut bafouée. Il fut David chantant les étoiles, mais nous savons que nous ne sommes pas sauvés.

Il ne connut rien de la grande lutte des pauvres contre leurs oppresseurs ; il ne connut rien de la seconde création terrestre.

Il ne sut point que le Paradis, l'homme ne le tient plus que de lui ; que l'homme cherche à se venger de Dieu, provocateur qui lui tendit le piège de la pomme, et qu'il y a des hommes purs qui veulent prouver, par la force de leur vie, que Dieu fut un délire[33].

Or, le thème « Il ne fut pas compromis dans l'affaire d'Adam » donne lieu à un fragment qui a été publié comme poème d'Armand Robin dans *Le Monde d'une voix* :

Adam encore nu, ensommeillé,
Timide de puissance perdue,
S'engage sur terre et la Grâce
Ne l'a pas encore quitté.

Il tend ses bras ignorants
Et voilà que le temps s'arrête[34].

De même, l'image de la « possibilité flottante » et du « chaos vogueur » (que l'on trouve dans les premières lignes de l'essai cité plus haut, et dans le second paragraphe de l'essai « définitif[35] ») donne lieu, comme nous l'avons vu[36], à l'un des poèmes les plus fréquemment cités du *Monde d'une voix* – la formule « anarchiste de la grâce » qui devait faire fortune[37] ne s'applique à Robin que par transparence, comme en filigrane, car il l'emploie bien dans un texte concernant Claudel :

Anarchiste de la grâce, il se tend
En jongleur tendant ses mains en fleurs,
En blés, en étés saccagés, en automnes mécontents

---

33 « Conclusion (Claudel) », *Fragments*, p. 65.

34 *Le Monde d'une voix*, 1970, p. 205.

35 *Écrits oubliés I*, p. 158 : « Il parut en possibilité flottante, également éparse au long d'une mer d'espaces… empereur central et stagnant de ce chaos vogueur, il se repaissait magnifiquement de l'absence de Dieu… ».

36 *Cf. supra*, p. 14.

37 En quelques mois en 1986, le titre « Armand Robin, anarchiste de la grâce » est utilisé pour trois articles (Jean-Paul Fargier ; Claudie Challier ; Raphaël Sorin) sans que les critiques en voient l'origine.

> Il demande…
>
> (Possibilité flottante,
> Efficience éparse,
> Familière durée éparse en malhabile temps,
> Grande chute !)[38].

Il est évident que le fragment « Homme pris en sa faute » dérive également de l'essai sur Claudel : la version définitive est moins explicite que l'ensemble d'états préparatoires publiés par *Plein Chant* mais on y discerne le thème sous-jacent mis en œuvre par vagues successives. Ces états du texte méritent d'être cités parce qu'on y voit l'embryon des poèmes :

> Il ne fit que quelques pas dans le monde créé. « Je ne veux pas de vos eaux arrangées », avait-il stipulé. Il ne fut à son aise que sur les bords où le monde débutait ; les paysages qu'ils aima étaient ceux qui hésitaient encore entre terre et ciel. Plutôt qu'aux paysages de la Bible et de l'Occident chrétien, il rendit visite d'abord aux plateaux indéfiniment limoneux où se perd la Chine, au foisonnement de golfes et de vallons où le Japon a trouvé jusqu'à nos jours des refuges pour ses myriades de dieux. Mais partout le nord et le sud, l'est et l'ouest restaient chez lui mêlés ; il se tenait un pied posé dans la création biblique, l'autre dans la Chine ; IL REPRENAIT SON CHAOS PARTOUT OÙ IL LE POUVAIT. Ce n'est que plus tard que les monstres de l'Écriture Sainte commencèrent à l'apprivoiser, à l'initier à l'aspect de la terre. De gros naseaux de baleine dirent à ce Jonas, déposé à terre : « Regarde-nous, instruis-toi, puis descends vers le monde des hommes ! » Ses regards, où flamboie une pensée de Moïse, se tendent vers la terre promise. Il choisit enfin de ne plus marcher que vers une seule direction : il s'enfonce dans le seul paysage de la Bible, se limite à Dieu, se laisse épeler par lui le syllabaire des choses terrestres.
>
> Désormais, côte à côte, Claudel et Dieu commentent la création, conversent sur les monstres. Et Claudel avec tout son limon manœuvre encore la terre des premiers jours[39].

Le poème du *Monde d'une voix* vient donc de deux variantes du même essai :

> Le point faible chez lui
> Est qu'il s'étend en jungle,
> Qu'il n'y a pas de flèche qui puisse atteindre son point central.

---

38   *Le Monde d'une voix*, 1970, p. 182.
39   *Plein Chant*, automne 1979, p. 123.

Rebelle à tous les doigts ! sans consistance !
      Et
Orgueilleux aux côtés de Dieu,
Recouvert de limon et de brouillon,
Courroucé devant toute chose créée.

Homme pris en faute,
Homme pris en sa faute,
Homme pris en sa fraude !

Il se livre à la chasse au Chaos,
Il cherche par toute la Bible un Léviathan.

Eau plutôt que terre,
Il s'étend en possibilité flottante
Et le long de ses bras
Descend un nouveau monde

Et son grand regret
C'est d'un Chaos perdu,
Sa langue et ses yeux désirants
Sont d'un immense vague perdu !

Factice innocent,
Rancunier contre la création,
Recouvert de limon[40].

Le poème se prolonge par le fragment intitulé « Objet hasardé » :

Il fut un scandale d'innocence !
On ne peut admettre cette simultanéité avec Dieu !
Il fut absent lorsque le temps commença !
Il refusa de s'insurger en rive,
Tous les Mississipis et les Ganges roulèrent en lui.

Bien qu'il fût le plus ample de notre temps,
Son souffle ne put devenir notre âme.
Parmi les frêles formes surgissantes il resta Chaos,
Complice voguant de Dieu.
Il fut de l'eau plutôt que de la terre.

Seigneur des formes non décidées, il ne s'aventura dans la création que pour
y surprendre des éléments qu'aucun nom n'asservissait encore. Indépendant
des formes à prendre.

---

40 L'ensemble des fragments issus de l'article sur Claudel a été rassemblé dans les *Fragments*
(p. 54 à 67) de même que les fragments d'autres articles qui ont pu être retrouvés par
Claude Roland-Manuel et Georges Lambrichs.

Il fut loin du Temps diffuse durée ;
Il n'y eut pas chez lui mésalliance avec l'instant[41].

Un tel travail semble justement bouleversant par sa labilité, son indifférenciation. Le rapprochement opéré par Paul Ricœur entre les analyses de la Gestaltpsychologie et la complémentarité de l'épiphore et de la diaphore est sans doute ce qui éclaire le mieux cette tentative telle qu'on la perçoit à partir de ces états d'un même texte :

> On trouve à cet égard chez Nelson Goodman un intéressant apologue (encore une métaphore de la métaphore !) : la métaphore, nous dit-il, est la « ré-assignation des étiquettes », mais une ré-assignation qui fait figure « d'idylle entre un prédicat qui a un passé et un objet qui cède tout en protestant ». Céder en protestant, voilà, sous forme de métaphore, notre paradoxe : la protestation est ce qui reste du mariage ancien – l'assignation littérale – que la contradiction défait ; céder est ce qui arrive finalement par la grâce du rapprochement nouveau. La diaphore de l'épiphore est ce paradoxe même sous-jacent au « coup d'œil » qui aperçoit le semblable par-delà le divorce[42].

« Céder en protestant »… Peut-être tout le travail critique de Robin pourrait-il être analysé à partir de la phrase de l'essai sur Claudel : « À l'heure où Valéry désaltérait son grand désir de mer en écoutant dans une conque cette presque muette rumeur où se résume le tumulte de toutes les vagues, Claudel jugeait insuffisants les océans réels[43] ». Comme on l'a vu, la version de ce passage intitulée « Derniers poètes d'Europe » pourrait être une variante de tous les articles de Robin donnés à *Comœdia* :

> Aiguisés dans l'exigu,
> Vagabonds casaniers,
> Ils convoquent le monde devant leur chambre …
> Ils demandent que les vents, la mer, les nuits les plus profondes
> Usent de ruse devant leurs serrures.
>
> Dans une conque Valéry entend toute la mer ;
> Un mi-cloître, mi-parloir suffit à Mallarmé[44].

---

41 *Ibid.*, p. 126.
42 Paul Ricœur, *La Métaphore vive*, Paris, Éditions du Seuil, 1975, p. 248-249.
43 *Écrits oubliés I*, p. 159.
44 « Derniers poètes d'Europe », *Fragments*, p. 54. Le poème figure sur la même page que le fragment « Le créateur » sous-titré « Claudel » :

La rancune contre une poésie exiguë, la déception, la haine d'une littérature casanière – tout ce qui a donné à Robin le sentiment d'être étranger, tout ce qu'il a tenté de surmonter par le recours à la critique littéraire se résume là – aussi loin de l'article de Blanchot sur Claudel à la même époque que des notes de lecture données par Robin à *Esprit* avant 1940. Une étape a été franchie, et la critique littéraire a donné lieu à un exercice poétique assez vrai pour que ces fragments aient pu passer et passent toujours pour poèmes au sens strict – ce qu'ils sont, au demeurant.

Bien d'autres poèmes seraient à lire comme des ébauches d'essais ou (si l'on inverse la perspective) des points d'accomplissement ultime – l'essai, dégagé de sa gangue, aboutissant à cette poésie limpide, pauvre, et comme abandonnée aux seules ressources de son rythme. Ainsi en va-t-il de l'article « Trois poètes russes » :

> Quelques poètes sont morts sur l'eau, lit plus fragile ; Essénine semblait encore bouger dans les vents lorsque pour la première fois les hommes purent le bien saisir, le tenir sans qu'il sût se dérober ; est-il possible de croire qu'il eut jamais conscience d'une vie à conserver ? Il passa près de nous, près de tout, aussi inconscient que désespéré, douloureusement détaché de cela même qu'il possédait le mieux : les bouleaux, les tilleuls, la steppe bleu ciel. De nulle famille, de nulle patrie, de nulle femme, de nul arbre même il n'emporte rien qui soit aide ou consolation ; son odyssée paysanne n'est pas recherche haletante d'un refuge, errance casanière, elle est vagabondage de vent[45].

Jamais Robin n'a touché aussi juste, jamais il n'a défini d'aussi près sa propre odyssée, défiant et approuvant l'Ecclésiaste. Le texte a été épuré, dénudé ; il en reste un lambeau :

> Quelques poètes sont morts sur l'eau, lit plus fragile.
> D'autres sont morts en bougeant dans les vents.
> Et les hommes ne purent les bien saisir.
>
> Presque autant insouciants que désespérés,
> Tragiquement se détachant de cela même qu'ils possédaient,
> Se déconsolant, ils ont consolé.

« À grandes épaules il se déplace jusqu'à la création
Vaste souffle horizontal, il se meut avec les vents et les eaux ;
Il se hâte à la recherche du monde
On ne peut dire qu'il parut, il s'étendit. » *(Feuillet [52 I])*

45 *Écrits oubliés I*, p. 180-181.

De nulle patrie, nulle famille
Et même nul arbre
Aucune aide qu'il faille avec soi pour soi porter[46].

C'est aux moments où la critique s'ouvre ainsi à la poésie qu'elle atteint, sans doute, sa plus grande beauté – mais c'est là, en même temps, l'apogée d'un travail qui se défait, se disperse, et qui ne fera plus ensuite que refluer en s'affaiblissant peu à peu.

---

46   *Fragments*, p. 70. Ce fragment a été exclu, pour des raisons obscures, des deux éditions du *Monde d'une voix* mais publié, en conclusion d'un ensemble hétéroclite, dans *La Traverse* n° 6, 1973.

HORS DE LA TRADUCTION

> Par le choix des mots
> Reproduire une âme parallèle,
> Être avec elle jusqu'au bout de sa route...
>
> D'autre en autre je foisonne.
> *Fragment posthume.*

Appelé à fournir une œuvre de traducteur, voire à devenir un traducteur professionnel, de même qu'il a été appelé à fournir une œuvre de critique littéraire, Armand Robin se prête un temps au jeu, comme s'il s'agissait justement d'un jeu mais d'un jeu dont il s'agirait de se jouer pour en détourner les règles et les limites. Au moment où il termine *Ma vie sans moi*, ses traductions sont exclusivement des traductions du russe (Essénine, Maïakovski, Tchékhov), de l'anglais (Poe), de l'allemand (Rilke), du breton (Calloc'h) et du polonais (Tuwim). La correspondance mentionne aussi une initiation à l'italien, au gaélique, à l'hébreu, à l'arabe et à l'espagnol[1] mais sans autre indication. En 1941, il envisage de seconder Drieu la Rochelle[2], de travailler pour la collection de la Pléiade[3] – il collabore effectivement au volume de *Théâtre* de Goethe pour trois pièces en un acte, *Mahomet, Satyros ou le faune fait dieu, Les Dieux, les Héros et Wieland,* – et de participer au *Tableau de la littérature* pour les auteurs suivants : Hugo (auquel il a consacré son diplôme d'études supérieures sur le « pastiche mimétique », sujet prémonitoire, comme on a pu le voir), Chateaubriand et Vigny.

---

1   Lettres à M. Laurent (avril 1934) et J. Paulhan (1940 ; gaélique ; 1937 : autres langues). Il n'existe aucune traduction répertoriée du gaélique ou de l'hébreu.
2   Devenu, comme on le sait, rédacteur en chef de la *NRF* à la place de Paulhan, qui ne quittait pas pour autant les éditions Gallimard (lettre à J. Paulhan, 3 décembre 1940).
3   Les auteurs qu'il retient sont Rousseau, Nerval, Vigny, Renan, ce qui en soi est intéressant, mis en relation avec les auteurs choisis pour le *Tableau de la littérature*.

DU MÉTIER DE TRADUCTEUR
À LA NON-TRADUCTION

Les traductions de Goethe par Robin lui valent les éloges de Blanchot :
« La préface d'André Gide conduit à une édition du *Théâtre* de Goethe qui,
à côté de bonnes traductions, réunit deux modèles de fidélité et de valeurs
poétiques, œuvres rares et pures, *Satyros* qu'a traduit Armand Robin et
Iphigénie en Tauride, à laquelle le nom de Jean Tardieu sera désormais attaché[4]. » Il est vrai que la traduction du *Satyros* de Goethe, soumise à plusieurs
traducteurs de l'allemand[5] a toujours été jugée excellente – le recours à
une forme imitée de la poésie moyenâgeuse fait écho à certains dialogues
du *Temps qu'il fait*. Le lecteur peut être surpris par la naïveté appliquée du
texte – mais c'est elle que Maurice Blanchot note et apprécie, aussi bien
dans le roman que dans la traduction. La correspondance montre cependant, semble-t-il, que Robin a travaillé très vite (au moins pour *Les Dieux,
les Héros et Wieland*) et qu'il lui a fallu assumer la traduction de *Mahomet*
qui, à l'origine, avait été confiée à un autre traducteur. Le 2 octobre 1941,
lorsque Paulhan, faisant le point sur l'avancement du projet, le précise à
Gide, il indique que « Robin traduit (admirablement) *Satyros* », ce qui, de
la part d'un lecteur peu prodigue d'éloges (et qui n'en prodigue à aucun
des autres traducteurs de Goethe) montre le statut dont jouit alors Robin[6].

Les traductions qu'il publie dans le temps qu'il donne ses grands essais
critiques à *Comœdia* sont, à l'exception du « Démon » de Lermontov, des
traductions de Goethe et d'Achim von Arnim. Sans doute faudrait-il dater
de cette période le *Roméo et Juliette au village* de Gottfried Keller retrouvé
à l'état de manuscrit dactylographié après la mort de Robin. Les contes
d'Arnim et les poèmes de Caroline de Günderode témoignent d'une
prédilection pour le romantisme allemand qui trouve un prolongement
dans la nouvelle de Gottfried Keller[7]. Cela marque suffisamment une

---

4   *Faux pas*, Gallimard 1943, rééd. 1975, p. 317.
5   Il me faudrait remercier ici Ralph Dutli, Marianne Bockelkamp et Catherine Coquio,
     qui ont bien voulu lire le texte et me donner leur avis.
6   Jean Paulhan, *Choix de lettres II*, Paris, Gallimard, 1992, p. 239.
7   « Sur son manuscrit, Armand Robin a noté qu'il avait utilisé l'édition de Philip Reclam de
     Roméo et Juliette. Cela signifie-t-il que sa traduction est antérieure à la fin de la Deuxième
     Guerre mondiale, dont les bombardements ont détruit les imprimeries et les stocks de

orientation vers une carrière de traducteur, le choix des textes étant guidé par l'offre et la demande autant que par l'intérêt au sens pur : aussi l'auteur de la présentation de *Roméo et Juliette au village* s'égare-t-il en cherchant une « affinité personnelle » entre Armand Robin et Gottfried Keller[8]. Il n'a guère traduit de textes allemands que sous l'Occupation, pour des raisons d'opportunité bien évidentes (et l'oubli apparent de la littérature allemande par la suite est peut-être le contrecoup de cette opportunité).

Dans un premier temps, il s'est trouvé à l'avant-garde d'un mouvement profond (dont Gaston Gallimard, lui faisant signer un contrat pour dix livres à venir, était bien conscient). La poésie française ne pouvait exister qu'en s'ouvrant aux poésies étrangères. Il faut mettre son travail en relation avec celui d'Henri Thomas qui, lui aussi, traduit de l'allemand, du russe et de l'anglais ; de Guillevic qui traduit Brecht ou Trakl, adapte des poèmes portugais, roumains, vietnamiens, hollandais, macédoniens, hongrois, finlandais ou russes ; de Rousselot qui adapte des poèmes hongrois, polonais, portugais ou anglais ; de Jean Grosjean qui traduit la Bible ou Shakespeare. Mais tous traduisent en maintenant fermées les frontières des genres. Lorsque Robin rend compte de *L'Amateur de poèmes* de Jean Prévost, livre à bien des égards proche de ses propres tentatives, il présente la traduction comme un aimable passe-temps :

> À regarder d'un coup d'œil général ces poèmes grecs, latins, espagnols, anglais, allemands, chinois, on leur reconnaît un même air animé, affairé, quelque peu fugitif ; de l'un à l'autre se noue une élégante conversation ; ces voyageurs délicats, accourus de Rome, de Grenade, de New-York, un peu essoufflés encore de tant de route survolée, se tiennent avec une rigueur bienséante dans un salon idéal. Lorca lui-même se fait aimable plutôt que passionné. Le maître de maison les présente avec grâce, atténue leur véhémence au profit de leur politesse [...] Les premières traductions du recueil semblent [...] sortir de cette échoppe d'artisan où Prévost veut nous persuader qu'il peine ; mais il s'agit là de quelques pages de Théocrite ou d'Horace rituellement sacrifiées depuis des siècles aux loisirs des gens graves[9].

À ce rituel, il oppose les traductions du chinois et les versions de poèmes de Lorca « publiées autrefois par *Mesures* » mais ce qu'il cherche

---

librairie de Leipzig où Reclam était installé et n'a repris la production de ses classiques à bon marché que plus tard ? » demande J. Martin dans sa préface (*Plein Chant* éd., 1979, p. 8). C'est évident.

8   Jacques Martin, *Roméo et Juliette au village*, Plein Chant, 1979.
9   *Écrits oubliés I*, p. 119.

avec une hâte joyeuse est ailleurs. Un fragment retrouvé après sa mort, fragment bizarrement coupé en deux, interrompu et repris, indique :

TRADUCTION

> Le grand avantage d'une traduction est que personne ne vous en saura gré et que cet acte de poésie sera oublié, ou tout au moins jugé compromis ou équivoque ; les beautés toujours viendront du poème traduit, les faiblesses toujours du traducteur. Le poème est recréé, mais à partir de sa fin, en remontant vers sa pure origine, souffle amical remontant toutes les eaux qui une fois déjà s'écoulèrent.

> [...]

> Puis c'est autant de gagné sur son propre poème ; l'esprit connaît sa plus pure joie à songer que ce qu'il s'ôte, il le donne au poème d'un autre. Au prix de ce qui fait ma plus vivante vie, je veux me perdre pour que des poèmes étrangers deviennent des poèmes absolus ; et qu'il n'y ait sur moi que les rayons tremblants d'un soleil couchant[10].

Depuis le 1er avril 1941, il travaille au ministère de l'Information comme écouteur – chargé donc d'écouter les radios de différents pays, l'URSS, l'Angleterre et les USA en priorité, on peut le supposer (et c'est bien ce que montrent les bulletins conservés). Or, plutôt que d'approfondir sa connaissance des langues étrangères utiles pour ses écoutes (l'anglais, le russe, l'allemand), il prolonge ses écoutes radiophoniques par des études à l'École des langues orientales : son inscription est attestée en 1941 pour le chinois ; en 1942 pour l'arabe littéral ; en 1943 pour le finnois, le hongrois et le japonais. L'apprentissage de ces langues ne lui est pas demandé et ne lui sert apparemment à rien pour son métier de traducteur au grand jour. Il s'agit de tout autre chose. Du travail effectué dans l'ombre seuls les *Fragments* gardent trace :

> Dans une ère où tous les poids vous alourdissaient, je [fus] transparent à travers tous les pays. Je ne reconnus pas les frontières.
> Je ne sais pourquoi soudain je sentis que je ne savais pas assez les mots des hommes. Au loin par le monde tous les pays se battaient ; aucun mot chez eux ne s'entendait plus. Et j'ai passé quatre ans, loin du monde, à me refaire une humanité, à me replonger dans l'obscurité. Je me suis battu dans les nuits pour qu'il n'y eût pas de cri qui ne puisse s'écouter et se pardonner.

---

10 *Fragments*, p. 48.

Le même fragment intitulé « Mon calendrier » ouvre sur la découverte du chinois :

> … Enfin vint le chinois et je fus libre : j'eus de hauts plateaux sans arbres, des fleuves qu'aucune digue n'entravait éternellement, j'eus des paroles retenues et d'autant plus sincères.
> Il y a plus de mille ans, errant sans moi, sans ma vie,
> Dans les ruines de Tchang-Ngan, pleurant, j'eus ma patrie.
>
>> Je rencontrai Tou Fou criant ;
>> Nous fûmes amis à l'instant.

On assiste, malgré les circonstances, à un mouvement d'expansion euphorique, grâce à la découverte de la poésie chinoise, comme il le note pour lui-même, et grâce aussi à la découverte de la poésie de Boris Pasternak. Si la partie « non-traduite » de *Ma Vie sans moi* s'ouvrait sur une fausse « Vie d'Essénine », vraie vie de Robin passé par Essénine, et si Maïakovski mettait en œuvre tous les thèmes de l'*ubris*, il est clair que la poésie dense, complexe et limpide de Pasternak lui permet de se trouver dans le temps qu'il écrit les plus beaux de ses fragments comme des vestiges du *Temps qu'il fait.*

> Ces airs de grand garçon très simple et un peu gauche qu'on lui voit dans la vie, ces allures de berger embarrassé à toutes ses entournures par une civilisation compliquée, on les retrouve très vite dans ses poèmes : Pasternak manie les subtilités avec des doigts d'enfant, titube effaré d'une image à l'autre ; il a toujours peur que ce château de cartes ne s'écroule et ne lui fasse mal aux doigts, si léger qu'il soit : à chaque vers on le devine anxieux devant ce diable à ressort qu'est pour lui tout mot russe ; Pasternak prouve par l'absurde, si l'on peut dire, à quel point la langue russe est encore innocente de toute littérature ; ce Vincent Voiture apparent est un primitif du vocabulaire[11].

En février 1943, publiant « Trois poètes russes » dans la *Nouvelle Revue française*, et faisant tour à tour d'Essénine, de Maïakovski et de Pasternak les figures d'une autobiographie détournée, Robin énonce son renoncement à la poésie : elle se joue désormais dans un espace ouvert par la traduction – un espace où circuler librement, et les images d'eau, de fraîcheur, de souplesse disent l'euphorie du glissement de langue en langue. Les dernières traductions heureuses sont celles de Pasternak,

---

11   « Trois poètes russes », *Écrits oubliés I*, p. 186.

le « Triptyque de la plus belle » en décembre 1942, puis « L'avènement du visage » en janvier 1943 dans la *NRF*.

Avant l'assèchement, le harassement et la perdition, la traduction du poème de Pasternak « Ébranlant la branche odorante » (extrait de *Ma sœur la* vie, paru en 1917) est l'expression même de ce qu'est la poésie de Robin à l'instant où il se livre à ce qu'il appelle « non-traduction » : un temps d'équilibre miraculeux qui donne à la fois les meilleurs poèmes de Robin et ses meilleures traductions. La beauté de la traduction vient aussi d'une délicatesse maladroite, d'une candeur subtile qui rappelle le travail des meilleurs passages du *Temps qu'il fait* (et ce qu'en disait Blanchot : « La naïveté se fait virtuose, l'artifice devient simple plainte et dans le labyrinthe d'un art baroque perce la mélodie d'un chant populaire »). Les moindres rapprochements de syllabes témoignent d'une sorte d'équilibre précaire, à chaque fois réalisé comme par miracle. Or, c'est là le thème même du texte – aussi ténu que possible, selon l'expression favorite de Robin : l'oscillation de deux calices qu'une goutte de pluie rapproche, unit, et que le vent bouscule, sans pourtant pouvoir les séparer.

Ce serait un thème de haïku : les quatre strophes se condenseraient aisément en trois vers :

1. Branche en fleur humide après l'orage
2. Goutte de pluie glissant sur les lèvres de deux calices
3. Vent les secouant sans les désunir.

Cette fragilité, cet équilibre heureux accompli gauchement, avec une sorte d'émerveillement enfantin, sont Pasternak (ce que, jamais, aucun traducteur de Pasternak n'a su rendre en français) et sont uniques, sans correspondance dans le reste de l'œuvre de Robin. La goutte d'eau suspendue, « pudique, lumineuse » est le symbole d'une plénitude absolue qui ne sera plus retrouvée : encore quelques mois, et la goutte d'eau éclate, se diffracte et il ne reste plus rien de cette existence dont Robin avait voulu se défaire.

« ÉBRANLANT LA BRANCHE ODORANTE... »

POÈME DE PASTERNAK

Le texte mérite une analyse précise parce qu'il montre à quel point le travail des sonorités « en continu » tel que Robin le pratiquait dans ses traductions de *Ma vie sans moi* était proche de celui de Pasternak – proche, mais, il faut l'avouer, bien loin de la virtuosité bouleversante qui fait de l'extrême rigueur l'instrument même de l'émotion. Ce que Robin cherchait était là – seulement parfait, inaccessible. « Retiré dans un abri de diamant, Boris Pasternak ne s'occupa plus que de polir délicatement les facettes des mots », devait-il écrire en 1946. Est-ce refus du diamant, impuissance à polir les facettes des mots ou ressentiment à l'égard d'un nanti qui annulait d'avance ses propres recherches ? Quoi qu'il en soit, Robin semble avoir été le seul à comprendre de l'intérieur le travail de Pasternak. On se dispensera ici de comparaison, « Ébranlant la branche odorante » est un poème assez peu connu de *Ma sœur la vie* – un poème très représentatif du « lyrisme pénétré d'un principe métonymique » si intense dans les premiers recueils de Pasternak, mais qui n'a été traduit en français que par Robin. En revanche, on s'efforcera de rendre le poème original accessible dans le détail au lecteur français ignorant le russe : c'est dans ce but que le texte initial (dont la graphie importe aussi) sera suivi de plusieurs transcriptions. La première ne sert qu'à indiquer approximativement l'accentuation, les sonorités et la signification des mots transcrits. La seconde est destinée à mettre en évidence le travail des consonnes, la troisième le travail des voyelles.

Transcriptions

TEXTE RUSSE

Душистою веткою машучи,
Впивая впотьмах это благо,
Бежала на чашечку с чашечки
Грозой одуренная влага.

На чашечку с чашечки скатываясь,
    Скользнула по двум, – и в обеих
Огромною каплей агатовою
    Повисла, сверкает, робеет.

Пусть ветер, по таволге веющий,
    Ту капельку мучит и плющит.
Цела, не дробится, – их две еще
    Целующихся и пьющих.

Смеются и вырваться силятся
    И выпрямиться, как прежде,
Да капле из рылец не вылиться,
    И не разлучатся, хоть режьте.

TRADUCTION D'ARMAND ROBIN

Ébranlant la branche odorante,
    Lampant dans ces ombres ce bien-être,
De calice en calice allait courante
    Une moiteur qu'hébéta la tempête.

Par les calices roulait, sur deux
    Calices glissa, sur eux deux,
En goutte d'agate volumineuse,
    Se suspendit, pudique, lumineuse.

Le vent peut bien, soufflant sur les spirées,
    Martyriser cette goutte, l'écraser.
Une, intacte, elle reste ; goutte des deux
    Calices s'entrebaisant, buvant à deux.

Ils rient, tentent de s'entr'échapper,
    De se remettre droits comme avant cette goutte ;
Ils ne peuvent plus égoutter leurs bouches hors de cette goutte
    Et même qui les coupe ne peut les séparer.

MOT À MOT

Douchystoï vetkaïou machoutchi	Odorante branche agitant
Vpivaïa vpat'max eto blaga	Aspirant dans l'obscurité ce bien
Bejala na tchachetchkou s tchachetchki	Courait sur un calice d'un calice
Grazoï adourionnaïa vlaga.	Par l'orage hébétée l'humidité
Na tchachetchkou s tchachetchki skatyvaïas	Sur un calice d'un calice dégringolant
Skal'znoula pa dvoum i v abeïx	Glissa sur deux et dans les deux

Agromnoïou kapleï agatovaïou	En énorme goutte d'agate
Pavisla sverkaet rabeet	Est suspendue étincelle fait la timide
Poust' veter pa tavolge veiouchtchiy	Que le vent sur la spirée soufflant
Tou kapel'kou moutchit i pliouchtchit	Cette gouttelette torture et hérisse
Tsela nié drabitsia ix dvié iechtcho	Entière ne se fractionne pas elles sont deux encore
Tselouïouchtchixsia i piouchtchix	S'embrassant et buvant
Smeïoutsia i vyrvat'sia siliat'sia	Elles rient s'arracher s'efforcent
I vyprimit'sia kak prejdé	Et se redresser comme avant
Da kaple iz rylets nié vylistsia	Mais la goutte des stigmates ne peut s'échapper
I nié razloutchit'sia xot' rejte.	Ni se séparer, même au couteau.

Une première lecture suffit à s'assurer que le rythme du poème pose des problèmes insolubles : s'il est à la rigueur possible de transposer à l'intérieur d'un système syllabique un amphibraque à trois accents, comment transposer en français l'alternance de rimes dactyliques et de rimes féminines qui fait l'étrangeté du texte ?

Quant au sens, il apparaît bien, comme l'écrit Robin, « guidé par le son ». Sans doute faudrait-il se livrer ici à une analyse détaillée des jeux de sonorités : ce serait une analyse si longue que l'on est contraint de se borner aux grandes lignes, que la transcription schématisera très sommairement.

Pour chaque thème la dominante a été notée en majuscule, la ou les oppositionnelles ont été placées entre barres obliques.

Thème I :
. Pattern = « douchystoï »
. Dominante : CH   Complémentaires = fricatives /v/, /s/, /z/ /j/x/*
. Oppositionnelles : /t/ /p/. En association : /st/ /cht/ /vp/
. En relation avec les voyelles d'arrière.

Thème II :
. Pattern = « agromnaïou »
. Dominante : R   Complémentaire : /l/ (dominante du thème III associé)
. Oppositionnelles : occlusives sonores ou nasalisées /g/ /d/ /m/ /n/

Thème III :
. Pattern = « tavolge »
. Dominante = L   Complémentaire = /s/
. Oppositionnelles : occlusives sourdes /k/ /t/ /p/
            (association complémentaire + oppositionnelles /ts/)

Thèmes II et III en relation avec les voyelles d'avant.

Les syllabes accentuées ont été soulignées

* Le /x/ représente une consonne fricative vélaire sourde, inexistante en français (qui correspond au *ch* en allemand ou à la *jota* en espagnol)

TRANSCRIPTION DES CONSONNES

Douchystoï vetkaïou machoutchi
/d/CH/ st   v/tk/   CH tCH

    VpivAïa vpat'mAx eto blAga
    v/p/v v/p/t'   x /t/ l /g/

Bejala na tchachetchkou s tchachetchki
/b/j L   tCHCHtCH   s tCHCHtCH

    Grazoï adourionnaïa vlaga.
    /g/R   /d/R   /n/   vL/g/

Na tchachetchkou s tchachetchki skatyvaïas
  tCHCHtCH   s tCHCHtCH /sk/t/ v

    Skal'znoula pa dvoum i v abeïx
    /sk/L   L/p/ /d/v   v /b/ x

Agromnoïou kapleï agatovaïou
/g/R/mn   /k/p/L g/t/v

    Pavisla sverkaet rabeet
    p vssL sv R/k/ R/b

Poust' veter pa tavolge veiouchtchiy
/st/ v /t/R/p//t/v L/g/ v   CHtCH

    Tou kapel'kou moutchit i pliouchtchit
    /k/p/L'/k   tCH/t//p/L CHtCH

Tsela nié drabitsia ix dvié iechtcho
/ts/L   /d/R/b/ts x/d/v   CHtCH

    Tselouïouchtchixsia i piouchtchix
    /ts/L   CHtCHxs /p/ CHtCHx

Smeïoutsia i vyrvat'sia siliat'sia
s   /ts/   v v/ts/   L /ts/

I vyprimit'sia kak prejdé
v/p/p/R/m/t/k /k/p/R/j/d

Da kaple iz rylets nié vylistsia
k/p/L z R L/ts/n   v L /ts/

I nié razloutchit'sia xot' rejte
/n/ RzL   tCH/t's/ x/t'/ R j/t

TRANSCRIPTION DES VOYELLES

A		i	ou	y
2 (1 acc)	Douchystoï vetkaïou mAchoutchi	1	3	1 ac
6 (1r, 3 acc)	VpivAïa vpat'mAx eto blAga	1		
5 (3 acc)	BejAla na tchAchetchkou s tchAchetchki	1	1	
(1r, 1 acc)	Grazoï adourionnaïa vlAga.	1		
6 (3 acc)	Na tchAchetchkou s tchAchetchki skAtyvaïas	1	1	1
4	Skal'znOUla pa dvOUm i v abeïx	2	2 acc	
5 (2 acc)	Agromnoïou kApleï agAtovaïou	2		
4 (1 acc)	PavIsla sverkAet rabeet	1 acc		
2 (1 acc)	Poust' veter pa tAvolge veiouchtchiy	1	2	
1 acc	Tou kApel'kou mOUchit i plIOUchtchit	3	4 (2acc	
3 (1 acc)	TselA nié drabitsia ix dvié iechtcho	1		
1	TselOUïouchtchixsia i pIOUchtchix	3	3 (2acc)(	
5	SmelOUtsia i vYrvat'sia sIliat'sia	2	1 (acc)	1 (acc)
2	I vYprimit'sia kak prejdé	3	1 (acc)	
3 (1 acc)	Da kAple iz rYlets nié vYlistsia	2	2 (acc)	
2	I nié razloutchIt'sia xot' rejte.	2 (1acc) 2		

NB. Le rôle de l'accent est capital en russe pour le /a/ dont la prononciation change s'il est accentué ou non ; le fait que le /a/ soit mouillé ou non importe aussi : ces deux données n'ont pu être mises en lumière pour des raisons de lisibilité du schéma.

On ne peut dire que l'auteur procède avec l'intention d'égarer son lecteur : dès le premier mot, qui est aussi le titre, le thème majeur est posé ; le texte se construit en fonction du /ch/ repris en mineure par le /s/ et, dès le second vers par le /v/. La structure consonnantique de « douchystoï » et de « vpivaïa » est la même, inversée :

/d/ / ch / /s/ /t/
/v/ /p/ /v/

Soit deux consonnes encadrant deux consonnes fricatives dans le premier cas ; deux fricatives entourant une occlusive dans le second cas.

Le thème majeur /ch/ et sa mineure /v/ cèdent dès la fin de la première strophe à un contre-thème /r/ associé au /l/ en mineure et – non pas opposé aux occlusives mais lié à elles : « grazoï » rappelle « agromnoïou » comme « blaga » « vlaga », « tavolge » « kapel'kou ».

Or, le thème et le contre-thème s'entrelacent.

Thème et contre-thème

– Thème

Si l'on essaie de suivre le thème et ses variantes, on observe que le /ch/ disparaît au profit du /v/ puis que (dans la troisième strophe) le /ch/ revient, associé au /ts/ deux fois répété à l'initiale : on ne le retrouvera plus qu'au dernier vers (« razloutchit'sia ») mais associé au /t's/ et au /x/ – ce dernier son prenant au cours du texte un développement de plus en plus important. Mandelstam disait : « Lire les poèmes de Pasternak, c'est se nettoyer la gorge, s'affermir le souffle, se renouveler les poumons ; des poèmes comme ceux-là devraient guérir la tuberculose... ». Ici, tout joue sur l'idée de souffle : « douchystoï » qui contient le verbe « dychat' », respirer ; « veiouchtchiy » (soufflant) et le thème mineur « vpivaïa » (aspirant) qui introduit le mot-clé « veter » (vent) à son tour anagrammatisé.

Non seulement le poème est chargé de mimer ce souffle, mais de le rendre plus ou moins profond : ce que montre le passage du /v/ /f/ au /s//z/, du /ch/ /j/ au /x/. En somme, tout vient doucement du milieu /ch/ et s'approche des lèvres /v/, s'éloigne /s/ et s'en retourne au plus profond au fur et à mesure que les deux calices (en russe : « tchachetchtka » = petite coupe ; ryl'tso = petite gueule) se joignent. L'image du baiser est inscrite dans le dernier vers de l'avant-dernière strophe :

« Tselouïouchtchixsia i piouchtchix » (s'embrassant et buvant)

où la forme pronominale réciproque alourdit encore le participe présent, très rare en poésie et d'autant plus étrange, d'autant plus maladroit ici (mais d'une maladresse puérile, touchante, appelée par tout ce qui précède) que l'interminable « tselouïouchtchixsia » absorbe deux accents, oblige à manquer une syllabe, qui rompt et qui unit à la fois : le vers s'appuie aussi sur deux accents, ce qui constitue un amphibraque impossible, et pourtant juste, comme ce baiser que rien ne coupe.

Lorsque Robin traduit

> Le vent peut bien soufflant sur les spirées
>   Martyriser cette goutte, l'écraser,
> Une, intacte, elle reste : goutte des deux
>   Calices s'entrebaisant, buvant à deux.

on voit qu'il n'a pas seulement traduit le sens explicite mais le réseau souterrain qui fait que « douchystoï » (odorante) signifie aussi « dychat' » (respirer) et indique ainsi sans le dire le thème majeur du poème. La trouvaille – sans doute due au hasard (« tavolga » désigne à la fois la reine des prés et la spirée) mais « comme les mutations, les traductions qui font époque paraissent avoir le hasard pour nécessité » – est le mot « spirée » qui contient, en effet, outre les verbes « aspirer », « respirer », pour qui a quelque notion de botanique, l'image du printemps, de l'humidité, de la légèreté duveteuse :

> « moutchit i pliouchtchit » (torture et hérisse)

est incompréhensible si l'image de la spirée ne justifie pas ce mouvement de caresser à rebrousse-poil puis de flatter, qui est mimé par la graphie même de la lettre « chtch » /ɯ/ : une eau que le vent plisse, un pelage hérissé.

Robin ne s'est pas contenté de traduire juste :

> « Le vent peut bien soufflant sur les spirées »

il a fait du vers une expansion du mot-thème – comme le montre le schéma consonnantique :

> l v p b s f l s r l s p r

– Contre-thème

Le plus remarquable est peut-être (on le verra mieux par la suite) la façon dont il a introduit le contre-thème : le poème russe l'impose assez brutalement au début du dernier vers du premier quatrain : « grazoï » (par l'orage) – et le reprend, anagrammatisé, presque à la même place dans le deuxième : « agromnaïou » (« comme une énorme »… mais « grom », qui est presque une onomatopée, signifie le « tonnerre »). L'association d'un /r/ et d'une occlusive sonore se retrouve encore dans « drabitsia » (« se fractionne »). Le /r/, tout à fait absent du début du poème, devient de plus en plus présent, jusqu'aux deux derniers vers où « rylets » (« petites gueules ») et « razloutchit'sia » (se séparer), en l'associant au /l/ mettent au jour le réseau souterrain.

Il serait faux ici de parler de thème majeur et de thème mineur : il y a plutôt une association (qui est aussi une opposition mais par complémentarité) du /l/ et du /r/ dans des ensembles de structure proche, associés généralement au /a/ : « **bla**ga », le bien ; « be**ja**la » (courait), « **vla**ga » (l'humidité), « skal'**zn**oula » (glissa), « **ta**volge » (sur la spirée) « **ka**pel'kou » (gouttelette), **vy**lit'sia (se déverser) – or « **lit**'sia » signifie « couler », « lit**so** », le visage et « **vy**lityi » (littéralement : déversé) est l'adjectif désignant la ressemblance parfaite.

Toutes les images d'eau fluide, claire, sont portées par des mots contenant le son /l/ qui, sémantiquement, changent les « calices » (tcha-chetchki) en petites bouches (rylets) et annoncent le verbe « tse**lou**ïoucht-chixsia » (s'embrassant), lui-même annoncé par « tse**la** » (intacte, tout entière) placé en début de vers comme « tse**louïou**chtchixsia ». De la plénitude heureuse à la menace de fractionnement (drabitsia, vyrvat'sia, vyprimit'sia, razloutchit'sia) parce que l'orage est trop gros, la goutte trop énorme (**agrom**naïou), le poème oscille, se construit comme un réseau de forces alternées : si le thème profond est celui de la respiration, le texte se tient, s'immobilise, acquiert sa plénitude par l'opposition de l'écoulement et de l'éclatement. Il ne se sépare pas, il est, malgré sa transparence et sa ténuité apparentes, d'une extraordinaire densité.

Ce qui le montrerait le mieux, sans doute, serait la forme dont le mot-clé (celui qui rassemble les deux thèmes, et la signification cachée du poème) est annoncé, diffusé, caché, lui aussi, dans le texte – mais caché sans que le lecteur ait grand effort à faire pour le trouver : il est présent dans le titre douch**ysto**ï, dans le mot associé (à la rime) mach**outchi**, dans la formule, ahurissante, « na tchachet**chkou** s tcha-chet**chki** » deux fois répétée, puis dans veï**ouchtchiy**, pli**ouchtchit**, pi**ouchtchix**, razl**outchit**'sia : en somme, Pasternak joue à inscrire « tselouïouchtchixsia » de toutes les façons possibles dans le texte.

C'est un jeu – il est bien loin d'être gratuit, facile – et, comme le faisait remarquer Robin dans son dernier article sur Pasternak, il doit sa force à une résistance au tragique. – « L'exercice de gammes s'achève sur une note grave :

> Ce sel d'écume aux nues, mors :
> LE TRAGIQUE
> Tu détaches sa tache hors
> Tout bachlique.

En ce poème qui n'était en principe qu'un jeu, l'expression "Le tragique" surgit en finale imprévu », écrit-il. À dire vrai, le texte russe indiquait simplement « la douleur ». Robin énonce ce qui se dissimulait. Mais sa traduction d'« Ébranlant la branche odorante » transmet avec discrétion l'idée d'un bonheur terriblement grand et fragile, qui est, en fin de compte, l'idée majeure du poème.

POÈME DE ROBIN

Robin a transposé le texte dans un autre registre : sa traduction est d'une fidélité que l'on ne peut à aucun moment mettre en doute mais il a dû, pour des raisons évidentes, renoncer au tissage serré, rigoureux et dense des anagrammes.

Le titre « Douchystoï » (odorante) en offre le meilleur exemple : il pose le thème sonore en le laissant ignorer, le propose comme énigme – pourquoi odorante ? C'est la seule notation qui ne soit pas visuelle. Le titre du poème russe en est aussi le premier mot. Lui donner le premier vers pour titre revient à élargir le thème et, de fait, il y a là un travail plus large, plus lâche, qui tend à exposer ce que le texte proposait avec discrétion mais aussi à le rendre sensible comme une énigme, et en cela reprendre l'intention originale.

Prosodie

Cela n'empêche pas que le texte ait sa cohérence propre. La prosodie de Pasternak était, de toute façon, impossible à reproduire en français. Si l'on observe le travail de Robin, l'on se trouve en présence d'un système savamment déréglé : d'une part, la rime croisée du premier quatrain laisse place à une fausse rime plate, constituée en fait d'un couple de pseudo-rimes embrassées (deux/deux) enserrant une rime qui pourrait être dite « par inclusion » (lumineuse/volumineuse) et une rime (**les** spirées / l'écraser) qui prend en chiasme les thèmes et les contre-thèmes majeurs sp/kr, i/a.

Le dernier quatrain utilise en l'inversant le même procédé : une fausse rime (« goutte ») simplement redoublée (reprenant ainsi le thème « deux » déjà mis en évidence) et englobée dans une rime qui reflète en miroir le chiasme « l'écraser / les spirées » : « s'entr'échapper / les séparer » est presque un doublet sonore. Pour ce qui concerne « les spirées / les séparer », on est très proche, non seulement des rimes de Pasternak mais de ses anagrammes (« vpivaïa »/« siliatsia »/« vylit'sia » à la rime). Quitte à anticiper sur un développement ultérieur, on observera l'opposition symétrique : /sp – r/ s-p-r – tr /kr/ semble reproduire l'opposition /vp/ ts – gr/ du poème de Pasternak – et avec la même relation de sens.

1. La prosodie est d'une égale maladresse si l'on incline à juger selon des critères classiques ou d'une égale virtuosité, si l'on envisage l'efficacité expressive.

Ébranlant / la branche / odorante	3/2/3	(8)
Lampant / dans les ombres / ce bien-être	2/3/3	(8)
De calice / en calice / allait courante	3/3/4	(10)
Une moiteur / qu'hébéta / la tempête.	4/3/3	(10)
Par les calices / roulait / sur deux	4/2/2	(8)
Calices glissa / sur eux deux	4/3	(7)?
En goutte d'agate / volumineuse	4/4	(8)?
Se suspendit / pudique / lumineuse.	4/2/3/	(9)?
Le vent peut bien / soufflant / sur les spirées	4/2/4	(10)
Martyriser / cette goutte / l'écraser	4/3/3	(10)
Une / intacte / elle reste / goutte des deux	1/2/3//2/2	(10)
Calices s'entrebaisant/buvant à deux.	2/4//2/2	(10)
Ils rient / tentent de / s'entr'échapper	2/2/4	(8)
De se / remettre droits / comme avant / cette goutte	2/4/3/3	(12)
Ils ne peuvent plus / égoutter // leurs bouches / hors cette goutte	5/5/4/	(14)
Et même qui / les coupe // ne peut les séparer.	4/2//2/4	(12)

Le texte est reproduit ici avec les accents afin que l'on puisse juger des élisions de e qui ont été effectuées : une autre lecture est possible (bien d'autres lectures). La caractéristique majeure du poème est l'oscillation, l'ambivalence – mais cette gaucherie est, elle aussi, porteuse de sens. L'élargissement du poème se justifie dans la mesure où il assure l'impression d'amplitude, de confiance, de solidité. Le poème commence par un octosyllabe parfaitement classique ; il s'achève par un alexandrin que l'élision du e à la césure, matérialisant la coupe, fait apparaître plus régulier encore, mimant la stabilité en l'énonçant :

> Et même qui les coupe // ne peut les séparer.

Entre-temps, l'instabilité du vers aura toujours été significative : les deux vers qui prêtent à hésitation, pouvant être aussi bien pairs ou impairs, ont été rendus, sinon consciemment instables, du moins acceptés comme tels :

> ... sur deux
> Calices glissa, sur eux deux.

C'est un vers de sept syllabes qui s'enchaîne pourtant, à cause du rejet, sur un rythme pair.

> Se suspendit, pudique, lumineuse

est un vers de neuf syllabes, et la syllabe suspendue, en déséquilibre, est perçue comme telle en raison du décasyllabe attendu (et finalement réalisé).

Il n'est pas certain que l'irrégularité soit aussi sensible à la première lecture qu'elle le devient au fil d'une étude détaillée : elle est chaque fois compensée par un redoublement lexical (deux/deux, lumineuse/volumineuse) qui produit un effet d'équilibre.

Enfin, ce qu'un travail prosodique aussi étrange apprend à un lecteur français (du moins est-ce la leçon que l'on semble pouvoir tirer d'une analyse du rythme d'un tel poème), c'est que la prosodie s'accommode d'une extrême irrégularité – sous réserve que cette irrégularité soit compensée. Pour simplifier : Robin n'a travaillé qu'avec des successions d'iambes, d'anapestes et de péans quatrièmes. Le schéma métrique du poème paraît incohérent :

1.   uu-/u-/uu-
      u-/uu-/uu-
      uu-/uu-/uuu-
      uuu-/uu-/uu-

2.   uuu-/u-/u-
       uuu-u-'/uu-
       uuu-/uuu-
       uuu-/u-'/uu-

3.   uuu-/u-/uuu-
       uuu-/uu-/uu-
       -/u-/uu-/u-/u-
       u-/uuu-/ u-/u-

4.   u-/u-/uuu-
       u-/uuu-/uu-/uu-
       u-/uu-/u-/uuu-
       uuu-/u-/u-/uuu-

Or, il ne l'est pas : l'allongement du vers est possible, le passage du pair à l'impair est possible, mais à deux conditions : d'abord que l'irrégularité introduite au début soit compensée à la fin (et vice versa) – ce que montre la seconde strophe – ensuite, que le vers s'appuie sur des séquences accentuelles répétées, quelle que soit leur longueur et leur fréquence. Enfin, que la pause soit prise en compte comme un temps.

Cela se vérifierait sans doute en général pour la poésie française contemporaine : ni les poèmes de Jean Follain (qui furent blâmés parce qu'il suffisait apparemment de mettre ses vers bout à bout pour obtenir une prose en tout point comparable à celle qu'il écrivait), ni ceux de René Char (que les vers soient disposés à la suite ou non) ne diffèrent à cet égard des « laisses » d'André du Bouchet (qui fait de la pause un élément constructif majeur) ou des longues suites narratives de Louis-René des Forêts :

> Écoutez-le / qui grignote / à petit bruit / admirez / sa patience
>   4   3   4   3   3
> Il cherche / cherche à tâtons / , mais cherche.
>   2   4   2
> Saura-t-il / du moins / mettre en ordre,
>   3   2   3
> Débarrasser / , décrasser / les coins et recoins
>   4   3   5
> De cette tête / encombrée / qui est la sienne
>   4   3   4
> Où il tourne en rond / sans trouver sa voix…
>   5   5

Le début des *Poèmes de Samuel Wood* montre à quel point la récurrence de séquences irrégulières est devenu un principe constitutif de la construction du vers[12].

Une réflexion assez comparable a été proposée par Jacques Roubaud à la suite de Pierre Lusson. Ses constatations sur la « prédominance massive du vers libre standard » dans la poésie française actuelle auraient pu être reliées à cette analyse du rythme. L'un des intérêts majeurs des traductions et des meilleurs poèmes d'Armand Robin est d'ouvrir sur une étude des modifications du travail poétique en fonction d'un rythme perçu presque en dehors d'une métrique française traditionnelle.

Trame sonore

La prosodie n'existe elle-même que comme moyen : avoir eu besoin d'appuyer la charpente sur un matériau sonore travaillé, lui aussi, selon des régularités internes manifeste, plus qu'une conscience en éveil, une soumission à la perception inconsciente de la langue. C'est ce qu'indique Jakobson :

> Le folklore nous fournit des exemples particulièrement éloquents de structures verbales lourdement chargées et hautement efficaces, en dépit de son indépendance habituelle de tout contrôle de la part du raisonnement abstrait. Même des constituants aussi obligatoires que le nombre de syllabes dans un vers syllabique, la position constante de la césure ou la distribution régulière des traits prosodiques ne sont pas induits ni reconnus en soi par le porteur de la tradition orale. Quand celui-ci, narrateur ou auditeur, est mis en présence de deux versions d'un vers, dont l'une viole les contraintes métriques, il est capable de signaler la variante déviante comme moins convenable ou même totalement inacceptable, mais d'habitude il se montre incapable de définir la nature d'une déviation donnée[13].

Écrire de la poésie consiste peut-être d'abord à amener ces régularités au jour, et l'exemple de Pasternak pourrait confirmer l'importance de ne pas savoir, puisque, une fois sa propre technique dévoilée par la parodie, Pasternak chercha pendant toute sa vie à atteindre une « simplicité » qu'il ne qualifiait d'« inouïe » que parce qu'elle était gagnée sur un travail d'une extrême complexité. Ses derniers poèmes sont des modèles de limpidité.

En ce qui concerne le travail de Robin, si la trame est moins serrée, s'il manque le mot caché, dissimulé dans le texte, il reste que la construction de détail est d'une grande finesse.

– Travail des voyelles

Le tissage des voyelles n'a été étudié dans le texte de Pasternak que sous forme de schéma. C'est qu'il peut être compris à partir du poème de Robin. La transcription phonétique permettant seule d'expliciter les relations, le moyen le plus rapide de les mettre en évidence a donc semblé cette transcription, opposant nettement les voyelles d'arrière /a/, nasalisé /ã/ ou non – aux voyelles d'avant /i/ /y/ /u/.

L'opposition /ã/ /i/ devait prendre une importance considérable dans l'œuvre personnelle de Robin comme dans ses poèmes traduits (et cette importance témoigne suffisamment du fait que l'on ne peut toucher à un élément de la langue sans bouleverser le système tout entier). Ce bouleversement, et cette opposition paroxystique, sont, en tout cas, encore maîtrisés dans la traduction du poème de Pasternak.

a/an		i/u/ou
5	Ébranlant la branche odorante	-
3	Lampant dans les ombres ce bien-être	-
5	De calice en calice allait courante	3
4	Une moiteur qu'hébéta la tempête.	1
2	Par les calices roulait sur deux	3
2	Calices glissa sur eux deux	3
3	En goutte d'agate volumineuse	3
1	Se suspendit pudique lumineuse.	6
2	Le vent peut bien soufflant sur les spirées	3
2	Martyriser cette goutte l'écraser	3
1	Une intacte elle reste goutte des deux	2
5	Calices s'entrebaisant buvant à deux.	2
3	Ils rient tentent de s'entr'échapper	2
3	De se remettre droits comme avant cette goutte	
	Ils ne peuvent plus égoutter leurs bouches hors cette goutte	5
1	Et même qui les coupe ne peut les séparer.	2

La lecture du premier vers suffit à indiquer le thème initial

/ebR̄ālā la bR̄āʃ odoR̄āt/

Robin ne fait là que reproduire la matrice proposée par Pasternak
– les deux premiers vers :

Douchystoï vetkaïou mАchoutchi
VpivAïa vpatˈmAx eto blAga

marquent une ouverture progressive vers la rime /blaga/ /vlaga/ qui va
devenant de plus en plus profonde jusqu'au milieu du poème ; tavolge/
kapel'kou (« spirée », « gouttelette ») avec les deux /a/ sous accent désignent
le point à partir duquel la profondeur revient à la surface : reviennent
alors aussi les voyelles d'avant /i/ /y/ /u/, de sorte que le texte entier
semble mimer un baiser léger puis profond, et indissoluble.

La façon dont Robin rend ce jeu sous-jacent est entièrement différente,
et, sans réserve, juste : pour une fois, il tempère. Où Pasternak ne joue
que d'oppositions rigoureuses, il joue de transitions.

La dominance des voyelles d'arrière est d'abord modérée par un
équilibrage (la rime en /ø / est elle-même tempérée par le /œ/, comme
le /e/ par le /ɛ/ – le dédoublement est, de plus, confirmé par la rime et
son effet de miroir (/dø//dø/, /lyminøz//volyminøz/).

Les voyelles d'avant dominent doucement, et en incluant les voyelles
d'arrière : il s'agit bien plutôt d'une inclusion (la « goutte » à la rime
contient un /u/, qui est une voyelle d'avant arrondie) plutôt que d'un
duel – d'un effacement plutôt que d'une rivalité.

– Travail des consonnes

Le même travail s'observerait pour les consonnes, dont le traitement
ne peut, à l'évidence, être séparé de celui des voyelles, le titre seul en
donne un exemple assez explicite.

Ébranlant la branche odorante
 bR L   L bR ch   d R t

Lampant dans les ombres ce bien-être
 L p   d   L   bR s b   tR

De calice en calice allait courante
 d   k Ls   k Ls L   k R t

Une moiteur qu'hébéta la tempête.
  n m t R k   b t L t p t

Par les calices roulait sur deux
p R L c L s R L   s R d

Calices glissa sur eux deux
k L s g L s s R d

En goutte d'agate volumineuse
  g   t d g t v L m n z

Se suspendit pudique lumineuse.
s s sp d   p d k L m n z

Le vent peut bien soufflant sur les spirées
L v p   b   s f   s R L sp R

Martyriser cette goutte l'écraser
m R t R z s t g   t L k R z

Une intacte elle reste goutte des deux
  n   t k t L R s t g   t d d

Calices s'entrebaisant buvant à deux.
k L s s t R b z   b v t d

Ils rient tentent de s'entr'échapper
  L R   t t   d s t R ch p

De se remettre droits comme avant cette goutte
d s R m t R d R   k m   v   s t g   t

Ils ne peuvent plus égoutter leurs bouches hors cette goutte
  L n p v   pL   g t   L R b ch   R s t g t

Et même qui les coupe ne peut les séparer.
  m m k L k p n p   L sp R

Thème I :
  . Pattern = « branche odorante »
  . Dominante : R
  . Oppositionnelles : /b/, /d/, /t/. En association : /br/, /dr/, /rd/, /tr/
  . En relation avec les voyelles d'arrière.

Thème II :
  . Pattern = « spirée »
  . Dominante : S. Complémentaires : /z/, /v/, /f/

. Oppositionnelle : /p/
. En relation avec les voyelles d'avant.

Thème III :
. Pattern = « calice »
. Dominante = L.   Complémentaire : /s/
. Oppositionnelles : occlusives sourdes /k/ /t/ et sonore /g/
. En relation avec les voyelles d'arrière et d'avant.

Le poème semble construit sur l'opposition de trois thèmes qui
correspondent à l'expansion de trois mots (où l'on retrouverait presque
exactement les trois thèmes sonores du poème de Pasternak).

L'expansion du mot « branche », évidente au début du texte, associe aux voyelles d'arrière (le plus souvent nasalisées) un r toujours lié
à des occlusives (le plus souvent sonores). Si l'on parcourt le texte à
la façon d'une tapisserie (ou d'une toile abstraite), on constate que
les mots porteurs de l'anagramme correspondent au thème « grazoï »/« drabitsia » de Pasternak (l'orage, la goutte si énorme qu'elle
risque le fractionnement, le bonheur si grand qu'il pourrait éclater).
En l'occurrence, à

> Ébranlant la branche odorante

répond :

> Lampant dans les ombres ce bien-être

où le verbe « lamper » ne dit pas seulement boire (en russe « vpivaïa »
introduisait le thème du souffle : aspirer, respirer) mais à peu près
« boire la lumière sur l'ombre de l'orage ». C'est une trouvaille aussi
étonnante que « spirée », d'autant plus remarquable que le mot d'orage
n'est pas écrit – seule, l'ombre que la moiteur va « lampant » appelle le
mot tempête, qui est un écho lointain de « lampant ». Or, l'orage est
l'un des thèmes majeurs de *Ma sœur la vie*. Le relais est assuré par une
succession de séquences, plus ou moins fréquentes, où le motif « branche
odorante » se retrouve, toujours associé à une idée de risque, d'équilibre
fragile, voire de douleur à laquelle résister.

Ce n'est qu'à la fin du poème que l'association des /r/ et des occlusives
avec les /a/ et les /ã/ s'accompagne d'un retour au /ch/ de « branche » : le
son dominant du poème russe a été effacé. Seul subsiste ce repliement

de la dernière strophe sur la première et le passage de « branche » à
« bouche ».

> Ils ne peuvent plus égoutter leurs bouches hors cette goutte
> Et même qui les coupe ne peut les séparer.

marque nettement le passage du /ã/ nasalisé initial aux voyelles d'avant :
le /u/ arrondi de « bouche » et « goutte » devient la dominante, et le
dernier mot du texte enclot le /a/, l'entoure, l'inscrit dans un ensemble
qui en fait l'antithèse du thème second – puisque, comme on l'a vu,
la fin du premier vers du deuxième quatrain (« sur les spirées ») correspond très exactement pour ce qui concerne la structure sonore à celle
du dernier vers (« les séparer »).

Le deuxième thème – « spirée » – est beaucoup plus diffus, beaucoup
plus ambigu aussi, parce qu'il appartient partiellement au premier (il
lui emprunte le /r/) et au troisième (« calice », auquel il emprunte le
/s/) ; d'autre part, il forme lien entre le premier et le troisième thème,
pour cette raison encore qu'il s'associe indifféremment au /r/ et au /l/.
Le « mannequin » – si l'on peut reprendre l'expression de Saussure[14] –
est soit /sp/ /r/ (« les spirées » – « les séparer »), soit /sf/ /l/ (« soufflant »),
soit les consonnes sonores correspondantes /z/ /v/ en association avec /l/
(« lumineuse », « volumineuse », « le vent »).

Les mots anagrammatisés l'indiquent suffisamment, le thème est lié
à celui du vent, du souffle, et correspond de façon tout à fait symétrique
au thème « douchystoï/vpivaïa/veïouchtchiy » du texte russe. Le rapport
d'inclusion douchystoï/dychat' est comparable au rapport spirée/respi-
rer : le sens second est intégré sans que le lecteur puisse (probablement)
en avoir conscience, et diffusé de plus en plus ouvertement. Le thème
sonore est ambigu (et riche aussi) parce qu'il joue sur un double registre :
d'une part, l'expansion d'un mot-clé (spirée), mais aussi « soufflant » et
« vent » dont le /v/ se retrouve très régulièrement comme le /s/ associé
au /p/ jusqu'à la fin.

De tels thèmes récurrents on peut dire simplement qu'ils expansent
un mot et, par là, diffusent son sens, implicitement, dans la trame du
texte. La relation de sens entre le thème de la respiration et celui du
vent de printemps est aussi évidente que la relation entre la spirée et

---

14   Jean Starobinski, *Les Mots sous les mots : les anagrammes de Ferdinand de Saussure*, Paris,
     Gallimard, 1971.

l'humidité, le printemps, la floraison fragile et duveteuse. Robin –
comme Pasternak – joue sur une association de sons arbitrairement liés
à des significations que le monde justifie, et que seule l'expérience, en
ce qu'elle a de plus intime et de plus subjectif, permet de comprendre.

Mais, d'autre part, Robin – comme Pasternak encore – associe
le thème du souffle à des sons qu'il remotive : ainsi les chuintantes,
dominantes en russe, sont-elles supprimées au profit des sifflantes – ces
dernières associées cependant, comme le /v/ au /p/ en russe à des occlusives sourdes labiales : c'est une forme de remotivation du son que l'on
ne peut pas feindre d'ignorer. Et c'est, très étrangement, une façon de
refuser l'arbitraire du signe tout en travaillant à partir des constatations
de Saussure : car pour Pasternak en russe, les /f/ et les /v/ miment le
souffle, les sifflantes sont sifflantes et les consonnes dites liquides sont
associées au thème de l'eau : ce que Robin transpose en français avec un
système différent et des valeurs équivalentes, chaque acte d'articulation
correspondant à un geste, et ce geste a une signification, que le sens à
la fois mime et porte.

On en dirait autant du troisième thème (que l'on appellerait peut-être
à plus juste titre « thème central ») qui consiste en une expansion d'un
mot en tous points double, puisque « calice » contient à la fois le /a/ et
le /i/ entre lesquels oscille le poème, le /k/ et le /s/ qui correspondent à
l'opposition des occlusives et des fricatives, le /l/ qui s'oppose et répond
au /r/.

Ici encore – et de manière aussi indubitable – se retrouve le troisième
terme de la triade russe : /tavolge/ /kapel'kou/. Il est évident que le thème
est introduit par le /l/ (dès le premier vers : « ébranlant la branche… »,
et qu'il devient au troisième vers :

De calice en calice allait courante…
  k l s   k l s   l   k

une véritable onomatopée calquée sur le russe – mais aussi bien calquée sur le français : car « glissa » et l'association /l/ /r/ (« ils rient »,
« roulait ») semble aussi motivée en français qu'en russe. Reste ici à
constater l'association du thème vocalique d'avant /i/ /u/ à l'image de
l'eau fluide et de la plénitude lumineuse (ce que ce dernier mot associé à « volumineuse » explique dans le texte). Reste aussi à souligner
l'entrecroisement de trois thèmes sonores différents selon la langue,

mais rigoureusement équivalents. Que cet équilibre se réalise, et la traduction est création poétique. Elle naît ici comme l'équilibre de ces trois tendances, chacune d'elles manifestant ce que Paul Ricœur (citant Nelson Goodman) donnait pour loi esthétique : « Céder tout en résistant ». De la goutte immobile dans sa plénitude à l'eau trop mince et fluide ; de l'eau comblée de lumière à l'éclatement, du souffle léger au souffle orageux, la même oscillation est l'objet du poème. « Guérir la tuberculose », comme l'écrivait Mandelstam, cela signifie peut-être trouver l'équilibre entre le manque d'air et le souffle douloureux, ce que symbolise aussi la transparence souple et solide de la goutte d'eau.

VACANCES

En de très vieux temps, où je parus
exister,
On prétendit m'avoir rencontré.
Fragment posthume.

Avoir réalisé, ne fût-ce qu'une seule fois, cet équilibre suffit à justifier
tout le travail de Robin – non seulement son travail de traducteur (car
il ne s'agit pas que d'une transposition splendide) mais son expérience
tout entière : un instant, elle semble avoir atteint le point à partir duquel
une forme de « vacance » était possible. On se souvient de l'analyse du
poème de Hölderlin « Comme au jour de fête » par Heidegger et de
son opposition entre le chaos et l'ouvert : « Le "chaotique", en ce sens,
n'est que le dévoiement de ce que veut dire "Chaos". Pensé à partir de
la *Nature* (Φύσις), le Chaos reste cette béance, d'où l'Ouvert s'ouvre afin
d'accorder à toute distinction sa présence délimitée. » « C'est pourquoi »,
ajoute Heidegger, « Hölderlin nomme *sacré* le *Chaos* et la *sauvageté*[1]. »
Mais on sait qu'il s'interrogeait lui-même sur cette interprétation :
« Lorsque nous pensons au préalable "l'Ouvert" à partir de la pensée
non poétique et que nous l'éprouvons essentiellement comme la clai-
rière de l'être, à quoi correspond ce que les Grecs ont su commencer à
pressentir dans ce qu'ils nommaient Ἀλήθεια (non-dévoilement) sans
pouvoir l'amener à prendre fond, notre interprétation introduit-elle ainsi
dans la poésie de Hölderlin un élément qui lui serait étranger, ou bien
n'est-ce pas plutôt que la pensée vient ici, à partir, certes, d'une toute
autre région, à la rencontre de la poésie ? », écrit-il, précisant que « ce
que Rilke, dans la huitième de ses élégies de *Duino*, nomme "l'Ouvert"

---

1   *Approche de Hölderlin*, trad. Henry Corbin, Michel Deguy, François Fédier, Jean Launay),
    Gallimard, 1985, p. 81.

est si étranger à la pensée du fondement de l'αληθεια, que ce ne serait pas encore assez faire que de situer le mot de Rilke à l'extrême opposé de celui de Hölderlin. » La « vacance » de Robin serait ce qui du Chaos subsisterait dans l'esprit en tant qu'indifférenciation active (beaucoup plus proche en ce sens de l'Ouvert tel que l'entendait Rilke) – disponibilité, alliance du vide et du plein, elle serait, dans la mesure où il s'est expliqué à ce sujet, beaucoup plus qu'un dévoilement ou qu'une manifestation du sacré, une modalité de l'être – visible inséparablement dans son existence et dans ses réalisations, en sorte qu'un seul poème suffit à assurer la double tension du chaos à l'ouvert et de l'ouvert à son effacement.

Le rapprochement rend d'autant plus pathétique la traduction si unanimement blâmée de « Fête de paix » :

> Ainsi, fugace
> Et précaire, mais non pas vain, est le céleste
> Précautionneusement, pour un seul instant constamment conscient
> De la mesure, un Dieu touche les demeures des hommes.

De l'instant de perfection il ne reste que cet écho presque inaudible et, sans que pourtant Robin y fasse allusion, les longues années d'absence.

Quelle que soit l'utilisation faite par Robin de cette absence, on garde l'impression d'un équilibre qui se perd, d'une œuvre qui éclate, comme la goutte de pluie du poème de Pasternak, et qui se disperse en résistant au tarissement.

PRÉCAIRES REFUGES

Il semble que, dans un premier temps, le chinois ait été un refuge (l'un des fragments s'intitule d'ailleurs « Refuge en Chine ») et que la fluidité du passage de langue en langue ait laissé place à une large blancheur où s'oublier : « Enfin vint le chinois, et ce fut la paix ! la langue chinoise me fut opium ; elle triompha même de ma fatigue ! », écrit Robin[2]. Et encore :

---

2   *Fragments*, p. 88.

Longtemps j'eus une patrie, je fus patrie. Une feuille regardée toute une aube me composait un règne tel que jamais n'en eut Salomon dans sa gloire. Sans espace et sans durée, je flottais avec les camarades vents et ruisseaux ; les notes de leurs chansons de route, fragiles et hardies, se posaient dans mon cœur, y mouraient en murmures presque muets, tels ces bruits qui le soir se détournent pour s'endormir vers les premiers buissons épaissis de sommeil. Il me suffisait de regarder un jonc pour qu'en pays de plantes je bruisse et bouge. Je stagnais en paysage où côte à côte rougeoyaient les crinières des chevaux et des couchants.

Brusquement je me mis en quête d'un règne où plus aucune aide ne pût me parvenir. Je dus chercher pour la voix isolée, désertée qui s'est élevée en moi sans moi le plus difficile et le plus étranger des sites. Je voulus trouver de quoi ne jamais revenir à moi, un immense plateau dénudé où marcher durement, m'exilant de moi, toutes les directions m'appelant et me décourageant[3].

La même douceur comme au bord des ombres se lit dans « Vacances », un essai donné à *Comœdia* en septembre 1942 :

J'ai besoin chaque nuit de devenir tous les hommes et tous les pays. Dès que l'ombre s'assemble, je m'absente de ma vie et ce métier dont on m'a fait cadeau me sert de prétexte à des repos plus profonds, plus efficients que tous les sommeils. Bientôt, les Japonais, les Chinois, les Russes, les Arabes font au-dessus de ma vie leur petit bruit, m'encouragent à quitter tous mes enclos ; dégoûté de ce pensionnat qu'est la fade existence individuelle, je fais le mur ; avec la seule parole d'autrui je m'assure de merveilleuses débauches nocturnes dans une cité de vaste liberté où plus rien du moi ne m'espionne. C'est surtout vers les cinq heures du matin que je happe mes plus vraies vacances : mon corps, depuis longtemps je l'ai précipité dans un Niagara de néant ; qu'importe si blanchoie par instants l'écume de sa rage ? L'âme, au-delà d'elle et de sa perception du monde, est devenue ce qu'elle perçoit ; toutes les incidences de la vie croisent en elle leurs coups d'épée sans la blesser. C'est l'heure d'absolu non-être où toutes les paroles des hommes en guerre, rassemblées depuis le début de la nuit, donnent l'assaut final à ce gîte pour caillots sanglants qu'est le cœur ; à ces hommes qui saignent partout l'âme ouvre sa parfaite vacuité ; nettoyé de moi, je me sens devenir un champ de bataille où le sang des soldats se donne rendez-vous pour fraterniser cruellement et tendrement ; que parte par le premier vent de l'avant-aube le dernier lambeau d'existence individuelle ! Quelques secondes encore et le sommeil glacé tentera de m'abattre d'un grand coup, de me livrer aux songes, communs complices ; cette ultime trahison, un vide sévèrement gardé la déjouera ; ce qui lutte contre le faux sommeil, ce n'est plus moi, c'est un monde dont la

---

3   « Mon pays en Chine », *Fragments*, p. 85.

voix règne au-dessus d'une âme annulée. Si je réussis à « tenir » dans la vie
d'autrui, qu'aurais-je besoin l'instant d'après de rêve et d'assouplissement ?
Soudain le sang des morts et des blessés, qui a crié toute la nuit (en prenant
bien garde de ne troubler nulle ombre), s'irradie en aube, se confond avec
l'incarnat exaltant et désespérant de l'infatigable camarade soleil[4].

Avec l'apparition du thème de la fatigue, puis de l'outre-fatigue, et
de « l'opium de la fatigue[5] », le glissement se change en errance, puis
en égarement, et en perdition. Restent quelques fragments d'un cycle
intitulé « Poète entre Bretagne, Chine, Arabie et Russie » :

> Il y a plus de mille ans, dans le non-temps du chant,
> Errant sans moi, sans ma vie, j'ai rencontré Tou Fou criant.
>
> Pays par pays, m'interdisant mon cœur j'avais fui ;
> Dans les ruines de Tchang-Ngan enfin j'eus ma patrie.
>
> Il aida ma jonque d'instants oscillants,
> Il fut sous moi mon fleuve de moments déchirants.
>
> Sur lui massacres, tortures, ruines, guerres[6]…

IMPOSSIBLE RETOUR

Reste surtout une traduction qui dit le passage et l'impossible retour à
soi, comme si la disparition se jouait dans le texte même et que, comme le
pêcheur qu'évoque le poème de Wang Wei, il n'ait plus lieu où revenir :

---

4   *Écrits oubliés I*, p. 164.
5   *Fragments*, p. 109. D'après la dactylographie et la présentation sur la page, le poème
« L'opium de la fatigue » peut dater de la fin de l'année 1942. Le poème fait suite à
deux fragments : « Maintenant je ne suis plus qu'un étranger que de grands plateaux
sauvages ont apprivoisé. Je suis pris dans un piège grand comme une seconde partie
de la terre ; en Chine j'ai rencontré enfin, me subjuguant, mon Koubilaï, mon Gengis
Khan. Et là-bas loin de moi je suis pris jusqu'à la mort. Cette planète sans arbre est
devenue mon inflexible patrie. » « Les pires anomalies dans les langues européennes
restaient pour moi ces invités des noces campagnardes qui, par leur extravagance même,
vous apprennent ce qui est de bon ton. » Il est suivi par « Jamais de destinée » et « Vie
avec toutes les autres vies (Vie sans aucune vie) ». Les cycles « Poète entre Bretagne,
Chine, Arabie et Russie » et « Ulysse renouvelé » sont comme en suspens, à l'extrême
limite avant la perdition.
6   « Poète entre Bretagne, Chine, Arabie et Russie », *Fragments*, p. 99.

Le pêcheur sur sa barque au pas des eaux
S'est amouraché du printemps montagneux
Sur les deux rives les fleurs des pêchers
Servent les antiques gués

Assis il admire les arbres rouges
Il ne sait pas qu'il s'est éloigné
Sur le torrent bleu jusqu'au bout il a vogué
Il ne voit plus d'homme désormais

Dans les monts gorge par gorge il s'enfonce
Des tournants des sinuosités pour commencer
Les monts s'ouvrent son regard s'allonge
Toute la terre ferme est sans aspérité

S'éloignant de son village, il croise des hommes qui l'interrogent et, comme emporté par sa parole, il évoque la vie qui a été la sienne sans comprendre encore qu'elle se perd, puis qu'elle est déjà perdue, qu'il n'y a plus de chemin de retour et qu'il ne pourra plus jamais revenir :

Il n'ignore pas que percevoir
Le terroir de l'esprit harasse
Intact est dans son cœur l'entier sable du sensible
Il pense encore à son village

Il se dit les lieux traversés
Ne peuvent pas m'égarer
Or comment en être informé
Les sommets les canaux ont changé

Sur le moment il se rappelle seulement
Son entrée dans les monts profonds
Le torrent bleu les tournants nombreux
Son arrivée aux bosquets nuageux

Aujourd'hui le printemps vient de rentrer
Partout les eaux des fleurs de pêcher
Lui ne sait plus en quel pays chercher
La source où coule son immortalité.

Le poème de Wang Wei a été placé avec les autres traductions du chinois qui semblent lui servir d'introduction et de conclusion, en tête du premier volume de *Poésie non traduite*[7]. Si l'on prête attention à cette

---

7   *Poésie non traduite I*, p. 23-25. On notera que le texte ne comporte aucune ponctuation
     (ce qui caractérise les traductions de poèmes chinois par Robin).

place, et si l'on tient compte de l'invention du titre (« Allure de fontaine et de fruit » est une création qui relie ce poème au cycle heureux du printemps de Pasternak), l'on se trouve amené à voir là une ouverture : c'est à partir de cette représentation symbolique de l'égarement que l'entreprise de Robin peut se comprendre, et que les volumes de *Poésie non traduite* s'ouvrent en effet. Le poème expose sans plainte ni grandiloquence ce qui aura été, passé la grande période créatrice (et l'espoir dont témoigne encore le texte « Vacances »), la situation de Robin ; l'impossible retour, l'errance dans un temps sans source, et le souvenir d'un passage perdu.

Il est vrai que ces thèmes se retrouvent, épars, tout au long de l'œuvre – mais ils sont rassemblés par un poème qui annonce la perdition, la donne à percevoir et (peut-être précisément grâce à l'incertitude, le tremblement léger, l'impression de vertige qui la rendent sensible dans le texte) en fait le sujet d'une œuvre majeure de Robin : une œuvre à part entière, détachée, elle aussi, de toute origine, et lisible sans référence autre qu'à un auteur, une époque et une Chine dont on pourrait penser qu'ils valent surtout par leur mystère.

Supposer que Robin avait inventé le poème de Wang Wei comme la « Vie d'Essénine » était tentant. Cependant, par un étrange effet de renouvellement, tout ce que l'on peut savoir du poème chinois vient s'amasser autour de celui de Robin en ajoutant à son mystère une confirmation parfois déroutante, parfois contradictoire, toujours proche du mythe. Toutes les traductions font allusion à la légende dont Wang Wei s'est inspiré pour écrire cette « Ballade de la source des pêchers » qui est (autant qu'on puisse le savoir) son premier et son plus long poème : Robin seul paraît l'ignorer. A-t-il lu la version de Liou Kiu-Ling qui venait de paraître au moment où il a traduit le poème de Wang Wei ? Il ne le semble pas. Non seulement l'interprétation qu'il donne de « la source Wu-ling », « la source des pêchers », met en plein jour la signification sous-jacente, qui est une référence à l'état de « vacance » et à la philosophie bouddhiste : « La source où naît le non-être » – mais la conception du poème dans son ensemble est gauchie, selon une ligne étrangement maintenue en dérivation.

Le récit de Tao Yuanming (ou Tao-Qian), écrit au IVᵉ siècle, est un texte fondateur (Tao Yuanming est souvent donné comme l'un des premiers grands poètes de Chine). Ce conte indiquant ce que l'on pourrait considérer comme le sens premier du poème, on le citera sans l'abréger :

Il y avait, dans les années Tai-yuan des Jin, un homme de Wu-ling qui faisait de la pêche son métier. Un jour qu'il suivait le cours d'un ruisseau, il oublia quelle distance il avait parcourue et se trouva soudain dans une forêt de fleurs de pêcher. Les rives en étaient pressées sur plusieurs centaines de pas. Nulle autre sorte d'arbres, mais des herbes odorantes d'une fraîche beauté, mais des pétales qui tombaient pêle-mêle. Le pêcheur jugea la chose très étrange. Il continua d'avancer ; il voulait parvenir au bout de la forêt. La forêt s'arrêtait à la source d'un cours d'eau ; cependant une montagne s'offrait à lui. Cette montagne avait une petite ouverture où il semblait y avoir du jour. Alors il abandonna son bateau et s'engagea dans l'ouverture.

Au début, c'était si étroit qu'un homme passait à peine. Mais quelques dizaines de pas plus loin, cela s'élargissait pour déboucher en pleine lumière. Le site était égal et vaste, les bâtiments étaient d'aspect austère. Il y avait des champs fertiles, de beaux étangs, de même que des mûriers et des bambous. Les chemins de bornage s'entrecroisaient, les coqs et les chiens s'entendaient de part et d'autre. Au beau milieu, on allait et venait ou l'on s'occupait à semer ; les vêtements que portaient les hommes et les femmes ressemblaient en tout point à ceux des gens du dehors. Les cheveux jaunes et les touffes pendantes montraient leur bonne entente et une joie intime.

À la vue du pêcheur ce fut un grand effroi ! On lui demanda d'où il venait, et quand il eut répondu en détail on l'emmena à la maison : le vin fut préparé, un coq fut tué, et l'on festoya. Dès qu'on sut dans le village que cet homme était là, tout le monde vint aux nouvelles. De leur côté ils dirent que leurs ancêtres avaient fui les troubles de l'époque des Qin ; ils étaient venus avec femme, enfants et voisins dans cette région reculée pour ne plus jamais en sortir. C'est ainsi qu'ils étaient séparés des gens du dehors. Ils lui demandèrent quelle était la présente dynastie. Ils ignoraient qu'il y avait eu les Han et, bien entendu, les Wei et les Jin. L'homme raconta point par point et en détail tout ce qu'il savait, et tous soupiraient et s'étonnaient ! Chacun à son tour l'invita chez lui et tous sortirent vin et nourriture. Il demeura plusieurs jours avant de prendre congé et de s'en aller. Auparavant on lui avait fait cette recommandation : « Ce n'est pas la peine que vous parliez aux gens du dehors. »

Sitôt sorti, il retrouva son bateau et suivit la route de l'aller : il nota chaque endroit l'un après l'autre. Quand il eut atteint la commanderie, il se rendit chez le gouverneur et lui raconta toute l'histoire. Aussitôt le gouverneur envoya des hommes pour qu'ils refissent ensemble son parcours. Ils cherchèrent aux endroits qu'il avait notés, mais ils s'égarèrent et ne retrouvèrent plus leur chemin.

Liu Zi-ji de Nan-Yang est un lettré hautement estimable. Il en entendit parler et tout joyeux il projeta de partir. Ce fut en vain : il tomba malade et finit. Et depuis plus personne ne s'enquiert du gué[8].

8   Tao Yuanming, *Œuvres complètes*, traduction de Paul Jacob, Paris, Gallimard, 1990.
     © Éditions GALLIMARD.

Deux zones de distorsion majeure apparaissent dans le poème de Robin : le monologue faussement dialogué du pêcheur en réponse aux questions des villageois ; la suppression de deux strophes.

Le poème chinois étant dépourvu de temps, de mode, d'indication de personne et de ponctuation, l'interprétation est libre ou peut l'être : le jeu sur l'indétermination a été étudié avec une telle finesse et une telle précision par François Cheng que l'on devrait citer à ce propos toutes ses analyses[9]. Qu'il suffise d'indiquer ici que le voyageur hors du temps rencontre des hommes passés, eux aussi, de l'autre côté du temps et qu'il leur parle dans une langue qui est indifférenciée. En règle générale, le traducteur adopte la forme du récit, impersonnelle :

> À l'aube dans les rues du village
>   on balaie les fleurs ;
> Le soir, bûcherons et pêcheurs
>   rentrent sur l'eau.
> À l'origine, fuyant leur pays,
>   ils avaient quitté le monde humain
> Puis, dit-on, immortels accomplis
>   ne sont jamais revenus.
> Qui, dans ce défilé
>   sait qu'il existe d'autres gens ?
> Dans le monde on regarde au loin
>   les montagnes vides dans les nuages[10].

En reprenant à son compte le thème de l'égarement (puisqu'il s'identifie de toute évidence au pêcheur), Robin en a fait l'image même de la situation qui était la sienne au moment où il traduisait le poème de Wang Wei. C'est ce qui rend la fin du texte bouleversante :

> Il n'ignore pas que percevoir
> Le terroir de l'esprit harasse
> Intact est dans son cœur l'entier sable du sensible
> Il pense encore à son village.

Très étrangement, cela justifie peut-être la seconde distorsion, qui est la suppression des deux strophes suivantes, introduites par le quatrain précédent « Il pense encore à son village » :

---

9   François Cheng, *L'Écriture poétique chinoise*, Paris, Seuil, 1977 (notamment les traductions de Wang Wei, p. 111-117).
10 Wang Wei, *Les Saisons bleues*, Paris, Phébus, 1989, traduction de Patrick Carré, p. 23.

So he left that seclusion not reckoning
        the barriers of mountain and stream

To take leave at home and then return
        for as long as it might please him

indique G. W. Robinson, qui est, semble-t-il, le plus clair, bien que
l'imprécision du chinois fasse grand défaut. Montagne et brume, pierre
et eau, silence et séparation : tout est condensé dans les images du retour
et de l'adieu. Rentrant avant de repartir (et confondant ainsi, d'une
certaine façon, les deux mouvements), l'homme perçoit le passage puis
le cherche en vain :

He was sure of his way there
        could never go wrong

How should he know that peaks and valleys
        can so soon change[11] ?

Il se dit les lieux traversés
Ne peuvent pas m'égarer
Or comment en être informé
Les sommets les canaux ont changé.

En supprimant le retour au pays natal, Robin a condensé dans le
même emportement lent toutes les images du retour impossible. A-t-il
été seul à percevoir le tragique, la douceur, l'impression de rêve éveillé ?
Les a-t-il inventés ? Où la plupart des commentateurs voient un poème
dissimulant sa signification allégorique « sous les dehors gracieux du
mythe », un « anodin exercice littéraire d'un génie de dix-huit ans » ou
un poème de jeunesse mettant en œuvre un symbolisme taoïste un peu
trop évident, Robin a vu une image de sa propre situation. Le poème
de Wang Wei parvient à exprimer l'angoisse de l'éloignement avec un
mélange de gravité légère et de patience que ses poèmes personnels sont
désormais bien loin d'atteindre. Il suffit qu'il soit lu en relation avec cette
odyssée mentale pour qu'il n'apparaisse plus comme contrefaçon mais
comme élément essentiel de l'ensemble. L'élargissement sans fin, la chute
dans un temps hors du temps sont la représentation de la non-traduction,

---

11   Wang Wei, *Poems*, Penguin Classics, 1973, « Song of the Peach Tree Spring », traduction
     de G. W. Robinson, p. 36.

qui parvient à embrasser des domaines de plus en plus vastes mais se change en tâtonnement autour d'un passage désormais dérobé.

Restent trois poèmes qui disent l'impossibilité du passage et du retour, trois poèmes retrouvés dans une anthologie où, en 1943 encore, Armand Robin figurait au nombre des jeunes poètes promis à un avenir brillant. Daté d'août 1942, le premier, « Lettre à mon père », est l'aveu brûlant d'un échec :

> Père, je suis allé plus loin qu'à nous il n'est permis ;
> Ils me disent poète et savant ! Je n'ai pas trahi
> Notre ferme d'éternité. Loin des bourgeois mauvais
> Je tiens bon dans notre règne de simples choses vraies.

Cette confession d'une maladresse presque enfantine est suivie d'un poème plus court, à peine moins maladroit, intitulé « Le traducteur », qui le présente comme « braconnier » débusquant les poésies de toutes langues pour se changer en bois sec à sacrifier au feu de la poésie des autres :

> Je désire que les poètes arabes, chinois, japonais
> Me traînent loin de moi, proscrit, battu, pillé.
>
> De vos langues, de vos sciences je serai le braconnier ;
> Pour vos chants les mieux terrés je guetterai quarante années…
>
> La beauté des autres poètes m'est un brasier
> Où me jeter en fagot sacrifié, luisant et gai.

Enfin, suit un poème, plus bref encore, intitulé « Dieu ». Ces trois poèmes publiés par l'anthologie *La Jeune Poésie*[12] sont, avec « Temps passés » donné à la *NRF* en décembre 1940, une sorte de testament et se ferment sur la constatation d'une impossibilité irrémédiable d'écrire une poésie personnelle :

> Ne pouvoir parler
> Que lèvres serrées
> En lèvres d'autrui

---

12 Collection Comœdia/Charpentier, 1943, p. 30-31 (repris in *Obsidiane*, numéro spécial Robin, printemps 1985, p. 9 à 12). Une ébauche de « Lettre à mon père » figure dans *Le Monde d'une voix* sans date ni mention de la publication du texte définitif. Le texte donné hors contexte perd évidemment tout son sens.

Ne pouvoir donner
Qu'un destin terré
En destin d'autrui

Objet sans sujet
Ne se contempler
Que craquant d'autrui.

C'est à cette époque ou peu après qu'Armand Robin rassemble les bribes du grand livre perdu et les intitule *Fragments*. Jamais il ne cherchera à les publier, comme si le livre épars devait lui aussi rester invisible, interdit, perdu.

HORS DE LA POÉSIE

Écolier prisonnier chez les grands poètes
de tous les pays,
Je n'ai jamais séparé les terres,
Lors de la dispersion des cris je ne fus
pas à Babel.
Fragment posthume.

Le passage de l'œuvre au désœuvrement (si toutefois l'expression de Blanchot peut-être reprise ici sans réserves) s'opère par une sorte de substitution : à Jean Bouhier, responsable de l'« École de Rochefort », qui lui demande des poèmes, et qui insiste, Robin finit par adresser sa traduction de ce qu'il baptise la « première moallaka d'Imroul'qaïs[1] » : « J'ai cherché ce que je pourrais vous envoyer et qui soit de grande valeur pour moi ; je finis par vous envoyer la traduction que j'ai faite l'an dernier d'un poème du vieux poète arabe Imroulqaïs, l'un des sommets de la poésie mondiale, totalement inconnu en France[2]. »

---

1 Il s'agit en fait du premier poème du recueil du baron William Mac Guckin de Slane, *Le Diwan d'Amro'lkaïs, précédé de la vie de ce poète par l'auteur du Kitab el-Aghani*, édité avec traduction latine (Paris, Imprimerie royale, 1837). « L'expression même de "première moallaka d'Imroul'qaïs" sonne bizarrement aux oreilles d'un arabisant. Celui-ci parlerait simplement de la *Muʿallaqa* d'Imruʾ al-Qays, ajoutant éventuellement qu'elle est première de sept, dont chacune a un auteur différent », précise Pierre Larcher qui a consacré une belle étude à la traduction d'Armand Robin (*Le Brigand et l'Amant*, Paris, Actes Sud, 2012, p. 126). Armand Robin emploie plusieurs orthographes pour le nom de ce poète légendaire qu'il a chargé d'incarner sa propre dépossession. La traduction vaut pour sa musicalité, qui a donné lieu à l'une des plus belles émissions de *Poésie sans passeport*. Pierre Larcher écrit qu'« au total, il y a ici beaucoup plus de vraie (et bonne) traduction et beaucoup moins de "non-traduction" que ne le prétend Robin [...]. Le travail de Robin est surtout intéressant par le regard "naïf" qu'il porte sur le poème et l'oreille neuve qu'il lui prête [...]. Ce regard naïf lui permet de voir aussitôt dans le poème une structure sémantique, là où l'orientaliste voit souvent un assemblage désordonné de vers. Et cette oreille neuve lui permet d'entendre une structure musicale là où l'orientaliste, le plus souvent, n'entend rien » (*ibid.*, p. 142).

2 Lettre du 17 février 1943.

Par une ironie sans doute involontaire, ce sont les poèmes de la femme de Robin, Jacqueline Allan-Dastros, qui paraissent dans les *Cahiers de l'École de Rochefort* sous le titre *L'Oubli des mots* : titre étonnamment adéquat si l'on considère que cette poésie « désertique en quelque sorte et quasi silencieuse[3] » est lue avec le plus grand sérieux. Ce que Robin abandonne, cette « Jacqueline Allan, créature de poésie » à qui *Le Temps qu'il fait* était dédié, l'incarne si absolument qu'elle semble avoir été inventée par Robin. « La poésie, qui porte un nom devenu magique, pourrait, avec une sûreté de fait, se définir par l'homme tout entier », écrit-elle dans *Le Droit chemin*, paru en 1944 aux « Cahiers de Rochefort » et la formule vide correspond, de fait, à une poésie vide. Robin, quant à lui, quitte le droit chemin. Ce qui parle pour lui, c'est « le poème du vieux poète arabe ». Imroul'qaïs marque la rupture, non seulement par la violence, par l'enchevêtrement de thèmes autobiographiques dans la trame du texte mais par l'insistance sur ces thèmes et l'emportement, la démesure, la rage.

> Que mon bonjour au point du jour vous soit bonheur, débris détruits ! Las ! connaît-il aube et bonjour celui dont gît ici la vie au profond d'une ère abolie ?
>
> De qui chanter : « L'heureux, c'est lui ! », s'il n'est très vieux, aimé des dieux, que ses soucis soient peu nombreux, qu'il passe sans effort ses nuits ?
>
> Et l'heureux serait-il celui qui, voilà trois ans, trente mois, pour la toute dernière fois, eut rendez-vous d'amour ici ?
>
> [...]
>
> Si je tendais tout mon ahan vers ce très peu qu'on nomme vie, on me verrait repu, stagnant, ne glanant aux règnes de l'or qu'une très maigre métairie !
>
> Mais je me tends, ahan d'élans, vers une gloire que rien n'émeuve ! Et cette gloire que rien ne ment, je sais que peuvent y parvenir tous ceux qui sont ce que je suis !
>
> L'homme, aussi loin que va bougeant l'ultime souffle de sa vie, est un ahan d'élans croulant loin du pays des grandes choses, ahan d'élans toujours repris[4].

---

3   Article de *La France socialiste*, 28 novembre 1942, cité par Jean-Yves Debreuille (*Les Poètes de l'École de Rochefort*, thèse de doctorat d'État, Paris III, 1985).

4   Cette traduction a a fait l'objet de l'une des plus belles émissions de *Poésie sans passeport* (émission du 18 novembre 1951) et a été reprise en 1953 dans le premier volume de *Poésie non traduite* (p. 38-46).

NON-TRADUCTION

Il est utile de citer la présentation de Robin pour la publication aux *Cahiers de l'École de Rochefort* (10 avril 1943) car elle n'a pas été reprise dans le volume de *Poésie non traduite* où figure le poème :

> Imroulquaïs naquit en Arabie au VIe siècle ; le roi son père fut tué ; Imroulquaïs vécut d'une vie sauvage, furieuse, pour le venger et recouvrer son royaume de sable. Son œuvre est à peu près inconnue en France ; la version fragmentaire qu'en a donnée Rückert en allemand a perdu tout contact avec le texte ; au siècle dernier, en France, Caussin de Perceval donna d'un de ces poèmes une très honnête traduction. Pour ma part j'ai voulu que mon âme luise un instant en âpre mirage au poème du roi des sables, qu'elle lutte avec ce galop dément et savant d'allitérations où s'emporte et virevolte le texte arabe. Le texte sur lequel j'ai travaillé est celui de l'édition du Baron de Slane, imprimerie royale, Paris, 1837, où ce poème se trouve en tête du recueil d'Imroulquaïs. Ce texte n'a jamais été traduit en français. Entre autres, les sonorités en i qui constituent la rime et une grande partie des allitérations du texte arabe ont été reproduites.

« Venger son père » à une époque où la rage contre la « canaille littéraire » jette Robin dans une sorte de frénésie ; « recouvrer son royaume de sable » alors que le passé perdu n'ouvre plus que sur ce qu'il appelle « le grand tarissement », cela peut se lire en filigrane. Rage contre le tarissement, excès, manque, arrachement, c'est cela qui explique le recours à l'arabe :

L'arabe

Dans ma voix le sable faisait des syllabes
Et j'eus un bruit de gorge qui trouve enfin de l'eau ;
Un âpre râle poussiéreux haleta dans mes mots ;
Je pris le rythme de lune dont brille le Coran
Pour glisser loin de moi de dune en dune.

J'ai connu
Dans Imroulquaïs, Chanfara,
Des virevoltes savantes et sauvages :
Prise, précipitée, reprise,
J'ai baigné dans le mirage des sables mon mirage de soleil.

Rythme dur et pur,
Retourné contre soi par le vent !

Beauté concentrée en blanc,
Monotone en sa haine aveuglante.

Poèmes écrits d'oasis en oasis,
Par grandes plaques isolées désespérément,
En secret je donnais à mes chants des noms de vents :
Le long, prolongé, l'étendu, le vibrant, tremblant,
Le continu, le léger, l'impatient.

J'ai marché difficilement dans cette langue,
Le poème et ses brocs puisaient en moi comme une soif.
Partout, devant, derrière moi, de droite à gauche,
La menace d'une mort blanche[5].

Il s'agit d'un brouillon sans date issu de la liasse des *Fragments.* La force d'un tel texte en regard des poèmes versifiés de Robin est d'autant plus frappante qu'il évoque l'assèchement et l'impuissance. Passé un certain point, la traduction devient cette épopée qu'évoque le texte sur la langue arabe – une épopée certainement voulue par Robin dès l'origine de son travail d'écrivain. C'est en glissant hors de son œuvre personnelle qu'il est entré dans le temps gigantesquement élargi de l'épopée.

La bataille avec Imroul'qaïs (« avec » signifiant à la fois « aux côtés de » et « contre » comme l'indique bien la présentation initiale : « J'ai voulu que mon âme… lutte avec ce galop dément et savant d'allitérations où s'emporte et virevolte le texte arabe ») est sans aucune doute une phase déterminante de l'épopée. Il ne faudrait pas la donner pour une phase inaugurale. Elle accompagne la rupture, la consacre, la dit quand Robin en son propre nom ne dit plus rien – mais elle ouvre sur les poèmes d'André Ady qui semblent eux-mêmes assurer une transition – voire, purement et simplement, la survie. Les commentaires de Robin à ce sujet sont d'ailleurs explicites :

> Je me traduisis en ADY en une heure où je perçus que le salut par la création esthétique ne suffisait plus : il fallait ou monter plus haut ou tomber d'une chute verticale dans la mort. Le temps n'allait plus nulle part : un événement dont rien ne parlait avait commencé sur le plan des bouleversements non manifestables ; énorme, il remplissait le siècle. [...] L'homme continuait à remuer les lèvres mais tout usage réel de la parole venait de lui être retiré et l'homme ne voulait pas admettre que tous les mots de l'ancien monde étaient morts ; alors on lui tuait cent fois ces morts ; il ne voulait toujours

---

5   *Fragments*, p. 79. Aucune traduction de Chanfara par Robin n'a été retrouvée.

pas reconnaître que ces mots tués étaient morts; alors on les lui mit au bord de la bouche, cadavres absurdes, signes à l'envers, parodie[6].

Ce que Robin désigne là comme un désastre universel, et qui sera le thème essentiel de *La Fausse parole*, est à la fois l'effondrement d'un monde, l'effondrement de toute possibilité de croire en la littérature (« À quelques exceptions près, les écrivains ont tous trahi, allègrement et précipitamment, au cours de la deuxième guerre mondiale et ils persévèrent dans leur trahison », constate-t-il, avant d'ironiser sur la poésie de la « nouvelle Résistance ») et, tout à la fois, une sorte de portrait de son propre esprit : « l'ère des mots tous tués », « l'ère des expressions tuées », cette « profonde fatalité » qu'il cherche à définir dans sa présentation d'Ady pour la *Revue internationale*, est le temps de la liberté vide, le temps indéfiniment élargi de l'absence. Sauver « le soi vidé du moi », comme il l'écrivait dans « Vacances » revient à sauver un sujet dépossédé de soi – sujet cependant, mais « signe à l'envers, parodie ». La comparaison entre l'extase promise par « Vacances » en 1942 et l'étrange combat évoqué en 1946 est aussi révélatrice que tragique :

> Il est des lassitudes dont aucun sommeil ne peut reposer; c'est qu'elles sont à elles-mêmes leur propre sommeil; par elles le monde devient un songe que rien ne rattache au ciel, ni à la terre, ni au passé, ni au présent, ni à l'est, ni à l'ouest; toutes les sensations dépassent leurs limites, traversent les murs du donné; une invulnérable substance fourmille en tout élément; il ne peut être question d'un monde dont il ne reste qu'un incertain souvenir; l'esprit, confondant être et non-être, flotte dans un absolu autonome, rejoint un monde primordial où même la forme d'un dieu ne se dessine pas; porté comme un [dieu] jusqu'au-delà de tous les illimités de l'imagination, il accède à nul ne sait quelle nébuleuse où ni le néant ni l'existence ne se décident encore[7].

En 1942, règne encore l'euphorie des poèmes sur la langue chinoise : « Enfin vint le chinois, et je fus libre : j'eus de hauts plateaux sans arbres, des fleuves qu'une digue n'entravait, éternellement, j'eus des paroles retenues et d'autant plus sincères » ; l'euphorie des images de l'eau, de l'aube, est encore sensible : « Il fut de l'eau plutôt que de la terre… », mais déjà le fragment d'où vient ce vers, qui pourrait être l'argument

6   « L'un des autres que je fus », *Poèmes d'Ady*, Paris, Éditions de la Fédération anarchiste, 1946.
7   « Vacances », *Comœdia*, 12 septembre 1942 (*Écrits oubliés I*, p. 165).

majeur d'une étude thématique, marque un passage du flottement heureux, de l'élan, de l'eau facile et souple à l'angoisse :

> Bien qu'il fût le plus ample de notre temps
> Son souffle ne put devenir notre âme.
> Parmi les frêles formes surgissantes il resta Chaos,
> Complice voguant de Dieu.
> Il fut de l'eau plutôt que de la terre.

Le fait qu'il s'agisse probablement d'un état préparatoire de l'essai sur Claudel montre à quel point la limite entre poésie, critique et traduction s'avère floue à cette période féconde (et permet de dater approximativement le fragment, puisque cet essai a été publié dans *Comœdia* le 25 avril 1942). De l'eau gigantesque du Chaos, mobile mais hagarde, n'allant plus nulle part, à l'eau blanchie, séchée, du combat exsangue qui précède ce que Robin appellera dans sa présentation de *Quatre poètes russes*, quelques années plus tard, « le grand tarissement », il n'y a guère qu'une différence de degré dans le ralentissement et l'assèchement : l'image de la mer qui se caille, et du combat de plus en plus étroit des vagues, pourrait être empruntée à la Bible ou à l'œuvre d'Ady, elle-même fortement marquée par l'influence de la Bible. Robin l'emploie pour présenter Ady – mais il ne s'agit, là encore, que de lui-même :

> Le caractère véritable de la guerre du vingtième siècle m'apparut : guerre dans le cœur ensanglanté de chaque homme, guerre dans le cerveau contre le cerveau. Le sang coule, sans qu'il puisse y avoir pitié, sur le champ de bataille de l'âme, où se livre en ce moment d'un bout à l'autre de la terre muette un combat que personne ne peut éluder ; combat où il faut avoir toutes les armes et ne se servir d'aucune arme, où il faut être tapi et bondissant, mort et hypervivant, muet et criant, couvert de caillots et blanc, ramassé en soi et écartelé sur toute l'étendue illimitée du soi ; terrifié mais jamais reculant, combat où la victoire est de ne s'arrêter à aucune victoire, où il faut à toute seconde passer du premier aguet à un aguet plus vif, car toute défaillance dans l'agonie compromet le nouveau début et la destruction de soi par soi doit aller aussi vite dans le monde non-perçu que la destruction visible du monde extérieur en cours en ce moment à un rythme de plus en plus rapide ; cadavre d'un côté du mur, cadavre que nous aurons à loger en nous comme un frère jusqu'à l'achèvement de l'énorme chose, et en même temps négation du cadavre, corps déjà vivant neuve vie de l'autre côté du mur[8].

---

8   « L'un des autres que je fus », *Poèmes d'Ady*, Paris, Éditions de la Fédération anarchiste, 1946.

Ce combat, cet arrachement, cette rage contre l'impuissance et le vide, c'est la traduction du poème d'Imroul'qaïs qui en témoigne d'abord, et dès la première strophe. Mais les poèmes d'Ady sont le lieu même, le moyen du passage : « Déjà en germe sur ce versant du temps, une moisson était née quelque part sur l'autre versant où tout recommence ; je me tendais vers elle, épaules, mains, faim maladroites », écrit Robin. Tout se condense là de manière si extrême qu'il suffit de lire attentivement ces quelques lignes pour pouvoir définir à grands traits ce qu'il devait nommer plus tard « non-traduction » et qui est, bien sûr, de la traduction – non pas une forme de traduction absolue ou d'hyper-traduction comme il a tenté de le faire accroire, non pas une forme mystique de traduction ouvrant sur les au-delà d'une outre-langue, non pas un genre inédit de traduction comme certains commentaires, distinguant entre un « traducteur » et un « non-traducteur » sembleraient l'indiquer mais une inclusion de la traduction, maintenue en tant que telle, dans un ensemble en expansion qu'elle constitue et qui, tout à la fois, la modifie entièrement car, d'une certain façon, l'élargissement a eu lieu : Robin a fait de soi sa création – une sorte de structure englobante qui intègre les poèmes d'autrui et change la traduction en épopée lyrique.

Tel est l'objet des *Fragments* et c'est cette épopée qui se lit dans ces bribes où se joue la perdition.

FRAGMENTS

Il est étrange d'évoquer un livre fantôme, tenu secret le temps d'une vie, recueilli épars pour être enlisé dans un magma de textes hétéroclites, puis retrouvé par un nouveau hasard pour être effacé : les *Fragments* sont, à l'heure actuelle, épuisés depuis plusieurs années, et sans doute disparus à jamais puisque *Le Monde d'une voix*, imperturbablement réédité, a pris leur place. Un livre fantôme, donc, et qui contient pourtant le meilleur de l'œuvre d'Armand Robin, son testament et le journal d'un passage impossible… « Le plus curieux est, semble-t-il, que le livre laisserait une plus forte impression s'il se proposait en fragments détachés » indiquait une note de lecture de 1937. Il est possible que Robin ait eu

très tôt l'idée d'un grand livre composé de diaprures et d'éclats mis en
miroir : il fait allusion à un travail par épiphanies qu'évoque aussi son
article sur Joyce (tout un cycle des *Fragments* est d'ailleurs écrit dans le
prolongement d'*Ulysse*[9]).

De ce livre il n'est resté que des bribes, recueillies en hâte par Claude
Roland-Manuel et Georges Lambrichs en 1961, puis brassées et rebrassées
pendant plus d'un quart de siècle. Lorsque, en 1988, à la demande de
Robert Gallimard, j'ai procédé à l'archivage du fonds restitué par Alain
Bourdon, les archives étaient réparties en trois dossiers :

— Dossier bleu (ou dossier I) portant la mention « textes à l'origine
de la publication du *Monde d'une voix* » (583 feuillets dénombrés,
mais, en fait, le dossier en contenait 588).
— Dossier jaune (ou dossier II) : traductions et divers, 112 feuillets
(en comptant les dos et couvertures de partitions).
— Dossier vert (ou dossier III) : textes en prose, 231 feuillets.

On comptait donc au total 931 pages ou morceaux de pages, certains
feuillets ayant été découpés.

Il suffisait d'une lecture attentive pour constater que le plus grand
désordre régnait puisque le dossier bleu contenait des textes en prose et
une traduction qui auraient dû se trouver dans le dossier jaune et dans
le dossier vert, et que, de toute façon, la séparation des poèmes et des
textes en prose était absurde car certains textes donnés pour poèmes
étaient, en fait, comme nous l'avons vu, des fragments d'articles critiques
donnés à *Comœdia*.

C'est pour m'en assurer qu'à un moment, confrontant les « poèmes »
du dossier bleu à la liasse des « textes en prose » du dossier vert, j'ai
constaté qu'une page comportant des textes dactylographiés dans une
hâte extrême avait été découpée aux ciseaux et que la première partie,
intitulée « FRAGMENTS », avait été placée dans le dossier vert (n° 274
du dossier archivé) et l'autre, intitulée « VALÉRY » dans le dossier bleu
(n° 34 du dossier archivé). Les deux morceaux de page grossièrement
découpés s'ajustaient parfaitement.

---

9   « Ulysse renouvelé », « Ulysse libéré des grottes », « Un autre Ulysse » (*Fragments*, p. 102
à 107).

274

FRAGMENTS

'... Métaphysique et poésie , se disputant futilement , se promenaient
'n avadémies ordonnancées '...

... La divinté se chententait du treplin de l' Olympe ou du Sinaï
'... Tout l'absolu prenait apparence limitée !

━━━━━━ ━━━━━━━━ ━━━━━━━

34

VALERY

Il ne fait pas de doute que Valéry représente Techois siften , Valéry
représente le choix qui cànsiste à approfondir cette limite même;à la rendre
d'une pointe ii fime qu'en elle se trouvaiy l(abîme .

La conque bien écoutée restituait le chaôs et pourtant l'avantage était
grabd puisque l'ordonnacoement mêud ,e disparaissait pas !
L'avantage était imme,se puique mkmwrkmx l'ordonnacement lnûne ne disparai
sait pas .
━━━━━━━━!━━━━━━━━━━ ━━━━━ ━

Or, perdues dans le fatras des poèmes tardifs, quelques pages dactylographiées sur un papier semblable avec, semblait-il, la même
machine portaient, eux aussi, le titre de *Fragments*, et ce titre se retrouvait sur d'autres pages composées de manière très semblable, avec des
barres de séparation formant une sorte de motif récurrent. Il était donc
possible de reconstituer, sinon un livre, du moins les vestiges d'un
livre mis en chantier très tôt – en tout cas impossible à confondre avec
les poèmes de la fin de la vie de Robin, poèmes désastreux, répétitifs,
faussement humoristiques, que, par une sorte d'ironie cruelle, qui ne
va pas sans éclairer d'un jour sombre le fonctionnement du monde des
Lettres, Robin avait publiés sans la moindre difficulté, tant dans la
Nouvelle Revue française que dans *La Nation française* – et ce alors que les

Fragments avaient été conservés dans l'ombre, sans le moindre effort de publication, comme s'il s'agissait d'une sorte d'ultime talisman, gardant la trace d'un livre et d'une vie à jamais perdus.

Menée avec l'aide de chercheurs de l'Institut des Textes et Manuscrits modernes, notamment Marianne Bockelkamp, spécialiste des filigranes, l'étude des feuillets en fonction des machines et des papiers employés a permis d'extraire un ensemble composé de plusieurs cycles[10].

Rares sont les textes datés mais un poème (laissé inédit quand des poèmes de bien moindre valeur étaient intégrés à *Ma vie sans moi*) est daté de 1937. Intitulé « Deux printemps paysans », il est dactylographié avec une machine à gros caractères et larges espacements qui est bien celle que l'on trouve employée en 1939 pour la traduction de l'« Ode sur une urne grecque » de Keats.

DEUX PRINTEMPS PAYSANS

Nos arbres sont fiers comme des comédiens
Qui viennent de fixer leur roulotte au village
Et content de longues histoires de voyage
Où nul ne comprend rien et que l'on craint.
    Le grelot de l'univers
    Tintillonne comme une enfance
    Admise aux fastes de la grand-route
    Dans les chariots roulant aux foires.
    L'air
    S'est ébroué, fait sa toilette,
Prend aux pommiers leurs joues de fête,
Et l'entendez-vous qui danse
C'est un vrai paysan du dimanche,
Prêt à conter fleurette derrière toutes les haies.

Village de Ouesquer, 1937[11].

Le texte est contemporain de ces photographies prises au cours de l'été 1937 et qui ont joué un rôle d'objectivation, à la fois adieu sans retour et retour consenti par le biais de la poésie. Il donne lieu à un travail d'un vers assoupli, construit avec finesse sur ces assonances qui assurent la beauté des meilleures traductions d'Armand Robin.

---

10   Pour une analyse du travail textologique effectué, voir *Armand Robin : bilans d'une recherche*, Université de Rennes II, Annexe IV.
11   *Fragments*, p. 132.

À l'automne
La pomme du monde est humide et ronde
Frétille entre les dents
Douce peau travaillée de soleil, de pluie, de vent
Puis humide de paix[12].

Certains fragments sont de pures merveilles qui font du travail de poésie le simple écho d'un travail de paysan libre dans l'espace ouvert et accessible par la présence au monde. Ainsi, « Métamorphoses de l'ivraie » :

Les gestes de l'ignorance
Deviennent soir et lit ;
Moi, je m'habille
De la toilette éphémère d'avril ;
Sur l'immuable
Tronc de sapin je marque mes saisons
Je parie contre mon vert tout le bleu-lune.

Il me faut couper la litière
Pour la nappe de fête de l'ivraie.
Il me faut courir une lande entière
Avec mon peu de lumière
Qui me sépare de l'amère chevelure des genêts[13].

Ce cycle que l'on pourrait appeler « cycle du pays natal ». se caractérise par une douceur, une fluidité, en relation constante avec les thèmes de l'eau vive, de la pluie, de la rosée, ce qui lui donne une tonalité paster-nakienne : les bohémiens, les chevaux, les trèfles, les herbes humides surgissent comme autant de personnages d'un monde qui aurait pu trouver place dans *Le Temps qu'il fait*. Certains en semblent d'ailleurs issus, comme « L'ancêtre ».

Après une vie fragile, préoccupée,
Je repose dans le paisible enclos des plantes.
Je prends enfin des vacances parmi les grandes plantes
Et parmi de la terre qui ne bouge jamais.

Les lierres, les orties, qui poussent spontanément,
Sont mes complices.
Ils me parlent de l'air que j'ai tant respiré
Comme une chose à moi.

---

12   *Ibid.*, p. 133.
13   *Ibid.*, p. 137.

Dans rien je ne suis plus pour rien ;
Je vis de pensées sans origines,
Sans avenir, sans souvenir.

Je suis de nouveau compagnon de la force du limon.
Moi qui me suis dressé sur les choses terrestres,
Seigneur et maître,
Elles s'étendent maintenant sur moi[14].

Prolongeant ce cycle, le thème de l'épopée du voyage par les langues de l'univers prolonge *Ma vie sans moi* mais avec une souplesse, une simplicité bien éloignée des alexandrins guindés des premiers poèmes.

Toutes les autres vies sont dans ma vie…
Ruisseau d'herbe en herbe étourdi
Je me fuis de vie en vie…

Je dépasserai le temps,
    Je me ferai mouvant, flottant,
    Je ne serai qu'une truite d'argent[15].

Dans un premier temps, le voyage par les langues est libération, plongée dans une eau lustrale et sentiment de poursuivre une aventure sans exemple contre la lourdeur des formes imposées :

De minuit jusqu'à l'aube, épanouie,
Parmi les fleurs tapies, puis épanouies,
Mi-vie, puis survie, vie, outre-vie !

Contre les tourments d'esprit
Les fléchettes du sanscrit !
Contre l'âme en désarroi
Les figures du chinois !

Toutes les pierres delà
Les murs où je veille, parle
Bougent en ébats de pas !

Actrice nue, l'âme,
Pour le monde manquant de voix,
Hausse sa voix[16].

14 *Ibid.*, p. 162.
15 « Vie avec toutes les autres vies », *ibid.*, p. 137.
16 *Ibid.*, p. 71.

Nombre des fragments de ce cycle s'intitulent « Sans pays ». Ainsi, un fragment unissant prose et vers, ce qui à soi seul montre à quel point la distinction introduite par l'éditeur du *Monde d'une voix* était absurde :

> Me chassant de pays en pays, j'ai cherché dans toute terre des complices pour m'aider durement à m'exiler ; hôte sauvagement ingrat, j'ai prié les vents qui m'accueillaient de me porter vers des orages où me sentir flottant et menacé.
> Je serai pour toute ère un étrange étranger :
> J'aurai passé mes jours à supprimer ma vie[17].

À ce thème se lient les fragments sur les langues étrangères – le chinois, le russe et l'arabe principalement –, fragments ouvrant souvent sur des poèmes magnifiques, comme les textes sur l'arabe évoquant « la vraie bataille » menée par Robin :

> Nous sommes nés du mouvement, notre geste poudroie
> Et voici que notre marche de chevaux énervés
> Des deux côtés de la route que nous voulons très longue
> Met de côté, de notre vrai côté, les tas de sables
> Où le vent se dessine mieux qu'en feuillage et reste,
> Sable en feuilles dessinées, feuilletés de hasards,
> Notre destin s'en va d'un sable à l'autre, c'est l'éphémère
> Fuite devant nous-mêmes, c'est être enfin
> Seuls sur un grand plateau aride, sans aucun dieu
> Que celui qui luit dans notre sabre, et notre sabre
> N'est rien que le soleil, que notre voix criant
> En accents de soleil frappés de sable ; l'âpre
> Désert nous mène au-delà de la fin même.
> Nous sommes morts ou ne le serons jamais,
> La mort, la vie au-delà de nous-mêmes s'étend,
> Galope du soleil jusqu'à la neige sans le savoir[18]

Fragments sur les langues et fragments issus des articles critiques se rejoignent : ces fragments ont été donnés pour poèmes lyriques de Robin quand il s'agissait d'extraits de l'article sur Claudel. Mais s'agit-il vraiment de Claudel ? C'est au fil de ces fragments dérivés d'essais critiques que commence à se lire une angoisse de perdition.

---

17 « Sans pays », *ibid.*, p. 73.
18 « La vraie bataille », *ibid.*, p. 78.

Bien qu'il fût le plus ample de notre temps,
Son souffle ne put devenir notre âme.
Parmi les frêles formes surgissantes il resta Chaos[19].

Les images du chaos, du limon et de la boue se substituent aux images
d'eau claire et de fluidité[20]. Au cours de l'année 1942, Robin change de
machine à écrire (si l'on se fie au poème « Lettre à mon père », la première
apparition d'un caractère « élite », plus petit, date de cette année-là). La
plupart des *Fragments* sont dactylographiés avec cette seconde machine, et ils
laissent peu à peu entrevoir un sentiment d'échec (celui même qu'exprime
« Lettre à mon père »), une sorte de vacillement et d'épuisement.

J'ai parlé confusément, péniblement,
Avec mes mots d'homme fatigué,
D'homme travaillé, retravaillé.

Pas hâtifs,
J'ai dépassé le temps, l'espace,
Et les conditions du monde ;
J'ai vécu en fou dominé[21].

Ce qui caractérise ces fragments, c'est un appauvrissement – appauvrissement d'abord de la rime, et Robin semble bien s'en être rendu
compte lui-même :

Mes miens, si Purs, si Grands, si Vrais,
Je n'écris plus de livre ; les livres sont tous souillés ;
Je lance quelques mots dans les vents et les nuées.

Ainsi que sont vos cœurs tous mes poèmes sont étouffés ;
Poèmes dans les rives d'une rime en « é »
Poèmes d'un homme trépassé[22].

Pendant un temps, des cycles épars (mais comment en juger puisque
les pages ont été retrouvées au hasard et ensuite mélangées) se suc-
cèdent dans le prolongement du cycle de « ma vie sans moi » : il y a
ainsi « Poète entre Bretagne, Chine, Arabie et Russie », puis « Ulysse
renouvelé ». La tonalité devient de plus en plus amère, de plus en plus

19   « Objet hasardé », *ibid.*, p. 66.
20   Comme nous l'avons vu (*supra*, p. 106).
21   *Ibid.*, p. 203.
22   « L'offre sans demande », *ibid.*, p. 194.

exacerbée. Avec la traduction des poèmes d'Ady et d'Imroul'qais, la rime en i devient obsédante, associée aux images de feu et de violence. Apparaissent les litanies :

> La canaille littéraire, indignée, apeurée, ébaubie,
> Se hâtant de riche en riche à travers la barbarie de Paris :
> « Vite, voilez-vous devant ce Robin qui n'a pour lui que du foin ! »
> Dressés sur l'ergot de la jalousie[23]…

En 1942, Robin, qui a collaboré à *Comœdia* et à la *NRF* de Drieu, tout en travaillant au ministère de l'Information, se rend compte qu'il a trahi et qu'il encourt le blâme de Guéhenno, comme d'Éluard et de Paulhan, figures tutélaires et incarnations du père qui, dans *Le Temps qu'il fait*, semblait avoir été sinon vaincu, du moins circonvenu. Adoptant la pire attitude possible, il se présente comme seul authentique résistant puisque seul venu du peuple, et engage le combat contre les communistes qui se mettent en place, Éluard et Aragon en tête, et s'apprêtent à occuper les places au nom du peuple : seul contre tous, il achève de se perdre, le thème dominant des derniers fragments étant la fureur contre les lettrés, les bourgeois, les maîtres de la vanité, les littérateurs acceptant d'aller parader dans les « salons des tyrans », comme l'indique le projet de préface à un livre perdu qui aurait pu s'intituler *Souvenirs de la maison des morts* :

> Cinq ans je vécus dans la maison des morts. Entendons-nous : c'était une demeure dorée, on y proposait la vie contre la trahison ; je pouvais y oublier les miens contre des délices. J'y vécus faiblement quelques ans.
> Dans les nuits cependant je m'appuyai aux chants du peuple russe, aux syllabes chinoises, aux âpretés du langage breton. Les représentants des forces d'oppression, soucieux d'enrôler dans leur bande des hommes venus du peuple, subtilement me flattèrent ; ils me proposaient au lieu d'une vie de travail une vie de célébrité ; je me reproche d'avoir cédé au point d'avoir accepté plusieurs fois de paraître dans les salons des tyrans.
> Mère, je suis né de chez vous ; vous m'avez donné un monde d'amour et de force et voilà que j'ai accepté de croire à un monde de mort ; voilà que j'ai cru devoir épargner les fantômes qui voulaient prendre notre sang afin de prolonger de quelques ans leur tyrannie.
> Sauvagement décidé à ne vivre que pour le peuple, je n'ai voulu d'accès à l'esprit que par les plus pures voies ; parce que ces voies furent pures, tous les impurs se voilèrent la face[24].

---

23   *Fragments*, p. 193.
24   « Préface », *Fragments*, p. 168.

Robin se présente comme le « survivant » dans une ère où les mots sont tués. L'un de ces textes est intitulé « 1944 » :

> On misa contre tout lieu du monde le désespoir,
> On paria contre l'éternité des absolus limités ;
>
> Et nulle part on ne voulut de la simple parole
>
> > S'il faut au désespoir un rendez-vous dans le monde,
> > Je suis là, passager possesseur d'une âme soumise,
> > On peut chez moi déposer les nouvelles du monde entier,
> > Des nouvelles du monde resté intact, resté vrai !
> >
> > Pour que tous les mots vrais puissent exister,
> > Je me suis, moi par moi pillé, durement dénudé[25].

Les « mots vrais » sont ceux du bulletin d'écoutes qu'il rédige alors, solitaire, radié du ministère de l'Information.

Il est possible de dater de cette année-là, année au cours de laquelle Robin ne publie pas une seule ligne, la fin des *Fragments*. Sans doute a-t-il alors tenté de rassembler sous ce titre un ensemble qui pouvait former un livre, avec pour fil directeur ce voyage hors du temps qu'il avait voulu risquer.

Les *Fragments* sont dactylographiés sur un papier blanc, assez rigide, bien différent du mauvais papier jaune et cassant disponible sous l'Occupation. Or, certains textes inspirés par l'actualité (ainsi « Le visage d'un juste », écrit pour le soixante-quinzième anniversaire de Marcel Cachin, donc en septembre 1944, ou « 17 pendus chez moi », qui fait allusion aux événements du 9 juin 1944 à Rostrenen – l'assassinat de jeunes maquisards pendus dans le bourg par des soldats allemands), sont datables. Encore quelque temps et les liasses de papier, salies, mal dactylographiées, parfois déchirées, ne témoignent plus que de l'impossibilité de revenir à soi. Ultime vestige des cycles mis en œuvre pour dire la navigation sur l'océan des langues, un cycle intitulé « Voyage de cheval » ou parfois « Visage de cheval » se perd en variantes, qui gardent encore parfois un reflet des fragments du « cycle du pays natal » :

> Sur une source à crinière d'herbes tremblantes,
> Ma tête longuement reste penchée

---

25 *Ibid.*, p. 181.

Je tiens dans ma bouche un trèfle
Pour aller vers mes amis les hommes
Et ne les toucher que d'une plante penchante
Et ce brin de trèfle, impatient, bouge[26].

L'image du trèfle est la dernière qui subsiste et Robin se désigne comme « L'homme au trèfle » :

Pour être vous,
Pour être vous tous,
Je me suis séparé de vous tous.

Très seul, secret, sans bruit j'ai cueilli dans les landes
Un trèfle tout tremblant d'une haleine de cheval
Et c'est mon seul ami.

J'ai pris ce seul ami
Pour m'avancer jusqu'au cœur des hommes mes frères
Et ne les toucher que d'une nourrissante plante[27].

Ce poème sera donné comme conclusion aux *Poèmes indésirables* qu'il publiera en 1945 à la Fédération anarchiste. Une épaisse liasse (quarante-cinq pages) est constituée d'une sorte de cycle intermédiaire entre les *Fragments* et les *Poèmes indésirables*. Intitulé « L'insensé d'un temps d'insensés », ce cycle est reconnaissable à l'emploi d'une strophe monorime (si toutefois les assonances peuvent être prises pour des rimes) de cinq vers :

Déjà, j'avais le crâne tout craquelé, tout martelé ;
J'entendais derrière moi chuchoter : « C'est un insensé ! »
Tous les fils de bourgeois, l'épaule oblique, m'évitaient,
Les miens, de loin, l'œil inquiet, me surveillaient,
Les eaux, les vents, les bœufs en vain me raisonnaient.

Certains des derniers *Fragments* sont si proches des « textes indésirables » qu'il est presque impossible de tracer une frontière. La présentation est parfois semblable et la mention *Fragments* apparaît sur des textes qui sont déjà très faibles (ainsi la première page du cycle « L'insensé d'un temps d'insensés » où cette mention est suivie d'une note : « Ces fragments sont à considérer comme étant encore des brouillons »). Des

---

26   *Ibid.*, p. 205.
27   *Ibid.*, p. 306.

poèmes plus faibles encore sont inlassablement repris et un cycle intitulé
« Ulysse 45 » marque la fin de l'expérience.

Le reste du fonds restitué est composé de poèmes satiriques ou facé-
tieux d'autant plus tragiques qu'apparemment allègres datés de la fin de
la vie d'Armand Robin : la perdition n'avait plus même lieu de s'y lire
et ils ne pouvaient plus même passer pour parodie[28]. Malheureusement,
ces textes, dont il existait parfois des liasses de variantes, comme si un
affreux badinage remplaçant l'impossibilité de revenir à soi amenait
à produire des litanies sans fin (ainsi « Le sens par le son ou l'art par
l'orme » qui clôt la série) ont été mêlés aux *Fragments* par l'éditeur du
Monde d'une voix, ce qui permet encore aux commentateurs d'assurer
que les meilleurs textes de Robin ont été écrits à la fin de sa vie.

Si le mythe exigeait que les *Fragments* aient été rédigés dans un ultime
sursaut de génie poétique, l'étude des archives restituées montrait qu'il
était possible par élimination, à force de recoupements, de reconstituer un livre approximatif, certainement lacunaire, puisque seules des
bribes en avaient été recueillies et que ces bribes avaient été mélangées
et découpées pendant des années, mais qui offrait une base fiable : la
disposition des textes sur la page ; les titres des feuillets ; l'organisation
par cycles ; l'évolution d'une espèce de luminosité pleine d'espoir vers
une aridité puis une perdition faisait de cette perdition le lieu et le sujet
d'un livre sans exemple. En fin de compte, ce livre qui fasse éclater les
genres, qui soit une épopée cosmopolite, sans je, sans centre, ce livre sans
limite et sans fin, Armand Robin l'avait réalisé. Les *Fragments* étaient
comme l'expansion de la traduction du poème de Pasternak : l'univers
pris en miroir dans une goutte de pluie, les efforts pour la briser et ces
instants avant que la goutte n'éclate.

---

28   Pour une étude détaillée du fonds archivé, des méthodes de classement adoptées et des
     conclusions, *cf.* Françoise Morvan, *Armand Robin : bilans d'une recherche*, Annexe IV, 343 p.

TROISIÈME PARTIE

DIFFRACTION

ÉCOUTES

> Écoutes de radios :
> Traversé de mondes bruyants, appelé
> par tous les cris, je m'écorche dans les
> nuits ; avec les mélodies d'après minuit
> je trompe les ombres…
> *Fragment posthume.*

Le Monde d'une voix a été fabriqué de manière à faire disparaître les *Fragments* et, de même, la notice « La vie et l'œuvre » placée à la fin du volume a fait du travail d'écoute la preuve du génie rebelle du Poète. Une méthode semblable a été employée, avec un but semblable : tel qu'il est présenté, le travail d'écoute sert à prouver « l'engagement libertaire » en effaçant les faits ou en les gauchissant pour les insérer dans un ensemble de nature à servir le récit mythique à promouvoir. Or, là encore, il est facile de s'assurer que le mythe ne repose sur rien.

Une note de la nouvelle « Une journée » donnée à *Esprit* en septembre 1937 indique :

> Nous ne nous attardons pas ici aux querelles byzantines entre staliniens, trotskistes, anarchistes, fascistes et autres réactionnaires actuels ou virtuels, aux querelles qui ne peuvent intéresser que des bourgeois ou des intellectuels. Quand cessera-t-on de faire « donner » le peuple pour ou contre Louis Philippe ?

Tel est pourtant le texte que les biographes de Robin présentent comme la première preuve de son engagement libertaire[1]. Ce qu'énonce cette nouvelle est une opposition entre le peuple et les représentants du pouvoir, détenteurs de la richesse et du savoir, représentés par des partis politiques forcément réactionnaires. Cette pensée politique (si c'en est

---

1   Il est vrai après avoir pris soin de couper cette note (Jean Bescond et Anne-Marie Lilti, *Le Combat libertaire*, p. 21).

une) prend la forme d'un apolitisme revendiqué. Mais, et c'est où les problèmes commencent, cet apolitisme n'empêche pas Robin de prendre des engagements qui supposent des prises de position au moins latentes.

Le voyage en URSS en 1933 est constamment donné pour origine d'un militantisme libertaire violemment anticommuniste. Cependant, il faut attendre « Une journée » et le passage de Robin à la revue *Esprit* (en septembre 1937) pour trouver une condamnation explicite du communisme et du fascisme (qu'il renvoie dos à dos). Comme l'indiquait en 1986 déjà la notice chronologique des *Écrits oubliés*, « collaborer à *Europe*, revue alors dirigée par Jean Guéhenno, dans laquelle écrivaient nombre d'intellectuels favorables au communisme était, après un retour d'URSS désenchanté, pour le moins contradictoire[2] ». Mais il fallait absolument laisser accroire que Robin avait aussitôt exprimé une révolte violente contre le régime soviétique afin de rendre plausible ce qu'Alain Bourdon appelle « l'invention d'un curieux métier en chambre : la confection d'un bulletin d'écoute des radios étrangères[3] ». C'est ce que résume la notice « La vie et l'œuvre » qui suit *Le Monde d'une voix* :

> 1934 : Voyage en URSS, d'où il rentre, désenchanté et sans argent, après un douloureux périple par les pays baltes, la Pologne, l'Allemagne.
> 1936-1939 : Il tire son gagne-pain du métier de journaliste : exploitant en effet son prodigieux don des langues, il rédige un bulletin d'écoute des émissions radiophoniques internationales qu'il diffuse régulièrement, deux fois par semaine, à une vingtaine puis une trentaine d'abonnés.

Est-ce à partir de 1936 ou en 1939 que Robin aurait inventé une forme nouvelle de journalisme ? L'apparente précision chronologique sert, en fait, à introduire du flou. Reste l'affirmation qu'il a commencé de rédiger son bulletin avant-guerre. Une fois cette vérité posée, il suffit de glisser un peu plus en arrière pour que l'invention du travail d'écoute coïncide exactement avec le retour d'URSS :

> 1933. Il a vingt et un ans. À l'Est on dit que se dessine la promesse d'un monde nouveau. Il s'en va, part en URSS, s'engage dans un kolkhoze pour la saison des moissons. L'« indicible » déception qu'il récolte décide de son orientation : « Par sympathie, écrit-il, pour des millions et millions de victimes, la langue russe devint ma langue natale. Tel un plus fort vouloir dans

2   *Écrits oubliés I*, p. 15.
3   *Cahiers des saisons*, hiver 1964, p. 27.

mon vouloir, besoin me vint d'écouter tous les jours les radios soviétiques :
par les insolences des bourreaux, du moins restai-je lié, traversant les paroles
et comme les entendant sur leur autre versant, aux cris des torturés. Si terri-
fiants ces cris qu'ils me jetèrent hors de moi, devant moi, contre moi. Ils me
tiendront en cet état tout le temps que je vivrai[4] ».

De fait, après-guerre, rédigeant *La Fausse Parole*, Robin a présenté son
travail d'écoute comme conséquence de la découverte des propagandes
staliniennes – mais c'est qu'il lui fallait passer sous silence la simple
vérité, à savoir le fait que, loin d'avoir inventé ce métier d'écouteur, il
l'a découvert lorsqu'il a été embauché comme « collaborateur technique
de seconde classe chargé des écoutes radiophoniques en langues étrangères » par le ministère de l'Information. C'est un fait qui est mentionné
dès 1986 dans les *Écrits oubliés* : « Chargé des écoutes radiophoniques
en langues étrangères pour le ministère de l'Information à compter du
1er avril 1941, Robin se trouve plus que jamais en porte-à-faux ; ce travail qui lui prend la majeure partie de son temps (entre 12 et 18 heures
par jour, écrit-il à Jean Bouhier) le rend peu à peu suspect à tous, aussi
bien à ses collègues du ministère qu'à ses amis (Guéhenno s'abstient de
publier, Éluard s'apprête à réadhérer au Parti communiste et Paulhan,
tout en étant fort ambigu, tisse des liens avec la Résistance)[5] ». Grâce à
l'aide de Jean Favier, alors directeur général des Archives de France, qui
a pu retrouver le dossier Robin conservé dans le fonds du ministère de
l'Information, puis grâce aux recherches de Dominique Radufe qui a
consacré un mémoire remarquablement précis au travail d'écoute[6], il a été
possible de mieux comprendre cette face nocturne de la non-traduction,
menée en parallèle avec la traduction de poèmes de langues de plus en
plus éloignées. La légende de l'anarchiste caché sous l'Occupation afin
de prendre des écoutes clandestines pour la Résistance a été inventée
et entretenue par des amis d'Armand Robin qui savaient très bien à
quoi s'en tenir : Alain Bourdon rencontrait Robin assez fréquemment
pour ne pas ignorer ce qu'il faisait[7] ; dès 1980, le témoignage de Marcel
Laurent était sans ambiguïté :

---

4   *Armand Robin*, Seghers, 1981, p. 36.
5   *Écrits oubliés I*, p. 114.
6   *Armand Robin écouteur*, Université de Bretagne occidentale, novembre 1988.
7   Nous en avons la preuve par le récit d'une soirée à l'Institut hongrois le 4 mai 1944 telle
     que la rapporte Alain Bourdon lui-même (*Plein Chant*, automne 1979, p. 90-91). Il se
     garde de citer les personnes présentes et laisse entendre qu'elles étaient là en raison de

> J'ai été reçu, rue Paul-Barruel, par son épouse, qui me conseilla d'aller le voir au ministère de l'Information. Il n'avait, certes, rien du poète maudit et semblait en très bon termes avec les plus hauts personnages de l'Administration. Je dois dire que j'en profitai [...] À la suite de ses démarches auprès des gens du ministère, qu'il connaissait presque tous, je fus enfin titularisé[8].

Cette « preuve éclatante d'une amitié efficace[9] » a été le premier coup porté à la légende officialisée par Alain Bourdon, mais elle ne l'a en rien entamée, et nul, pas même Jean Guéhenno, qui mentionne pourtant avec précision le travail de Robin pour le ministère dans son *Journal des années noires*[10], ni Marcel Arland ni Henri Thomas, qui avaient collaboré aux mêmes revues et bien connu Robin sous l'Occupation, n'ont cru devoir rectifier ces affirmations qu'ils savaient inexactes. Et le fait que des travaux aient, de longue date, démontré qu'elles étaient fausses n'a en rien empêché la légende de rester constitutive de la figure du Poète.

UNE SI DOUCE OCCUPATION ?...

Au début de l'Occupation, Robin se trouvait à l'avancée d'un mouvement de recherche visant à renouveler la création littéraire par un système de mise en circulation de la traduction sans exemple en France. Ce que Robin attendait de Drieu La Rochelle, successeur de Paulhan à la tête de la *NRF*, n'était sans doute rien d'autre, et Drieu, entre divers fantasmes, entrevoyant l'opportunité de fonder un échange à l'échelle européenne, pouvait sembler s'accorder à ses vues. Le national-socialisme a bien été pour bon nombre d'écrivains français une circonstance assez négligeable

---

leurs accointances avec la Résistance mais l'Institut hongrois était une institution qui dépendait des services de propagande de la Hongrie nazifiée. On conçoit que Robin, qui se disait alors communiste, ait préféré ne pas s'attarder, même s'il avait revêtu un smoking pour l'occasion.

8   *Armand Robin ou la poésie poignante*, 1980, p. 38.

9   *Ibid.*, même page.

10 « L... fait un étrange métier. Comme il comprend un grand nombre de langues, le ministère de l'Information l'a chargé d'écouter les diverses radios ; il passe ses nuits, à l'écoute du monde, et chaque matin rédige un rapport. » *Journal des années noires*. Le Livre de poche, 1966, p. 254. Le nom de Robin figure bien sur le manuscrit que j'ai pu consulter grâce à l'obligeance d'Annie Guéhenno.

et, somme toute, plutôt favorable en tant qu'adjuvant. L'attitude que Robin adopte alors se trouve expliquée dans le premier numéro de la *NRF* de Drieu comme refus de « faire dépendre son activité des événements » : « La pierre de touche du véritable écrivain est que dans tous les cas il puisse se sentir libre, ce qu'il s'assurera très aisément s'il évite de faire dépendre son rôle humain d'un rôle politique[11]. »

Jean Guéhenno, professeur de Robin au lycée Lakanal, puis directeur d'*Europe* et, à ce titre, à l'origine de la publication de ses premiers textes, s'en indigne. Il comprend parfaitement que cet article est dirigé contre lui qui, entré en résistance dès le début de l'Occupation, a décidé de ne plus écrire que pour lui-même et de ne rien publier dans les maisons d'édition et journaux sous contrôle allemand : « Par bonheur, ni Voltaire ni Diderot ne raisonnaient ainsi : leur pensée ne leur paraissait point de l'or en barres ou des billets en cave et ils ne se jugeaient pas fondés à la retirer de la circulation pour punir une méchante société », écrit Robin. Guéhenno note à la date du 24 janvier dans son *Journal des années noires* :

> Drieu réunit ses derniers articles et me les envoie avec cette dédicace : « À J. G. qui me donnera un jour un article sur Voltaire. » Nous n'avons aucun moyen de dire à ces messieurs ce que nous pensons de leur activité. Du moins pourraient-ils nous laisser en paix. Le comble est qu'ils essaient de faire passer notre silence et le parti que nous avons pris de ne rien publier pour une lâcheté. « Par bonheur, écrit l'un d'eux dans le dernier numéro de la *NRF*, ni Voltaire ni Diderot ne raisonnaient ainsi. » Ces hommes qui tendent les mains aux chaînes se donnent pour des Voltaire… Rien d'autre à faire que de grincer des dents. Impossible de répondre sans s'offrir à entrer dans les prisons de l'occupant.

L'article de Robin, à cette date, à cette place et dans ce contexte apparaît comme une véritable trahison (que Paulhan s'est d'ailleurs bien gardé de blâmer). Cette défense de l'art pour l'art se trouve, dans ce premier numéro de la *NRF*, placée juste après l'article de Drieu intitulé « Repères » – des repères d'un partisan convaincu de la collaboration avec les nazis qui montrent assez à quoi peut servir l'apolitisme, une fois de plus, revendiqué par Robin. Si des auteurs comme Gide, Éluard, Valéry se sont laissés piéger, ils se tiennent ensuite à l'écart de la revue quand Robin, lui, non seulement persévère mais passe aux yeux de certains

---

11 *NRF*, janvier 1941, p. 209.

auteurs pour le secrétaire de Drieu[12], poste qu'il ambitionne d'ailleurs d'occuper, comme il l'a fait savoir à Paulhan. Force est de préciser que le double jeu de Paulhan, qui recrute pour Drieu tout en se prétendant hostile, rend la situation plus trouble encore[13]. En novembre 1940, au retour des éditions Gallimard, il écrit à Arland : « Hier, je suis tombé par hasard en pleine réunion directoriale. Drieu, Robin, Aymé, Fernandez et (je le crains) Jacques Boulenger ». Mais sa lettre ne vise nullement à inciter Arland à prendre ses distances ; au contraire, il l'encourage à collaborer avec Drieu (« La loyauté de Drieu ne fait pas question. Ni son patriotisme. Donc il faut l'aider », écrit-il[14].

En 1945, lorsque, dans le cadre de l'épuration, Gaston Gallimard sera l'objet d'une procédure, Paulhan attestera n'avoir jamais vu l'ombre d'un collaborateur dans les couloirs des éditions Gallimard ; à en croire son attestation, la séparation entre la *NRF* de Drieu et les éditions était

---

12   Jean Grenier, rendant alors visite à Drieu, prend Robin pour le secrétaire de la revue (*Sous l'Occupation*, Éditions Claire Paulhan, 1997, p. 165). En fait, avec Raymond Queneau, il est chargé de lire des manuscrits moyennant un salaire de 600 francs par mois. Maurice Blanchot a, lui, un temps assuré le secrétariat de la revue (Gisèle Sapiro, *La Guerre des écrivains (1940-1953)*, Fayard, 1999, p. 453).

13   Pierre Hebey, *La Nouvelle Revue française des années sombres*, Paris, Gallimard, 1992. Paulhan niera toute collaboration à la *NRF* à la Libération mais sa correspondance atteste du contraire, ainsi que maints témoignages, dont celui de Heller : « Paulhan ne ménage pas ses conseils à Drieu et, plus tard, dans les moments où celui-ci voudra se débarrasser de la revue et n'y fera plus que des apparitions épisodiques, il arrivera à Paulhan de porter tout le poids de la réalisation de certains numéros » (cité p. 136). On voit d'ailleurs Paulhan poursuivre sa correspondance avec Chardonne et Jouhandeau, alors même qu'ils publient des textes qu'il juge « abjects ». Ce terme est employé dans une lettre de Paulhan à Arland (Paulhan-Arland, *Correspondance*, Paris, Gallimard, 2000, p. 241) au sujet de l'article de Chardonne « L'été à la Maurie » (paru dans le numéro de décembre 1940 de la *NRF* peu avant le poème d'Armand Robin « Temps passé »). Et encore faut-il mettre les choses en contexte car la correspondance Chardonne-Paulhan nous apprend que cet article a d'abord été envoyé à Paulhan (lettre du 6 juillet 1940), lequel, loin de protester, l'a sans doute remis à Drieu : il était, quoi qu'il en soit, parfaitement au courant de sa teneur, qui était d'ailleurs en parfait accord avec celle des lettres que Chardonne lui adressait – pour s'en tenir à une seule citation parmi tant d'autres au même moment : « Je vomis les juifs, Benda et les Anglais – et la Révolution française » (*Correspondance Chardonne-Paulhan*, Paris, Stock, 1999, lettre de novembre 1940, p. 116). Les réponses de Paulhan ont (opportunément) disparu mais le simple fait de poursuivre la correspondance (et, qui plus est, de collaborer aux éditions de Chardonne) valait pour approbation. Grand résistant soutenant en sous-main les pires collaborateurs, Paulhan a laissé Armand Robin comme Armand Petitjean, deux jeunes auteurs qu'il avait pris sous sa protection, se compromettre en les encourageant parfois plutôt que de les mettre en garde.

14   Paulhan-Arland, *Correspondance*, Paris, Gallimard, 2000, p. 229.

absolue : « Je n'ai jamais observé la moindre exception à cette règle, poussée jusqu'à une rigueur telle qu'il ne m'est pas une fois arrivé de rencontrer même le directeur ou l'un des collaborateurs réguliers de la *NRF* » (cité par Pierre Assouline, *Gaston Gallimard*, p. 412). C'est sur la base de tels témoignages que Gaston Gallimard sera blanchi, au point de passer pour un éditeur résistant. Il va de soi que Robin a été un pion parmi tant d'autres dans ce jeu biaisé.

En juillet, il a provoqué l'indignation générale car, s'étant rendu avec Éluard chez Joë Bousquet à Carcassonne pour rencontrer Gaston Gallimard et Jean Paulhan, il s'est révélé enchanté de la défaite de la France et heureux de pouvoir enfin travailler « dans un monde intérieur éclairci », comme il l'écrit à Jean Guéhenno au début du mois[15]. Le 27 juillet 1940, ce dernier le met à la porte car il lui a assuré que, « quant à l'événement, l'histoire ne l'intéressait pas » et qu'il ne sentait pas sa liberté menacée tant qu'il pouvait poursuivre ses recherches en poésie[16]…

La poésie avant la politique : forme de retrait et d'abstention qui indigne Guéhenno, surtout venant d'un élève qu'il a longtemps suivi et accompagné – d'autant que le retrait se change en participation à l'institution littéraire, puis en collaboration politique. En 1953, évoquant dans son essai « Vacances », ce métier dont on lui a « fait cadeau[17] » comme un moyen de s'échapper, Robin en fait un exercice de poésie hors norme, un moyen de « sauter le mur de l'existence individuelle » (comme il l'écrira dans *La Fausse Parole*[18]). Mais c'est un exercice « à faire oublier temps et espace » qui est loin de se situer hors du temps et de l'espace.

---

15 Le 6 septembre 1943, lorsque Paulhan lui reprochera ces propos, il lui répondra qu'il était bien normal d'être « tout à sa joie de voir sombrer le chauvinisme français » et conclura qu'en bref, « toute cette histoire [lui] paraissait frivole » (cette histoire étant la victoire de l'Allemagne nazie) (correspondance Robin-Paulhan, lettre inédite).

16 *Journal des années noires*. Le Livre de poche, 1966, p. 27. Le nom de Robin apparaît sur le manuscrit, comme indiqué in *Armand Robin : bilans d'une recherche*, tome III, p. 512.

17 Le « on » laisse supposer une intervention. À la même époque Robin avait été « signalé par Drieu à Morand pour une bourse Blumenthal » obtenue sans peine (lettre à J. Paulhan, décembre 1940). La bourse Blumenthal, partagée avec Jean Follain, était d'un montant de 11 000 francs sur deux ans.

18 Éditions de Minuit, 1953, p. 18.

LE MÉTIER D'ÉCOUTEUR

Nul ne sait qui lui a permis d'obtenir un poste de « collaborateur technique de seconde classe chargé des écoutes radiophoniques » au secrétariat général à l'Information[19], mais les liens longuement entretenus avec Armand Petitjean (1913-2003), à l'itinéraire si semblable au sien, laissent à supposer une intervention possible. Connu par l'intermédiaire de Paulhan dont il était l'un des protégés, Petitjean avait été avant-guerre secrétaire de rédaction de la NRF. Anticommuniste, cherchant une troisième voie, il avait adhéré au mouvement frontiste de Gaston Bergery et s'était lié d'amitié avec Paul Marion qui allait devenir secrétaire général à l'Information et à la Propagande. En 1940, comme tant de « non conformistes des années 30 » (et comme Emmanuel Mounier lui-même), il avait fait allégeance au régime de Vichy et, chargé de mission par Paul Marion, dirigeait les services de propagande en direction de la jeunesse. Collaborateur de la NRF de Drieu qu'il fréquentait assidument, Petitjean devait aussi écrire dans La Gerbe et se signaler par des prises de position extrêmes, puis, en 1943, connaître un revirement qui allait l'amener à œuvrer à un hypothétique rapprochement de Vichy et de la Résistance. Porté sur la liste noire du CNÉ, il devait être défendu par Paulhan qui le fit passer pour résistant puis, après un essai évoquant son parcours (Mise à nu, paru en 1946) renoncer à toute carrière littéraire. De 1947 à 1949, la revue Œdipe qu'il avait fondée compta au nombre des abonnés réellement attestés du bulletin d'écoute d'Armand Robin.

Fonctionnaire au ministère de l'Information, Robin dépendait de Paul Marion qui avait entrepris de réorganiser les services du ministère entre Vichy et Paris où l'antenne maintenue au 10 rue de Solférino contenait les services d'écoute. « À Paris, au bureau de conception des services d'écoutes radiophoniques, ne travaillaient que trois personnes en avril 1941, sept en janvier 1942. L'essentiel des services était concentré à Vichy : en 1940, plus de cent quarante personnes y travaillaient déjà[20] », indique un rapport de Stefan Freund retrouvé par Dominique Radufe[21]. Un écouteur-traducteur devait « capter et traduire sept émissions par jour ou par nuit » au minimum

---

19 Arrêté du 21 mai 1941 (A. N. F⁶⁰ 2883).
20 Dominique Radufe, « Armand Robin, écouteur des ondes courtes », Cahiers d'histoire de la radiodiffusion n° 32, mars 1992, p. 6.
21 Ce très précieux rapport est reproduit intégralement dans son mémoire Armand Robin écouteur, p. 17. Il a probablement été rédigé en vue de la réorganisation des services d'écoute par Paul Marion (donc peu avant le recrutement de Robin).

et « fournir des informations de dernière heure » – ce qui était la principale fonction du Centre d'écoutes radiophoniques dont l'importance,
vu les circonstances, allait croissant. « Détaché de l'autorité routinière de
l'administration des PTT », comme l'écrit Stefan Freund, le Centre allait
être rattaché au Secrétariat général à l'Information. Une fois Paul Marion
évincé et le secrétariat général transformé en ministère de l'Information,
Pierre Laval devait, à partir du 18 avril 1942, cumuler les fonctions de
ministre de l'Information et de Président du Conseil. On se souvient de
son discours du 22 juin 1942 : « Je souhaite la victoire de l'Allemagne,
parce que, sans elle, le bolchevisme, demain, s'installerait partout... ».
Si quelque illusion avait été possible, la situation était désormais claire.
Robin dépendait directement de Laval à qui il remettait chaque jour son
bulletin (d'après sa correspondance avec Paulhan).

Stefan Freund précise qu'aussi bien à ses débuts (1935 – au ministère
des PTT) qu'à Vichy (avant 1941), le Centre d'écoutes radiophoniques
fonctionnait avec des écouteurs, groupés par sections linguistiques, et
des rédacteurs, chargés de faire la synthèse des écoutes :

> Chaque section linguistique a un chef qui fournit périodiquement un rapport
> sur l'ensemble des émissions respectives, leur ton général, leur orientation, etc.
> Ce chef a la responsabilité des émissions prises dans sa section. C'est lui qui
> écoute ou fait écouter et noter le programme hebdomadaire des émissions et puis
> décide si, quelles émissions et de quelle façon, les émissions seront couvertes.

D'autre part, Marcel Laurent indique :

> J'ai vu Armand plusieurs fois en janvier, puis en juillet 43 : il n'avait nullement
> l'air d'un homme traqué. « Laval, me dit-il, a déclaré que j'étais un homme indis-
> pensable et qu'on ne toucherait jamais à moi ». Il avait un bureau au ministère
> de l'Information (rue de Solférino, si je ne me trompe), où je lui ai rendu visite[22].

Le bureau au ministère et le salaire élevé[23] pourraient laisser supposer
que Robin n'était pas écouteur-traducteur mais rédacteur : sans doute
prenait-il les écoutes régulièrement[24] et sans doute rédigeait-il un bulletin
quotidien – mais le fait même que cette synthèse ait été quotidienne

---

22 *Armand Robin ou la poésie poignante*, p. 19.
23 5 000 francs par mois, soit trois fois le salaire d'une dactylo (salaire porté à 6 000 francs
    en 1942, peut-être au moment où Robin prit un second domicile).
24 « On me voit moins car les horaires des radios m'interdisent pratiquement de sortir »,
    ajoute-t-il dans la lettre à J. Paulhan du 17 février (ou mars) 1943.

rend peu plausible l'accomplissement d'un travail d'écouteur à temps plein tel que le définit Stefan Freund. Nous savons qu'il disposait d'un poste très puissant à son domicile, ce qui indique aussi un statut spécial. D'après Alain Bourdon, dès 1940 « il réside au 55, rue Paul-Barruel (15ᵉ). Mais les risques que comportent ses écoutes clandestines et ses relations avec des hommes de la Résistance, la discorde qui éclate entre lui et sa femme (il obtiendra le divorce civil en 1947), le conduisent à prendre un second domicile au 50, rue Falguière. »

Les écoutes clandestines sont totalement invraisemblables, mais le fait de s'être installé au dernier étage de l'immeuble du 50 rue Falguière pour capter les ondes courtes est exact : nous avons sur ce point le témoignage de Marcel Laurent[25]. Le 30 décembre 1942, le poète Jean Follain dîne avec Armand Robin chez Drieu La Rochelle et rapporte que « quoique peu argenté, il avait la meilleure radio qui soit et une motocyclette[26] ». Robin possédait donc, chose rarissime, un poste – autorisé par le Sicherheitsdienst – et une moto, avec les bons d'essence et l'Ausweis nécessaires pour lui permettre de rouler.

Follain le juge « énigmatique ». Ses activités au ministère sont restées, quant à elles, tout à fait énigmatiques jusqu'à ce qu'un dossier conservé aux Archives nationales permette de découvrir une série de bulletins marqués A. R. (les bulletins ne comportaient que les initiales des écouteurs ou des rédacteurs). Dans cette liasse, un feuillet porte au dos la mention manuscrite « Armand ». Du 1ᵉʳ au 31 août 1943, vingt-six bulletins représentent la synthèse d'écoutes de diverses radios ; du 2 au 31 octobre, vingt-six autres bulletins complètent la série.

Des bulletins retrouvés aux Archives nationales, nous pouvons retenir qu'il s'agissait d'un exercice aride de décryptage et de résumé de l'information donnant lieu à un bulletin réduit à l'essentiel ; ce bulletin était remis, d'après la correspondance de Robin lui-même[27] « au ministère de l'Information et à l'Hôtel Matignon », c'est-à-dire à Laval. La formulation est très neutre mais il va de soi que la teneur des informations retenues laissait une large marge à l'appréciation du rédacteur.

---

25 « J'ai fréquenté Armand au cours de deux séjours à Paris, en janvier et en juillet 1943. […] Nous avons passé des heures dans cet appartement du 50 de la rue Falguière où venaient se heurter les ondes de la Radio et où la bibliothèque débordait de chefs-d'œuvre. » (*Armand Robin et la poésie poignante*, p. 38).

26 Jean Follain, *Agendas (1926-1971)*, Paris, Pocket, 2018, p. 134.

27 Lettre à Paulhan (1943, sans date précise).

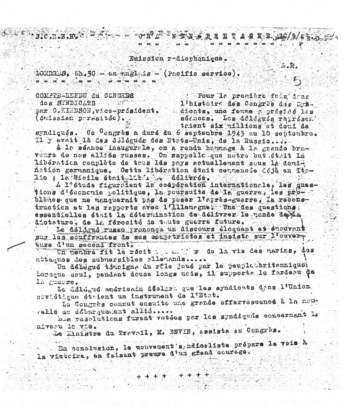

ILL. 7 – Bulletin d'écoute du 30 septembre 1943.

Si Robin s'est inscrit aux cours de l'École des langues orientales, c'est peut-être aussi qu'il pouvait lui être utile de se risquer à une exploration de l'univers par le biais de ces langues ou qu'il pouvait penser trouver là une forme de liberté. Le texte intitulé « Vacances » donné à *Comœdia* le 12 septembre 1942 témoigne encore d'une véritable ivresse à se sentir délivré de soi, libre d'errer dans le chaos des mondes, et Robin se dit heureux de ce métier dont on lui a « fait cadeau » :

> Et me voici dans ces premières lueurs nues de ma vie, débordant de la vie d'autrui, qui me hâte de porter à de pauvres ministres ainsi qu'à quelque

enfant malade un vase plein de lait dont il faut que rien ne tombe, une tête
tempétueuse d'événements, labourée d'agonies, fêlée d'injures, mais préservée
de soi, dépouillée de sa propre matière et par-là même inlassable, inlassée[28].

L'image de l'enfant qui porte un bol de lait, empruntée à Supervielle,
rapproche ce texte des *Fragments* qui disent l'opium de la fatigue, l'absence
à soi et la délivrance. Ces fragments sont les vestiges d'une épopée qui
se dit encore sur le mode heureux du poème en prose :

> Portée au paroxysme, la fatigue est une sauvage extase, est une drogue
> à faire oublier temps et espace ; l'opium que chante Baudelaire est peu de
> chose en comparaison. Il est des lassitudes dont aucun sommeil ne peut
> reposer ; c'est qu'elles sont à elles-mêmes leur propre sommeil ; par elles le
> monde devient un songe que rien ne rattache ni au ciel, ni à la terre, ni au
> passé, ni au présent, ni à l'est, ni à l'ouest ; toutes les sensations dépassent
> leurs limites, traversent les murs du donné ; une invulnérable substance
> fourmille en tout élément ; il ne peut être question d'un monde dont il ne
> reste qu'un incertain souvenir ; l'esprit, confondant être et non-être, flotte
> dans un absolu autonome, rejoint un monde primordial où même la forme
> d'un dieu ne se dessine pas ; porté comme un dieu jusqu'au-delà de tous les
> illimités de l'imagination, il accède à nul ne sait quelle nébuleuse où ni le
> néant ni l'existence ne se décident encore[29].

Dans un premier temps, le travail d'écoute a correspondu à un exercice d'élargissement et de liberté gagnée sur des contingences jugées
négligeables, puis les contingences ont fini par s'imposer : au moment
où paraît « Vacances » dans *Comœdia*, (donc, le 12 septembre 1942),
Robin s'apprête à publier comme un adieu « Lettre à mon père » qui
marque une rupture avec les milieux littéraires dans leur ensemble,
avec la dérisoire carrière de poète dans laquelle il refuse de s'enfermer,
et une révolte au nom des pauvres contre sa propre trahison.

L'épuisement, le sentiment de s'être égaré, la mésentente avec ceux
qui étaient ses amis et avec sa femme précipitent la crise qui couvait
de longue date :

> Et maintenant, c'est l'heure pour moi d'aller vers Imroulqaïs, Li-Po,
> K'iu-Yuan. J'espère un tour du monde assez long pour que jamais je ne
> puisse revenir à moi ; je voudrais m'interdire tout retour à mon cœur ; la
> jalousie, la hargne, la fausseté, la sottise, tout près de moi, ont brisé mon

---

28 *Écrits oubliés I*, p. 164.
29 *Ibid.*, p. 165.

poème. – Il est urgent par ailleurs que nous accédions à quelque règne universel et général[30].

Telle est la conclusion de « Trois poètes russes », publié en février 1943 dans la *NRF*. À cette date, avec la défaite allemande à Stalingrad, l'issue de la guerre semble enfin pouvoir être favorable aux alliés et nombreuses sont les reconversions qui font plus ou moins discrètement passer les écrivains d'un camp à l'autre. Or, loin de faire preuve de discrétion, Robin se signale au ministère comme chez Gallimard par un brusque ralliement à la Résistance qui semble se traduire par des proclamations virulentes. Nul doute qu'il distribue des doubles de ses bulletins : « Voici les quelques bulletins d'information promis », écrit-il en février ou mars 1943 à Jean Paulhan[31]. « Je vous demanderai de ne pas trop les faire circuler. Si vous pouviez me les remettre sous enveloppe lundi prochain à la *NRF* je passerais les reprendre mardi matin. Vous verrez de quoi je régale Laval tous les matins ». La dégradation des relations de Robin avec ses collègues au ministère est évoquée par une lettre à Paulhan datant probablement de septembre 1943 :

> J'avais fait connaître à Laval ce que je pensais de lui et lui avais écrit que, si j'avais absolument à le voir, du moins je ne lui serrerais pas les mains. Vint le 7 août, lendemain du jour où j'avais porté l'imprudence et la provocation jusqu'à l'extrême limite ; démarche de Von Schleier et dénonciations ; Laval me fait enfin venir ; je passe d'abord par l'un de ses secrétaires, Villiers-Terrage, qui me dit textuellement en tremblant : « Nous avons fait le maximum pour vous sauver ; le Président Laval veut vous voir ; tâchez d'être gentil pour lui ! ». Cette phrase m'a réveillé soudain comme d'un rêve où je serais plongé et où je replonge, disant partout, en cette époque de propagande, d'opportunisme et de mensonges, exactement toutes les vérités qu'il ne faut pas dire. Soudain secoué, j'ai tout de même renoncé à dire à Laval, ce jour-là, ce que je pense de lui[32].

Réveillé comme d'un rêve, il renonce néanmoins à énoncer les vérités qui lui apparaissent subitement : que ne les a-t-il vues plus tôt… Rudolf Schleier faisait office d'ambassadeur d'Allemagne en remplacement d'Otto Abetz, alors en disgrâce. Robin mentionnera deux rapports de l'ambassade d'Allemagne et accusera nommément l'un de ses collègues

---

30 *Ibid.*, p. 187.
31 Lettre datée du « mercredi 17 » (il y avait un mercredi 17 en février et en mars 1943).
32 Sans date, probablement septembre 1943.

de l'avoir dénoncé lorsqu'il demandera à être réintégré dans ses fonctions après la Libération, mais les bulletins d'écoute conservés, s'ils s'interrompent en août, reprennent jusqu'au 31 octobre 1943.

RECONVERSION

En novembre 1944, pour appuyer sa demande de réintégration au ministère et prouver ses liens avec la Résistance, Robin a remis cinq attestations : Philippe Dutrut-Empis, qui se désigne comme « directeur du service clandestin d'information et de documentation économique », atteste avoir reçu le double des bulletins d'écoute dès 1942-1943 et précise : « J'avais fait la connaissance de M. Robin par l'intermédiaire de M. Rousset, actuellement déporté politique en Allemagne (depuis septembre 1943) qui a diffusé le bulletin clandestin d'information de M. Robin jusqu'à la date de son arrestation ». David Rousset (qui travaillait avec Pierre Havard et Robert Antelme au Cabinet de Pucheux) œuvrait clandestinement pour la Résistance[33]. Auteur, dès 1946, de *L'Univers concentrationnaire*, premier essai consacré à la description des camps nazis, il permet de comprendre à quels dangers exposait ce double jeu. Philippe Dutrut-Empis précise avoir « vers juillet 1943 eu connaissance de démarches effectuées par les autorités allemandes auprès du ministère de l'Information contre M. Robin ».

C'est ce qui deviendra l'un des épisodes majeurs du mythe, à savoir l'arrestation par la Gestapo[34]… On cite une de ses lettres à un ancien camarade affirmant que sur « dénonciation », il a dû quitter le ministère le 1er septembre 1943, après avoir passé plusieurs semaines « sous la surveillance de la Gestapo avec un mandat d'arrêt et une condamnation à mort en attente chez les SS[35] ». Mais qu'il ait été arrêté puis remis en liberté est invraisemblable et, à plus forte raison, s'il avait été l'auteur d'une « lettre indésirable » adressée le 5 octobre 1943 à la Gestapo[36], lettre

---

33 H.-P. Eydoux (lettre du 28 mai 1985) et Gilles Martinet (lettre du 21 juin 1985) ont confirmé ces documents, sans toutefois pouvoir apporter d'information complémentaire. Les autres signataires ont disparu. David Rousset n'a jamais répondu aux lettres qui lui ont été adressées.

34 « Dénoncé à la Gestapo pour ses propos antihitlériens », écrit Kerdaniel, reprenant mot pour mot le premier article d'Alain Bourdon (*Cahiers des saisons*, hiver 1964). « Considéré comme fou et inoffensif, il échappe à la prison » (*Le Télégramme*, 7 juillet 1964).

35 Lettre du 4 novembre 1943 à Francis Berthou.

36 Citée in *Écrits oubliés I*, Ubacs, 1986, p. 200-202. « Effectivement envoyée », écrit Alain Bourdon, ce qui est évidemment faux.

où il évoquait les chambres à gaz itinérantes en Ukraine : le génocide
fut le secret le mieux gardé du Reich... Le fait qu'il ait pu continuer
ses activités d'écoute en bénéficiant d'un poste à son domicile suffit à
prouver qu'il bénéficiait d'un traitement de faveur, et le fait qu'il l'ait
mis à profit pour entrer en relation avec des groupes de résistants[37] est
encore de nature à le confirmer.

Il n'y a pas de raison de mettre en doute ces liens avec la Résistance.
Henri-Paul Eydoux, alors sous-directeur des Renseignements généraux,
atteste qu'« à la fin 42 à dans les six premiers mois de 1943 » (avant
son départ) il a assuré, pour le compte de l'Office algérien qu'il dirigeait, « un service d'écoute des radios alliées » dont il lui « remettait
un bulletin quotidien ».

Gilles Martinet, rédacteur en chef de l'agence France-Presse, atteste
que Robin a collaboré de juin à août 1944 à l'Agence d'informations
et documentations (AID) dépendant du CNR (Conseil national de la
Résistance) et du GPRF (Gouvernement provisoire de la République
française). Albert Camus, rédacteur en chef de *Combat*, confirme cette
attestation et déclare que Robin a remis à partir de mai 1944 à *Combat*
clandestin « le texte des émissions radiophoniques alliées ». D'après son
directeur, l'OFALAC (Office algérien d'action économique) avait chargé
Robin de lui remettre un bulletin concernant plus particulièrement
l'Afrique du nord.

La lettre par laquelle Robin demande sa réintégration à la date du
30 novembre 1944 mérite d'être citée, d'autant qu'elle est restée inédite :

> Connaissant toutes les langues européennes (à l'exception du hongrois
> et du finnois, que je sais seulement lire) et ayant fait des études d'arabe, de
> chinois et de japonais, je profitais de ma place au ministère de l'Information
> pour écouter le plus possible les émissions alliées et les répandre ; je dif-
> fusai même clandestinement mon bulletin d'informations, ainsi que les
> attestations ci-jointes pourront vous le prouver, dès 1942 (J'aurais eu beau-
> coup plus d'attestations si ceux qui utilisaient mon travail pour la résistance
> ne se trouvaient pas pour la plupart actuellement déportés en Allemagne).
> Je dus quitter le ministère de l'Information en 1943, au mois d'août à la
> suite de nombreuses dénonciations (dont celle de Jean-Charles Legrand) et

---

37   Témoignage d'Aurélien Sauvageot : « J'ai eu recours à lui pour faire parvenir par émission
     clandestine des informations à Londres, notamment en 1944 pour obtenir que le triage
     de Saint-Pierre-des-Corps soit bombardé, ce qui a eu lieu » (entretien du 22 mai 1985).
     Nombreux ont été ceux qui, dès 1943, comme Robin, ont affirmé utiliser leurs fonctions
     pour aider la Résistance.

de deux rapports de l'Ambassade d'Allemagne qui, à ce qu'on m'a rapporté, qualifiaient de « scandaleux » mes bulletins. S'il en était besoin, de nombreux témoins pourraient confirmer ces indications.

Bien que je ne sois pas revenu au ministère de l'Information depuis août 1943, mon nom était cependant resté sur les listes.

Après la libération je n'avais pas pensé me présenter au ministère de l'Information pour les raisons suivantes : 1°) J'avais été clandestinement sous l'occupation l'informateur de divers groupes de résistance pour les écoutes radiophoniques des émissions alliées, notamment du Parti communiste, de « Combat », de l'AID, des services militaires qui sont devenus « La sécurité militaire », 9 boulevard Haussmann ; à la Libération, je me suis trouvé être naturellement chargé d'informer ces différents groupements ; j'ai eu un travail de 15 heures par jour et je n'ai pas pensé une minute que j'avais autrefois fait partie du ministère de l'Information qui représentait d'ailleurs dans mon souvenir un mauvais moment[38].

Il ajoute que la « radio de la Nation française » qui l'a engagé[39] n'a pas été « suffisamment agréée par la Résistance » et que le Cabinet du Général de Gaulle « ne peut [le] reconnaître officiellement » : il demande donc en somme à être repris au ministère pour avoir cette couverture officielle qui lui manque… et ce au moment où le Comité national des Écrivains vient de l'inscrire sur sa liste noire.

LA LISTE NOIRE

Les explications que donne Robin ne sont pas de nature à lui permettre d'être réintégré mais cela ne signifie pas qu'elles soient fausses ni qu'il ait remis des attestations de complaisance. Bien au contraire, ces attestations se recoupent et peuvent être mises en relation avec un texte de Jacques Debû-Bridel figurant dans son introduction au tome V des *Œuvres* de Jean Paulhan[40] :

38   Archives nationales, dossier Robin reproduit in Françoise Morvan, *Armand Robin, bilans d'une recherche*, Annexe III.

39   Pour un salaire à lui seul étonnant (les vingt mille francs annoncés représentant plus de trois fois le salaire mensuel qu'il se dit prêt à percevoir comme précédemment).

40   « Jean Paulhan citoyen », par J. Debû-Bridel, in Paulhan, *Œuvres complètes* V, Tchou, p. 489. La lettre est datée d'octobre 1941 (elle a été vendue lors de la dispersion des archives de Jacques Debû-Bridel le 30 mai 2010). Jacques Debû-Bridel (1902-1993), qui avait publié

Quelques semaines avant l'arrestation de Jacques Decour, il eut l'étrange idée de nous proposer d'accueillir un jeune poète, devenu, par le malheur des temps, employé dans les services du sinistre F. de Brinon, – l'homme de Laval à Paris. Ce jeune homme voulait « se racheter », participer à la Résistance et commettre un attentat. Naturellement, Decour et moi de nous récuser, méfiants à juste titre. Le garçon était cinglé, et Brinon était à sa portée à toutes fins utiles. Paulhan n'insista pas. Le lendemain, un petit mot de sa belle écriture, dont voici le texte :

« Mon cher ami, je vois bien jusqu'où va la différence entre nous. Je m'obstine à croire et vous, non, que la poésie (et la politique) sont, pour une part, une façon d'utiliser la folie…

Mais laissons cela. Il va sans dire que sur le point qui nous occupe je ne ferai que ce que vous déciderez. J. P. »

Il ne s'agit là que d'un témoignage subjectif, porté à plusieurs années de distance et par un homme qui n'avait sans doute, de toute façon, pas connu Robin ; d'autre part, Robin ne travaillait pas dans les services de Brinon, mais nous savons que cette rumeur avait été lancée par les milieux communistes[41]. Cependant, – si toutefois le jeune poète cinglé est bien Robin – le billet de Paulhan offre un point d'appui ferme : d'une part, pour comprendre son attitude à l'égard de Robin (cette « utilisation de la folie » et cette circulation instituée entre les cercles résistants et collaborateurs), d'autre part, pour comprendre l'attitude de Robin dont le revirement a pu être plus précoce que ne le laisse supposer la correspondance (Jacques Decour fut arrêté en février 1942 et fusillé le 30 mai). Quoi qu'il en soit, ce revirement est attesté par deux sources en 1942, soit alors que l'organisation de la Résistance était embryonnaire, et les risques pris étaient réels.

Nous avons aussi le témoignage de Pascal Pia qui, par la suite, devait ouvrir à Robin les portes de *Combat* :

En 1945, avant la fin de la guerre, Robin tapait lui-même le texte de son bulletin, offrant chaque après-midi à sa clientèle dix à douze feuillets d'une

---

avant-guerre deux romans à la *NRF*, était un ami de Paulhan. Il était entré en résistance dès le début de l'Occupation et, avec Paulhan, Jacques Decour et Jean Blanzat, fut à l'origine du Comité national des Écrivains. Il représenta la Fédération républicaine au Comité national de la Résistance et fit partie des gaullistes de gauche. Sa longue saga d'une famille de l'avant-guerre à la Libération mérite mieux que l'oubli où elle est tombée.

41 Une attaque anonyme contre Robin publiée par *Les Lettres françaises* le 22 novembre 1946 en fait état (*Écrits oubliés I*, p. 226). Robin y répond en rappelant : « Lorsque j'ai refusé de quitter les idées d'extrême gauche, le Comité central du Parti stalinien n'hésita pas à dire partout que j'avais été le secrétaire de de Brinon pendant l'Occupation ». Il en profite pour évoquer ses activités et les risques pris pour la Résistance.

dactylographie compacte, où se trouvait condensée une centaine d'informations recueillies par lui la nuit précédente[42].

À cette date, soit après la libération de Paris, Robin travaillait pour des organismes qui pouvaient le rémunérer, au nombre desquels la radio de la Nation française, le cabinet du général de Gaulle et le gouvernement provisoire. Il lui aurait été très facile de faire oublier son travail au ministère de l'Information.

PROVOCATIONS

Le texte de Debû-Bridel montre, en tout cas, l'extrême imprudence de Paulhan dont le double jeu, sous l'Occupation, a maintes fois été étudié[43] : les éditions Gallimard avaient, somme toute, deux fers au feu – l'un, Drieu, pour la collaboration, l'autre, Paulhan, pour la Résistance, mais ce fut Drieu qui, lorsque Paulhan fut arrêté, intervint pour le faire libérer… Paulhan n'avait pas accepté la direction des pages littéraires de *Comœdia* mais Marcel Arland avait été recommandé par lui, et le rôle officieux qu'il jouait en y orientant des auteurs (comme Robin) faisait de *Comœdia* « un relais de la *NRF* progressivement désaffectée depuis la nomination de Drieu à sa direction[44] ».

La correspondance de Paulhan avec Jouhandeau éclaire ce double jeu d'un jour plus trouble encore puisque c'est Paulhan qui incite Jouhandeau à collaborer à la *NRF* de Drieu (lettre du 2 novembre 1940), qu'il le félicite d'écrire dans *Comœdia*, que l'ignoble pamphlet antisémite de Jouhandeau, *Le Péril juif*, rencontre son indulgence – il va jusqu'à avouer que les Juifs « se montrent racistes » mais estime qu'il ne faut pas les imiter (4 novembre 1940). Dénoncé à la Gestapo comme juif par la femme de Jouhandeau, il passe l'éponge ; il excuse aussi le voyage à Weimar organisé par les services de propagande allemands, voyage qui rassemble en octobre 1941 la fine fleur de la collaboration (Drieu, Fernandez, Fraigneau, Brasillach, Chardonne, Bonnard, Jouhandeau – Arland s'étant opportunément décommandé au dernier moment). Tous deux vénèrent Gerhard Heller[45] qui a

---

42 « Le mauvais temps », *Carrefour*, 19 juin 1968.
43 Et nous avons déjà pu citer les recherches de Pierre Hebey à ce propos en évoquant le travail de Robin à la *NRF* (*cf. supra*, p. 196).
44 Gisèle Sapiro, *Les Intellectuels et l'Occupation, 1940-1944*, Autrement, 2004, p. 53.
45 *Sonderführer* en charge de la politique littéraire dont le rôle a été remarquablement étudié par Gérard Loiseaux (*La Littérature de la défaite et de la collaboration*, Paris, Fayard, 1995, p. 504-519).

organisé ce voyage et avec lequel tous deux resteront en amicales relations
après-guerre… Jouhandeau admet qu'il a dénoncé Max Jacob comme
juif, mais puisqu'il l'était… : « Quant à Max, en le dénonçant comme
Juif, je n'ai fait que constater l'évidence. Le Juif en lui ne se cachait pas. »
Monarchiste, anarchiste, antidémocrate et conseiller municipal socialiste,
anticommuniste et prêt à faire le jeu des communistes, Paulhan se révèle
le redoutable maître d'un jeu truqué auquel Robin n'est pas le seul à être
venu se prendre.

Le présenter comme un collaborateur parce qu'il a publié dans la
NRF et dans *Comœdia*, produit une émission de poésie pour Radio-Paris
et travaillé au ministère de l'Information reviendrait à donner pour collaborateurs Sartre, qui a occupé le poste d'un professeur juif, collaboré
à *Comœdia* et fait jouer *Les Mouches* sous contrôle allemand, Simone de
Beauvoir qui en 1944 encore collaborait à Radio-Paris, Aragon et Elsa
Triolet qui publiaient chez Denoël, éditeur ouvertement pronazi, Guillevic
et Follain qui publiaient dans la *NRF*, Henri Thomas qui traduisait
Jünger et, dans cette même *NRF*, citait avec enthousiasme les lettres
d'un soldat allemand clamant sa foi dans le « travail commun des deux
peuples » promis à un avenir radieux[46] ; Blanchot, assistant de Drieu,
Arland, Parain, et tant d'autres… En 1940, les cartes ont été redistri-
buées et les postes alloués à des auteurs dont les options idéologiques
s'accordaient avec la collaboration ; en quelques mois, à partir de 1943,
les cartes se redistribuent à nouveau. Il y a des reconversions express,
ainsi celle de Claude Roy qui passe de *L'Action française* aux *Lettres
françaises*, des glissements discrets de la collaboration au communisme,
et des disparitions le temps de se faire oublier. Le milieu littéraire se
retrouve soudain massivement communiste comme il a été quatre ans
plus tôt massivement pétainiste.

Or, loin de faire amende honorable et de se rallier par un habile
rétablissement politique au parti des hommes de lettres qui s'apprêtent à
prendre le pouvoir et loin de se faire oublier, Robin se dénonce ouvertement

---

46 Encore précise-t-il que « les Français devront réviser bien des notions » alors que « l'Allemand
ne succombera à aucune illusion de vainqueur, les conditions de l'armistice le montrent ».
Ce si doux armistice fait pour ouvrir sur « une victoire de l'esprit » amenait Henri Thomas
à demander s'il n'y avait pas là « le contact direct et vrai que pourraient souhaiter un Gide,
un Malraux » (*NRF*, mars 1942, p. 381-383). On chercherait en vain une telle apologie
de la collaboration sous la plume de Robin. À cette date, il se reprochait amèrement ses
compromissions.

– non en tant que collaborateur mais en tant que littérateur. « À partir de
1936 mes premiers succès littéraires me conduisirent à des fléchissements
dont j'ai honte maintenant » écrit-il à Jean Paulhan, le 6 septembre 1943.
C'est à cette époque que fait allusion le projet de préface « Cinq ans je
vécus dans la maison des morts[47]… ». Le plus pathétique est, bien sûr,
qu'il s'adresse à Paulhan pour dénoncer le milieu littéraire – Paulhan,
qui joue la carte de la Résistance mais n'est que trop heureux de voir
attaquer Aragon…

Au nombre de ceux qu'il nomme ici « les représentants des forces
d'oppression », Éluard et Aragon deviennent cibles d'attaques d'une
violence redoublée – attaques menées, non pas au nom d'un apolitisme
résolu (en quoi Robin se serait simplement montré fidèle aux affirmations qui, en 1941, justifiaient son attitude[48]), non pas au nom d'idées
libertaires qui l'amèneraient à dénoncer l'inféodation des intellectuels
au stalinisme tout-puissant, mais au nom d'un communisme authentique, c'est-à-dire authentiquement prolétarien, c'est-à-dire stalinien. À
la fin de 1943, Robin en vient à se réclamer de Staline pour dénoncer
ceux qui, Éluard et Aragon en tête, jouent un jeu mondain tout en se
réclamant du communisme. Il coupe les ponts avec Paulhan, annonce
qu'il ne donnera plus rien à la *NRF*[49] et se trouve absolument seul :
sans appui dans les milieux de droite puisque son attitude farouchement
communiste le rend « indésirable » ; sans appui dans les milieux de
gauche puisqu'il est accusé d'avoir collaboré avec la droite ; sans aucun
appui littéraire puisque Guéhenno, Éluard et Paulhan qui avaient été

---

47   Voir *supra*, p. 185.

48   On se souvient du texte « Domaine terrestre » qui avait tant choqué Guéhenno : « C'est
     un très beau, très émouvant domaine terrestre que celui qui nous est offert ; les plus
     simples mots en sortent avec une efficacité nouvelle » et il s'agissait donc, non de se taire
     pour protester contre l'oppression, mais, au contraire, de s'appliquer à « bien écrire, penser
     juste, fort et simple, composer de beaux poèmes » (*NRF*, janvier 1941, *Écrits oubliés I*,
     p. 116-118).

49   Ou, plus précisément, qu'il ne donnera pas à la *NRF* les traductions promises : « L'Arnim,
     les poèmes de Goethe, le Lao-Tseu, le Tchouang-Tseu » – traductions perdues (une traduc-
     tion d'Achim von Arnim était parue en mars 1943 dans la *NRF*, une autre en mai de la
     même année dans *Comœdia* : il ne peut s'agir que d'un autre texte. Quant aux poèmes de
     Goethe, ils ne figurent dans aucun recueil de Robin). En 1946 encore, Robin indique en
     tête de sa préface : « Ces poèmes d'ADY devaient paraître aux éditions GALLIMARD.
     Il m'a paru qu'ils auraient plus de sens si j'en faisais don aux travailleurs (…). J'ai fait
     d'ADY un poète français ; je suis responsable jusqu'à un certain point de son sort dans
     la littérature française […] comment accepter qu'ADY soit publié sur le même plan que
     les écrivains français actuels ? » (Éditions de la Fédération anarchiste, p. 7-8).

– avec Supervielle – ses plus proches relations[50], compteront, en tant
que membres du Comité national des Écrivains, au nombre de ses juges.

Dès novembre 1943, un an avant la condamnation de Robin par
le CNÉ, le point de non-retour est atteint avec ses sarcasmes contre le
Prix de la Pléiade[51] et l'attaque anonyme qui s'ensuit dans *Poésie 43* :

> On ne parle plus dans Paris que du Prix de la Pléiade – cent mille francs
> attribués à un jeune auteur de génie en dehors de toutes considérations
> commerciales. M. Armand Robin – qui ne remplissait sans doute pas les
> conditions requises – s'est élevé avec bruit contre cette initiative qualifiée
> par lui de «capitaliste» et de «bourgeoise» et a annoncé son intention de
> fonder à son tour un prix littéraire, plus modeste bien sûr, mais d'inspiration
> prolétarienne et révolutionnaire.
>
> On demande simplement à quel titre M. Armand Robin, qui fut un des
> rares collaborateurs de la *NRF* de M. Drieu la Rochelle, se juge-t-il [*sic*]
> qualifié pour invoquer le prolétariat et la révolution[52].

Une telle attaque, dans une telle revue, à un tel moment, équivaut
à une exclusion définitive – et une dénonciation.

MISE AU BAN

Le CNÉ avait été fondé fin 1941 par Jacques Decour, Jean Paulhan
et Jacques Debû-Bridel, puis Jean Blanzat. Jean Guéhenno avait été l'un
des premiers écrivains à y adhérer (en 1942), suivi fin 1942 par François
Mauriac ; à la suite de l'arrestation de Jacques Decour, Claude Morgan[53]
fut désigné par le PC pour le remplacer, puis Aragon se chargea de

---

50 *Ma vie sans moi* était dédiée «à mes amis Jean Guéhenno, Jean Paulhan, Jules Supervielle».
51 Le Prix de la Pléiade, lancé en août 1943 par Gaston Gallimard, avait suscité nombre de
    commentaires ironiques : «Hormis les persifleurs qui, soit s'étonnent de ce qu'un éditeur
    soit juge et partie, soit félicitent Gaston Gallimard d'avoir enfin officialisé la collusion
    chronique entre certains éditeurs et certains jurys littéraires, la presse ultra retient
    surtout la composition du jury» (Pierre Assouline, *Gaston Gallimard*, Balland, 1984,
    p. 379). Le jury, composé de Marcel Arland, Maurice Blanchot, Joë Bousquet, Albert
    Camus, Paul Éluard, Jean Grenier, André Malraux, Jean Paulhan, Raymond Queneau,
    Jean-Paul Sartre et Roland Tual, ne comprenait que des auteurs publiés chez Gallimard,
    voire membres du comité de lecture. Le prix de cent mille francs, destiné à révéler une
    œuvre inédite d'un jeune écrivain, fut décerné au chanteur Mouloudji. Marcel Arland et
    Maurice Blanchot avaient abondamment publié dans *Comoedia* et la *NRF*. Robin, au lieu
    de dénoncer la comédie des prix, créa un Prix prolétarien (qui ne fut jamais décerné).
52 *Poésie 43* n° 16, octobre/novembre 1943, p. 89.
53 De son vrai nom Charles Lecomte, fils d'académicien, passé de l'extrême droite au
    communisme, comme Claude Roy.

recruter en zone sud ; Éluard, qui venait de réadhérer au PC, puis Sartre furent recrutés en 1943. Lors d'une réunion plénière du CNÉ en 1943, on comptait une vingtaine de personnes, dont Camus, Ponge, Claude Roy, Pierre Seghers ; enfin, le 9 septembre 1944, la liste des membres du CNÉ, complétée le 16, comptait 75 membres[54]. « L'appartenance au CNÉ clandestin devient un enjeu à la Libération, tant pour les agents, auxquels elle confère un "certificat de Résistance" que pour une "institution" soucieuse d'affirmer sa légitimité et sa représentativité littéraires et nationales[55] » et certains recrutements sont si tardifs que le nom de Claudel est ajouté après sa rencontre avec Aragon en septembre 1944...

« À tous les postes clés dans l'édition, la presse, la radio, les galeries d'art, on retrouvait les plus farouches antimilitaristes dans les attitudes les plus chauvines, brandissant des "listes noires", avides de sanctions, quitte (en sous-main) à passer l'éponge moyennant de solides garanties, ce qui constituait la technique du dédouanage[56]. » En effet, si le principal effet du CNÉ est de constituer un réseau de pouvoir afin de contrôler la réorganisation du champ littéraire, sa principale activité consiste à dresser une liste des écrivains collaborateurs. Le problème est que ce tribunal des Lettres n'a aucune légitimité sinon celle qu'il se donne, que les critères selon lesquels il se détermine sont on ne peut plus flous et que la sanction prévue est purement négative : les écrivains résistants s'engagent à ne rien donner aux journaux ou aux éditeurs qui publieraient les écrivains collaborateurs – étrange masochisme qui consiste à se vouer au boycott pour punir les complices de coupables, quant à eux, l'avenir devait le prouver, totalement dénués de remords. Sur cette base, on conçoit que les listes noires successivement publiées aient provoqué mainte contestation.

Une première liste noire de douze auteurs à sanctionner est d'abord dressée : Brasillach, Céline, Alphonse de Châteaubriant, Chardonne, Drieu La Rochelle, Giono, Jouhandeau, Maurras, Montherlant, Morand, Petitjean, Thérive. Ce sont majoritairement des écrivains qui ont collaboré à la *NRF* de Drieu, qui ont écrit des textes ignobles, mais tant d'autres en ont fait autant... Ce qui les rassemble, c'est, dirait-on, qu'ils

---

54   Gisèle Sapiro, *La Guerre des écrivains (1940-1953)*, Fayard, 1999, p. 529.

55   *Ibid.*, p. 533.

56   Pascal Mercier, *Le Comité national des écrivains*, cité par Guy Prévan in « Aragon, les pérégrinations d'un cadavre exquis », *Les Nouvelles littéraires*, 28 décembre 1982.

ont profité de la situation avec une satisfaction ostensible[57]. Cependant, au moment même où l'unanimité se fait sur les noms des plus coupables, force est de constater que Paulhan, une fois de plus, joue le jeu sans le jouer. Les carnets de Follain, qui permettent de suivre la vie du petit monde de la collaboration littéraire centré autour de la *NRF*, donnent une clé de l'attitude ultérieure de celui qui, pour lors, incarne la Résistance ; le 5 septembre 1944, Follain dîne chez Paulhan avec Bertelé, Frénaud, Guillevic et quelques autres. « Paulhan, qui est du Comité national des écrivains », écrit-il, « a voté les premières exclusions prononcées contre Drieu, Montherlant, Morand, Jouhandeau. Cela était avant-hier. Aujourd'hui, il dit à Frénaud : "Ne croyez-vous point que nous avons été un tant soit peu ridicules ? Et si les exclus fondent une revue qui groupent leurs noms dont beaucoup sont illustres ?" Quelque temps après, comme quelqu'un lui parle de quand il reprendra la *NRF*, il répond : "Oh ! Quand je pourrai y publier absolument tous ceux que je voudrai, y compris mon ami Jouhandeau[58]". »

Le 16 septembre, dans *Les Lettres françaises*, paraît une liste de 94 noms, puis, le 21 octobre, une liste de 158 noms, et, le 4 novembre, un rectificatif ajoutant le nom d'Armand Robin et celui de Paul Morand, mystérieusement « oublié » de la liste définitive alors qu'il comptait au nombre des écrivains les plus compromis[59].

Il n'est pas possible de connaître les raisons de la condamnation de Robin puisque le CNÉ, au nom donc d'une entité invisible supposée régner sur une institution fonctionnant comme une église et justifiant a priori l'excommunication, condamnait sans donner de motifs. Elles ne peuvent tenir à ses écrits[60] ni à la teneur de son travail au ministère de l'Information

---

57 C'est aussi ce qui apparaît à lire les études que Pierre Hebey a consacrées à plusieurs d'entre eux, notamment Giono, Morand, Petitjean (*La Nouvelle Revue française des années sombres (1940-1941)*, Paris, Gallimard, 1992).

58 *Ibid.*, p. 152-153. Le 20 septembre, Paul Léautaud, qui, sous l'Occupation, a pris l'habitude de déjeuner chez Florence Gould avec Paulhan, Heller, Jünger et divers partisans de la collaboration, se voit proposer par Paulhan de publier un volume dans la collection de livres « sous le manteau » où il vient de faire paraître un livre de Jouhandeau. C'est grassement payé (trente mille francs) mais comme il risque des ennuis avec les « justiciers », il préfère refuser (Paul Léautaud, *Journal littéraire*, Paris, Mercure de France, 1968 (rééd. 1998).

59 L'Académie française décerne à présent un prix Paul Morand.

60 En aucun texte répertorié à ce jour Robin ne fait l'éloge du nazisme ou du régime de Vichy (son seul texte politique est l'article de la *NRF* faisant l'apologie de l'apolitisme). Il existe, en revanche, de nombreux éloges du maréchal Pétain par des écrivains qui n'ont jamais été condamnés (ainsi, dans *Le Figaro* du 10 mai 1941, un long poème de Claudel

(puisque personne ne pouvait rien en savoir), ni au fait qu'il ait collaboré à la *NRF* et à *Comœdia*[61] ni même au fait qu'il ait travaillé au ministère de l'Information, ce qui relevait d'une mesure d'épuration administrative (à laquelle il a été soumis). Il a toujours accusé Aragon d'avoir rajouté son nom pour se venger (d'autant qu'un conflit l'avait opposé à Elsa Triolet pour les traductions de Maïakovski[62]), et il est clair que s'en prendre à Aragon en 1944 était suicidaire[63]. Mais l'intervention d'Aragon était sans doute due à Éluard. Interrogé à ce sujet, Lucien Scheler expliquait que Robin avait adressé à Éluard au printemps 1943 une lettre portant la mention « Vive Staline ! », ce qui risquait de le mettre en danger, les communistes étant poursuivis[64]. Éluard passait pour plus féroce qu'Aragon et, en 1943, il avait été attaqué par Robin qui, avec le groupe surréaliste La Main à plume, s'était mis à l'accuser de parader dans les salons au lieu de servir le prolétariat (de plus, témoin au mariage de Robin, il avait pris le parti de son épouse dans le conflit qui devait mener à leur divorce). Indigné par le tract « Un peu de clarté » de La Main à plume (qui était sans doute

---

« Paroles du Maréchal » – il est vrai que, le 23 décembre 1944, Claudel publie dans le même journal un autre poème, intitulé, lui, « Au général de Gaulle »). Sur ce point, ce qu'écrit Robin à Jean Bouhier est rigoureusement exact : « Foucher me dit que la revue est assurée de l'appui et de la collaboration d'écrivains comme Claudel ou Duhamel : je veux bien, j'ai de l'admiration pour eux ; mais enfin puisque le problème a été posé sur ce plan, je n'ai pas écrit de poème à Pétain comme le premier, ni fréquenté l'Institut allemand comme le second ; il m'est donc absolument impossible de "passer" sur des absurdités de ce genre. » (7 février 1945).

61   Nombre de membres du CNÉ avaient écrit dans les journaux et revues qui paraissaient sous l'Occupation (ainsi, Jean Paulhan, Claude Roy et Gabriel Audisio, président du « Comité d'épuration pour les Lettres »). Gide, Valéry, Fargue, Colette, Claudel, entre des dizaines d'autres écrivains, collaborèrent aux mêmes revues que Robin sans jamais être inquiétés, pas plus que Marcel Arland qui était, lui, directeur des pages littéraires de *Comœdia*.

62   Voir *supra*, p. 208.

63   « En 1944-1945, Aragon peut tout se permettre. Ses livres paraissent chez Gallimard, ses articles dans *Les Lettres françaises* qui tirent tout de même à plus de cent mille exemplaires et dans *Ce Soir* dont il est directeur en attendant le retour d'Union Soviétique de Jean-Richard Bloch ; il est le secrétaire général du CNÉ, le poète de la Résistance et l'écrivain officiel que de Gaulle verrait bien à l'Académie. » (Pierre Assouline, *L'Épuration des intellectuels*, Éditions Complexe, 1985, p. 114).

64   « Dans le courrier relevé pour lui rue de la Chapelle, Éluard a trouvé aujourd'hui une lettre d'Armand Robin, bon poète et excellent traducteur qu'il avait connu avant-guerre à la *NRF*. [...] Avant de la décacheter, le poète considère attentivement, tracés sur l'enveloppe auprès de l'adresse et soulignés, ces deux mots de son correspondant : Vive Staline ! » Lucien Scheler s'imagine que Robin, « anarchiste convaincu, se défoulait ainsi » mais il n'était alors nullement anarchiste (*La Grande Espérance des poètes, 1940-1945*, 1982, p. 234).

l'objet de la lettre adressée avec la mention « Vice Staline ! »), il dénonçait en Robin un provocateur : sans doute a-t-il convaincu Aragon d'ajouter son nom à la liste[65].

Il va de soi qu'envoyer une telle lettre en un tel moment était faire courir un réel danger à ses correspondants et que dénoncer au nom de la vérité prolétarienne, brandissant l'image de Staline et s'en réclamant avec une grandiloquence comparable à celle des poètes de la Nouvelle Résistance était leur renvoyer d'eux-mêmes une image si parodique et si ostentatoire qu'il ne restait plus guère qu'à l'exclure ou le déclarer fou. Mais, de la part des membres du CNÉ, condamner cette folie revenait à la juger répréhensible en tant que fondée en raison. Envisagée dans cette perspective, la condamnation de Robin par le Comité national des Écrivains correspond très exactement à l'interprétation qu'il en donne : elle est la réaction d'un clan qui défend ses normes et ses privilèges contre un intrus[66].

Robin a toujours affirmé qu'il avait *demandé et obtenu* de figurer sur cette liste (« Je me suis donné bien du mal, il y a deux ans, pour obtenir que les malins et les couards me condamnent ; je conterai quelque jour combien je dus me démener pour être admis à figurer, deux mois après tous les autres, sur la "liste noire des écrivains". Et j'irais maintenant perdre cet avantage[67] ? »). Ce n'est sans doute pas exact (au contraire, peut-être a-t-il demandé à Queneau et Mauriac d'intervenir pour faire radier son nom[68]). Cependant, il a tout fait pour être mis au ban, et l'on ne peut

65 Cette hypothèse est confirmée par l'attaque anonyme contre Robin dans les *Lettres françaises* : « Utilisant sa connaissance des langues… il prenait à Radio-Paris les écoutes des radios étrangères pour MM. Laval et de Brinon [et] dans la même période, quand il suspectait quelqu'un d'appartenir à la Résistance, il lui envoyait des lettres sur l'enveloppe desquelles il écrivait "Vive Staline !" pour les dénoncer à la Gestapo » (*Écrits oubliés I*, p. 226). En l'occurrence, le délateur anonyme résume de manière assez précise la teneur des faits reprochés à Robin (le travail au ministère de l'Information devient un travail pour Radio-Paris et de Brinon, les courriers prolétariens se changent en dénonciations à la Gestapo et c'est sur cette base que, sans entendre le présumé coupable, on le condamne). Le cas Robin est particulièrement intéressant (surtout mis en relation avec le cas Morand) puisqu'il clôt la liste noire comme pour la prendre en miroir et en dénoncer la vanité.

66 Qu'il suffise d'attirer l'attention sur le texte anonyme de *Poésie 43*, l'attaque, anonyme elle aussi, des *Lettres françaises*, et la réponse incompréhensible que Robin publia dans *Le Libertaire* sous le titre « De la maladresse des bourgeois staliniens dans la calomnie » (*Écrits oubliés I*, p. 226 à 238).

67 *Poèmes de Boris Pasternak*, Éditions anarchistes, p. 4.

68 C'est ce que semblerait indiquer la « note bio-bibliographique » d'Alain Bourdon dans les *Cahiers des saisons*, hiver 1964, mais elle est à prendre avec les plus grandes réserves.

nier que son attitude ait tendu à le mener à cette exclusion officielle :
non seulement ses attaques contre les institutions mais sa dénonciation
du personnel littéraire en train de se mettre en place paraissaient bien
destinées à l'attirer de manière inéluctable.

Entre le jeune écrivain qui, en 1942, se voit promu à l'égal de Sartre
et de Camus[69] et celui qui, deux ans plus tard, se voit totalement déconsi-
déré, il n'y a pas seulement une accumulation d'erreurs, de maladresses,
de signes d'inadaptation, de calculs, d'intérêts contradictoires et de refus
mais aussi une rupture due à un désir profond de travailler autrement.
En 1943, Robin passe pour l'un des meilleurs poètes de sa génération,
il compte au nombre des critiques les plus perspicaces et des traducteurs
les plus puissants, son travail d'essayiste et de romancier témoigne d'une
même force et d'une même originalité ; quelques mois plus tard, il
entre dans une sorte de clandestinité au grand jour – peut-être n'est-il
pas inutile de rappeler qu'il a alors trente-deux ans, qu'il lui reste une
quinzaine d'années à vivre, que son travail ne suscitera plus guère de
commentaires[70] et qu'il demeurera dans ce qu'il a de force propre, jusqu'au
bout, invisible à tous. C'est bien à cet état d'oublié vivant que font allusion nombre de textes du *Monde d'une voix* – fragments abandonnés et
qui ne disent plus que l'abandon. L'expérience d'écoutes et de traduction
doit peut-être sa grandeur à cette perdition consentie. Ce n'est guère,
en tout cas, que dans cette perspective que l'invention – ou, du moins,
le choix – du métier d'écouteur peut prendre son sens.

Même si sa réintégration au ministère de l'Information avait été refu-
sée, d'autres services d'écoute existaient (au Mont Valérien, notamment)
ou d'autres organismes qui auraient pu l'employer. Les organismes pour
lesquels il avait travaillé en 1944 avaient donné lieu à divers services.
Robin avait, d'autre part, obtenu plusieurs postes d'enseignement : il
lui aurait été possible de reprendre le métier pour lequel il avait été
formé, s'il n'avait adressé diverses « Lettres indésirables » au ministre

---

69   Maurice Blanchot présente la même année et avec un égal intérêt, *L'Étranger* et *Le Temps
     qu'il fait*. Marcel Arland confie à Sartre (qui accepte puis renonce), à Camus (qui se
     désiste) et à Robin la charge d'écrire les articles de tête dans *Comœdia*. *Le Temps qu'il fait*
     marque son passage de la collection « Métamorphoses », collection à tirage limité, à la
     prestigieuse collection « Blanche ». Drieu la Rochelle le présente en même temps que
     Terraqué de Guillevic et *Canisy* de Follain. Ses poèmes paraissent dans deux anthologies.
     On le prie de donner son témoignage sur son travail (*Le Figaro*, 3 novembre 1942).
70   Seuls méritent d'être mentionnés les textes de Marcel Bisiaux (*Arts*, 1953), Gabriel
     Venaissin (*Combat*, 1954) et Philippe Jaccottet (*NNRF*, 1954 et 1959).

de l'Éducation nationale (novembre 1945), au Comité d'épuration pour les Lettres (5 avril 1946) ou à la rédaction des *Lettres Françaises* (10 mai 1947, entre autres). Acheter en 1945 un poste de grande puissance[71] et entreprendre de poursuivre les écoutes pour son compte paraît bien relever d'un choix, si orienté par les circonstances qu'il eût été : le résultat d'une volonté de travailler en homme libre, comme il l'écrit, et d'exprimer sa position de transfuge. Il existe, à ce sujet aussi, tant de fragments posthumes qu'il suffira de se borner à un extrait lapidaire :

> Dans la canaille littéraire je n'ai pas d'amitié.
> Homme du peuple, visage ouvert,
> Je donne mon travail sans commentaire
> Le monde, tout le monde chez moi passe au travers[72].

Le travail d'écoutes et de « non-traduction » semble pouvoir s'entendre ainsi, selon ce qu'en dit Robin, comme tentative double, double biais d'une même expérience qui se joue de ce travail, le soulève, le porte et justifie peut-être ses faiblesses.

---

71 « Je me suis ruiné à acheter le poste de radio le meilleur qui existe sur terre ; un poste professionnel américain qui est une merveille », écrit-il le 20 juillet 1945 à Jean Paulhan. Deux ans plus tard, une reconnaissance de dette mentionne l'emprunt à Gaston Gallimard de 45 000 francs pour l'achat d'un poste de radio (document daté du 16 mai 1947, conservé par les éditions Gallimard).
72 *Le Monde d'une voix* (1968) p. 72-73.

EXPERTISE DE LA FAUSSE PAROLE

> Écoutes de radio.
> … Les nuages qui passent la nuit sous le ciel sont désormais composés de cris humains qui attendent de tomber et se meuvent obscurément en des règnes que fréquentent des oreilles qui n'entendent plus.
> *Fragment posthume.*

Robin s'est jeté à sa manière dans une résistance qui lui assurait un avenir – mais sous réserve d'en faire une lutte solitaire contre un mal absolu, un acte d'héroïsme d'autant plus pur qu'il était consacré par un isolement total ; cette sorte de contre-unanimité qui aboutissait à une forme d'unanimité, donc de cohérence, il l'a revendiquée assez constamment passé 1944 pour que l'entreprise d'écoute apparaisse, en relation avec les *Poèmes indésirables*, comme une tentative vitale : être le « dernier seul » ou disparaître – en fin de compte, la condamnation par le CNÉ aura été une manière de survivre à la perdition : une fois l'ennemi clairement désigné, la résistance ouverte pouvait devenir Résistance et se substituer à la Résistance qualifiée de farce sinistre puisque contrôlée par les « bourgeois communistes » et leurs alliés. S'adressant à Paulhan (fin 1943), Robin affirme : « Je réussirai à avoir une vie qui sera toute basée sur la force indéracinable du travail et de l'indépendance vis-à-vis des puissances d'asservissement ».

Dix ans plus tard, Marcel Bisiaux – influencé par la version des faits que Robin donne alors pour faire oublier ses errements – assure que « depuis 1940, son travail professionnel consiste en l'écoute des radios en langues étrangères, à titre d'entreprise privée et absolument libre[1] ». Il

---

1   *Arts*, 29 avril 1953, p. 5.

met bien l'accent sur la volonté de liberté qui a fait de la rupture imposée
un acte positif. Faut-il y voir aussi une expérience « authentiquement
prolétarienne », comme il le répète au cours des années 1945-1948 – un
travail politique contre la politique, un travail littéraire antilittéraire,
l'étude des propagandes constituant le lien entre poésie et politique ?
De la liberté revendiquée à l'affirmation de convictions libertaires, il
peut y avoir très loin.

ANARCHISME ?

Tout en s'affirmant solitaire, Robin trouve à la Fédération anarchiste
un milieu porteur qui, de fait, se révèle efficace puisqu'il assure jusqu'à
nos jours encore sa survie littéraire. La Fédération anarchiste, interdite
en 1939, est à nouveau autorisée en août 1944 et le journal *Le Libertaire*
peut reparaître à partir du 21 décembre 1944. Peu après l'adhésion de
Robin, en 1945, la Fédération anarchiste prend en charge la publication
des *Poèmes indésirables* dont la préface est un véritable brûlot dirigé contre
l'institution littéraire :

> **AU LIEU DU TITRE DE PROPRIÉTÉ** : « Tous droits de reproduction
> et de traduction réservés. »
> La Pensée et la Poésie sont par nature indésirables. Les mauvais penseurs
> et les mauvais poètes les ont toujours jugées telles, mais jusqu'à ces temps
> ils n'avaient pas été si sots que d'aller formuler officiellement ce sentiment.
> Évadés du camp de concentration établi en tout pays pour abîmer l'Âme,
> ces poèmes sont, au nom des idées irréductiblement d'extrême-gauche,
> un *don* du poète aux peuples martyrisés et en attente d'un plus grand mar-
> tyre ; en conséquence :
> Leur reproduction et leur traduction sont absolument libres pour tous les
> pays ; aucun droit d'auteur ; ces poèmes tombent dans le domaine public, dès
> aujourd'hui ; ils ne doivent être utilisés par aucun parti politique existant
> ou à venir ; étant nés sans patrie pour toutes les patries, ils ne doivent servir
> aucune cause « nationale », ni aucune cause faussement « internationale » ; ils
> ne doivent être cités élogieusement par aucun journal, aucune radio, aucune
> « revue littéraire » ; bref aucun organisme officiellement ou officieusement
> chargé de tromper ; ils ne doivent être l'objet d'aucune approbation de la
> part d'aucun « intellectuel », à moins qu'il ne puisse prouver son absolue

non-coopération avec toute forme d'oppression présente ou future ; ils doivent faire leur œuvre sans aucun bruit, sans aucune aide et surtout *sans aucune propagande,* vaincre sans aucune arme d'aucune sorte l'énorme silence qui recouvre en ce moment sur terre la tentative d'assassinat de toutes les consciences ; ils doivent demander toutes leurs ressources au seul Amour.

Ces poèmes et ceux qui suivront seront jetés à la mer avec des ressources provenant exclusivement de mon travail. Puis que viennent les plus fortes vagues pour les perdre !

Il s'agit ici d'un cri en mots français ; si je peux rester sans dormir pendant encore quelque dix années, j'espère également pouvoir parler dans la langue de tout pays qu'on aura privé d'expression.

Armand ROBIN. – Noël 1945.

Le Libertaire lui ouvre ses colonnes et lui donne une audience qui, loin d'être négligeable, lui assure en prime un statut de grand rebelle fort utile pour son image. La collaboration attestée au *Libertaire* commence par la publication de l'un des *Poèmes indésirables* le 20 novembre 1945, puis un article sur « La radio internationale ou le silence totalitaire », le 19 avril 1946[2]. Le même jour, paraît une traduction d'André Ady, « En tête des morts » car il s'agit d'annoncer la publication des *Poèmes d'Ady* en mai. De même la parution des *Poèmes de Boris Pasternak* en octobre est-elle précédée de deux articles sur « l'épuration de Boris Pasternak », l'un d'eux repris à la fin du volume qui donne pour auteur « Armand Robin, inscrit sur la liste noire des écrivains français » et pour titre *Poèmes de Boris Pasternak, inscrit sur la liste noire des écrivains soviétiques.* Les textes de présentation de ces deux plaquettes sont encore plus exaltés :

Sur toute la planète un énorme silence ; des multitudes sans parole disparaissent ; les regards ne voient plus et les oreilles n'entendent plus ; les mensongers sont renommés seuls véritables ; les purs sont proclamés impurs, les impurs sont décrétés les seuls purs. Partout, épais comme des monts, de gigantesques réactionnaires : ils fouettent les peuples et s'étonnent que les peuples crient : « Pourquoi nous châtiez-vous ? » Ils ferment bruyamment le réel : « Vous avez assez vu, maintenant faites-vous esclaves ! » [...]

Il faut que dès ce jour, sans attendre, dès ce jour même qu'est le jour d'aujourd'hui, tout soit fait pour que les temps puissent rouvrir. Tous les moyens doivent devenir absolument purs ; une nouvelle semence doit être

---

2   Mais, l'anonymat ayant été de règle jusqu'en septembre 1946, c'est-à-dire jusqu'au congrès de Dijon, il est probable que de nombreux articles sont restés non référencés. Dominique Radufe pense qu'il « collabora pratiquement à chaque numéro du journal » (*Armand Robin écouteur,* p. 31).

jetée par des mains qui ne sauront aucune ruse ; une sainteté encore inouïe est à la veille de flamboyer. Je ne suis que l'un des miens sentant en tête des miens ce qu'on veut faire subir aux pauvres gens ; je sais ce qui me serait donné si je vendais mon âme ; si je trahissais les travailleurs, demain les maîtres me fêteraient, me décoreraient. Je n'ai d'autre mérite que de refuser cette séduction. Ou plutôt je n'y ai aucun mérite, car je ne fais que voir l'ÉVIDENCE : du fond de leur infini désespoir, les travailleurs de tous les pays demandent mutuellement que tout devienne non-intrigue, non-tactique, non-propagande, non-haine, non-vengeance, non-profil, non-calcul, non-désir de dominer, non-respect du succès, non-soif de récompense, non-souci des avantages et des intérêts, non-recours aux appuis, non-frisson devant les prisons, non-effroi au sein des effrois, non-mort au sein de la mort, non-ténèbre au plus ténébreux des ténèbres.

Et voilà pourquoi cet hommage à mon frère, Boris Pasternak, j'ai choisi de le publier avec des ressources provenant exclusivement de mon travail sous forme de don en faveur des hommes les plus rares : les authentiques révolutionnaires.

En fait, les contributions de Robin au *Libertaire* sont surtout des articles qui mettent en scène son exclusion (« Le cas Paul Éluard », 5 juillet 1946 ; « À propos de Paul Éluard », 13 septembre 1946 ; « De la maladresse des bourgeois staliniens dans la calomnie », 29 novembre 1946 ; « Demande officielle pour obtenir d'être sur toutes les listes noires », 29 novembre 1946 ; « Épilogue d'une triste histoire », 19 janvier 1947…). C'est en 1946 qu'il rencontre Georges Brassens à la Fédération anarchiste, et il devient « Robin-la-liste-noire », un personnage d'épopée fantasque qui d'ailleurs trouvera place dans *La Lune écoute aux portes*, roman délirant publié par Brassens en 1947 à la Bibliothèque du lève-nez, autrement dit à compte d'auteur.

Passé 1947, Robin ne collaborera plus qu'épisodiquement au *Libertaire* (et donnera d'ailleurs aux Éditions du Seuil les traductions d'Ady et de Pasternak). Le passage par la Fédération anarchiste a été un moyen de se poser en s'opposant, de trouver une famille[3] et de résister à ce qu'il désignait lui-même comme dépersonnalisation en donnant naissance au poète indésirable, premier avatar du poète disparu.

---

3   « Ne crois pas que je sois seul. J'appartiens à la Fédération anarchiste, et j'ai pu voir que les idées de gauche ne sont pas encore vaincues », écrit-il à Marcel Laurent qui, lui aussi, a eu des ennuis à la Libération (*Armand Robin et la poésie poignante*, p. 215).

NAISSANCE DU POÈTE INDÉSIRABLE

C'est dès 1943 que Robin entreprend de reprendre des bribes des *Fragments* pour les intégrer à un cycle intitulé « L'Insensé d'un temps d'insensés ». Les dix-sept fragments conservés sont rattachables à des poèmes parfois assez longs dont ils ne sont que l'ébauche. Ce qui caractérise ces poèmes épars, c'est un effort tragique pour tenter de rassembler une identité autour d'un Je qui se dérobe.

L'INSENSÉ D'UN TEMPS D'INSENSÉS

La thématique majeure des poèmes du cycle de « L'insensé… » est un conflit élargi qui ne se situe plus entre un accusé et des accusateurs, ni même entre « les Miens » et les autres, le Peuple et les oppresseurs mais entre, d'une part, la Vérité, et, de l'autre, le mensonge. Le temps se fige en une sorte d'éternité – qui est un présent arrêté sur ce qu'on pourrait appeler un « futur absolu », celui de la postérité, ou de quelque Être Suprême devant lequel plaider, se faire entendre :

> Dans l'ère de haine ou de propagande
> Je veux une surface aussi grande[4].

L'« ère » est le temps dans lequel toutes les incohérences s'abolissent – et le « Nous » lui-même se fond dans l'anonymat héroïque de l'Homme, du « Il » disculpant un Robin entré dans le passé de la légende :

> L'homme qui n'eut jamais personne pour lui
> Déjà changeait l'avenir par ses souffrances.
>
> Par malheur il ne pouvait rien faire dans le passé :
> Qui aimait l'argent, les situations sociales, avait triomphé.
>
> Il lui restait le désert.
>
> Si quelqu'un vous a volé,
> Dites-lui : « Il me reste encore ceci que vous n'avez pas volé.
> Vous êtes très négligent, venez me le voler. »

---

4   *Le Monde d'une voix* (1970), p. 90. Voir aussi le texte « Dans une ère où le poème était jeu… » (p. 91).

> Si quelqu'un, très affaibli de mal, vous fait du mal,
> Demandez-lui de vous faire davantage de mal
> Pour que vous puissiez lui faire davantage non-mal[5].

Le ton christique, le recours à l'adage, intemporel, impersonnel, produisent le même effet de blanchissement : la faute est gommée par tous les moyens rhétoriques possibles. L'Homme n'est pas seulement l'équivalent étymologique du « On » mais son double exact : contre lequel se poser tout en l'absolvant, en dissolvant la faute dans une sorte de personne réduite à son degré zéro que serait le « Il » :

> Il
> Ne dit pas de mal des gens,
>   Il
> Ne pense pas de mal des gens ;
>   Il,
> Quand il a affaire aux gens,
> Va trouver les gens
> Directement.
>   Il
> est
>   Il.
>
> Souvent
> Il se sent
> Seul
>   Il[6].

Comme reproduisant l'élan mimétique de la « non-traduction », Robin prend l'accusation en charge, intègre le juge et se pose en martyr plaidant l'innocence, non pour être absous mais lapidé. Cette phase dépassée, l'ennemi à son tour anéanti par fusion, il n'y a plus de distinction entre le « Nous » et le « On », plus de « Il », rien que l'« insensé » – « L'insensé d'un temps d'insensés » : semblable aux autres, identiquement privé de sens. L'identité est pour finir celle de l'accusé outrepassant le juge : le leit-motiv, le thème unificateur de ces textes, c'est l'appel à la condamnation :

> Je veux qu'on me soupçonne, qu'on me calomnie
> Je veux sur moi le poids de toute tyrannie.

5   *Ibid.*, p. 96.
6   *Ibid.*, p. 156.

Contre tous mes efforts je désire être bafoué,
Si je fais le bien je désire être attaqué[7].

Quelques années plus tard, au moment de présenter les traductions d'Ady, Robin ne gardera ou ne voudra garder de ces tentatives que le souvenir d'un poème unique :

> Pendant toute l'année 1943 où se décida le triomphe du Grand Bovin, besoin d'un poème me vint, mais le poème jamais ne me parvint : il s'était évanoui, très en arrière, avec un monde évanoui ; et pourtant toute cette année-là quatre lignes, que dans une autre ère on pouvait considérer comme un début de poème me peuplèrent :

> > Dans le verger d'à-côté
> > Je ferai tomber ma vie ;
> > Autre moi de moi ôté
> > J'aurai vie avec ma vie.

> Déjà en germe sur ce versant du temps, une moisson était née quelque part sur l'autre versant où tout recommence ; je me tendais vers elle, épaules, mains, faim maladroites[8].

Cette moisson, c'est le passage à la survie par la non-traduction.

Entre-temps, le Il, laissant derrière lui toute poésie, aura engendré une sorte d'avatar fantomatique : le poète indésirable.

LES POÈMES INDÉSIRABLES

C'est à cette création dévoyée que les *Poèmes indésirables*, parus au tout début de l'année 1946 (la préface est datée de Noël 1945), doivent leur existence ; c'est à elle qu'ils doivent d'avoir été lus, réédités à deux reprises, et finalement diffusés comme une œuvre à part entière, non seulement poétique mais prophétique : « Le programme en quelques siècles » est sans doute son poème le plus cité et le premier de ses poèmes qui ait été traduit – dans l'*Osservatore romano*, ce que le ton liturgique du poème explique suffisamment.

> On supprimera la Foi
> Au nom de la Lumière,
> Puis on supprimera la lumière. [...]

> On supprimera les Écrits
> Au nom des Commentaires,

---

7   *Ibid.*, p. 90 et p. 94 – les citations pourraient être multipliées – le thème est constant.
8   *Poèmes d'Ady*, Fédération anarchiste, 1946, p. 11.

Puis on supprimera les commentaires. [...]

On supprimera le Prophète
Au nom du Poète ;
Puis on supprimera le poète. [...]

AU NOM DE RIEN ON SUPPRIMERA L'HOMME ;
ON SUPPRIMERA LE NOM DE L'HOMME ;
IL N'Y AURA PLUS DE NOM.

NOUS Y SOMMES[9].

La litanie dissimule tout de même bien mal le fait qu'elle sert à ne rien dire – ou plutôt à dire rien : plus de nom, plus d'homme, plus de poète : au lieu de Robin, un nom vide.

Ce qui différencie Les *Poèmes indésirables* du cycle de « L'insensé d'un temps d'insensés » est, bien sûr, le fait que le cycle se constitue en livre. Les vingt-huit poèmes, manifestement coordonnés, organisés – allant du « Poète indésirable » à « L'homme au trèfle » semblent refaire à l'envers l'itinéraire de Robin. Ils sont, d'autre part, d'une unité de ton et de forme incontestables : si, pour ce qui concerne le ton, les poèmes du cycle précédent offrent des irrégularités, voire des incohérences très marquées, en revanche Les *Poèmes indésirables* sont d'une cohérence absolue. Le système est ici devenu général et donne l'impression d'une mécanique qui se détraque en découvrant ses propres mécanismes, et le recours à la rime identique équivaut à la litanie, à l'accumulation, au retour des mêmes formules :

Le dimanche
Le citoyen

mécanisé – machinisé – robotisé – capitalifié – fascistifié – défascistifié –
stalinisé – hitlerisé – démocratisé – socialisé – communisé – réactionnarisé
– révolutionnarisé – taylorisé – stakhanovisé – militarisé – collectivisé –
étatisé – usinifié – unifié – progressivisé – pasteurisé – molotovisé – fordisé

Se réveille un peu moins bêtifié :
« Çà, mais nom de Dieu, j'ai des yeux !
« Et même, j'ai des yeux qui sont MES yeux ;
« Ces yeux, si j'essayais
« De m'en servir pour REGARDER[10] ! »

---

9   Les *Poèmes indésirables*, p. 20-21.
10   Les *Poèmes indésirables*, p. 18.

La litanie devient pur anéantissement par abus dans l'emploi de la rime : des strophes entières sont rimées en /e/ ou /ã/, d'autres en /i/, parfois la répétition d'un même mot fait office de rime[11]. De « L'insensé d'un temps d'insensés » aux *Poèmes indésirables* la thématique n'a guère changé de teneur mais elle s'est inversée : loin de se donner pour insensé, imputant sa démence aux temps et s'affirmant par elle semblable aux autres, celui qui écrit ne doute à aucun instant d'avoir raison – et mieux : d'avoir raison dans l'absolu.

Ce qui frappe dans les *Poèmes indésirables* (et qui explique probablement leur succès dans les années 80 auprès de lecteurs de *Libération*, nostalgiques de *La Cause du peuple*) est le passage à une rhétorique propagandistique de style néoprolétarien. Si la raillerie garde un certain impact (ainsi Robin conjugue-t-il les noms de ses adversaires : « Aragonisant, éluardisant, paulhanisant, triolébêtisant[12] »), le peuple devient le Prolétariat, l'auteur le Poète prolétarien et les « poètereaux bourgeois » de pâles émules de Staline.

L'invention du staline est manifestement ce qui a permis aux tentatives diverses de se condenser, aux *Poèmes indésirables* d'exister et à Robin de se survivre en se lançant – contre Staline – dans le travail d'écoutes. Au lieu d'appeler au martyre, d'exiger une condamnation plus injuste encore, Robin appelle à la révolte ; au lieu d'intégrer le juge pour mieux se soumettre, il en fait une chose : le staline.

Les trois derniers poèmes peuvent être lus dans cette perspective : au long poème « Lettre à mon père » répond « Le staline » – dont la violence scatologique est bien l'expression de ce rejet et de cette haine :

> La merde avait cru que tremblerait LE POÈTE,
> Car tout pays suait de peur devant la merde,
> Tout pays hâtivement se faisait merde
> Et tout homme consultait les mages de la merde.
>
> Mais LE POÈTE devant la merde n'a pas cédé
> Et devant LE POÈTE c'est la merde qui va céder ;
> Le staline ordonnant : « Mort à l'Esprit ! » mourra,
> L'Esprit qui lui trouva son JUSTE nom ne mourra pas[13].

---

11 Ainsi /e/ et /ɛ/ pour « Le poète venu du peuple » (p. 7-9), /i/ pour « Demande officielle » ou « La situation » (p. 26), par exemple.
12 *Les Poèmes indésirables*, p. 9.
13 *Ibid.*, p. 34.

Le plus absurde est ici le plus signifiant ; au moment où toute poésie a disparu, le poète triomphe en majuscules du staline : il lui doit l'existence, et Robin sa fortune posthume.

L'avant-dernier, plus court (comme l'était « Le traducteur »), intitulé « Le sentier », reprend des bribes de textes antérieurs comme issus de traductions de Lao-Tseu :

> Les ténèbres ignorent les non-ténèbres,
> Mais les non-ténèbres n'ignorent pas les ténèbres.
>
> De sorte que les ténèbres ne progressent dans leur état de ténèbres
> Qu'au bénéfice des non-ténèbres[14].

Ce que dit cette transition entre « Le staline » et « L'homme au trèfle », c'est précisément le passage d'un cycle à l'autre :

> Si vous passez par le plus indiciblement étroit des étroits sentiers
> Vous pouvez ressusciter
> Dans L'AUTRE CYCLE qui déjà, sans que vous le sachiez, a commencé.

Et ce passage, ce sentier qui n'est plus qu'une abstraction, mène au seul poème où demeure quelque chose de la poésie de Robin, « L'homme au trèfle » :

> Très seul, secret, sans bruit j'ai cueilli dans les landes
> Un trèfle tout tremblant d'une haleine de cheval[15].

Parcourant en sens inverse le chemin qui, de « L'homme au trèfle », capable d'une existence et d'une œuvre personnelle, l'a mené au staline, on se retrouve face au vide du poème « Dieu » : « objet sans sujet », s'anéantir – ou se survivre. Le staline remplace le Père et Dieu – sans doute ne répond-il pas davantage mais il a le mérite d'être incontestablement bruyant. Si démente soit-elle, la lutte contre Staline, dans la mesure où elle est crue (et reconnue socialement) cesse de passer pour folie. Ainsi Les *Poèmes indésirables* opèrent-ils un travail de réintégration relativement efficace. De là leur force comme

---

14   *Le Monde d'une voix* (1970), p. 97. « La non-précaution engendre le non-danger / [...] Vous pouvez être dès aujourd'hui les intuables ressuscités », indique ce poème qui désigne, de fait, le glissement dans l'autre cycle, le cycle de la survie à soi-même par la non-traduction.

15   *Les Poèmes indésirables*, p. 35 (voir *supra* p. 187).

acte de rébellion contre la poésie dite de la Nouvelle Résistance alors massivement publiée.

Il est difficile d'imaginer l'audience conquise par cette poésie dans les années de l'immédiat après-guerre, l'influence prolongée jusque dans les années soixante, la vague de fond qui fait encore aujourd'hui d'Éluard et Aragon les poètes par excellence, les deux premiers de la collection « Poètes d'aujourd'hui ». Ils furent les premiers parce qu'ils étaient les aînés, issus de la génération surréaliste, et qu'ils entraînèrent une cohorte de jeunes poètes en incarnant jusque dans les plus implacables accumulations d'alexandrins une image de poète que Hugo avait incarnée après 1853. Ces jeunes poètes – Claude Roy, Pierre Seghers, Pierre Emmanuel, Jean Lescure, André Frénaud, Guillevic, Jean Marcenac, Loÿs Masson, Jean Rousselot et tant d'autres – avaient, à quelques années près, l'âge de Robin[16]. C'étaient « les poètes de la revue *Fontaine*[17] », « les poètes de l'École de Rochefort[18] », ceux de la revue *Poésie* de Seghers : un afflux si massif que l'on discerne mal, très loin du blasphématoire Poète indésirable, quelques humoristes tardifs du genre de Prévert ou Queneau[19], quelques solitaires obstinés à poursuivre les recherches commencées avant-guerre comme Follain, Schéhadé ou Char... Face aux *Poèmes indésirables*, avec *L'Honneur des poètes*[20], *La Diane française* et *Le Crève-cœur* d'Aragon, *Au rendez-vous*

---

16 Bon nombre des poètes qui, en 1944 et 1945, publient dans *Les Lettres françaises* (outre Éluard et Aragon, Tardieu, *Seghers, Frénaud, Guillevic*, Thiry, Moussinac, *L. Masson, H. Thomas, P. Emmanuel*, Cl. A. Puget, R. Lacoste, Aygueparses, *Char*, Chennevière, M. Alexandre) appartiennent à la génération de Robin. Leurs noms sont signalés ici par les italiques.

17 Voir l'anthologie *Les Poètes de la revue* Fontaine. Éditions Saint-Germain-des-Prés., 1978.

18 *Les Poètes de l'École de Rochefort*, Seghers, 1983 (voir aussi la thèse de J.-Y. Debreuille *L'École de Rochefort*, Paris III, 1985. Le ralliement au Parti communiste de Manoll, Béalu, Rousselot, Bérimont, Audisio à la suite de Bouhier fut presque instantané à la Libération. Cadou seul resta à l'écart (mais inscrit au PC). On observera d'ailleurs que Jean Bouhier, comme Henri Thomas, Claude Roy, Luc Bérimont, écrivaient dans la *NRF* de Drieu la Rochelle, lequel fit observer : « Toute une nouvelle génération de poètes s'est levée dans la *Nouvelle Revue française* comme dans *Poésie 41-42* et dans *Fontaine*. À Paris, il y a eu Audiberti, Guillevic, Rolland de Renéville, Follain, Fombeure, Henri Thomas, Armand Robin, Fieschi, qui sont venus appuyer Paul Fort, André Salmon... » (« Bilan », *NRF*, janvier 1943, p. 103-104).

19 Tous deux nés en 1903. Follain et Char étaient également plus âgés – proches, comme Limbour, de la « génération surréaliste ».

20 Éditions de Minuit, 1946.

allemand d'Éluard[21], le post-surréalisme assure ce que Pierre Daix appelle « le triomphe de la poésie politique » :

> La faiblesse, sinon l'absence d'une critique sérieuse dans notre pays, vient de se signaler avec éclat à propos d'une série de faits qui constituent à coup sûr l'événement littéraire le plus important depuis la Libération. Il s'agit de la naissance, du développement et du triomphe d'un courant poétique que nous pouvons appeler du nom que les poètes qui l'illustrent lui donnent eux-mêmes : la poésie de la nouvelle résistance.
>
> Voici les faits. La libération n'a pas amené la fin de la poésie de la Résistance. Les poètes qui l'avaient créée et développée continuèrent de dénoncer les iniquités qui subsistaient avec le fascisme en Espagne, en Grèce, par exemple. Ce courant d'abord clairsemé et faible s'est amplifié à mesure qu'ont grandi les efforts du camp impérialiste pour arracher aux peuples leur victoire. Il est devenu en même temps plus conscient, plus lucidement lié aux luttes de notre peuple.
>
> Et voici que coup sur coup viennent de paraître les premiers livres de poèmes écrits depuis la libération par Éluard et Aragon : les « Poèmes politiques » et le « Nouveau Crève-Cœur ». Ces deux livres représentent exactement ce nouveau courant poétique. Aux côtés d'Aragon et Éluard, de nombreux poètes du Comité national des Écrivains participent de ce même courant comme Guillevic, Jean Marcenac, Raymond Massat, Madeleine Riffaud, Pierre Seghers, Jacques Gaucheron, Pierre Gamarra, Daniel Atger, Robert Ganzo, Paul Jamati et bien d'autres poètes de générations et d'expériences très diverses. À la vente du CNÉ, trois de ces poètes figurent parmi les sept écrivains qui connurent le plus gros chiffre de vente. Les « Poèmes politiques » de Paul Éluard en sont à leur 30ᵉ édition en trois mois malgré la période des vacances. « Le Nouveau Crève-Cœur » d'Aragon a été le livre dont le plus grand nombre d'exemplaires ont été vendus au CNÉ. Ces poètes réunissent des auditoires nombreux quand ils viennent lire leurs œuvres. Des hebdomadaires, comme *Les Lettres françaises* ou *Action*, un quotidien de grand tirage comme *L'Humanité* peuvent publier de tels poèmes à la satisfaction de leurs lecteurs. Cette poésie a d'ores et déjà conquis dans des conditions de diffusion particulièrement difficiles un public d'une ampleur qui dépasse l'espérance. Elle a retrouvé et consolidé les positions acquises pendant la Résistance.
>
> Tels sont les faits sèchement rapportés[22].

Entre certains poèmes d'Éluard ou d'Aragon et les *Poèmes indésirables*, la différence n'est pas bien grande à maints égards : même certitude

---

21   Le livre devait compter quatre rééditions entre 1944 et 1946.

22   Le titre exact est « Sur le triomphe de la poésie politique » (*La Nouvelle Critique*, 1948, p. 74 à 76.) Les *Poèmes politiques* et *Le Nouveau Crève-cœur* ont paru chez Gallimard en 1948.

d'avoir raison, même tendance à la litanie, même recours à la rime comme succédané d'argumentation. Robin écrit certainement contre cette caricature d'Éluard qu'est Jean du Haut, et sans doute écrit-il plus encore contre un ton unanime – un style et une doxa que les poèmes à Gabriel Péri illustrent assez bien, celui d'Éluard faisant écho à celui d'Aragon :

> Dans le cimetière d'Ivry
> Il chante encore il chante encore
> Il y aura d'autres aurores
> Et d'autres Gabriel Péri
>
> La lumière aujourd'hui comme hier
> C'est qui la porte que l'on tue
> Et les porteurs se substituent
> Mais rien n'altère la lumière
>
> Dans le cimetière d'Ivry
> Sous la terre d'indifférence
> Il bat encore pour la France
> Le cœur de Gabriel Péri[23].

Benjamin Péret a beau jeu de dénoncer le fidéisme de tels poèmes : « Cantiques civiques, ils ont la même vertu soporifique que leurs patrons religieux dont ils héritent directement la fonction conservatrice, car si la poésie mythique puis mystique crée la divinité, le cantique exploite cette même divinité[24] ». Péret est alors, avec Robin (et Tzara, mais pour d'autres raisons), le seul à réagir avec violence contre cette poésie :

> Pas un de ces « poèmes » ne dépasse le niveau lyrique de la publication pharmaceutique et ce n'est pas un hasard si leurs auteurs ont cru devoir, en leur immense majorité, revenir à la rime et à l'alexandrin classiques. La forme et le contenu gardent nécessairement entre eux un rapport des plus étroits et, dans ces « vers », réagissent l'un sur l'autre dans une course éperdue à la pire réaction. Il est en effet significatif que la plupart de ces textes associent étroitement le christianisme et le nationalisme comme s'ils voulaient démontrer que dogme religieux et dogme nationaliste ont une commune origine et une fonction sociale identique. Le titre même de la brochure, *L'Honneur des poètes*, considéré en regard de son contenu, prend un sens étranger à toute poésie. En définitive, l'honneur de ces « poètes » consiste à cesser d'être des poètes

---

23 Il s'agit des trois dernières strophes d'un poème qui en compte quinze, construites sur le même modèle. Louis Aragon, « Légende de Gabriel Péri », *La Diane française* (1946), rééd. Seghers, 1978.

24 *Le Déshonneur des poètes*, Mexico, février 1945, rééd. Corti, 1986, p. 20.

pour devenir des agents de publicité. [...] Habitué aux amens et à l'encensoir staliniens, Aragon [...] n'obtient qu'un texte à faire pâlir d'envie l'auteur de la rengaine radiophonique française : « Un meuble signé Lévitan est garanti pour longtemps[25] ».

Aux affirmations de Péret, l'article de Robin « L'assassinat des poètes : à propos de l'épuration littéraire en URSS » semble offrir un écho direct : « Naguère, le poète était tenu à l'écart parce que considéré comme "inutile commercialement" ; maintenant il est interdit parce que "dangereux socialement" (entendez : dangereux pour les oppresseurs)[26]. » L'inconvénient est que les sarcasmes de Péret sont très rigoureusement applicables aux *Poèmes indésirables* : « L'apocalypse dont on vous parle n'est pas la vraie », « Lettre aux chrétiens » le montrent assez bien...

Votre pain, c'est du pseudo-pain,
Votre vin, c'est du pseudo-vin.

Vos mots sont tous truqués,
Vos vies sont toutes faussées.

Les épouvantes dont on vous parle
Ne sont pas la VRAIE épouvante,

La famine dont on vous parle
N'est pas la VÉRITABLE famine[27]...

Le recours à la litanie, l'anaphore, la paronomase et le ton liturgique appuient la grandiloquence prophétique et ce n'est pas un hasard si les revues catholiques reprennent avec prédilection « Le programme en quelques siècles », comme nous l'avons vu[28].

Peut-on dire qu'il s'agit là d'une parodie de la poésie de la Nouvelle Résistance ? Assurément pas. Si les *Poèmes indésirables* ont une efficacité parodique, c'est involontairement et indirectement. Jamais ils n'ont été réédités en raison de ce rôle de charge ; tout au contraire, l'effet de caricature a été gommé. L'éditeur Georges Monti, fondateur des éditions Le Temps qu'il fait, qui a réédité deux fois les *Poèmes indésirables*, indique que « dans le climat troublé de la Libération, Armand Robin

---

25 Id., *ibid.*, p. 22 à 28.
26 *Le Libertaire*, 4 octobre 1946 (*Écrits oubliés I*, p. 222-225). Le texte a été repris à la suite des *Poèmes de Boris Pasternak* (Fédération anarchiste, 1946).
27 « L'apocalypse dont on vous parle n'est pas la vraie », *Les Poèmes indésirables*, slnd, p. 16.
28 *Cf. supra*, p. 225.

n'hésita pas à demander sa propre inscription sur la liste noire du Comité national des Écrivains… Ces textes, s'ils ne sont pas des chefs d'œuvre poétiques, témoignent au moins de cette déconcertante façon de lutter pour la Vérité[29] ». Quelle vérité ? La Vérité.

Les *Poèmes indésirables* parviennent donc à rendre le Poète désirable, sous réserve de passer sous silence le fait essentiel, à savoir que la poésie de la Nouvelle Résistance s'y voit prise en miroir, mais un miroir qui mettrait à nu le squelette sous l'apparence florissante de la réussite, le rictus derrière le sourire. Voués à la répétition, dévoués à la cause de la poésie et du prolétariat, soumis à la même révolte appliquée, portés par les mêmes bons sentiments, ils ont, en regard d'une poésie aux grâces plantureuses, le mérite de ne pas savoir plaire. Leur rôle est, en somme, au milieu d'une profusion lyrique, celui de ces « memento mori » de l'âge baroque :

> Que puis-je raconter ?
> Avec quels mots ? Tous sont pillés.
> […]
> Je reste là.
> Pour rien, comme ça.
>
> On dit au nom de moi
> N'importe quoi.
>
> Je n'entends plus,
> Je ne vois plus.
>
> Mes mains sont liées,
> Mon cœur est vidé.
>
> Sur moi mes journées
> Comme les fils d'une énorme araignée.
>
> Parfois je suis lucide et je me sens un prisonnier
> Auquel pas même un peu d'espace par la lucarne n'est laissé[30].

---

29 Catalogue des éditions Le Temps qu'il fait (feuillet plié), janvier 1981.
30 *Les Poèmes indésirables*, p. 12-13.

DES *LETTRES INDÉSIRABLES*
À *LA FAUSSE PAROLE*

La publication des *Poèmes indésirables* s'accompagne de la rédaction de
« lettres indésirables » qui n'ont pas toutes été retrouvées (il arrive que
des libraires d'ancien en proposent et peut-être une collection complète
sera-t-elle un jour constituée). La seule lettre régulièrement publiée, lue,
voire martelée au cours d'émissions de radio, de conférences ou de films
est la « Lettre indésirable n° 1 » que l'on présente pour effectivement
adressée par Robin à la Gestapo en 1943.

Il va de soi qu'il s'agit d'une lettre écrite après-guerre. Le fait même
qu'elle porte un numéro montre qu'elle est postérieure au projet de
constituer un recueil de *Lettres indésirables* : la première « lettre indésirable »
connue est datée du 5 avril 1946 ; elle est précédée par deux « lettres
ouvertes » adressées au CNÉ pour demander à être maintenu sur la liste
noire ; c'est entre le printemps et l'automne 1946 que Robin commence à
numéroter les « lettres indésirables » qu'il rédige en vue de les rassembler
en volume. La dernière d'entre elles est adressée le 12 décembre 1947 à un
inconnu, l'avant-dernière le 16 septembre 1947 à Pierre Seghers :

> Fils de bourgeois sans talent,
>
> Je prépare actuellement une édition des *Lettres indésirables* que, mû par
> un ardent antipatriotisme, j'adressai ces dernières années à tous les écrivains
> que le fascisme, le capitalisme, le nazisme, la « résistance littéraire » et autres
> entreprises criminelles séduisaient…

Le « nous » du *Libertaire* établit une sorte d'unanimité que cette
lettre confirme :

> J'irai peut-être vous rendre visite, avec quelques camarades de la classe
> ouvrière un de ces prochains jours : nous vous demanderons très poliment, sans
> aucune violence, quelques explications sur votre conduite de bourgeois fasciste[31].

Ces lettres commencent toutes par des adresses insultantes aux correspondants, ce qui caractérise aussi la lettre à la Gestapo (« preuves un

---

31 *Écrits oubliés*, p. 259.

peu trop lourdes de la dégénérescence humaine »). Le style sarcastique
est très semblable à celui de la fausse dissertation contre la marquise
de Sévigné : il s'agit d'un exercice d'école, tout aussi invraisemblable
d'ailleurs que la dissertation, et destiné à montrer Robin jouant sur la
scène de lui-même. C'est d'ailleurs de la même époque que date le texte
souvent cité au sujet des épreuves de l'agrégation :

> 1) Je me suis présenté à l'Agrégation des Lettres : pendant une année on
> m'avait demandé, non pas de m'exercer à mieux écouter le bruit des ruis-
> seaux, mais de chercher des solutions à des problèmes qui n'existaient pas ;
> rien d'étonnant à ce que, ayant eu le jour de l'examen à disserter sur Madame
> de Sévigné, j'écrivisse tout de go que Mme de Sévigné n'avait jamais existé.
> (Je sais mieux que personne que Mme de Sévigné a existé, c'est pourquoi je
> refuserai de le révéler à ceux qui n'existent pas, qui ont accepté prématuré-
> ment leur mort).
>
> 2) À l'oral, ce fut même destin : on me demanda de commenter un texte
> de Montaigne contre les pédants (chapitre « De l'institution des enfants ») :
> fidèle pour une fois à l'enseignement universitaire (il faut avant tout démontrer
> que les textes – et surtout les textes français ! – ont une valeur permanente, je
> déclarai, montrant mes 6 jurés : « Les pédants n'ont pas changé ! La critique
> de Montaigne est toujours vraie ! »

Ce texte est, en fait, un fragment de « lettre indésirable » adressée
à un ministre.

Il faut être bien naïf pour croire qu'en 1943 l'auteur d'une lettre
à la Gestapo exposant que, « spécialiste de l'écoute des radios étrangères », il dénonce les « chambres à gaz motorisées » et les camps de
concentration où meurent « des millions d'innocents[32] », aurait pu être
arrêté par le SD qui l'aurait laissé libre de poursuivre ses écoutes pour
la Résistance au motif qu'il était fou. Telle est pourtant la légende
orchestrée par Alain Bourdon et, cinquante ans plus tard, toujours
imperturbablement reprise comme élément essentiel de la biographie
du Poète[33].

Il suffit d'établir une liste des lettres indésirables connues pour
constater que, datée du 5 octobre 1943, la lettre à la Gestapo s'inscrit
en réalité dans un ensemble faisant suite aux *Poèmes indésirables* :

---

32 *Ibid.* p 200.
33 Ainsi les conférences de Jean Bescond s'agrémentaient-elles naguère encore de la lecture
   de la « Lettre à la Gestapo » par le chanteur Yann-Fañch Kemener, qui savait pourtant
   à quoi s'en tenir.

- « LETTRE OUVERTE AUX MEMBRES STALINIENS DU COMITÉ NATIONAL DES ÉCRIVAINS », 15 octobre 1945.
- « Lettre au ministre de l'Éducation nationale », novembre 1945.
- « Deuxième lettre à l'hitléroïde Comité national des écrivains pour demander à rester sur la liste noire », 5 février 1946.
- « Lettre ouverte au Comité national d'épuration pour les Lettres », 30 mars 1946.
- « Lettre indésirable du 5 avril 1946 au Comité d'épuration pour les Lettres. Demande officielle pour obtenir d'être sur toutes les listes noires[34] »).
- « Lettre au Comité national des écrivains », 7 juillet 1946.
- « Armand Robin : "LES LETTRES INDÉSIRABLES". LETTRE INDÉSIRABLE NUMÉRO 31. Lettre adressée le 27 novembre 1946 aux membres du Parti communiste ».
- « Armand Robin : "Les Lettres indésirables". LETTRE INDÉSIRABLE NUMÉRO 33. Lettre adressée le 14 décembre 1946 à la rédaction du "LITTÉRAIRE" ».
- « Lettre au ministre de l'Éducation nationale », 14 décembre 1946.
- « LETTRE INDÉSIRABLE N° 37 ADRESSÉE LE 10 MAI 1947 À LA RÉDACTION DES *LETTRES FRANÇAISES* ET AU COMITE NATIONAL DES ÉCRIVAINS ».
- « LETTRE INDÉSIRABLE N° 39 », écrite « dans le non-pays, le 12 décembre 1947 ».
- « LETTRE INDÉSIRABLE N° 43 ADRESSÉE À PIERRE SEGHERS », 16 septembre 1947.

La « Lettre indésirable n° 1 » a donc été écrite après le 7 juillet 1946 ; peut-être a-t-elle été écrite le 5 octobre, mais le 5 octobre 1946, comme devant être la première d'un recueil dont il ne nous reste plus que les numéros 31, 33, 37, 39 et 43.

Ces lettres s'inscrivent elles-mêmes dans un ensemble de textes épars : ainsi un projet de préface pour le texte « Une journée » que Robin voulait publier aussi aux éditions de la Fédération anarchiste, « Ni victimes ni bourreaux », « Un démenti » et divers fragments[35]. À cela s'ajoutent des articles donnés au *Libertaire* – au total, une douzaine d'articles formant une sorte de cycle dont le thème majeur est la dénonciation du stalinisme au nom d'un communisme libertaire qui serait fait du « refus de domination sur d'autres hommes[36] ». Si ce cycle

---

34   Cette lettre ouverte a été publiée dans *Le Libertaire* le 29 novembre 1946. Elle a été reprise dans les *Écrits oubliés I*, p. 239-240. Une version différente en a été publiée par Gérard Meudal dans *Libération* le 26 octobre 1985 ; l'original manque dans les archives restituées aux éditions Gallimard.

35   Ils ont été rassemblés *in* Françoise Morvan, *Armand Robin, bilans d'une recherche*, Annexe I.

36   « L'Union soviétique, empire des bourgeois sauvages », *Écrits oubliés I*, p. 255.

est encore lisible malgré les outrances militantes, c'est qu'on y voit une sorte de roman de Robin affrontant un monde littéraire qu'il continue de dénoncer en un temps où les « bourgeois stalinien » ont la haute main sur la littérature. Avec « L'épilogue d'une triste histoire » (article paru dans *Le Libertaire* le 16 janvier 1947) qui fait suite au virement de bord de Paulhan et à sa démission du CNÉ, les contributions de Robin au *Libertaire* se ralentissent et s'arrêtent. Elles s'arrêtent d'ailleurs sur cette conclusion : « Nous ne sommes pas "contre eux", nous sommes "en-dehors" d'eux[37]. »

Et, de fait, à compter de 1947 et du revirement de Paulhan, il y a passage en dehors – principalement par les écoutes et par la chronique des écoutes, *Expertise de la fausse parole*, publiée par *Combat*. Cette chronique analytique, rédigée sur un ton posé, met fin aux lettres indésirables. L'anarchisme a servi à reconstituer un Nous rassemblé contre un ennemi commun : Robin devient le grand pourfendeur de tous les totalitarismes. Mais il ne faudrait pas manquer d'observer que cette dénonciation du fascisme et du communisme et la recherche d'une troisième voie (ce qui soutient la chronique *Expertise de la fausse parole*) ne vont pas d'ores et déjà sans ambiguïté : l'adhésion à la Fédération anarchiste n'empêche pas Robin de défendre Drieu La Rochelle et Jouhandeau[38]) dans les colonnes du *Libertaire* et, pis encore, de consacrer une longue note de lecture au roman d'Alain Sergent, *Je suivis ce mauvais garçon*. Publié aux éditions de La Jeune Parque, ce roman évoque des aventures d'un proxénète enrôlé dans la LVF, occasion pour l'auteur de raconter l'Occupation à sa manière et de noircir la Résistance. Alain Sergent était le pseudonyme pris par André Mahé (1908-1982) pour faire oublier qu'il avait été proche de la Cagoule avant-guerre, puis membre du PPF de Doriot et, avec Raymond Abellio, militant du MSR d'Eugène Deloncle. Président du comité directeur de la LVF, Abellio avait publié avec Mahé en 1943 un essai intitulé *La Fin du nihilisme*. Arrêté en 1946, Mahé, qui avait des relations, était sorti de prison au bout de deux mois. Son roman avait provoqué une indignation unanime[39]. Armand Robin seul lui rendit un vibrant hommage :

---

37 *Écrits oubliés I*, p. 264.
38 « Un pur artiste réduit au silence » (« Épilogue d'une triste histoire », *Écrits oubliés I*, p. 246).
39 Ainsi Maurice Nadeau écrivait-il dans *Combat* : « C'est un roman de la plus basse qualité que liront avec délectation les miliciens et les collaborateurs que l'on remet chaque jour en liberté. Un livre écrit avec du fiel. Rien ne réjouit davantage Alain Sergent que lorsqu'il

> Ce livre, écrit dans une langue très drue, est une vigoureuse distribution de coups de trique ; tour à tour, les franquistes, les mussoliniens, les soi-disant antifascistes, les collaborateurs, les résistants, les hitlériens, les Russes, les Allemands, les Français, les maquisards, les gens de la LVF, les antisémites, les prosémites, les écrivains à la mode, bref tous les représentants des sottises variées de ce siècle, « attrapent » selon leur grade. Il y a de la santé dans cette agilité à détruire tous les mythes dont on veut nous infester. Dans ce monde où les êtres les plus vils nous parlent sans arrêt d'épuration, on a besoin d'authentiques épurateurs qui nous épurent de tous ceux qui font de ce monde un monde littéralement infernal : en voilà un. On se dit au sortir de ce livre : « L'œuvre d'abêtissement universel n'a pas encore réussi[40]. »

C'est dans cet article que le confusionnisme s'exprime de la manière la plus explicite : réfractaire d'extrême gauche, mais prêt à soutenir un autre réfractaire, fût-il d'extrême droite, le Poète indésirable, défendant une vérité supérieure aux errements politiques, assure le triomphe de ce que l'on pourrait appeler une sorte d'anarchisme de droite. Il faut se souvenir de cet article pour comprendre la dérive vers l'extrême droite (y compris au nom de la gauche) qui sera celle de Robin comme de Paulhan.

Mais peut-être vaudrait-il mieux constater que les questions ne se posent jamais pour Robin (passé 1943, du moins) en termes d'erreur ou de vérité : il suffit de se référer aux *Poèmes indésirables* et aux tracts ou aux pamphlets de la même époque pour observer que le Vrai, constamment revendiqué, est brandi à titre d'arme, sans référence à la moindre réalité. C'est une des caractéristiques isolées par tous ceux qui ont étudié les propagandes que ce fonctionnement autonome de vérités rendues telles par leur opposition à un mensonge généralisé : une fois le Mal désigné, le Bien acquiert une existence, fût-elle purement grammaticale, qui se trouve constamment relancée par cette rhétorique manichéenne de la fiction dont Robin aura été l'un des premiers analystes, et l'un des auditeurs les plus durablement fascinés. Or, il est permis de se demander si cette fascination elle-même n'est pas à l'origine – non du choix du métier d'écouteur mais de la rupture avec un monde déclaré faux, et, cela, au nom d'une vérité absolue, éternelle, « ontologiquement sans

---

nous décrit une goujaterie ou un crime de son triste héros. Nous sommes d'ailleurs fixés lorsqu'il nous prévient lui-même que les jugements et les opinions de Jean Leduc sont souvent différents, voire à l'opposé des siens mais pas toujours. Ce n'est pas mêler la politique à la littérature que de dénoncer ce livre comme l'un des plus pernicieux que nous ait valu notre libérale après-guerre. »

40 *Le Libertaire*, 13. 12. 1946, *Écrits oubliés I*, p. 242-243.

félonie », qui est le concept premier de toute propagande – à partir duquel s'opère l'immobilisation des concepts véhiculés par la langue de bois.

Sur ce point, plus encore qu'à Jacques Ellul ou Hannah Arendt[41], il semble que ce soit à Françoise Thom que l'on puisse avoir recours. Opposant (de manière un peu simple) signalisation et signification afin de montrer combien les dissidents demeurent imprégnés par un langage dualiste, placé « sous le signe du définitif et de l'éternel », qui ne constitue pas d'abord un système de communication mais « un système de repérage social assurant la cohérence du Moi », elle conclut :

> Le manichéisme idéologique continue à servir de cadre de référence à l'individu, qui parle pour affirmer sa position et non pour exprimer un point de vue. En accumulant les discours de la Vertu, [il] projette devant lui les impératifs qui conjurent la menace toujours présente de désintégration de la personnalité. Le propos moral n'est pas pour lui l'expression de la liberté retrouvée, il trahit plutôt la précarité d'un Moi qui ne peut se concevoir que sous le mode impératif parce qu'il est privé de la durée et de la représentation[42].

Il est possible que Robin ait trouvé dans les propagandes – dans la lutte contre (c'est-à-dire « avec ») les propagandes – un moyen de conjurer « la menace toujours présente de la désintégration de la personnalité ». Comment ne pas voir dans les *Poèmes indésirables* le surgissement des caractéristiques linguistiques de ce que Françoise Thom appelle « la langue de bois idéale[43] » ? Le manichéisme, le recours à un « Nous » unanime effaçant le Je, la tendance à la répétition et à la substantivation, la réduction des catégories temporelles des verbes à une sorte de présent figé *sub specie æternitatis*, tout revient à démontrer non seulement l'emprise des propagandes sur Robin mais son extrême dépendance à leur égard. Opposant « la fausse parole » au Verbe, comme d'autres la « langue de bois » à la « langue naturelle », évoquant « l'ère des mots tous tués[44] », Robin énonce une impuissance que ses poèmes rendent, plus encore que ses autres écrits, manifeste. En ce sens, le chapitre « Un lieu m'a » de *La Fausse Parole* dit vrai : ce métier le prit…

---

41 Jacques Ellul, *Propagandes* (A. Colin, 1962), *Histoire de la propagande* (PUF, 1967), Hannah Arendt, *Le Système totalitaire* (Seuil, 1972).

42 Françoise Thom, *La Langue de bois*, Julliard, 1987, p. 141 et 143.

43 *Ibid.*, p. 62.

44 *Écrits oubliés I*, p. 176. Le catastrophisme, la « terrifiante révélation » d'une « profonde fatalité » qu'il reste à vaincre en se sacrifiant (*ibid.*) sont inscrits à l'origine même de l'entreprise d'écoute telle que la revendique Robin. Le martyre, l'ivresse et la fatigue, l'anéantissement de soi sous le vacarme du « néant universel » sont donnés pour ultime

Lui permettait-il d'être libre ? Sous réserve de rester lié aux propagandes ou, comme il l'écrit dans le premier chapitre de *La Fausse
Parole*, de se laisser « investir » par « l'être de la propagande » et de se
voir devenir sa « proie », oui, sans aucun doute[45]. Sous réserve que ces
milliers d'heures d'écoute aboutissent au déchiffrement d'une vérité,
oui – aussi. Et que cette vérité profite à qui elle était destinée :

> Ayant eu la chance de naître parmi les ouvriers et les paysans, je serais le
> traître des traîtres si, jour et nuit, dans tous les domaines, je n'innovais pour
> me tenir en état de rupture avec un monde où il y a leur assassinat. [...] Je
> ne suis que l'un des miens sentant en tête des miens ce qu'on veut faire subir
> aux pauvres gens : je sais ce qui me serait donné si je vendais mon âme ; si je
> trahissais les travailleurs, demain les maîtres me fêteraient, me décoreraient.
> Je n'ai d'autre mérite que de refuser cette séduction. Ou plutôt je n'y ai aucun
> mérite car je ne fais voir que l'ÉVIDENCE : du fond de leur infini désespoir
> les travailleurs de tous les pays demandent muettement que tout devienne
> non-intrigue, non-tactique, non-propagande, non-haine, non-vengeance, non-
> profit, non-calcul, non-désir de dominer, non-respect du succès, non-soif de
> récompense, non-souci des avantages et des intérêts, non-recours aux appuis,
> non-frisson devant les prisons, non-effroi au sein des effrois, non-mort au sein
> de la mort, non-ténèbre au plus ténébreux des ténèbres[46].

Cependant, esclave des propagandes, Robin était aussi tributaire de
ses abonnés et ces abonnés ne pouvaient assurément pas se recruter dans
les milieux anarchistes… Se pencher sur le travail d'écoute, c'est placer
les faits contre les données constitutives du mythe les mieux solidement
entretenues et maintenues avec constance au fil des années.

TRAVAIL D'ÉCOUTE

Comment parler de ce que l'on ne connaît que par bribes ? Le seul
bulletin d'écoutes antérieur à 1955 est le bulletin 42 de 1952 partiellement reproduit à la fin de la réédition de *La Fausse Parole*. Il aura fallu

---

justification dès 1942 (« Vacances »). On reconnaît là aussi les grands thèmes des propagandes
staliniennes : la dénonciation de la terreur ayant pour contrepartie l'appel au sacrifice.
45 *La Fausse Parole*, 1953, p. 14.
46 *Poèmes de Boris Pasternak*, Fédération anarchiste, 1946, p. 3.

des années de recherche pour parvenir à rassembler une collection de bulletins[47] mais jamais aucun exemplaire antérieur à 1952 n'a pu être retrouvé. Ainsi, de 1944 à 1955[48], les seules informations fiables que l'on possède sont quelques éléments épars dans la correspondance et la « Chronique de radios étrangères » donnée à *Combat* en 1947 et 1948.

Il est probable que Robin a poursuivi son activité selon des modalités peu différentes de celles que laisse discerner le premier bulletin conservé : daté des 16 et 17 juin 1952, il se présente sous la forme d'une brochure intitulée « La situation politique internationale d'après les radios étrangères » et mentionne le nombre de 29 abonnés. Bien que le nombre des abonnés ait varié, le tirage est toujours resté confidentiel (il passe de 29 en 1952 à 45 en 1958-1959 et décroît ensuite jusqu'à 35 en 1961) et la présentation semblable : tout incline donc à penser que la formule, expérimentée à partir de 1945, avait trouvé sa forme définitive dès 1952 – et très probablement avant, puisqu'une lettre à Edmond Humeau montre Robin à la recherche de clients : « J'ai vu l'autre jour Capocci à *Franc-Tireur* et lui ai parlé de l'éventuel abonnement du CE[49] à ce sacré bulletin [...]. Capocci a connu mon bulletin par le "Popu"[50] ». *Le Populaire*, journal socialiste, devait donc être abonné au bulletin, ce qui prouve une fois de plus que Robin recrutait ses clients sans tenir compte de leurs tendances[51]. *Le Figaro*, qu'il qualifie de « chétif » à la fin de *La Fausse Parole* comptait au nombre de ses abonnés probables[52]. Cependant, le bulletin de 1952 est bien le premier document qui permette de connaître *directement* le travail d'écoute[53] ; et c'est un document

---

47   On pourra en trouver la liste en annexe du mémoire de Dominique Radufe, *Armand Robin, écouteur*.

48   C'est-à-dire depuis la demande de réintégration de Robin au ministère de l'Information jusqu'à la première série de bulletins permettant de suivre le traitement de l'information sur une durée de plusieurs mois.

49   Conseil économique, dirigé par Léon Jouhaux, puis Émile Roche.

50   Lettre du 17 février 1951. Le fils de Capocci (membre du bureau du Conseil économique où travaillait E. Humeau), était journaliste au *Populaire*.

51   Les archives contiennent trois textes dactylographiés sur du papier emprunté au *Populaire*, ce qui prouve que Robin avait ses entrées au journal dès la période des *Poèmes indésirables* (1944 au plus tôt – date de reparution du *Populaire* – 1948 au plus tard – date des derniers textes « indésirables »).

52   D'après le témoignage du comte Antoine Rouillé d'Orfeuil, journaliste au *Figaro*, et les affirmations d'Alain Bourdon. Mais le journal n'a pas gardé trace de cet abonnement.

53   Le bulletin de 1945, présenté dans le film de Jean-François Jung *Le Monde d'une voix, un Faust des ondes*, est un faux.

tardif. Il précède de peu la publication de *La Fausse Parole*, annoncée par Marcel Bisiaux comme « Histoire d'une héroïne : la propagande[54] ».

Dans *La Fausse Parole*, qu'il qualifie de « journal d'un journal[55] », Robin fait bien, en effet, autant que le bilan du travail d'écoute, le roman de ses écoutes. Cette fiction très particulière, et cette place très particulière de l'essai n'ont jamais été vues, principalement parce que l'œuvre était considérée comme un bloc monolithique. À suivre les émissions de poésie produites entre 1951 et 1953, les traductions écrites de 1943 à 1958, sans même parler de la production poétique de Robin, on constate un tel affaiblissement que l'on est bien obligé de considérer que les bulletins postérieurs à la publication de *La Fausse Parole* correspondent, sinon à la fin d'une expérience, du moins à une phase de déclin. Or, ce déclin est précédé par *La Fausse Parole* : mise au point et mise en scène, conclusion d'un travail dont on ne sait, en fin de compte, rien, l'essai a aussi pour but de travestir ce travail, ou de lui donner un statut nouveau, acceptable officiellement, effaçant ses origines. Les dates portées par Robin après la conclusion n'ont guère attiré l'attention : « 1945-1950 », indique-t-il[56]. *La Fausse Parole* n'aurait donc pas été achevée en 1953, à l'exception du chapitre « Le peuple des télécommandés », donné à *Preuves* en 1953. En effet, les fragments publiés en revue datent de 1949 ou 1950 – le texte « Vacances » donné à *Comœdia* étant, bien entendu, à mettre à part. Il n'est d'ailleurs pas exclu que les dates servent aussi à annuler la période répréhensible des écoutes, c'est-à-dire la période de travail au ministère (1941-1944).

Blanchi par la parution de *La Fausse Parole* aux éditions de Minuit, Robin pouvait tirer les conclusions, non de dix ans, mais de cinq ans d'écoutes ainsi officialisées. La clandestinité si hautement revendiquée semble, en somme, assez comparable à la solitude de Maïakovski telle que Robin devait l'analyser dans l'essai de 1959 : « L'"isolé social parfait" apparaît, si on l'observe bien, non seulement très entouré, mais encore très adapté ; sa solitude est tellement publique que tous vont la contempler [...] [Il] est le moins seul des hommes, et même est le seul à ne pas pouvoir espérer avoir un jour de solitude[57]. »

---

54   *Arts*, 29 avril 1953.
55   Quatrième de couverture de l'édition originale.
56   Rééd. 1979, p. 94.
57   *La Gazette de Lausanne*, 31 janvier 1959, *Écrits oubliés I*, p. 334.

Stratégique ou non, la datation devrait au moins rendre vigilant à l'égard des relations de l'essai avec un travail d'ensemble : même si tous les chapitres n'ont pas été achevés en 1950, la conception de *La Fausse Parole* devait être (les publications en revue le montrent) déjà conforme au résultat final.

C'est en quoi également la « Chronique de radios étrangères » est d'une importance capitale : car on connaît, malgré tout, *indirectement*, le travail perdu – le lien entre ce travail et l'essai étant assuré par les réflexions livrées chaque semaine à *Combat*. La chronique s'interrompt en 1948, et l'on serait tenté de penser que, plutôt que le « journal d'un journal » *La Fausse Parole* est la synthèse d'une synthèse : la condensation s'opère au terme d'une sorte de phase préparatoire poursuivie semaine après semaine – et l'essai apparaît, de ce point de vue aussi, plutôt comme la conclusion de l'expérience que comme son commentaire.

Il faudrait enfin rappeler, à ce propos, que la seule suite de bulletins disponibles (ou susceptible de le devenir) est postérieure à la publication de *La Fausse Parole* et surtout postérieure à la mort de Staline : « Le staline, mort en Russie depuis longtemps », écrit Robin à la fin de l'avant-dernier chapitre[58], mais la mort de Staline, le 5 mars 1953, correspond précisément à la parution du livre et à l'effacement progressif de son héroïne, la propagande obsessionnelle. La « morosité » qu'évoque Robin dans le dernier texte consacré aux écoutes est la sienne propre, et le « sonore néant » désigne bien sa propre impuissance à décrypter un langage privé d'origine, l'ennemi ayant disparu, et, avec lui, la raison du combat :

> Le chef doit, le premier, devenir une illustration chétive, ratatinée, d'une argumentation verbale faisant beaucoup de bruit depuis longtemps. Staline avait toutes les décences de cet état : de son vivant, il n'était pas ; par lui, sur lui, à travers lui, passaient de gigantesques déferlements de paroles, toujours les mêmes.
>
> La morosité marxiste, après sa mort, fut qu'on ne trouvait personne d'aussi apte à ne jamais déranger le sonore néant[59].

Juger une telle expérience sur les bulletins connus est donc aussi injuste que donner les poèmes du « Cycle séverin » pour représentatifs de

---

58 *La Fausse Parole*, rééd. 1979, p. 88.
59 « Outre-écoute 1957 », *Écrits oubliés I*, p. 312.

la poésie de Robin. C'est pourtant ce qui a été fait constamment – et le fait de donner une analyse objective du travail d'écoute n'a, il faut le noter, rien changé aux éléments retenus pour la fabrique mythobiographique.

LES BULLETINS D'ÉCOUTE

La collection de bulletins d'écoute conservée par Alain Bourdon compte 260 exemplaires, tous complets, comportant parfois des doubles. Le fait même qu'il y ait des doubles laisse planer l'incertitude quant à l'origine du fonds. Selon Alain Bourdon, les bulletins lui auraient tous été remis par Robin qui utilisait clandestinement la ronéotype de l'École des Mines[60] mais seuls deux bulletins portent la mention du destinataire[61] et les démêlés de Robin avec son matériel prouvent à tout le moins que l'utilisation de la ronéo a été limitée dans le temps. « Ainsi que nos lecteurs ont pu le constater, notre nouvel appareil à ronéotyper donne de meilleurs résultats que l'ancien », note-t-il à la fin du bulletin 83 du 6 décembre 1958. « Nous allons maintenant remplacer la machine à écrire ».

Cela signifie-t-il que l'ancien appareil ait été celui de l'École des Mines et que Robin ait pu en détourner l'usage à son profit pendant quatre années[62] ? La correspondance avec A. Bourdon est maigre (cinq lettres en tout et pour tout de 1930 à 1958) mais la dernière d'entre elles apporte une indication assez claire :

> Ma vie a changé en quelques semaines : télévision, films, théâtre, et disques stéréophoniques s'en mêlent. Alors je me suis aperçu que je devais prendre des mesures pour le bulletin d'écoutes.
> Je perdais beaucoup de temps à aller les [sic] faire ronéotyper chez toi ; du temps où j'avais encore du temps, cela me distrayait. J'ai fini par acheter un tout petit appareil duplicateur du dernier modèle pour la somme de … 18.000 fr. Ça va très bien et cela me facilite considérablement la vie[63].

La collection d'Alain Bourdon s'interrompt, en effet, avec le bulletin 83 de 1958 et ne reprend, irrégulièrement, qu'en 1960 avec le numéro 42 du 11 juillet, puis sept suppléments datés de décembre.

---

60   A. Bourdon exerçait les fonctions de secrétaire général de l'École des Mines. Il n'a jamais pu indiquer les dates de ce travail au noir.
61   Bulletins 13 de 1955 et 65 de 1958.
62   Quatre années au moins – de 1955 à 1958 –, peut-être six années, puisqu'il reste un bulletin de 1952 et que la partie manquante a été détruite.
63   9 décembre 1958.

Tirés recto verso sur duplicateur à alcool, les bulletins de 1959 et 1960 (ou, plus précisément, les bulletins allant du numéro 64 de 1959 au numéro 40 de 1960) sont très difficilement déchiffrables, lorsqu'ils ne sont pas tout à fait illisibles[64]. « Le système de reproduction (par alcool) n'ayant pas donné satisfaction je reviens à la reproduction par stencils à encre », écrit Robin à la fin de ce numéro 40. Alain Bourdon disposait d'une collection assez complète pour le premier trimestre de 1961 mais – à part les indications qui précèdent – sa provenance reste hypothétique. Si, réellement, Georges Lambrichs et Claude Roland-Manuel ont recueilli trois valises de documents dans l'appartement de Robin, il est possible qu'une partie du fonds ait consisté en bulletins d'écoute. Lors de notre premier entretien, Alain Bourdon m'a expliqué que les bulletins d'écoute occupaient trop de place dans le meuble où il les entreposait et qu'il en avait détruit un bon nombre car il n'y avait là que les traces d'un gagne-pain qui avait, hélas, détourné Robin de la poésie et ne présentaient plus d'intérêt étant donné qu'il s'agissait de notes liées à une activité politique lointaine et par nature éphémère.

Quoi qu'il en soit, la collection se répartit comme suit :

1952 : 1 bulletin
1955 : 66 bulletins
1956 : 57 bulletins
1957 : 64 bulletins
1958 : 39 bulletins
1960 : 8 bulletins
1961 : 25 bulletins

Le bulletin de 1952 a été reproduit à la fin de la réédition de *La Fausse Parole*.

---

64 L'année manquante a pu être retrouvée grâce aux archives d'Edmond Humeau et d'Yves Lavoquer. À voir les originaux, on reste surpris que des organismes officiels aient maintenu leur abonnement à un périodique parfois difficile à déchiffrer. Robin s'intéressait visiblement à autre chose passé 1958 (ce qui limite encore la connaissance que l'on pouvait avoir du travail d'écoute à partir des seuls bulletins conservés).

Robin   -1-   Mercredi 5/jeudi 6 Janvier 1955
                          Année 1955, bulletin No 1 .

         LA SITUATION POLITIQUE INTERNATIONALE

             D'APRES LES RADIOS EN LANGUES ETRANGERES .

* : signe de propagande obsessionnelle .
"" : citations littérales d'après enregistrements magnétophoni-
    ques.
     Bulletin bi-hebdomadaire, tiré à 35 exemplaires; Toute utili-
     sation interdite en dehors des accords conclus.

NOTE au sujet des écoutes de 1955 : il y aura très probablement
en ce bulletin Mccroissement des écoutes en langues asiatiques (chinois, hindoustani , pakistanais, et -j'espere- japonais)
    Le vocabulaire politique chinois étant en formation, je serais
reconnaissant à quiconque à quiconque m'aiderait sur ce point.

DERNIERE HEURE , éventuellement (jeudi matin 8h) :
    ci-contre :
       - "(cf. page 5) : écoute de nouveaux textes des radios
      du monde russe au sujet de "la semaine du cinéma chinois"
      organisée en Pologne. Ecoute montrant une nouvelle fois
      les méfaits de la propagande : alors que des nouvelles préci-
      ses et détaillées sur les films chinois auraient été fort
      intéressantes, ces radios diffusent en termes convenus le
      thème de * l'enthousiasme de la population * etc etc . .

     - SOUS LES PLUS EXTREMES RESERVES (il peut s'agir d'une
    erreur d'écoute, étant donné que Radio Nacional de Espana
    sur ondes moyennes à 22h est très difficile à saisir sous
    Paris-Inter) : selon Madrid hier soir 1955, Nehru irait en
    visite officielle à Moscou ,après les élections ... (?) ...
     - RADIO-PRAGUE , émission intérieure mi-nuit :
   " Chou Hen Lai a souligné (devant Hammarskjöld) la
   nécessité d'une cœ-conférence des pays africains et asia-
   "tiques " . Aucun détail .
      - "RADIO NACIONAL DE ESPANA , dernier service d'informa-
    tions (mi-nuit 30) a diffusé que la presse de Karachi
   "est pleine d'éloges pour la participation arabe à
   "l'exposition d'art islamique actuellement ouverte "dans
   "la capitale du Pakistan ; l'Espagne y est représentée
   " parmi de nombreuses œuvres de l'art hispano-arabe".
     - Tard dans la nuit (à partir de 1h) sur la bande
   des 30m. , émission de "ALL INDIA RADIO " en urdu
   (langue du Pakistan) ? aucune polémique. C'est en amical.
     Des émissions en diverses autres langues asia-
   tiques suivent , que je ne connais pas .
      Emission en langue anglaise à 1h30

ILL. 8 – Le second bulletin d'écoute connu.

Jusqu'en 1987, cette collection est restée (avec *La Fausse Parole*) le seul moyen de connaître le travail d'écoute. La consultation des bulletins était autorisée à domicile, la reproduction interdite (sauf exemplaires destinés à la publication) et les citations autorisées par fragments[65]. Il n'est pas utile d'énumérer ici les dizaines de lettres adressées aux abonnés mentionnés par divers informateurs : le mémoire de Dominique Radufe, beaucoup plus exhaustif, indique assez clairement les difficultés rencontrées par quiconque cherchait réellement des bulletins d'écoute. Par la suite, les archives d'Edmond Humeau et d'Yves Lavoquer ont permis de constituer un ensemble assez complet pour autoriser un travail de recherche effectif[66].

La publication de Robin relevait de la catégorie des « Lettres confidentielles » qui n'ont, semble-t-il, été soumises à l'obligation de dépôt légal qu'à compter de 1962. Aucun des périodiques mentionnés par Alain Bourdon n'a conservé trace du bulletin (lettres du *Figaro*, du *Monde*, du *Canard enchaîné*, du *Libertaire*), aucun des organismes d'État qu'il indique non plus (lettres de l'Élysée, du ministère des Affaires étrangères, du ministère de l'Information, du ministère de l'Intérieur, d'Henri-Paul. Eydoux pour les Renseignements généraux). Dominique Radufe a recensé, au total, trente-quatre abonnés possibles, probables ou attestés, mais les abonnés attestés sont seulement au nombre de onze : l'Élysée, le Conseil économique et social, la Radiodiffusion française, *Œdipe* (1947-1948), *La Nation française*, G. Bérard-Quélin, le Centre européen d'information de Pierre de Villemarest, Georges Albertini, le Comte de Paris, le docteur Henri Martin, Willy de Spens. La liste des 23 abonnés possibles[67] ne tient pas compte des services gratuits : le bulletin était très cher et *Le Libertaire* n'était pas en mesure de l'acheter,

---

65 Les mêmes obligations ont été imposées à tous les étudiants, y compris ceux qui travaillaient uniquement sur les bulletins d'écoute (le D.E.A. de Bruno Pierre, *Armand Robin, une expérience du totalitarisme*, doit la majeure partie de ses erreurs à l'insuffisance de sa documentation). Dominique Radufe seul a obtenu l'autorisation de copier l'ensemble des bulletins, sous réserve de ne pas communiquer les copies.

66 Le poète Edmond Humeau (1907-1998), attaché de presse du Conseil économique et social de 1947 à 1972, avait emporté à son départ une énorme masse d'archives dont une collection de bulletins d'écoute que nous avons pu retrouver dans le fonds qu'il conservait, et qu'il nous a autorisés à reproduire. Yves Lavoquer (1911-1981), responsable de Libération-Nord dans les Côtes-d'Armor, professeur, puis journaliste, atteste des liens de Robin avec la Résistance opposée au parti communiste.

67 Les ministères des Affaires étrangères, de la Défense (services secrets), de l'Information, de l'Intérieur (renseignements généraux), l'OTAN, le Sénat, des ambassades (sans précision), le Cabinet du Général de Gaulle, *Combat*, *Le Populaire*, *Le Libertaire*, *L'Observateur*, *Paris-Match*, *Le Canard enchaîné*, *Ouest-France*, l'AFP, l'Agence World News Service, Gabriel Leroy-Ladurie, la banque Worms, le Vatican, *La Gazette de Lausanne*, le *Neue*

ce qui en soi ne va pas sans poser problème. Il peut s'agir d'abonnés tardifs et peut-être ne sont-ils pas représentatifs des débuts du travail d'écoutes mais il est clair qu'ils appartiennent pour la majorité d'entre eux à une extrême droite bien particulière, monarchiste ou issue des réseaux de la Cagoule.

Nombreux sont les commentateurs qui assurent que le Vatican a été abonné au bulletin. Cette information est issue d'un article de Claude Roland-Manuel, s'inspirant peut-être « d'une plaisanterie d'Armand Robin dont l'esprit mystificateur n'était jamais en défaut », comme le suggère Dominique Radufe[68]. De même est-ce Claude Roland-Manuel qui a indiqué que *Le Canard enchaîné* était abonné, ce qui a été sans fin repris sans la moindre preuve. Certains de ces « abonnements possibles » sont hautement improbables, de même que l'abonnement du ministère de l'Information, mentionné pour la première fois en 1972 par l'abbé Tromeur, confondant la période de l'après-guerre et celle de l'Occupation.

APOLITISME ?

On se souvient de la déclaration qui, parue dans le premier numéro de la *NRF* de Drieu, avait tant choqué Guéhenno : « La pierre de touche du véritable écrivain est que dans tous les cas il puisse se sentir libre, ce qu'il s'assurera très aisément s'il évite de faire dépendre son rôle humain d'un rôle politique[69] ».

La seule affirmation constante parmi tant de contradictions est l'indifférence à la politique ou, plus précisément, le mépris pour la politique considérée comme une activité humaine dégradée entre toutes, et dégradante. Sur ce point tout au moins, des notes de lecture rédigées pour *Esprit*[70] aux sarcasmes du pamphlet de 1954, « Se garer des révoltés », Robin ne se dément jamais :

> Les Chinois des bons siècles tenaient en quelque lieu prudemment clos et interdit généralement nommé palais, leur tout petit nombre de déments. Là-dedans, licence de toute cabriole : former des gouvernements, dresser la police contre tout homme suspect d'honnêteté, lancer des lois contre le Fleuve

Zürcher Zeitung (Zurich), le service de renseignements de l'armée helvétique (*Armand Robin écouteur*, p. 140-141).

68 *Armand Robin écouteur*, p. 139.

69 « Domaine terrestre », *NRF*, janvier 1941, *Écrits oubliés I*, p. 117.

70 « Julien Benda : Précision », *Écrits oubliés I*, p. 71.

jaune, ces passe-temps de désordonnés n'étaient point dommageables, la population ayant pris ses précautions. Les laboureurs labouraient, les danseuses dansaient, les poètes étaient poètes, les chefs d'État déliraient.

Tchouang-Tseu ne hâta son pas qu'une seule fois : il cheminait par les rizières, on vint lui dire : « L'Empereur vous attend pour vous nommer ministre. » Épouvanté, ce sage détala[71].

La mise en accusation des « révoltés au pouvoir » (« En tout homme politique de l'heure peut sommeiller un fasciste », conclut-il dès 1936[72]) se retrouve dans « Une journée », puis, après-guerre, de texte en texte : le chef est toujours « le monstre Mao-Tchang-Tseu-Kai-Tong-Tchek[73] » et les partis politiques, confondus dans la même indifférenciation malfaisante, poursuivent leurs querelles inutiles ; en 1958 encore, c'est cette affirmation qui ouvre le second volume de *Poésie non traduite* :

> En ces temps où je devins poète ouïghour, les intelligents se groupaient, trois mille par trois mille, pour d'une seule voix demander, même aux danseuses : « Êtes-vous de droite ou de gauche ? » Ils n'aimaient pas du tout celui qui leur demandait : « Êtes-vous du haut ou du bas ? » C'est qu'ils ne s'étaient jamais levés[74].

Il serait bien facile de voir dans le recueil la prééminence accordée à ce thème, illustré aussi bien par le journal ronéotypé des Chinois à Paris, la « Vie de Cichowski » de Mickiewicz, le « Poème pour adultes » de Wazyk et les poèmes mongols. Chaque auteur parle pour Robin – y compris, en 1955, Mickiewicz qui, par l'intermédiaire supposé d'un rapport de police, résume son opinion : « Monsieur Mickiewicz a répété devant un nombreux auditoire que le gouvernement n'a que la consistance d'un rêve[75] ». En somme, l'apolitisme de Robin justifie un travail effectué d'abord pour un ministère au service du pouvoir pétainiste, puis pour divers organismes d'État et divers partis en totale opposition avec ce pouvoir, avant de s'exercer en toute indépendance[76], mais en se récla-

---

71 « Se garer des révoltés », *Écrits oubliés I*, p. 292.
72 « Emilio Lussu : La marche sur Rome », *Europe*, juin 1936, *Écrits oubliés I*, p. 132.
73 « Se garer des révoltés », *Écrits oubliés I*, p. 293.
74 « Note que l'époque rend nécessaire », p. 9.
75 « Adam Mickiewicz », *Écrits oubliés II*, p. 240.
76 « Les poètes de ce siècle, on les reconnaîtra au fait qu'ils auront tout fait en toute circonstance pour être le plus mal possible avec tous les régimes successifs, avec toutes les polices, avec tous les partis, cela même au péril de leur vie et, bien entendu, au prix de gigantesques campagnes de haine et de calomnies déferlant de tous les côtés (ils y aideront au besoin avec le sourire). Aucune tactique, aucune stratégie, aucune ruse, aucune crainte

mant de l'anarchisme – voire, à l'époque des *Poèmes indésirables*, d'un antitotalitarisme « authentiquement d'extrême-gauche[77] » mais qui l'amènera tout de même pour finir à collaborer à *La Nation française*.

EXPERTISE DE LA FAUSSE PAROLE

En un temps où le poids dictatorial des communistes provoque une résistance opiniâtre, Robin trouve des appuis aussi bien dans la mouvance anarchiste que dans la mouvance de gauche opposée au PC. Albert Camus avait attesté qu'il remettait son bulletin d'écoutes à *Combat*. Nous savons grâce à Pascal Pia (1903-1979), résistant, ironique et désespéré, assez proche parfois de Robin par ses prises de position nihilistes, que Robin a continué d'apporter son bulletin à *Combat*. Il pouvait y rencontrer Maurice Nadeau, trotskiste et pour cette raison en butte à l'hostilité des communistes staliniens. « À *Combat*, Pascal Pia et Camus connaissent Robin. Ils ne partagent pas son attitude mais ils la comprennent. Ils sont persuadés de son intégrité. Ils sont même heureux d'utiliser pour *Combat*, quotidien de la Résistance, les services d'un journaliste compétent, seul à exercer l'activité à laquelle il voue ses jours et ses nuits, et souvent mieux renseigné sur les imbroglios de la politique des grandes puissances que les services officiels[78] », écrit Maurice Nadeau. Il lui propose de collaborer à la page littéraire de *Combat*, mais Robin refuse :

> Cher Nadeau,
> Non, décidément, je ne dois pas apparaître dans le monde actuel. J'aime *Combat*, mais dans la page littéraire, j'ai vu qu'il y aura beaucoup de noms auprès desquels je ne veux pas être, noms d'écrivains de la Résistance notamment, par conséquent de droite.
> Je vais vivre de plus en plus à l'extrême gauche, et je ne publierai toute ma vie que sous la forme adoptée par mes derniers poèmes. Le monde capitaliste soviétique est un monde de cadavres et je ne peux « rien » en accepter.

---

de la pauvreté, aucun souci de la renommée. Sur tous les plans, une indépendance totale vis-à-vis de tout ». « Se garer des révoltés », *Écrits oubliés I*, p. 293.

77   *Poèmes d'Ady*, Fédération anarchiste, p. 6.

78   *Grâces leur soient rendues*, Paris, Albin Michel, 1990, p. 141. Cet essai comporte un chapitre amical et attentif sur Armand Robin.

> Je te parlerai régulièrement de ce que je ferai, et je te remercie à l'avance d'accepter ma prière de ne pas rompre le silence.
>
> Je te laisse, pour toi et nos amis, cet exemplaire de traductions de Pasternak. Je publierai ces textes le jour où il n'y aura plus de « propagande » sur terre. Si je ne vois pas ce jour, eh bien ! on les publiera après ma mort[79].

Ce qu'il remet, ce sont les traductions de Pasternak parues aux éditions de la Fédération anarchiste (qu'il ne considère donc pas comme une publication...). S'il ne collabore pas à la page littéraire, en revanche, quelques mois plus tard, il accepte de se charger d'une chronique des radios internationales dans les colonnes de *Combat*. Cette chronique marque son retour au sein de l'institution : c'est la presse résistante qui lui apporte sa caution, mais dans un contexte bien particulier. En 1947, nombreux sont ceux qui pensent que l'URSS risque de conquérir l'Europe et que le PC œuvre dans cette perspective : des grèves insurrectionnelles sont déclenchées par les communistes, grèves qui sont catastrophiques pour les journaux et les maisons d'édition issus de la Résistance. C'est le cas de *Combat* et des éditions de Minuit. « 1947-1948 est "l'année terrible" pour la génération de la Résistance », note Anne Simonin. « Elle perd le pouvoir au sein des entreprises fondées par elle dans la clandestinité. Dans la presse comme dans l'édition, les résistants sont, en règle générale, des nouveaux venus dont la ressource essentielle est d'ordre symbolique. Leur prestige, immense à la Libération, s'érode au fur et à mesure que s'éloignent les années de guerre. Se remet en place un monde qu'ils pensaient pouvoir révolutionner ; qu'ils ont finalement simplement bousculé et dans lequel ils sont littéralement désarmés[80] ». Les ventes de *Combat* plongent. Pia, accusé d'avoir rallié le mouvement gaulliste, quitte le journal. Camus en assure la direction du 17 mars au 2 juin mais une polémique éclate et, le 2 juin, cinq des six actionnaires du journal, dont Albert Camus et Pascal Pia, cèdent leurs parts à Claude Bourdet qui s'est associé à un homme d'affaires, Henri Smadja. Le journal a été ruiné par la grève des ouvriers du Livre : il faut à tout prix des fonds, et des rubriques qui ne se trouvent pas ailleurs. C'est donc sous la direction de Claude Bourdet que, du 21 septembre 1947 au 29 mai 1948, Robin rédige trente articles de synthèse résultant de ses écoutes de radios sur ondes courtes.

---

79 *Ibid.*, p. 139. Lettre datée du 26 juin 1946.
80 *Les Éditions de Minuit (1942-1955). Le devoir d'insoumission*, IMEC, 2008.

« Avec *Combat*, pour une fois, Armand Robin bénéficie d'une large tribune », constate A. J. Ajchenbaum. Il a le rare mérite de donner une évocation de ces chroniques en soulignant combien les écoutes témoignent d'une manière de reconstituer un paysage sonore donnant l'impression de voir se dérouler un film aux diverses nuances de gris :

> Son attention se porte aussi bien sur le bloc soviétique que sur les émissions nationales et internationales sous contrôle nord-américain. Il révèle ainsi des sortes de modèles stylistiques. [...] En ce qui concerne l'Amérique du Nord, Robin prête davantage l'oreille aux discours radiophoniques sur la situation intérieure en Europe, sur les envolées misérabilistes et l'effondrement annoncé du vieux continent. Pour les populations de Milwaukee, Chicago ou Los Angeles, l'Italie et la France sont au bord de la famine et de la guerre civile. Armand Robin voit dans cette débauche de saynètes en noir et gris la claire volonté de Washington de dramatiser la situation européenne pour, explique-t-il, rendre acceptable et souhaitable par l'opinion publique un mouvement d'aide humanitaire puissant capable de masquer les réels fondements des investisseurs économico-militaires américains en Europe[81] ».

Au moment où le plan Marshall se présente sous les dehors de la pure bienveillance, l'analyse ne manque pas d'intérêt. Chaque sujet traité est ainsi, semaine après semaine, l'occasion d'un appel à vigilance.

Comme le fait observer Dominique Radufe qui a retrouvé et publié cette chronique, elle offre à peu de choses près la seule trace écrite de l'activité d'écoute de Robin à l'époque[82] ; elle constitue la base de ce qui va devenir *La Fausse Parole* et permet de percevoir le positionnement politique de Robin :

> Quelle que soit l'analyse ponctuelle des faits, on constate que Robin s'en tient à deux idées essentielles. Il présente la propagande radiophonique comme le reflet d'une lutte, non pas entre un système socialiste et un système capitaliste, mais entre deux systèmes qui relèvent tous les deux du capitalisme, le monde occidental n'étant encore, selon lui, qu'au stade du « précapitalisme » comme il l'explique à plusieurs reprises – l'URSS étant, au contraire, un système capitaliste achevé : « *Le régime ainsi désigné a pris pour la première fois dans l'histoire sa forme complète en Union Soviétique en se déguisant sous une phraséologie extrêmement habile.* »
> Contre le concert d'injures et de violences qui se déverse sur le monde, les radios des « petits pays » et, notamment, la radio finlandaise, lui semblent

81   A. J. Ajchenbaum, *À la vie, à la mort. Histoire du journal* Combat, Paris, Le Monde éditions, 1994, p. 273.
82   *Expertise de la fausse parole*, Ubacs, 1990, p. 9.

caractéristiques de cette « recherche des neutres » qu'il prône tant au plan de l'État qu'au plan de l'individu. [...]

Ce qu'il appelle le « non-agir » est le contraire de l'indifférence. C'est le signe de la force de la non-violence face à l'oppression des grandes puissances ; plus encore, c'est le moyen d'entendre « le peuple des rejetés », celui des victimes, que Robin évoque dans l'article de synthèse intitulé « Critique de cette chronique ».

Le texte que cite Dominique Radufe à l'appui est, de fait, celui par lequel Robin justifie sa position dans la droite ligne de ce qu'il exposait dès 1937 dans « Une journée » :

> Il existe actuellement dans la partie de la planète qui se proclame la plus « progressiste » un véritable peuple d'hommes réduits à la condition infernale, à qui tout a été retiré, qui ne doivent plus tenir, dans le temps qui leur reste à vivre, la moindre trace dans l'activité et même la pensée des autres hommes ; ce qu'ils feront et subiront, il est entendu que jamais cela ne comptera ; ils sont ainsi des millions et des millions de rejetés, auxquels on ne porte jamais aucune attention. [...] Me sentant en communion avec eux, je ne puis pas ne pas percevoir que les radios mondiales, expression des divers systèmes de puissance et d'exploitation établis sur la création de cette situation abominable ou sur un silence complice à propos de cette abomination, constituent un pur scandale ; ne point parler de l'innombrable foule des « rejetés », c'est très exactement ne parler de rien. C'est pourtant de ce néant qu'ici je m'occupe[83].

La « Chronique de radios étrangères » donne à comprendre le cadre interprétatif qui oriente l'analyse : les émissions radiophoniques reflètent la lutte entre deux énormes blocs capitalistes ; face à cette agression permanente ayant pour conséquence le déferlement obsessionnel de propagandes, il donne pour modèle les « neutres », les petits pays qui, comme la Finlande, choisissent le désengagement et ne craignent pas de rester à l'écart. Cela pouvait s'entendre de différentes manières mais il va de soi que cela s'accordait avec la recherche d'une « troisième voie ». Le dernier article de la chronique, « De l'avantage d'être seul », article consacré, une fois de plus, à la Finlande, appelle à la recherche d'une indépendance délivrée de crainte, ce qui est « à lire aussi comme une prise de position personnelle[84] ».

---

83 *Ibid.*, p. 13.
84 *Armand Robin écouteur*, p. 34.

LA FAUSSE PAROLE

C'est assurément la chronique de *Combat* qui, donnant à Robin une légitimité, lui vaut de publier *La Fausse Parole* comme une synthèse – le « journal d'un journal », écrit-il – aux Éditions de Minuit. Issues comme *Combat* de la Résistance, les Éditions de Minuit se trouvent face aux mêmes difficultés, brutalement aggravées par la grève des ouvriers du Livre. En 1948, leur fondateur, Vercors, a été écarté de la direction pour laisser place à un jeune homme, Jérôme Lindon, qui n'a ni connu les durs combats de la clandestinité ni suivi les affrontements du Comité national des Écrivains (sinon par son père, le procureur Raymond Lindon).

C'est Jérôme Lindon qui commande à Robin *La Fausse Parole* début 1951 (d'après la correspondance retrouvée par Anne Simonin[85]). À cette date, le livre est écrit pour l'essentiel et pourtant ce n'est qu'en mars 1952 que le manuscrit est considéré comme définitif…

> Plus d'un an et demi pour composer et faire paraître un livre de 64 pages, même aux Éditions de Minuit, c'est un peu long… Et, si Jérôme Lindon prend autant de temps avant d'inscrire *La Fausse Parole* au catalogue des Éditions, c'est peut-être qu'il ne veut surtout pas du succès de scandale dont n'aurait pas manqué de bénéficier le livre publié dans la foulée de la *Lettre aux directeurs de la Résistance* contre laquelle la presse se déchaîne au cours de ce mois de mars 1952. Dans l'histoire des Éditions de Minuit, ce délai de publication est aussi intéressant que le texte de Robin[86].

En effet… Les dates portées après la conclusion laissent entendre, comme nous l'avons vu, qu'il aurait été écrit de 1945 à 1950. En fait, la composition du volume peut se suivre sans difficulté à partir du texte inaugural, l'article intitulé « Vacances » publié dans *Comœdia* en 1942. Tout le volume est une expansion de cet article comme *Le Temps qu'il fait* est une expansion de la nouvelle « Hommes sans destin » donnée à *Europe* avant-guerre. Mais c'est une origine liée à un passé qu'il faut effacer : la première phrase (« Le ministère de l'Information pour lequel je m'égratigne chaque soir au barbelé des émissions radiophoniques en langues étrangères m'apprend que cette année encore il n'est guère

---

85   Lettre d'Armand Robin à Jérôme Lindon du 12 mai 1952. Archives Minuit.
86   *Les Éditions de Minuit (1942-1955). Le devoir d'insoumission*, IMEC, 2008, p. 409.

possible de me donner des vacances ») devient « En un temps où je ne me savais pas atteint d'un métier, on m'apprit : "Cette année encore, on ne peut vous accorder de vacances"... »

Le nouveau point de départ est, en 1949, un article intitulé « Au-delà du mensonge et de la vérité : Moscou à la radio », publié par *La Revue de Paris* ; il deviendra l'avant-dernier chapitre de *La Fausse Parole*. Suit, d'août à octobre 1950, une série de trois articles donnés à la revue *84* : d'abord, une version revue de « Vacances », précédée d'une brève introduction, « Un lieu m'a », puis ce qui allait devenir « Outre-écoute II », et « Outre-écoute I ». C'est au tout dernier moment, en décembre 1953, que paraît dans *Preuves* « Le peuple des télécommandés ». Robin s'est contenté de reprendre ces articles, comme en sens inverse, pour remonter le passé, et d'y ajouter une introduction, une conclusion et un chapitre, « La non-langue de toutes les langues » (qui a d'ailleurs pu paraître dans une revue que nous n'aurions pas retrouvée).

Les lieux de publication ne sont pas indifférents : *La Revue de Paris* était reparue en 1945 et rassemblait des auteurs aussi bien de droite que de gauche ; *84*, une jeune revue de recherche littéraire dirigée par Marcel Bisiaux, se donnait pour but de publier aussi bien les exclus de la liste noire que les résistants ; *Preuves* était une revue anticommuniste subventionnée par la CIA[87].

Pamphlet libertaire destiné à dénoncer les propagandes, et par un spécialiste des radios internationales, *La Fausse Parole* avait le mérite d'attirer l'attention sur un problème ignoré, alors même qu'il touchait, comme l'écrivait Robin, à l'être même et au langage. Accorder une attention prioritaire à un dévoiement du langage était, de fait, œuvre légitime, œuvre de poète, à quoi tant d'autres, en tant qu'écrivains, auraient dû s'attacher. Il s'agissait aussi d'une arme politique, principalement dirigée contre le Parti communiste : il était clair qu'un tel essai était de nature à déclencher des polémiques d'autant plus violentes que l'on ne manquerait pas de ranimer les accusations contre Robin-la-liste-noire...

Or, cette polémique n'a pas eu lieu. « La légende voudrait, écrit Anne Simonin, que *La Fausse Parole* ait été introuvable en librairie, le Parti communiste ayant immédiatement acheté tous les exemplaires du livre. La réalité est moins romantique – ou plus libérale ? – puisque c'est seulement 32 exemplaires qui seront vendus la première année de

---

87   Mais cela n'a été révélé que dans les années 60.

la parution ». Et elle précise qu'en 1955, Armand Robin proposera aux Éditions Gallimard de reprendre le titre, dont il restera 1000 exemplaires[88]. De fait, Paulhan est intervenu auprès de Gaston Gallimard qui a étudié cette possibilité mais, pour finir, ne l'a pas retenue[89]. Notons au passage qu'en l'occurrence Gaston Gallimard s'est montré singulièrement arrangeant puisque Robin était sous contrat pour dix volumes et qu'il l'a laissé donner cet essai à un concurrent – un concurrent que Paulhan, toujours fidèle à son double jeu, maintenait pour mieux le contrôler. *La Fausse Parole* est parue dans l'ombre de sa *Lettre aux directeurs de la Résistance* comme un atout et un faire-valoir – mais les écrivains que Paulhan mettait en place et manipulait avec virtuosité étaient-ils autre chose qu'atouts et faire-valoir ? Robin a été une carte dans ce jeu et une carte particulièrement utile à ce moment : « L'anticommunisme semble être une clef explicatrice du discours de Jean Paulhan – qui, à la Libération et à cause des débats sur l'épuration des intellectuels, amorce un glissement vers un anarchisme de droite, lui qui avant-guerre avait été élu conseiller municipal sur une liste de Front populaire », rappelle Anne Simonin[90] (mais l'inscription sur une liste de Front populaire avait-elle été autre chose qu'opportunisme de la part d'un Paulhan qui se disait monarchiste et entretenait des relations privilégiées avec des auteurs que l'on retrouve sans surprise sur la liste noire du CNÉ – auteurs qu'il devait s'empresser de publier après-guerre en dépit de la liste noire ?). Le problème est bien le glissement vers un anarchisme de droite comme paravent de l'extrême droite.

Pourquoi, en 1951, publier un pamphlet contre le Comité national des Écrivains ? Les débats sont clos, la première grande loi d'amnistie date de janvier 1951, les injustices de l'épuration se perdent dans le sentiment général d'avoir mieux à faire que de revenir à ce passé trop proche et trop trouble. Paulhan s'est déjà exprimé sur le sujet dans *De la paille et du grain* paru en 1948 aux éditions Gallimard : il a fait partie du CNÉ quand il était bon d'en être et jouit d'un capital symbolique considérable en tant qu'incarnation de la Résistance ; il a cessé d'en faire partie quand il était bon de ne plus en être et a encore augmenté son

---

88 Note manuscrite de Jacques Festy, le 1ᵉʳ février 1955. Archives Gallimard.
89 Lettre de Paulhan, fin janvier 1955 (Gaston Gallimard-Jean Paulhan, *Correspondance*, Paris, Gallimard, 2011, p. 514).
90 *Les Éditions de Minuit (1942-1955). Le devoir d'insoumission*, p. 409.

capital symbolique en dénonçant les errements de ses collègues. Cette fois, il s'agit de recapitaliser en jouant les valeurs sûres pour lors dévalorisées des grands auteurs de la liste noire en attaquant la Résistance. « Que cherche Paulhan en publiant sa *Lettre* ? À couvrir la rentrée littéraire des "grands maudits", Céline et Rebatet, dont Gallimard prend la responsabilité » et dont Paulhan a préparé personnellement le retour (comme il a préparé la reparution de la *Nouvelle Revue française*, la « chère vieille tondue » de Mauriac, sous le nom de *Nouvelle nouvelle revue française*[91]). C'est là jouer un grand coup : un pamphlet qui peut se vendre à 20 000 exemplaires, écrit-il à Gaston Gallimard, mais qui, astuce suprême, au lieu d'être publié par Gallimard, bien compromis sous l'Occupation, sera donné à l'éditeur par excellence de la Résistance, l'emblème du juste combat, les Éditions de Minuit.

Jérôme Lindon s'est-il laissé séduire par la perspective d'un « coup » éditorial ? Encore quelques années et il va prendre pour directeur éditorial Alain Robbe-Grillet, aussi étranger que possible à la Résistance. En attendant, la *Lettre aux directeurs de la Résistance* légitime un discours jusque-là diffusé par l'extrême droite, avec des arguments puisés dans les publications des nostalgiques de la collaboration[92]. « Vous, l'ami de Rebattet [*sic*], de Céline, vous apportez un secours inespéré à *Aspects de la France*, à *Rivarol*, aux irréductibles enfants de la haine maurassienne », écrit Mauriac à Paulhan le 20 mars 1952. De fait, tel est bien le problème : encore un peu, dans le numéro de juin 1953 de la *NNRF*, Paulhan (sous son pseudonyme de Jean Guérin), se livrera à un vibrant hommage de Paul Rassinier, auteur du texte fondateur du révisionnisme, *Le Mensonge d'Ulysse*, dénonçant la « littérature concentrationnaire »[93]...

---

91 Après avoir œuvré à la condamnation de la *NRF* en 1944, il œuvre à sa reparution en 1953.

92 Voir à ce propos Anne Simonin, « La *Lettre aux directeurs de la Résistance* de Jean Paulhan : pour une rhétorique de l'engagement », in Antoine de Baecque (dir.), *Les Écrivains face à l'histoire*, actes du colloque du 22 mars 1997, Paris, La BPI en actes, 1998, p. 45-69.

93 Comme le précise Gisèle Sapiro (*La Guerre des écrivains*, Fayard, 1999, p. 684). Peut-être n'est-il pas inutile de le rappeler pour situer cet épisode dans un contexte plus large, en février 1968, Francis Ponge découvre (à la suite d'un article anonyme de Sollers dans *Tel quel*) que Paulhan est signataire avec Jean-Louis Tixier-Vignancour d'une pétition initiée par des néonazis allemands pour demander la libération de Rudolf Hess. Comme il s'en alarme, Paulhan lui répond que « la conduite de Hess a été irréprochable » et qu'il lui élèverait volontiers une statue. À quoi Ponge, osant pour une fois s'opposer à lui frontalement, répond : « Les gens qui t'admirent attendent de toi d'autres manifestations textuelles que ta signature au bas de n'importe quel factum – d'inspiration néonazie ou autre ». (Jean Paulhan-Francis Ponge, *Correspondance II*, Paris, Gallimard, 1986, p. 339-344).

Farouchement antiraciste, Robin se trouve entraîné, comme Jérôme Lindon, à servir un jeu dont les tenants et les aboutissants se perdent dans les proclamations libertaires affichées au nom de principes pouvant unir le pire et son contraire ou, tout au moins, son apparence. C'est bien pour venir conforter ce coup de force que *La Fausse Parole* a été publiée, et au moment requis. Si Robin a été instrumentalisé, comme Lindon, avec habileté et perversité, c'est aussi que le message dont il était porteur était utilisable. La lutte contre les propagandes totalitaires, telle qu'il l'évoque, en des chapitres qui donnent à comprendre cette expérience sans exemple, est une épopée qui donne force au livre mais, pour un auteur qui entend s'inscrire à l'extrême gauche, le message délivré ne va pas sans ambiguïté. La conclusion a été entendue comme plaisanterie d'un militant libertaire prônant la tolérance, fût-ce à l'endroit de l'adversaire le plus obscurantiste :

– Vous êtes théologien ou anarchiste.
– Je suis l'un parce qu'étant l'autre, et l'autre parce qu'étant l'un[94].

Mais ce n'était pas plus une plaisanterie que l'appel à une rébellion unissant « les anarchistes et Dieu, les poètes et les religieux, les clochards et les aristocrates[95] ». Anarchiste et monarchiste, Paulhan pouvait se retrouver dans cet appel qui, de fait, a d'abord été relayé par *Aspect de la France*, sous la plume de Pierre Boutang, lequel devait ouvrir à Robin les colonnes de *La Nation française*, organe monarchiste[96]. Ainsi s'explique l'abonnement du comte de Paris au bulletin d'écoute.

Cette « histoire d'une héroïne, la fausse parole », pour reprendre le titre de l'article de Marcel Bisiaux, est surtout l'histoire d'un héros, Armand Robin affrontant jour après jour l'énorme flux des propagandes. Autant que le bilan du travail d'écoute, *La Fausse Parole* est le roman d'une épopée : les bulletins d'écoute, sans prosodie et sans référence poétique, poursuivent le cycle « Ulysse renouvelé » des *Fragments* et les cycles de non-traduction. Cette épopée du « soi vidé du moi[97] » est,

94 *La Fausse Parole*, réédition 2002, p. 84.
95 *Ibid.*, p. 81.
96 Pierre Boutang, « Pour saluer Armand Robin », *Aspects de la France*, 15 janvier 1954. *La Fausse Parole* a suscité peu de commentaires – beaucoup moins que le premier volume de *Poésie non traduite* paru au même moment (un article dans *Le Monde*, un autre dans *Combat* et dans *Paris-Presse* et surtout, le 29 avril 1953, un article de Marcel Bisiaux dans *Arts*, « Histoire d'une héroïne, la fausse parole »).
97 « Vacances », *Écrits oubliés I*, p. 164.

comme le rêve de don Quichotte, comme celui du capitaine Achab, le motif grâce auquel l'ensemble peut s'agencer.

Elle peut se donner libre cours sans même avoir besoin de décor ou d'intrigue : en arrière-fond, dans les « univers fantomatiques » qu'évoque *La Fausse Parole*[98] gesticulent des monstres sans autre attribut que leur qualité de chef d'État. Staline ou Mao, des rois selon Shakespeare changés en énormités ubuesques. Plus le bulletin avance, plus on les voit devenir énormes, comme ces personnages boursouflés des rêves d'enfance. Ils se fondent, ils se perdent, sans que l'on sache où ni comment, ils viennent jouer leur rôle dans une épopée qui leur échappe et ils disparaissent. C'est une épopée tragique : on sait que l'on assiste à une perdition lente. Mais c'est une perdition par le dérisoire inscrite dès l'origine dans une sorte de *roman comique* – un roman de comédien, où Maïakovski se profile encore, « Méphistophélès de bonne volonté » jouant « avec le grandiose comme le premier enfant venu joue à vouloir happer le ciel[99] ». Le travail d'écoute est, en somme, la face inverse de la non-traduction.

---

98 Rééd. 2002, p. 36.
99 Maïakovski, in « Trois poètes russes », *Écrits oubliés I*, p. 183.

PASSAGE
À LA NON-TRADUCTION

Nulle recherche de refuge,
Haletante recherche du non-refuge
Fragment posthume.

Après la douceur brillante du russe de Pasternak, comme une goutte d'eau qui éclate, puis le passage par le chinois pour dire l'impossibilité de revenir à soi, le poème d'Imroul'qais forme comme un porche ouvrant sur les traductions d'André Ady qui elle-même ouvrent sur les *Poèmes indésirables*, et certains vers des *Poèmes indésirables* paraissent traduits (assez gauchement) des *Poèmes d'Ady*, comme le montre, entre tant d'autres, le dernier vers du quatrain :

> Sa vie, la voici : infamie, lie et folie

qui est issu du poème d'Ady « Ma fiancée » :

> Nous péririons avec ce cri :
> Crime et infamie est la vie...

Ces poèmes sont le lieu d'un passage qui se désigne lui-même comme ardu, gagné sur un tarissement qui se lit dans les traductions, de plus en plus arides. Et c'est pourtant en les assemblant que Robin parvient à passer outre et à se survivre, comme il l'écrit. Peu après les *Poèmes indésirables* paraissent deux minces volumes, les *Poèmes d'Ady* et les *Poèmes de Boris Pasternak*. Ces plaquettes données à la Fédération anarchiste et tirées à quelque 200 exemplaires se présentent comme œuvres militantes, mises en vente au profit de la solidarité antifasciste et la traduction est donnée pour pratique entièrement libre, offerte, sans copyright[1]. Comme l'indique l'introduction, la biographie d'Ady devient celle de Robin :

> Par sa vie saccagée, en butte aux attaques de tous, par sa destruction par lui contre lui chaque jour assurée, par sa mort insultée, le hongrois ADY fut au-delà de toutes les patries ma patrie. Son corps carré et cabré, son regard très loin projeté et cependant invinciblement retranché, l'audacieuse pudeur de ses gestes illimités, ses épaules avancées en défi trapu, c'est là le refuge que je me choisis. Je pris bras dans ses bras ; dépersonnalisé, je fus sa personne ; dans tous ses mots apparemment je me suis tu ; je me servis de sa vie pour vivre sans moi un instant de plus[2]…

Traduire signifie revêtir la chair d'autrui, se travestir en lui, s'incorporer pour retrouver vie. L'absence devient la condition nécessaire du travail de non-traduction. Absence au monde, absence à soi, absence d'œuvre personnelle : qu'il s'agisse d'Ady ou de Pasternak, il s'agit de rassembler les fragments d'Osiris et d'en faire un recueil.

POÈMES D'ADY / ANDRÉ ADY : POÈMES

Les *Poèmes d'Ady*, parus en mai 1946, précèdent ceux de Pasternak et permettent sans doute la mise en œuvre et l'investissement d'une phase antérieure. La révolte, la souffrance portée à son paroxysme, la flambée de rage qui devaient mener du poème d'Imroul'qaïs à ceux d'André Ady étaient, en 1946 encore, d'une grande violence – la publication des *Poèmes indésirables* un an plus tôt en est le signe évident. Or, le propre des *Poèmes d'Ady* est d'avoir fait de l'insurrection une sorte de résurrection, à la fois lente et brutale – et les phases d'une identification douloureuse, allant s'amplifiant, se renforçant, sont visibles dans le passage du premier recueil au second.

C'est cette incorporation progressive qui est surtout remarquable en ce qui regarde les poèmes d'André Ady – Robin en a d'ailleurs fait

---

1 Et sans le moindre souci des droits dus à Pasternak et des dangers qu'il risquait de courir. Les traductions d'Ady et de Pasternak seront la base de recueils plus importants vendus aux éditions du Seuil en 1949 et 1951 et ne sont donc pas libres de droits.
2 *Poèmes d'Ady*, introduction.

le sujet même de la première émission de *Poésie sans passeport*, l'une des plus impressionnantes de la série. Ce qu'il en dit est à prendre avec réserves mais les trois phases d'identification ne peuvent être mises en doute. Elles constituent en effet l'intérêt propre de ces poèmes et, pour Robin, le moyen de survivre, d'écrire sans écrire, de subir néanmoins le « haut-mal ». On s'attachera donc simplement ici à en mettre en valeur l'entrelacement des thèmes sans porter de jugement sur le travail de traduction : les recueils construits par Robin (à partir d'une œuvre très abondante et en fonction de critères aussi arbitraires que ceux qui ont présidé au choix des poèmes de Pasternak, il faut le noter) valent surtout pour l'appropriation dont ils témoignent. Cette appropriation inclut des distorsions, voire des contre-sens glissés dans le texte et une interprétation entièrement gauchie des poèmes hongrois par l'allongement du vers, les dissonances introduites, les modifications formelles constantes. Peut-être n'est-il pas inutile de citer à ce propos les constatations d'André Karátson :

> Inversions forcées, néologismes et archaïsmes s'ajoutent encore à cet ensemble dépaysant que l'on pourrait appeler le maniérisme de Robin. À propos d'une traduction de Maïakovski, Georges Mounin le lui a sévèrement reproché.
>
> Et pourtant le pouvoir envoûtant de ces traductions est indéniable. Malgré toutes les extravagances du texte, on a le sentiment de lire un Ady authentique. Le secret de Robin, s'il en est, réside dans son affinité avec le poète hongrois, affinité qui l'aide à faire passer l'accent et le mouvement même d'un langage exalté. Une version plus scrupuleusement fidèle aux données traduisibles aurait peut-être moins bien rendu la respiration essentielle. C'est grâce à cette méthode personnelle, et presque illégitime, que Robin restitue le mélange d'amertume et d'ironie si spécialement hongrois, de *Négy-öt magyar Osszchajol*. Un pareil tour de force est unique dans les annales des traducteurs de la poésie hongroise[3].

Un tel jugement – qui ne manque pas d'indulgence (car la méthode d'Armand Robin est, à bien des égards, entièrement illégitime) a le mérite de relativiser l'opinion courante, dérivée des affirmations d'Alain Bourdon :

> La transmutation des poèmes d'André Ady en français par Armand Robin est plus qu'un exploit. [...] Pénétré du caractère « sacré » du travail qu'il avait

---

3   Toute l'étude d'André Karátson serait à lire pour comprendre la phase d'identification de Robin à Ady et sa méthode (« La poésie hongroise présentée aux Français », *Études finno-ougriennes*, tome III, 1966, p. 153-181).

entrepris en se mettant à traduire André Ady, Armand Robin fit appel au jugement des linguistes les plus compétents : le résultat selon leurs dires est surprenant et tient du prodige[4].

Les traductions d'Ady sont plutôt maladroites – mais l'ensemble, et la rigueur étrange dans le gauchissement, font que cette maladresse est poignante (comme Robin le constatait à propos de ses propres poèmes). Ce qu'il poursuit par l'intermédiaire d'Ady est bien son propre roman – un roman qu'il compose comme la face inverse des *Poèmes de Boris Pasternak* – mais qu'il fabrique, très consciemment, à l'aide de poèmes « détournés » dans lesquels les thèmes s'entrelacent.

Les *Poèmes d'Ady*, à la différence pourtant des *Poèmes de Boris Pasternak*, ne divergent à partir d'aucun centre, ne semblent comporter aucune composition que l'on puisse qualifier de baroque. Les poèmes sont regroupés à partir d'un thème asséné massivement autour du « Poème du fils du prolétaire » : c'est le thème des *Poèmes indésirables* – mais en relation avec un appel à la révolte contre Dieu. Les deux thèmes alternent jusqu'au « Souvenir d'un immense mort » dédié à la mémoire de Jaurès qui clôt le cycle sur Dieu en le ramenant à son origine, le « Nouveau chant des moissonneurs », placé en tête du volume.

Les poèmes d'amour tout aussi contradictoires et violents sont condensés après « Ma fiancée » jusqu'au poème « Quand je pose ma tête... » où tout se perd dans une indétermination de rêve :

> Sur les genoux d'une femme quand je pose
> Ma tête de satyre, énorme, morose,
> J'ai souvenance.
>
> En d'anciens jours, femme géante, j'allais errante
> Par des sites lascifs, incandescents,
> Rêveusement.

Le cycle est repris par le poème qui précède immédiatement la conclusion, « J'aimerais qu'on m'aime... », de sorte que les poèmes d'amour occupent approximativement le tiers du volume – qui compte au total vingt-neuf pièces.

Beaucoup plus bref mais aussi ramassé, le cycle du pays natal qu'inaugure « Caillou en élan lancé » s'enchaîne par « Âmes au piquet »

---

4   *Plein chant*, automne 1979, p. 81.

et « Jours plus longs chaque jour » au thème de l'exil – exil à soi, absence,
c'est ce que résume la conclusion (qui correspond exactement au « Poème
qui suit les poèmes » de Boris Pasternak), « Sur la couverture de mon
nouveau livre » :

> Aujourd'hui que dans un livre les voici, décédés,
> Imprimés, brochés, vraiment je ne sais
> Si c'est bien moi qui les ai chantés.
>
> Ils pourraient être d'un quelconque étranger,
> Tant ils sont étranges, éloignés,
> Ces plaintes, cantiques, blasphèmes, versets…

L'extrême cohérence du recueil fait place dans le livre composé cinq
ans plus tard pour les Éditions du Seuil à une organisation en apparence
beaucoup plus stricte, suivant l'ordre de parution des volumes d'Ady
et se groupant ainsi conformément à l'édition hongroise. Le respect
de l'auteur et la rigueur dissimulent assez mal un éparpillement de la
thématique initiale, qui demeure (et qui reste perceptible à première
lecture), mais comme éclatée : une fois de plus, c'est le poème final qui
donne la clé du livre. En l'occurrence, la conclusion est faite de bribes
rassemblées sous le titre « Fragments de divers poèmes ». C'est à partir
de ces fragments (principalement du troisième d'entre eux, qui reprend
l'image du baiser comme une parcelle du poème fragmenté de Pasternak)
que l'ensemble peut se comprendre.

> Dans mon âme des chants, menus fagots, brûlaient.
> […]
> Et en ce temps-là je ne connaissais
> Pas encore de fait plus grand que des baisers.

Il s'agit désormais d'un face à face avec Ady, non plus d'un corps à
corps ; le texte de l'émission peut être lu comme un constat – si étonnant
soit-il : « Je percevais les deux textes comme provenant d'un règne d'entière
pureté antérieure à leur formation et à leur mutuelle traduction ».

Des thèmes exploités, mis au jour primitivement, Robin a gardé
l'essentiel : chacun des motifs est illustré par un ou plusieurs poèmes
complémentaires. Au thème du peuple se rattachent « Sueur humaine,
sois bénie » et les « Ci-après propos de Kouroutz ». « La tiède ondée… »
associe ce premier thème à celui de Dieu que trois poèmes mettent en

évidence : « Adam où es-tu ? », « La clameur qui cherche Dieu » et la
« Malédiction d'un prophète d'aujourd'hui ». Un seul texte résume le
thème de l'amour, et suffit à l'annuler : « Je n'ai jamais fidèlement aimé ».
Du pays perdu, opprimé, il n'est plus guère question non plus : « La légion
marquée » est presque immédiatement suivi de « l'Er à l'Océan » dont le
titre (l'Er est un « petit ruisseau du pays natal d'Ady », indique Robin)
est, lui aussi, explicite. Tous les poèmes supplémentaires se condensent
(ou se diffusent) autour du dernier thème, celui de l'absence à soi, du
suicide en vie : ainsi « Combat moi contre moi », « Grain sous la neige »…

> Harcelé, lacéré, le moi que me voilà,
> Tenu trempé dans les confiances d'autrefois,
> Hors le sang, les sanglots, l'incendie,
> Je le glane épi par épi…

… « Les heures d'angoisse » où le livre finit par se prendre en miroir…

> Puis il n'y a pas UN. Nous sommes
> Deux unités : personnes qui l'une l'autre se sont trouvées
> Deux attristants, deux attristés,
> Tous deux pleurs d'attaches…

… et « La vie grandie », qui est une véritable translittération du thème
majeur de *Ma vie sans moi* par l'intermédiaire d'Ady :

> Branches de la puissante, vaillante, svelte futaie
> Des ans passés, mes années de somptuosité
> (Ces sourires, de sang souillés, que me fut le Temps)
> Se couvrent maintenant de feuillage vrai.
>
> [...]
>
> Maintenant enfin ! voici, prenez ce qui
> Tristement, mauditement explique ma vie !
> La source d'où ses airs hagards, ses tourments bien pressentis
> Et son orgueil prirent vie, prenez, la voici !

Le thème de la non-existence marque tout à la fois le point de fusion
ultime entre Ady et Robin (puisqu'il devient possible de discerner son œuvre
en filigrane dans celle du poète hongrois) et le point d'indifférenciation
absolue qui fait d'Ady « l'un des autres », comme l'indique le titre de
l'introduction aux *Poèmes d'Ady*, « L'un des autres que je fus ».

POÈMES DE BORIS PASTERNAK

Le titre complet, *Poèmes de Boris Pasternak (inscrit sur la liste noire des écrivains soviétiques) par Armand Robin (inscrit sur la liste noire des écrivains français)*, aussi provocateur qu'abusif[5] est appuyé par l'introduction et la postface « L'assassinat des poètes » : contre la poésie de la Nouvelle Résistance, le traducteur place Boris Pasternak, « le seul poète de la Russie stalinienne », à ses côtés. D'Anna Akhmatova, pourtant largement aussi célèbre que lui, pas un mot. Seul importe cet auteur mythique qui est, bien plus que lui, lui-même. Il ne le dissimule pas : la composition du livre tout entière est une fabrication qui s'inscrit entre deux fragments d'un poème démembré.

STRUCTURE

Il serait difficile de nier l'intention qui a commandé la structure du volume puisque, du recueil initial à la présentation des poèmes de Boris Pasternak dans le volume *Quatre poètes russes*, cette ouverture et cette fermeture en miroir demeureront la seule constante.

« Le poème d'avant les poèmes » n'est, en effet, pas du tout un poème mais une strophe de la « Postface » de *Ma sœur la vie* (1922), suite d'où est extraite également la première strophe du « Poème qui suit les poèmes ». Cette étrange conclusion du recueil donne une idée assez précise de la manière dont il a été composé : le premier quatrain appartient également à la « Postface » de *Ma sœur la vie* ; les deux quatrains suivants sont empruntés aux « Vagues », poème qui sert d'introduction au volume *Seconde naissance* (1932) ; la dernière strophe est un fragment de *Haute maladie* (1923-1928) – fragment qui devait être aussi, curieusement, traduit par André du Bouchet pour être placé en tête du cycle « Traduit de Boris Pasternak » dans *L'Incohérence* : « J'ai honte, plus honte chaque jour, qu'à une époque que traversent de telles ombres, une certaine haute maladie puisse encore être nommée poésie[6] ».

---

5   Et qui, Robin ne pouvait l'ignorer, risquait de valoir les plus graves ennuis à Pasternak : il était évidemment interdit en URSS de publier ses poèmes à l'étranger sans passer par l'Union des Écrivains.

6   *L'Incohérence*, Paris, Hachette, 1979, non paginé.

Il serait, d'ailleurs, intéressant de mettre en relation le travail d'André du Bouchet avec celui d'Armand Robin car, où l'un commence l'autre finit ; où l'un traduit, mais en prose, et pour reprendre à son compte ce qui de Pasternak est de l'ordre du constat, l'autre sort de la traduction ; l'un joue franc jeu en fraudant, l'autre fraude en jouant franc jeu ; et ce que du Bouchet traduit : « La place réservée au poète : si elle n'est pas vide elle est dangereuse », l'autre le démontre – ou l'écrit à la place de Pasternak :

> Sur votre étagère j'ai posé des poèmes,
> Poèmes que vous prenez pour du « moi-même ».
> Sur mon étagère aucun poème ;
> Et dans les jours que j'ai subis aucun « moi-même ».

Donné sans référence, le texte est placé au centre d'un montage qui l'intègre à *L'Incohérence* : livre épars, et qui n'est pas sans parenté avec le livre hors du livre, l'œuvre « incohérente » que l'on peut voir prendre corps avec les *Poèmes de Boris Pasternak*.

Faut-il insister sur l'absence de références ? Elle est, comme l'absence de pagination dans le recueil d'André du Bouchet, significative : Robin a pris de Pasternak ce qui lui parlait, sans souci de chronologie ni d'origine. Il a rassemblé ce qui lui paraissait s'intégrer à ses propres thèmes. Le meilleur exemple est fourni par le rapprochement de « Notre orage », poème extrait de *Ma sœur la vie*, avec « La plus belle dans les poèmes » et « La plus belle dans l'été », extraits de *Seconde naissance* (1932), l'ensemble formant triptyque : le « Triptyque de la plus belle », publié dans la *NRF* en décembre 1942, et d'où les *Poèmes de Boris Pasternak* devaient sortir. Quant aux strophes qui le gênaient, il les a supprimées : ainsi, dans « La plus belle en son jardin » le second quatrain, dans « Le poème pendant l'hiver », trois strophes, une dans « Le poème en février » et « Muguets ». C'est probablement pourquoi le texte original de certains textes ne figurera pas dans *Quatre poètes russes*, une raison supplémentaire étant la liberté prise avec le sens qui fait de certaines pièces de véritables inventions – inventions qui ne sont pas, comme « Le poème qui suit les poèmes », de l'ordre de l'incorporation par assemblage mais par fusion :

> L'inhumain coup de coutelas
> Du lourd feu ne nous vient pas des bois.

Entrant la boulaie, te voilà, TOI,
Elle-toi se voyant, s'aimant elle-toi.

Halte ! on te devance déjà.
Elle-toi, quelqu'un vous voit d'en bas :
Le moite ravin sur les muguets
Perlants met sa pluie à sécher.

Lui, RAVIN, se sevrant, s'exhaussant,
En grappes de gouttelettes pend,
Distant de la feuille un deux doigts,
Distant du bulbe trois mi-doigts.

Avec brebous de brocart non ouïs
En canepin se closent ses spadices ;
Toute la brune du bocage unie
Pour s'en faire des gants les déhisce.

Il s'agit là d'un exemple, parmi bien d'autres, d'interprétation fantasque (mais ce qui est pasternakien est le lexique, la rareté des mots). Le TOI, si souvent mis en majuscules dans le cours du texte, est, comme la plupart des titres, une intervention de Robin. Le ravin, en majuscules lui aussi, n'est destiné qu'à attirer l'attention sur le fait que le livre bascule sur un versant tragique : le poème russe fait allusion au fossé sur le bord duquel fleurissent les muguets. Pour Robin, c'est au moment où les poèmes d'amour s'imposent, occupent le cœur du volume, que le ravin annonce le thème de l'abîme – qui sera premier dans les *Poèmes d'Ady* – et n'apparaît ici qu'avec « Marine ».

THÉMATIQUE

La construction du livre, entre une introduction et une conclusion démantelées, est, de toute évidence, concertée. Le travail d'incorporation intense à l'intérieur des limites assignées au livre est peut-être plus déroutant : si l'on suit les motifs majeurs (les thèmes mineurs se constituent en réseau tout aussi serré), l'on constate sans grand effort que le volume se construit en triptyque autour d'un triptyque (nommé tel par Robin, comme on l'a vu) qui est repris et condensé par « Un de mes jeux pour la plus belle », selon une composition baroque, décentrée, qui était déjà celle du *Temps qu'il fait*.

Le « triptyque de la plus belle » est annoncé par le mot TOI (toujours en majuscule) dès le neuvième texte, « Songe » ; il se ferme avec « Delà les on-dits » qui comporte pour la dernière fois le pronom TOI et suit immédiatement le dix-huitième, « Un de mes jeux pour la plus belle ». Le point à partir duquel le thème majeur éclate est ce dernier poème où l'image de la goutte d'eau condense tous les motifs : celui du baiser, du printemps, de l'aube et de la lumière.

Il est possible de suivre aussi l'entrelacement de ces motifs selon une progression que les titres ajoutés par Robin marquent très clairement : d'abord l'hiver, le lent « départ des glaces », la neige de février, le printemps convalescent (« Un printemps ») ; puis l'aube et les lilas sous l'averse (« Coqs »), les scintillements de grêle, de vitres (« Une après-pluie »), qui constituent avec le « bonheur fait d'orages » (« Bonheur ») le thème de tous les poèmes jusqu'à « Notre orage » et « Ébranlant la branche odorante », où le volume s'accomplit ; enfin, avec « Delà les on-dits » la fin des poèmes d'amour et le renoncement à ce qui n'est pas poésie, et avec « Leçons d'anglais », une allusion à l'amour tragique qui est aussi une traduction de Shakespeare par Pasternak. La « piscine des mondes », le chaos « revenant du gouffre des ahans » de « La révolte en mer » font de l'eau claire, heureuse, délivrée des glaces, une image de la perdition. L'avant-dernier poème « Tireur tout en stature… » est une méditation de Pasternak sur le rôle du poète – une adresse à soi que Robin a rendue difficultueuse ; le poème de conclusion en offre l'explication :

> Sur votre étagère j'ai posé des poèmes,
> Poèmes que vous prenez pour du « moi-même ».
> Sur mon étagère aucun poème ;
> Et dans les jours que j'ai subis aucun « moi-même ».
>
> Dans la vie de ceux qui le mieux ont chanté,
> Des traits d'une telle simplicité
> Que quiconque, authentique, y a goûté
> Ne peut plus que s'achever en silence entier.
>
> Né de même parenté avec tout ce qui est,
> Familier d'un avenir qui dès aujourd'hui est,
> Comment ne pas, finalement, tomber
> Dans l'hérésie de la simplicité inouïe ?
>
> J'ai honte, tous les jours plus honte
> Qu'au profond de ce siècle de telles ombres
> Subsiste une certaine haute maladie
> Nommée « haut mal de poésie ».

Ni « moi-même » ni « poème », le silence pour Robin peut être désigné par transparence comme le désir d'une « simplicité inouïe », mais cette simplicité est une « hérésie ». Reste la question originelle : comment écrire de la poésie ? S'appropriant le malaise de Pasternak, Robin reprend ce qui est en lui, constitutif, qui justifie l'existence du livre – bien plus que « Le poème d'avant les poèmes ».

QUATRE POÈTES RUSSES

L'identification à Ady, si forte soit-elle[7], n'empêche pas l'identification – ou « contre-identification » – à Pasternak. Bien au contraire, Ady surgit avec et contre Pasternak comme Essénine avec et contre Maïakovski. L'article « Trois poètes russes » pose Essénine, Maïakovski, Pasternak, dès 1942, à la manière de doubles authentiques ; ils resteront présents, associés, jusque dans les derniers articles de *La Gazette de Lausanne*[8]. L'un suscite l'autre, l'invente par contraste, et Pasternak les nie tous deux, confirmant ainsi, autant que leur existence, celle de Robin, par ce conflit qu'il met en scène et qui, finalement, l'orchestre plus qu'il ne l'orchestre. Ainsi le volume *Quatre poètes russes* donné en 1949 aux éditions du Seuil forme-t-il une sorte d'ouverture aux *Poèmes d'André Ady* parus deux ans après et fait-il du conflit l'instrument d'un équilibre trouvé à force de tensions : les « trois poètes russes » sont devenus quatre, et l'image d'un écartèlement cosmique qui ouvrait *Le Temps qu'il fait* est à nouveau projeté ici par *Les Douze* d'Alexandre Blok, où les voix dans la nuit, la tempête, le Christ, le chien, les soldats sont issus du livre de Robin, lui-même issu du poème de Blok, et retourné, inversé comme dans une double boucle.

S'il paraît évident que c'est à ce retour et cette ouverture violente que le volume doit sa force, il ne faudrait pas en conclure pour autant qu'il est construit à partir des *Douze*. On aurait même tort de se fier aux

---

7   En 1951, les notes biographiques placées avant les traductions reconstituent, au lieu du texte d'Aurélien Sauvageot, une véritable vie de Robin hasardée parmi diverses « circonstances importunes ».

8   « Pasternak poète par son traducteur », 22 novembre 1958 ; « Maïakovski sur la scène de lui-même », 31 janvier 1959 ; « Serge Essénine auteur dramatique », 18 avril 1959.

dates de publication : publiée en 1948 dans *Les Cahiers de la Pléiade*, la traduction du poème de Blok semble beaucoup plus tardive que les traductions de Pasternak ou d'Essénine, mais les pages d'introduction rédigées par Robin font de ce retard une circonstance sans signification :

> *Les Douze* nous jettent hors nous, en avant de nous. On dirait, venu de l'avenir, un écrit nous révélant le caractère véritable de ce que nous sommes en train de faire.
>
> Autre pas scandé dedans mon pas, ce poème depuis dix ans m'a évité de me rencontrer. Courbé, plein de non-pouvoir, indiciblement harassé, je fus aidé par lui à percevoir, d'une façon presque physique, que mes authentiques jours se déroulent sans moi, dans un temps où je ne puis pas faire un pas et où cependant, de l'autre côté d'un mur, j'entends déjà que tous mes pas résonnent. Je sais, d'une conscience extrême, que j'ai demandé à cet écrit le moyen de rejoindre, en franchissant une terrible ligne, cet autre versant où se trouve ma vie et où déjà le temps coule avec une autre qualité.

Les « dix ans » ne signifient pas grand-chose non plus. Il est vrai que Blok est le premier poète russe mentionné dans la correspondance de Robin[9] mais rien ne permet de donner, comme le fait Alain Bourdon, les traductions de Blok pour antérieures aux autres. Le volume de *Ma vie sans moi* tendrait à montrer qu'Essénine et Maïakovski ont précédé Blok et Pasternak mais ce serait là une affirmation hasardeuse. Il faudrait écrire à propos de tous les textes traduits par Robin ce qu'il écrit à propos de ceux d'Essénine : « Il est d'usage d'accorder bien du soin à "fixer" année par année les poèmes d'Essénine, alors qu'ils bougent dans les vents. Et même ils ont une manière affreuse d'être en dehors des dates : on dirait qu'ils sont "abandonnés" dans une désolation, entre deux mondes ». Si cela invite à envisager le livre dans son ensemble plutôt qu'à discerner les étapes de sa construction, cela donne aussi, bien paradoxalement, une image de ce qu'étaient alors les traductions d'Essénine par Robin : commencées avant la rupture, puis reprises, abandonnées, reprises à nouveau.

Il est possible de suivre l'évolution d'un poème comme « De profundis quarante fois » depuis 1938. Robin l'évoque cette année-là dans sa correspondance avec Paulhan et l'on en trouve une version manuscrite sous le titre « Quarante bouches », puis la *NRF* publie en septembre 1942 une seconde version intitulée « Quarante cris », qui provoque en octobre 1942 un rectificatif :

---

9   À Marcel Laurent, 27 novembre 1934, *Armand Robin et le poésie poignante*, p. 208.

À propos du texte d'Essénine publié dans notre numéro de septembre sous le titre de « Quarante cris », M. Armand Robin nous écrit qu'il s'agit là d'un premier essai de traduction fait à l'armée sur un texte russe incomplet ou, plus précisément, d'après plusieurs fragments du texte d'Essénine cités dans un article de revue.

M. Armand Robin, ayant pu se procurer récemment le texte russe complet et exact, a refait toute sa traduction ; nous sommes heureux de publier ce nouveau texte (et nous nous excusons auprès du traducteur, qui nous avait demandé d'attendre).

On cherche en vain la traduction mentionnée par cette note de la *NRF* mais on la retrouve ici, transformée, dans un ensemble qui lui donne un tout autre sens – et cet ensemble lui-même a évolué, comme pris entre deux mondes : peu de lien, en effet, entre le projet initial d'*Anthologie de la poésie soviétique* annoncé en 1943 à Jean Bouhier, en novembre 1944 à Jean Paulhan, et le volume *Quatre poètes russes* tel qu'il s'est créé, grâce à Blok et contre Pasternak.

En effet, si le livre vient buter contre le livre démantelé que constituaient les *Poèmes de Boris Pasternak*, c'est que Robin lui-même a buté contre l'impossibilité de se dépasser – ou, plus précisément, de passer outre : en ce sens aussi, « Ébranlant la branche odorante » apparaît unique, suspendu entre le manque et l'excès, le désir et le refus. Robin semble bien avoir été conscient de l'échec puisque le corps du volume reconstitué ne garde que les textes essentiels, élimine les textes plus faibles, place en tête les pièces que le traducteur jugeait les plus représentatives du travail qu'il avait tenté d'accomplir.

« Jusque ce tout, tout fut hiver », « Ébranlant la branche odorante » et « Leçons d'anglais » rassemblent, sans aucun doute, l'essentiel des traductions de Pasternak par Robin : il les inclut dans un livre qui garde la même introduction et la même conclusion mais qui n'a pas plus à voir avec l'ensemble initial, construit solidement, que les *Poèmes d'Ady* avec le volume expansé publié aux éditions du Seuil quelques mois après *Quatre poètes russes*. Et peut-être faudrait-il ajouter que la même distance sépare l'essai « Trois poètes russes » de la version abrégée qui ouvre le volume sous le titre « La plus constante de mes non-patries ».

Que l'on prête attention au titre, que l'on s'efforce de lire le texte en relation avec l'essai matriciel et l'on se trouve inévitablement conduit à percevoir ce qui constitue le corps du recueil. « C'est avec terreur qu'aujourd'hui je me sèvre de ces quelques poèmes où je me suis traduit »

– la première phrase de l'introduction est un rappel du paragraphe introductif de « Trois poètes russes » : « J'étais depuis longtemps sevré du breton ; après une longue quête, je retrouvais une langue aux mots frais, touchants et violents… » La suite a été reprise, presque intacte, mais l'allusion à la langue maternelle tarie est supprimée. « Bien vite la langue russe, parce qu'elle était la langue de multitudes traquées, devint ma langue natale ». Langue, terre, steppe, patrie, pays : « On dirait que, sous une immense étendue de neige, une dernière végétation sauvagement tente de percer et que, sentant ses heures comptées, elle se hâte "d'éclater" n'importe comment en plein gel, gel elle-même », écrit-il.

Or, ce paysage ne désigne pas directement la Russie mais ces « poètes russes [qui] ont surgi en tempête de neige, ont passé en ouragans, se sont brusquement abattus en tragiques souffles de toute part cernés ». Tous s'incorporent à une même langue, qui est ce qui les porte, les constitue, et porte aussi Robin au-delà de ce qu'il nomme ici « le grand tarissement ». Le tarissement s'observe dans le texte lui-même, qui est très amoindri mais reprend force avec la représentation d'Alexandre Blok – où l'on trouve peut-être le dernier texte critique de Robin susceptible de s'intégrer à ses essais des années fécondes – et force est de souligner que sa traduction des *Douze* reste à ce jour la meilleure traduction française de ce poème. La conclusion est aussi l'argument majeur de la traduction des *Douze*, et du volume : « À ceux qui s'étonnèrent qu'il n'écrivît plus rien, il répondait : "Tous les bruits se sont tus. Comment n'entendez-vous pas que tous les bruits se sont tus ?" »

La phrase de Blok a été interprétée de bien des manières. Quant à l'énigme que représentait ce poème aux yeux de son auteur, elle ouvre, elle aussi, sur tant de modes d'interprétations possibles qu'il vaut mieux se borner au simple constat que suggère sa mise en évidence dans le volume de Robin : le silence et le gel, le paysage où « une dernière végétation sauvagement tente de percer » ont été suscités grâce à Blok, c'est-à-dire à l'absence de Blok, dont il ne dit rien, ne fait pas un auteur mais un élément, une tempête, l'instrument d'un poème – et contre l'absence de Pasternak auquel il dénie, en revanche, l'existence de tempête et dont il va jusqu'à refuser le texte, la langue russe : seuls les quatre premiers poèmes de Pasternak figurent en version bilingue (ce qui était en opposition absolue avec les principes de la collection « Le don des langues » conçue par Pierre Leyris). Il n'est pas possible d'invoquer ici le manque de place car Robin va jusqu'à donner en version bilingue le « Poème d'avant les poèmes » et à lui adjoindre un titre visiblement inventé – поэтический дар, « le don poétique » ; mais il se garde de fournir le texte de poèmes comme « La plus belle dans l'été », dont la traduction n'est pas particulièrement défaillante – en tous cas, pas plus que celle de « La chanson du pain » d'Essénine, dont la version comporte un nombre assez impressionnant d'approximations ou que celle de « La nue empantalonnée », dont le titre est à lui seul une aberration, puisque Maïakovski évoque dans « Comment écrire des vers » le moment où l'image du "nuage en pantalon" lui est venue, à la fois si cocasse et si juste qu'il craignait que tout le monde ne la lui voie dans la tête et ne la lui prenne.

Jamais la simple possibilité de penser à une « nue empantalonnée » ne se serait présentée dans les circonstances qu'évoque Maïakovski, et la traduction dérive dans la même incohérence, bien entendu constitutive (c'est pourquoi Robin insiste sur l'aspect fragmentaire du texte). Elle se moque ouvertement du texte, ignore les rimes paronomastiques qui font du poème de Maïakovski un réseau apparemment chaotique mais presque aussi dense que celui des poèmes de Pasternak ; elle élargit, commente parfois ce qui reste serré dans la trame, introduit des citations personnelles.

En somme, la lecture la plus minutieuse, la plus détaillée, en revient à constater avec André Markowicz : « Il me semble, au fond, que ces "quatre poètes" n'en forment qu'un, que Robin traduit avec les mêmes procédés : quatrains monorimes aux moments pathétiques, substantifs employés comme attributs, néologismes ou substantifs abstraits – procédés que n'emploient ni Blok, ni Pasternak, ni Essénine, ni Maïakovski[10] ». Il serait certainement possible d'affiner, de relativiser, de mettre en relief des procédés privilégiés employés selon l'auteur auquel Robin a affaire mais ce qui importe est l'indifférenciation : ici, la pluralité des voix dans la langue maternelle substitutive, méfiante, englobante, incluant tous les conflits et les donnant ainsi comme résolus d'avance, et dicibles. Bien entendu, la même révolte soulève les poèmes de Blok, d'Essénine ou de Maïakovski : tous rappellent Attila Joszef comme « Le camarade » d'Essénine rappelle le « Poème du fils du prolétaire » d'André Ady. Mais

---

10 Courrier du 8. 8. 1988 (ce qui rejoint d'ailleurs l'opinion d'André Karátson sur la traduction des poèmes d'André Ady mentionnée plus haut, p. 263).

cette révolte est ce qui relie Robin au russe, comme à sa langue d'exclu :
elle justifie le recours à une même méthode de traduction pour tous les
auteurs, et à une même désappropriation. Il ne s'agit plus à proprement
parler de traduction mais de détournement de la traduction, une forme
sans exemple de détournement que Robin a appelée non-traduction.

POÉSIE SANS PASSEPORT

> Parmi les frêles formes surgissantes il
> resta Chaos,
> Complice voguant de Dieu.
> Il fut de l'eau plutôt que de la terre.
> *Fragment posthume.*

Nul ne semble s'être avisé, même après la publication des émissions de *Poésie sans passeport*, que l'épopée de la non-traduction avait pu se poursuivre par le passage par les ondes, étape essentielle, totalement oubliée avant qu'il n'apparaisse que ces émissions avaient été conservées par l'INA et pouvaient encore être écoutées, ce dont leur réalisateur lui-même, Claude Roland-Manuel, n'avait pas pris conscience...

UN TRAVAIL SANS PRÉCÉDENT

L'oral est toujours lié à l'eau pour Robin, à l'eau libre, l'eau nourricière. « Il fut de l'eau plutôt que de la terre », écrit-il – et encore :

> Eau plutôt que terre
> Il s'étend en possibilité flottante[1].

Claudel le désigne. Mickiewicz aussi :

> Le sort du roc est de se dresser, de menacer,
> Le sort du roc est de se dresser, de menacer,

---

1   *Fragments*, p. 67.

> Le sort de la nuée est de colporter des ondées,
> Mon sort est de couler, de couler, de s'écouler[2].

Tous les poèmes heureux, les traductions de la maturité sont des textes où l'eau circule dans la terre, se gonfle en végétal, devient le flottement même de l'air – ce qui a pu faire confondre un poème de Caroline de Günderode avec un fragment de Robin[3]. Hors ce flottement, il n'y a rien : « Plus bas que tout gît l'écrit : que faire de ce pitre issu de notre triste pire[4] ? » On ne sait pas ce que Paul Valéry a pu penser de la question. Elle a trouvé, pour Robin, une solution précaire, très provisoire mais vitale dans les émissions de *Poésie sans passeport* : aussi le premier volume de *Poésie non traduite* est-il né de l'expérience. C'est au moment où les émissions s'arrêtent (pour des raisons qui restent très obscures) que le livre voit le jour.

La liste des émissions le montre à elle seule : Robin y rassemble ce qu'il a de meilleur. Le fait que les trois premières émissions soient consacrées à André Ady, à la poésie russe, et à Imroulqaïs n'est pas dû au hasard. Le malheur est que la tentative de Robin n'ait pas été comprise et que, notamment, l'interprétation des *Douze* de Blok, avec, en contrepoint, la voix de Pierre Souvtchinsky soutenant celle de Jean Négroni, se soit arrêtée au second mouvement du poème. C'était (et de très loin, sans doute) la meilleure interprétation qui en ait été donnée en France ; la traduction de Robin trouvait sa pleine force dite ainsi, avec l'appui de la langue russe (et l'accent de Pétersbourg, tel que Blok avait pu l'entendre). L'occasion perdue, il reste deux poèmes de Pasternak, lus selon la tradition française, avec justesse, mais sans la virulence grandiose qui emportait le poème de Blok – et Pasternak lui-même, réduit à deux traductions aussi peu faites que possibles pour être lues[5].

Pourquoi ainsi amoindri ? Selon divers témoignages, la série *Poésie sans passeport* se serait arrêtée faute de matériau – mais le meilleur des traductions de Robin restait à reprendre : les premiers poèmes

---

2   « Sur une onde grande et pure », *Écrits oubliés II*, p. 216.
3   *Le Monde d'une voix*, 1970, p. 201. *Poésie non traduite I*, p. 79.
4   « Paul Valéry », *Écrits oubliés I*, p. 188.
5   Pour ce qui concerne le texte de l'émission, voir *Poésie sans passeport*, « Poésie russe ». Armand Robin semble avoir toujours eu une prédilection pour « Jusque ce tout, tout fut hiver » (premier poème lu par Jean Négroni) mais « Le dedans d'un bois » ne figure pas dans *Quatre poètes russes*. On ne le trouve que dans la brochure publiée en 1946 à la Fédération anarchiste.

de Pasternak présentés dans *Quatre poètes russes*, tout Essénine, et les poèmes chinois qu'il avait laissés épars. De Maïakovski, puisque « La nue empantalonnée » passe pour une traduction inadéquate, peut-être valait-il mieux ne rien donner. Cependant, il n'est pas du tout certain que la grandiloquence maladroite de Robin n'ait pas trouvé, en raison même de cette outrance, et de cette gaucherie pathétique, une résonance accordée en profondeur au texte de Maïakovski. Le matériau ne manquait pas, bien au contraire – et la technique utilisée par Robin ne pouvait aller qu'en s'affinant : lisant Virgile pour faire entendre le suédois de Fröding[6], le diseur laisse à regretter ce qu'aurait pu être une émission qui aurait utilisé les traductions de Tuwim par Robin, mises en relation avec Fröding (le tilleul du dernier poème de *Poésie non traduite*, « Qu'il y ait pluie de verdure et de vie », est « L'arbre inconnu » de Tuwim, comme le premier, « Jonc, jonc, susurre », est un écho bien faible de l'une des meilleures traductions de Robin, « Les joncs[7] »). « Ayant bu quelque peu du Verlaine, Virgile chante en suédois », écrit Robin en 1953 pour présenter des traductions de Fröding : Verlaine, Virgile, Fröding, tout est venu d'un thème (« les bucoliques ») et d'une sorte de sonorité (ce « tintinnabulement[8] » qui évoque la « Bergerie » de *Ma vie sans moi*). Les éléments semblent simples ; les mettre en résonance, et sur un fond de gaieté mélancolique auquel Robin ne fait allusion qu'en mentionnant au passage, comme par inadvertance, dans le cours de l'émission, le nom de Corelli, relève d'une virtuosité d'autant plus grande que les émissions devaient valoir pour leur absolu dépouillement : à voix nue, sans le moindre accompagnement musical, l'émotion naissant de l'entrelacement ou du heurt des langues[9].

---

6   Émission du 6 janvier 1952.
7   Les poèmes de Tuwim figurent dans *Ma vie sans moi* (réédition *in Écrits oubliés II*, p. 37-39) ; les poèmes de Fröding figurent dans le premier volume de *Poésie non traduite*, p. 59-66.
8   *Poésie sans passeport*, « Poésie suédoise », p. 69.
9   C'est sur ce tramage des voix, le latin de Virgile répondant au suédois de Fröding et aux *Fragments* évoquant le « cycle du pays natal », l'arabe répondant à la violence survoltée du *kan ha diskan*, que s'est construit le spectacle *D'un buisson de ronces* mis en scène par Madeleine Louarn en 2000, spectacle écrit à partir du *Cycle du pays natal* et mis en relation avec celles des émissions qui me semblaient leur correspondre. La prodigieuse musicalité des langues mise en relation avec le paysage sonore d'un village de haute Cornouaille donnait l'impression d'une présence de l'univers dans la poésie la plus simple et la plus limpide. Pour la première fois, l'entreprise de la non-traduction devenait immédiatement sensible et accessible à tous.

Le moins qu'on puisse dire est que ce travail n'a pas suscité l'enthousiasme : « Émission pénible à suivre, peu claire, pas assez d'annonce » indique le premier rapport d'écoute (sur la poésie russe – écouteur Concordel[10]). Ces rapports d'écoute sont contestables, souvent erronés, rédigés parfois longtemps après l'émission. Cependant, la consternation des écouteurs successifs montre à quel point le travail de Robin pouvait choquer. L'émission sur Blok et Pasternak n'a jamais été rediffusée – ce qui n'est d'ailleurs pas significatif en soi, car la première partie de l'émission sur Attila Joszef qui n'avait pas provoqué de commentaires particulièrement acerbes n'a pas eu droit non plus à une seconde diffusion, alors que la deuxième partie de l'émission, jugée désastreuse[11] a eu droit à deux rediffusions (en 1985, il est vrai, et entre deux et trois heures du matin). Quant à la séquence sur la poésie flamande qui avait scandalisé l'écouteur Christophe (« Ou bien le réalisateur se fout du monde ou bien il semble légèrement demeuré. L'émission se passe ainsi : les poèmes sont dits à la fois en français et en néerlandais, et mal dits. Les deux voix alternent et se confondent. »), elle a été rediffusée presque aussitôt[12]. On est loin, bien sûr, du scandale provoqué par l'émission d'Artaud « Pour en finir avec le jugement de Dieu » réalisée quelques années plus tôt pour le Club d'Essai et finalement interdite[13], mais on ne peut tout de même pas ignorer que ces émissions de Robin ont été la part de son travail sur lequel l'interdit a porté le plus durablement.

Vouées dès l'origine à l'exécration, elles ne témoignent pourtant d'aucun désir de choquer – le plus étonnant est, au contraire (jusqu'en 1953, tout au moins, c'est-à-dire jusqu'à la fin de l'expérience de *Poésie sans passeport*) la gravité de Robin. Il a parfois quelque peine à ne pas se

---

10 Les rapports d'écoute, conservés par l'INA, mentionnent les noms des personnes chargées de les rédiger, personnes qui étaient manifestement supposées donner l'avis d'un auditeur lambda, mais dont l'avis, purement consultatif, n'était pas toujours pris en compte.

11 Les rapports d'écoute sont accablants. Ainsi, au sujet de la deuxième partie de l'émission sur Attila Joszef : « Toujours le même procédé qui gâte le peu qu'on essaie d'écouter (déjà assez monotone par lui-même), tout jugement sur l'œuvre d'Attila Joszef mis à part (après Algésiras, hélas !). » « Qualité artistique : il faut un effort surhumain pour suivre cette émission sans doute bien intentionnée mais au moins étrange. Aimez-vous le hongrois ? On en a mis partout ! C'est épouvantable ! ».

12 Première diffusion ; 7 décembre 1952 ; seconde diffusion : 25 janvier 1953.

13 1er février 1948. Les précédentes émissions d'Artaud avaient également eu lieu pour le Club d'Essai.

moquer du monde : l'absolution donnée pour le massacre de gazelles à la fin de l'émission sur Imroul'qaïs est un exemple parmi beaucoup d'autres mais exceptionnels, et sans commune mesure dans la provocation avec le Llareggub de Dylan Thomas qui avait tant choqué les producteurs anglais de *Under Milk Wood*. Robin rassemble dans ces émissions – ou, tout au moins, dans les premières d'entre elles – ce qui a justifié, assuré sa survie : si l'émission sur Attila Joszef s'étend sur deux séquences, c'est qu'il s'agit d'en venir à l'essentiel, qui n'est énoncé qu'au dernier moment, et après des développements sur le suicide qui ont dû, sans aucun doute, laisser l'auditeur assez perplexe[14] : « Attila Joszef ne se suicide pas négativement. Il n'a pas besoin à cause de son suicide de la miséricorde de Dieu, comme Essénine ou Maïakovsky. Il se suicide positivement, il ressuscite en son suicide l'instant même de son suicide. C'est sa manière à lui de rencontrer Dieu[15] ». Le thème a été annoncé par Ady, par Blok, par Attila Joszef lui-même :

> Je me suis, me lacérant, coupé de toute loi.
> J'embrouille ce que mes yeux privent en proie,
> À cent autres vies je mêle ma vie sans moi[16].

Attila Joszef devient le double de Robin : « Au cours de notre dernière émission, nous avons vu Attila Joszef, poète ontologiquement révolutionnaire, mettre dans les cieux sa mère, l'humble ouvrière, enrôler Dieu parmi ses camarades puis, exclu du Parti communiste hongrois, s'en aller dans la forêt pour être aidé loin des hommes par la toute-puissance des arbres[17] ». Pour trouver un équivalent au terme hongrois « elvadule », terme signifiant « redevenu bête sauvage et dépravée » Robin trouve « aragonisé[18] », allusion transparente à son exclusion par le Comité national des écrivains. Ne pas être aragonisé, c'est ne pas écrire de poésie, et se taire – se suicider, comme Attila Joszef, ou devenir transparent :

> Dans une ère où tous les poids vous alourdissaient, je fus transparent à travers tous les pays. Je ne reconnus pas les frontières.

---

14 L'écouteur Christophe n'en dit rien, mais c'est qu'il va droit à l'essentiel, qui est la présence inopportune de la langue hongroise.

15 *Poésie sans passeport*, Attila Joszef II, p. 108.

16 *Ibid.*, « Poésie hongroise : André Ady », p. 46.

17 *Ibid.*, « Poésie hongroise : Attila Joszef », p. 97.

18 *Ibid.*, p. 98.

> Je ne sais pourquoi soudain je sentis que je ne savais pas assez les mots des hommes. Au loin, par le monde, tous les pays se battaient ; aucun mot chez eux ne s'entendait plus. Et j'ai passé quatre ans, loin du monde, à me refaire une humanité, à me replonger dans l'obscurité. Je me suis battu dans les nuits pour qu'il n'y ait pas de cri qui ne puisse s'écouter et se pardonner.
>
> … Enfin vint le chinois, et je fus libre ; j'eus de hauts plateaux sans arbres, des fleuves qu'une digue n'entravait éternellement, j'eus des paroles retenues et d'autant plus sincères[19].

Chinois ou hongrois, c'est la même chose : « On en a mis partout ! C'est épouvantable ! » comme l'écrivait l'écouteur Christophe. Là est le principal grief contre ces émissions : bonnes ou mauvaises, les traductions françaises font partie de la poésie ; elles lui appartiennent, précisément par l'opération qui a provoqué le retournement des sons en sens. Robin maintient les sons – hongrois, arabes ou finnois, euphoniques ou pas, il en fait la substance de ses émissions.

Que cela repose sur un cratylisme exacerbé ou pas, c'est sans importance : la musique des émissions de poésie repose sur les sons en présence – et, comble d'ironie, les acteurs étrangers (Pierre Souvtchinsky, Joseph Szylady, notamment) semblent comprendre, porter les poèmes français mieux que les acteurs français eux-mêmes. On se souvient du jugement d'Artaud sur le texte de son émission « Pour en finir avec le jugement de Dieu » : « Une pauvre chose ». Sans le texte étranger, le poème de Robin est aussi une pauvre chose, et la gaucherie de *Poésie non traduite* peut faire peine. Cependant, c'est peut-être, comme l'écrivait Gilles Quinsat, son « œuvre capitale[20] », celle qui justifie son suicide en vie qu'évoque, comme un dernier écho à « Vacances », l'émission sur la poésie néerlandaise des Pays-Bas : « Le poème de Boutens [...] est [...] divinement athée. Il va au-delà du taoïsme même ; plutôt que d'être au milieu ; Boutens, dépassant Tchouang-Tseu, veut être non-lieu ».

Le texte est une introduction au dernier poème, « Léthé », dont la traduction est peut-être maladroite mais qui n'a pas à être jugée en fonction d'une habileté quelconque : « Un langage où les syllabes rendues moites par le brouillard se distinguent peu des rumeurs

---

19   « Mon calendrier », *Fragments*, p. 82.
20   *Libération*, 28 février 1980, p. 13.

lentes et fragiles d'une mer menacée, un langage érodé intimement par les vagues et les brumes[21] », voilà ce qu'est « Léthé », ce qui justifie le poème français, et ce que Robin cherche à faire entendre, comme on cherche à faire passer une émotion indistincte. Il tente de s'en expliquer : c'est beaucoup d'outrecuidance pour beaucoup de modestie. Aux moments où l'émotion passe, Robin ne dit rien, son propre poème est muet.

L'intrusion de Robin devait choquer : tout allait à l'encontre des traditions en matière de poésie – l'indifférence aux littératures étrangères, l'incuriosité à l'égard des poètes si peu connus que la simple énumération de leurs noms laisse encore le lecteur perplexe, le recours à une « litanie intimiste » faisant des émissions de poésie une sorte de rituel inchangé, sauf exception, depuis la dernière guerre. *Poésie sans passeport* aura constitué l'une de ces exceptions – peut-être le Club d'essai, dirigé par Jean Tardieu, en a-t-il autorisé d'autres, plus oubliées encore, plus novatrices, plus habiles : en l'occurrence, il s'agissait d'un travail destiné à se perdre – et l'on pourrait rappeler à ce propos ce que note Borges au sujet du théâtre élisabéthain : « Shakespeare ne fit pas imprimer ses œuvres (à une ou deux exceptions près) parce qu'il les écrivait pour être jouées et non pour être lues. De Quincey fait remarquer que les représentations théâtrales atteignent le public aussi bien sinon mieux que les caractères d'imprimerie. Au début du XVIIe siècle, écrire pour le théâtre était un travail littéraire aussi secondaire qu'écrire aujourd'hui pour la télévision ou le cinéma[22] ». Écrire pour la radio était aussi secondaire : offrait autant de liberté.

Robin y aura trouvé une occasion exceptionnelle – vite interrompue, il est vrai, vite oubliée, parfois décevante – mais certainement exceptionnelle – d'atteindre ce qu'il recherchait : une poésie qui ne soit pas de la « poésie pour poètes », une poésie à la fois populaire et raffinée qui passe par la voix pour acquérir ses pleines qualités. « J'ai souvent eu l'impression que, dans ce genre de travail, l'oreille chez lui commandait le verbe : c'était seulement en second lieu, comme si les sonorités des mots et les inflexions de la voix jouaient un rôle de révélateur, qu'un sens se dégageait, en filigrane », écrit le germaniste Jacques Martin[23],

21 *Poésie sans passeport*, Poésie des Pays-Bas, p. 111.
22 *Livre de préfaces*, Gallimard, 1987, p. 213.
23 *Cahiers des saisons*, hiver 1964, p. 80.

commentant la traduction de Jirgal[24] par Robin, travail pour lequel son aide avait été requise :

> Il déballa son magnétophone, un jouet tout neuf dont il était fier, car Robin aimait la mécanique autant qu'il la maltraitait. Micro en main, et sous la surveillance des lunettes flamboyantes, je dus improviser une traduction de Jirgal. Mes protestations n'y firent rien : c'était le jeu qu'il avait inventé et il y tenait. Et surtout rien d'écrit ! Il voulait avoir une impression auditive. Eut-il celle de la prosodie de Jirgal ou celle de mes hésitations ? Il me laissa tout de même recommencer.

« En a-t-il usé ainsi pour d'autres traductions, je l'ignore », conclut Jacques Martin[25], qui ne semble guère avoir apprécié le résultat de l'opération – mais bien des textes traduits par Robin ne trouvent leur efficacité que grâce à la lecture, et la lecture scandée, guidée par le rythme de la langue étrangère. De là vient l'invention de la technique d'association des voix qui a tant surpris.

LE TRAMAGE DES LANGUES

Comme on peut le voir d'après la transcription des premières émissions, Robin a travaillé, selon sa coutume, par expérimentations successives, à la recherche d'un rythme.

---

24 Élégie de Gide. *Poésie non traduite I*, p. 81. Robin ne mentionne l'assistance de J. Martin que pour « Fête de paix » de Hölderlin (*Poésie non traduite II*, p. 133).
25 *Cahiers des saisons*, hivers 1964, p. 80.

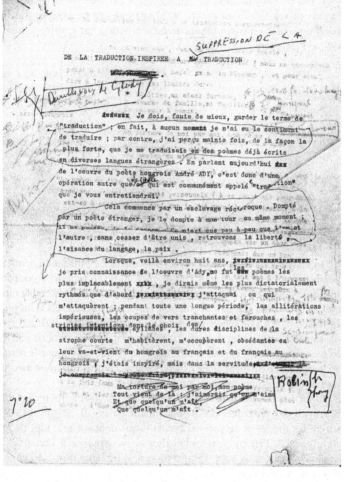

DE LA TRADUCTION INSPIREE A ~~LA~~ TRADUCTION   *SUPPRESSION DE LA*

Je dois, faute de mieux, garder le terme de
"traduction" ; en fait, à aucun moment je n'ai eu le sentiment
de traduire ; par contre, j'ai perçu mainte fois, de la façon la
plus forte, que je me traduisais en des poèmes déjà écrits
en diverses langues étrangères. En parlant aujourd'hui
de l'œuvre du poète hongrois André ADY, c'est donc d'une
opération autre que ~~ce~~ qui est communément appelé "traduction"
que je vous entretiendrai.

Cela commence par un esclavage réciproque. Dompté
par un poète étranger, je le dompte à mon tour au même moment ;
Ce n'est que peu à peu que l'un et
l'autre, sans cesser d'être unis, retrouvons la liberté,
l'aisance du langage, la paix.

Lorsque, voilà environ huit ans,
je pris connaissance de l'œuvre d'Ady, ce fut ~~par~~ poèmes les
plus implacablement ~~xxkk~~, je dirais même les plus dictatorialement
rythmés que d'abord ~~juxxlatxxprix~~ j'attaquai ou qui
m'attaquèrent ; pendant toute une longue période, les allitérations
impérieuses, les coupes de vers tranchantes et farouches, les
strictes intentions ~~d'xxlaxx~~ ~~des~~ stylisées, les dures disciplines de la
strophe courte m'habitèrent, m'occupèrent, obsédantes en
leur va-et-vient du hongrois au français et du français au
hongrois ; j'étais inspiré, mais dans la servitude.
~~je comprenais~~

Ma torture de moi par moi, mon poème
Tout vient de là ; j'aimerais qu'on m'aime
Et que quelqu'un m'ait
Que quelqu'un m'ait.

1' 20

C'est, de loin, la première émission qui témoigne de la recherche la plus poussée : elle est construite à partir de quatre poèmes d'Ady selon un schéma d'ensemble apparemment tout à fait régulier – mais qui ne l'est guère.

– J'aimerais qu'on m'aime	– seules les deux strophes centrales d'un poème qui en comporte quatre ont été retenues – quatre modes de lecture
– Poème du fils du prolétaire	– un long poème : huit quatrains – cinq modes de lecture
– Ma fiancée	– un long poème : douze distiques et un tercet. – trois modes de lecture
– Sur la cime des miracles	– assez long poème : cinq strophes de cinq vers. – une seule lecture en français.

La construction est parfaitement dissymétrique puisque le dernier poème, comme libéré de tout travail, n'est lu qu'en français et joue le rôle de conclusion : il indique à lui seul le mouvement d'ensemble qui est une oscillation, rapide d'abord, puis plus lente, tendant vers la fusion. Le moment de fusion sonore est atteint avec le troisième mode de lecture du troisième texte : les dernières strophes sont lues en français par le lecteur hongrois, avec, pour arrière-fond, sa propre voix lisant le texte en hongrois. Le dernier poème s'enchaîne ainsi comme fusion intérieure du français et du hongrois, point de coïncidence absolue.

Quoi que l'on pense des traductions et des commentaires de Robin, le travail de construction est passionnant en soi. Il est possible de suivre les modes de lecture successifs – qui donnent une idée de la complexité de l'ensemble mais l'analyse ne montre rien de l'essentiel : le ton, la force de la voix, l'impression de simplicité qui, bien paradoxalement, domine.

Longueur	mode de lecture	reprise

I. J'aimerais qu'on m'aime :

Deux strophes
- -) hongrois + français <u>simultanés</u>
- -) hongrois + français
  <u>alternés vers à vers</u> — 1re strophe : 2 fois
- -) <u>alterné vers à vers</u> — 2de strophe
- -) hongrois seul — 2 strophes
- -) français seul — 2 strophes
- -) textes français de la 1re et de la 2de strophe <u>entrelacés vers à vers</u> : 1, 5 ; 2, 6, puis 3, 7 ; 4, 8.

II. Poème du fils du prolétaire

huit strophes
- -) <u>alterné strophe à strophe, français d'abord.</u>
- -) hongrois seul — strophe 8
- -) <u>simultané avec décroissance de la voix française</u> strophes 1, 2, 3
- -) français seul — strophes, 4, 5, 6, 7, 8
- -) simultané — strophe 8

III. Ma fiancée

Treize strophes
- -) français seul
- -) hongrois seul — strophes 1, 2, 3
- -) français seul — strophes 1, 2, 3
- -) hongrois seul — strophes 4, 5, 6, 7
- -) français seul — strophes 4, 5, 6, 7
- -) hongrois seul — strophes 8, 9
- -) français seul — strophes 8, 9
- -) hongrois seul — strophes 10, 11
- -) français seul — strophes 10, 11
- -) hongrois seul — strophes 12, 13
- -) français seul — strophes 12, 13
- -) fusion : voix hongroise lisant le français
  surimpression : texte hongrois en mineure

IV. Sur la cime des miracles :

cinq strophes
- -) français seul

Le procédé qui autorise tous les autres est, comme en musique, la répétition : les modes de variation sont ici au nombre de douze mais l'exploitation de certains procédés (lecture simultanée avec dominance de la voix française, par exemple) permet d'en déduire d'autres, fréquemment utilisés dans diverses émissions, et peut se trouver compliqué par l'emploi d'une langue tierce – le latin de Virgile dans l'émission sur Fröding – ou des sous-variantes – ainsi, le silence ; dans l'émission sur *Les Douze*, la brusque absence de russe ; l'interjection ; l'effacement rompu par un simple mot russe, l'un des seuls familiers aux Français : « товарищ » (tovarichtch).

Un procédé ne vaut que pris dans un ensemble, et si « le beau fait partie du procédé », « un simple catalogue de procédés » comme le rappelait Jakobson[26] n'a d'usage que relatif. En l'occurrence, on peut seulement s'arrêter sur le traitement musical, en contrepoint, de la langue, et selon des procédés étonnamment variés pour une émission d'une vingtaine de minutes.

Modes de lecture :

1. Hongrois seul
2. Français seul
3. Simultané
4. Simultané avec dominance du hongrois[27]
5. Simultané avec dominance du français
6. Fusion (acteur hongrois lisant le français)
7. Surimpression (même voix lisant dans une langue et l'autre)
8. Alternance vers à vers
9. Alternance strophe à strophe
10. Alternance groupe de strophes à groupe de strophes
11. Alternance poème à poème
12. Alternance / français d'abord
13. Alternance / hongrois d'abord
14. Entrelacement (texte français, strophes mêlées)

C'est en regard de ce travail matériel, concret, que les manuscrits des émissions et les volumes de *Poésie non traduite* doivent être lus : Robin accentue le mythe de la traduction comme retour à une langue antérieure, union mystique du poète et de son traducteur dans on ne sait

---

26 *Russie, folie, poésie*, 1986, p. 46.
27 Procédé non utilisé dans l'émission sur Ady mais fréquent pour d'autres auteurs et d'autres langues.

quel « souffle supérieur qui passe sur eux et qui les emporte en un règne où il n'y a plus ni français ni hongrois et où la notion de traduction n'a plus aucun sens[28] » ; mais c'est que le mythe porte un travail singulier, qui tend vers la fusion, en effet, qui donne à ses meilleurs moments une perception océanique des langues. Retour à la langue interdite, refuge et recours – on le vérifie en lisant le poème de Karel Jonckeere, « Désir de revenir au vocabulaire de ma mère[29] » ou « L'hymne au langage » traduit pour une émission sur la poésie bulgare et laissé inédit :

> Langue sainte de mes aïeux,
> Langue pour les douleurs, résonances séculaires,
> Langue pour les secrets, en tous les lieux,
> Langue non pour les allégresses, mais pour les venins maléfiques.
>
> Qui ne t'a pas injuriée, langue splendide ?
> Qui t'a épargné les calomnies rongeantes ?
> Quelqu'un s'est-il jusqu'à présent arrêté pour écouter
> Tes harmonieuses, tendres sonorités ?
>
> Quelqu'un a-t-il saisi la beauté, la puissance
> Cachées en tes vocables sonores, flexibles ?
> Quelqu'un a-t-il compris le riche intérieur de tes fraîches harmonies,
> Ta verve, ta force d'expression en vie ?
>
> Non, tu n'as pas succombé sous un universel opprobre,
> On te blâme, on jette sur toi des mots boueux ;
> Les étrangers et les nôtres, en chœur,
> T'ont bafouée, langue de douleur[30].

Robin aura eu (aura su provoquer) la chance de pouvoir, pendant quelques mois, retrouver ce que Paul Zumthor appelle « une culture de l'oralité, de la voix, des concaténations fugitives de mots et de sons[31] ». Comprise ou non, interrompue par lassitude ou par inconstance, de gré ou de force, l'expérience aura littéralement porté le premier volume de *Poésie non traduite* qui, à lui seul, aurait pu former une constellation où les thèmes, les langues, les auteurs traduits se seraient diffusés, menant la tentative ébauchée dans *Ma vie sans moi* à son point d'aboutissement.

---

28 Ce sont les derniers mots de l'émission sur Ady.
29 *Poésie non traduite I*, p. 106.
30 Repris in *Plein Chant*, automne 1979, p. 101.
31 *Langue, texte, énigme*, Seuil, 1975, p. 23.

QUATRIÈME PARTIE

PERDITION

POÉSIE NON TRADUITE

> Je n'arriverai au bout de mes brouil-
> lons qu'en étant en tout partout. Les
> Grecs et les Chinois, ces deux frères en
> perfection, concevaient que le châtiment
> de l'excès était, immédiatement triom-
> phante, l'ironie.
> *Fragment posthume.*

Robin aurait pu faire, s'il avait été compris, de ses plus anciennes traductions ses meilleures émissions de poésie : c'est de toute évidence ce qu'il a cherché. Revenir à Imroul'qaïs, à Pasternak, à Ady était peut-être tenter de revenir avant la rupture. Mais la rupture avait eu lieu. Il restait à la dire : aussi, en 1953, au moment où l'expérience de *Poésie sans passeport* touche à sa fin, le premier volume de *Poésie non traduite* se développe-t-il autour de traductions anciennes, qui semblent reprendre en spirale le même mouvement d'abandon :

– Le russe de Pasternak (l'aube, l'eau heureuse), l'arabe d'Imroul'qaïs (l'assèchement, la rage) puis le hongrois d'Attila Joszef (doublant celui d'André Ady) – toutes traductions antérieures à 1949 et formant un arrière-fond[1].

– le tchérémisse (peut-être traduit du chinois) du « Créateur d'échos », puis la perdition du pêcheur (Wang Wei : « Allure de fontaine et de fruit »), la révolte incarnée par Tou Fou contre « le marché noir, le service obligatoire du travail, les rafles d'hommes jusque dans le plus obscur village, les exodes, les ennuis du soldat qui s'est démobilisé tout seul, la servilité des clauderoys devant les

---

1   Pasternak : avant 1946 (éditions de la Fédération anarchiste) ; Imroul'qaïs : 1943 (*Cahiers de l'École de Rochefort*) ; poèmes d'Attila Joszef (*Revue de Paris*, 1949).

successifs pouvoirs, le désordre apporté en tout lieu par la police[2] »,
puis l'indifférence de Li Po (« On va se mettre à boire »).

— le breton de Maodez Glanndour, si semblable au chinois de Wang
Wei (d'après Robin), puis les bucoliques suédoises de Fröding, et le
tragique – celui de « La cime du songe » de Caroline de Günderode,
de « La douleur jour par jour » d'Ungaretti, aboutissant aux brumes
des poésies néerlandaises, et l'effacement, le « Léthé » de Boutens,
le « Désir de revenir au vocabulaire de ma mère[3] ».

Tout le volume de *Poésie non traduite* semble fait de cercles qui se
recoupent : c'est la « triade du trèfle » de Paseyro[4], les trois poèmes
bretons, les trois poètes chinois (et trois poètes des Pays-Bas, trois poètes
flamands se répondent également) qui donnent la clé du livre, et de la
vie tout entière – l'origine, la perdition, le désir de retour et, de nouveau,
l'espoir de découverte, l'éloignement, le retour vers un point qui se perd.

Il est remarquable aussi que les traductions semblent, dans leur majorité, tendre à revenir à l'origine chronologique des études de langues.
Quoique rien ne puisse être prouvé en ce domaine, les traductions de
Koskenniemi datent probablement de l'initiation de Robin au finnois[5],
comme le poème tchérémisse (le professeur Sauvageot avait coutume de
faire des allusions fréquentes aux littératures tchérémisses) ; les poèmes
de Caroline de Günderode sont à rapprocher des traductions d'Arnim,
en 1943 ; quant aux traductions du chinois, le choix restreint de textes
retenus pour le second tome de *Poésie non traduite* et leur aspect hétéroclite
prouvent suffisamment que Robin possédait peu de poèmes de cette
langue[6] et qu'elles sont toutes contemporaines du travail au ministère
de l'Information. Ce sont les traductions que l'on pourrait appeler du
premier cercle.

---

2   Voir *Poésie non traduite I*, « En Chine au VIIIe siècle », p. 16-30.
3   *Ibid.*, p. 106.
4   *Ibid.*, p. 119.
5   Lettre à Jean Paulhan déjà citée : « Je me suis mis à apprendre le finlandais vers le mois
    de mai à l'École des Langues orientales » (1943).
6   Mais l'hypothèse de traductions à rassembler que Robin aurait conservées (K'iu Yuan,
    Lao Tseu, Tchouang-Tseu) n'est pas à exclure.

DU SECOND CERCLE À LA DISPERSION

Faut-il insister, en revanche, sur la douleur et l'affaiblissement des traductions nouvelles ? La prédilection de Robin pour la poésie de Ricardo Paseyro a de quoi surprendre – d'autant qu'elle se trouve représenter, dans le second volume de *Poésie non traduite* (paru en 1958) comme dans le premier, toute la poésie de langue espagnole et que Paseyro, avec six poèmes traduits dans le premier tome, six autres dans le second, est l'auteur (numériquement) majeur de *Poésie non traduite*. Robin a-t-il retrouvé en lui un reflet lointain de cette ténuité de Jules Supervielle qu'il avait si constamment louée[7] ?

En réalité, les mémoires de Ricardo Paseyro nous offrent un témoignage passionnant sur cette phase du travail d'Armand Robin et sur le rôle joué par le milieu littéraire où il se trouve pris. À peine arrivé à Paris, Paseyro se rend au cocktail hebdomadaire des éditions Gallimard :

> Ma deuxième sortie me réserve une revue à grand spectacle. Sous les feux des rampes, le jardin intérieur du 1, rue Sébastien-Bottin, est envahi jusqu'au dernier carré de gazon par les écrivains de l'écurie Gallimard. Aussi entouré que Pénélope le fut en son temps, Gaston tisse la toile de ses prétendants ; à la fois chat et souris, Jean Paulhan régente la battue, à son flanc sautille Marcel Arland ; Caillois pérore en bonne prose, Supervielle attire les poètes. Le succulent buffet comble les chroniqueurs boulimiques de caviar et de potins ; les hirondelles tombées du ciel sans bristol picorent et papotent. L'ensemble forme le « Tout-Paris », qui fournira aux gazettes une abondante copie sur cette rentrée littéraire.

C'est alors que celui qui allait épouser en février 1953 la fille cadette de Supervielle (lequel comptait, on s'en souvient peut-être, au nombre des premiers amis de Robin – *Ma vie sans moi* lui est dédié) fait la connaissance d'Armand Robin :

> Tandis que nous bavardons, Anne-Marie Supervielle m'amène Armand Robin. Petit, râblé, nerveux, myope au regard voilé par des verres épais, il me tend sa main de paysan ; son sourire rayonne d'une virile tendresse, prête à la ferveur et à l'amitié[8].

---

7   Ricardo Paseyro, gendre de Supervielle, n'avait alors publié que *Plegaria por las cosas*, en 1950, et *Poema para un bestiario egipcio*, en 1951 à Buenos-Aires.
8   Ricardo Paseyro, *Toutes circonstances sont aggravantes (mémoires politiques et littéraires)*, Paris, Éditions du Rocher, 2007, p. 160-162.

Dès août 1953, Robin publie dans *La Parisienne*, revue de droite
dont les responsables souffrent d'une « sulfureuse réputation », d'après
Ricardo Paseyro (qui n'est pas de gauche), des traductions de ses poèmes,
mais Paseyro rêve d'être publié dans la prestigieuse *NRF*. Cependant,
il faut se soumettre au rite de passage :

> Bien que l'ayant rencontré maintes fois, aucune familiarité ne me liait à
> Paulhan. Mais Robin lui ayant proposé de mes poèmes, il les accepta, s'engagea
> à les insérer dans l'une des trois prochaines livraisons et suggéra que j'aille le
> voir. Le rituel flagorneur auquel il fallait consentir me gênait.
> Le vestibule simulait le Purgatoire, les candidats au salut seraient-ils
> adoubés ou renvoyés en enfer ? Le psychodrame débutait quand la porte du
> Maître s'ouvrait. Courtois, assez agile, impavide, le regard fixe du hibou,
> Paulhan signifiait au pénitent de se confesser à voix basse ; la sienne, fêlée,
> aigrelette, surprenait les néophytes par sa tessiture. Hors les réunions à
> plusieurs, Paulhan vous appelait aussi pour des entretiens privés, terrain
> de prédilection où ses subtiles manœuvres manifestaient sa volupté de
> pouvoir. Il sondait les spectateurs comme des pastèques, il me fit la fleur de
> réduire notre conversation à un seul sujet, l'Uruguay – ce qui m'exaspéra.
> Il riait sous cape.

Paseyro, qui connaît le personnage, lui oppose une certaine résistance :

> Trois mois s'écoulèrent ; pendant notre nouveau tête-à-tête, je pensais
> lui parler des surréalistes – que, je le savais, il détestait en sourdine –, de
> Char, de Cocteau, contre lequel il piquait des fards… En deux minutes, il
> s'écarta de mon sujet et m'imposa une de ses marottes : il collectionnait des
> proverbes, authentiques ou de sa facture, estampillés malgaches, chinois,
> irlandais, italiens… On bavarda longuement de leurs équivalences en espa-
> gnol – exercice de mémoire et badinage coquet, étranger à la poésie… Je
> sortis Gros-Jean comme devant *(cansado en balde…)*. Au revoir, et merci !
> Le lendemain, par pneumatique agrémenté d'un dicton castillan, je le priai
> de me confirmer la sortie de mes poèmes, ou de me les restituer. Fort polie,
> sa réponse attribuait le retard à son souffre-douleur Marcel Arland. Les
> poèmes parurent, ornés d'un bel éloge[9]. De ces chichis, je conclus que le
> népotisme est pernicieux[10].

Soumises au jugement de Paulhan, et produites en quelque sorte,
comme le livre offert au père à la fin du *Temps qu'il fait*, en offrande

---

9   *NRF*, août 1956, « Le flanc du feu », traduction et introduction d'Armand Robin.
10   Ricardo Paseyro, *Toutes circonstances sont aggravantes (Mémoires politiques et littéraires)*, Paris,
     Éditions du Rocher, 2007, p. 183-184.

à celui qu'Étiemble, après lui avoir été longtemps soumis, avait fini par appeler « le parâtre[11] », les traductions de la fin de la vie de Robin sont passionnantes pour des raisons qui échappent à Paulhan : le cas de Paseyro est particulièrement intéressant puisque, dans le premier volume de *Poésie non traduite*, Robin publie un choix de six poèmes qui sont un condensé de *Ma vie sans moi* : le « Sonnet de la venue au monde » donne le thème…

> J'ai nostalgie du ventre maternel, perdue
> Chance d'être et de n'être pas en vie… […]
> Vivre sans vie et sans connaître peur de la vie !

Puis, « Las, pauvre chien… » reprend Essénine, et la « Triade du trèfle » est une reprise en miroir de « L'Homme au trèfle » issu des *Fragments* ; « Jeunesse, ô frêle fleur, oubli » est tramé au croisement du fragment « Frêle passager » et des poèmes de Pasternak ; « La rébellion des miroirs » et la « Poésie de la vitre » semblent extraits des premiers fragments :

> Vitre, onde sans âme,
> Aveugle regard de Dieu,
> Chapardeuse de la lumière,
> Dérision des heures, filles du songe,
> Songe nouveau-né en chose,
> Songe qui vit…

Les thèmes de l'eau et de la transparence mélancolique, qui sont ceux de la première vie de Robin, cèdent place dans le second volume de *Poésie non traduite* à six poèmes qui sont tramés sur ceux du feu et du désert d'Imroul'qaïs (« Poème pour un bestiaire égyptien »), de la violence d'Ady (« Le flanc du feu ») et de l'arrachement à soi :

> Oh ! pouvoir
> Dormir, s'étendre tout au long dans le vide
> Impolluable, sûr, libre de vie,
> Suspendre l'immuable essieu du Temps[12]…

---

11 « Cher Étiemble, cher honnête homme, ami d'aujourd'hui. Il a tant souffert sous la férule de Paulhan qu'il consacre, en 1988, le premier volume de ses *Lignes d'une vie* à trucider "le parâtre" sous la dictée duquel il avait la faiblesse d'écrire. » (Maurice Nadeau, *Grâces leur soient rendues*, p. 253-254).

12 *Poésie non traduite I*, p. 116-123 ; *Poésie non traduite II*, p. 131-140.

On en dirait, bien sûr, autant des autres poèmes choisis et qui forment tout sauf une anthologie. La passion pour Fröding, peut-être consécutive à un voyage en Laponie[13], peut-être plus précoce encore, apparaît bien comme une réminiscence de Tuwim. Les poèmes finlandais et flamands se confondent dans un ensemble qui en efface les singularités : et toutes ces sonorités tissent une sorte de brume où les tons profonds résonnent. Ainsi le volume, lu de façon très large et selon cette attention floue que Robin semblait requérir, retrouve-t-il l'unité même des émissions diffusées.

Il a prolongé ce premier volume, comme il a prolongé l'expérience de *Poésie sans passeport* par diverses traductions présentées au cours d'émissions littéraires. Il suffit de consulter la bibliographie pour constater que le travail de ces années s'effectue en relation constante avec la radio. Et sans doute faut-il voir dans ce passage par les ondes, dans ces traductions de poèmes très récents inspirés de l'actualité politique (Adam Wazyk) ou littéraire (Dylan Thomas), dans le choix de langues aussi étrangères que possible et dans l'usage de fragments très étrangement rapportés, la source de la beauté rhapsodique du livre : il donne en effet le sentiment d'une constellation éclatée allant s'amplifiant, s'élargissant mais s'affaiblissant au fur et à mesure. Aussi les grandes traductions de la fin (les pièces de Shakespeare, les *Rubayat* d'Omar Khayam) seraient-elles à joindre à ce même volume, qui s'ouvre par la traduction de la première pièce de Maïakovski, *Vladimir Maïakovski*[14], pièce futuriste jugée injouable, et qui devait l'être sans doute, le sujet en étant le Sujet : un moi si gigantesque que rien ne peut le contenir (« Son moi prend des proportions géantes », écrit Benjamin Goriély dans l'avant-propos de sa traduction[15]). « Poète de la démesure[16] » : fantôme du « Suicidé invisible », pièce éternellement d'avant-garde, injouable, elle aussi – ce que Robin rassemble autour de lui relève désormais de la même impuissance géante, la met en scène, la fait jouer par d'autres. Maïakovski n'est là que pour la démesure.

Ainsi – pour s'en tenir aux quelques constatations précédentes concernant le choix des langues et des textes, la fabrication du livre et la qualité des traductions – le premier volume comporte un certain

---

13   Cf « Kiruna », *Écrits oubliés I*, p. 266-269. Le texte est daté de juillet 1949.
14   Le titre exact est *Vladimir Maïakovski, tragédie*, par Vladimir Maïakovski.
15   Éditions Les Portes de France, Paris, 1947, p. 14.
16   Id. *ibid.*, même page.

nombre de langues stables (fréquemment traduites par Robin, servant de points d'appui) : le chinois, le russe, le polonais, le hongrois, l'espagnol, l'anglais, l'allemand. Au noyau stable s'adjoignent l'arabe, le finnois et le tchérémisse, le suédois, le néerlandais et le breton, qui ne peut passer pour une langue étrangère en ce qui concerne Robin : les trois premières de ces langues « nouvelles » avaient été, selon toute probabilité, étudiées sous l'Occupation, donnant lieu à des traductions précoces, reprises en raison de leur importance ou de leur teneur[17]. Dans le second volume les langues qui viennent s'adjoindre sont tout récemment découvertes : « L'automne et l'hiver 1957 j'ai beaucoup fréquenté les poètes de langues slovène, macédonienne et bulgare », note Robin[18]. On se souvient aussi de la première phrase de la préface : « En ces temps où je devins poète ouighour[19]... ». Le gallois et le kalmouk s'ajoutent aux quatre langues précédentes pour donner une impression d'élargissement sans fin dans l'espace. Les bulletins d'écoute, eux aussi, annoncent imperturbablement l'étude des langues les plus lointaines. « Je viens de décider d'ajouter à la connaissance des langues d'Europe et de quelques langues d'Asie la connaissance de quelques langues d'Afrique noire. Ces langues étant très faciles, il est plus que probable qu'en une dizaine de mois j'aurai réussi à posséder quelques-unes des plus importantes d'entre elles », écrit-il, pince-sans-rire, le 6 décembre 1960.

La même plaisanterie cosmique fait que ces langues se déploient dans les temps les plus éloignés, et que les précisions à ce sujet se mettent à fourmiller : « Tseu du IXe siècle. Auteur inconnu[20] » ; « Ce poème date du Xe siècle environ. Texte original en vieux bulgare[21] » ; « Le texte original, en langue kalmouk, fut composé vers le début du XVIIIe siècle[22] », « Source : Tezkereh-I-Evl'ra. Le texte original date de 1436 de notre ère ». Simultanément, les échos de l'actualité la plus récente viennent se fondre à ces textes mythologiques. Le « Poème pour adultes » d'Adam Wazyk était devenu en quelques mois un poème

---

17 Pour ce qui concerne l'arabe littéraire, plusieurs bulletins mentionnent le fait que Robin ne l'a que très peu étudié (1956 n° 6 : « Écoute du service d'Ankara en arabe littéraire. Ne connaissant pas suffisamment cette langue, je ne peux en rendre compte »).

18 *Poésie non traduite II*, p. 109.

19 *Ibid.*, p. 9.

20 *Poésie non traduite II*, p. 17.

21 *Ibid.*, p. 109.

22 *Ibid.*, p. 119.

que tout le monde savait par cœur : « Wazyk fut comme activiste un des écrivains les plus dévoués au parti communiste. La publication de son célèbre "Poème pour adulte" en 1955 marque un tournant qu'on peut qualifier d'historique », notera Constantin Jelenski[23]. Robin l'a traduit aussitôt – pour le rapprocher de Mickiewicz par le biais le plus évidemment artificiel, celui de leur prénom commun – biais qui, dans la perspective d'un drame hors du temps, est d'un symbolisme non dépourvu, peut-être, de signification.

DISSIPATION

Ces traductions hâtives, tardives, sont assez souvent défaillantes. Les poèmes de Dylan Thomas, par exemple, qui, proche de Robin et auteur de textes évoquant des paysages gallois rappelant ceux de la Bretagne, aurait pu susciter une adhésion semblable à celle de tant d'autres poètes, donnent une impression de relâchement : le travail strict des sonorités qui a été observé à partir du poème de Boris Pasternak « Ébranlant la branche odorante » a laissé place à une sorte de mot à mot calquant le texte original mais sans prise en compte de sa structure et de sa trame sonore. Pourtant, le texte de présentation de Dylan Thomas rappelle le travail serré des articles de *Comœdia* : le désignant comme « chasseur de mots à l'âge de la pierre », Robin ajoute : « Il met tout vocable en mortel danger, se dresse en aigre héron sur tout son. Même son silence est sable humecté de méfiante mer. Il n'est pas comme les autres hommes qui pensent avoir reçu don de parler : pour lui, même hâtive, la moindre syllabe est à happer avec ahan, au prix d'un péril mortel. Son vers avance croc à croc[24] ». C'est aussi une manière d'évoquer sa propre approche et sa prise en compte du son. Et pourtant, la traduction flotte erratiquement :

LOVE IN THE ASYLUM	AMOUR À LA MAISON DE FOUS
1. A stranger has come	1. Une étrangère est venue
To share my room in the house not right	Partager ma chambre en la maison de
in the head	travers dans ma tête,
A girl mad as bird	Une fille comme les oiseaux démente

---

23 *Anthologie de la poésie polonaise* (rééd. L'Âge d'Homme, 1981).
24 Le texte sur Dylan Thomas figure dans le second volume de *Poésie non traduite*, p. 155.

2. *Bolting the night of the door with her*
                                    arm her plume.
   Strait in the mazed bed
She deludes the heaven-proof house with
                                    entering clouds

3. *Yet she deludes with walking the*
                                    nightmarish room
       As large as the dead,
       Or rides the imagined oceans of the male
                                    wards.

4.   *She has come possessed*
Who admits the delusive light through the
                                    bouncing wall,
       Possessed by the skies

5. *She sleeps in the narrow trough yet she*
                                    walks the dust
       Yet raves at her will
On the madhouse boards worn thin by my
                                    walking tears.

6. *And taken by light in her arm at long and*
                                    dear last
       I may without fail
Suffer the last vision that set fire to
                                    the stars[25].

2. Verrouillant les ténèbres de la porte
                                    avec ses bras ses plumes.
   Stricte dans le lit dédaleux
Elle dupe d'entrantes nuées la maison à
                                    l'épreuve des cieux

3. Dupe malgré de pas rôdeurs la chambre
                                    cauchemardeuse
       En large libre façon des morts,
       Ou chevauche les imaginaires mers des
                                    masculines tutelles.

4.   Elle est venue possédée
Admettant l'illusoire lueur à travers
                                    l'obèse mur,
       Possédée par les cieux

5. Elle dort dans le strict bien que rôdant
                                    sur la cendre,
       Bien qu'à son gré rêvante
Aux nourriciers logis de fous rodés par
                                    mes pas chemineurs.

6. Enfin pris de clarté en ses bras pour
                                    un cher à jamais
       Je puis sans défaillir
Supporter la première vision incendiant
                                    les étoiles[26].

Calquer le texte original suppose de repenser le texte de l'intérieur et, d'une part, de procéder aux ajustements qui fassent que le calque soit justifié, d'autre part, de l'inscrire dans une structure d'ensemble. Or, comme on peut le voir, la traduction dérive à partir du poème original, sans prise en compte des récurrences (« delude », « walk ») ni surtout du rythme. La traduction a fait l'objet de plusieurs commentaires, en premier lieu ceux de Jean-Régis Fanchette dans la *NRF* de septembre 1954. Robin lui a répondu en février 1955 dans la même revue et a reproduit le texte sous le titre « La bisbille » à la suite de ses traductions :

> Il me fait remarquer que l'expression anglaise signifie tout bonnement : « la maison des cinglés ». C'est vrai et même elle signifie, plus banalement

25   Dylan Thomas, *Collected Poems. 1934-1952*, Londres, Everyman's Library, 1952, p. 101.
26   *Poésie non traduite II*, p. 157-158.

encore : « Charenton ». Cependant pourquoi ne pas profiter des singularités d'une langue dite étrangère pour implanter en français une expression telle que : « La maison pas droite dans la tête » ? Selon mon goût, il n'y a pas traduction mais création – et création grâce à la littéralité absolue. Et, surtout, il n'y a pas que le sens, il y a le son, il y a le nombre de syllabes, il y a le rythme et même il y a la rime[27].

Cette explication a été reprise par divers commentateurs qui se sont généralement accordés pour donner raison à Robin contre Fanchette – à une exception près, A. Mansat qui les renvoie dos à dos, estimant que « not right in the head » se rapporte à « girl » et non à « house », et que tous deux commettent donc un contre-sens. C'est une interprétation aberrante mais, après tout, cette ambiguïté a peut-être été voulue par Dylan Thomas. Personne ne s'est avisé – pas même Henri Anger qui donne ce titre à son article sur les traductions de Robin[28] – que Robin avait traduit « the house not right in the head » par « la maison de travers dans ma tête », de sorte qu'il n'y a ni le sens (puisque l'ambiguïté est perdue), ni le son, ni le nombre de syllabes, ni le rythme. Quant à la rime, elle laisse perplexe : est-ce « head » qui rime avec « tête » ou « tête » qui rime avec « démente » ? La « littéralité absolue » paraît, elle aussi, saisie de démence.

Il s'agit d'un poème très lié, très cohérent, facile à comprendre mais difficile à rendre en raison des échos, des retours qui constituent précisément sa cohérence. Il faut bien reconnaître que personne ne l'a traduit mieux que Robin depuis et que ses errements n'empêchent pas, bien que le courant sous-jacent des images reste invisible en français, que le texte rappelle étrangement la diction de Dylan Thomas[29], et qu'il bénéficie d'un travail allitératif diffus, malheureusement trop relâché pour être efficace. De même, certaines trouvailles, d'autant plus étonnantes que Dylan Thomas était, en 1954, en France, très mal connu,

---

27 *Ibid.*, p. 164-165.
28 « Armand Robin et "la maison pas droite dans la tête" », *Les Cahiers bleus*, été 1980, p. 11-12.
29 Il est possible que Robin ait entendu Dylan Thomas lire ses poèmes. On trouve mention de *Under Milk Wood* dans les bulletins d'écoute à la date du 2 octobre 1956 : « Londres, Home Service annonce que la pièce poétique de Dylan Thomas : *Le Bois de lait* va être ces jours-ci porté sur la scène. La BBC remarque : "Cette pièce poétique avait été écrite pour la radio et, en principe, il semblait impossible de la porter telle quelle sur la scène. Mais cette pièce s'adapte à la scène exactement comme si elle avait été écrite pour elle" » (1956 n° 73, p. 4).

sont remarquables, comme le fait remarquer Patrick Reumaux à propos de la traduction de « congered waves » dans le « Poem on his Birthday » par des « houles à carrure de congres[30] ».

Plus étonnant encore est le choix de textes parfois faibles, et intentionnellement choisis parce qu'ils le sont, ainsi, en écho à celui de Dylan Thomas, le poème de Sydney Keyes, « Little Drawda ». Robin insiste sur le tragique du destin de Keyes : « Le poète anglais Sidney Keyes est mort à l'âge de vingt ans, le 29 avril 1943, sur le front de Tunisie. Il laisse une centaine de poèmes publiés à Londres (chez Routledge) en 1945 par les soins très attentifs de son ami Michael Meyer », mais il annule la signification du retour de cet « unlucky returner ». « Returner » n'est ni féminin ni masculin en anglais – fantôme non plus en français... La seule obligation assignée au traducteur pour un texte comme « Little Drawda » est la reprise en écho d'un même mot à la fin des deuxième et quatrième vers des quatrains :

LITTE DRAWDA
All Souls, '41

Under the shaken trees, wait O unlucky
Returner, you rejected one ;
There is no way of comforting you. Wait
Wait under the shaking trees and the clock striking one.

In the moon's wicked glitter linger now
You tired ghost :
You have no stance of safety but shift
In the moon's glitter, an uprooted ghost.

On this strong night, remain you lonely
Seeker beside me, though my heart is dumb :
We may together solve the unexpected
Secret of living, now that the clock is dumb.

November 1941[31].

---

30 « Dans le domaine anglais », écrit-il, « "Le Corbeau" de Poe ou les quelques poèmes "non traduits" de Dylan Thomas – notamment celui où, pour "congered waves", Robin trouve "les vagues à carrure de congre" [*sic*] – attestent un très bizarre et extraordinaire don... » (*Études*, janvier 1969, p. 95). Patrick Reumaux change légèrement la citation : « vagues » convenait mieux que « houles », en effet, et le singulier mieux que le pluriel pour « congre ».

31 Sidney Keyes, *Collected Poems*, Routledge, Londres, 1945, p. 59.

La version de Robin ne respecte ni la disposition en quatrains ni la pseudo-rime en écho (dont il faisait pourtant un usage immodéré à la même époque – sans le justifier par la moindre allusion mimétique à l'unique coup de la première heure sonnant après minuit).

TOUSSAINT 41 AU « PETIT DRAWDA »

> Sous les arbres qui tremblent, sois patiente, ô revenante
> Qui n'a pas eu de chance, rejetée revenante :
> Nul moyen qu'on te console ! Triste attente
> Sous le clocher d'après minuit et les arbres qui tremblent.
> Sous la perverse lueur lunaire s'attarde
> Ton fatigué fantôme :
> Nul état de sauvegarde, mais démarche hagarde
> Dans la lueur lunaire, en déraciné fantôme.
> Sur cette coriace nuit résiste en solitaire
> Mendiante à mes flancs malgré mon cœur sans rumeur !
> Nous pourrions ensemble résoudre l'imprévu
> Problème de la vie cette heure que le clocher s'est tu.

Novembre 1941.

On a l'impression qu'il aborde le texte de loin et le traduit avec une attention errante, comme s'il était déjà absent, et c'est ce qui explique aussi le choix de ces poèmes sur les revenants, flottant dans le chaos d'une après-mort qui est aussi le chaos de sa vie sans vie.

DISSIMULATION

Que les traductions soient faites de fragments de plus en plus épars, donnant l'impression d'un tissu qui se relâche et s'effiloche, les traductions prises çà et là le montrent bien : deux poèmes d'André Ady, un poème issu des *Poèmes de Boris Pasternak*, puis un fragment dérivé de *Savva Groudzine*, deux vers de Li Po, un morceau inclassable (« L'accusé d'avoir ri répond »), un « extrait du journal ronéotypé publié en 1943 par les Chinois habitant Paris », un dernier poème de Tou Fou faisant écho à ce texte[32] et un exercice ahurissant dédié à Paul Demiéville, le « premier thème chinois » qui ouvre le volume.

---

32 On se souvient de la présentation de Tou Fou dans le premier volume de *Poésie non traduite* : « Je rencontrai Tou Fou en 1943. En 753 de notre ère il chantait le marché noir… » (p. 15).

Armand Robin,
élève à l'Ecole des Langues
Orientales, 1ère année.

22 janvier 1942

THÈME CHINOIS

I) Tchang   San travaille beaucoup, mange très mal, s'habille très
mal; c'est pourquoi après plusieurs années il a mis de côté une gre
de somme.

II) Li-sseu ne travaille pas beaucoup, il mange bien, il s'habille
bien, c'est pourquoi (alors) il ne peut pas conserver de l'argent.

III) A l'entrée de la porte de la maison de Tchang-San, il y a un
grand arbre; sur le tronc de l'arbre il y a un trou; dans le trou il y
a un grand serpent.

IV) Tchang San n'est pas tranquille, parce qu'il a 300 dollars cons
servés dans la maison et il a peur qu'on ne le vole.

V) Li sseu a ouvert le trou pour regarder, parce qu'il n'a jamais v
un serpent; il a très envie de voir ce que c'est qu'un serpent.

Ce que ce « premier thème chinois » a de surprenant, c'est qu'il s'agit
en effet d'un thème chinois – sans doute le premier, en tous cas l'un
des premiers, daté du 22 janvier 1942 : authentique thème, authentique
histoire de Robin sous forme de fable studieusement traduite du français

en chinois pour être retraduite du chinois en français, ce dont personne ne s'est avisé mais qui constitue en soi un exercice singulier :

> Tchang San travaille beaucoup, mange très mal, s'habille très mal ; c'est pourquoi après plusieurs années il a mis de côté une grande somme.

devient :

> Tchang-San travaille beaucoup, mange très mal
> Et s'habille très mal ;
> C'est pourquoi en peu d'années
> Il a mis de côté des sous.

> Tchang San n'est pas tranquille parce qu'il a 300 dollars conservés dans la maison et il a peur qu'on ne le vole.

devient :

> Tchang San n'a pas les caractères du cœur en paix,
> Il a chez lui trois cents sous au secret ;
> Il a peur qu'on les lui vole ;
> Sa maison n'est pas à lui, c'est la maison des trois cents sous.

Le reste du texte, identiquement appliqué, est moins sinisé. Robin se contente d'ajouter une phrase – au sujet de Li-Sseu, l'homme prodigue, qui vole les sous de Tchang San :

> Je ne sais pas pourquoi sur l'arbre
> Li-Sseu voulut écrire son propre nom ;
> À sa place, je n'aurais rien écrit ; même si j'écrivais
> J'écrirais que c'est le serpent qui a volé

> Et pour dire que je ne l'aurais pas écrit, j'ai écrit
> Aujourd'hui trois lettres ; puis, les ayant écrites,
> Je les ai fermées et je suis allé
> À la poste les poster[33].

Image de la non-traduction, la fable de l'homme qui vole les sous des autres mais qui écrit son nom sur l'arbre est une ouverture qui vaut pour conclusion : Li Sseu, étant voleur, n'ayant rien à lui qui soit à lui, ne peut

---

33   *Poésie non traduite II*, p. 13-14. La dernière phrase du thème, sans lien avec le reste de l'exercice, était : « Aujourd'hui, j'ai écrit trois lettres. Les ayant écrites, je les ai fermées et je les ai portées à la poste. »

signer. S'il signe son vol, s'il faut absolument qu'il écrive, il faudra qu'il trouve un nom qui soit autre : un nom fictif, une fable – plausible ou non, c'est indifférent : parce qu'il n'y a pas de limite à la fiction. Dès lors que le nom est hors d'usage, que l'on est hors du jeu, sans nom propre assignable, il n'y a plus qu'à ne pas être – ne pas écrire ou feindre de ne pas être et signer pour autrui : entrer dans la fable – avec la complicité unanime, car le serpent habite l'arbre depuis les temps immémoriaux et son existence est comme celle de Li Sseu, sans commencement ni fin : du silence à l'entrée dans la fable, du mensonge par abstention à la fiction innocente, c'est-à-dire de l'effacement du Je à l'entrée dans le Il, ou du nom au pseudonyme, on pourrait voir, comme Kafka, le mouvement par lequel la littérature se constitue. Le moment où le Je s'efface, où l'identité s'abolit pour se constituer instantanément comme autre : immémorial, coupable à tout jamais d'être serpent.

C'est peut-être cette entrée dans un anonymat paradoxal qui a fait l'objet de l'interrogation majeure de ce siècle ; et s'il y a eu là objet d'interrogation, c'est qu'il y avait stase, impuissance à passer dans la fiction innocente : blocage du sujet – de là vient aussi *La Recherche du temps perdu* : long passage par l'accession au droit d'entrer dans la fiction – longue interrogation. On peut bien se taire : ne pas signer, s'abstenir. Ou bien désigner le serpent : mais c'est alors croire que les autres peuvent croire – et là est l'interrogation majeure, le doute : car croire que les autres puissent croire est fou. Signer aussi. Reste à écrire pour dire que l'on n'aurait pas écrit : entrer dans la fiction par le bord opposé, refaire le chemin en sens inverse – ainsi, jouer la scène en restant invisible, laisser Li Sseu voler tous les sous de Tchang San, Tchang San devenir pauvre, Li Sseu devenir riche, en commettant l'erreur de ne pas rester anonyme. Écrire pour devancer cette erreur, en guise de moralité de la fable, et, pour finir, signer. Tous les auteurs de ce volume de *Poésie non traduite* se ressemblent, en effet, si épars soient-ils, sous le nom de Robin.

DE LA DISPERSION À LA RÉPÉTITION

Une fois rapprochés, les poèmes sur les auteurs, les langues traduites et les voyages donneraient à percevoir la mise en scène d'une exploration que *Poésie non traduite* prolonge : peut-être certains poèmes sont-ils simplement des variations sur des thèmes que les poèmes traduits développent[34]. Peut-être aussi les traductions peuvent-elles être prises comme expansion de thèmes poétiques d'abord découverts : « Le texte breton de ce poème est écrit en dialecte vannetais, d'où, sans doute sensible même pour l'auditeur français, cette qualité quelque peu féminine de la syllabe contrastant avec le granitique de la matière », écrit Robin pour présenter le poème de Calloc'h « Karter-noz er hleieu[35] ». Le dialecte cornouaillais est-il plus ou moins granitique, plus ou moins féminin que le dialecte vannetais ? Ce qui importe est la perception de la langue, l'approche, presque le toucher, à partir de quoi s'ébauche un paysage hors de l'espace et hors du temps. Mais c'est un paysage inscrit par des liens très fortement marqués dans un ensemble qui lui sert à se différencier.

Ainsi, pour en venir à présenter « la Mongolie du XVIIᵉ et du XXᵉ siècle à l'époque d'Homère », c'est-à-dire à rapprocher Galdanma, « roi de la Dzourgarie au XVIIᵉ siècle » et Dambi Jaltsan qui « mena jusqu'en 1924 la lutte de son peuple contre les nationalistes russes de la variété léniniste[36] », pour unir sous le nom et dans le temps d'Homère une chanson populaire mongole peut-être inventée par Robin et un poème de langue kalmouk « composé vers le début du XVIIIᵉ siècle » et « recueilli en ce siècle par la princesse Nirgidma de Turnhout » à la gloire d'un roi dont la plus grande victoire fut qu'« il mourut sans avoir eu de femme[37] », faut-il multiplier les références et les dates, jouer de l'anachronisme, c'est-à-dire donner l'illusion de l'absence du temps par la précipitation de plusieurs époques en une seule, et de plusieurs temps dans le temps arrêté d'un livre. Entrer dans le temps de ce livre est bien autre chose

---

34 *Fragments* (cycles « Ulysse renouvelé », « Sans pays », « Poète entre Bretagne, Chine, Arabie et Russie », essais sur les auteurs et les langues).

35 *Poésie sans passeport*, « La poésie en langue bretonne », p. 81.

36 *Poésie non traduite II*, p. 119 et 121.

37 *Ibid.*, p. 49.

que revenir à une durée antérieure : l'acte par lequel Robin archaïse les poèmes mongols, les enfonce dans les âges, est une manière d'imaginer une origine mais en la donnant pour fictive. Toute la différence se joue dans cet espace intermédiaire. D'une fiction consentie, prise au sérieux et mise en scène comme telle, à une fiction revendiquée pour croyance imposant au lecteur l'obligation de la prendre au sérieux, du jeu au dogme, de la parole à l'Outre-langue, il n'y a guère qu'une mince distance. Mais le changement d'attitude détermine un travail radicalement différent : celui qui découvre la poésie mongole et joue à la mettre en relation avec, par le biais d'Homère, sa propre odyssée, et celui qui interprète cette *Odyssée* comme œuvre, création antérieure à la création, participent du même mythe – à cela près que l'un referme ce que l'autre ouvre, qu'il fige ce qui était en mouvement et qu'il réduit à l'Un ce qui était multiple. Le fait que le dernier poème de ce volume qui s'ouvre par le « Premier thème chinois » soit une « Conversation en ouighour » résumant une conversation qui ne fut qu'une absence de conversation ne peut être attribué au hasard :

> Sofian Tsâvri m'a dit :
> Une nuit, j'eus une conversation avec Fuzeïl. Après nous être entretenus de toutes sortes de sujets, je lui dis :
> – Ah ! quelle bonne nuit nous venons de passer ! Quelle bonne conversation nous avons eue !
> – Au contraire, mauvaise nuit, mauvaise conversation.
> – Pourquoi ? objectai-je.
> – Par la raison que ce que tu cherchais, c'était à prononcer des paroles qui me plussent et que, de mon côté, je cherchais des paroles qui n'eussent pas ta désapprobation.
> – Donc, conclus-je, il n'y eut pas de conversation[38].

Tout s'arrête sur ce constat d'échec : mais c'est un constat d'échec qui réduit l'unité ontologique à un mythe né d'un échange avorté et qui consacre ironiquement la poésie à ce fragment de prose, l'outre-langue à une non-langue et la non-traduction à son statut de fiction englobante.

---

38 *Poésie non traduite II*, p. 181.

TARDIFS ÉCHOS D'OUTRE-MONDE

Pendant un certain temps – et jusqu'à cette date, qui marque une sorte de latence – les quatre « points cardinaux », les quatre thèmes majeurs, se sont précipités. Il serait facile de représenter la croisée des tendances adverses, alors maintenues en une constellation fixe, par un schéma qui rassemblerait aussi bien les variations que les auteurs utilisés pour les exprimer :

1. Eau calme, plénitude, mémoire, blancheur de l'aube : Mallarmé, Pasternak, Wang Wei.
2. Révolte, tempête, nuit, mort : Ady, Blok, Attila Joszef.
3. Amour, folie, rage, assèchement, désert, rouge du feu : Fargue, Imroul'qais, Tou Fou.
4. Absence, divertissement, amour du vin, du rien : Li Po, Khayam.

Le premier de ces « points cardinaux » à s'effacer aura été celui que Robin avait placé, avec Mallarmé, sous le signe de la blancheur :

> Mallarmé eût aimé qu'on le fête ainsi ; la seule loyauté littéraire l'eût déçu : il rêvait du « Livre » unique, où les mots, libres de toute basse besogne et jusque de leur habituelle corvée poétique, auraient reçu le pouvoir de perpétuer le monde, de lui fournir au fur et à mesure une matière de remplacement par laquelle réparer les dommages créés par l'érosion du temps ; et ce livre chargé de « ravitailler » de réel n'aurait pas eu de lecteur, sauf peut-être quelque dieu aussi blanc que marbre ou marge ; il aurait paru en prince tenant dans le simple fait de sa présence le remède à tous les maux, si efficiente sa royauté que plus personne ne demanderait une explication, ne songerait à « prendre connaissance » ; et nulle affiche au monde n'annoncerait son avènement, n'éclaircirait le mystère de sa toute-puissance. Mallarmé avait pris ses précautions pour que de son vivant rien du temps présent ne s'abattît sur son œuvre[39].

Le thème de la nuit et de la mort se retourne, submerge les images heureuses : les poèmes d'Ady, de Blok et d'Attila Joszef unissent constamment la nuit, la mort et l'égarement dans le temps qui semblent issus de la seconde partie du *Temps qu'il fait*. Cet « abîme sans fond », cette eau noire

---

39 « La garantie mallarméenne », *Écrits oubliés I*, p. 142-143.

qu'évoquent les poèmes de *Ma vie sans moi* s'opposent au tournoiement de la folie et de la rage (comme le son /ā/ au son paroxystique /i/ dans les poèmes de cette époque). Il n'y a pas grande différence entre le Paris de Fargue, celui d'Ady[40] et le Sahara d'Imroul'qaïs :

> Ses œuvres surgirent en oasis à chaque fois un peu plus urbanisées ; par étapes les duretés du paysage désertique se muaient en sévérités de sites humains ; Paris enfin découvert se révéla comme la plus juste figure de l'âme moderne et de son Arabie pétrée ; tous nos songes y mendiaient un gîte de ciment armé ; la pensée y brillait d'un éclat de carcasse métallique ; tout ce qu'une primitive et toute proche aridité vouait à la mort, cette aridité créatrice le dressait en forteresse de béton ; des deux côtés de chaque pas, l'esprit se dressait comme un immeuble compliqué et d'apparence desséchée ; dans l'aube citadine, par-delà le désert aboli, notre destin proposait sa forêt vierge où chaque vitrine représentait une feuille désaltérante ; échappé de sa patrie de soif, Fargue but à longues gorgées cette humanité qui tombe de chaque fenêtre ; il revint sur tous ses poèmes, leur ajouta Paris, à peu près comme les Arabes, aux seules consonnes d'abord écrites, ajoutent une chair de points-voyelles : c'est ainsi qu'en publiant *Refuges* il met sur toute sa Haute Solitude le point sur l'« i » de la ville des villes. Désormais, d'une rue à l'autre, ce nomade casanier, Ulysse né de Joyce plutôt que d'Homère, Thésée en vain muni du fil d'Ariane et refusant de sortir du Labyrinthe, demande à chaque boutique de le fournir en hippocampes, en sirènes, en népenthès : à chaque pas il cogne contre un mythe comme un buveur contre une pierre : cette immense soif d'humain qui lui vient du beau désert mallarméen, il la soigne, sans l'étancher, de café en café : ce soi-disant desséché mouille entre ses lèvres le papier à cigarette de notre vie[41].

Tout est dit dans le texte sur Fargue : le refus de sortir du labyrinthe, la référence à Joyce, l'aridité convertissant la fraîcheur première en brûlure. Il faudrait rattacher à ce centre dense les essais sur Valéry, sur Joyce, et la présentation de *Quatre poètes russes* :

> Les hongrois Ady et Attila mis à part, ces poètes russes auront été les seuls en ces temps, les grands derniers seuls. Ils échappent à cette ère, exactement à la manière d'un bel arbre possédant naturellement assez de pouvoirs pour retenir et charmer les regards et faire oublier aux cœurs les fantasmagories harassantes suscitées et propagées par les amateurs de domination ; en ce siècle

---

40 « Je fais halte, haletant : ô Paris, Paris, / Broussailles humaines, fourré géant. / La horde de sbires du Danube braillard, / On sent le lancer après moi. / La Seine m'attend, le maquis m'est abri. » (« Paris, mon maquis », *André Ady : Poèmes*, p. 22).
41 « Léon-Paul Fargue », *Écrits oubliés I*, p. 153-154.

de sécheresse de la conscience (tout entière invitée à se vider de sa substance au profit des techniciens de la possession des âmes), ils se donnent au maximum sans raison ou contre toute raison. Ouragans, ils ne connaissent aucun repos ; mais l'extrême emportement qu'ils subissent et qui est déchirement tout au long de leur être se change merveilleusement pour les autres hommes en aide pour se hâter vers les lieux sans lieu où il n'y a que souffle. Ils nous protègent dès maintenant contre le *grand tarissement*[42].

C'est, en fin de compte, le thème le plus mince qui donne lieu à l'expansion la plus envahissante : des traductions de Li Po, il y a peu à dire : de poèmes comme « Beuverie solitaire sous la lune », « On va se mettre à boire » et « Le poète pleure K'i Seou Suen qui lui faisait du si bon vin[43] », on trouve des versions qui ne sont ni pires, ni meilleures, ni plus ni moins fidèles, rimées ou non, dans bien des anthologies[44]. Ce qui importe ici est le thème de l'alcool – déjà présent dans *Ma vie sans moi*, aussi bien dans les poèmes personnels[45] que dans les traductions[46] mais de manière très détournée. Il s'impose dans les traductions du chinois en relation avec la nuit : ainsi lié à la transgression. Et plus la présence de la mère s'efface, plus le thème de l'alcool s'impose : de Li Po à Pennti Haanpää[47], de Fröding[48] à Wazyk[49] jusqu'à Khayam, où il devient absolument premier, mystique ou pas, submergeant les mondanités frivoles de Lope de Vega et les marivaudages de « L'oiseau-Max » :

> On découvre aisément qu'Omar Khayam en ses essais pour s'amuser avait organisé contre lui-même un ingénieux système de contre-propagande : il n'était pas « ivre-mort jour et nuit » ainsi qu'il ne cessait de le répéter, au contraire, il travaillait jour et nuit. [...] Oui, bien sûr ! en Iranien résistant à l'impérialisme moral de l'islam, il avait plaisir à proclamer :

> Je pratique la religion du jus de la vigne.

---

42 *Quatre poètes russes*, 1949, p. 9.
43 *Poésie non traduite I*, p. 27-30.
44 On consultera notamment Paul Jacob, *Li Baï : Florilège*, Gallimard, 1985, p. 111-114.
45 « Contre elle dans un coin je demande en silence / De ce vin qu'il me faut pour ne pas trop pleurer / Mais je n'insiste pas, je suis contrebandier. » (*Ma vie sans moi*, 1970, p. 44).
46 Notamment Esssénine, « Lettre à sa mère », et Maïakovski « Sur une flûte de vertèbres » : « Je ne suis désormais ivre que de poèmes » / « Je veux boire jusqu'à la lie la ciguë des poèmes » (*Écrits oubliés II*, p. 30).
47 « Trafic d'oiseaux », *Écrits oubliés II*, p. 193.
48 « Le poète Wennerbom », *Poésie non traduite II*, p. 63 (voir aussi l'émission sur la poésie suédoise in *Poésie sans passeport*).
49 « C'est l'alcool qui démoralise la jeunesse », *Poésie non traduite II*, p. 102-103.

En fait, son vin à lui, sa drogue, c'était le « surmenage ». Il fut le premier homme au monde, cet Einstein de son temps, à trouver dans le surmenage son inspiration poétique.

L'inspiration par le surmenage conduisit maintes fois Khayam à chanter comme en une sorte d'outre-monde ; nous ne savons plus en quel siècle, quel pays nous sommes ; on croit entendre à la fois le Psalmiste, Ronsard, les poètes du romantisme allemand, Baudelaire, Apollinaire, tant d'autres encore...

> « Le cœur est une lampe dont la lumière vient d'une jolie :
> S'il s'y trouve de quoi mourir, il y trouve aussi sa vie ;
> Avec une lampe à huile, puis un papillon de nuit
> On devrait éclairer le cœur de celui qui aime une jolie.
>
> La torche de la rose est allumée au milieu des prés en fleurs ;
> Mettons-nous près du fleuve avec une guirlande de filles aux yeux noirs.
> Toi, dont le visage est un modèle pour le lis, ô ma jolie !
> Toi, de la beauté même image fidèle, ô ma jolie !
> Le roi de Babylone inventa le jeu d'échecs
> D'après tes mouvements savants, ô ma jolie[50] ! »

C'est apparemment le triomphe de la « ténuité » : « Le tout très ténu », dit-il, d'ailleurs, à propos de l'adaptation du « Ballet des chats », « tout en subtilités de langage : du marivaudage en castillan si l'on peut ainsi parler. L'intrigue ? Deux chats se disputent pour l'amour de la chatte Zapaquilda [...], bref, pas d'intrigue ! seulement un prétexte à des débats courtois, poétiques, sur l'amour et la jalousie[51] ». Le passage du tragique au badinage se résume par l'évolution de Max Ernst : « Max Ernst se fit "oiseau-Max" par poésie et par peinture, il y a environ une dizaine d'années, d'une façon et sur un ton austères, graves, presque tragiques. Plus exactement encore, il voulut être strictement, littéralement, "oiseau-max" [...]. Une dizaine d'années plus tard, vers le mois de mai 1959, il se chante à nouveau, se peint à nouveau "oiseau-max" ; mais cette fois, il s'amuse avec les mots et les sonorités, bellement distrait du tragique d'autrefois[52] ». Tout finit par entrer dans la catégorie du dérisoire, comme les mixers et les aspirateurs dans l'essai sur Maïakovski[53] et les

---

50   « Un algébriste lyrique : Omar Khayam », *Écrits oubliés I*, p. 325-326.
51   « Chats et entrechats », *Écrits oubliés II*, p. 180.
52   « Qui change, le poète ou le bouvreuil ? », *Écrits oubliés II*, p. 161.
53   « Il est probable que beaucoup de lecteurs de ces ouvrages se sont rendu compte de cette faille. De surcroît, il existe peu d'êtres humains qui préfèrent la fatalité au libre-arbitre ; ils prennent l'aspirateur pour nettoyer leur appartement, le mixer pour se faire des jus de carottes, mais ils ne mettent pas ces machines dans leur esprit, encore moins dans leur

démêlés de Robin avec le préfet de police dans l'essai sur Huxley[54]. Il ne faudrait pas pour autant décider que le thème, mineur en 1944, de la dérision finit par intégrer les thèmes les plus graves et les immobiliser : jusqu'au dernier moment, la dérision se heurte à son contraire, la litanie se renouvelle par le n'importe quoi, le bric-à-brac, l'anecdote, et s'égare pour recommencer :

BRIC-A-BRAC

Nous avons emporté le gramophone avec sa morne chanson ;
Nous avons apporté un chapeau, une cravate rouge ;
Nous avons emporté le chapeau et la cravate rouge ;
Nous avons apporté de joyeuses pensées ;
Nous avons emporté les joyeuses pensées ;
Nous avons apporté deux yeux de jeune fille plein d'étincelles ;
Nous avons emporté les deux yeux de jeune fille plein d'étincelles ;
Nous avons apporté le désir ;
Nous avons emporté le désir ;
Nous avons apporté l'amour ;
Nous avons emporté l'amour ;
Nous avons apporté les chagrins ;
Nous avons emporté les chagrins ;
Nous avons apporté les griefs ;
Nous avons emporté les griefs ;
Nous avons apporté le gramophone et sa morne chanson[55].

De fait, le « bric-à-brac » de Milos Macourek est le seul texte à rendre explicites (ou, du moins, volontairement explicites) l'absence de renouvellement et la répétition. C'est qu'alors le mouvement s'arrête de manière irréversible : tout est dit, et tous sont réduits à répéter pour Robin la même morne chanson. Non seulement les thèmes mis en œuvre demeurent inertes mais le jeu finit par se retourner sur lui-même et l'antibiographie par se changer en piège autobiographique.

_____

cœur : ils laissent le mécanistique dans la mécanique : surtout, ils ne croient pas qu'un homme se conserve dans un réfrigérateur. » (« Maïakovski sur la scène de lui-même », *Écrits oubliés I*, p. 335).

54   « Aldous Huxley : l'arbalète et la pomme », *Écrits oubliés I*, p. 345-346.

55   *Écrits oubliés II*, p. 205.

FAUX SEMBLANTS

Il semble que le point à partir duquel le dédoublement – ou le repli – ait lieu soit le texte sur Mickiewicz, rédigé en 1955 comme une sorte de tissu conjonctif unissant les poèmes d'un cycle de traductions assez proche des cycles Ady ou Pasternak – un cycle sans doute plus mince en apparence mais qui l'est surtout parce qu'il se limite à l'essentiel. Quelques fragments de l'ensemble – probablement destiné à une émission de radio[1], marquent l'aboutissement d'un thème majeur. En règle générale, chaque thème se retrouve, légèrement affaibli, dans le second volume de *Poésie non traduite* ou dans l'un des derniers essais ; mais le seul texte qui les rassemble sans exception et qui, surtout, les rassemble sous forme d'un récit linéaire, est l'émission sur Mickiewicz.

Ce qui avait été l'objet d'un traitement rhapsodique apparaît là résumé, simplifié, selon un ordre qui invite à une lecture successive des thèmes récurrents. Il serait, bien sûr, facile de développer le récit que résume le schéma déjà proposé – mais il se déduit si aisément de l'ensemble des séquences que l'on se bornerait, ce faisant, à insister sur une relation de causalité qui n'est que trop évidente. La lecture linéaire amène ainsi à reconstituer le roman que Robin n'a pas écrit – ou qu'il a peut-être écrit sous le titre du *Suicidé invisible*, si les affirmations de Marcel Bisiaux sont exactes, et elles sont peut-être confirmées par un témoignage de Roger Toussenot[2].

---

1 L'hommage de l'U.N.E.S.C.O. où figuraient ces poèmes et l'émission consacrée par Robin à Mickiewicz (27 novembre 1955) datent de la même année.

2 « Durant toute une nuit il m'a lu le texte d'un roman qu'il était sur le point d'achever et dont le contenu m'avait d'ailleurs vivement intéressé. La tonalité de Kafka se faisait sentir. Robin contait l'aventure métaphysique de son héros venu de Bretagne et qui doit finir par disparaître à son point extrême de dépersonnalisation. Le style prosodique était neutre, fait d'une grisaille supérieurement maîtrisée, très caractéristique chez Robin. Cet ouvrage est certainement resté inachevé et peut-être même l'a-t-il détruit parce que trop personnel, car personne n'en a entendu parler. » (*Cahiers des saisons*, hiver 1964, p. 78). Roger Toussenot (1926-1964) était un philosophe, ami de Brassens, qui écrivait dans *Le Libertaire*.

LA BIOGRAPHIE COMME FICTION

Le cycle Mickiewicz représente peut-être une tentative, plus ou moins volontairement parodique, de rassembler par la critique et par la traduction l'essentiel de l'œuvre sous-jacente. Il est vrai que l'essai élude le poème « À une mère polonaise » reporté dans le second volume de *Poésie non traduite* – mais c'est un manque significatif : deux thèmes apparaissent en voie d'effacement dans les œuvres de la fin, le thème de la mère et celui du pays perdu. Le premier ne figure dans le second tome de *Poésie non traduite* que par le poème de Mickiewicz, précisément[3], le deuxième (comme le montrent les poèmes de Paseyro et d'Ungaretti) tend à se fondre dans son doublet, c'est-à-dire dans le thème de l'inexistence, de l'absence et de l'assèchement – à l'exception toutefois de l'étonnante reconstitution opérée par les poèmes de Mickiewicz, composés en tableau symétrique : l'arbre et l'eau, la mémoire vive, tout se lie une dernière fois (et tout se lie à ce que Robin baptise « onde », mot-clé, plus obsédant encore dans le cycle Mickiewicz que dans les premiers poèmes de Robin) mais en se dédoublant[4].

La duplication s'observe déjà dans l'émission où le poème « Arbre » introduit à la lecture du « Nocturne » :

De fait, le paysage était paysage.

Deux étangs se penchaient leurs visages
De fiancé et fiancée : l'onde à droite avait les eaux
En lisses, limpides joues de jeunes filles.
Le lac, à gauche, un peu plus noir, semblait face de jouvenceau[5].

---

3   *Poésie non traduite II*, p. 80-82. Le traitement de détail est si conforme à celui du thème dans *Ma vie sans moi* et *Le Temps qu'il fait* qu'on a l'impression de tout retrouver en raccourci : la Mère des douleurs, le fils « destiné au combat sans gloire / Au martyre sans résurrection » (p. 81), le « mouvement funéraire promis au vaincu », « et longuement dans l'ombre les propos de ceux de son pays » (p. 82).

4   « Tel un arbre » et « Arbre » se font face (p. 72 et p. 73), entre les « deux étangs » de « Nocturne » (p. 69-71) et « S'abîmer dans le sourd bruissement des sources » (p. 74) suivi de « J'ai été pluie de pleurs » (p. 75). L'« onde » se retrouve en dominante dans la « Lettre à la solitude » (p. 78) et, bien entendu, « Le Nautonnier » (p. 79).

5   « Adam Mickiewicz », *Écrits oubliés II*, p. 221.

Le pays natal et l'amour perdu se confondent tout au long du texte (c'est peut-être pourquoi le poème « À une mère polonaise » a été omis – à moins qu'il ne s'agisse d'une traduction plus tardive). « Le pèlerin » en donne une version qui se prolonge par les « Poèmes de Lausanne » :

> Je suis si loin ! Si différent l'appel qui l'appâte :
> Pourquoi, distrait, me voici soupirant sans cesse
> Après la femme que j'aime depuis l'aube de mes jours ?
>
> Elle, dans le pays aimé qui me fut ôté,
> Pays où tout lui parle de mon amour fidèle,
> Foulant mes traces toujours là, de rien se souvient-elle[6] ?

Le fragment de récit en prose dans l'émission commente ouvertement l'anecdote : d'une part, la « première amourette », d'autre part, Maryla : « Maryla se maria, avec le sentiment de contracter en fait un contrat d'adultère. Écoutons-la, elle, donnant son dernier rendez-vous à Mickiewicz : "À minuit dans le parc, à l'endroit où je fus blessée d'une branche". Écoutons-la, des années plus tard, s'enquérir auprès d'une amie commune : "J'ai entendu dire qu'il était malade. Sans doute s'est-il surmené"[7] ».

L'allusion au surmenage, que reprendra aussi l'essai sur Khayam[8], est aussi claire que les développements sur l'enfance : le poème « Au Niémen » rappelle le cycle du pays natal comme les poèmes de Tuwim dans *Ma vie sans moi*[9] ou ceux de Fröding :

> Niémen, fleuve natal, où sont tes ondes,
> Vers qui nous gambadions par les landes fleuries
> Où nous puisions dans nos paumes d'enfant
> De quoi boire ou baigner les airelles humides[10] ?

Robin reprend même le poème par un vers isolé :

> Ô Lituanie, pays natal, tu es comme la santé[11].

---

6   *Ibid.*, p. 237.
7   *Ibid.*, p. 230-231.
8   « Ce qu'on a fini par découvrir, c'est qu'Omar Khayam écrivit ses quatrains en ses moments de surmenage… » « Un algébriste lyrique : Omar Khayam », *Écrits oubliés I*, p. 324.
9   « Les joncs », *Écrits oubliés II*, p. 39.
10 « Adam Mickiewicz », *Écrits oubliés II*, p. 229.
11 *Ibid.*, même page.

Et ce n'est pas faute d'insister s'il n'est pas compris :

> Ayant perdu sa Lituanie natale (et son petit coin lituanien qu'il avait plaisir
> à comparer à un coin de Bretagne), ayant épousé malgré tous les états-civils
> cette Maryla Wereszczaka[12] que jamais il ne devait revoir et ayant été en
> fait épousé d'elle malgré toutes les apparences, il mit l'essentiel de ses divers
> génies à obtenir en tout lieu non-lieu, il disparut de son existence, se suicida
> pour vivre[13].

Le thème du « suicidé invisible » finit ainsi par tout englober, depuis
l'enfance rejetée…

> Hélas, déjà dans la maison où je suis né
> J'étais un marmot mauvais[14]…

… jusqu'à l'exclusion, exprimée par les démêlés de Mickiewicz avec les
autorités, l'obscurité littéraire – pure invention de la part de Robin –,
les persécutions policières[15], la souffrance et le désir d'anéantissement :

> Sa vie dans son ensemble ?
>
> « J'ai été pluie de pleurs, pure, serrée
> Sur mon enfance agreste et céleste
> Sur ma jeunesse de sommets et de nuées
> Sur mon nom d'homme, âge de défaites :
> J'ai été pluie de pleurs, pure, serrée[16] ».

Le texte aboutit au poème

> S'abîmer dans le morne, froid, sourd bruissement des sources…

---

12 Son vrai nom était Wereszczakowna.
13 *Ibid.*, p. 235.
14 *Ibid.*, p. 229-230.
15 *Ibid.*, p. 235 : « … Ayant eu besoin de gagner sa vie, il dut poser sa candidature pour
    une chaire de littérature latine à l'Académie de Lausanne ; il avait 39 ans, il était célèbre
    comme poète dans le monde entier, ce qui signifie qu'il était connu d'une centaine de
    personnes. La lettre de candidature est exemplaire : elle est inspirée par la crainte que
    l'autorité à laquelle il s'adresse ne découvre qu'il est poète, ce qui ne ferait pas sérieux
    et pourrait être dangereux… » ; « Voici Adam Mickiewicz vu par la police (c'est tout à
    fait par hasard que le fils du poète eut connaissance de cette… chose) » (*Ibid.*, p. 240) Et
    toute la dernière page est consacrée à ce sujet. Robin semblait être alors l'objet d'une
    surveillance assez étroite de la part de la police : ses attaques contre ceux qu'il baptise
    dans plusieurs textes les « hors-la-loi » se multiplient après 1955.
16 *Ibid.*, p. 229.

que Robin donne pour « le plus absolument ancré en son âme[17] » et qui est, en effet, l'expression la plus extrême et la plus claire du thème de l'abîme, présent depuis l'origine.

Tout est là, y compris les thèmes dérivés (celui de l'inconstance, du don juanisme, du refus d'être poète, de la persécution, de la solitude et de la mémoire abolie) mais tout est absolument inerte, dénué d'intérêt, absurde et tragique à la fois, réduit à l'anecdote – et l'on en revient au premier texte publié de Robin, : « Même densité dans la structure du roman, rigoureuse et symétrique jusqu'à en paraître systématique [...] ; les scènes se recouvrent exactement les unes les autres, avec un telle justesse qu'on les sent découpées un peu à l'emporte-pièce ». En somme : « Cette découverte de degrés dans le néant est proprement étonnante[18] ».

La question est bien celle des « degrés dans le néant » car Robin met en scène sa biographie – et s'apprête à le faire de manière encore plus voyante pour la majorité des auteurs traduits. Il en viendra même à introduire le caniche Winnie et l'épicière de Ville d'Avray dans une émission sur Pouchkine qui associera de la manière la plus étonnante le thème du village natal et celui du refus d'être poète :

> Voici un Pouchkine qui va vous dire ce qui lui est venu à la tête, et surtout au cœur, un jour qu'il revint dans son village natal. C'est probablement le plus beau poème du plus grand poète russe. Et pourquoi ? C'est que ce jour-là Pouchkine ne voulait pas écrire un poème. Il fut ce jour-là trop poète pour cela[19].

L'extrême invraisemblance réduit la biographie à n'être plus qu'une plaisanterie – mais une plaisanterie obsédante, sinistre, qui ne mène plus qu'à soi, au vide, à une absence de personne dont on peut constater, en effet, qu'elle laisse entrevoir divers degrés dans le néant et divers lieux communs qui sont peut-être autant d'erreurs. C'est au moment où la biographie se déploie le plus ouvertement que l'antibiographie devient un thème majeur, développé jusqu'au ressassement : « La lutte contre la biographie menée il y a plus de cent ans, par un poète qui est de nos jours,

---

17 *Ibid.*, p. 239.
18 « Une journée », *Écrits oubliés I*, p. 19.
19 « Alexandre Pouchkine : "Retour au pays natal" », 3 juillet 1953. Pouchkine est né à Moscou. Il s'agit en fait d'un poème écrit en 1835 à Mikhaïlovskoié, village de la région de Pskov où, après y avoir vécu en exil de 1824 à 1826, Pouchkine était revenu pour quelques jours. Il ne s'agit pas du tout d'un retour au pays natal ni d'un retour au village mais d'un retour au domaine où il avait commencé *Eugène Onéguine* et écrit *Boris Godounov*.

la voici en poèmes », écrit-il[20]. Cela peut s'entendre de deux façons : la première est, bien sûr, un refus de l'enquête biographique – qu'il avait déjà dénoncée dans ses essais sur Rimbaud et sur Mallarmé[21] – et qu'il assimile à une enquête policière. « Toute biographie est destructrice, subversive ; elle refait à rebours la route conquise pas à pas par chaque homme en sa vie ; il faut laisser à la police ce genre littéraire[22]… ». L'ironie à l'égard de la marquise de Sévigné – dont la vie a fini par absorber l'œuvre qu'elle avait secrétée – se retrouve ici implicitement, mais pour servir d'argument dissimulé à un autre développement ironique, beaucoup plus profond, sans doute, malgré les apparences : l'écriture sert à échapper au regard policier, à fuir l'espionnage[23], à éluder la culpabilité. La marquise jase, Mallarmé bredouille, Rimbaud se tait, Robin dit qu'il se tait : « Écoutons-le parler au lieu de nous égarer à écouter ce que les biographes, à force de documents, inventent[24]… ». Il parle donc – c'est-à-dire qu'il charge Mickiewicz de parler pour lui, et de se disculper : « Comme à tous les êtres qui vivent dans un règne immatériel et éternel, il lui arrivait d'être distrait de lui-même par les circonstances importunes[25] et inaccordées de ce qu'il est convenu d'appeler sa vie… » Le refus de la biographie ouvre sur une sorte de second plan, beaucoup plus général, qui est l'impossibilité ou plutôt l'absurdité de toute tentative autobiographique : « Poète d'aujourd'hui, poète de 1955, en sa lutte contre les apparences de la biographie, Mickiewicz parvint à une vérité essentielle : l'anti-existentialisme[26]. »

L'ironie à l'égard de l'existentialisme, le retour narquois au thème rigoureusement personnel de l'absence tel que l'exprime le second versant de « Ma vie sans moi » pourraient n'apparaître que comme une plaisanterie, poussée un peu plus loin, peut-être un peu trop loin. Or, c'est ici que tout bascule : la biographie s'expose, mais comme fiction, piégeant ainsi celui qui l'écrit et celui qui voudrait y croire.

---

20 « Adam Mickiewicz », *Écrits oubliés II*, p. 235.

21 *Écrits oubliés I*, p. 121 et 142. « Du récent livre de Charles Mauron Mallarmé s'échappe en bagnard coupable, en Jean Valjean littéraire bredouillant d'explications sur sa conduite passée. »

22 « Adam Mickiewicz », *Écrits oubliés II*, p. 228.

23 Comme l'indiquait déjà l'article sur Rimbaud : « Il se peut que jamais espionnage ne fut aussi réussi qu'autour de ce sublime fuyard … », *Écrits oubliés I*, p. 121.

24 « Adam Mickiewicz », *Écrits oubliés II*, p. 229.

25 Le manuscrit indique « importantes » (et c'est ce qui a été transcrit dans le second volume des *Écrits oubliés*) mais il s'agit manifestement d'une erreur, dans un texte qui comporte, par ailleurs, de nombreuses coquilles.

26 Cette phrase figure, comme la précédente, à la page 238 des *Écrits oubliés II*.

L'ANTIBIOGRAPHIE COMME PIÈGE

Jamais l'autobiographie n'a été plus conforme, jamais l'antibiographie n'a été plus affirmée que dans l'essai sur Mickiewicz : jusqu'alors chaque auteur avait été l'occasion d'un travail projectif intense mais fragmentaire, toujours inachevé – prêtant d'ailleurs par là à des déformations et des dérivations multiples. Avec ce curieux travail de traduction, puis d'investissement des traductions par le commentaire (travail comparable, en apparence, à celui de *Poésie sans passeport* mais en fait radicalement modifié par la mise en scène d'un thème qui englobe l'ensemble), le jeu de piste se change en jeu de dupe : ce qui étant de l'un pouvait aussi bien être de l'autre, et se modifiait en s'intégrant à des totalités floues, devient part intégrante d'une suite linéaire. Comment, dès lors, éviter que le kaléidoscope ne se fige sur une image à la fois double et fausse ?

Tout se bloque, en effet – non que le dispositif d'ensemble soit changé : simplement, au lieu de s'alimenter d'une fiction biographique dissimulée, il vient à la servir ; au lieu de mettre en scène un théâtre d'ombres auquel « l'univers entier participe[27] », il amène chaque ombre à mimer le rôle de ce fantoche qu'il n'a pas été, puisque ce n'était là qu'un rôle, et le moins assuré de tous, comme l'indiquait déjà la dissertation contre Madame de Sévigné. Réduit à jouer à vide, et découvrir ce vide, il s'affiche – mais que peut-il donner à voir, sinon son absence ? Si les « quarante vies » mêlées pour « détruire l'une après l'autre les destinées épaisses[28] » aboutissent à cette parfaite biographie de poète, le périple s'arrête. Jusqu'alors, l'absence à soi instaurait une sorte d'errance large, l'aveu par l'intermédiaire d'autrui permettant de relancer indéfiniment le conflit tout en le variant. L'auteur était celui qui n'avait rien à dire, puisque tous avaient pu parler pour lui[29], qui n'avait ni limites ni caractère propre : un « objet sans sujet », comme il l'écrivait dès 1942[30], dont le mode d'existence était l'absence. Errance large ou « vagabondage de

---

27 « Serge Essénine », *Écrits oubliés I*, p. 339.
28 « Quarante vies », *Fragments*, p. 112.
29 On se souvient du début de « Trois poètes russes » : « Tout ce que j'avais à dire, d'autres, sur une terre autrement poignante, l'avaient crié… » (*Écrits oubliés I*, p. 178).
30 « Dieu », Collection Comœdia/Charpentier, 1943 (repris in *Obsidiane*, numéro spécial Robin, printemps 1985, p. 12).

vent[31] », l'œuvre dérivait à partir de circonstances hasardeuses, éphémères, qui pouvaient aussi bien se changer en vie d'autrui, se disperser,
se rassembler différemment. Au lecteur de se faire romancier…

Dans les textes de la fin, la biographie piège un avatar de l'auteur
qui se travestit en vain pour parler d'une vie qui n'a pas lieu.

> Tous les plaisirs, les avoir voulus… et puis ?
> Tous les livres, les avoir lus… et puis ?
> Khayam, tu vas vivre, admettons, cent ans…
> Mettons, si tu veux, cent ans de plus… et puis ?

Aimer le vin et la serveuse qui le verse, rien au-delà : la recherche
d'un amour qui se dérobe toujours se fond dans les essais et les traductions depuis le début mais prend à la fin une présence floue. « On
dirait que, dès 1170, Marie de France et l'auteur sublime et mystérieux
de *La Folie Tristan* avaient compris que le problème : "Comment faire
exister l'amour ?" était doublé d'un problème plus fin : "Comment tenir
l'amour en état d'existence ?" », ajoute Robin. La réponse est une sorte
de conciliation absolue qui s'apparente assez à ce qu'il appelle « non-
traduction » : instaurer dès le premier instant « le règne du cœur ».

> Si on accepte d'aller jusqu'au bout de cette façon de concevoir le des-
> tin, on ne tarde pas à percevoir que mettre au début ce qui était à la fin
> n'est ni une ruse, ni une perfidie, ni un paradoxe, mais le rétablissement
> de la vérité : Les "scènes de reconnaissance" notamment, toujours situées
> au dernier acte, seraient remplacées par des "scènes de connaissance",
> indiciblement lucides, campées dès le début : dès le premier geste, dès la
> première parole, s'évanouirait pour toujours toute possibilité d'intrigues,
> de variations, d'incidences fortuites susceptibles de troubler la situation ;
> le réel se tiendrait désormais en une sorte de sécurité inespérée, protégée
> de toute intervention[32].

« Le règne du cœur » est le dernier texte publié par Robin (en janvier
1961, quelques semaines avant sa mort), et son ultime réponse – mais
la question a été faussée. La fusion dans l'Un qu'évoque l'avant-propos
de *Poésie non traduite*[33] a beau être revendiquée pour une donnée élémentaire (annulant ainsi d'avance une relation dialogique que la préface

---

31 À propos d'Essénine, « Trois poètes russes », *Écrits oubliés I*, p. 181.
32 « Le règne du cœur », *ibid.*, p. 357-358.
33 *Poésie non traduite I*, p. 11.

« Eux-moi » préservait malgré tout), la question effacée semble bien être celle que toute l'œuvre de Robin heurte ou esquive au plus vite.

Reste, au moment le plus tragique, une sorte d'exercice de mondanité : traductions, articles, poèmes viennent s'inscrire dans une perdition douce – mieux vaudrait dire une *disperdition* puisqu'il n'y a pas disparition mais présence par la perdition : tout s'élargit, se perd dans le dérisoire, et semble assurer une carrière de littérateur à un poète qui joue enfin le jeu et fait bon visage…

DERNIÈRES TRADUCTIONS

Selon toute apparence, comme la notice « La vie et l'œuvre » d'Alain Bourdon le laisse accroire (et la plupart des spécialistes l'assurent aussi), Robin connaît alors une période faste : il collabore à *La Nouvelle Nouvelle Revue française*, multiplie les traductions en diverses langues, prolonge *La Fausse Parole* par deux essais « Outre-écoute 1955 » (*Monde nouveau*, octobre 1955), « Outre-écoute » (*NNRF*, avril 1957), participe à de nombreuses émissions littéraires radiodiffusées, et après la publication des deux volumes de *Poésie non traduite* se voit commander des traductions prestigieuses entre toutes, trois pièces de Shakespeare et les *Rubayat* d'Omar Khayam.

Ces traductions, comme si Robin avait, bien malgré lui, restant irréductiblement étranger, ouvert une petite faille par où entrevoir une vérité interdite, sont passionnantes parce qu'elles attirent l'attention sur le statut de la traduction en France. Interrogé au sujet de la traduction du *Roi Lear*, d'*Othello* et des *Gaillardes commères de Windsor* (pour reprendre le titre choisi par Robin) qu'il avait commandée à Robin, Pierre Leyris convenait qu'elle était faible mais enfin « il n'a pas trop fait le fou[34] ». Sa traduction s'apparente au travail effectué pour Dylan Thomas ou Sydney Keyes : même indifférence à la forme, même calque parfois proche du mot à mot, même flottement du sens, même éloignement donnant l'impression d'une absence à ce qui se joue dans le texte. Ajoutons que Shakespeare se dressait devant lui comme un massif qu'il lui était

---

34 Lettre à l'auteur.

impossible de se soumettre. Enfin, traduire du théâtre signifie penser chaque phrase dans l'espace, dans le temps et dans l'action en train de se jouer. Robin n'en tient pas compte et le fait de rester à ras du texte amène souvent à placer l'acteur en difficulté. Mais sa traduction n'est pas pire que celles de François-Victor Hugo, qui traduit tout en prose, ou de Jean-Michel Déprats, qui présente sous la forme d'une sorte de vers libre ce qui est, en fait, de la prose. Alors que la pièce repose sur une alternance de pentamètres iambiques, de prose, et de vers rimés, et alors qu'il est essentiel de respecter non seulement cette structure mais la versification stricte, puisque la folie du roi se manifeste par le fait qu'il ne maîtrise plus la prosodie (et les vers sont alors faux), les traducteurs en écrasent la structure et déconstruisent le rythme.

Un exemple – un passage de poésie pure du *Roi Lear*, qui est la pièce à laquelle Robin a attaché le plus d'importance (parce qu'il s'agissait d'une pièce dite celtique et qu'il y retrouvait un écho de sa perdition[35]) – suffira à montrer sa méthode :

> How fearful
> And dizzy 'tis, to cast one's eyes so low !
> The crows and choughs that wing the midway air
> Show scarce so gross as beetles. Half way down
> Hangs one that gathers samphire, dreadful trade !
> Methinks he seems no bigger than his head.
> The fishermen, that walk upon the beach,
> Appear like mice, and yon tall anchoring barque
> Diminished to her cock ; her cock, a buoy
> Almost too small for sight. The murmuring surge,
> That on th' unnumbered idle pebbles chafes,
> Cannot be heard so high. I'll look no more,
> Lest my brain turn, and the deficient sight
> Topple down headlong.

> Ô quel effroi,
> Quel vertige de jeter les yeux si bas !
> Les corneilles, les choucas, volant à mi-hauteur,
> Paraissent à peine des escarbots ; à mi-falaise
> Un homme est accroché cueillant du perce-pierre, terrible travail !
> Il me semble qu'il n'est pas plus gros que sa tête.
> Les pêcheurs qui cheminent sur la grève

---

35 Comme l'indique l'article qu'il a donné le 16 juillet 1960 à *La Gazette de Lausanne* sous le titre « Quelques exorcismes du roi Lear ».

Semblent des souris ; loin, là-bas, ce grand navire à l'ancre
Se rapetisse comme sa chaloupe : sa chaloupe est une bouée
Presque trop petite pour être vue ; la murmurante houle
Qui s'irrite contre les innombrables galets stériles
Ne peut être entendue de si haut. Je ne regarde plus
De crainte que mon cerveau ne tourne et que mes yeux défaillants
Ne me précipitent tête en bas[36].

Comme on le voit, Robin suit le texte mais sans prise en compte du rythme et, lui qui a porté une si grande attention à la sonorité des mots, transposant le réseau des phonèmes avec une telle acuité, ne semble plus les percevoir que de loin. L'extraordinaire évocation des « unnumbered idle pebbles », pure harmonie imitative évoquant le bruit des galets tout en donnant l'impression de les voir, lourds, inutiles, indifférents, au bas de la falaise, ne donne lieu qu'à une transposition proche du mot à mot. Il est vrai que la traduction de Jean-Michel Déprats, responsable de la publication du théâtre de Shakespeare en Pléiade, est tout à fait semblable, et l'on a même l'impression qu'elle suit celle d'Armand Robin :

Quel effroi,
Et quel vertige de jeter les yeux si bas !
Les corbeaux et les freux à mi-hauteur,
Semblent à peine aussi gros que des scarabées ; à mi-hauteur
Est accroché un homme qui cueille du fenouil de mer : terrible travail !
Il me semble qu'il n'est pas plus gros que sa tête.
Les pêcheurs, qui marchent sur la plage,
Ressemblent à des souris ; et là-bas, ce grand bateau à l'ancre
Est réduit à sa chaloupe : sa chaloupe à une bouée
Presque trop petite pour être vue ; la houle murmurante,
Qui roule et polit les galets innombrables,
Ne s'entend point de si haut. Je ne veux plus regarder
De peur que mon cerveau ne tourne et que ma vue troublée
Ne me fasse tomber la tête la première[37].

Il s'agit dans les deux cas d'une sorte de mot à mot. Robin est plutôt plus précis puisqu'il traduit « idle » par « stérile » alors que J.-M. Déprats l'efface et traduit « choughs » par « freux », ce qui est un contresens qui fausse l'image : Shakespeare donne à voir des craves à bec rouge

36 *Le Roi Lear*, Acte IV, scène 6. *Œuvres complètes de Shakespeare*, publiées sous la direction de Pierre Leyris et Charles Evans, tome IX, Paris, Éditions Formes et reflets, 1959, p. 753.
37 Shakespeare, *Tragédies II*, Paris, Gallimard, 2002, p. 221.

(mais il est vrai qu'il ne s'agit pas non plus de choucas). Le merveilleux
« samphire » placé au cœur de ce poème est plus justement traduit par
« perce-pierre » que par « fenouil » qui donne une image de légume ;
enfin, même maladroitement, Robin transpose plutôt mieux ce qui
oriente tout ce texte, à savoir l'impression de vertige face à des images
d'objets qui se rétrécissent, s'amenuisent et l'on est au bord de vouloir
rejoindre ce rien – thème profond de la pièce. C'est, pour ma part, ce
que j'ai voulu transposer lorsque j'ai été amenée à la traduire – cela et
d'abord le fait qu'il s'agit d'un poème au mètre strict, où chaque mot
doit résonner et porter le souffle du comédien…

> Oh, l'effroi, le vertige de plonger
> Les yeux si bas ! Les craves, les corbeaux,
> Planant à mi-hauteur, de loin paraissent
> À peine gros comme des hannetons.
> Suspendu à mi-pente, un homme cueille
> Des perce-pierre : oh, terrible métier !
> Il n'a pas l'air plus grand, me semble-t-il,
> Que sa tête. Les pêcheurs sur la grève
> Font l'effet de souris, et, tout là-bas,
> Ce grand navire à l'ancre a pris la taille
> De sa chaloupe ; et sa chaloupe celle
> D'une bouée qu'on aperçoit tout juste.
> La rumeur de la houle usant, roulant
> L'innombrable lourdeur des galets nus,
> Ne s'entend pas d'une hauteur si grande.
> Je ne regarde plus, pris de vertige,
> La vue troublée au risque de tomber
> La tête la première[38].

Par un curieux paradoxe, ce sont les traductions de jeunesse de Robin
qui m'ont amenée à restituer le sens à partir du son comme il le faisait
aux moments où la trame sonore porte les arrières-sens des vers (et
« l'innombrable lourdeur des galets nus » pour traduire « th'unnumbered
idle pebbles » est plus Robin que Robin). Avoir à mettre ses pas dans
ceux d'un traducteur permet de le comprendre comme de l'intérieur
et, même au temps de l'épuisement, on sent un esprit qui se laisse porter par le texte et qui le fait émerger en traduisant le moins possible,
avec un souci de fidélité souvent touchant mais qui induit une sorte

---

38 *Le Roi Lear*, Besançon, Les Solitaires intempestifs, 2011, p. 194-195.

de flottement, laissant errer dans le vague les significations profondes quand il faudrait les restituer dans l'instant du jeu.

Il est vrai que la traduction d'Armand Robin marquait un progrès par rapport à la tradition française incarnée par la traduction de François-Victor Hugo, d'ailleurs toujours jouée de nos jours et disponible en maintes éditions, numériques ou non, et les tirets, qui gardent encore trace des vers dans l'édition originale de cette traduction sont généralement effacés :

> Que c'est effrayant – et vertigineux de plonger si bas ses regards ! – Les corbeaux et les corneilles qui fendent l'air au-dessous de nous – ont tout au plus l'ampleur des escargots. À mi-côte – pend un homme qui cueille du perce-pierre : terrible métier ! – Ma foi ! il ne semble pas plus gros que sa tête. – Les pêcheurs qui marchent sur la plage – apparaissent comme des souris ; et là-bas, ce grand navire à l'ancre – fait l'effet de sa chaloupe ; sa chaloupe, d'une bouée – à peine distincte pour la vue. Le murmure de la vague – qui fait rage sur les galets innombrables et inertes – ne peut s'entendre de si haut… Je ne veux plus regarder ; – la cervelle me tournerait, et le trouble de ma vue – m'entraînerait tête baissée dans l'abîme.

Cette expérience de traduction de Shakespeare montre, d'une part, que Robin a une perception large, océanique, du texte, et tout vient se mettre en place dans cette houle qui rappelle d'ailleurs l'essai de 1942 sur Claudel ; d'autre part, que livré à lui-même, sans guide, il a pris coutume de procéder sans méthode, en se fiant à une compréhension immédiate du texte et à un désir de transposer cette immédiateté, avec, il faut le souligner, une grande honnêteté ; enfin, que, bonne ou mauvaise, la traduction est, dans le domaine littéraire français, une sorte de pis-aller qui, en réalité, n'existe pas. Faibles ou pas, lisibles ou pas, jouables ou pas, les traductions de Shakespeare par Robin qui témoignent d'un si tragique épuisement ont toutes été rééditées, de même que ses traductions de Khayam[39], y compris dans les plus prestigieuses collections[40].

---

39 En 1994, les consternants *Rubayat* ont été réédités avec préface d'André Velter en collection Poésie/Gallimard, sans la moindre allusion à la place occupée par cette traduction dans l'épopée de la non-traduction qui seule lui donne sens.

40 *Le Roi Lear* est reparu en 1995 avec présentation par Bertram Leon Joseph et notice par Reginald Gordon Cox chez Flammarion, collection GF. *Othello* avait été réédité en 1993 par Actes Sud avec dossier dramaturgique et appareil pédagogique d'Anne-Françoise Benhamou.

MONDANITÉS

Aux yeux des commentateurs autorisés, cette période est surtout faste car le don d'écrire de la poésie semble lui être soudain miraculeusement rendu : ce sont, à les en croire, des « bluettes », de gracieux poèmes sur des petits riens, des fantaisies pleines de charme. Depuis Alain Bourdon qui leur accorde une large place pêle-mêle avec les *Fragments*, les poèmes des dernières années de Robin font de lui le poète qu'il aurait toujours dû être[41]. Lui qui n'avait eu de cesse de dénoncer la « canaille littéraire » y trouve bon accueil, et lui qui ne fait rien pour publier les *Fragments* ne cesse de diffuser poèmes sur les serveuses de restaurant et poèmes satiriques divers : la *NNRF* publie en décembre 1957 six poèmes sous le titre *Le Cycle séverin*, puis, en juillet 1958, « La restaurantière » ; *Le Monde libertaire* publie « Une rencontre le 4 avril » (en mai 1958) et *La Nation française* une série de poèmes satiriques dont la *NNRF* donnera aussi un exemplaire (« L'Histoire de Maréchal qui se fit facteur racontée aux enfants tout petits » – mars 1958) et les *Cahiers des saisons* un autre, un autre, un peu plus tard (« Le Sens par le son ou l'art par l'orme », printemps 1961).

Il suffit de se référer au second tome de *Poésie non traduite* pour constater que Robin indique alors (en 1958) comme « en train de se faire » :

— Poèmes bille à bille, billes contre bisbilles.
— Les poèmes d'Omar Khayam traduits directement du persan.
— Poèmes à Winnie et même à Jany, ou « J'ai connu un caniche qui mangeait des poèmes ».
— Seize poèmes du malheureux François, ou « Ce mâle heureux François finira ragondin », etc.

La première rubrique devait regrouper un ensemble de poèmes donnés à *La Nation française* entre 1957 et 1958[42] – poèmes qui se prolongent

---

41   En 2017 encore, la dernière émission de France Culture consacrée à sa poésie fait entendre ces poèmes comme d'allègres chefs d'œuvre représentatifs de la poésie de Robin ; le site armandrobin.org les promeut d'abondance et les récitals de poésie leur accordent souvent la priorité.

42   Ils ont fait l'objet d'une publication partielle, à compte d'auteur, et confidentielle (sans lieu ni date) sous le titre *Indésirable*. Les auteurs de la brochure, manifestement liés à

par « La tortue » publié dans la *NRF* en décembre 1957 (avec les autres poèmes du « Cycle séverin »).

Les textes donnés pêle-mêle dans *Le Monde d'une voix*[43] font tous partie des *Poèmes à Winnie et même à Jany*. Le caniche nommé Winnie aura hanté les dernières années de Robin : on le retrouve aussi bien derrière l'écran de télévision, baptisé « Œil de caniche » (lire à ce sujet la chronique « Œil contre œil » donnée à *Esprit* en octobre 1952[44]) que dans les poèmes d'amour et les poèmes politiques. Caricature inoffensive du chien qui répond au Christ et au fou du *Temps qu'il fait*, il réfléchit sans réfléchir, il voit sans voir, comme Robin écrit sans écrire, et son œil vide finit par devenir le seul regard au monde, le seul possible : Robin écrit des poèmes pour Winnie, autant dire pour rien.

Il n'est pas du tout certain que l'existence du « malheureux François » diffère de celle du caniche. Voué à finir ragondin selon la liste des ouvrages « en train de se faire », il peut aussi bien se métamorphoser en chenille qu'en cochenille, en chien qu'en bovin. S'agit-il de François Mitterrand, comme le laisserait supposer le poème satirique « Le seul méchant bœuf du Nivernais » ou bien de « L'homme qui finit mal, l'homme qui finit Mauriac » des « Neuf poèmes du 7 mai » adressés à Paulhan ? On pencherait plutôt pour la seconde hypothèse puisqu'une note en bas de page indique : « Le poème 8 du 7 mai sera communiqué ultérieurement : il fait partie du recueil "Les métamorphoses du malheureux François" et est intitulé : "Il deviendra chenille et même cochenille" ». Mais les deux François semblent interchangeables, comme les poèmes d'amour et les poèmes politiques. C'est, au demeurant, ce texte qui montre le mieux les liens entre les *Poèmes à Winnie* et les poèmes satiriques donnés au *Monde libertaire* et à *La Nation française* :

> Il m'arrive un malheur ; « mal » ou « maux » c'est une
> Seule syllabe, « mauriac » c'est presque trois syllabes !
> Et l'une et demie syllabe est importune ;
> Cette une et demie syllabe est une suivante syllabe.

---

l'extrême-droite, n'ont pas dû consulter une collection complète de *La Nation française* : ils ne publient que trois textes et un « poème indésirable » extrait de *Plein chant* (septembre 1979).

43 Datés pour deux d'entre eux : « Cette jeune Monique » (7 mai 1957), « Noël et dents d'Odette » (18 décembre 1958) ; non datés pour les quatre autres : « Blanche Blanchette », « Les genoux de Jany », « Les illusions », « Comparaison pour les heures tristes ».

44 « Dans l'œil de caniche qu'est l'écran de télévision... » *Écrits oubliés I*, p. 282.

Il a l'une et demie syllabe qui va mal ;
Je ne sais pas qu'en faire : où placer ce « riac » ?
Même en vers ce « riac » est très inélégant.
Une idée : donner ce « riac » au caniche Winnie pour qu'il le mange ;
Non ! je n'en ferai rien ; je me refuse à déparer
Winnie, car Winnie c'est le caniche de Jany
Et Winnie l'aime, je l'aime aussi, je l'aime autant que Jany.
Puis il n'aime pas les « r », ça lui fait mal aux dents !

Alors que faire ce de « riac » ? Je vais me l'écourter en « iac » ;
Oui, ça y est ! on peut le passer à Winnie
Et Winnie pensera de dent en dent : « Mon iac est bien joli »
Oui, Winnie, entre tes dents c'est un beau « iac » !
« Un peu laid peut-être » diront quelques passants ;
Mais Winnie en rira ; avec « iac » ou sans « iac »
Le caniche nommé Winnie est toujours aussi charmant.

Mais vous allez me questionner : « Que devient ce Mauriac ? »
Eh bien, c'est tout simple ; il est mort, ce Mauriac,

Il est mort en perdant sa syllabe.

La lecture d'un tel poème est, certainement, insoutenable – elle l'est, tout au moins, en regard d'un travail qui a existé, qui a eu de la force. Or, elle ne peut être éludée, dans la mesure où ces poèmes ont été pris, et dès le début, pour des textes non seulement valides mais pleins d'humour et de verve : si Robin devait insister pour publier ses premiers poèmes, « L'histoire du Maréchal qui se fit facteur... » a été donnée, presque simultanément, par *La Nation française*[45] et la *NRF*[46] avant d'être imprimée sur feuille volante. À peine écrits, les poèmes politiques paraissent dans *Le Monde libertaire* ou *La Nation française*, « La restaurantière » et « Le cycle séverin » dans la *NRF* alors dirigée par Paulhan et Arland. Près d'un quart de siècle après, les éditions Le Temps qu'il fait les agrémentent d'une « photographie animalière d'Armand Robin[47] » (en fait, l'un de ces clichés pris en 1937 au Oisquay, la photographie d'un cheval). L'édition annonce « sept et un poèmes » mais il n'y en a que six (« Le cycle séverin ») et un (« La restaurantière ») comme l'indique la notice de présentation diffusée par l'éditeur :

---

45 15 janvier 1958.
46 1ᵉʳ mars 1958.
47 *Le Cycle séverin*, Le Temps qu'il fait éd., 1981, p. 18.

Les six poèmes du *Cycle séverin* (qui sont le bestiaire d'Armand Robin)
et « La restaurantière » (doux hommage à une aimable serveuse de restaurant) avaient en partie échappé à l'édition des posthumes de 1968.
Ce sont d'attendrissantes et attendries petites chansons où le « démon
du calembour qui habite tout poète » le dispute au génie enfantin des
comptines et des rondes, des chansons toutes de mélancolique sérénité
qui datent, paradoxalement, de la période la plus pénible de la vie de
Robin – celle de ses deux dernières années [*sic*]. Quoiqu'il n'y paraisse
pas forcément au premier abord, il s'agit peut-être bien de textes à ranger
parmi les plus beaux[48].

Si la beauté de ces textes et leur sérénité n'apparaissent pas, c'est
qu'ils témoignent, et de la manière la plus douloureuse, d'un glissement vers une déperdition que rien ne compense plus. Cette déperdition atteint son point ultime avec « Le sens par le son » (publié par les
Cahiers des saisons en 1961) ou « Difficultés grammairiennes » (publié
dans la première édition du *Monde d'une voix* (1968) mais, comme par
un sursaut de pudeur, supprimé de l'édition de 1970). Même le sinistre
« Cap de la cape[49] » passe encore pour une « fantaisie verbale », l'une de
ces « bluettes », comme l'écrit Alain Bourdon, que Robin est supposé
aimer à « semer dans l'air du temps[50] ». L'on y reconnaît, écrit-il, « une
facétie où l'oreille d'un P. J. Hélias ne manquerait pas de retrouver le
goût des Bretons pour un jeu chaotique des sons, des sens, des syllabes,
des allitérations (A. Robin en a tiré de prodigieux résultats dans *Le
Temps qu'il fait*) et où Henri Thomas, de son côté, s'amuse à retrouver
une façon surprenante "de faire sonner les mots… une façon de heurter
les mots, un petit peu comme un sauvage très subtil qui retrouve une
façon de faire tinter les pièces que nous avons pu nous passer de main
en main sans les écouter ; une sorte de sorcellerie par application, ou
plutôt par attention"[51] ».

Cette interprétation repose sur une confusion entre les premiers
poèmes et les derniers – confusion illustrée par les commentaires d'Henri

48 Catalogue des éditions Le Temps qu'il fait, Cognac, 1981.
49 Donné par Alain Bourdon aux *Cahiers bleus*, été 1980, p. 46. Rééd., été 1988.
50 « Pour l'instant il se contente de confier à des revues, de semer dans l'air du temps des
    bluettes qu'il a cueillies au hasard des rencontres banales de la vie quotidienne. Il égrène
    dans Paris des pamphlets malicieux, et le bestiaire anodin de ses "poèmes séverins" : "La
    vache"… "La tortue"… » (*Armand Robin*, Seghers, 1981, p. 80).
51 « Note d'Alain Bourdon » placée après « Le cap de la cape », *Les Cahiers bleus*, été 1980,
    p. 46.

Thomas, et, plus encore, par ceux du poète Jean Mambrino répondant à Alain Bourdon peu après la parution du *Monde d'une voix* :

> Alain BOURDON. – Je crois – et c'est le second point sur lequel je voulais insister – que Robin fut tragiquement sensibilisé à l'insuffisance de ses moyens d'expression. Bien avant de mourir, il avait écrit cette étrange épitaphe :
> « Poète sans œuvre, [il parlait de lui-même] aboli par sa poésie, se suicidant chant par chant. Gorge étouffée en mots trop exigeants : toute pensée sur lui est poème. »
> À mon avis, il a cherché à surmonter cet échec, et d'une façon très claire : les derniers poèmes de Robin – « La restauratrière », « La tortue », « Les sorciers écureuils » – sont de petits poèmes d'actualité sur l'actualité la plus menue possible. Exactement celle que son père saisissait dans le pays breton quand il était invité à aller chanter dans les « fest-noz » (les veillées), sur les histoires du bourg, du moment : un peu d'éclat simplement pour réjouir le monde.
> Jean MAMBRINO. – Mais enfin ! Les poèmes de la fin sont des poèmes prodigieux ! Ce n'est pas du tout de la poésie de circonstance, ce n'est pas du tout menu ni désespéré :
>
> « Le corbeau criera haut près des mélèzes ;
> Au profond des torrents la truite, légère
> Et folle, trouvera des treillis de lumière
> En déboulant vers l'eau des plaines… Les pommiers
> Doux brilleront. Les buis, les tilleuls
> S'accorderont des zones de silence dans les enclos
> Où dormir et descendre dans la terre heureuse.
> Ô chemins nocturnes dans l'herbe féconde,
> Souffle des indolentes graminées !
> Quelle fraîcheur inonde la feuille et la joue,
> Quel chant paisible annonce un repos céleste ? »
>
> Voilà qui est large, aérien, délivré. Il y a un souffle immense, c'est le vent d'avril traversé de cris d'oiseaux ! Il disparaît, s'anéantit, mais dans une sorte d'élan enfantin, une confiance au-delà de tout[52].

Le poème que loue Jean Mambrino est un poème de Jacques Chessex intégré par mégarde au *Monde d'une voix*, et l'autre poème qu'il cite comme « l'un des derniers[53] » (« Les sorciers écureuils ») a été placé à la fin du *Monde d'une voix* mais appartient de toute évidence aux *Fragments*,

---

52 *Études*, janvier 1969, p. 100-101. Il resterait à s'interroger sur la persistance du mythe du père chanteur, la curieuse transformation du fest noz en veillée, l'étrange conception du chant à danser composé pour l'occasion « sur l'actualité la plus menue possible ».

53 *Ibid.*, p. 99. Le poème « Les sorciers écureuils » figure à la page 208 de la première édition du *Monde d'une voix*.

et même à la première période de gestation du *Temps qu'il fait*, non à la fin de la vie de Robin. La référence au père et aux veillées est une invention destinée à faire de ces poèmes de la perdition des poèmes liés à une enfance bucolique ou prétendue telle.

Peut-être les premiers poèmes peuvent-ils encore faire illusion : installé à Sèvres, Robin semble retrouver avec euphorie une sorte de fausse Bretagne. Il écrit alors un poème qui garde un écho de la gaucherie naïve des textes de la période du *Temps qu'il fait*. C'est le « Dieu aux billes » :

> Je suis sorti à cinq heures du matin ; j'ai vu Dieu dans tous ses arbres ;
> Il était heureux, il se frottait les branches
> Dans le monde de juin demi-tiède à cette heure, et presque peureux
> Il était heureux, il était heureux d'être Dieu
> Et j'étais heureux de le voir heureux,
> De le voir heureux d'être heureux d'être Dieu.
>
> Pour lui pas de chamaillis dans les cris des dix mille oiseaux ;
> Entre écureuils et pliants rameaux seulement la gracieuse inclination ;
> Pour lui sur les étangs pas de guerre entre canards gris et poules d'eau ;
> Sur terre, dans les airs, sur et sous les eaux, sous terre, pas de démon ;
> Il donnait désir d'être pour lui tout bon[54].

Ce poème relève de ce qu'Efim Etkind classe dans la rubrique « traduction-imitation[55] ». Le poème d'Attila Joszef, « Dieu » (que l'on peut lire, par ailleurs, dans le premier volume de *Poésie non traduite*[56] et qui a donc été traduit avant 1953) s'est trouvé traversé – non pas traduit – cité, non pas même imité, mais entièrement déconstruit et coulé dans cette forme fluide qui est celle des meilleurs poèmes de Robin. Ce qui demeure du poème d'Attila Joszef, c'est le thème :

> Quand les gamins jouent aux billes
> Dieu parmi eux en badaud gambille
> Et si l'un d'eux ouvre grand ses pupilles
> Il voit Dieu pousser les billes.

Le poème de Robin paraît beaucoup plus habile et beaucoup plus simple que sa traduction (cela constitue, pour cette raison aussi, un cas

---

54 *Le Monde d'une voix* (1970), p. 233. Le poème date du 4 avril 1958.
55 « La traduction-imitation apparaît parfois dans l'œuvre de poètes authentiques, qui ne cherchent nullement à recréer l'original » (*Un Art en crise*, L'Âge d'Homme, 1982, p. 26).
56 À la page 145.

exceptionnel dans son œuvre). Et c'est bien là un dernier poème, une sorte de réveil et d'ultime tentative pour en venir, par la traduction et en la dépassant, à une création propre, qui est un retour aux pages du *Temps qu'il fait* sur l'aube et à l'apparence d'un bonheur précaire :

> À six heures dans la clairière nous avons joué aux billes
> Au bord des eaux ! Le soleil, son soleil, était une mutine bille
> Que les feuillages tentaient d'attraper, qui se jouait des feuillages ;
> Et ces étangs étaient des billes, de belles et fragiles billes ;
> Le ciel sur les eaux et le ciel sous les eaux formaient une bille
> Et Dieu tout heureux contemplait cette bille,
> Tournait doucement cette bille[57].

Comment ne pas voir que Robin, revenant au poème d'Attila Joszef intitulé « Dieu », revenait aussi à un travail antérieur à la rupture et à son propre poème « Dieu » qui en marquait le point ultime ?

Mais ce fugitif retour à soi, cette illusion de pays natal, se perdent vite. Les cartes postales que Robin adresse alors à Paulhan sont désolantes :

> Je n'ai pu ce matin voir aucun des renards mais il y a des coqs. Ils sont (à ma connaissance) sept qui se répondent de ces collines. D'où un titre pour le prochain poème séverin : « COQS HAUTS SUR COTEAUX ». Toujours selon [Marilou] Petitjean, il y a aussi un sanglier près de Marne-la-Coquette. J'hésite à aller le voir. De toute façon, je lui dédie un poème[58].

Ce sanglier, ces coqs se retrouvent dans les poèmes du « cycle séverin » ; du moins, le « marcassin de Marne-la-Coquette » remplace-t-il le sanglier :

> Un marcassin ça suit sa mère sanglière
> Ce n'est pas sanglier de suivre sa mère sanglière[59].

Plus qu'une façon d'en revenir à la thématique du *Temps qu'il fait*, c'est une façon de dire qu'il n'y a plus rien à dire : Staline a disparu, comme le père, comme le sanglier. Il reste à jouer sur les mots, fabriquer de la poésie avec des noms d'hommes politiques ou de l'amour avec des caniches et des serveuses de restaurant.

---

57 *Le Monde d'une voix* (1970), p. 234.
58 6 septembre 1957. La carte suivante indique avec allégresse : « Il y a 20 % de Bretons à Sèvres. Et des Bretons des Côtes-du-Nord, et plus spécialement de mon coin des Côtes-du-Nord » (23 septembre 1957). Le nom entre crochets est resté mal déchiffrable sur la photocopie.
59 *Le Cycle séverin*, Le Temps qu'il fait éd., p. 17.

Ainsi les écoutes aboutissent-elles à cette poésie faite de litanies sur le modèle des propagandes, et les traductions aux quatrains faussement badins de Khayam :

> J'ai longtemps vécu avec son œuvre et j'ai même essayé de vivre son œuvre. J'ai fini par percevoir que le secret véritable derrière ces invitations permanentes à boire du vin et à courir « les jolies comme des tulipes » était un désespoir irrémédiable, un désespoir métaphysique, qui s'exprime bien plus nettement que celui de Lucrèce tout simplement parce que le ciel de l'Iran (ce ciel, rappelons-le, qu'il avait métier d'observer) est « un bol lapis-lazuli », est plus limpide que le plus limpide ciel d'Italie[60].

Le texte a été publié dans *La Gazette de Lausanne* le 13 décembre 1958, donc en pleine période d'euphorie sévrienne. C'est en cela qu'il est indécent de présenter ces poèmes comme de gracieux bibelots : en dépit leur apparence mondaine ou, si l'on veut, badine, ces textes parlent encore, tentent de parler.

Un poème inédit[61] intitulé précisément, « Coteaux d'échos » est une sorte de tentative désespérée pour établir un échange, faire circuler des mots, des lettres, de l'eau, du sens – mais le dialogue rebondissant « du syllabicide au site », puis « du site lettricide au poète syllabicide » n'aboutit à rien, pas même à un non-sens, un faux-sens : à une absence. Le poète reste « syllabicide » et le site « lettricide » ; c'est une sorte de rébus qui trace le signe de la mort sans la nommer. « Syllabicide » fait allusion au poème sur Mauriac précédemment cité : « Il est mort en perdant sa syllabe ». « Lettricide » s'explique parce que « Sèvres sans "r" a l'air de tenir l'eau en l'esse ».

DU SITE LETTRICIDE AU POÈTE SYLLABICIDE :

On lit dans Dulaure :
« SÈVRES ou SÈVES
Paraît dériver d'ÈVRES, ÈVES ;
ÈVE signifie rivière, eau. »
D'entente avec Dulaure
Sèvres sans « r » a l'air de tenir l'eau en l'esse.
Pour tous les sons c'est sève saine.

DU POÈTE SYLLABICIDE AU SITE LETTRICIDE :

---

60 « Un algébriste lyrique : Omar Khayam », *Écrits oubliés I*, p. 327.
61 Remis à Paulhan et portant la mention « 1957 » mais peut-être par erreur (1958).

Noms, oui !
Oui, j'ai ouï :
SÈVE sur SEINE se dit ce site.

Pas d'air ; de l'eau tenue en laisse : des poèmes où l'eau était le symbole même de la libre circulation, de la fluidité des langues et de l'imagination créatrice, il ne subsiste que ce dialogue avec un site qui renvoie l'écho – le même son, vide de sens.

« La restaurantière » est le dernier poème de Robin à laisser entrevoir, derrière l'inerte bavardage, la solitude – et le lyrisme digestif d'Alain Bourdon à ce propos paraît assez sinistre :

> En lisant « La restaurantière » on verra comment il semble jouer pour soi un petit air sans prétention en solo. Les strophes s'enroulent comme un boa constrictor et dévorent, avec les pensées qu'il remue, le poète qui les digère lourdement. Des mots simples s'accouplent en anneaux qui articulent leurs glissements ininterrompus et découvrent dans leur mouvement d'autres mots inattendus : on songe à l'humour d'un Erik Satie… et cette brève gymnopédie s'achève sur la dominante d'une rime sourde, obsédante, où tout s'éteint[62].

On l'a vu dès le cycle de « L'insensé d'un temps d'insensés », la rime a été le premier symptôme (ou bien le plus visible ?) d'une déperdition irrémédiable. Or les derniers poèmes de Robin rendent cette déperdition manifeste.

Entre un texte personnel comme « L'illettré » et « L'insensé d'un temps d'insensés[63] », entre une traduction comme « Ébranlant la branche odorante » et, déjà, la « moallaka » d'Imroul'qaïs, ce qui marque formellement la rupture est le passage d'un travail du vers « en continu » (finalement proche de ce que Mallarmé appelle « creuser le vers ») à une versification utilisant la même rime de manière obsédante. La répétition de la rime, voire d'un même mot à la rime, est aggravée par la reprise en début de vers de tournures syntaxiques semblables. L'anaphore, la litanie, le recours à une rime unique font, comme on l'a vu, de « L'insensé d'un temps d'insensés » une sorte d'ébauche des *Poèmes indésirables* où ces caractéristiques se trouvent renforcées par un parti-pris d'accentuation plus marqué encore : la présentation graphique (utilisation de majuscules pour des mots, des vers ou des ensembles de

---

62 *Armand Robin*, Seghers, 1981, p. 80.
63 *Cf. Le Monde d'une voix* (1970), p. 89 et p. 109.

vers) et la répétition systématique de mots clés (si possible en majuscules et à la rime) aboutissent à un effet de martèlement qui n'est pas sans rappeler les procédés des propagandes.

Dans les derniers poèmes, la répétition devient systématique, qu'il s'agisse de l'usage de la rime, de l'anaphore, de la paronomase ou de la reprise pure et simple de vers entiers. Or, analyser un texte par thème et contre-thème de sonorités (ce qui a été tenté pour certains poèmes, traduits ou non) revient déjà à simplifier un travail d'une très grande complexité. Si ce travail a semblé atteindre dans un poème comme « Ébranlant la branche odorante » un point de virtuosité inégalé, c'est qu'alors le « principe de parallélisme » (pour reprendre le texte de Hopkins cité par Jakobson[64]) est appliqué avec une extrême rigueur. D'une part, le jeu des équivalences phoniques entraîne un jeu d'équivalences sémantiques aussi serré ; d'autre part, l'ensemble fonctionne selon un système de disjonctions compensées qui a été remarquablement perçu par Hopkins[65] et analysé par Jakobson : « L'équivalence des sons, projetée sur la séquence comme son principe constitutif, implique inévitablement l'équivalence sémantique, et, sur chaque plan du langage, chaque constituant d'une telle séquence suggère une des deux expériences corrélatives que Hopkins dépeint joliment comme "la comparaison pour l'amour de la ressemblance et la comparaison pour l'amour de la dissemblance[66]". En somme, soit la ressemblance phonique demeure

---

64 *Essais de linguistique générale*, Poétique, Seuil, 1970, p. 235 (trad. Nicolas Ruwet).

65 « La partie artificielle de la poésie, peut-être serait-il juste de dire toute forme d'artifice, se réduit au principe du parallélisme. La structure de la poésie est caractérisée par un parallélisme continuel, allant des parallélismes techniques de la poésie hébraïque, et des antiennes de la musique d'Église, à la complexité du vers grec, italien ou anglais. Mais le parallélisme est nécessairement de deux sortes – ou bien l'opposition est clairement marquée, ou bien elle est transitionnelle plutôt ou chromatique. C'est seulement la première sorte, celle du parallélisme marqué, qui est en cause dans la structure du vers – dans le rythme (récurrence d'une certaine séquence de syllabes), dans le mètre (récurrence d'une certaine séquence rythmique), dans l'allitération, dans l'assonance, dans la rime. La force de cette récurrence consiste en ceci qu'elle engendre une récurrence ou un parallélisme correspondant dans les mots ou dans la pensée ; on peut dire, en gros, et en notant qu'il s'agit d'une tendance plutôt que d'un résultat invariable, que c'est le parallélisme le plus marqué dans la structure (soit d'élaboration soit de mise en relief) qui engendre le parallélisme le plus marqué dans les mots et le sens... À l'espèce abrupte ou marquée du parallélisme appartiennent la métaphore, la comparaison, la parabole, etc., où l'effet est cherché dans la ressemblance des choses, et l'antithèse, le contraste, etc., où il est cherché dans la dissemblance. » (G. M. Hopkins, *The Journal and Papers*, cité par R. Jakobson, p. 235).

66 *Ibid.*, p. 235-236.

dissimulée, travaille de manière sous-jacente, soit il lui faut exhiber sa similarité – et, dans ce cas, susciter de la dissemblance. Il en va de même pour toute poésie, traduite ou non (et, peut-être, comme le supposait Hopkins, toute forme d'illusion) : le système ne se tient que dans la mesure où le semblable n'est pas seulement le même, mais l'instigateur de sa propre distinction. Ainsi le travail le plus fin de la langue rejoint-il la traduction – et aussi bien l'existence, le point où l'éthique rejoint l'esthétique[67]. L'autre peut bien être Ady ou Pasternak, une fois posé le système d'équivalences travaillant dans la dissemblance, le conflit vient à résolution par une sorte de compromis généralisé.

Il semble que la poussière d'observations concernant les derniers poèmes de Robin puisse se rassembler autour d'une remarque (qui s'inscrit, du reste, dans le prolongement de ce qui a été noté au sujet des *Poèmes indésirables*, et du cycle de « L'insensé d'un temps d'insensés » à un moindre degré) – ces textes semblent tendre par tous les moyens vers une identité amorphe : du Même qui ne suscite aucune dissemblance parce qu'il ne s'agit pas de « céder en résistant » mais de résister à la désintégration.

De cette désintégration interne le poème « Coteau d'écho » offre un exemple assez explicite ; les mots se défont, par syllabes, par lettres, se réduisent à des sons. Encore Robin arrive-t-il à trouver un sens à ces sons : r devient « air », s devient « esse ». Ailleurs, la lettre se détache du nom :

> Elle fut nommée Odette au gré de ses parents
> (Son d pas pour les odes dansant sur mes dents)[68].

Et l'on comprend que Robin se réfugie dans le nom, que le poème naisse d'un nom propre – parce que le nom propre est à soi seul son propre sens, contient tout, constitue un noyau infrangible et clos.

---

67   Ce que Jakobson, dans le même texte, et à propos du rythme, rassemble par une sorte d'intuition fulgurante : « Tout naturellement, c'est à Edgar Allan Poe, poète et théoricien de l'intuition déçue, qu'il a été donné d'évaluer du point de vue métrique et psychologique, la satisfaction qui chez l'homme est liée au sentiment de l'inattendu surgissant de l'attendu, l'un et l'autre impensables sans leur contraire, "comme le mal ne peut exister sans le bien" (E. Poe, "Marginalia", *The Works*, vol. 3, New-York, 1857). Ici nous pourrions aisément appliquer la formule de Robert Frost dans "La figure faite par le poème" : "La figure est la même qu'en amour" (R. Frost, *Collected Poems*, New-York, 1939) ».

68   18 décembre 1958. *Le Monde d'une voix* (1968), p. 95.

L'un de ces poèmes, intitulé « Bébé d'A. et B. », est une tentative pour ramener le Nom à la lettre : les faire coïncider tout en provoquant un semblant d'opposition. D'une certaine façon, le jeu atteint son but car B engendre – textuellement – « bébé » (outre quantité de rimes en /é/ qui constituent la structure sonore du poème); A engendre une série de rimes complémentaires, et le dernier mot, « béat », constitue, non pas un compromis, mais une conjonction parfaite d'éléments intacts.

C'est, en quelque sorte, le schéma caricatural mais exact du travail poétique auquel se livrait Robin à partir d'Edgar Poe et de Pasternak – et sans doute rejoignait-il là un travail pratiqué depuis la plus haute Antiquité[69]. Simplement, la capacité de choisir dans un faisceau de signes distinctifs, d'opposer, d'associer, se réduit à ses rudiments. Le travail inconscient se joue ici au grand jour parce qu'il ne reste plus que des sons épars, des lettres qui restent « lettre morte » malgré un effort désespéré pour les rassembler – mais les rassembler selon des relations qui, dans le meilleur des cas, opposent, encore une fois, sur le modèle des formules propagandistiques, du pareil au même : « L'homme au bout de son progrès fut enfin binarisé[70] », écrit Robin. Cela vaut pour conclusion.

Au terme du processus, reste le règne de la répétition :

CHEZ MOI MAO IL N'Y A QUE MOI-MAO IL N'Y A QUE MAO
QUE MOI-MAO, MOI-MAO, MOI-MAO, MOI-MAO[71] !

La constatation de Robin est amère : « Le mal de Mao, c'est le manque de Tao. »

À se souvenir du poème de Wang-Wei, et du pêcheur qui, à son retour, s'égare, ne trouve plus le passage, se change en pâle effigie de ce qu'il fut, on conçoit ce que Robin appelait « la muette mise à mort

---

69   Travail dont Saussure a été le premier à essayer de déconstruire les motifs – de manière trop rigide, peut-être, mais avec une attention et une perspicacité qui n'ont jamais été égalées. *Cf.* Jean Starobinski, *Les Mots sous les mots*, Gallimard, 1971 (et les hypothèses de Jean Starobinski à la suite du texte – notamment, p. 152 et suivantes : « Ainsi l'on en vient à cette conclusion, implicite dans toute la recherche de Ferdinand de Saussure, que les mots de l'œuvre sont issus d'autres mots antécédents, et qu'ils ne sont pas directement choisis par la conscience formatrice »).

70   Inédit. « Bébé d'A. et B. ».

71   Inédit daté du 1er octobre 1958.

du verbe[72] ». Le mal d'être soi demeure – et jusque dans l'inexistence – infiniment plus lourd, parce que l'inexistence est le « moi-mao sans tao », le moi dans le temps : rendu non seulement à la lourdeur mais à la pire douleur, qui est de n'avoir plus d'accès. Nul retour, plus d'issue. Il reste de la folie le sourire de Saint Thomas qui clôt *La Fausse Parole*, et le consentement à n'être qu'un moi vide, voué à l'éternelle répétition du même, et à se chercher par autrui au milieu du vacarme des propagandes universelles.

---

72 *La Fausse Parole* (1953), p. 26. « Oreilles closes, j'entends au-delà du déferlement des mots, la muette mise à mort du verbe ».

LE ROMAN DES ÉCOUTES

« La vie vous offre toutes sortes d'occasions de nous donner des alibis, de nous engager précisément dans les voies qui nous engagent le moins. Le refus du monde tel qu'il peut vous être donné, voilà la forme la plus difficile de notre don de nous », écrivait Robin dès 1937[1]. S'installer comme écouteur à son compte était une forme de folie mais de folie qui avait sa raison puisqu'une technique, utilisée avec des moyens rudimentaires, permettait, comme le notait Stefan Freund[2], de court-circuiter tout un appareil informatif lourd. Robin a très bien pris en compte certaines données : le triple travail de déchiffrement, d'interprétation, de prévision rendu possible dans un temps très court par la mise en relation de faits travaillés différemment par les propagandes ; cette fabrication du fait, selon des processus qu'il a notés. Il y a eu là un travail de fond : les bulletins sont rédigés à partir d'écoutes trop régulières et systématiques pour ne pas reposer sur un travail méthodique ; il est possible que Robin (contrairement à ce qu'il affirme avec une fréquence trop grande pour ne pas être suspecte) ait écouté les services en français des radios étrangères. Mais les tableaux de fréquence d'écoute établis par Dominique Radufe ne laissent aucune place au doute. Le tableau déjà reproduit à la fin de la réédition de *La Fausse Parole* montre bien que « l'anglais est de loin la langue la plus écoutée. C'est aussi celle qui domine sur les ondes internationales et il n'y a donc là rien que de prévisible. Viennent ensuite par ordre d'importance le russe, l'espagnol, l'allemand, l'italien, le polonais, le chinois[3] ». Mais on trouve des mentions de quarante et

---

1   « Une journée », *Écrits oubliés I*, p. 49.
2   « Le témoignage radiophonique constitue le phénomène le plus précis, le plus rapide, le plus actuel. Il peut servir de base à un journal, à une revue, et, en dehors des informations militaires et techniques, être le complément indispensable de la presse, des rapports diplomatiques, le contrôle le plus précis et le plus vivant de la vie et des tendances de l'étranger », telle est la conclusion du rapport de son rapport sur le fonctionnement du centre d'écoutes de la radiodiffusion nationale.
3   Dominique Radufe, *Armand Robin écouteur*, p. 82.

une langues, allant de l'albanais au yiddish, et les bulletins laissent l'impression d'une navigation qui rappelle la fluidité évoquée par les *Fragments* et la mise en onde des poèmes de *Poésie sans passeport*, et ce même si le bulletin va au fil des années en se vidant de sa teneur.

Robin a bien été conscient de la nécessité d'un travail précis, concret, rigoureux[4] ; on le voit très souvent procéder à des études comparatives larges[5]. C'est, du reste, pourquoi il insiste tant sur le nombre de radios écoutées. Mais, prisonnier d'une volonté d'hégémonie spirituelle ou d'une conception du génie héritée du romantisme, décidé à « faire "planète à part" », comme il l'écrit à propos de Pasternak[6], il ignore résolument ce qui, dans le même temps[7], provoque le passage de l'agence Havas à l'AFP, et assure l'efficacité des relais multiples par la coordination de travaux d'équipe. Si la rapidité fait la force d'agences de presse qui fonctionnent selon des procédés assez semblables à ceux que Robin exploite[8], il est évident que rien ne lui permet de rivaliser avec de telles agences ; le fait même que son bulletin, quotidien à l'origine, soit devenu bi-hebdomadaire constitue à cet égard un handicap irrémédiable. Faute de pouvoir lutter de vitesse, ou de richesse en ressources informatives, il restait à faire preuve d'un discernement plus grand. « L'arme de combat la meilleure », écrit-il, est « le sens du vrai[9] ». Mais qu'est-ce qu'une entreprise à visée objective, entièrement libre, qui soit en même temps un « combat » ?

---

4   « La cérébralité mise au service de la volonté de domination et d'exploitation s'étant au passage armée d'illégal, le machiavélisme, c'est-à-dire la haine de l'homme contre l'homme, est devenu algèbre. La lecture de ce langage chiffré ne peut être facile, il faut écouter bien des discours pour en "venir à bout" ». « Expertise de la fausse parole », *Combat*, 4 octobre 1947.

5   « Ces derniers jours on pouvait notamment s'étonner d'une sorte de double jeu de la radio britannique en anglais (ou dans ses services en espagnol et portugais pour l'Amérique latine), *ibid.*, 18 octobre 1947.

6   « Pasternak poète par son traducteur », *Écrits oubliés I*, p. 317.

7   En 1944, c'est-à-dire au moment où Robin met sur pied son service d'écoutes.

8   Le premier grand succès de l'AFP est l'annonce de la mort de Staline, connue grâce au service d'écoute des radios intérieures russes, un quart d'heure avant le communiqué officiel de Moscou.

9   Bulletin nº 73 de 1955.

PRISES DE POSITION

La contradiction n'a jamais gêné personne, puisque chacun a admis, après Robin, qu'il s'agissait d'un combat contre la fausse parole, c'est-à-dire le mensonge, c'est-à-dire le Mal. Mais pour quel Bien, et pour quelle vérité ? La postface de *La Fausse Parole* ne servait qu'à éluder ce malaise : à qui donc cette vérité profitait-elle ? Robin, récusant l'idée d'efficacité, renvoyait la question à son inexistence. Cependant, si, à l'époque, les textes demeurant inconnus, il n'était guère possible de discerner les conceptions qui sous-tendaient le travail, elles apparaissent à présent assez claires dans leurs grandes lignes : « À force de parler de "capitalisme" nous avons fini par le constituer. Le régime ainsi désigné a pris pour la première fois dans l'histoire sa forme complète en Union Soviétique », écrit-il[10], ajoutant qu'« en dehors de la Russie nous n'avons affaire qu'au précapitalisme[11] ». Quelques jours plus tard, louant la BBC de défendre « l'être autonome de l'Europe », il précise qu'elle offre ainsi à « l'humanité pensante » la chance « de passer à égale distance entre les deux gigantesques impérialismes[12] ». La défense du « monde libre », c'est-à-dire l'Europe, contre deux masses obtuses apparemment opposées mais en réalité complices[13], l'une capitaliste (l'URSS), l'autre précapitaliste (les USA), oriente donc tout le travail de Robin.

« Une France libre dans un Occident fort », c'est une visée internationaliste pour le moins paradoxale, et l'on voit Robin défendre, au nom de l'anti-impérialisme, la politique d'intervention franco-anglaise à Suez et rassurer ses lecteurs en 1960 quant à « un éventuel soutien russe à Cuba » :

> Il est donc fort probable qu'il n'y aura pas de guerre intercontinentale à propos de Cuba ; cependant notons que, constamment, la radio de Moscou diffuse un argument sans doute plus lourd de menaces que l'envoi de fusées interplanétaires sur les États-Unis pour défendre Cuba ; cet argument est le

---

10 « Expertise de la fausse parole », *Combat*, 27. 9. 1947.

11 *Ibid.*

12 *Ibid.*, 18. 10. 1947.

13 *Cf.* « Les radios des deux grands adversaires (ou soi-disant tels) : radios des États-Unis et radios de l'URSS » (18. 10. 1947). De là vient aussi l'invention d'une « stratégie de l'osmose » qui aurait consisté en une alliance secrète des États-Unis et de l'URSS.

suivant : l'exemple de Cuba prouvera que les pays d'Amérique latine peuvent
se libérer du joug économique des États-Unis.

L'argument est d'un caractère marxiste : « le processus économique se
développant à partir d'un petit point d'appui[14] ».

Que penser de ce *risque* de libération des pays de l'Amérique latine ?
Et que penser du « silence international » soigneusement entretenu dans
les bulletins d'écoute au moment de la guerre d'Algérie ? « Nos lecteurs
peuvent s'étonner qu'en ce bulletin nous ne parlions guère de l'Algérie ;
c'est tout simplement parce que les radios étrangères (y compris celles du
monde russe) gardent le silence ou se montrent d'une extrême discrétion
à ce sujet ; de façon évidente, il y a une sorte d'entente concertée pour
laisser la France seule en face du problème algérien » : c'est la dernière
page du dernier bulletin conservé[15]. En 1979, vu l'impossibilité de lire
l'ensemble des bulletins d'écoutes, il fallait bien en rester au stade de
l'interrogation, et, de fait, la censure a joué un rôle efficace : ce n'est
qu'après avoir pu se pencher librement sur un nombre suffisant de bulletins que l'on a pu en étudier la teneur. Deux bulletins manifestent un
soutien inconditionnel à la politique colonialiste de la France :

> Nos études pessimistes des dernières semaines étaient encore trop opti-
> mistes : de jour en jour (plutôt : de nuit en nuit, dans le cas de ces écoutes de
> la radio internationale) les indices, même les preuves, nous parviennent d'un
> isolement croissant de la France sur le plan international. Il semble indéniable
> que la diplomatie de De Gaulle enregistre échec sur échec[16].

Aux yeux de Robin, qui évoque ailleurs les « rebelles algériens »,
de Gaulle n'est en rien colonialiste puisqu'il défend l'Algérie et par
elle la France, et l'Europe, contre l'impérialisme soviétique ; on le voit
prendre ainsi son lecteur à témoin : « Pendant ce même temps, les
radios de Pékin se déchaînent contre *l'ultra-colonialiste de Gaulle*
(hé ! oui)[17] ».

Il est évidemment difficile de concilier ces prises de position avec
l'image d'un Robin criant « Je suis un fellagha » au nez des forces de
l'ordre, comme Alain Bourdon l'a allégué dans tant de conférences et

---

14   1960, n° 42.
15   1961, n° 24.
16   1959, n° 85. C'est moi qui souligne.
17   1958, n° 70.

d'articles, comme Anne-Marie Lilti l'a encore assuré dans sa biographie et comme on le répète encore inlassablement à la suite du site armandrobin.org. Difficile aussi de les concilier avec les poèmes d'inspiration libertaire :

> Je n'apprends pas le chinois pour parader chez les bourgeois !
> Toutes les paroles que j'apprends en persan, japonais, hongrois,
> Je les cloue au mur chez moi pour un seul et même combat.
> Je suis venu du plus profond de la Russie, de l'Arabie
> De la Bretagne et des royaumes illettrés de l'Afrique !
>
> Je suis le patriote de la patrie des offensés et des humiliés !
> Toujours je préférerai les Bantous aux Anglais,
> Les Congolais aux Belges, les Arabes aux Français,
> Les Juifs aux Allemands, seulement chez les Bantous, les Congolais,
> Chez tous toujours je préférerai les méprisés et les sacrifiés[18].

Ce fragment sans date n'empêche pas Robin de déplorer la faiblesse de De Gaulle et de présenter Lagaillarde, le fondateur de l'OAS, comme « un d'Artagnan ! un mousquetaire ! » dans son bulletin du 6 décembre 1960. Le passage de l'extrême gauche à l'extrême droite s'effectue par le biais de l'anarchisme, donné pour une forme d'apolitisme…

CONTRADICTIONS

Laisser entrevoir un Robin authentiquement libertaire sous un Robin prisonnier d'un métier qui l'aurait obligé à feindre serait aussi faux qu'opposer un Robin collaborateur et un résistant utilisant héroïquement ses fonctions au ministère de l'Information pour diffuser son bulletin dans la clandestinité. S'il y a contradiction, elle est inhérente à l'entreprise dans son entier, présente dès l'origine et constitutive. Elle ne se limite d'ailleurs à pas à telle ou telle prise de position, telle ou telle modalité du travail : elle touche à l'essentiel et se diffuse jusqu'aux plus minces ramifications.

---

18 Fragment de poème inédit, orthographe rectifiée, à rattacher probablement à la période de « L'insensé d'un temps d'insensés » (vers 1943 ou 44), Archives Gallimard, fonds Robin recueilli par Georges Lambrichs et Claude Roland-Manuel.

Le mépris pour la politique, l'apolitisme revendiqué cautionnent une vie entière passée dans la fréquentation des milieux politiques, orientée par la fascination pour les émissions de propagande et finalement vouée à la politique, comme l'indique le titre exact des bulletins, « La situation politique internationale d'après les radios en langues étrangères ».

De même, la dénonciation du chef dissimule à peine une sorte d'étrange culte du chef perdu :

> Le chef doit, le premier, devenir une illustration chétive, ratatinée, d'une argumentation verbale faisant beaucoup de bruit pendant longtemps. Staline avait toutes les décences de cet état : de son vivant, il n'était pas ; par lui, sur lui, à travers lui, passaient de gigantesques déferlements de paroles, toujours les mêmes.
>
> La morosité marxiste, après sa mort, fut qu'on ne trouvait personne d'aussi apte à ne jamais déranger le sonore néant[19].

Tout le texte « Outre-écoute 1957 » est une déploration : ni Tito, ni Mao Tseu T'ong ne parviendront à remplacer Staline. Pourtant, le portrait de Mao par Robin est une ébauche assez réussie d'autoportrait mental, immobilisé dans l'absence d'histoire et l'omnipotence de l'en-dehors du temps[20], et, dans le courant de l'année 1957, les écoutes semblent une tentative désespérée pour atteindre Mao, le grandir, procéder, comme pour le Père dans *Le Temps qu'il fait*, à une opération de substitution magique – opération vaine, qui donne lieu, si l'on y prend garde, aux déplorations des poèmes mongols et gallois dans le second volume de *Poésie non traduite* : Galdanma, roi de la Dzoungarie ; Dambi Jaltsan le Hardi ou Urien Reghed « fils de Kenwalc'h, qui vécut dans la grandeur » – autant de Chefs perdus (et, à cet égard, le « Chant funèbre d'Urien Regued » est d'un symbolisme appuyé, puisque le narrateur

---

19   « Outre-écoute 1957 », *Écrits oubliés I*, p. 312.
20   « Mao Tseu T'ong va plus loin. Selon le peu que j'en saisis à travers les émissions radiophoniques, il doit juger en son for intérieur que Molotov était quelque peu fantaisiste, que Staline se laissait mollir. Lui, il supprime purement et simplement toute histoire ; pour lui, l'humanité n'a plus d'avenir, et même le devenir est "clos". Bien entendu, les faits sont interdits ; il n'y a plus qu'une sorte d'électronique de ce qui, pendant les quelque quatre mille ans où l'humanité eut une histoire, porta le nom de "faits" ; la diplomatie elle-même doit se faire science exacte, avec tant de milliers et de milliers de victimes comme signes intermédiaires (façon "multiplier par", "diviser par") des opérations. Le genre humain, tout entier réuni, ne doit pas changer les équations. Mao, ou le délire des mathématiques, l'impérialisme mental du quantitatif » (*ibid.*, p. 313).

porte la tête tranchée du chef dont il chante les hauts faits : « La tête que je porte me portait », conclut-il[21].

Et, en effet, bien qu'il se soit, en toute occasion, donné pour hostile au pouvoir, Robin aura, pour finir, servi sans désemparer les « successifs pouvoirs » : proche du Front populaire en 1936, rallié à Vichy en 1940, farouchement stalinien en 1943, partisan d'une troisième voie après 1947 et désormais jusqu'au bout farouchement anticommuniste, il aura fait du désengagement une sorte d'engagement à variables flottantes menant vers une forme théologique d'anarchisme de droite : le spiritualisme volontiers antirationaliste, l'anarchisme nostalgique, le pacifisme conçu comme condition nécessaire de la défense de l'Occident, la mystique du chef sans chef, la pensée du manque et de l'impossible intégration, tout amène à cette mouvance expliquant la collaboration de Robin à des journaux anarchistes et des périodiques d'extrême droite.

Faut-il, comme Dominique Radufe, voir là une « dérive » ou la conséquence d'un dispositif idéologique présent dès les origines ? La lettre du 18 juillet 1935 à Jean Guéhenno est citée comme preuve de l'engagement libertaire de Robin suite à sa découverte du totalitarisme soviétique, mais elle peut s'entendre aussi comme prise de distance à l'égard de la politique sur le mode du tout se vaut : « Aucun concept politique ne m'émeut plus », écrit-il, comme si la politique devait être d'abord objet d'émotions. Et puis, à quoi bon se battre pour plus de justice ? « Le peuple en gros mérite son destin », « s'il n'accède pas à la culture, c'est qu'il n'en est pas digne, c'est qu'il préfère la danse ou le vin[22] ». S'il ne peut donner sa nouvelle « Une journée » à *Europe*, c'est que son violent antisoviétisme la rend impubliable en ses colonnes, quand *Esprit* appuie son combat sur la recherche d'une troisième voie entre communisme et fascisme : bien accordé à l'espoir de révolution spiritualiste appelé par Emmanuel Mounier, Robin y expose que « la révolution ne sera possible que le jour où le pauvre aimera sa pauvreté, chérira le sacrifice qu'elle représente, la justifiera par la fierté de ses rapports avec elle[23] ». L'apolitisme, ouvertement revendiqué pour la première fois (en une note dénonçant « staliniens, trotskistes, anarchistes, fascistes

---

21 *Poésie non traduite II*, p. 126. Voir aussi l'éloge « Peint par Chan T'aï » de l'« Empereur bon chemineux » (p. 18).
22 *Écrits oubliés I*, p. 25.
23 « Une journée », *Esprit*, septembre 1937, *Écrits oubliés I*, p. 44.

et autres réactionnaires actuels ou virtuels »), sert surtout d'habillage
à une haine des Lumières justifiant le maintien d'un ordre sans doute
injuste mais où le génie peut trouver sa place : « La tâche la plus urgente
est donc de désolidariser le sort du peuple de la critique rationaliste[24] ».

En cela, Robin s'inscrit bien dans la mouvance de ceux que l'on
appelle les « non-conformistes des années 30 » – non-conformistes qui,
en réalité, semblent d'un conformisme parfait et forment une mouvance
issue d'un catholicisme allant de l'extrême droite dérivée de Maurras (la
Jeune Droite) au spiritualisme flou (*Esprit*) en passant par le corporatisme
à visée spiritualiste (L'Ordre nouveau), le tout baignant dans une idéologie antirépublicaine, antimatérialiste, antirationnaliste qui fera que
« la plupart de ces "non-conformistes" » se retrouveront à Vichy prêts à
servir[25]. Ce sera le cas de Robin. Comment s'étonner de son article dans
la *NRF* de Drieu ? « La pierre de touche du véritable écrivain est que
dans tous les cas il puisse se sentir libre, ce qu'il s'assurera très aisément
s'il évite de faire dépendre son rôle humain d'un rôle politique ». Aussi
étrange que cela puisse paraître (aussi bien à Paulhan et à Éluard qu'à
Guéhenno), Robin se félicite de la défaite de la France : « C'est un très
beau, très émouvant domaine terrestre que celui qui nous est offert[26]… ».
Son apolitisme ne l'empêche pas d'approuver les séparatistes bretons
qui, alors alliés avec les nazis, se réjouissent, eux aussi, de la « divine
surprise » qui leur donne espoir d'une indépendance dans le cadre de
l'Europe nouvelle[27]. La défense des ethnies voulues par Dieu fait partie de
ce substrat idéologique, comme l'apologie des victimes de la Chouannerie,

---

24   *Écrits oubliés I*, p. 56.
25   Les trois mouvements identifiés comme représentatifs de cette mouvance sont la « Jeune
     Droite » (rassemblant *Les Cahiers* et *La Revue française* de Jean-Pierre Maxence, *Réaction* et
     La Revue du siècle de Jean de Fabrègues), l'Ordre nouveau (rassemblant *Plans*, la revue de
     Philippe Lamour, issu du Faisceau de Georges Valois, et *Mouvements*, une obscure revue
     fondée par Pierre-Olivier Lapie et André Poncet), puis *Esprit*, revue fondée en 1932 par
     Emmanuel Mounier qui, après un passage par Vichy, opérera un virage à gauche à peu
     près en même temps que Robin (Jean-Louis Loubet del Bayle, *Les Non-Conformistes des
     années 30*, Paris, Éditions du Seuil, 2001, p. 475).
26   « Domaine terrestre », janvier 1941, *Écrits oubliés I*, p. 117.
27   Lettre de Jean Paulhan à Jean Grenier, 10 août 1940, *Correspondance 1925-1968*, Quimper,
     Calligrammes, 1984, p. 138. Les liens avec les indépendantistes bretons expliquent la
     traduction du « Mauvis de proche-nuit » de Maodez Glanndour (pseudonyme de l'abbé
     Louis Le Floc'h), des « Chouans » de La Villemarqué et de « La prière du guetteur » de
     Jean-Pierre Calloc'h, trois militants nationalistes catholiques incarnant la poursuite de
     la Chouannerie et la haine de la Révolution française. Les textes bretons de l'émission
     de *Poésie sans passeport* sur la poésie bretonne étaient dits par Jean Delalande (Kerlann),

et il est permis de se demander si, toute son existence, Robin n'a pas fait que développer la doctrine exposée dans nombre d'établissements catholiques de Bretagne : haine de la République, défense de la vraie foi contre les Lumières, spiritualisme opposé au matérialisme...

C'est bien une conception mystique qui autorise le glissement de l'extrême droite à l'extrême gauche et explique l'adhésion à la Fédération anarchiste en 1945. Adhésion qui s'appuie sur une conception que l'on pourrait dire théologique de l'anarchisme : au nombre des textes figurant dans les archives restituées aux éditions Gallimard se trouve un essai inachevé intitulé « Principales caractéristiques de l'anarchisme[28] ». Robin y explique qu'être anarchiste revient à être purifié de toute participation au pouvoir : les véritables chrétiens, les véritables bouddhistes et taoïstes peuvent « revendiquer comme leurs les anarchistes ».

Être contre tous les pouvoirs revient à faire le jeu du pouvoir en place. Il est douteux que le bulletin d'écoute ait beaucoup servi à la Fédération anarchiste : dépendant de ses clients, Robin servait ceux qui le payaient et leur donnait l'information qu'ils attendaient – le comte de Paris et le docteur Henri Martin ont sans aucun doute eu plus de poids que les « clochards » et les « poètes » qu'il associe aux « religieux » et aux « aristocrates ». Or, avec Henri Martin, son gendre Pierre de Villemarest et Georges Albertini, nous touchons aux réseaux de la Cagoule[29]. Avec Willy de Spens, nous avons un autre « réfractaire » condamné à la Libération et continuant d'œuvrer dans les cercles des « hussards ». Willy de Spens qualifiait Robin d'« anarchiste de droite », non sans raison : si l'on retient pour caractéristiques de l'anarchisme de droite l'opposition à toute autorité, la révolte revendiquée comme

---

autre militant nationaliste, condamné à la Libération, et que Robin pouvait rencontrer au centre Ker Vreizh, cœur du nationalisme breton à Paris.

28 Cet essai a été reproduit *in Armand Robin : bilans d'une recherche*, Annexe III, « Documents ayant trait au travail d'écoute ».

29 Pierre de Villemarest (1922-2008), ancien résistant, puis membre du SDECE, fut emprisonné pour appartenance à l'OAS. Georges Albertini (1911-1983), ancien normalien, socialiste sous le Front populaire, puis, sous l'Occupation, converti aux vertus du national-socialisme, recruteur de la LVF, condamné à la Libération, rencontra à la prison de Fresnes le banquier Hippolyte Worms directeur de la banque Worms, dont le directeur fut Gabriel Le Roy Ladurie de 1940 à 1944. Au sujet d'Henri Martin, voir Pierre Péan, *Le Mystérieux Docteur Martin (1895-1969)*, Fayard, 1993. Fort indulgent aussi à l'égard de Georges Albertini, Pierre Rigoulot permet néanmoins de suivre la reconstitution des réseaux d'information autour de la « maison Worms » après-guerre (*Georges Albertini*, Perrin, 2012).

devoir moral, la liberté de l'individu prônée comme préalable en vue
d'assurer la suprématie du moi, l'aristocratisme, la chasse à l'absolu
contre la déchéance matérialiste, le refus du progressisme, le refus de
l'Histoire, la haine de la République et de la démocratie, seul le refus
de la démocratie, sur lequel Robin ne s'est pas prononcé, pourrait faire
obstacle ; pour le reste, il est clair que, même si ses prises de position
ont pu sembler à l'opposé de celles que révèle son bulletin d'écoute à
la fin de sa vie, elles s'inscrivent dans un ensemble qui témoigne d'une
certaine cohérence. L'anarchisme, comme prise de liberté, est venu se
greffer sur une rébellion romantique menée au nom du droit du génie
à décider de son destin, rébellion appuyée sur un héritage idéologique
non remis en cause et pourtant constamment dénié au nom des « idées
d'extrême gauche ». L'autocritique qui conclut la chronique de *Combat*
est une affirmation aussi impérieuse que les sarcasmes contre le désir
de pouvoir :

> Je remercie ici les correspondants qui m'ont écrit à propos de ces réflexions
> sur les bavardages mondiaux. Je les prie très sincèrement de m'excuser de ne
> pas leur répondre mais je désire n'exercer aucune sorte quelconque d'influence :
> il est temps, à mon avis, que commencent des « actes de non-agir[30] ».

Cependant, la tentation de jouer les éminences grises, plus ou moins
dérivée de la conception hugolienne du Poète guide des peuples, est ce
qui, en dernier recours, soutient l'entreprise d'écoute et l'on pourrait
voir dans l'une de ses premières notes de lecture un autoportrait prémonitoire de Robin en Basil Zaharoff :

> Nul de nous n'ira songer que Zaharoff ait senti quelque honte d'être ce
> qu'il était ; il ne s'enfonce dans le mystère que pour mieux se créer une toute-
> puissance forte d'être si lointaine, si vague, si silencieuse, jouant avec les
> peuples en commerçant, avec sa vie en artiste. Son pouvoir participe de celui
> de la Providence : il se crée son aventure bien à lui, différente de celle que
> voudraient lui infliger les actes de naissance, les photographies, les archives,
> les témoignages et les reportages ; pour diriger le sort des nations, il ne sortira
> pas de l'ombre ; par instants seulement un peu de sa barbichette blanche
> paraît dans cette histoire toute remplie de sa puissance.
>
> Voilà ce qui passionne R. Neumann : on le sent à quelques titres de chapitre :
> « Un personnage quasi-mythologique », « Voix derrière le trône », « En jouant
> aux échecs avec les nations ». Des titres presque épiques. L'on songe avec un

poétique effroi que rien ne fait rêver davantage que la vie d'un grand meneur d'hommes. R. Neumann l'avoue lui-même : « M. Zaharoff est évidemment une figure dramatique bien digne de tenter les poètes présents et futurs. » Voilà qui est dit : le nouvel Ulysse attend son poète[31].

Mais les ruses d'Ulysse ne sont rien sans le poète qui les célèbre – or, il n'y avait plus, passé 1943, de célébration possible. Bien des inédits mettent le mythe en scène – on voit pourtant, à simplement lire les bulletins d'écoute, que Robin n'est plus dupe : pourquoi renonce-t-il à sa chronique de *Combat* ? Pourquoi, *La Fausse Parole* publiée, s'en tient-il au même type de publication, au même nombre dérisoire d'abonnés ? Pourquoi, son bulletin distribué, se garde-t-il d'en déposer une seule collection en bibliothèque ? Par goût du mystère, par nécessité de travailler dans la clandestinité, par désir de dissimuler son travail véritable ou simplement par insouciance ? Peut-être, plus simplement encore, parce qu'il s'en moque, comme Ulysse se moque d'avance de son poète : l'extrême ruse de Zaharoff est là, imprévisible. Il fait de l'épopée un objet introuvable, ce qui est l'ultime moyen de garantir sa valeur mythique.

Peut-on dire que les contradictions aient la moindre importance ? Il n'y a que contradictions, et ces contradictions se fondent dans une totalité indifférenciée où les conflits s'annulent. « Tout se passe comme si d'un côté et d'autre, il était maintenant convenu d'un commun accord que le communisme et l'anticommunisme étaient des fantasmes désormais dépassés », écrit-il en 1961[32] et encore : « Il n'y a plus guère d'intérêt à continuer à analyser les propagandes, qui sont assez connues dans l'ensemble ». « Trouver quelque chose d'intéressant dans une émission de pure propagande, autant chercher une aiguille dans une botte de foin », écrit-il à la fin du même bulletin[33].

Il est évident qu'il se désintéresse alors de ce métier[34] qui, malgré ses tentatives pour le faire évoluer, le convertir en formes plus ouvertes, n'est resté que métier.

---

31 *Europe*, 15. 3. 1936, *Écrits oubliés I*, p. 27.
32 1961, n° 18.
33 1961, n° 5, p. 1 et p. 3.
34 « Chroniqueur à la Sous-Direction des Émissions extérieures », il semble avoir un emploi régulier à l'O.R.T.F. et évoque d'autres activités, peut-être plus lucratives, dans la lettre à A. Bourdon déjà citée.

UNE ÉPOPÉE TRAGIQUE

Après avoir utilisé son travail d'écoute comme matériau d'une chronique (ce dont témoignent les textes de *Combat*), puis d'un essai (ce dont témoigne *La Fausse Parole*), Robin a tenté à plusieurs reprises de mettre à jour ce qu'il appelait lui-même la « poésie de [ses] écoutes ». La note du bulletin 7 du 27 janvier 1957 est explicite :

> Mise au point, cette semaine, de la collaboration avec la NOUVELLE REVUE FRANÇAISE pour ce travail d'écoutes radiophoniques ; cette collaboration sera faite sur un tout autre plan que ce bulletin ; il s'agira plutôt d'une sorte de métaphysique, de « morale » aussi, de ces écoutes de radio – ou, si on préfère, d'une « poésie » de ces écoutes.

Elle fait suite à un premier projet :

> « À partir du mois prochain, "LA NOUVELLE REVUE FRANÇAISE" » publiera dans chaque numéro une chronique extraite de ces bulletins ; cette chronique, brève, portera sur les côtés humoristiques des radios mondiales et par conséquent se situera pour ainsi dire « à l'extérieur » de ce bulletin, qui est orienté vers la documentation la plus rigoureuse possible[35].

Cependant, dès 1956, et même dès les premiers bulletins conservés, autant que l'on puisse en juger, les signes de désintérêt de Robin à l'égard de son travail étaient manifestes. Le thème de l'ennui apparaît de manière évidente en 1955 :

> Écoute de BUCAREST en anglais et en allemand :
> ici nous en sommes au stalinisme : diffusion d'exposés faits de slogans juxtaposés et fatigants sur « l'agriculture, dont la production *augmente de jour en *jour* [*sic*], l'industrie, dont la production *augmente de *jour en jour*, etc. Quant à l'équipement des installations minières, *il s'améliore de jour en jour*. « La condition des travailleurs *s'améliore de jour en jour*, etc. etc. etc. !
> Sur cet ennui, allons dormir[36].

---

35 N° 45 du 18 juin 1956.
36 Conclusion du bulletin n° 47 de 1955.

C'est ensuite un leitmotiv : « Qu'on m'excuse de cette formule humoristique, je m'occupe de choses tellement fatigantes, qui ne m'intéressent
pas du tout... », écrit-il en septembre 1956[37].

Une telle chronique pouvait se concevoir dans les années quarante
(un texte comme « Vacances » en est en quelque sorte l'introduction).
En 1956, il est déjà trop tard. De l'humour et de l'ennui, c'est le second
qui l'a emporté, mais c'est le premier qui permet à présent la lecture
des bulletins[38]. Si Robin n'en avait pas fait une œuvre personnelle (ou
anti-personnelle) laissant percevoir la mystification sous les dehors les
plus sérieux, il est certain que ces milliers de pages seraient d'un abord
dissuasif. Il a, du moins, utilisé son association déconcertante de taoïsme
et de soufisme pour pratiquer le travail d'écoute comme une forme de
vagabondage, et ce vagabondage comme une donnée poétique en soi :
qu'on les prenne au sérieux ou non, les démêlés de Robin avec la planète
sont le motif principal des bulletins. Il les expose dans ses chroniques
en les commentant, il les exploite pour *La Fausse Parole*, il les laisse à
l'état brut dans ces bulletins faits pour être perdus (mais ce mystère et
cette perdition étaient, bien entendu, part intégrante du roman).

« Je ne m'exprime pas ainsi par goût pour l'irrationnel ou tendance à
la poétisation », écrit-il dans *La Fausse Parole*[39]. Cependant, il est évident
qu'il poétise alors, et même parfois à outrance :

> Je ne vivais que visité par toute criaillerie, que visé par tout pays piaillant.
> Toutes les machines à dompter les mots vinrent loger chez moi, déchaînant les
> paroles, les arrêtant, les pétrifiant, les barattant, les gommant, les superposant,
> les précipitant en avant ou leur imposant de se hâter à rebours. En la même
> seconde, à volonté, le portugais devenait ukrainien, le suédois macédonien,
> et cela indéfiniment, selon tous mes plaisirs. Non-grammaire, non-syntaxe,
> non-langue par ces engins qui, plus que moi, logeaient chez moi, insolents
> dessus mon lit. [...] Par surcroît, lorsque je quittais l'écoute des radios, je
> rencontrais quotidiennement des personnes de ma connaissance que je ne
> reconnaissais plus, car sitôt après les formules de salutation et de « plaisir
> de se revoir » j'entendais tomber sur leurs lèvres, telles les gouttes d'une
> trop grossière pluie, des paroles téléjetées. Une coagulation de tout le réel
> en des grottes mortelles, une gélification de toute la vie en féeries glaciales,

---

37 Bulletin n° 70 du 20 septembre 1956.
38 Certains abonnés semblent, autant que Robin lui-même, en avoir été conscients : « Deux
     lecteurs m'ont dit qu'ils regrettaient qu'il n'y ait plus d'élément humoristique en ce
     bulletin. Cela reviendra », note-t-il dans le bulletin 84 des 12/13 septembre 1956.
39 *La Fausse Parole*, 1979, p. 46.

en stalagtites [*sic*] et stalagmites aux effrangements desquels bouge en un va-et-vient de halos inquiétant on ne sait quelle matière extra-humaine, voilà ce qui, à travers ces gigantesques épandaisons de mots, me semblait universellement tenté[40].

L'outrance fait partie du jeu et le jeu vaut par son gigantisme : à ses meilleurs moments, l'humour de Robin est assez proche de celui de Joyce. L'allusion de 1936, « Le nouvel Ulysse attend son poète » demeure présente – et les images de déferlements, de ressacs, de naufrages, comme celle des grottes, sont là pour le rappeler :

> Celui qui courut les mers, vit Troie brûlant, Neptune hurlant, refoulé vers une terre sèche, s'en allait cependant en cachette jusqu'au rivage. Et son pas depuis la grotte jusqu'à la mer suffisait à l'envol des dieux !

> Ô promontoires sur la mer,
> Ulysse fatigué n'abandonne pas ;

> Sur Troie et Rome en feu
> Des regards curieux
> Et l'esprit éternel contre eux furieux[41] !

L'information, traitée en matériau sonore, prend une présence sensible, obsédante ; les formules surnagent, les litanies citées à intervalles plus ou moins réguliers laissent une impression de rituel hasardé sur fond de tohu-bohu ; le lecteur se laisse happer par les bulletins d'écoute comme Robin par la substance physique des informations, la voix, scansion des langues, les retours de thèmes : les voix sont « glabres[42] », « doucereuses », « enveloppantes[43] ». Une émission sportive en arabe peut brusquement rompre le cours des propagandes : « La langue arabe étant déjà très fortement articulée et syllabiquement très puissante, l'est ici d'une façon hallucinante ; les mots entrent en vrille dans l'oreille. En outre, l'antique langue arabe (littéraire) prend ici un aspect très vivant, qui la rend plus abordable (Et même, les premières fois que j'ai écouté, j'ai eu le sentiment d'avoir affaire à un sacrilège)[44] ». Il lui arrive de donner à écouter indirectement – et de mettre ainsi en scène :

---

40 *Ibid.*, p. 54-56.
41 *Fragments*, p. 106.
42 Bulletin n° 12 de 1961.
43 Bulletin n° 7 de 1958.
44 Bulletin n° 5 de 1955.

> Nous rédigeons ceci à 3h de la nuit, tout en écoutant les sonores bavardages des radios sud-américaines. Pour une fois celles-ci nous intéressent ; en effet l'affaire de l'arraisonnement du navire yougoslave SLOVENIA par les Français est montée en vedette par Rio de Janeiro, Sao Paolo, etc. etc. etc., dans chaque cas, deux faits ont été mis en valeur : – le démenti de Balafre au sujet de l'autorisation donnée à ce navire de mouiller à Casablanca – l'absurdité consistant à envoyer par Casablanca, etc. etc., un navire transportant une cargaison d'armes destinée au Yémen.

La mise en scène, le même jour, accentue encore l'aspect dramaturgique :

> Nos lecteurs sont suffisamment informés sur l'échange de lettres entre Boulganine et les chefs de gouvernements occidentaux. Toute cette partie des radios mondiales est très fatigante ; on a le sentiment de se trouver dans le « cercle » célèbre de *Peer Gynt* d'Ibsen. Nous nous bornerons donc, nous mettant en ce cercle verbal infernal, à essayer de dégager quelques points qui risquent d'être mal connus[45].

En ce sens, la lecture que je proposais lors de la réédition de *La Fausse Parole* n'était pas si fausse : un travail entrepris ainsi dans le matériau des propagandes pouvait impliquer une attitude neuve. D'une poésie sourde au monde (ce que Robin avait, dès 1940, baptisé « poésie pour poètes »), on passait à une écoute ; des mélopées néo-classiques de la poésie de la Nouvelle Résistance on passait à Stockhausen. Même si opposer un écouteur à un poète n'avait pas de sens, essayer de comprendre pourquoi, en tant qu'écrivain et contre une conception étriquée de la poésie, il avait risqué cette exploration, paraissait, en soi, plus qu'intéressant, plein de promesses – et cela pour deux raisons qui pourraient encore se défendre.

La première raison était qu'il y avait, dans la démarche même (recherche, plongée océanique, puis remontée, décryptage, organisation par confrontation de masses, ajustement de détails) des modalités semblables à celles du travail poétique – et, sans doute, selon la Gestaltpsychologie, de tout travail inventif.

Or, les bulletins d'écoute se donnent bien, sans la moindre prosodie et sans la moindre référence poétique, pour une sorte de grande épopée ou, toujours dans la lignée d'Ulysse, un poème sur la rhétorique, les « paroles inusables[46] ». L'épigraphe de Goethe donné à l'article sur Joyce reste présent derrière chaque bulletin : « Honorées d'une gifle poétique,

---

45 Bulletin n° 6 de 1958.
46 « Expertise de la fausse parole », *Combat*, 11. 10. 1947.

la banalité agressive et la subjectivité présomptueuse rendent un son enfin agréable, sont sauvées[47] ».

La « banalité agressive » aura occupé une place triomphale. Quant à la « subjectivité présomptueuse » son règne aura été absolu. Faut-il en conclure que la gifle poétique aura sauvé ce « chaos disgracié », cette « odyssée de syllabes sans attaches[48] » ? Pour être juste, s'il se forge là, par l'arrachement à l'écriture, un travail de poésie, ça n'est pas, comme je le supposais, une œuvre à proprement parler qui en témoigne. La valorisation de la rupture, du chaos, caractéristique de l'esthétique des années 70 et qui a si rapidement constitué un académisme d'avant-garde, pourrait faire éditer une sélection de bulletins d'écoute. Mais cela reviendrait à dissimuler cette donnée essentielle, qui est l'absence totale de connaissance concernant la période de passage de la poésie reniée aux écoutes, puis la période de passage du métier officiel à la clandestinité officieuse. Ce qu'il reste du travail de Robin passé 1945 laisse à penser qu'il faut envisager les bulletins d'écoute, tels que nous les connaissons actuellement, comme des vestiges. Ce sont des vestiges que sauve, en effet, une visée que l'on peut appeler poétique et l'essentiel est d'avoir mis en scène cette « Odyssée », et de s'en être fait, non pas le sujet mais l'objet.

C'est précisément cette seconde raison qui justifiait l'intérêt porté aux bulletins d'écoute à l'époque de la réédition de *La Fausse Parole*. Les essais sur Claudel, sur Joyce étaient alors inconnus ; l'essai « Vacances » aussi. À eux seuls, ils auraient donné la clé de l'énigme – ou, du moins, ils auraient incité à voir là une clé possible de l'énigme, au risque de n'avoir accès « qu'à quelques dépendance[49] ». Comme Joyce, « il voulut faire connaître à l'instrument de son art l'exil qu'il venait de s'assurer contre soi-même[50] » ; comme Claudel, « il parcourut d'abord les contrées qui pouvaient lui assurer des images vacillantes[51] ». Cette épopée du « soi vidé du moi[52] » est sans doute pure illusion, mais cette illusion est, en tant que telle, et comme le rêve de don Quichotte, comme celui du capitaine Achab, le motif grâce auquel l'ensemble peut s'agencer.

47   « James Joyce », *Écrits oubliés I*, p. 167.
48   *Ibid.*, p. 170.
49   « Toutes les clés semblent valables pour pénétrer dans cette forteresse ; prenons garde qu'elles ne nous donnent accès qu'à quelque dépendance » (« James Joyce, *Écrits oubliés I*, p. 168-169).
50   *Ibid.*, p. 168.
51   « Paul Claudel », *Écrits oubliés I*, p. 158-159.
52   « Vacances », *Écrits oubliés I*, p. 164.

Que l'on prenne cette épopée en compte, tout bascule, et les « dérisoires événements » deviennent les détails d'une fresque en mouvement :
une sorte de journal, en effet, mais de journal d'écoutes, rythmé par les
formules de « l'appareil à délire nommé radio[53] » – un journal passionnant,
sous réserve de le faire entendre en relation avec les délires planétaires,
et de les insérer dans un délire qui les assume et les transforme en un
« drame métaphysique » – « conçu d'abord sur le plan de la représentation
intérieure », comme Robin devait l'écrire du *Pougatchov* d'Essénine[54].
Cette gigantesque projection de soi où Staline joue le rôle du Père dans
Le Temps qu'il fait a donné lieu à une théologie déviée, dont la lutte de
Robin est une forme malheureuse. Même si les bulletins manquent,
il reste, après 1955, l'évocation nostalgique, la tentative de renouveler
l'affrontement (grâce au « monstre » Mao-Tchang-Tseu-Kaï-Tong-Chek[55]
entre autres) et même le regret de ne trouver qu'un adversaire insuffisant.

C'est une épopée tragique : on sait que l'on assiste à une perdition
lente. Mais c'est une perdition par le dérisoire (un dérisoire cosmique, qui
n'est pas sans rappeler l'humour de Maïakovski), inscrite dès l'origine
dans une sorte de « roman comique » – un roman de comédien, où
Maïakovski se profile encore, « Méphistophélès de bonne volonté »,
jouant « avec le grandiose comme le premier enfant venu joue à vouloir
happer le ciel[56] ».

ROBIN PAR LES ONDES

Il n'est pas nécessaire de s'attarder longtemps à la lecture des bulletins d'écoute pour constater que le personnage principal – et l'on
serait même tenté de dire le seul, tant les avatars de Staline, de Mao[57],

---

53   « Expertise de la fausse parole », *Combat*, 27. 9. 1947.
54   « Serge Essénine auteur dramatique », *Écrits oubliés I*, p. 340.
55   « Se garer des révoltés », *Écrits oubliés I*, p. 292.
56   Maïakovski, in « Trois poètes russes », *Écrits oubliés I*, p. 183.
57   Toute l'année 1957 (année de l'installation de Robin à Sèvres, qui correspond à une sorte
      de revitalisation) semble être occupée par un travail d'investissement de Mao Tse Tong.
      L'identification atteint son point culminant en septembre de cette année-là.

      « NOTE sur MAO TSEU T'ONG : Il a paru récemment dans la presse des échos selon
      lesquels Mao Tseu T'ong quitterait la politique pour se consacrer à la poésie.

voire de Kennedy[58] ou de l'introuvable Açoka finissent par se fondre à
sa ressemblance – est un Robin faussement absent, non pas vraiment
anonyme, mais sans identité. De fait, tant que le Cyclope existe, Ulysse
est Personne : le monstre étant par définition dénué d'existence légitime,
s'opposer à lui revient à se constituer, fût-ce par la ruse, une identité
fictive, quoique bien réelle. Affirmer qu'il ait agi consciemment et qu'il
ait pris plaisir à accentuer son propre portrait serait abusif – mais on
aurait tort de voir là un chef-d'œuvre involontaire : « Il n'est pas si facile
de comprendre que, lorsque l'autre bout du monde parle de vous, c'est
en réalité de lui qu'il parle ! Un effort supplémentaire est nécessaire pour
percevoir qu'il ne révèle guère que lui-même à travers les intarissables
propos qu'il semble consacrer à d'autres pays », écrit-il dès 1947[59].

En général, lorsqu'il intervient, c'est que l'émotion l'emporte : « J'arrête
ici le bulletin, étant trop découragé (je rédige toujours les "nouvelles
diverses" avant les 4 premières pages). J'ai le sentiment, très fort, que
je travaille dans le désert, sans personne pour comprendre[60] ». Cela
peut être aussi le désir de prendre le lecteur à témoin de ses problèmes
professionnels :

> Note sur le métier d'écouteur de radios : Je n'ai pas pris de vacances cette
> année. Les quelques interruptions dans la parution bi-hebdomadaire de ce
> bulletin sont venues de ce que j'avais d'autres travaux à faire de façon urgente.
> Ces quelques interruptions, si brèves qu'elles aient été, m'ont permis de faire
> chaque fois une observation :
> Il y a intérêt, de plus en plus, en une période où la véritable information
> devient la réflexion sur les masses de textes, à prendre de temps à autre du recul
> par rapport aux écoutes de radios. Ceci est valable surtout en qui concerne les
> masses de textes diffusées par les radios du monde russe. Certaines grandes
> lignes apparaissent plus clairement.
> Pour l'année 1958 nous procèderons de même, à peu près une fois tous
> les deux mois[61].

L'écoute de la radio de Pékin me permet seulement de dire que le nom de Mao n'a
guère été diffusé dans ces temps, mais il n'y a rien là d'anormal, Mao n'ayant jamais
consacré sa radio à prononcer le plus souvent possible son nom.
Rappelons d'autre part qu'ayant essayé de me procurer le texte en chinois des poèmes
de Mao Tseu T'ong je me suis heurté à un mur. » (1957, n° 66).

58   Évoquant les origines irlandaises de Kennedy, Robin affirme qu'il est mieux placé que
quiconque pour apprécier de l'intérieur l'humour celtique du président des USA.
59   « Expertise de la fausse parole », *Combat*, 8. 11. 1947.
60   1955, n° 37.
61   1957, n° 92.

Toute une étude de la chronique littéraire et linguistique resterait à faire[62]. Elle serait à mettre en relation avec la chronique du « métier d'écouteur », qui occupe une bonne part du bulletin : de l'usage du germanium[63] aux démêlés de Robin avec ses machines et ses ronéos, ses déménagements ou ses séjours nocifs dans les cafés[64], il y a un roman du bulletin qui apparaît souvent cocasse, toujours inattendu, avant de prendre une ampleur dramatique.

Les passages les plus étonnants sont les insertions de « figures du double » dans l'actualité internationale. Ainsi (sans lien avec ce qui suit ou ce qui précède), ce bref paragraphe :

> Un éloge
> Extrait des textes consacrés actuellement par la BBC à Rutherford :
> … « Il n'avait aucun ennemi bien qu'il n'aimât pas la contradiction… Il venait demander pardon six mois après lorsqu'il s'était aperçu qu'il avait tort… Or il avait souvent tort comme il arrive à ceux qui n'admettent que pour eux-mêmes le droit de changer d'avis[65] ».

C'est pour de tels éclairs, souvent bouleversants, que le bulletin mérite d'être lu, pour la manière voltairienne d'aborder son propre travail, et pour des fragments d'autoportrait d'un humour pince-sans-rire

---

62 Elle a déjà été esquissée par Dominique Radufe.

63 Corps métallique assez proche du bismuth employé pour les transistors (allusions courant 1956).

64 « Adaptation de ce bulletin. Nouvel aspect du bulletin à partir de maintenant (suite et fin).
J'ai continué à réfléchir sur les modifications à apporter à ce bulletin. Voici mes ultimes conclusions et décisions :
a). – J'avais pensé sur la demande d'une clientèle différente de ma clientèle normale faire chaque semaine un bulletin très bref, lisible et utilisable tout de suite, contenant sans aucun commentaire (sauf exceptions nécessires) des nouvelles brèves, percutantes, susceptibles de révéler d'avance l'avenir.
b). À la réflexion j'ai pensé que ce système d'information est à étendre à tous les bulletins : à deux bulletins de 4 à 6 pages par semaine substituer trois bulletins brefs rédigés dans le sens dit ci-dessus.
Cette décision me semble s'imposer d'autant plus que dans l'ensemble il n'y a plus guère d'intérêt à continuer à analyser les propagandes, qui sont assez connues dans l'ensemble [sic].
c). Pour mes abonnés qui habitent loin de chez moi à Paris j'enverrai désormais ces trois bulletins hebdomadaires par la poste et cela pour plusieurs raisons : – pour les porter directement je devais me rendre en une quinzaine d'endroits, ce qui finalement non seulement était fatigant mais, paradoxalement, finissait par nuire à la régularité du travail (sans compter que ces voyages d'un journal à l'autre me conduisaient à travailler dans les cafés). – J'ai pris toutes les mesures pour pouvoir faire tout le travail (sauf celui de la ronéographie) chez moi, ce qui me permet déjà de travailler en un calme beaucoup plus grand. » (1961, n° 5).

65 1957, n° 63.

qui peut devenir assez inquiétant lorsqu'il renverse la « technique de l'imitation » jusqu'à faire de soi le centre de l'univers radiophonique : « Au sujet de cette tactique de "l'imitation" : ayant écouté de nouveau ces jours derniers des émissions de Moscou à caractère "polyglottique" (jusqu'à 7 ou 8 langues successivement employées, avec traductions superposées, dans la même émission), nous avons eu le sentiment que là aussi il s'agissait d'essayer d'imiter tel ou tel cas de polyglottisme (mais il leur manque le breton !) », note-t-il en 1957[66].

Quelques jours plus tard, les allusions se changent en démonstration :

> Note qui n'a l'air que de me concerner seul, mais qui donne à réfléchir.
> Tout à fait par hasard je viens de tomber sur le service de la radio de Sofia en langue française ; comme il était question de la poésie bulgare j'ai écouté, sans avoir en vue d'en tirer quelque chose pour ce bulletin ; je l'écoutais pour ma documentation individuelle.
> Or ce texte proclamait que « les poètes français s'intéressaient « de plus en plus à la poésie bulgare, que les *progressistes* « voulaient que la poésie bulgare et la poésie française s'interpénètrent », etc. ; thème de « l'interpénétration des deux poésies ».
> Or :
> a) parmi les poètes français préoccupés de se mettre au courant de la poésie bulgare (y compris de la poésie *socialiste* bulgare) / et connaissant le bulgare / il n'y en a qu'un seul, et c'est moi ; or je n'ai rien de *progressiste*.
> b) je me suis occupé récemment, et m'occupe en ce moment, de la poésie bulgare et ai fait des émissions à ce sujet sur les antennes de la radiodiffusion française, ces deux dernières semaines.
> Certes, l'appel des communistes bulgares est enfantine [sic] ; il n'en reste pas moins vrai qu'elle témoigne de l'acharnement mis à perpétuer « la tactique de la séduction ». La faiblesse est qu'un système qui se conçoit essentiellement « collectif » et « massif » en arrive à s'adresser individuellement à un individu isolé[67].

Peut-on affirmer qu'il s'agisse là d'un symptôme hystérique ? Le mode de délire qui a régi toute cette création aboutit dans le même temps à la mise en circulation de doubles, comme d'autant d'images dérivées, et à la transformation de Robin en objet radiophonique. Ces doubles aboutissent, peu avant sa mort, par le biais d'une comparaison inopinée, à cette ultime image : d'un écureuil – semblable à celui que Robin gardait dans une cage, et qui figurait pour finir le travail de son propre esprit, réduit à tourner indéfiniment dans une même roue :

66   1957, n° 65.
67   1957, n° 69.

Les curiosités radiophoniques : « L'apparition de l'écureuil » :
BBC en anglais : Diffusion ce matin de textes comparant « le ministre-président Khrouchtchov » à un « squirrel » (écureuil) – cela à l'aide de citations du *Manchester Guardian* et du *Financial Times*. On note au passage que les exceptionnelles qualités du « squirell » [*sic*] sont mises en valeur[68].

L'apparition de l'écureuil annonce la disparition de Robin et de ses doubles plus ou moins flous, plus ou moins spectraux, s'agitant dans toutes les langues. Sans doute lui est-il loisible de disparaître à la façon du « suicidé invisible », puisqu'il s'est fait progressivement personnage de son « outre-monde » – et non seulement personnage « projeté sur la scène de lui-même » mais acteur, producteur de paroles radiophoniques, « objet sans sujet », trouvant par là le moyen de se fondre avec la « nappe cosmique de tohu-bohu » à laquelle il semble n'avoir jamais cessé d'aspirer[69].

---

68   1961, n° 18.
69   « Paul Claudel », *Écrits oubliés I*, p. 159.

Robin   -1-   1961, No 22.
7/9 mars 1961 .
Année 1961, bulletin No 22.

         LA SITUATION POLITIQUE INTERNATIONALE
              D'APRES LES RADIOS EN LANGUES ETRANGERES.

oo : signe de propagande obsessionnelle .
   Bulletin publié trois fois par semaine .
   Les heures indiquées sont celles de Paris .

--Les nouveaux aspects du monde radiophonique (suite).
      J'ai déjà signalé ici que , depuis très peu de mois ,
le plus moyen des postes à transistors permettait de capter
maintenant des centaines et des centaines de postes émetteurs
sur ondes courtes ; alors que jusqu'à cette récente période on
n'avait pas pu réussir à mettre au point des transistors
captant des ondes courtes . Notons au passage l'apparition ,depuis
quelques semaines de transistors captant la modulation de
fréquence . C'est une transformation complète; il est probable
qu'elle va encore s'accentuer .

      Exemple : ces deux derniers soirs je suis parvenu à
capter parfaitement et fortement les émissions de Pékin sur
un poste à transistors moyen , coûtant seulement 280 NF.

-- Restes de l'ancien monde radiophonique : encore un festival
de bavardage sur un point .
      Ce point : c'est "la célébration de la Journée
"internationale de la Femme " ; là tant à Moscou que dans les
radios de l'empire russe on se retrouve devant un monde de
verbiage, de répétitions obsessionnelles ,etc etc . Or , comme
ce sujet a occupé une grande place (parfois presque la moitié
des émissions du monde russe),l'auditeur était agacé de cet
obstacle qu'il pensait complètement disparu .

-- "La journée internationale de la femme " ; le seul point
intéressant dans les textes : Pékin et Moscou .
      En apparence Pékin,Moscou et les radios du monde ont
célébré de la même façon verbeuse "la journée internationale
"de la femme " ; mais on ne tarde pas à noter une différence
notable :
         pour les radios de l'empire ce déferlement de bavardage
       s'étendait à tous les pays ; pour les radios de Pékin
       il se limitait principalement à la seule Chine et les
       textes diffusés s'intitulant même "la femme chinoise",
       "la femme de notre pays " , "la femme de notre patrie",
       etc ; il y a mieux :
         en appendice de ces exaltations de "la femme chinoise",
       Pékin parlait de la femme africaine et sud-américaine ,
       mais pas de la "femme soviétique !"

                             T.S.V.P. ....

ILL. 10 – Le dernier bulletin d'écoutes.

LA PRÉCOCE LÉGENDE

Ma vie sans moi par une vie où je serais
Pourra se remplacer.
Fragment posthume.

Il existe un curieux fragment d'article sur Fautrier – ou plus exactement sur un essai consacré à Fautrier[1] – qui porte en exergue une citation de Merleau-Ponty :

> Il est certain que la vie N'EXPLIQUE pas l'œuvre, mais certain aussi qu'elles communiquent. La vérité est que CETTE ŒUVRE À FAIRE EXIGEAIT CETTE VIE.

Les majuscules ajoutées par Robin attirent l'attention sur l'essentiel, que ces notes tentent d'élucider comme pour finir :

> Mainte fois il arrive (Leonardo aussi l'a dit) que les peintures ressemblent aux peintres qui les ont peintes. C'est le cas de Jean Fautrier. Un cas étrange pour un peintre « abstrait », « informel », qui n'a pas le goût, tel Rembrandt, de peindre devant le miroir. Ce n'est pas à son visage, c'est à sa vie que ressemblent les toiles de Fautrier. Elles sont faites de la même matière, faites comme de chair vive. Et dire « chair VIVE » est déjà trop : c'est une chair qui ne voulut pas mourir, tel le cas des corps décapités qui, à ce qu'on dit, continuent à tressaillir et dans le spasme ultime sont plus vivants que jamais.
>
> Fautrier a fait de lui, de sa vie à lui, un morceau de palpitante chair qui continuera à vivre au-delà de l'arrêt du temps[2].

---

1 Peut-être ces notes, qui n'ont jamais été publiées, ont-elles été plus ou moins directement inspirées par des réflexions de Jean Paulhan (qui devait publier en 1962 son essai, *Fautrier l'enragé*). Quoi qu'il en soit, aucun autre article de critique d'art n'a sans doute été écrit par Robin. Le *Fautrier* de P. Bucarelli est paru à Milan en 1960. Cela permet de dater cet article de la fin de la vie de Robin (mais *Sens et non-sens*, d'où l'épigraphe est extraite, date de 1948).

2 Quelques erreurs de frappe ou de ponctuation ont été rectifiées.

Énigmatique, unique en son genre, le texte ne semble avoir été écrit qu'en fonction de l'épigraphe – épigraphe elle-même en contradiction si flagrante avec le reste de l'œuvre qu'elle apparaît comme une sorte d'hiéroglyphe qui figure (tout en ne figurant pas, et cela explique l'intérêt soudain pour Fautrier) ce qu'il ne peut dire autrement.

Fautrier s'est fait la vie qu'exigeait son œuvre, il a tracé de lui sans miroir un parfait portrait de peintre. De même Robin a-t-il « fait de lui, de sa vie à lui » une création littéraire qui lui vaut, en effet, de « continuer à vivre au-delà de l'arrêt du temps » car ce n'est pas à son œuvre personnelle qu'il doit d'être lu, encore moins à son œuvre « impersonnelle » (puisqu'elle reste ignorée) mais à sa vie – c'est-à-dire à la vie qu'il s'est inventée, plus ou moins consciemment, plus ou moins parodiquement, en fonction d'une œuvre qui supposait sa disparition – et c'est de ce matériau que s'est nourri le mythe.

UN DISPOSITIF PIÉGÉ

Dès 1936, Robin analysait avec ironie le *Basil Zaharoff* de Robert Neumann :

> Malgré les archives détruites et les actes de naissance brouillés, il livre la plus passionnante des luttes à la vie de son singulier bonhomme ; peut-être n'est-il pas fâché d'avoir à se montrer détective si ingénieux et si heureux, bien que parfois l'existence de Zaharoff ait dépassé celle qu'il peut lui retrouver ; R. Neumann s'arrête alors déconcerté, revient en arrière, tâtonne, engagé dans la confusion des anecdotes et des légendes ; désordre pénible mais symbolique[3].

Ce Neumann dont le prénom était constamment réduit à l'initiale figurait assez bien ce Personne que Todorov appelle le « surdestinataire » : double de l'auteur, chargé comme le traducteur de « créer un contre-sens équivalent[4] », il avait toute latitude d'inventer, sous réserve d'avoir perçu le dispositif mis en œuvre – dispositif que Robin expose trop souvent et trop clairement pour qu'il n'ait pas été conscient :

---

3   « Robert Neumann : Basil Zaharoff », *Europe*, mars 1936, *Écrits oubliés I*, p. 28.
4   « Étonnements du traducteur », *Écrits oubliés II*, p. 13.

« Il n'est rien qui ne soit sans cesse en train de se défaire et ne finisse en fuite, errance, liberté », écrit-il en 1938 à propos d'un roman intitulé *Ces routes qui ne mènent à rien*. « Bosshard manifestement appartient à ce groupe très restreint d'hommes pour qui la vie n'est plus qu'un beau prétexte, dans les deux sens du mot : camouflage de soi-même et prologue à un texte ». « L'œuvre apparaît écrite sur plusieurs couches, créée à diverses profondeurs, de sorte que la résonance de l'ensemble finit par s'accorder avec maintes perceptions d'un même passé », ajoute-t-il[5].

Camouflage ou prologue, c'est bien la fonction de la fausse « Vie d'Essénine » de *Ma vie sans moi* – et tout est lisible en transparence, tout se diffracte en multiples voies. Le prétexte est anonyme ou, plutôt, il appartient à quiconque le prend à son compte. On reconnaît une conception des relations de l'œuvre et de la vie qui se rapproche de celle de Keats, et qui se lie par là aux tendances dominantes de la poésie contemporaine. Il reste néanmoins que le propre d'une telle expérience n'est pas l'effacement du sujet qu'elle propose mais le rapport complexe qu'elle établit entre la vie et l'œuvre – ou, plus généralement, entre l'œuvre et le monde. Il va de soi que la meilleure façon d'attirer l'attention est de disparaître : Robin organise son absence, en fait un piège, et la « potentialité négative » du sujet est la caractéristique même qui lui permet de s'exposer. Donner le poète pour objet de son œuvre revient à l'effacer : que l'on cherche un homme dont les qualités justifieraient l'œuvre ou que l'on cherche une œuvre dont les qualités rémunèreraient le défaut de l'auteur, la même relation univoque entraîne la même mythologie – organisée selon des modalités différentes, mais rigoureusement parallèles. L'absence au monde et son corollaire, l'inexistence, comme moyen de laisser l'œuvre advenir font du poète un corps traversé par la parole.

Tout un courant de la poésie contemporaine a dérivé à partir de cette interrogation maintenue comme on maintient de force une béance : flottement autour du vide, appréhension de l'amenuisement jusqu'au silence, la poésie d'André du Bouchet a tiré une sorte de grandeur de cette pauvreté ; les textes de Paul Celan aussi, qui ont donné à percevoir le heurt contre l'absence à soi, le vide[6] – et la revue *L'Éphémère* a été de

---

5 *Écrits oubliés I*, p. 88.
6 Voir le texte intitulé « Le méridien » dans le premier numéro de *L'Éphémère* (1966) : « Certes le poème – le poème aujourd'hui – se révèle, et cela ne tient, je pense, que de façon accessoire aux obstacles – qu'il ne faut pas minimiser – de son vocabulaire, à

1966 à 1973 une tentative exceptionnelle, parce que multiple, (et, par définition, vouée à disparaître) de rapprocher des expériences parallèles. Mais dire l'indicible, énoncer l'ineffable, finit par réduire la poésie à un exercice qui rappelle la thématique romantique de l'impossible sans en avoir même les virtualités contestatrices. La vacuité du sujet aboutit à d'inlassables tâtonnements autour du Je, les variations sur l'inexistence mènent de l'Éphémère à l'Infini sans le moindre risque, et l'infini prête à des variations qui n'engagent à rien.

L'intérêt d'une tentative comme celle de Robin se mesure peut-être au risque encouru, à la maladresse, la naïveté, la témérité avec lesquelles il a joué sa disparition et en a fait le sujet d'une expérience unique. A-t-il jamais été dupe ? Il faudrait rappeler ici un texte de Maurice Blanchot qui peut valoir aussi pour mise au point :

> On tient que Foucault, suivant en cela une certaine conception de la production littéraire, se débarrasse purement et simplement de la notion de sujet : plus d'œuvre, plus d'auteur, plus d'unité créatrice. Mais tout n'est pas aussi simple. Le sujet ne disparaît pas : c'est son unité, trop déterminée, qui fait question, puisque ce qui suscite l'intérêt et la recherche, c'est sa disparition (c'est-à-dire cette nouvelle manière d'être qu'est sa disparition) ou encore sa dispersion qui ne l'anéantit pas mais ne nous offre de lui qu'une pluralité de positions et une discontinuité de fonctions (on retrouve ici le système de discontinuités qui à tort ou à raison a paru durant quelque temps propre à la musique sérielle)[7].

L'essai de Robin sur Rimbaud peut être lu, ici encore, comme un texte inaugural : à prendre au pied de la lettre, « littéralement et dans tous les sens ». Consacrant l'échec de la critique biographique, célébrant l'absence, et aussi bien l'absence d'œuvre, le texte équivaut à un éloge de la fuite, mais d'une fuite ingénieuse, conçue comme traquenard : « Il a beau être connu, signalé, pisté, traqué, imité, reproduit, singé, décalqué, il reste "l'introuvable" : quoi qu'on fasse, il reste le mirage qu'il était d'abord ». En somme, « irrémédiablement légendaire malgré les précisions des biographes », « il est le seul auteur français mythologique[8] ». Jouer de cette mythologie et, sous couvert de « se faire antibiographique »,

---

l'abrupt d'une syntaxe comme à un sentiment plus vif de l'ellipse – le poème se révèle, on ne peut en disconvenir, enclin fortement au mutisme. »

7   Maurice Blanchot, *Michel Foucault tel que je l'imagine*, Fata Morgana, 1986, p. 29.

8   « À propos du cinquantenaire de la naissance d'un poète », *Écrits oubliés I*, p. 121-122.

se livrer à une exploitation intensive de thèmes littéraires figés, c'est se changer en piège.

Or, là est le scandale, le piège fonctionne. Il fonctionne du vivant de Robin, avec une efficacité incontestable ; il fonctionne même si bien qu'il finit par se refermer sur lui. Et l'épigraphe donnée à l'article sur Fautrier quelques mois avant la disparition de l'auteur peut se retourner en épitaphe : « La vérité est que CETTE ŒUVRE À FAIRE EXIGEAIT CETTE MORT ». À partir de sa mort, Robin entre dans la mythologie et désormais « son œuvre poétique disparaît sous l'affabulation dont on l'entoure[9] ».

Les commentaires se développent de toute évidence à l'aide de matériaux mis en œuvre par Robin avec une constante application. Suivre cette mise en œuvre, montrer comment il fait entrer sa vie dans la fiction et pratique au sens propre une bio-graphie – une « écriture existentielle », pour reprendre les termes de Todorov[10] – n'est pas facile : ou l'on tire parti des correspondances, des documents laissés par Robin, des masses de rapports parfaitement authentiques et parfaitement inexistants qui ressortissent au genre littéraire policier dénoncé par l'essai sur Mickiewicz[11] – et l'on se laisse prendre au piège biographique ; ou l'on se fie aux textes seuls et l'on se laisse piéger d'une manière beaucoup plus insidieuse puisque tout ce qui est dit de l'un peut être dit de l'autre, et que l'ensemble de l'œuvre, personnelle ou non, se donne pour une désappropriation, une mise en œuvre parallèle de l'absence de propriété littéraire.

Mais précisément, l'entreprise de désappropriation est double, poursuivie à la fois par l'écriture et par l'existence : tenant compte, consciemment ou non, que tout auteur se trouve – et de façon ostensible depuis le XIXe siècle – amené à vivre sous le regard de la postérité ; tenant compte du fait qu'il se trouve ainsi, effectivement, tomber tout entier, avec le moindre de ses écrits, lettres d'amour, dissertations et factures d'électricité comprises, dans le domaine public, il condense

---

9   *Ibid.*, p. 122.
10   « Pour Tomachevski comme plus tard pour Jakobson, il ne s'agit pas de réduire la littérature à la biographie (de montrer que l'auteur se désigne à travers ses personnages) mais plutôt de lire la biographie comme de la littérature (comme une bio-graphie, une écriture existentielle). *Russie, folie, poésie*, Seuil, 1985, p. 70.
11   « Il faut laisser à la police ce genre littéraire », « Adam Mickiewicz », in *Écrits oubliés I*, p. 228.

les lieux communs, fabrique une sorte de Vie posthume qu'un Sainte-Beuve sarcastique aurait eu la folie d'assumer jusqu'au bout et de voir dériver dans l'existence : « Je trouvais divertissant de laisser cet Armand Robin se faire et se défaire au gré de ce que les hommes de ce temps estimaient croyable », écrit-il après avoir indiqué tout d'abord qu'il « n'intervenait jamais[12] » – mais c'est, en cela même, une intervention, et « L'homme sans nouvelle » en est le meilleur témoignage puisque tous les lieux communs, condensés là sous couvert d'antibiographie, sont renvoyés à leur inexistence avec, faute des propos ou des cartes postales que la fortune posthume devait élever au statut d'œuvre littéraire, un curriculum vitae fourmillant d'anecdotes et comportant, outre les lieux et date de naissance du poète, son adresse, ses relations et le numéro minéralogique de sa moto. Le tour de passe-passe a lieu ici sous les yeux du lecteur qui voit disparaître « l'homme sans nouvelle » dans le temps qu'il finit de lire la nouvelle.

MISE EN ŒUVRE DE LA FICTION

Il arrive aussi qu'on le surprenne en train de donner consistance aux thèmes de la fiction. Les textes-repères sont peu nombreux : le « Prière d'insérer » de *Ma vie sans moi* rédigé en 1940, le « Témoignage sur la poésie » écrit en 1942 pour *Comœdia*, l'entretien donné au *Figaro* la même année, des réponses au questionnaire du *Crapouillot* qui ont été fournies par Robin en 1950 et un article de Marcel Bisiaux paru dans *Arts* en 1953, dont il paraît avoir été assez directement l'inspirateur.

Le « Témoignage sur la poésie » et l'« Entretien donné au *Figaro* le 3 novembre 1942 » ont été intégrés aux *Écrits oubliés* parce qu'ils faisaient partie de ce qu'Yves Jouanne[13] appelle la « précoce légende », suite à la lecture du « Prière d'insérer » de *Ma vie sans moi*, texte fondateur à bien

---

12   « L'homme sans nouvelle », *Écrits oubliés I*, p. 369.
13   Coupure sans lieu ni date (1943 ?) sans doute publiée dans le journal autonomiste *La Bretagne*. Yves Jouanne est l'un des pseudonymes d'Alexandre Jouannard (1913-1993). Ce militant nationaliste breton publia sous le nom d'Alain Le Banner (dans *L'Heure bretonne*, organe du PNB nazi) et sous le nom d'Alain Guel (dans la presse nationaliste de l'après-guerre).

des égards[14]. Dès le début, les traits explicites se raccordent autour de trois composantes élémentaires : d'une part, le thème de l'étranger (venu d'ailleurs et venu du peuple) ; d'autre part, celui du prodigieux don des langues confirmant le don de poésie ; enfin, celui du sacrifice nécessaire et consenti. Ce qui est remarquable dans le « Prière d'insérer » est la condensation de ces thèmes : certaines phrases rassemblent sous une apparence anodine jusqu'à cinq thèmes clés.

Le questionnaire du *Crapouillot* (périodique sous-titré *Magazine non-conformiste* qui reparaissait depuis 1948 et allait dériver vers l'extrême droite jusqu'à être racheté par *Minute*) ne peut être séparé des commentaires de Charles Blanchard qui lui font suite : en l'occurrence, le journaliste a été l'interprète des données disponibles – on ne peut pas les considérer comme directement issues de Robin mais elles offrent une sorte de reflet qui indique comment (très tôt et très uniformément) ces données ont pu être perçues.

ROBIN Armand. Né à Plouguernével (Côtes-du-Nord) le 19 janvier 1912. – 1 m 71 ; 62 kg. – Asc. : bretonnes. – Divorcé. – Sports : pilotage et vol à voile. – Distractions : apprendre une langue étrangère. – Second métier : écoutes de radio en langue étrangère. – Événement qui a marqué : un voyage en Russie en 1932.

LIVRES : *Ma vie sans moi*, premier livre édité (*NRF*, 1940). – *Le Temps qu'il fait* (42). – *Les Poèmes indésirables* (45). – *Quatre poètes russes* (48). – *Poèmes d'André Ady*, traduits du hongrois (49). – *La Fausse Parole*, étude philosophique des propagandes radiophoniques (49).

Collaborations : *Combat*. – *Cahiers de la Pléiade*. – *Esprit et vie*. – 84. – *Le Libertaire*.

Particularité : Inscrit sur sa demande instante sur la liste noire du CNÉ[15] en décembre 1944. A réussi à se maintenir sur cette liste.

LA TOUR DE BABEL

Armand Robin a subi essentiellement deux influences : celle du surréalisme et celle de sa propre mémoire qui, alliée à un don prodigieux pour les langues, lui a permis, en remontant aux sources de la poésie universelle de mettre en valeur une vocation originale de critique : « Dès que je pus lire le russe, je me sentis délivré, mieux, accompagné, j'avais rencontré une langue natale », écrit-il en tête d'une remarquable étude consacrée aux poètes russes Essénine, Maïakovsky et Pasternak.

Armand Robin prend terriblement la poésie (sinon lui-même) au sérieux. Avant de s'en faire le commis-voyageur et de ramener dans ses bagages l'œuvre

---

14 *Cf. supra*, p. 36.
15 Une note précise : « Conseil national des écrivains d'obédience stalinienne ».

admirable du poète hongrois André Ady (entre autres) il a publié deux romans (*Ma vie sans moi* et *Le Temps qu'il fait*) qui sont plutôt de longs poèmes, mélange très particulier d'inspiration proprement folklorique (Armand Robin a hérité de la mystique bretonne et en a gardé le côté païen et d'inventions surréalistes (révoltes chaleureuses, dialogues impossibles, images incandescentes).

Armand Robin a fait aussi de la poésie sous forme de simples poèmes, comme au bon vieux temps. Mais ces poèmes ont ceci de particulier qu'ils se nomment « indésirables » et sont édités par la Fédération anarchiste. Ils sont aussi sympathiques qu'indésirables mais beaucoup moins chargés de véritable poésie que *Ma vie sans moi*[16].

La date de publication de *La Fausse Parole* est, bien sûr, fausse (mais montre qu'en 1949 le livre était déjà conçu) et celle du voyage en URSS aussi. Ces erreurs appartiennent à la légende, comme celles de Charles Blanchard, qui fait (à juste titre, peut-être, mais involontairement) de *Ma vie sans moi* un roman chargé de « véritable poésie ». On voit que le mythe s'est figé : le journaliste intitule sa notice « La tour de Babel[17] » ; la « particularité » de Robin est d'avoir été condamné par le CNÉ (autrement dit : « Inscrit sur sa demande instante sur la liste noire... », ce qui devient l'apogée de la construction autobiographique en un journal anticommuniste). Il est désormais sans passé, sinon celui que ses premiers livres fixent dans la légende.

Trois ans plus tard, Marcel Bisiaux, se livrant à une véritable tentative critique au sujet d'un personnage dont il perçoit d'emblée que, comme Artaud, il s'est enfermé dans un rôle qui est une création littéraire autonome[18], ne peut que rassembler une constellation de remarques qui laissent entrevoir autant de lignes de fuite. Une raison supplémentaire de citer le texte est cette attitude du critique, qui transmet la légende,

---

16 *Le Crapouillot, Dictionnaire des contemporains* n° 9, vol. 2, p. 166. *Cf.* bibliographie n° 39. Le questionnaire, daté d'octobre 1949, comportait les rubriques suivantes : nom, adresse, taille, ascendances provinciales, marié à, résidence d'été, automobile (marque et puissance), sports pratiqués, distractions, animal domestique, collections, second métier, violon d'Ingres, débuts dans la vie, livres principaux (titres et dates de parution). Robin a éludé la résidence d'été, l'animal domestique, les collections, l'automobile, les violons d'Ingres ; surtout, il a éludé ses débuts dans la vie. Et il a pris sur lui d'ajouter une particularité : la condamnation par le CNÉ qui, dans ce contexte, valait faire-valoir.

17 La plupart des autres notices ne comportent pas de titre.

18 Fondateur de la revue *84*, Marcel Bisiaux avait publié la majorité des textes qu'Artaud lui remettait et employé la somme qui lui avait été léguée par l'Association des Amis d'Artaud à publier un numéro d'hommage (1948) qui reprend un certain nombre de thèmes, parfois assez proches de ceux que Robin met en jeu.

et s'efforce de la transmettre dans son ensemble – ce qui est aussi une tentative unique du vivant de Robin – mais en refusant d'en être dupe. On se trouve donc confronté à un texte distancié : un texte qui marque, de ce fait, une troisième étape dans la distanciation depuis la biographie inaugurale rédigée par Robin lui-même.

ARMAND ROBIN

Ce n'est ni un romancier, ni un poète, ni un traducteur. Il semble bien que, depuis fort longtemps, il ait fait éclater toutes les définitions possibles. Infatigablement, il a tenté de recréer tout ce qu'il touche, les phrases, les mots, les sons. Il n'est pas de plus grand tourmenteur du langage. Pour lui, le son importe d'abord. L'image, avant tout, s'adresse à l'oreille. Lui-même l'affirme : « L'oreille voit ».

Il connaît plus de trente langues et, quelles qu'elles soient, il les réduit à sa manière, les revivifiant dans une nouvelle et étonnante projection par on ne sait quelle magie dont jalousement il garde le secret. Que d'une telle bataille de mots naisse la paix ou l'angoisse, lui seul pourrait nous le dire. Mais lorsqu'on l'interroge, il restera muet quelques instants, tournant en lui-même, agréablement, quelque mystification qui le remplirait d'aise et, finalement, en guise de réponse, sortira de sa poche une feuille dactylographiée, maintes fois pliée et dépliée, cent fois lue, mais quand même, pour lui, et pour nous, découverte de chaque instant : sa dernière rencontre avec Tou Fou ; à moins que ce ne soit, tout aussi poétique, quelque virulente protestation contre l'ordre établi et ses gardiens, qu'il a, une fois pour toutes, baptisés « hors-la-loi », et chaque fois il a, pour les nommer, un inimitable et féroce mouvement de la bouche ; à moins que ce ne soit tout simplement, de lui, ce texte que nous donnons ci-après : « Pour l'honorer ils le mangèrent » et dans lequel, comme pris à son propre jeu, il a tenté lui-même de se traduire et de se retraduire, de se dévorer vivant. Le paradoxe lui plaît mais il n'en fait pas une loi. L'insolite l'attire, mais il y vit, s'y meut comme de la plus naturelle démarche. Il joue de l'humour comme d'une inséparable balle attachée par un fil et qui revient, rapide et surprenante, chaque fois qu'on la chasse.

Sans cesse il voyage, sans souci des sentiers battus, à l'affût, accaparant, peut-être avec cruauté, mais sans y paraître, toute chose qu'il voit. De Saint-Germain au cercle polaire, de Bretagne en Russie, on pourrait le rencontrer sans surprise, tout naturellement dans la steppe, ou lisant les journaux dans quelque palace, partout à sa place et cependant, n'y demeurant jamais.

Armand Robin est né le 19 janvier 1912 au village de Kerfloc'h à Plouguernével (Côtes-du-Nord). Il est Breton avant tout, quoique pas des nationalistes de là-bas aussi. À quoi lui servent tant de langues ? Il n'est pas un coin du monde où il n'arrive finalement à parler breton. Autour de lui, on ne tenait pas à ce qu'il apprît à lire ou à écrire. Peut-être était-ce d'un grand bon sens, se demande-t-il parfois. Quoi qu'il en soit, on le retrouve, quelques années plus tard, professeur de grec dans un lycée de jeunes filles.

Après le breton, après les langues mortes, ce sont les langues vivantes. Depuis 1940, son travail professionnel consiste en l'écoute des radios en langues étrangères, à titre d'entreprise privée et absolument libre. Armand Robin ne se borne pas à écouter la radio. Il est aussi producteur d'émissions, notamment au Club d'Essai, où il participe à l'émission de Claude Roland-Manuel *Poésie sans passeport* et où, toute l'année dernière, on a pu entendre de lui une remarquable chronique poétique de la télévision, « L'œil de Winnie », puis « Œil contre œil ».

Armand Robin a d'abord publié, en 1940, *Ma vie sans moi* chez Gallimard, dans la collection « Métamorphoses » ; puis en 1940, dans la « Collection blanche » : *Le Temps qu'il fait*.

En 1945, il publie, par les soins de la Fédération anarchiste : *Les Poèmes indésirables*, avec, notamment, un très violent poème sur Staline. Ces poèmes, traduits spontanément en plusieurs langues (hollandais, allemand, russe, etc.) sont en train de revenir de l'étranger retraduits en français[19]. Il publie ensuite une admirable traduction des poèmes d'Ady, le grand poète hongrois, puis, également aux éditions du Seuil : *Quatre poètes russes*. Ce sont : V. Maïakovsky, B. Pasternak, A. Blok, S. Essénine. Armand Robin présente ainsi cette traduction, publiée en 1949, se livrant plus que jamais :

« C'est avec terreur qu'aujourd'hui je me sèvre de ces quelques poèmes russes où je me suis traduit. L'abri que je m'étais construit patiemment loin de moi ne pourra plus m'aider contre ma présence. Qu'une dernière fois je marque ma gratitude envers Blok, Essénine, Maïakovsky, Pasternak pour m'avoir défendu contre ma poésie, l'importune !

Je n'ai pas cessé de vivre en Russie. Et sans doute dans ma prédilection pour cette terre entrait-il, à l'origine, ce que d'aucuns appelleraient un "préjugé de classe sociale". Depuis mon passage là-bas, j'eus besoin, jour et nuit, de me sentir lié douloureusement aux millions et aux millions de prolétaires russes, indiciblement victimes ; j'ai cherché le moyen de rester très fidèlement aux côtés de ces pauvres gens contre qui, simplement parce qu'ils étaient pauvres, tout se déchaînait. Bien vite, la langue russe, parce qu'elle était la langue de multitudes traquées, devint ma langue natale.

En cette langue, je me sentis délivré, accompagné ; après une longue quête, je rencontrais des mots frais, violents et touchants, frissonnants d'une tendre barbarie encore mal domptée. Presque tout ce que j'avais à dire, d'autres, sur cette terre de victimes bafouées, l'avaient crié avant moi. J'entrai avec fougue dans cette tempête, devins chose de cet ouragan ; de vastes écroulements me précipitèrent. Aujourd'hui encore, au moment de quitter ces poèmes, je reste loin de ma vie, crucifié sur les steppes. »

Tel est, en quelques mots, Armand Robin.

---

19 Marcel Bisiaux est le seul à donner cette information, manifestement dictée par Robin. Si ces traductions ont existé, elles ont disparu.

À paraître tout prochainement de lui :
Aux éditions de Minuit : *La Fausse Parole*, histoire d'une héroïne : la propagande.
Chez Gallimard : *Poésie non traduite*.
Deux pièces de théâtre qu'il vient d'achever : *Savva Groudzine* et *Le Suicidé invisible*[20].

D'une certaine façon, Marcel Bisiaux est entré dans le jeu : s'il insiste avec lucidité sur la mystification, il ne contribue pas moins à la renforcer en lui donnant sa caution – et s'il insiste avec un égal discernement sur l'aspect insolite, inclassable de l'œuvre (« Ce n'est ni un romancier, ni un poète, ni un traducteur. Il semble bien que, depuis fort longtemps, il ait fait éclater toutes les définitions possibles »), il ne parvient pas à se garder de ce qu'il appelle lui-même le « paradoxe ». Ainsi en vient-il insidieusement à tracer un portrait de Robin conforme à « l'allègre biographie », tout aussi véridique et tout aussi mystificatrice.

Il est vrai qu'entre le premier texte, précédant la première publication d'un recueil, et le dernier (le seul) essai critique s'efforçant d'englober l'œuvre dans son ensemble, les motifs se sont inversés mais ils demeurent, et il n'est pas indifférent de voir Robin les travailler et les retravailler par tous les biais possibles, faisant de Marcel Bisiaux (comme de Charles Blanchard) un simple intermédiaire, sinon un instrument. Il en aura été de même pour Jean Paulhan et Jean Guéhenno, entre autres correspondants, journalistes ou témoins divers amenés à jouer le rôle de spectateurs d'un drame auquel ils se trouvaient ainsi participer bon gré mal gré. C'est en quoi, du reste, les publications de correspondances sont, dans le cas de Robin, si inconséquentes : « Pris en sa faute, pris en sa fraude », l'auteur n'y révèle que le rôle adopté en fonction d'autrui – inexistant, sans aucun doute, et réduisant l'autre à sa propre inexistence, c'est-à-dire à ce rôle ingrat. Qu'il soit tout entier, d'avance, tombé dans le domaine public est évident ; qu'il soit loisible de le publier ne l'est pas moins. Dans une perspective cynique, qui était celle de Jean Paulhan, cela présente un certain intérêt parce que cela offre des aperçus sur la

---

20 *Arts*, 24 avril 1953, p. 5. L'adaptation de la nouvelle de Rémizov *Savva Groudzine* pour la radio a pu être retrouvée ; en revanche, *Le Suicidé invisible* a disparu. S'agissait-il d'une pièce de théâtre, d'un « radiodrame » comme Robin en a écrit plusieurs ou d'une version scénique du roman que mentionne Roger Toussenot ? Quoi qu'il en soit, *Le Suicidé invisible* est la dernière œuvre de Robin, œuvre idéale, en quelque sorte, et conclusive, puisqu'elle n'existe plus que par son titre comme Robin par la non-personne du suicidé invisible.

littérature et la folie (comme il l'écrivait à Jacques Debû-Bridel). Mais la mise en scène hystérique n'intervient ici que comme parodie d'une œuvre qui ne se comprend véritablement que dans la mesure où elle intègre cette construction parasite et lui permet de s'élever. Ainsi, dans l'utilisation qui peut être faite des correspondances, l'essentiel semble bien cette mise à distance préalable et cette soumission de l'écart à un mode de fiction généralisé dont témoignent déjà les essais de Maurice Blanchot, de Philippe Jaccottet et de Marcel Bisiaux – qui sont, au total, les seuls essais véritablement critiques écrits sur Robin, et qui ont été rédigés, ce n'est pas un hasard, de son vivant : la mort mystérieuse et tragique aura soudainement avéré les lieux communs, corroboré l'édifice parallèle de fiction.

En fin de compte, on cherchera une biographie où elle fait défaut – mais Paulhan aura eu raison : l'hystérie a permis de faire vaciller cette identité de l'auteur avec la personne sur laquelle, selon Philippe Lejeune, « toute la pratique et la problématique de la littérature occidentale depuis la fin du XVIIIe siècle » semblent s'être fondées[21]. Le plus étrange est que Paulhan lui-même en se prêtant plus ou moins au rôle, a contribué à ce vacillement. La biographie de Robin a été, en effet, en grande partie, rédigée à l'intention de Paulhan, sinon à sa demande. Les thèmes mis en œuvre dès le « Prière d'insérer » apparaissent de façon massive dans tout ce qui a pu s'écrire sur Robin[22] et c'est aussi de la « précoce légende » que s'est nourri le mythe du Poète. Mais la fiction biographique laisse à l'écart ce qui a fait l'essentiel d'une expérience de soi comme autre :

> Je me suis créé écho et abîme, en pensant. Je me suis multiplié, en m'approfondissant. L'épisode le plus minime – un changement né de la lumière, la chute enroulée d'une feuille, un pétale jauni qui se détache, une voix de l'autre côté du mur, et les pas de la personne qui parle mêlés aux pas de celle qui probablement l'écoute, le portail entrebâillé sur le vieux jardin, la cour s'ouvrant sur l'arc des maisons rassemblées sous la lune, toutes ces choses, qui ne m'appartiennent pas, retiennent ma méditation sensible dans les liens de la résonance et de la nostalgie. Dans chacune de ces sensations je suis autre, je me renouvelle douloureusement dans chaque impression indéfinie.
>
> Je vis d'impressions qui ne m'appartiennent pas, je me dilapide en renoncements, je suis autre dans la manière même dont je suis moi.

---

21 *Le Pacte autobiographique*, Paris, Seuil, 1975, p. 34.
22 Mais la catégorie du dérisoire qui jette la suspicion sur l'entreprise et, par là même, la justifie, aura définitivement disparu après 1961.

Lisant Pessoa, l'on a souvent l'impression de lire Robin :

> Qui donc me sauvera d'exister ?
> Je gis ma vie[23].

« Il est impossible que la vocation autobiographique et la passion
de l'anonymat coexistent dans le même être », note Philippe Lejeune[24].
Mais pour Robin, si : et l'on a beau chercher à l'inscrire dans les cases
méthodiquement établies, même les « cases aveugles[25] », pas une seule
ne le contient. Peut-être resterait-il alors à avoir recours à une catégorie
vaguement tératologique, celle de la « supercherie littéraire » ?

> Les cas de supercherie littéraire [...] sont excessivement rares, et cette
> rareté n'est pas due au respect du nom d'autrui ou à la peur des sanctions.
> Qui m'empêcherait d'écrire l'autobiographie d'un personnage imaginaire et
> de la publier sous son nom, également imaginaire ? C'est bien ce que, dans
> un domaine un peu différent, MacPherson a fait pour Ossian ! – cela est rare,
> parce qu'il est bien peu d'auteurs qui soient capables de renoncer *à leur propre
> nom*. À preuve que même la supercherie d'Ossian a été éphémère, puisque
> nous savons qui en est l'auteur, puisque MacPherson n'a pas pu s'empêcher
> de faire figurer son nom (comme adaptateur) dans le titre[26] !

Seulement, si l'auteur fait de sa biographie l'objet de la supercherie ?
Et si, par un double jeu (qui serait aussi le jeu de deux forces antago-
nistes s'écartant et se rapprochant irrésistiblement, pour se fondre et
toucher en même temps leur point d'accomplissement), il fait à son
tour de cette supercherie le matériau d'une œuvre anonyme ? Ce qui
vacille alors – et de manière si insoutenable que le jeu n'a jamais pu
être pris en compte mais a provoqué, au contraire, de la part de tous les
critiques, une résistance violente – c'est bien l'identité de la personne
et de l'auteur. Peut-être vaut-il la peine de rappeler ce vacillement
qu'évoque Philippe Lejeune :

> S'il n'y a pas de personne en dehors du langage, comme le langage, c'est
> autrui, il faudrait en arriver à l'idée que le discours autobiographique, loin
> de renvoyer, comme chacun l'imagine, au « moi » monnayé en une série de
> noms propres, serait au contraire un discours aliéné, une voix mythologique

23 *Le Livre de l'intranquillité*, Paris, Christian Bourgois, 2011, p. 130 et p. 29.
24 *Le Pacte autobiographique*, Seuil, 1975, p. 33.
25 *Ibid.*, p. 28.
26 *Ibid.*, p. 27-28.

par laquelle chacun serait possédé [...]. S'ouvrirait alors – toute psychologie et mystique de l'individu démystifiées – une analyse du discours de la subjectivité et de l'individualité comme mythe de notre civilisation. Chacun sent bien d'ailleurs le danger de cette indétermination de la première personne, et ce n'est pas un hasard si on cherche à la neutraliser en la fondant sur le nom propre[27].

Or, ce que le nom propre entraîne avec lui est un fatras biographique condensé avec une insistance prolixe qui attire et, par là, détourne l'attention. Aller, comme dans ce testament en trompe-l'œil qu'est « L'homme sans nouvelle », jusqu'à multiplier les témoignages d'auteurs réels au sujet des détails biographiques les plus insignifiants, cela revient à dresser le bilan d'une existence qui serait, au total, à peu près dépourvue d'intérêt si l'enquête ne menait à ce vide, soudain rendu visible : cela n'était pas, le nom placé au-dessous de poèmes qui, en fait, appartenaient à d'autres ne signe rien, n'a jamais rien signé. On se souvient du « Premier thème chinois » et de Li Sseu qui, plutôt que de signer, aurait mieux fait de dire que le serpent avait volé son nom[28]. Le « Premier thème chinois » est la conclusion de « L'homme sans nouvelle » : le « pacte autobiographique » entraîne un « contrat de lecture » qui n'engage à rien. Il est certainement possible de signer dessous mais le nom propre est la marque d'une absence. « À force de s'étendre, le "Je" de Maïakovski finit par rejoindre l'universel et le cosmique », écrivait Benjamin Goriély en préface de sa traduction du *Nuage en pantalon*[29]. Insistant sur l'« individualisme exaspéré » de Maïakovski et sa « lutte pour son entité et son intégrité » contre le risque de perdition par « émiettement », il désignait implicitement les raisons de l'attirance persistante de Robin pour un poète qui lui était, en apparence, si étranger. Ce n'est pas un hasard si le dernier texte de Maïakovski traduit par Robin est son *Vladimir Maïakovski*, pièce futuriste réputée injouable. Il faudrait citer ici le texte de Pasternak sur cette pièce, et rapprocher la traduction de ce fragment par André du Bouchet du travail de Robin dans son ensemble :

> *Vladimir Maïakovski, Tragédie.* Qui n'a conservé le souvenir du mystérieux texte d'été opprimé de chaleur, aujourd'hui accessible à chacun dans sa dixième édition ? Au loin les locomotives rugissant comme l'esturgeon blanc. Cette distance, cet absolu lointain dans le cri rauque de la création qui nous est donné sur la terre. Cette animation profonde sans laquelle il n'y a pas

---

27 *Ibid.*, p. 34.
28 *Cf. supra*, p. 305.
29 Éditions des Portes de France, 1974, p. 14.

d'originalité, cet infini qui s'ouvre en n'importe quel point de la vie dans n'importe quel sens, sans lequel la poésie n'est que malentendu, explication un moment différée. Et que tout cela était simple ! L'œuvre s'intitulait tragédie. Et c'était ainsi qu'il convenait de l'intituler. La tragédie s'intitulait *Vladimir Maïakovski*. Le titre relevant de la simple découverte de génie : qu'un poète n'est pas un auteur, mais – le sujet d'un poème placé devant l'univers à la première personne. Nom d'une œuvre plutôt que le nom du poète[30].

En effet, tout s'arrête avec les dernières lignes de l'Épilogue du *Vladimir Maïakovski* où se rassemblent les thèmes obsédants des poèmes de Robin, englobés dans une tragédie qui est la sienne – et qui ne l'est pourtant que de manière détournée :

ÉPILOGUE

Tout ceci je l'ai écrit sur vous,
Rats infortunés,
J'ai eu pitié… Sur ma poitrine pas de seins,
Sinon, maman nourrice, je vous allaiterais.
En fait, me voici pas mal desséché,
Je suis, un petit peu, glorieux corps sans corps.
Mais contre ce contre-corps
Qui
En quel temps quel pays
Aux pensées fit présent
D'un tel surhumain libre essor ?
C'est moi :
Dans le ciel j'ai mis le doigt,
J'ai démontré :
« C'est un voleur, Dieu ! »
Parfois il me semble
Que je suis coq de Hollande
Ou que me voilà
Sur la ville de Pskov un roi
Et parfois
Me plaisent plus que tout cela
Mon prénom, mon nom à moi :
Vladimir Maïakovski[31].

Il reste un nom vide, mais un nom qui fonctionne comme foyer d'attraction : de l'individualisme exacerbé au Je cosmique, de la métastase

---

30 André du Bouchet, *L'Ire des vents*, n° 17-18, non paginé.
31 *Poésie non traduite II*, p. 52-53.

à la métaphore, un même travail d'absorption et d'annexion se produit – un travail qui ne consiste pas du tout en un tâtonnement autour du vide ou une quête de l'indicible mais en une sorte de gigantesque expansion.

> Dans les poèmes de Maïakovski, la métaphore, accentuant la tradition symboliste, n'est pas seulement le plus caractéristique des tropes poétiques, sa fonction est également essentielle, car c'est elle qui préside à l'élaboration et au développement du thème lyrique [...]. L'impulsion lyrique [...] est donnée par le moi du poète. Dans la poésie métaphorique les images venues du monde extérieur sont appelées à entrer en accord avec cette impulsion première, à la transposer sur d'autres plans, à instituer tout un réseau de correspondances et d'impératives équivalences dans la multiplicité des dimensions de l'être, comme celles-ci sont destinées à se confondre en lui.

Ce que notait Jakobson dès 1935 au sujet de Maïakovski vaut tout autant pour Robin – et le motif majeur, mais caché, de la tragédie est la disparition, que tout prépare, que tout annonce et trame de manière de plus en plus étroite : « Ce lyrisme héroïque, enserré dans une chaîne métaphorique solide et contraignante, réalise la fusion en un tout indissoluble de la mythologie et de l'être du poète – et celui-ci, comme l'a parfaitement compris Pasternak, doit payer de sa vie son symbolisme universel[32] ». Si la bio-graphie est un motif de l'œuvre, une forme de fiction dans la fiction qui suppose une relation beaucoup plus complexe que ne le laissent supposer les biographes entre l'œuvre et la vie[33], c'est bien la disparition qui confirme la fiction et lui confère le statut de vérité. « Une telle œuvre requérait une telle mort » : rassemblant tous les thèmes majeurs – celui de l'exclusion, celui du sacrifice, celui de l'anonymat et de la fuite hors de l'existence – la mort est à la fois le chef d'œuvre et le moment où le piège s'ouvre. « Rarement poète en se retirant a tracé signe plus déroutant, plus complexe en sa brièveté, plus personnel au nom de tous », écrit Henri Thomas dans l'un des premiers articles posthumes[34].

---

32   Roman Jakobson, *Huit questions de poétique*, Seuil, 1977, p. 59 et 60 (pour les deux passages cités).

33   Sur ce point (et à partir, peut-être, de la mort de Maïakovski, comme l'indique Todorov), Jakobson soulignait l'ambiguïté d'une relation que Robin, pour sa part, montre constamment équivoque : « La science de la littérature s'élève contre les déductions immédiates, directes, entre la poésie et la biographie du poète. Mais il ne faut nullement en conclure à une absence totale de lien entre la vie de l'artiste et son art. Un tel anti-biographisme serait le lieu commun inversé du biographisme le plus vulgaire ». *Russie, folie, poésie*, Seuil, 1986, p. 70.

34   *NRF*, juillet 1961, p. 130.

Ce n'est déroutant et complexe qu'à force de ne pas l'être, ce n'est personnel qu'à force d'affirmer l'absence de personne. Ultime moyen d'annuler le double jeu en inscrivant la métaphore dans l'existence, ultime passage de l'existence à la fiction, la mort de Robin est le motif à partir duquel l'œuvre devient lisible – mais, si l'on y prête attention, lisible à la façon du livre dont rêvait Borges :

> Il consisterait en une série de prologues de livres qui n'existent pas. Il abonderait en citations caractéristiques de ces œuvres possibles. Il y a des sujets qui se prêtent moins bien à l'écriture laborieuse qu'aux flâneries de l'imagination et au dialogue indulgent ; de tels sujets seraient la substance impalpable de ces pages qu'on n'écrira pas. Nous pourrions préfacer, par exemple, un Don Quichotte ou Quijana qui ne saurait jamais s'il est un pauvre homme qui rêve qu'il est un paladin entouré de sorciers, ou s'il est un paladin entouré de sorciers qui rêve qu'il est un pauvre homme. Il faudrait, bien entendu, éviter la parodie et la satire, et les intrigues seraient celles-là même que notre esprit accepte et désire[35].

Les deux rêves se poursuivent, mêlés en spirale : que l'on cherche en Robin ce pauvre homme qui rêve qu'il est un paladin ou ce paladin qui rêve qu'il est un pauvre homme, le poète et le pauvre homme s'annihilent par le seul fait qu'ils s'équivalent et les intrigues sont celles-là même que notre esprit désire. En fin de compte, lui seul échappe au piège : disparaissant, il laisse le prologue d'un livre épars, d'un livre à faire, capable de tout absorber – y compris le rêve des sorciers et le rêve du poète qui a provoqué, par le seul fait d'avoir douté, sa mise en abyme et le déploiement à l'infini des gloses qui feraient de lui ce qu'il n'était pas ; y compris le roman posthume ; y compris cet essai et celui qui, achevant de le lire, se voit piégé dans le regard qu'il porte sur soi, qui l'annule à son tour en l'incluant dans la fiction.

---

35   J. L. Borges, *Livre de préfaces*, Gallimard, 1980, p. 12.

CINQUIÈME PARTIE

FABRIQUE DU POÈTE

CONSTITUTION

Les connaisseurs ne reconnaissent pas
les véritables œuvres aussi constamment
qu'il le faudrait et MacPherson leur parut
admirable tant qu'il fut Ossian.
Fragment posthume.

LA MORT MYSTÉRIEUSE

Un soir de mars 1961, Armand Robin disparaît. Personne apparemment ne s'en avise. Le 22 avril, *France-Soir* publie un mince article en page 7 :

Armand Robin
(poète excentrique mort hier)
traduisait la nuit les messages radio du monde entier

La mort brutale d'Armand Robin, le poète excentrique, n'est plus mystérieuse. L'autopsie a révélé hier qu'il avait succombé à une embolie. Tous les habitués de l'esplanade des Invalides sont encore plongés dans le chagrin.

Armand Robin, propriétaire depuis deux ans d'un petit appartement, 24, rue Fabert, était l'ami de tous les boulistes qui se réunissent au bar Marius. Il y venait deux ou trois fois par jour parce qu'il y avait une volière et qu'il adorait les animaux.

N'élevait-il pas un écureuil, « Goliath ». Et deux jours avant de mourir, n'avait-il pas confié à la pharmacienne : « Mon écureuil s'est suicidé. »

Mais ce n'était pas seulement le délicieux farceur qui avait un jour enlevé le bâton blanc d'un agent qui réglait la circulation pour le remplacer par une fleur de lys. Armand Robin était un homme prodigieux.

Il parlait quinze langues

Il était d'origine bretonne et on disait qu'il avait été berger dans la lande. Il connaissait une quinzaine de langues et en apprenait toujours de nouvelles. On le rencontrait et il vous disait :

> – Je suis en train d'étudier le chinois, mais je me remets aussi au persan,
> je commençais à me rouiller.
> À l'aide d'un poste récepteur très perfectionné, il passait ses nuits à établir
> des bulletins d'écoute sur les radios du monde entier.

Pour qui la mort d'Armand Robin était-elle mystérieuse ? Comment ce mystère, en moins d'une journée, avait-il pu avoir eu le temps d'émouvoir les foules au point de susciter un article dans un journal du soir ? Ouvrant par hasard ce journal, Claude Roland-Manuel reste frappé de stupeur. Il alerte tous ses amis : personne ne sait que Robin est mort. L'informateur anonyme a manifestement mené enquête sur le quartier, les habitudes de Robin et ses activités littéraires ou politiques. Cette enquête sur un auteur peu connu, mort la veille d'une banale embolie, semble dictée par les services de police.

Des journalistes de *La Nation française* s'en alarment et, dès le 26 avril, J. M. D. (Jean-Marc Dufour) annonce que « les indications données à la presse sont erronées. Armand Robin n'est pas mort le 20 avril, comme il a été dit, mais beaucoup plus tôt, le 5 avril ou le 30 mars » ; puis c'est *Le Figaro littéraire* le 6 mai qui, sous le titre « La mort mystérieuse d'Armand Robin », annonce que ses amis des éditions Gallimard Henri Thomas, Jacques Brenner, Georges Lambrichs ont appris qu'il aurait été arrêté et serait mort « de mort subite et naturelle » à l'infirmerie spéciale du Dépôt. Cette mort subite et naturelle inquiète davantage encore.

Enfin, le 13 mai, *Le Figaro littéraire* proclame que toute la lumière a été faite sur la mort « de ce parfait bohème qu'était Armand Robin – mais habité par le génie poétique et à qui l'on sera reconnaissant de ses traductions de Kayyam [*sic*], de Pouchkine, de Poe, de Rilke, d'Essénine, de tant d'autres de tant de langues ». Robin a-t-il traduit Pouchkine ? Oui, mais ses traductions sont restées à l'état de brouillons inédits… À en croire les services de police, il serait mort le 29 avril à 16 h d'une « cirrhose du foie avec atrophie cardiaque » après avoir été arrêté dans un café de la rue Saint-Dominique et conduit au commissariat du Gros-Caillou, puis à l'infirmerie spéciale du Dépôt.

Un journaliste de *La Nation française* qui a mené enquête sur place proteste : un inspecteur du commissariat de la rue de Bourgogne avait déjà donné cette version et assuré qu'Armand Robin était mort le 29 mars, mais sa concierge l'avait vu le 3 avril…

En réalité, bien que nul jamais ne s'en soit avisé depuis, c'est René Lombard, rédacteur en chef de *La Gazette de Lausanne*, qui a reçu en retour avec la mention « décédé » une lettre adressée à Robin. C'est lui qui a demandé à un journaliste d'aller enquêter sur place : ce journaliste s'est heurté à la concierge qui lui a dit que les obsèques avaient déjà eu lieu, puis au commissaire de police du commissariat du Gros-Caillou qui lui a expliqué que « le fada de l'esplanade » s'en était pris aux gardiens de la paix pour une « simple histoire de perruche » ; enfin, il s'est heurté au juge de paix du Ier arrondissement qui lui a dit, mais en manquant de conviction, qu'il était mort d'une embolie. « Sans doute avait-on quelque raison de craindre la curiosité des amis d'Armand Robin et des journalistes étrangers puisque, le surlendemain de nos indiscrètes questions, *France-Soir* publiait une version officielle de cette fin sous le titre "La mort du poète excentrique Armand Robin n'est plus mystérieuse". Elle commençait au contraire à l'être[1]. »

La famille déclare qu'il est bien mort le 29 mars, qu'il a été enterré au cimetière de Thiais et qu'elle a refusé l'héritage. Au moment de sa mort, Armand Robin vivait dans un état d'épuisement psychique permanent, son bulletin d'écoutes se vidait de sa teneur et perdait des abonnés, il avait acheté un appartement dans un immeuble donnant sur les arbres de l'esplanade des Invalides, et, ne pouvant rembourser les échéances de son prêt, était sous la menace d'une saisie. Arrêté le 27 mars, il a disparu, comme il l'avait écrit, sans que personne ne s'en avise : « De nulle famille, de nulle patrie, de nulle femme, de nul arbre même il n'emporte rien qui soit aide ou consolation ; son odyssée paysanne n'est pas recherche haletante d'un refuge, errance casanière, elle est vagabondage de vent. »

Tout s'arrête là, et tout commence car, dès le premier entrefilet, la mort de Robin le constitue en poète – un poète excentrique, un « délicieux farceur », et c'est à qui en rajoutera sur le portrait fantasque du gracieux aède : ainsi Charles Le Quintrec (auquel Armand Robin refusait de serrer la main car il le considérait comme un gluant arriviste) trace-t-il un portrait de Robin en Poète, potentiellement doté des attributs attendus, le large feutre et la lavallière.

> Le polyglotte Armand Robin
> – qui voulait remplacer les autos par des autruches ! –
> **meurt subitement à Paris**

---

1   F. G., « La mort du "Poète excentrique" », *La Liberté*, Lausanne, 17-18 avril 1971.

Armand Robin qui vient de mourir presque subitement (il a succombé à une embolie) était un poète et un homme curieux.

Poète, il était à l'affût de tout ce qui pouvait se publier non seulement en France, mais dans le monde entier.

Parlant dix-huit langues, il entretenait avec les littérateurs et les écrivains des antipodes et des deux hémisphères, des contacts étroits. [...]

Mais le tour du monde de la poésie et de la littérature ne lui avait pas fait oublier sa Bretagne et particulièrement son Plouguernevel [*sic*] natal (Côtes-du-Nord) où il vit le jour en 1912. Il aimait à dire qu'il avait commencé par être berger dans la lande. [...]

S'il ne portait pas le large feutre des derniers romantiques ou la lavallière de Paul Fort, il était quand même de ces hommes sur lesquels nos contemporains aiment à se retourner.

À en croire Le Quintrec, Robin, jadis berger dans la lande, « aimait d'ailleurs toutes les bêtes et chanta magnifiquement *Le Mauvais Bleu de nuit* [*sic*][2]. » L'amour des bêtes est, bien sûr, appelé par l'écureuil Goliath qui devient un personnage essentiel de la biographie en train de se mettre en place, cependant que la perruche, cause première de l'arrestation, à en croire le commissaire, disparaît à jamais.

D'ores et déjà, tous les traits viennent s'agglomérer autour du noyau central, le portrait de poète polyglotte et breton. Dès le 27 avril, Claude Roland-Manuel, interrogé par Roger Vrigny au cours de l'émission « Belles-Lettres » à laquelle Armand Robin avait si souvent participé, « *parle de ses dons de poète et de sa mort* » :

Lorsqu'il débarqua à Paris à l'âge de dix-huit ans, il ne parlait que breton. Aujourd'hui, trente ans après, on se prend à dénombrer les langues que ce poète en tous verbes ne parlait pas... Anarchiste paisible, chrétien grinçant, Celte en délire, traversé des lueurs d'un bon sens rayonnant, Armand Robin [...] a trouvé l'enfer de l'esprit et l'oubli de lui, le cauchemar, l'armure et la vérité dans le verbe universel. Rien que pour nos émissions, il a traduit avec une inconcevable fidélité dans la lettre et dans l'esprit, son à son, des poèmes en dix-huit langues[3].

C'est énoncé de manière précipitée, dans l'émotion, et Claude Roland-Manuel seul se soucie alors du sort des manuscrits d'Armand Robin (il va trouver la concierge pour qu'elle le prévienne quand les scellés

---

2   Armand Robin avait traduit le poème de Maodez Glanndour « Milc'hwid ar serr-noz » sous le titre « Le mauvis de proche nuit ».

3   « Belles-Lettres », France III, 27 avril 1961 (les dix-huit émissions étaient en fait douze).

seront levés – les scellés sont levés une première fois, mais c'est pour la SPA qui vient chercher l'écureuil Goliath, plus absent que jamais, puis les employés de la Ville de Paris annoncent leur arrivée, et Claude Roland-Manuel, Georges et Gilberte Lambrichs ont le temps de remplir trois valises qui sont déposées dans les caves des éditions Gallimard, comme nous l'avons vu).

Au cours de ces quelques semaines qui voient se constituer un portrait de Poète, deux articles témoignent d'une véritable attention et d'une prise de distance à l'égard du mythe en voie de se constituer : « Il serait aisé de rappeler, à propos d'Armand Robin », écrit Philippe Jaccottet dans *La Gazette de Lausanne* dès le 6 mai, « des images pittoresques, comme on l'a fait pour un Cingria, un Artaud : car l'homme était étrange, drôle, véhément, douloureux. Sa triste mort rend vaines ces images, alors qu'elle met en relief ce qu'il a donné à la poésie ». Et de conclure : « Il serait souhaitable que l'on pût maintenant réunir en un seul volume le meilleur de ses traductions. » De fait, rassembler ces traductions aurait permis de mettre en lumière l'épopée de la non-traduction, et de placer dans cette juste lumière les poèmes d'Armand Robin – mais cela ne sera jamais fait : au lieu de l'œuvre perdue, le mythe s'est développé comme pour en rendre la publication impossible. Autre article attentif et comme prémonitoire, celui d'Henri Cazals dans *Combat*. L'article est intitulé « Le traducteur des poètes » et Henri Cazals, s'appuyant, non pas sur l'ensemble des traductions de Robin mais simplement sur celles de *Ma vie sans moi* (qu'il est bien le premier à mettre en relation avec les poèmes personnels), conclut : « Armand Robin a-t-il eu tort de ne pas signer seulement de son nom ce qu'il avait emprunté si brillamment à ses grands confrères étrangers ? » C'est, pour la première fois, évoquer le détournement opéré par Robin, et ouvrir sur la possibilité d'une lecture nouvelle. « Malheureusement, Armand Robin n'avait pas trouvé comme poète la place qu'il méritait. Puisse le mystère de sa mort la lui procurer », conclut Henri Cazals. Hélas, le vœu qu'il a formulé avec une si étrange prescience est à la veille d'être exaucé : le mystère de sa mort va faire de Robin le poète que l'on attendait, mais en détournant l'attention de son travail et en l'enfermant dans une œuvre conventionnelle fabriquée sur mesure.

L'ŒUVRE
MYSTÉRIEUSE

Bien vite, le poète excentrique disparaît pour laisser place au Poète à découvrir. Le point de basculement est aisé à situer : le 24 juin, lors de l'émission d'hommage à Robin réalisée par Claude Roland-Manuel sur France III, remarquable émission à bien des égards, transcrite et publiée par *La Nation française* le 1er novembre sous une forme abrégée. Claude Roland-Manuel a rassemblé des témoignages de Marcel Arland, Giuseppe Ungaretti, Henri Thomas, Jean Guéhenno, Marcel Bisiaux et des acteurs Jean Négroni, Jean Topart, Geneviève Bray qui ont participé à l'expérience de *Poésie sans passeport*. En quelques jours, il a effectué un travail de synthèse considérable et, surtout, il termine par l'un des *Fragments* tout juste découverts, « L'homme qui fit tous les tours » :

Quand j'aurai rendu visite aux hommes du monde entier,
Quand à travers leurs mots, leurs chants, leurs plaintes j'aurai partout passé,
                                        ayant comme laisser-passer
Auprès d'eux tous ma fatigue et mon effort de nuit et de jour

Quand, pour comprendre un mot de plus d'un frère éloigné,
J'aurai donné mes aurores, mon sommeil, mes songes pendant dix années,

            (Que fait-il en Chine, cet homme-là
            Et celui-là que fait-il dans l'Arabie ?
            Qu'ont-ils fait dans tous les temps, dans tous les pays ?

Lorsque j'aurai servi les plus grands de tous,
Pouchkine, Ady, Fröding, Imroulqaïs, Tou Fou,
Essénine, Maïakovsky, Palamas,

Lorsque j'aurai vécu sans sommeil, sans lit,

            Je déboucherai sur un grand désert,
            Sans personne,
            N'ayant plus que moi-même ;
            Je devrai m'expliquer avec les étoiles,
            M'en aller tout petit sous la grande clarté de la nuit

Mais je me sentirai jeune de toute la terre traversée, aimée,

J'aurai pour m'apaiser toute la terre consolée
            Très âgé,
Comme un qui a traversé les pays et les âges[4].

« Ce poème a été découvert parmi les papiers de Robin peu après
sa mort, par Claude Roland-Manuel qui a bien voulu nous autoriser
à le reproduire », indique la rédaction du journal. Plus tard, Claude
Roland-Manuel précisera que ce poème se trouvait tout en haut d'une
immense montagne de papiers face à la préface des *Poèmes indésirables* :
« Ces poèmes seront jetés à la mer. Puis que viennent les plus fortes
vagues pour les perdre… »

Ce sera à l'occasion d'un numéro spécial des *Cahiers des saisons* consacré
à Robin au cours de l'hiver 1964 sous le titre « À la recherche d'Armand
Robin ». Claude Roland-Manuel y reprend une émission d'une heure et
demie par lui consacrée à Robin le 30 mars 1963. Il s'agit bien d'une
recherche, et les *Cahiers des saisons*, rassemblant des articles d'Armen
Lubin, Marcel Laurent, Roger Toussenot, Jacques Martin, Jacques
Chessex, Henri Thomas ont le mérite d'offrir des témoignages personnels qui, bien que souvent anecdotiques, interrogent un travail de poésie
et de traduction en laissant les questions ouvertes. « Recherche d'un
poète à travers le labyrinthe de ses textes, en grande partie inédits »,
indique le sous-titre de l'article de Claude Roland-Manuel. Le labyrinthe
appelle l'exploration, encore donnée pour hasardeuse, et loin de laisser
entendre qu'ils en possèdent les clés, les auteurs de cet hommage à
Robin témoignent d'un rare souci de ne pas dissimuler leurs incertitudes
face à une œuvre aussi déroutante. « Nous savons tout, nous ne savons
rien – rien », écrit Claude Roland-Manuel. Certaines de ses observations
sont d'une perspicacité qui laisse rêveur lorsqu'on pense qu'en quelques
mois tout questionnement sera réduit à la portion congrue. « En un
sens », écrit-il, « Armand Robin considérait depuis vingt ans comme
impersonnelle son œuvre poétique personnelle, essentiellement inédite,
épandue aux quatre vents ou demeurée chez lui – à l'état, la plupart du
temps, semble-t-il, de fragments, ou de brouillons[5]. » Et encore Jacques
Chessex : « À Robin, les œuvres apparaissaient avant tout comme des
phénomènes sonores qu'il s'agissait de restituer en français dans des sons

---

4   Archives Claude Roland-Manuel. On peut trouver ce texte dans les *Fragments*, p. 210.
5   *Cahiers des saisons* n° 36, hiver 1964, p. 31.

aussi proches que possible de l'intonation originale. Peu de traducteurs se sont acharnés avec cette rage, cette passion furieuse, à rendre le son d'un mot, l'intonation d'un poème[6]. »

Il est vrai que déjà le germaniste Jacques Martin, ami d'Alain Bourdon, examinant d'un œil critique deux traductions de l'allemand, avait ce cri du cœur : « Et pourquoi aimait-il tant traduire, lui qui créait[7] ? » Et déjà, contre cette activité subalterne, piètre substitut de la création authentique, se construisait ce que Marcel Arland appelle « une figure vraiment exemplaire de la poésie ; comme une des figures les plus émouvantes que nous ayons pu connaître. Nous avons tous été frappés par ce destin tragique qui s'est affirmé d'année en année[8]... ».

D'ores et déjà, une « note bio-bibliographique » anonyme ouvre ce numéro d'hommage à Robin :

> Armand Robin, à qui nous rendons hommage aujourd'hui, naquit en 1912 à Plouguernével, près de Rostrenen (Côtes-du-Nord), d'une famille de cultivateurs. Boursier, il peut faire d'excellentes études secondaires. Bachelier, il vient à Paris préparer l'École normale supérieure. Parmi ses professeurs : Jean Guéhenno. En 1932, à la suite du concours de Normale, il obtient une bourse de licence (compensation offerte aux meilleurs des candidats malheureux) et il va préparer l'agrégation à la faculté de Lyon. À cette époque, c'est un révolutionnaire exalté. Épris d'autre part d'universalité, il entreprend d'apprendre toutes les langues connues. Il voyage aussi, dans des conditions de dénuement matériel assez surprenantes. Il parcourt notamment l'Allemagne, la Pologne et l'URSS. À son retour à Paris, il fréquente les milieux de la revue *Esprit* et de la *NRF*. Il se lie avec Jules Supervielle. En 1936, il se présente à l'agrégation et il échoue. Il gagne alors sa vie en donnant des leçons particulières et des cours dans des boîtes à bachot. Puis il invente un curieux métier en chambre : la confection d'un bulletin d'écoute des radios étrangères. Il est mobilisé en 1939. Il sera démobilisé l'année suivante. Il passe le temps de l'occupation à Paris. Son premier recueil poétique a paru en 1940 : *Ma vie sans moi* (Gallimard). En 1942, il donne la traduction de trois pièces de Goethe, dans la Bibliothèque de la Pléiade. En 1943, il publie un roman lyrico-épique : *Le Temps qu'il fait* (Gallimard). Éternel étudiant, il passe en juin 1943 neuf examens portant sur le chinois, l'arabe et le finlandais. La même année, il est dénoncé à la Gestapo pour ses propos antihitlériens. Toutefois à la Libération, d'anciens camarades lui

---

6   *Ibid.*, p. 87.
7   *Ibid.*, p. 82.
8   *Ibid.*, p. 32.

reprocheront d'avoir continué sous l'occupation son bulletin d'écoute de radio, et de l'avoir aussi bien vendu au gouvernement de Vichy que communiqué gracieusement à la Résistance. En 1945, il est inscrit sur la liste noire du Comité national des Écrivains, bien que Raymond Queneau et François Mauriac aient parlé en sa faveur. Indigné par les nouveaux conformismes, il se rallie à la Fédération anarchiste et publie *Les Poèmes indésirables* (1946). Il collabore régulièrement au *Libertaire*. En 1946 encore, il publie les *Poèmes* d'André Ady (Fédération anarchiste. Une autre édition paraîtra aux Éd. du Seuil en 1951). En 1949, il publie *Quatre Poètes russes* ; Maïakowsky, Pasternak, Blok, Essénine (Éd. du Seuil). En 1953, paraissent le premier tome de *Poésie non traduite* (Gallimard) et un essai sur la propagande contemporaine : *La Fausse Parole*. (Éd. de Minuit). En 1958, paraissent le second tome de *Poésie non traduite* et la traduction des *Rubayat* d'Omar Khayam (Club français du livre). Dans toutes ces années-là, il continua de rédiger ses bulletins d'écoute, il voyagea, il travailla aussi à la R.T.F, où il réalisa avec Claude Roland-Manuel des émissions poétiques en plusieurs langues. Fin mars 1961, il fut arrêté par la police dans des conditions qui restent mystérieuses. Il est mort à l'infirmerie psychiatrique du Dépôt le 30 mars 1961.

Cette note est immédiatement suivie de deux notules :

> Il a été créé une *Société des Amis d'Armand Robin*, Elle s'est donné pour mission de coordonner les efforts et les recherches, en vue de rassembler toutes études, tous documents susceptibles d'enrichir la connaissance éparse qu'à sa mort Armand Robin a laissée de son œuvre et de lui-même. Elle se propose notamment de préparer une édition des écrits encore inconnus du poète. Adresser toute la correspondance au siège de la *Société des Amis d'Armand Robin* : 60, boulevard Saint-Michel, Paris (VIᵉ).

> C'est grâce à Alain Bourdon et à la *Société des Amis d'Armand Robin* que nous pouvons vous présenter un premier ensemble de textes sur le poète disparu. Signalons que, parmi les textes encore inédits de Robin, figurent des traductions de nouvelles d'Achim von Arnim, Gottfried Keller et Boris Pasternak.

Nous avons ici la première apparition officielle d'Alain Bourdon, qui est donc, à cette date, entré en possession des archives déposées aux éditions Gallimard. Nul doute qu'il soit l'auteur de la « note bio-bibliographique » qui marque la première tentative pour doter Robin d'une biographie de Poète. Cette biographie suppose quelques aménagements destinés à mettre en place les points essentiels.

Alain Bourdon qui, comme Marcel Laurent, a bien connu Robin sous l'Occupation, s'attache surtout à dissimuler le travail au ministère de l'Information. Il se sert de la fable de l'invention du « curieux métier en chambre », habilement située avant-guerre, pour expliquer l'inscription sur la liste noire qui, telle qu'elle est présentée, après la dénonciation à la Gestapo et, autre fable, la vente à Vichy du bulletin gracieusement communiqué à la Résistance, devient le signe d'une persécution due aux « nouveaux conformismes ». La formule, par trop connotée à l'extrême droite, disparaîtra dans la notice définitive placée après *Le Monde d'une voix* pour céder place à une simple explication psychologique : « Ulcéré, il rejoint les rangs de la Fédération anarchiste ». L'intervention de Queneau et Mauriac en faveur de Robin sera supprimée : sans doute nuisait-elle à la démonstration. L'appartenance à la Fédération anarchiste vient s'inscrire dans un itinéraire cohérent puisque Robin est donné pour « un révolutionnaire exalté » qui « épris d'universalité », entreprend d'apprendre « toutes les langues connues ». Ces affirmations disparaîtront, elles aussi, de la synthèse définitive mais ne changeront rien à l'ensemble d'ores et déjà mis en place et qui ne variera plus.

Les *Cahiers des saisons* rencontrent un assez large écho (ils sont relayés par Claude Mauriac dans *Le Figaro* et par *La Gazette de Lausanne*). Ils provoquent, peu après, une longue enquête de Kerdaniel, le rédacteur en chef du *Télégramme* (et romancier sous son vrai nom, Henri Anger) intitulée « Un Breton de Plouguernével-Rostrenen qui fut persan, chinois, russe, finlandais, tchérémisse, ouigour, etc. » Cette enquête a le mérite d'être menée sur place, avec un désir de découverte qui ne dissimule pas les incertitudes et elle ne prétend pas être autre chose qu'une enquête journalistique sur un personnage dont l'œuvre est peu connue et l'itinéraire énigmatique. Kerdaniel s'adresse à des lecteurs bretons avec lesquels il souhaite partager ses découvertes :

> Un de ses ouvrages devrait intéresser particulièrement les Bretons, ce *Temps qu'il fait* à la fois « gwerz », fresque lyrique où sont évoqués, invoqués les personnages de la mythologie celtique, de l'hirondelle au cheval du roi des pauvres l'annonce d'un Tristan Corbière de l'Argoat. Mais ce livre achevé, Robin change de route pour se consacrer à une œuvre apparemment moins personnelle (à ses yeux c'est tout le contraire). Il traduit Essénine, Maïakowski, les poètes de l'enfance de la Révolution bolchevique. Il entreprend de transcrire à peu près littérairement des poèmes chinois du XIIe siècle. Au vrai, il ne les traduit pas, il s'identifie à leurs auteurs, il se fait Mandchou ou Mongol. Quand il écrit qu'il fut poète ouigour l'espace d'une saison, il ne se vante pas. Breton par la ténacité, le goût de la raillerie (très méconnu, hélas ! l'humour et le baroque bretons si savoureux), le mysticisme païen ou le paganisme mystique,

russe par la chaleur humaine (ce solitaire eut la vocation de l'amitié), chinois par la ruse et subtilité, quel homme mystérieux, attirant, divers est Armand Robin tel qu'on le découvre dans ses livres à défaut de pénétrer les secrets de sa vie et d'abord celui de sa vocation[9].

En réalité, Kerdaniel est le premier, et le dernier, à orienter le lecteur vers la recherche d'une œuvre détournée, lisible comme la suite du *Temps qu'il fait* – et ce alors qu'il ignore l'existence des *Fragments* et de la plupart des poèmes non-traduits. Cependant, d'ores et déjà, il se base sur la « note bio-bibliographique » d'Alain Bourdon qu'il s'applique à compléter à l'aide des informations glanées dans les articles produits depuis 1961… Armand Robin, qui avait demandé à ne pas être « affublé de vie », se trouve désormais pris dans un carcan biographique qui ne va plus cesser de croître, de s'enfler, de s'alourdir, fonctionnant comme une espèce de gigantesque piège dont le but premier sera de détourner de l'œuvre, en ce qu'elle a d'unique, et qui suppose, de fait, l'absence de l'auteur. Encore quelques mois et Robin sera doté de l'œuvre adéquate.

LA FABRIQUE DE L'ŒUVRE

Cette œuvre qui, cinquante ans après, continue de faire foi, ayant laissé disparaître comme autant de vestiges éphémères tous les autres livres d'Armand Robin, à l'exception peut-être du *Temps qu'il fait*, a fait l'objet d'un processus d'élaboration qui, malgré les apparences mises en avant par l'éditeur, a été loin d'être simple.

Dans un premier temps, Alain Bourdon a publié les textes les plus susceptibles de conforter la figure de poète en voie de constitution : de 1964 à 1966, il donne aux *Cahiers des saisons* sous le titre « L'illettré » quelques poèmes extraits de la liasse des *Fragments*, la dissertation d'agrégation sur Madame de Sévigné, puis la « Lettre indésirable n° 1 à la Gestapo » (qu'il présente l'une et l'autre comme authentiques), un article sur Fargue et un autre sur Valéry[10]. Ce choix seul est révélateur puisque nous avons en

---

9 *Le Télégramme*, 7 juillet 1964, p. 5.
10 Il s'agit de brouillons des articles donnés à *Comœdia* sous l'Occupation. Le premier ne figure plus dans les archives restituées aux éditions Gallimard.

abrégé ce qui forgera la fortune posthume du Poète : les poèmes perdus évoquant l'enfance paysanne, l'insoumission face à l'institution littéraire ou universitaire, le martyre du rebelle face aux puissances d'oppression, la participation à la Poésie incarnée par les maîtres.

L'exploitation des archives peut sembler curieuse si l'on tient compte du fait qu'elles contiennent un grand nombre de textes en prose qui pourraient être rassemblés, mis en relation avec des textes à chercher en bibliothèque, des traductions, des émissions de radio ; elle est plus étrange encore si l'on considère qu'aucun archivage n'est effectué : brassés et rebrassés, les feuillets sont laissés dans un désordre comme soigneusement préservé. Et, de fait, il s'agit de donner corps au poète, et de le laisser surgir des ténèbres tout auréolé de mystère.

LE PREMIER *MONDE D'UNE VOIX*

C'est ce qui a lieu : en février 1968, paraît aux éditions Gallimard, dans la collection Blanche, un volume intitulé *Le Monde d'une voix*. Le titre est suivi de la mention « poèmes, fragments posthumes, réunis et présentés par Henri Thomas et Alain Bourdon ». Henri Thomas est un romancier et poète qui a fréquenté la *NRF* de Drieu, traduit Jünger et eu quelques ennuis à la Libération, mais, contrairement à Robin, a su procéder à une rapide reconversion : il a obtenu le prix Médicis et le prix Femina en 1960 et 1961 ; il incarne très précisément la pratique de la littérature que Robin a fuie ; il est allé, m'a-t-il dit, prendre les archives Robin dans les caves des éditions Gallimard et c'est ainsi qu'Alain Bourdon en est devenu le dépositaire, puis l'éditeur. Le volume comporte quatre chapitres, « Robin des nuits » (74 pages) « La chapelle de tendresse » (34 pages), « Le monde d'une voix », (36 pages), « Paysage éternel ». (68 pages) Il est précédé d'une préface d'Henri Thomas, « Armand Robin sans feu ni lieu », suivie d'une introduction d'Alain Bourdon, « La vie et l'œuvre ».

Henri Thomas, comparant Robin à Corbière, trace un portrait de poète maudit qui pourrait plutôt être le sien puisqu'il a choisi de se retirer dans une île de Bretagne pour écrire, au contraire de Robin :

> Comprendre un poète, c'est fatalement remonter à un déluge ; mais ce déluge n'est pas lointain, et il se poursuit autour de nous. Disons qu'à la grande époque des poètes maudits – vers 1870 – il existait encore un milieu

humain maudissable et maudissant, où « le poète » avait sa place, celle de
« banni » n'étant pas la moins enviable.

Moins de cent ans plus tard, il reste la terre, la mer, le ciel… C'est beaucoup ?
On peut prétendre que c'est tout ! Pour l'Armand Robin des dernières années,
dans sa tanière parisienne, c'est amèrement Tout : le monde des nuits sans
sommeil, le murmure de l'universelle parole. L'herbe des talus où l'enfant se
cachait pour lire ne frissonne plus pour lui que dans certains mots qu'il faut
être humble pour trouver, recueilli, étranger à soi-même[11].

Le texte est intéressant car, pour la première (et la dernière) fois, la
malédiction est donnée pour ce qu'elle est : un avantage littéraire somme
toute enviable. L'œuvre de Robin est « comme une profonde Bretagne
où nous voyons le poète qui crée cette image et se crée à travers elle[12] » ;
il est exilé mais dans ses derniers mois retrouve sa terre par la poésie ;
il souffre de solitude mais est porté par un amour immense « comme
le mouvement du génie poétique errant par la vie ». Cela ne dit pas
grand-chose sur Robin mais cela dit l'essentiel : il fait dorénavant partie de ce qu'à la même époque Jean-Pierre Rosnay appelait le Club des
poètes ; il est maudit parce que poète, même si la grande époque est
révolue, et tous les traits viennent avec une sorte de naturel et d'évidence
constituer une image probante. Derrière cette préface se lit cette vérité
non dite, à savoir que Robin constitue un garant – et telle sera désormais sa fonction principale : conforter les poètes en cette malédiction,
laissée floue, mais à jamais constitutive, comme une aura désignant les
élus voués à la sainteté.

L'introduction d'Alain Bourdon illustre par la vie et l'œuvre ce
portrait de poète : Robin est présenté comme un éternel errant qui,
une fois terminées ses études, parcourt le monde depuis l'URSS jusqu'à
l'Espagne ; qui apprend en bloc le chinois, le flamand, le suédois, l'italien,
le finnois, l'espagnol, l'arabe, l'ouzbek, le tchérémisse, le hongrois ; qui
invente un extraordinaire métier, lequel l'oblige à vivre de nuit, et sa
mort tragique reste ignorée de tous. La vie de Robin se change en parcours éclair : tout se passe avant l'Occupation et mène droit à la mort
tragique qui donne lieu au livre. « Les manuscrits des poèmes ici réunis
ont été trouvés épars, souvent froissés et maculés, dans son logement
resté ouvert. Ils furent ramassés littéralement sous les pieds des employés

---

11   *Le Monde d'une voix*, 1968, p. III.
12   *Ibid.*, p. I.

municipaux qui vidaient le logement par Georges Lambrichs et Claude Roland-Manuel. C'est à eux premièrement que ce recueil doit d'exister. »

Aucune explication n'est donnée sur le volume, présenté comme écrit « durant cette période qui va des années de l'Occupation aux derniers sursauts de la guerre d'Algérie ». Mélangeant les poèmes de la fin de la vie de Robin, des extraits de poèmes indésirables, des poèmes satiriques et des fragments, l'éditeur fabrique une œuvre conforme à ce que doit être à ses yeux une œuvre de Poète. Le chapitre « Robin des nuits » mêle un certain nombre de fragments sur les langues, le travail de la « non-traduction », à des poèmes du cycle indésirable ; « La chapelle de tendresse » rassemble pêle-mêle des textes de diverses époques qui montrent que le Poète aime les femmes ; « Le monde d'une voix » prolonge le premier chapitre et, pour finir, « Paysage éternel » mêle les fragments du « cycle du pays natal » à des morceaux de récits de voyage et des traductions, le tout assemblé comme en vue de produire un effet de flou.

L'éditeur, pour faire advenir le Poète, a donc commencé par faire disparaître les *Fragments*. Il a procédé à un brassage puis à une reconstitution selon les critères du bon goût poétique tel que perçu par, encore une fois, quelque chose comme le Club des poètes : le voyage, l'amour, l'enfance, la souffrance, la mort, et puis, pour finir, une petite touche d'humour avec « La restaurantière » et l'historiette du mort qui parle, le tout venant s'agglomérer pour former « le monde d'une voix ».

Le fragment d'où est extrait ce titre évoque le glissement par les langues et l'épopée de la non-traduction qui est précisément rendue invisible par ce livre :

> Signes des hommes, voici pour vous mes nuits
>
> Langue, sois-moi toutes les langues !
>
> Cinquante langues, monde d'une voix !
>
> Le cœur de l'homme, je veux l'apprendre en russe, arabe, chinois
> Pour le voyage que je fais de vous à moi
> Je veux le visa
> De trente langues, trente sciences.

Seul Kerdaniel s'en avise : « Le titre qui a été donné à son dernier ouvrage me paraît être un contresens[13]. »

---

13 « Robin qui ne fut rien », *Le Télégramme*, 28 janvier 1969.

Seul à protester aussi, Pierre Enckell, journaliste et lexicographe anarchiste, qui, sous le pseudonyme de S. Z., s'indigne : « Le livre est divisé en quatre parties arbitraires ; mais aucune indication ne permet de donner une date approximative aux poèmes ; ils ont parfois des titres, parfois non, et parfois leurs premiers mots servent de titre sans qu'on sache si l'auteur l'avait voulu ainsi [...]. Tout est confus dans ce livre, sauf les vers d'Armand Robin[14]. » Encore fait-il preuve d'indulgence car les vers d'Armand Robin, séparés de la prose, et surtout présentés après démantèlement des pages des *Fragments* n'ont, bien sûr, plus du tout le même sens.

LE SECOND *MONDE D'UNE VOIX*

Le Monde d'une voix connaît un succès notable : porté par les événements de mai qui appellent à la célébration d'un poète rebelle, il reparaît dès mai 1970 en collection Poésie, prestigieuse collection de poche des éditions Gallimard alors toute récente et dont il devient l'un des premiers titres.

Or, sous le même titre, ce n'est plus du tout le même livre : disparition des chapitres, brassage des textes... Quarante textes ont disparu, trois n'ont pas été retranchés mais rattachés à « L'insensé d'un temps d'insensés », un autre a été adjoint au poème intitulé « Les anciennes souches ». En fait, tout semble être venu se fondre dans la troisième section intitulée « Le monde d'une voix ». Et l'ensemble est désormais placé sous l'égide de *Ma vie sans moi*, mais sans la partie traduite.

Dans le même temps, l'image du Poète s'est, elle aussi, condensée : la préface d'Henri Thomas, qui ne manquait pas d'un charme mélancolique, a disparu pour laisser place à une préface d'Alain Bourdon intitulée « Un monde innocent de mots ». Bizarrement assonancée, elle invite le lecteur à « aller chercher rassurance en poésie », ce qui n'était pas vraiment le propos de Robin. On y lit une sorte d'épopée d'un poète martyr de son temps : « Exilé de soi à jamais, sans retour il s'en allé, comme un chevalier... ». Robin est un grand réfractaire mais destiné à triompher car il est Poète : « Pour tenter la trouée tous les moyens sont bons ! Quelquefois le danger est si grand, si grande est la perversion, que le poète, en perdition, n'a plus d'autres munitions qu'invectives et jurons ». Enfin, la traduction est enrôlée dans l'épopée comme mystique :

14 Rares nouvelles de l'homme sans nouvelle, Lausanne, *Bulletin du Centre International de Recherches sur l'Anarchisme* (CIRA) n° 17, 17 novembre, p. 10-11.

« Traduire, c'est faire métier de poète… L'opération s'accomplit dans une zone limite où l'être perd ses frontières ; le poème nous introduit au règne des transfusions, des conversions, des transferts. Non que nous soyons plongés dans un monde à l'envers, mais nous avons accès à des contrées où une énergie déchaînée fouille le cœur de l'univers, cherche à se saisir d'un secret, à arracher, forcer le mot de passe qui libère. » La traduction est ainsi légitimée comme opération mystique, cependant que la partie traduite de *Ma vie sans moi* est purement et simplement supprimée.

Pour expliquer cet étrange dispositif, nul commentaire, à part une note de l'éditeur :

> Lors de la parution du *Monde d'une voix*, nous notions : c'est à partir de ces posthumes [*sic*] que les autres ouvrages du poète révèlent le mieux tout leur sens. Le présent recueil est né de cette constatation.
>
> Les textes qu'il contient font apparaître la profonde unité d'une œuvre et d'un destin ; ainsi rassemblés ils permettent de découvrir le ressort secret des poèmes d'Armand Robin.
>
> De *Ma vie sans moi* donc, nous donnons ici intégralement toutes les pièces *originales*, telles qu'elles parurent, dès 1939, dans la collection « Métamorphoses ». Nous avons au contraire laissé délibérément de côté les *poèmes-traductions*, ceux qui, pour reprendre l'expression dont Armand Robin se servait, se rattachent à sa production de : « poésie non traduite ».
>
> Nous avons par ailleurs retenu la plupart des poèmes figurant dans *Le Monde d'une voix* ; n'en ont été exclus que quelques fragments qui ne venaient pas prendre place comme d'eux-mêmes dans le mouvement général amorcé depuis *Ma Vie sans moi*[15].

Tout le travail d'Armand Robin doit donc désormais être lu à partir du *Monde d'une voix*. Preuve à l'appui, *Ma vie sans moi* vient servir de caution : nous avons bien une œuvre de Poète.

La « note bio-bibliographique » des *Cahiers des saisons*, fortement étoffée, donne lieu à un texte intitulé « La vie et l'œuvre d'Armand Robin », texte qui reste à ce jour la référence ultime, le précipité de la *vieuvre*, condensant la vérité sur Robin. Pris en étau entre deux textes d'Alain Bourdon, le nouveau *Monde d'une voix* brille, après cinquante ans, du même éclat : rien en un demi-siècle n'aura porté atteinte à ce qui est, somme toute, une falsification. Mais la falsification, en constituant le Poète, lui donne statut de mythe, par là sacré et par là intouchable.

---

15 *Le Monde d'une voix*, 1970, p. 19.

LE MONDE D'UNE VOIX CONTRE LES *FRAGMENTS*

La force toujours intacte du *Monde d'une voix*, ouvert par *Ma vie sans moi* et comme inclus dans la prose d'Alain Bourdon, lui vient de faire saturation. Il s'agit véritablement d'une œuvre – une œuvre construite *contre* celle de Robin, elle, ouverte à tous les vents, et finalement *contre* Robin, comme si Bourdon, en faisant et se faisant Robin, l'avait incorporé (et l'on ne relit pas sans arrière-pensée l'étrange texte intitulé « Pour l'honorer ils le mangèrent » publié par Robin en 1953[16]) mais une œuvre incontestablement efficace par son côté définitif et clos (ce qui explique que même Henri Thomas ait été jugé superflu). Seul reste ce qui de Robin doit rester : ce qui nourrit le mythe et permet, en se l'appropriant, de s'en nourrir en communiant dans la foi – d'où le ton liturgique employé par le préfacier.

Il a, bien sûr, fallu attendre que les manuscrits soient restitués par Alain Bourdon pour pouvoir comprendre comment la masse des archives avait été exploitée pour donner *Le Monde d'une voix* (et si Alain Bourdon refusait communication du fonds recueilli par Georges Lambrichs et Claude Roland-Manuel, c'est bien qu'il s'agissait de laisser accroire que le livre était né tout fait, pure émanation de l'âme du Poète). En réalité, un simple archivage du fonds a suffi à le montrer, le travail de l'éditeur a consisté prioritairement à séparer vers et prose afin d'éliminer dans toute la mesure du possible ce qui, comme le disait Molière, n'était point vers.

Nous l'avons vu[17], les archives restituées étaient réparties en trois dossiers : un dossier bleu portant la mention « Textes à l'origine de la publication du *Monde d'une voix* » (588 feuillets) ; un dossier jaune intitulé « Traductions et divers » (112 feuillets) ; un dossier vert intitulé « Textes en prose » (231 feuillets), soit au total 931 pages ou fragments de pages. Or, la présentation des feuillets tels qu'ils avaient été recueillis suffisait aussi à le montrer, la séparation des vers et de la prose n'avait aucune raison d'être pour ce qui concernait les textes personnels de Robin (les traductions de nouvelles et les émissions de radio pouvant être mises à part). Une première lecture suffisait à mettre en évidence la parenté entre certains textes classés au nombre des poèmes et d'autres, donnés pour textes en prose.

---

16 *Écrits oubliés I*, p. 287.
17 *Supra*, p. 178.

C'est, on s'en souvient, en constatant qu'un feuillet avait été découpé afin de séparer la partie en vers (placée dans le dossier destiné à la fabrication du *Monde d'une voix*) de la partie en prose (placée dans le dossier vert) mais que les deux morceaux s'ajustaient et portaient le titre « Fragments », que j'ai pris conscience de l'existence d'un manuscrit (ou plutôt d'un tapuscrit, puisque tous les textes étaient dactylographiés) rassemblant ce que Robin avait intitulé *Fragments* – un livre donc, rédigé très tôt, avant la perdition, qui était lisible dans les derniers textes menant aux poèmes et lettres indésirables. C'est bien la liasse des *Fragments* qui donnait sens au travail de Robin, et amenait à le prolonger par les expériences de *Poésie sans passeport* et *Poésie non traduite*.

Un travail d'édition respectueux du texte aurait dû commencer par prendre en compte la matérialité de la page dactylographiée telle qu'elle avait été recueillie – donnée fixe, incontestable, même si les *Fragments* ne comportaient pas de pagination et si l'intervention de l'éditeur était forcément arbitraire. Mais le but d'Alain Bourdon n'était pas de partir du texte pour en donner une édition : il s'agissait d'exploiter les archives pour en tirer une œuvre de Poète prophète et martyr, martyr parce que prophète. Les *Fragments* ont donc été démantelés, brassés et mêlés à des poèmes du cycle indésirable et des poèmes de la fin, le tout retravaillé de manière à répondre aux critères attendus : le produit final offre l'illustration parfaitement cohérente d'une vie de Poète.

AVÈNEMENT DU POÈTE

Doter le Poète de l'œuvre requise ne suffisait pas : il fallait la conforter par l'utilisation de tous les textes antérieurs (c'est ce qui explique la publication de *Ma vie sans moi*) mais en supprimant ceux qui, comme l'écrivait l'éditeur, ne venaient pas « prendre place comme d'eux-mêmes dans le mouvement général » (c'est ce qui explique la disparition de la partie traduite de *Ma vie sans moi* en version tronquée). Le livre prouve la vie du Poète telle que reconstituée : la notice intitulée « La vie et l'œuvre d'Armand Robin » est une construction tout aussi fausse que *Le Monde d'une voix* mais destinée à *faire foi*, fût-ce contre les faits et les textes eux-mêmes.

CONSTITUTION DU POÈTE

Chaque fois qu'Alain Bourdon, lors de ses nombreuses conférences, émissions, articles et essais divers, exposera la vie du Poète, il commencera par rappeler le refus de Robin de se laisser enfermer dans une biographie – et, par la suite, les biographes en tout genre, Jean Bescond et Anne-Marie Lilti, entre autres, ne manqueront pas de reprendre ce préambule obligatoire, quitte à citer « L'homme sans nouvelle ».

Son refus de toute biographie servant à introduire sa biographie, Robin se trouve nanti d'une vie de poète dont les éléments retenus par Alain Bourdon sont autant de *topoï* qui ont pour effet de se renforcer. Nous avons un parcours en quinze étapes :

1. L'enfance dans une ferme misérable
2. Le fissel pour unique langue jusqu'à six ans
3. Le génie méconnu par l'institution et les insolentes facéties
4. Le prodigieux don des langues
5. Le douloureux périple en URSS
6. L'invention d'un curieux métier en chambre
7. L'héroïsme des écoutes clandestines pour la Résistance
8. La dénonciation à la Gestapo
9. L'inscription par les staliniens sur la liste noire du CNÉ
10. L'adhésion à la Fédération anarchiste
11. La merveilleuse expansion de la carrière d'un traducteur et essayiste prolifique
12. Les tristes amours avec Monique
13. La ruine et les créanciers
14. La disparition et la mort tragique
15. La parution du *Monde d'une voix* : « tout ce qui a pu être sauvé d'un total naufrage ».

Tout mène donc au *Monde d'une voix* qui contient tout : l'œuvre été sauvée, le reste peut faire naufrage. Traductions, émissions, fragments et essais divers, nombreux sont les textes du fonds recueilli par Georges Lambrichs et Claude Roland-Manuel qui attendaient d'être mis en relation avec les publications de Robin éparses en de nombreuses revues et journaux – mais le fonds devient un fonds sans fond, à oublier avec l'œuvre entière, cette œuvre sans œuvre éparse, engloutie, somme toute inquiétante. On en parle mais on se garde bien de la chercher. Pas de classement, pas de répertoire des textes, pas de réédition des livres introuvables. Alain Bourdon se livre à une tâche autrement captivante – la mise en circulation du Poète désormais constitué par lui-même.

MISE EN CIRCULATION DU POÈTE

Le Monde d'une voix a eu pour premier effet de faire disparaître les *Fragments*, l'expérience de la non-traduction et le travail d'écoutes tel qu'il a été pratiqué – autrement dit ce qui a sorti l'expérience de Robin des voies de la poésie conventionnelle. Il reste à présent à voir comment l'avatar constitué à partir d'une biographie de poète ayant pour premier but de répondre aux conventions du genre a fait sombrer tout ce qui pouvait tenter d'émerger du « total naufrage ».

Dans un premier temps, découvrant *Le Monde d'une voix*, je me suis interrogée sur l'étonnante présence dans un même volume de fragments de poèmes lumineux et de textes hétéroclites d'une grande faiblesse ; je me suis interrogée sur l'étrange passage d'un *Monde d'une voix* à l'autre, puis je me suis heurtée à l'impossibilité de consulter le fonds Robin mystérieusement disparu des éditions Gallimard : ce qui m'a amenée à rédiger une thèse a d'abord été le désir de faire le point sur le travail d'un auteur interdit mais aussi le désir de comprendre comment avait été constitué un objet de discours qui, se substituant à l'auteur, était à l'origine d'une inflation critique d'autant plus étrange que l'œuvre était absente. J'ai alors rassemblé un corpus de 666 articles qui, arrêté au moment de la soutenance, couvrait une période de cinquante ans, de 1938 à 1988.

L'évolution quantitative des commentaires n'est intéressante que par le caractère très général des indications qu'elle apporte : on peut y voir, en quelque manière, un tracé vague mais assez rigoureux et qui permet justement de discerner plusieurs zones, comme les lignes d'un paysage.

1938 : 2	1948 : 3
1940 : 1	1949 : 2
1941 : 3	1950 : 1
1942 : 11	1951 : 1
1943 : 9	1952 : 0
1944 : 1	1953 : 3
1945 : 0	1954 : 26 (+ 2 émissions de radio)
1946 : 4	1955 : 5
1947 : 2	1956 : 15

1957 : 6
1958 : 9
1959 : 9
1960 : 6
1961 : 20 (+ 2 émissions de radio)
1962 : 8
1963 : 7 (+ 1 émission de radio)
1964 : 16 (+ 1 émission de radio)
1965 : 4
1966 : 6
1967 : 3 (+ 1 émission de radio)
1968 : 31 (+ 2 émissions de radio et 1 film)
1969 : 10 (+2 émissions de radio)
1970 : 23 (+ 3 émissions de radio)
1971 : 13
1972 : 11 (+ 1 émission de radio)

1973 : 6 (+ 2 émissions de radio)
1974 : 7
1975 : 6 (+ 2 émissions de radio)
1976 : 3 (+ 1 émission de radio)
1977 : 0 (+ 2 émissions de radio)
1978 : 6
1979 : 25
1980 : 60 (+ 6 émissions de radio)
1981 : 59 (+ 2 émissions de radio)
1982 : 33 (+ 1 émission de radio)
1983 : 10
1984 : 14
1985 : 95 (+ 4 émissions de radio et 1 film)
1986 : 45 (+ 1 film)
1987 : 14 (+ 2 émissions de radio et 1 film)

Ce dénombrement a donné lieu, dans le mémoire de Dominique Radufe, à un histogramme qui a le mérite de donner une vision plus synthétique de l'ensemble[18].

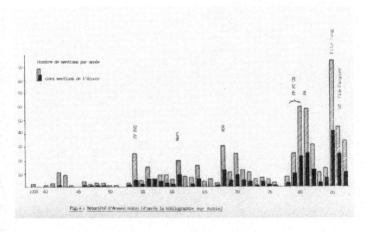

ILL. 11 – © Dominique Radufe.

---

18 Dominique Radufe, *Armand Robin écouteur*, p. 153.

Il apparaît que, de son vivant, Armand Robin est un auteur de faible audience. Son influence va croissant de 1938 à 1942 ; en revanche, les années 1944 à 1953 marquent une phase de décroissance ; une troisième phase, succédant à la publication de *Poésie non traduite* et de *La Fausse Parole*, correspond à une sorte de survie littéraire, qui va s'affaiblissant jusqu'à sa mort.

Suscitant vingt articles et deux émissions de radio, la mort tragique assure le maintien du discours critique et, par là, la survie de l'auteur.

En 1968, *Le Monde d'une voix* lui donne corps. C'est à ce moment que le portrait du Poète se constitue et se fige. De son vivant, les œuvres d'Armand Robin ont suscité 119 articles ; *Le Monde d'une voix* en suscite à lui seul 116 et une dizaine d'émissions.

Une nouvelle phase commence en 1979 avec la publication de *La Fausse Parole* et l'inflation du mythe du prophète libertaire : 355 articles, des films, une exposition itinérante et une quinzaine d'émissions.

En 1988, la phase de constitution du mythe est achevée, et les publications ou les travaux de recherche qui se font jour se situent en marge d'un bloc pour lors solidifié.

SOLIDIFICATION

APPARITION DU POÈTE MAUDIT

Le Monde d'une voix paraît en février 1968 ; le 11 mars paraît dans *Le Figaro littéraire* un article de Claude Mauriac qui mérite d'être cité in extenso puisqu'il contient en abrégé l'essentiel des traits qui feront désormais que Robin sera lu :

Un poète maudit : ARMAND ROBIN

Il y a de beaux poèmes, il y en a même d'admirables, dans les fragments posthumes d'Armand Robin publiés par Henri Thomas et Alain Bourdon, sous le titre *Le Monde d'une Voix* [*sic*]. Les quelques recueils autrefois parus d'Armand Robin l'ont à peine signalé à l'attention des lettrés. On sait peu de chose de lui, sinon qu'après avoir vécu dans l'obscurité et la pauvreté, il mourut, dans des circonstances restées mystérieuses, le 30 mars 1961 à l'infirmerie spéciale du Dépôt.

Sa première langue était le breton, sa seconde le français, et il en connaissait un nombre incroyable d'autres, une cinquantaine semble-t-il, ce qui lui permettait non seulement de traduire de nombreux poèmes mais encore de gagner sa vie : il passait ses nuits à écouter les radios étrangères puis à rédiger un bulletin d'écoute dont la diffusion lui assurait quelque argent.

Nombreuses sont, dans les fragments ici rassemblés, les confidences de cet « homme de la nuit ». Il a, nous dit-il, « jeté son âme dans toutes les langues ». Il se découvre « enseveli sous les paroles du monde entier ». Il avoue : « Le cœur de l'homme, je veux rapprendre [*sic*] en russe, arabe, chinois » :

Je ne suis pas breton, français, letton, chinois, anglais.
Je suis à la fois tout cela.

Ou encore :

J'ai souffert en breton, français, norvégien, tchèque, slovène, croate ;
Et surtout en russe...

Insatisfait, pourtant :

Je ne suis pas content, je ne sais pas encore le cri des hommes en japonais !

Et voici l'explication du titre choisi pour les fragments et brouillons publiés aujourd'hui : « Cinquante langues, monde d'une voix ! »

Voix de révolte. Armand Robin, anarchiste de vocation, se sent de cœur avec les prolétaires et les paysans du monde entier. Isolé, désolé, pillé, houspillé, humilié, dénudé, calomnié, traqué (toutes expressions qui se trouvent dans ses poèmes), il se dit « en quarantaine ».

Il sait ce que l'on raconte de lui : « Par la ville va le bruit que je suis un dément ». Et c'est à l'infirmerie psychiatrique du Dépôt que s'achèvera sa vie. Ainsi donc la malédiction qui est de nos jours un confort pour tant de poètes redevient pour celui-là ce qu'elle fut pour Villon et Nerval.

Ma vie sans moi (1939), *Le Temps qu'il fait* (1942), *Poésie non traduite* (1953 et 1958) et, aujourd'hui *Le Monde d'une Voix*, témoignent de cette expérience singulière. Ces textes posthumes furent sauvés par miracle. Alain Bourdon rappelle :

> *Les manuscrits des poèmes ici réunis ont été trouvés épars, souvent froissés et maculés dans son logement resté ouvert. Ils furent ramassés littéralement sous les pieds des employés municipaux qui vidaient le logement, par Georges Lambrichs et Claude Roland-Manuel. C'est à eux premièrement que ce recueil doit d'exister.*

Cette colère, cette révolte, cette peur ne nous toucheraient pas à ce point si nous ne décelions en ce poète citadin (écrasé par la cité) le petit paysan qu'il n'a cessé d'être et qui chante sa Bretagne doublement intérieure : celle de l'intérieur des terres et du cœur. Ajoncs, genêts, et tous les oiseaux de la mémoire, et les noisetiers, les bruyères, les fougères, et les joncs et les fontaines. Une pureté, une fraîcheur qui lui permettent seules de survivre. Une prière, parfois. Et quelques cris d'amour. Citons, parmi tant de merveilles :

> *Je vous parle d'un buisson très éloigné [...]*
> *Innocent de village, avec des doigts maladroits,*
> *Je cueille dans mon sous-bois l'innocente myrtille de ma voix*
> *Oscillante.*
> *[...] J'ai laissé ma voix, myrtille innocente,*
> *Flotter très bas dans mon sous-bois.*

Lisons, aimons et taisons-nous. Un poète nous a été découvert.

Les thèmes que Claude Mauriac orchestre sont ceux qui seront inlassablement repris jusqu'à nos jours : la phase de tâtonnements qui a mené au *Monde d'une voix* est terminée ; nous avons ici tout à la fois un commencement (puisque l'article de Claude Mauriac est le premier d'une longue série) et un aboutissement. Les quinze épisodes du douloureux itinéraire condensé par Alain Bourdon dans

sa notice « La vie et l'œuvre » donnent lieu à quinze thèmes illustrant la malédiction selon ce que nous pourrions appeler le schéma
mythobiographique :

1. La vie obscure dans une ferme bretonne
2. La pauvreté
3. Le breton parlé avant le français
4. Le prodigieux don des langues
5. Le mystérieux métier d'écouteur
6. L'homme de la nuit
7. La rébellion native, la colère, la révolte
8. L'anarchisme de vocation
9. La vie au service des prolétaires
10. La solitude et l'exclusion
11. La folie
12. L'éternel enfant paysan et sa Bretagne intérieure
13. La mort mystérieuse
14. La perdition et le miraculeux sauvetage des textes
15. Le tout aboutissant au *Monde d'une voix*.

Le texte comporte une conclusion qui reprend la préface d'Henri
Thomas : « Ainsi donc la malédiction qui est de nos jours un confort
pour tant de poètes redevient pour celui-là ce qu'elle fut pour Villon
et Nerval ». La malédiction est devenue un secours d'appoint destiné
à valoriser un talent défaillant, mais Robin n'est pas un faux maudit
comme il en traîne tant : il s'inscrit dans une lignée ouverte par Villon,
figure mythique de mauvais garçon, et menant à Nerval, figure mythique
de poète martyr unissant la folie et le suicide. Le poète maudit élimine
le poète excentrique, qui disparaît.

SUBSTITUTION DU POÈTE MAUDIT
AU POÈTE SANS ŒUVRE

Au moment où les événements de mai expriment une révolte aux
aspects plus ou moins libertaires, Claude Mauriac fait de Robin un pré-
curseur et, bien sûr, le thème de l'anarchie devient dominant, l'anarchie
et le génie amenant naturellement la mort tragique.

Ce qui est saisissant, à lire les premiers articles consacrés au *Monde d'une voix*, c'est la manière dont le mythe se substitue à l'auteur tel que les commentateurs ont pu le connaître : premier d'entre eux, Jean Guéhenno, qui, oubliant totalement l'Occupation et les raisons qui l'ont amené à rompre avec Robin, relaie sans ombre de réserve la version bourdonnienne des faits, l'invention de « l'extraordinaire métier », la « naturelle anarchie », la recherche éperdue de la « vraie parole », et rend hommage à Claude Mauriac qui a su rendre justice à un poète dans ces mêmes colonnes du *Figaro*[1], car Claude Mauriac et Jean Guéhenno, pour lors membre de l'Académie française, célèbrent ce grand rebelle dans *Le Figaro*... Peu après, c'est Pierre Andreu, directeur du bureau de l'ORTF à Beyrouth, qui, évoquant ses souvenirs de « collaborateur de *La Nation française* lié à Robin par une commune amitié pour Drieu » et « dont [le] service à la radio était un des clients de son bulletin », rend hommage à « un grand poète mort dans l'abjection » en expliquant que, « par un curieux détour son anarchisme devait le conduire à *La Nation française*, la petite feuille non conformiste de Pierre Boutang[2] ». De fait, l'anarchisme de Robin, naturellement célébré par Maurice Joyeux, qui rappelle ses souvenirs de militantisme et en profite pour dénoncer « l'enfer communautaire, le commissariat de police[3] », devient un atout qui confirme le poète, à l'extrême gauche comme à l'extrême droite. Il est vrai qu'Alain Messien, qui rédigera en 1969 une « Stèle pour Armand Robin », précisera que ce n'était pas un « anarchiste braillard » comme on en voit tant mais un « révolté solitaire », un « autodidacte sublime[4] », bref, un anarchiste tout à fait fréquentable.

Pascal Pia dans *Carrefour*, Jacques Brenner dans *Paris-Normandie* rassemblent leurs souvenirs de manière à les faire correspondre à l'image du Poète ; le premier expose que Robin « anarchiste antistalinien » connaissait tous les dialectes d'Europe, d'Asie ou d'Amérique, le second recopie purement et simplement la « notice bio-bibliographique » des *Cahiers des saisons* et tous deux, comme se souvenant encore vaguement du Robin d'avant *Le Monde d'une voix*, évacuent d'une phrase l'œuvre qu'ils connaissaient : « Dommage qu'il ait prêté l'oreille à tant de voix

1   « Étrange destin », *Le Figaro*, 27 mars 1968, p. 1.
2   Émission du 25 avril 1968.
3   « Le monde d'une voix d'Armand Robin », *La Rue* n° 1, mai 1968.
4   Stèle pour Armand Robin, Rodez, *Entretien sur les lettres et les arts* n° 26, printemps 1968.

étrangères », écrit Pascal Pia (qui avait, on s'en souvient, demandé à Robin sa chronique « Expertise de la fausse parole » pour *Combat*[5]) ; et Jacques Brenner : « Ce n'est pas le moindre paradoxe de cette œuvre qu'elle soit constituée en grande partie de traductions[6] ». Il est bien le dernier à mentionner cette part désormais engloutie d'une œuvre de poète maudit que tour à tour ses amis célèbrent, secrètement flattés d'avoir ainsi frôlé la malédiction.

Charles Le Quintrec, qui, à la mort d'Armand Robin, s'égayait encore à se souvenir du doux farfelu qui voulait remplacer les autos par les autruches, efface tout ce qu'il a pu savoir : « Il m'a longtemps semblé que poète, il l'était davantage à travers les autres que dans son œuvre propre, mais la publication d'un recueil posthume *Le Monde d'une voix* remet tout en question », écrit-il avant de reprendre les thèmes de la mythobiographie – l'enfance paysanne, la famille illettrée, le don de poésie, le bizarre don du polyglotte, le « persécuté » vivant dans des « taudis », « écorché vif », « affamé de justice », la « vie obscure », la mort tragique, l'œuvre sauvée… « Armand Robin tel que je l'ai connu », titre Charles Le Quintrec, contre toute évidence, à confronter l'article de 1961 et celui de 1968 (précédant un grand nombre d'articles reprenant inlassablement les mêmes thèmes). Robin n'est plus celui qu'il a connu mais celui qu'il désigne désormais comme « poète maudit et qui sans doute se voulait tel ». Le poète Le Quintrec s'appuie sur le poète Robin pour faire valoir son statut de poète, et de poète breton, donc potentiellement maudit, ce que résume la phrase qu'il devait sans fin reprendre par la suite : « Il était de Plouguernével comme je suis de Plescop[7] ». C'est sur cette base que se greffera le thème de la blessure identitaire si utile pour assurer la cohésion du mythe en sa version définitive.

Enfin, le poète et recteur Robert Mallet (qui avait si souvent invité Robin à ses émissions littéraires) a cet aveu : « Je n'ai pas su te voir tel que tu étais tant que tu as vécu : de la race des poètes maudits, de cette race qui fait de sa misérable condition une des raisons de son génie. Car tu avais une étincelle de génie, Armand[8]. »

---

5   « Le mauvais temps », *Carrefour*, 19 juin 1968.
6   « Vie et mort du poète Armand Robin », Rouen, *Paris-Normandie*, 5 juillet 1968.
7   « Armand Robin tel que je l'ai connu, *La Bretagne à Paris*, 15 novembre 1968.
8   « Ce cher Armand Robin », Tourcoing, *Bulletin du Centre dramatique du Nord*, 4ᵉ trimestre 1968.

Ainsi révélé à ceux qui ont cru le connaître, Robin devient le poète maudit que chacun célèbre, ne connaissant de lui que *Le Monde d'une voix*. Bernard Pivot célèbre « un poète foulé aux pieds », André Dalmas « un poète maudit malgré lui, d'une espèce nouvelle », Jean-Noël Vuarnet, « le dernier poète maudit », Xavier Grall, « l'autre maudit » (avec André de Richaud), et, en 1972, ultime consécration, Bernard Delvaille le fait entrer dans l'anthologie des *Poètes maudits d'aujourd'hui*.

Pierre Seghers en préface de cette anthologie expose les quatre conditions nécessaires pour faire partie des poètes maudits : le goût de l'absolu, les drogues, la folie, le suicide. Il va de soi que, selon la manière dont on considère le travail d'Armand Robin, il répond ou ne répond pas aux critères définis. Il serait facile de faire observer que l'expérience de la non-traduction est une expérience concrète, menée contre le goût de l'absolu tel que supposé porté par l'exercice poétique ; que Robin ne s'est jamais drogué ; que la dépersonnalisation qu'il a appelée et subie ne peut être assimilée à ce qu'on appelle folie ; que sa mort n'a pas été un suicide mais un assassinat provoqué par son arrestation ou une mort naturelle, due à des problèmes de santé. Cependant, *Le Monde d'une voix* suffit à prouver le goût de l'absolu, la drogue de la fatigue, la démence et le suicide en vie confirmé par la mort anonyme. Toutes les conditions sont donc remplies, et Bernard Delvaille pousse le portrait à ses extrêmes en associant Robin à des figures qui le grandissent : il y a en lui quelque chose de Gaspard Hauser, mais aussi de Peter Schlemihl, et aussi du comte de Saint-Germain ; son voyage en URSS ressemble à celui d'Artaud en Irlande : « la fatigue en tant que salut fut révélée à Armand Robin lors de son voyage en Russie en 1934[9] » et ce salut ouvre à son tour sur des révélations qui, au-delà de la folie, peuvent nous faire découvrir des réalités encore cachées.

---

9   *Témoignage chrétien*, 7 novembre 1968.

TRANSFORMATION DU POÈTE MAUDIT
EN PROPHÈTE

Pour lors, nous sommes déjà dans une deuxième phase de constitution du mythe : le poète maudit amène à la révélation des pouvoirs ésotériques du poète qui font de lui un prophète. On ne lit plus Robin, on se plonge dans un élixir ouvrant l'esprit aux révélations issues du fond des temps que son âme christique par son sacrifice a su libérer.

Cette fabrication ne s'est pas faite tout de suite. Elle apparaît pour la première fois, dès 1968, dans l'article de Xavier Grall, « J'ai écouté deux voix de la maison des morts ». Xavier Grall, journaliste catholique alors tout juste converti au nationalisme breton et posant lui-même au poète maudit, explique qu'Armand Robin a su « assumer tous les caractères de sa race » (la race bretonne). Suit une évocation fantasmatique de l'itinéraire de Robin :

> Il sera errant, poète et malheureux. Extraordinairement doué pour les langues (outre toutes les langues européennes, il connaissait l'arabe, l'uzbek, le chinois, le tchérémisse), il traînera ses godillots sur les chemins du monde, sans le sou, avant de revenir à Paris. Que va-t-il y faire ? Se terrer dans de misérables mansardes, y élever un écureuil, y rédiger un bulletin d'écoutes d'émissions étrangères (il aura le Vatican et l'Élysée pour clients). Il écrit, certes, mais pour lui, avec le désir de n'être pas connu (son premier recueil a nom « Poèmes indésirables »).

Pour finir, Xavier Grall appelle à rééditer enfin les introuvables *Poèmes sans moi* de Robin : tout est faux, aussi faux que le titre de *Ma vie sans moi* ainsi transposé, mais le critique de *Témoignage chrétien* n'a nul besoin de s'arrêter à pareilles vétilles : tout est devenu objet de foi – ce qui explique le retour de l'écureuil Goliath, convoqué pour rendre plus touchante la mansarde (misérable), attribut naturel du poète.

Encore un peu, Alain Bourdon lui-même orchestre une nouvelle vision du poète à partir de ses propres productions. Le point de basculement se situe dans les *Entretiens du polyèdre* donnés à la revue des jésuites *Études* : Robin y devient un « Breton anarchiste, polyglotte, et mystique ». C'est désormais le mysticisme qui explique l'étrange quête du Poète[10] ». Au traducteur Patrick Reumaux qui ose (injustement) faire observer que Robin faisait parfois « un contresens par ligne », Alain Bourdon répond qu'il n'y a pas lieu de « séparer Robin en deux personnages, un poète, un traducteur. Quand il traduit, c'est toujours en poète ». Inutile d'étudier ses traductions : la vérité poétique y descend comme l'esprit saint sur les apôtres. Pour la première fois, Alain Bourdon expose qu'à la fin de sa vie, Robin a trouvé enfin la voix qui était la sienne, en donnant des « petites choses et des instantanés », des poèmes sur les écureuils, sur les vaches et les serveuses de restaurant. Tout aboutit donc à cette poésie faite d'innocence. « Tellement pur, somme toute », comme le dit Henri Thomas en conclusion.

Sur cette base peut se développer un discours sur le désir de Robin de revenir à la langue de son enfance car sa souffrance vient de ce qu'on lui a appris à « désapprendre tout ce que le lait maternel lui a enseigné[11] ». Le 2 octobre 1970 a lieu une conférence d'Alain Bourdon et de Jean Guéhenno sur Armand Robin (deux Bretons pour parler d'un Breton) au centre Da Virviken à Sceaux, conférence largement publiée par *La Bretagne à Paris*. « Combien de Bretons depuis la nuit des temps n'ont-ils pas en secret montré le rêve – planétaire illimité – d'union, d'harmonie, de félicité répandue par toute la terre ? Pour Armand Robin en tout cas, ce fut la grande affaire » assure Alain Bourdon qui conclut : « Leçon digne de l'antique Celtie, pour que les hommes, tous les hommes, se réconcilient, l'entêtement d'Armand Robin coûte que coûte à transgresser les limites n'eut de fin qu'avec sa vie[12] ». Rapportant avec émerveillement cette conférence dans *Le Petit Bleu des Côtes-du-Nord*, Nicole-Cécile Braun loue Alain Bourdon qui a su souligner la « fidélité d'Armand Robin aux vertus de sa race[13] ».

10 Les entretiens du Polyèdre : Armand Robin, *Études*, janvier 1969, p. 83-103 (interventions d'Alain Bourdon, Henri Thomas, Jean Mambrino, André Dhôtel, Brice Parain et Patrick Reumaux).

11 Xavier Grall, « Restez ce que vous êtes fils de paysans terreux et nus, vous avez votre dignité », *Le Cri*, septembre 1969 (Grall rend hommage à Armand Robin, au « barde Glenmor » et au poète nationaliste Alain Guel, collaborateur de la presse autonomiste pronazie sous l'Occupation : il avait sous le nom d'Yves Jouanne consacré un article au *Temps qu'il fait*).

12 Alain Bourdon, « Chez les Bretons de Sceaux, Armand Robin (1912-1961), un Bas-Breton déraciné mais non pas sans racines », *La Bretagne à Paris*, 20 novembre 1970.

13 « À Da Virviken, une conférence sur Armand Robin », *Le Petit Bleu des Côtes-des-Nord*, 5 décembre 1970.

Désormais, dans *Le Pays breton*[14], dans la *Lettre d'Armorique*[15], dans les colonnes d'*Ouest-France*[16], mais aussi à la radio où, du 19 mai au 16 juin 1970, a lieu une série de cinq émissions sous le titre *Armand Robin, un scandale d'innocence*, émissions ensuite reprises par Alain Bourdon dans *Le Monde libertaire*[17], se développe le même portrait de prophète venu sauver le monde car inspiré par l'esprit de sa race. C'est ce que confie Alain Bourdon à Jean Kernevel, au cours d'un long entretien pour *Le Progrès de Cornouaille* :

> Armand Robin n'appartient à aucune école. Il appartient à beaucoup plus. Je le considère comme une sorte de résurgence d'une manière de sentir et de penser qui vient de très loin. Peut-être suis-je partisan en disant cela, étant de la même race et du même pays que lui. Il n'est pas d'une école mais de « vieille souche » comme il le disait… Ces vieilles souches sont celles sur lesquelles le pied de Jules César a buté quand il est entré dans les Gaules […]. Je crois qu'A. Robin appartenait à cette vieille Celtie dont Jean Markale a si bien parlé en exégète averti de la vieille pensée druidique et celtique.

Voici donc Robin ramené au culte des racines et à l'humus des origines : « Robin était aussi ancré dans notre civilisation occidentale chrétienne que dans son humus breton » et sa démarche était « décidément "christique"[18] ». Qu'il s'agisse de discours racistes à relents tout à la fois cléricaux et néopaïens plus qu'étranges pour célébrer un poète anarchiste, nul ne semble d'en aviser, pas même la rédaction du *Monde libertaire* qui diffuse imperturbablement cette version du mythe. Alain Bourdon officie comme le grand-prêtre : il emploie un ton humblement œcuménique et présente un poète qui est le Christ venu pour nous sauver. En 1978, les *Poètes maudits d'aujourd'hui*, qui ont connu un succès notable, sont réédités et, en 1980, Alain Bourdon fait entrer Armand

---

14 Alain Bourdon, « La vocation poétique d'un paysan breton. Hommage à Armand Robin », Rennes, *Le Pays breton* n° 163, juin 1971.

15 Abbé Tromeur, « Nous avions un grand poète et nous ne le savions pas. Armand Robin, 1912-1961 ». Quimper, *Lettre d'Armorique*, 1er février 1972.

16 Où le journaliste Alain Cabon s'indigne : « Celui qui passa sa vie à l'écoute de tous les pays n'est pas connu du sien » (bien que le journal *Ouest-France* ait jusqu'alors totalement ignoré Robin, au contraire de son rival *Le Télégramme*). « En Bretagne, Armand Robin, connais pas ! », *Ouest-France*, 18 août 1970.

17 Alain Bourdon, « Armand Robin ou un scandale d'innocence », *Le Monde libertaire*, juillet-août 1970.

18 Jean Kernevel, « Armand Robin, ce poète breton méconnu ». Quimper, *Le Progrès de Cornouaille*, 8 et 15 janvier 1972.

Robin dans la collection « Poètes d'aujourd'hui », prestigieuse collection créée en 1944 par Pierre Seghers afin de rassembler la fine fleur de la poésie mondiale.

Ce volume mérite que l'on s'y arrête puisqu'il demeure, à près d'un demi-siècle de distance, avec *Le Monde d'une voix*, la référence obligée, l'unique essai délivrant la vérité sur Armand Robin. Intitulé *Armand Robin ou la Passion du Verbe*, ce qui en résume bien la teneur, il présente Robin sous les traits d'un prophète guidé par une révélation : il lui faut « s'immoler à la poésie[19] », devenir un « poète de combat[20] » afin de sauver la Parole. En effet, Alain Bourdon expose la tragédie de l'homme : « Or voici que le monde est saisi d'effroi. L'impression dominante est que la voix ne porte plus. Le sentiment envahit l'homme qu'en dépit de succès indéniables, de triomphantes théories, de victorieux systèmes (mais dépassés, démystifiés maintenant !) il se trouve tout à coup dépossédé de son principal potentiel d'énergie. Nouvel Adam, "ensommeillé de puissance perdue", va-t-il se retrouver nu, désarmé ? La Grâce l'a-t-elle abandonné une fois de plus[21] ? » Par chance, Robin, « couronné d'épines », reçoit « révélation de la Parole dans le buisson ardent du *Temps qu'il fait*[22] ». Il comprend que « ce que Babel attend, c'est qu'au-dessus des langages qui sèment la confusion la parole s'élève d'un traducteur véritable, d'un traducteur capable d'inventer des rapports, d'inventer des accords de bon aloi[23] », et les poèmes d'Armand Robin qui se « fraient *passage* comme autant de *traductions* successives » sont « la Parole muette qui seule sait parler ». En conclusion, « avec l'éclat d'une pathétique innocence, l'œuvre d'Armand Robin – *ars rediviva* – *traduit* le *pari* que font les hommes sur l'existence et proclame leur volonté d'accomplissement par l'Esprit, par la parole, par la Résurrection du Verbe[24] ».

Le ton liturgique est de rigueur pour célébrer l'ultime métamorphose du Poète : de poète excentrique en poète maudit puis de poète maudit en prophète, Robin s'est changé en Christ venu sauver le Verbe. Face à ce miracle, on serait malvenu de faire observer que, dans la cinquantaine de textes donnés pour illustrer la démonstration seuls subsistent neuf poèmes

---

19 *Armand Robin ou la Passion du Verbe*, Paris, Seghers, 1980, p. 54.
20 *Ibid.*, p. 7.
21 *Ibid.*, p. 85.
22 *Ibid.*, p. 63. Le chapitre s'intitule « Ecce homo ».
23 *Ibid.*, p. 88.
24 *Ibid.*, p. 89.

traduits, mêlés à une trentaine de poèmes et fragments extraits de l'édition du *Monde d'une voix*. La traduction vient se fondre dans une résurrection du *Monde d'une voix* qui se clôt sur de gracieuses bluettes animalières, « Les sorciers écureuils », « La vache », « La tortue », à quoi s'ajoute, bien sûr, « La restaurantière ». Le Christ ressuscité a su rester simple : Armand Robin est devenu le Poète qu'Alain Bourdon aurait pu rêver d'être. Il règne désormais sur toutes les productions, éditions, rééditions, conférences, émissions, expositions et films provoquant une inflation critique croissante.

APOTHÉOSE

En effet, en 1979, un jeune éditeur de Charente consacre l'un de ses « cahiers trimestriels de littérature » à Robin, réédite *La Fausse Parole* ainsi que la traduction de *Roméo et Juliette au village* de Gottfried Keller trouvée dans le fonds Robin, et *Les Poèmes indésirables* offerts en prime pour tout acheteur du lot. Ces éditions, imprimées avec soin, connaissent un grand succès, et l'un des responsables, Georges Monti, prenant son autonomie, fonde une nouvelle maison à l'enseigne du Temps qu'il fait. Suivent trois autres publications : *André Ady, poèmes*, *Le Cycle séverin*, et un choix de textes épars sous le titre *L'Homme sans nouvelle*, en 1981, au moment où le volume de la collection Poètes d'aujourd'hui paraît chez Seghers. En 1980, la revue *Les Cahiers bleus* consacre deux numéros spéciaux à Armand Robin sous la direction d'Alain Bourdon ; un ami de Robin, Marcel Laurent, lui consacre un essai, *Armand Robin ou la poésie poignante*[25] et Charles Le Quintrec un chapitre de son *Anthologie de la poésie bretonne* parue aux Éditions de la Table ronde ; un professeur au collège de Carhaix, Jean Bescond, organise une exposition itinérante accompagnée de conférences et visites guidées sous la direction d'Alain Bourdon, lequel multiplie les rencontres, les articles et les interviews.

Au total, de 1979 à 1982, plus de 180 articles ou émissions célèbrent l'avènement du Poète – et ce n'est encore rien car, en 1985, le film vidéo de Jean-Paul Fargier, *Robin des voix*, et le film de Jean-François Jung, *Le Monde d'une voix : un Faust des ondes*, diffusé sur FR3, produisent une

---

25 Essai publié à compte d'auteur.

inflation critique sans précédent. Le film est retransmis simultanément sur France-Culture, Radio-France Armorique, Radio-France Vaucluse, Radio-France Bretagne-Ouest, Radio-France Lyon. Il offre très exactement l'illustration du volume de la collection Poètes d'aujourd'hui : Robin, « le Faust des ondes », incarne le combat contre le Mal, la lutte pour la Vérité. Quelle Vérité ? La Vérité.

Chose frappante, à étudier les articles produits à l'occasion de l'émergence de l'œuvre de Robin (puisque des livres jusqu'alors introuvables font alors leur apparition), ces livres eux-mêmes ne suscitent pas de commentaires – non qu'ils soient passés sous silence : au contraire, ils sont mentionnés, mais comme élément d'un ensemble qui, seul, leur donne sens. Ainsi, la réédition de *La Fausse Parole*, qui est à l'origine de cette considérable expansion de la fortune posthume de Robin, aboutissant à sa transformation en Faust des ondes avec bulletins d'écoute, poste de radio, et fabuleuse légende à l'appui, n'est l'objet d'aucune analyse, à part celle de Pierre Enckell dans *Les Nouvelles littéraires*[26].

En fait, l'un des premiers articles publiés suffit à donner la teneur de l'ensemble : intitulé « Armand Robin ou le prophète oublié[27] », il est suivi par un article rigoureusement complémentaire de Bernard Guillemot dans *Ouest-France* : « Tel qu'en lui-même enfin l'éternité le change, Armand Robin lu et vu par Alain Bourdon ». Tous deux reprennent la mythobiographie bourdonnienne : il est clair, à les lire, comme à lire les autres commentaires, que les livres réédités ne servent plus que d'illustration à l'appui du discours critique tel que repris à partir de l'élaboration du mythe. Bien que dénués de valeur poétique, *Les Poèmes indésirables* sont publiés pour prouver le Poète. C'est d'ailleurs ce qu'écrit l'éditeur en quatrième de couverture :

> Dans le climat troublé de la Libération, Armand Robin n'hésita pas à demander sa propre inscription sur la liste noire du Comité national des écrivains, comme il s'était appliqué à se dénoncer lui-même comme *indésirable* (c'est-à-dire inopportunément authentique), à adresser à la Gestapo et aux comités d'épuration, sous son nom, des lettres pour leur dire leur fait, à proposer son secours pour son propre anéantissement.
>
> Ces textes, s'ils ne sont pas des chefs-d'œuvre poétiques, témoignent au moins de cette déconcertante façon de lutter pour la vérité.

---

26 « Armand Robin le ricaneur », *Les Nouvelles littéraires*, 13-20 décembre 1979.
27 Hélène Rouquette, *Sud-Ouest*, le 13 janvier 1980.

Cette présentation est, bien sûr, inexacte, mais pourquoi l'éditeur des *Poèmes indésirables* donnés comme compléments de *La Fausse Parole* aurait-il mis en doute les affirmations d'Alain Bourdon ? C'est ce dernier qui ouvre le « cahier trimestriel de littérature » consacré à Robin et qui, de plus, donne un texte pour ouvrir chaque chapitre de la revue – une revue qui, par ailleurs, témoigne d'un vrai travail de recherche : les articles de Maurice Blanchot et de Philippe Jaccottet sont mis en relation avec, pour la première fois, un grand nombre d'extraits du fonds Robin... Les archives s'ouvrent, des textes de jeunes auteurs viennent renouveler l'approche de l'œuvre, le travail de critique, d'écoute et de traduction de Robin est enfin pris en compte ; la présentation soignée, la recherche bibliographique donnent l'impression d'assister à une ouverture vers un travail éditorial qui permettrait d'échapper au mythe. Mais ce n'est là qu'une apparence car, bien au contraire, les recherches, si honnêtes soient-elles, sont mises au service du mythe. Alain Bourdon, triomphant, le proclame dès la première page : enfin Robin reparaît et désormais « l'œuvre qu'il a laissée, l'œuvre qu'il tenait comme une épée à son flanc, surgit aujourd'hui de l'oubli dans l'éclat de la pureté, brandit la flamme de son chant » ; chef celte « investi de la puissance divine », il est « druide », « prince en Barbarie », « redéfrichant la voie effacée d'un orphisme populaire[28] ». Gérard Meudal, jeune certifié, explique qu'en effet, Robin, pur Celte d'Armorique, a su assumer « son rôle de barde de la tribu » et « étendre à l'humanité tout entière sa tâche de Porte-Parole[29] », André Dhôtel, romancier reconnu, dont la carrière, totalement opposée à celle de Robin, est alors à son apogée[30], évoque « l'anarchisme d'Armand Robin » et Georges Monti trace un portrait de rebelle résistant sous l'Occupation et condamné par le CNÉ à cause des *Poèmes indésirables*. Toutes les fables auxquelles il aurait été impossible de croire si les textes avaient été rendus disponibles sortent renforcées par le consensus, et la multiplication des points de vue ne sert qu'à focaliser l'attention sur les mêmes lieux communs que les textes mêmes viennent consolider : pourquoi publier les six poèmes du *Cycle séverin* accompagnés de « La restaurantière » ? Parce qu'il faut qu'un poète ait

---

28 « Armand Robin ou un scandale d'innocence », *Armand Robin multiple et un*, p. 5-12.

29 « Armand Robin et l'épopée celtique », *ibid.*, p. 37.

30 Grand prix de Littérature de l'Académie française en 1974 ; Grand prix national des Lettres en 1975.

produit des poèmes. *L'Homme sans nouvelle*, fait de bric et de broc (huit textes, tantôt issus du fonds Robin, tantôt pris au hasard des revues, en mêlant dates et sujets) semble incompréhensible, sauf à vouloir montrer que Robin a aussi produit des proses poétiques. Les traductions d'Ady, non mises en contexte, non situées dans l'expérience de non-traduction, servent aussi de preuve : la poésie englobe même la traduction. Tout vient confirmer le Poète et alimenter l'inflation mythobiographique.

OPPOSITION

Plus que toute autre publication, la réédition de *La Fausse Parole* a contribué à étayer le mythe du poète rebelle depuis les origines et décrypteur des propagandes staliniennes à partir de son retour d'URSS. Comment douter de la parole de Robin confortée par tant de témoins unanimes, Alain Bourdon et Jean Guéhenno, entre autres ? Au moment où je me suis trouvée donner l'édition de *La Fausse Parole*[1] et participer aux « cahiers trimestriels de littérature » de *Plein Chant*, je me posais déjà quelques questions. Découvert au cours de vacances à Rostrenen, Armand Robin m'apparaissait toujours comme un poète anarchiste, résistant sous l'Occupation, rebelle jusqu'à sa dernière heure – je ne mettais pas en doute les affirmations d'Alain Bourdon et n'avais alors, pas plus que quiconque, la possibilité de le faire, les bulletins d'écoute n'étant pas librement communicables – mais c'était surtout, à mes yeux, un poète qui avait eu l'immense mérite de chercher des voies de traverse : d'une part, au lieu de s'enfermer dans une œuvre de poète, il avait utilisé les langues étrangères pour ouvrir la poésie à la traduction ; d'autre part, il avait inventé un métier qui lui assurait une totale liberté, et sa poésie me semblait être aussi à chercher dans les bulletins d'écoute – raison pour laquelle je m'étais livrée prioritairement à la recherche de ces bulletins.

La lecture des deux *Monde d'une voix* m'avait d'entrée de jeu amenée à m'interroger sur le travail d'édition des manuscrits d'Armand Robin, et le fil directeur de mon mémoire de maîtrise était d'ores et déjà le constat qu'il existait une incompatibilité entre les textes de Robin (tel qu'il était possible de les connaître, tout au moins) et les discours tenus à leur propos, ou plutôt à propos du poète maudit partout promu. Enfin, Henri Thomas m'ayant expliqué qu'il était allé avec Alain Bourdon prendre les « archives Robin » dans les caves des éditions Gallimard où

---

1   Que les éditions Le Temps qu'il fait m'ont ensuite heureusement permis de corriger.

elles étaient entreposées, il m'avait semblé légitime de demander à pouvoir consulter l'ensemble du fonds, ce qui m'avait été refusé : ce n'était pas mon sujet. Si ce refus pouvait se justifier par le fait que je devais donner une édition de *La Fausse Parole* et donc me consacrer prioritairement à l'étude des bulletins d'écoute, en revanche, les restrictions apportées à la communication des bulletins (qu'il fallait aller faire photocopier par deux ou trois, à grand prix et sous surveillance chez le photographe du coin) interdisaient tout travail sérieux.

C'est l'impossibilité d'avoir accès dans des conditions normales à une collection complète de bulletins d'écoute et aux archives recueillies par Claude Roland-Manuel qui m'a amenée à protester et demander à Alain Bourdon de déposer ce fonds en bibliothèque ou le restituer aux éditions Gallimard. Cette requête a provoqué l'indignation des membres de la Société des Amis d'Armand Robin qui, à dire vrai, se serait plus justement appelée Société des Amis d'Alain Bourdon, ce qui est devenu plus vrai encore suite à ma requête, la solidarité rassemblant tous ceux qui, éditeurs, journalistes, revuistes ou universitaires avaient bénéficié des services d'un président toujours prêt à prêter, voire offrir, tel ou tel inédit extrait du fonds Robin.

Si la fabrication des successifs *Monde d'une voix* posait question, le fait que toute question à ce propos ait été interdite par la mise sous clé du fonds donnait à supposer que la fabrication du livre et la fabrication du Poète allaient de pair et reposaient sur un même désir de soumission au lieu commun contre les textes. C'est alors que j'ai décidé de publier les textes d'Armand Robin épars en des dizaines de périodiques et de soutenir une thèse qui permette de donner à comprendre comment une expérience littéraire hors norme avait pu se dérouler, et comment elle avait été occultée par la prolifération d'une étrange construction mythobiographique.

Un quart de siècle après, l'expérience littéraire d'Armand Robin reste tout aussi invisible, et ces éditions également rendues invisibles, ont, faute de mieux, l'intérêt de montrer comment un contre-discours peut trouver à se faire entendre, y compris en passant par les canaux les plus officiels (l'université, les éditions Gallimard, la presse nationale), pour être néanmoins peu à peu mis au service du discours dominant, le mythe du Poète finissant par écraser tout ce qui lui fait obstacle.

ÉCRITS OUBLIÉS

Bien timidement au début – dans ce numéro de la revue *Plein Chant* et en quelques articles, puis en deux volumes complémentaires d'*Écrits oubliés* donnés aux éditions Ubacs en 1986 (à quoi s'ajoutait la publication de *Savva Groudzine*, une nouvelle d'Alexeï Rémizov et un numéro spécial de la revue *Obsidiane* sur le travail de traduction d'Armand Robin) –, une vision totalement différente a pu se faire jour : le premier volume d'*Écrits oubliés*, qui rassemblait les essais critiques et articles divers de Robin, permettait de suivre un itinéraire résumé année après année ; le second volume, qui rassemblait les traductions, donnait la partie traduite de *Ma vie sans moi* et permettait de suivre, en marge des deux volumes de *Poésie non traduite*, l'expérience de la « non-traduction ». Considérant que Robin avait récusé toute biographie, et que c'est, de fait, à partir de cette absence que cette expérience de passage par les poésies de toutes langues prenait son sens, j'avais situé les textes dans leur contexte – ce contexte que, dès 1961, les commentateurs s'étaient prioritairement efforcés d'effacer. Sans doute est-il regrettable que les textes aient dû être répartis en deux volumes séparant critique et traduction mais ces deux volumes pouvaient être lus en miroir.

En 1986, au moment où, par la vertu des films de Jung et Fargier, le mythe du Poète rayonnait avec une puissance inégalée, les textes ainsi rassemblés ouvraient sur une compréhension toute différente du travail d'Armand Robin :

- La fable de l'invention du métier d'écouteur en chambre (fable nécessaire pour entretenir le mythe du poète prophète voué au martyre) cédait devant la réalité, à savoir l'emploi d'écouteur au ministère de l'Information en 1941.
- Les affabulations au sujet de la Gestapo, la clandestinité sous l'Occupation et autres manifestations d'un anarchisme militant cédaient, elles aussi, devant la réalité d'un travail poursuivi au grand jour, à *Comœdia* et la *NRF* de Drieu, puis poursuivi à *La Nation française* et autres publications de droite ou d'extrême droite.

- L'adhésion à la Fédération anarchiste apparaissait tardive et limitée dans le temps, cependant que la collaboration à *La Nation française* appelait une lecture attentive des bulletins d'écoute.
- La croyance en un travail allant vers son accomplissement et menant à la révélation finale du poète par *Le Monde d'une voix* ne tenait plus puisque la lecture des textes retrouvés, une fois situés dans la chronologie jusqu'alors brouillée, montrait que tout s'organisait autour d'une crise très violente et d'une période vide de toute publication. Après 1944, Armand Robin ne faisait plus que se survivre, et c'est par cette absence que se poursuivait l'expérience de dépossession de soi annoncée par *Ma vie sans moi*.
- Le travail de critique des premières années était inséparable du travail de traduction et des fragments publiés dans *Le Monde d'une voix*.

Il était donc indispensable d'avoir accès aux archives pour comprendre ce travail ; or, ces archives étaient interdites. Les *Écrits oubliés* appelaient une autre édition des œuvres de Robin, une édition qui aurait pris en compte les fragments, les critiques et les traductions sans distinction de genre. Cette édition n'a jamais vu le jour et les *Écrits oubliés* n'ont émergé que le temps d'être louangés, puis à nouveau oubliés et démantelés pour nourrir le mythe.

En dépit du tir de barrage organisé par la Société des Amis d'Armand Robin, loin d'être ignorés par la critique, les *Écrits oubliés* ont bénéficié d'échos très favorables. Les 17 articles qui leur ont été consacrés ne se contentent pas tous de plaquer la mythologie bourdonnienne sur des écrits supposés appeler « la résurrection par le Verbe » comme le font Patrice Delbourg dans *L'Événement du jeudi*[2], Pierre Drachline dans *Le Monde des livres*[3], Claudie Challier dans *Livres de France*[4] et René Mouraud dans *Arguments*[5]. Pour la première fois, aussi bien Kerdaniel et Pierre Avez dans *Le Télégramme*, Thierry Guidet dans *Ouest-France*, Jean-Marie Le Sidaner dans la *NRF* et Guy [sans doute Guy Benoît]

---

2   « Armand Robin : mobilisation générale des mots » : « Opposant-né, concevant l'existence comme une malédiction, décollé de la réalité, Armand Robin réchauffait tout contre son cœur le goût fatal de l'absolu », *L'Événement du jeudi*, 19-25 juin 1986.

3   « Armand Robin l'indésirable », *Le Monde des livres*, 13 juin 1986.

4   « Armand Robin anarchiste de la grâce », *Livres de France* (supplément Bretagne) n° 12, novembre 1986.

5   « Armand Robin, l'anarchiste de la grâce », *Arguments* n° 9, automne 1986.

dans *Le Libertaire* s'efforcent de rendre vraiment compte des textes. Plus vigilant encore, Marcel Bisiaux, qui a été le premier à consacrer une étude à Armand Robin lui-même et fut le rédacteur en chef des *Cahiers des saisons*, met en lumière l'ouverture sur une œuvre encore à découvrir :

> Quels éclats surprenants, à travers tant de textes apparemment divers, sur vingt-cinq ans de vie littéraire, principalement autour de la *NRF* entre 1935 et 1960 !
> L'honnêteté de ce rassemblement méticuleux de textes, à la fois modeste et autoritaire, doit permettre de se faire une idée enfin plus précise de ce que fut exactement Robin et de l'importance de *tout* ce qu'il a écrit. Car ici justement c'est l'extrême diversité des textes, et leur chronologie, qui fait surgir, plus exacte que jamais, l'image de l'écrivain et de ce qu'il a tenté (et non tenté). Qui permet de mieux cerner (il n'aurait pas aimé ce mot) cet homme en proie à tant de contradictions, à tant de langages, à tant d'envies, à tant de refus, dans une quête ardente et permanente de tout ce qui peut s'exprimer[6].

Il faudrait signaler aussi un remarquable article d'Hélène Sinany sur la réédition de *Savva Groudzine*[7] (réédition qui fut classée par *La Quinzaine littéraire* au nombre des meilleurs livres de 1986[8]).

Mais, au même moment, les éditions Gallimard rééditaient *Le Temps qu'il fait* dans la collection L'Imaginaire. Or, la réédition est précédée d'une préface anonyme qui mérite d'être citée in extenso puisque cette édition du *Temps qu'il fait* sert, à l'heure actuelle encore, avec *Le Monde d'une voix*, de texte de référence[9].

La notice s'organise en trois parties, comme il fallait s'y attendre. D'abord, la jeunesse…

> Armand Robin est né en 1912, dans une ferme de Plougervenel (Côtes-du-Nord). Il est le huitième enfant. Jusqu'à son entrée à l'école, il ne parle que le dialecte de son pays natal, le fissel. Il fait des études secondaires, manifeste un don prodigieux pour les langues. Il échoue au concours d'entrée à Normale supérieure, mais obtient une bourse pour poursuivre ses études à la Faculté de Lyon. En 1934, il voyage en U.R.S.S. et revient déçu. En 1936, la première partie du *Temps qu'il fait* est publiée dans la revue *Europe*. Admissible à l'agrégation, Armand Robin, à l'oral, se livre à des facéties qui le font recaler.

---

6   « Contre l'oubli », *La Quinzaine littéraire* n° 476, 16-31 décembre 1986.
7   « A. Remizov en traductions », *La Pensée russe*, 19 septembre 1986.
8   *La Quinzaine littéraire* n° 476, 16-31 décembre 1986.
9   Je le donne tel quel, avec ses fautes d'orthographe.

Puis l'invention (avant-guerre) du métier original et du travail pour la Résistance :

> Il va se trouver un métier original. Grâce à son don des langues et à un poste de radio perfectionné, il va rédiger un bulletin d'écoutes auquel s'abonnent les journaux, divers ministères et organismes. Il se marie en 1940, mariage qui devient vite malheureux. *Le Temps qu'il fait* paraît en 1942. Il apprend le chinois, l'arabe, le finlandais, le hongrois. Il traduit le théâtre de Goethe pour « la Pléiade ». À la Libération, bien qu'il ait fait des écoutes pour la Résistance et ait été dénoncé à la Gestapo pour ses propos anti-hitlériens, il est mis sur la liste noire du Comité national des écrivains. Ulcéré, il rejoint la Fédération anarchiste.

Et enfin, les grandes traductions et la mort mystérieuse :

> En 1946, il publie ses *Poèmes indésirables* aux Éditions Anarchistes et ses traductions du poète hongrois Ady. Puis il traduit de grands poètes russes et le Persan Omar Khayam. En 1953, paraissent *Fausse parole* et *Poésie non traduite*. Au début des années soixante, il est malade, il a des dettes, il étudie le droit canon pour essayer de faire annuler son mariage en cour de Rome. Il disparaît de son domicile le 27 mars 1961. Le 30 mars, il meurt dans des circonstances mal élucidées à l'infirmerie spéciale du Dépôt. En 1968 est publié *Le Monde d'une voix*, dernier témoignage de ce grand et étrange poète contemporain.

Comme on peut le voir, la notice « La vie et l'œuvre » d'Alain Bourdon est reproduite avec plusieurs erreurs supplémentaires : à son tour, *Le Temps qu'il fait* se change en complément du *Monde d'une voix*, et vient étayer la mythobiographie.

Du fait que la plupart des articles font la part belle au *Temps qu'il fait*, les *Écrits oubliés* sont, eux aussi, mentionnés en quelque sorte à l'appui de l'unique roman du Poète qui renvoie au *Monde d'une voix*. Gérard Meudal fait son entrée dans les colonnes de *Libération*, dont il deviendra l'un des critiques littéraires, en écrasant les *Écrits oubliés* sous le poids du *Temps qu'il fait* et de l'œuvre découverte, écrit-il, grâce à Henri Thomas et Alain Bourdon, puis Georges Monti. À l'en croire, les écrits de Robin n'ont jamais été oubliés et le titre est donc inadéquat ; de plus, le critique reproche au tome II des *Écrits oubliés* de ne pas rassembler les traductions de Goethe, de Shakespeare et d'Omar Khayam (lesquelles sont toutes, il ne l'ignore pas, encore disponibles et tiendraient difficilement en un seul volume). Ne pouvant se plaindre de voir paraître des textes de son auteur de prédilection, la Société des

amis d'Armand Robin – qui, pendant des années, s'est accommodée de
l'absence des textes – reproche à l'édition de ne pas être exhaustive : les
deux volumes (422 pages pour le premier, 258 pour le second) ne font
pas le poids. Mais l'article de Gérard Meudal est surtout intéressant par
la manière dont le critique (qui a dès l'origine relayé le portrait du poète
maudit né de la Celtie tel qu'Alain Bourdon l'a mis en œuvre dans la
revue *Plein Chant*) reprend mes propos au sujet de la fabrique du poète
maudit pour mieux lui donner corps, y compris en la pimentant de
quelques trouvailles comme la connaissance du « tchérémisse ancien » :

> Armand Robin est le poète maudit idéal. Il réunit tous les ingrédients
> du mythe : une naissance obscure dans une famille de paysans illettrés, les
> singularités d'un original qui connaissait une bonne vingtaine de langues
> comme le tchérémisse ancien ou le ouïghour, une œuvre étrange volontai-
> rement laissée en friche, ses provocations effrontées à l'égard de la Gestapo
> pendant la guerre, puis du Comité national des écrivains chargé de l'épuration
> à la Libération, son manque total d'opportunisme, son opposition viscérale
> à toute forme de pouvoir, enfin, une mort prématurée et très suspecte lors
> d'un passage dans un commissariat de police[10].

Le poète maudit tel qu'Alain Bourdon l'a fabriqué n'est plus vraiment
plausible après la parution des *Écrits oubliés*, mais, comme ces croyances
auxquelles il n'est plus possible de croire, il a pour effet, jouant un rôle
religieux au sens premier, de fédérer les fidèles autour du grand prêtre.
Encore un peu et Alain Bourdon organise un colloque afin de rassembler autour de lui les « vrais spécialistes » d'Armand Robin : par ordre
alphabétique, J. Balcou, A. Bourges, V. Fagone, J.-P Fargier, P.-J. Hélias,
J.-F. Jung, J.-M. Le Sidaner, J. Martin, G. Meudal, A. Mansat, G. Monti,
B. Pierre, D. Radufe, P. Zirkuli. Le colloque, qui se tient les 1er, 2 et
3 mai 1987 à Saint-Malo, a pour titre « Armand Robin, paysan breton et poète sans passeport ». On y étudie en introduction, par la voix
d'Alain Bourdon, « le poète rencoigné dans son authentique vie » ; puis
trois thèmes :

— « Prendre la parole au nom de ceux qui ne l'ont pas » (avec étude
  d'« Une journée », de *Ma vie sans moi*, de *Quatre poètes russes*),
— « Babel : la parole piégée (langue de bois) et la parole en liberté
  (l'océan des voix), (avec étude des bulletins d'écoute, des *Poèmes*

---

10 « Armand Robin à temps complet », *Libération*, 19 août 1987, p. 22.

indésirables, de *Poésie non traduite*, de *Poésie sans passeport* et des *Poèmes d'André Ady*) puis l'ouragan des voix (avec étude de *La Fausse Parole* et du *Monde d'une voix*).
— L'aventure sans fin (le Poète aboli) (avec étude du *Monde d'une voix*, du *Cycle séverin* et de *L'Homme sans nouvelle*).

Ainsi l'œuvre rééditée par les éditions Le Temps qu'il fait vient-elle s'inscrire dans la mythobiographie pour mener au *Monde d'une voix* complété par deux appendices. Les *Écrits oubliés* restent oubliés.

Ce colloque, accompagné par la projection des films de Jean-Paul Fargier et Jean-François Jung, qui continuent de provoquer une prolifération d'articles (souvent peu favorables, d'ailleurs, mais les critiques ne portent jamais sur la teneur des films et la manière d'orchestrer les thèmes du mythe), est plus important qu'on pourrait le penser : il donne à la mythobiographie statut universitaire par la présence de professeurs, dont Jean Balcou, professeur à l'université de Brest, qui la prolonge, avec une autre collègue, Denise Martin, dans la très officielle *Histoire littéraire et culturelle de la Bretagne*, publiée conjointement la même année par le CRBC, les éditions Champion et Slatkine.

PUBLICATION DE L'ŒUVRE ENGLOUTIE

En 1988, peu avant ma soutenance, Robert Gallimard m'apprend soudain qu'Alain Bourdon a enfin accepté de restituer le fonds Robin. Ayant pu l'archiver, j'y découvre le manuscrit des *Fragments* qui fait voler en éclats *Le Monde d'une voix*. Mes trois volumes de thèse ouvrent, en fait, sur quatre volumes d'annexes qui offrent chacun un projet de publication. Le dernier volume d'annexes est consacré à un compte rendu du travail d'archivage effectué pour les éditions Gallimard et un projet d'édition des *Fragments*. Robert Gallimard, qui est membre de mon jury, en prend en charge la publication : elle a lieu en 1992 dans la collection Blanche.

Toute une part de l'expérience de non-traduction, jusqu'alors considérée comme disparue, à savoir le travail d'Armand Robin pour la radio, a été retrouvée, notamment par Dominique Radufe au cours de ses recherches à l'INA, et nous avons pu disposer non seulement du texte de ces émissions (certaines d'entre elles figurant dans le fonds Robin) mais des enregistrements. Claude Roland-Manuel, qui les croyait perdues, m'a donné son témoignage, que j'ai pu compléter par celui de l'acteur Jean Négroni. La deuxième annexe de ma thèse présente le projet de publier ces émissions en reproduisant graphiquement le travail d'entrelacement des langues : l'édition de *Poésie sans passeport* verra le jour peu après mais, malheureusement, sans le CD qui aurait pu donner à entendre les meilleurs passages des émissions[11].

En 1988, Dominique Radufe a soutenu son mémoire, *Armand Robin écouteur*, qui fait le point sur le travail d'écoutes. Pour la première fois, à partir d'une étude précise de la collection de bulletins d'écoutes que nous avons pu rassembler, il donne la liste des abonnés, le nombre de langues écoutées, les explications fournies par Robin à ce propos, les informations disponibles sur le travail d'écouteur au ministère de l'Information, les liens avec les revues et autres lettres confidentielles : cette fois, c'est la mythologie entretenue au sujet du mystérieux métier en chambre, cause du martyre du poète, qui vole en éclats. Du volume d'annexes qui fait le point à ce sujet et propose une édition des textes retrouvés par Dominique Radufe résulte l'édition de la chronique de *Combat* intitulée *Expertise de la fausse parole*[12].

Ma thèse étant disponible sous forme de microfiches dans toutes les universités, je ne cherche pas à la publier[13] : l'essentiel est pour moi de donner à lire les textes d'Armand Robin et de l'amener ainsi à témoigner pour lui-même. Il me semble alors que le mythe va céder et que l'avatar de Robin, fabriqué à partir de sa mort, va laisser place à une prise en compte d'une expérience littéraire hors norme, sans exclure les errements d'un auteur qui, de fait, n'existait que dans la mesure où il n'existait pas. Pour suivre cette expérience, il suffisait de s'appuyer sur les notices des *Écrits oubliés* ou de prendre connaissance des volumes de thèse où textes et références étaient donnés.

Or, trente ans après, ces travaux de recherche sont restés lettre morte et ces volumes, épuisés, indisponibles sauf en bibliothèque, ont tous

---

11 *Poésie sans passeport*, textes rassemblés et présentés par Françoise Morvan, témoignages de Claude Roland-Manuel et Jean Négroni, Rennes, Ubacs, 1990.

12 *Expertise de la fausse parole*, préface de Dominique Radufe, Rennes, Ubacs, 1990.

13 Une petite édition est néanmoins parue aux Presses universitaires de Lille. Atelier de reproduction des thèses, Université de Lille, 1990.

disparu ; les *Écrits oubliés* ont donné lieu à un recueil intitulé *Le Combat libertaire*, les *Fragments* ont été remplacés par *Le Monde d'une voix*, et c'est l'avatar de Robin qui triomphe, proliférant et s'engendrant lui-même jusqu'à l'infini sur la Toile.

ÉLIMINATION DES PUBLICATIONS

Lorsque paraissent les *Fragments*, la mythobiographie ne peut plus être crue, pas plus que *Le Monde d'une voix* ne peut être donné pour œuvre poétique d'Armand Robin sauvée telle quelle d'un « total naufrage ». Or, alors même que les *Fragments* (comme les *Écrits oubliés*) font l'objet d'articles généralement élogieux, alors même qu'ils comptent, plusieurs semaines de suite, au nombre des livres recommandés par *La Quinzaine littéraire* et par *L'Événement du jeudi* et que des émissions sur France-Culture permettent de rendre compte du problème des manuscrits d'Armand Robin, le discours critique, même bienveillant, ne sert qu'à renforcer la mythobiographie qui s'est, en quelques années, encore solidifiée : seul, le journaliste Roger Laouenan constate dans *Le Télégramme* qu'« avec *Fragments*, F. Morvan remet en question l'approche communément admise de Robin » mais sans exposer en quoi. Renaud Matignon dans *Le Figaro*[14], Jérôme Leroy dans *Le Quotidien de Paris*[15], Jean-Marc Raynaud dans *Le Monde libertaire*[16] et Patrice Delbourg dans *L'Événement du jeudi*[17] se bornent à reprendre l'habituelle biographie du poète maudit. Les *Fragments* ne sont pas lus : comme *La Fausse Parole*, ils servent de nouvelle *preuve à l'appui*, destinée à venir consolider l'objet du culte. Ils sont anéantis d'avance par la foi. La censure s'exerce ainsi d'abord par enlisement du texte sous le lieu commun.

Mais elle s'exerce aussi, chose sans exemple jusqu'alors dans la production de discours critiques, par l'agression visant à réduire le texte à néant. Le livre est paru aux éditions Gallimard, il remet en cause le texte

---

14   « Armand Robin : des mots comme des cailloux », *Le Figaro*, Cahier national n° 2, 2 mars 1992.
15   « Armand Robin, souvenirs d'un irréparable désastre », *Le Quotidien de Paris*, 11 mars 1992.
16   « *Fragments*, Armand Robin », *Le Monde libertaire*, 19 au 25 mars 1992.
17   « Le vrai visage d'Armand Robin », *L'Événement du jeudi*, 9 avril 1992.

fondateur, *Le Monde d'une voix*, et l'opposition pour lors s'organise à partir de deux lieux de pouvoir : d'une part, le groupe rassemblé autour d'Alain Bourdon dont Gérard Meudal se fait le porte-voix dans *Libération* ; d'autre part, la Société des lecteurs de Jean Paulhan, véritable lobby poursuivant l'œuvre de Jean Paulhan à partir des réseaux qu'il avait tissés. La Société des lecteurs de Jean Paulhan publie, entre autres, sa correspondance ; elle avait pour but en 1988 de publier la correspondance Robin-Paulhan (correspondance accablante tant pour Robin que pour Paulhan, redoutable maître du jeu, dont les réponses sont perdues). Cette publication aurait été désastreuse en un temps où les textes de Robin étaient introuvables et où les personnes mises en cause étaient vivantes – elle était désastreuse, de toute façon, dès lors que Robin avait demandé le droit à l'inexistence. Annie Guéhenno, qui partageait mon avis sur la question, m'avait accompagnée à l'assemblée générale de la Société des lecteurs de Jean Paulhan où j'avais pu exposer les motifs de mon opposition au projet. Nous avions eu, au moins provisoirement, gain de cause, mais Claire Paulhan s'était offensée de cette opposition. Ainsi s'explique son article « Armand Robin en éclats », expression extrême de la mobilisation de l'institution.

Les articles de Gérard Meudal et de Claire Paulhan sont à lire comme deux faces du même : il s'agit de faire disparaître les *Fragments* et de réinvestir le mythe en le renforçant. L'un et l'autre, à partir du schéma bourdonien, parfois repris mot pour mot, inventent des faits, rajoutent des anecdotes, brodent sur l'improbable, mais tout cela fait bloc et, plus encore que la plume pourtant peu légère d'Alain Bourdon, le bloc écrase le texte, le broie, le réduit à néant. Des *Fragments* il ne reste rien. Il n'en est, du reste, rien dit : tout se passe ailleurs, dans cette reconstitution du dogme qui soude l'institution comme la croyance lie les fidèles.

L'article de Gérard Meudal, annoncé en première page du journal *Libération* sous le titre « Robin sort du bois », occupe la totalité du supplément littéraire du journal (trois pleines pages) : une page illustrée par un personnage à lunettes devant une télévision, avec stylo, cigarette et cendrier comporte un nouveau titre : « Fragments. Le retour de Robin des voix » et un commentaire : « Il a tout fait pour qu'on l'oublie et a failli y parvenir. Nouvelle édition de l'œuvre posthume d'Armand Robin[18] ». Les deux pages qui suivent ont pour titre général « Des

---

18 *Libération*, 6 février 1992, p. 1 et 22-23. Cet article, comme celui de Claire Paulhan, est lisible en ligne.

journaux de merde, des radios de merde, des affiches de merde avec des mots de merde annoncent des progrès de merde, toute cette terre devient merde ». L'article est illustré par une image du film de Jean-François Jung, *Un Faust des ondes*.

Intitulé « Armand Robin en éclats », l'article de Claire Paulhan est précédé d'une introduction indiquant : « Il a beaucoup écrit, peu publié. Voici d'autres fragments du poète "ensauvagé", "seul, très seul, déserté, dédaigné" ». La présentation est d'entrée de jeu erronée car Robin a publié d'abondance, et insisté souvent frénétiquement pour publier (les seuls textes qu'il n'ait pas tenté de publier de son vivant sont précisément ces *Fragments*). Mais le motif est essentiel pour constituer le poète maudit, d'avance désigné comme déserté, dédaigné.

L'article de Gérard Meudal est paru le jour même de la parution des *Fragments* dont il avait préalablement demandé les épreuves ; l'article de Claire Paulhan, au contraire, est paru tard, comme pour hâter la disparition du livre[19]. Le premier et le dernier articles sont rigoureusement complémentaires et méritent d'être lus en miroir.

Tous deux commencent par conforter la biographie mise au point par Alain Bourdon.

GÉRARD MEUDAL

1. Robin est le huitième enfant d'une famille de bas-bretons.
2. Il parle le « fissel » avant le français.
3. Il fait des études en khâgne avec Alain Bourdon et Henri Thomas qui éditeront ses œuvres.
4. Il revient « désenchanté » d'un voyage en URSS.

5. « Pour donner la parole aux opprimés » il se met alors à traduire des poètes russes mais il a déjà traduit Goethe pour la Pléiade et les *Rubayat* d'Omar Khayam.

CLAIRE PAULHAN

1. Robin est né dans une famille de paysans bretons.
2. Il parle le « fisel » avant le français.
3. Il ne fait pas d'études : il est autodidacte.
4. Le prodigieux don des langues fait qu'à trente ans, il a appris le chinois, le japonais, le mongol, le tchérémisse-des-prairies, le russe, le hongrois, le polonais, le finlandais, le suédois, le flamand, l'allemand, l'arabe littéraire [*sic*].
5. Ses traductions sont miraculeuses : il a traduit « dans un esprit de fidélité et de créations totales » Goethe, Benn et Ernst, Shakespeare et Poe, Lope de Vega et Bergamin, Maïakovski, Pasternak et Blok, Joszef et Ady, Ungaretti, Pessoa, Cavafy, Mickiewicz, Khayam, etc.

6. Le prodigieux don des langues lui fait faire de la non-traduction qui est « une activité bien plus que littéraire ».

7. Ayant inventé le mystérieux métier d'écouteur, « il distribue son bulletin au ministère de l'Information ».

6. Hélas, son inspiration se tarit peu après *Ma vie sans moi.*

7. « Pendant la guerre, travaillant au ministère de l'Information, il vendit à Vichy – ainsi qu'à d'autres abonnés comme le Quai d'Orsay, *Le Canard enchaîné,* le comte de Paris, *Le Populaire,* le Vatican » son bulletin d'écoutes qu'il communiquait à la Résistance tout en versant une partie de ses gains à la Fédération anarchiste.

8. Il n'a pas du tout renoncé à la poésie personnelle : il publie les *Poèmes indésirables* aux Éditions anarchistes : la rébellion native, la colère, la révolte s'y expriment en même temps qu'il écrit des fragments bucoliques...

9. Son anarchisme l'amène à écrire une lettre à la Gestapo (largement citée) mais « la Gestapo dut croire à un canular et ne se dérangea pas pour arrêter Robin ».

10. « Apprenant à la Libération la création d'un Comité d'épuration dans les lettres » [*sic*] il exige d'être mis sur la liste noire.

11. Il devient alors anarchiste et connaît Brassens qui l'enrôle dans la secte des masburbateurs frénétiques dont l'activité risque d'entraîner la mort

8. « Sa collaboration à la *NRF* n'empêcha pas son arrestation par la Gestapo » mais il passait pour fou et ce fut sans incidence.

9. Le CNÉ l'ayant inscrit sur sa liste noire, il « sombra dans une radicale misanthropie » et en 1957 rompit avec la *NRF.*

10. Il fut « l'un des premiers, en 1932, à aller en URSS ». D'où il revint anticommuniste mais à présent Claude Roy lui donne raison.

11. Hélas, « cet intellectuel à la prodigieuse machine cérébrale en éveil au moins dix-huit heures par jour fut toujours dans l'obligation matérielle de cumuler les savants travaux de traduction, d'écoute des radios internationales et les tâches alimentaires, – les articles, l'enseignement... »

12. Mais la mort du Poète est plus tragique encore.

13. Heureusement ses poèmes sont sauvés par miracle.

14. La parution du *Monde d'une voix,* est la révélation d'une œuvre que le poète « n'avait pu s'empêcher de poursuivre secrètement » « comme dans les marges de son sacerdoce d'homme à l'écoute des autres ».

12. Sa mort fut tragique car il fut « tabassé dans les locaux de l'infirmerie psychiatrique du Dépôt jusqu'à ce que mort s'ensuive ».

13. Sa mort seule a suffi à la « survie de son nom dans un climat de mauvaise conscience, de malédiction ».

14. Mais l'œuvre a été miraculeusement sauvée par Georges Lambrichs, Claude Roland-Manuel, Alain Bourdon et Henri Thomas.

Si, apparemment, les deux critiques se contentent de reprendre les ingrédients habituels de la mythobiographie, quelque chose a changé : il est arrivé, bien sûr, depuis 1970 que la chronologie bourdonienne soit l'objet de dérives et d'interprétations plus ou moins fantasques, allant

parfois jusqu'à des affabulations délirantes, mais il s'agissait là de productions locales, dues à des critiques plus ou moins marginaux. Cette
fois, il s'agit d'articles supposés sérieux, publiés dans les plus grands
quotidiens pour rendre compte d'un livre paru chez le premier éditeur
français. Or, tant Gérard Meudal que Claire Paulhan font de la biographie
telle que rédigée par Alain Bourdon (et en se gardant de manifester la
moindre connaissance des notices des *Écrits oubliés* – que Claire Paulhan
mentionne pourtant) un usage proprement délirant : Gérard Meudal
assure que Robin avait traduit Goethe et les *Rubayyat* avant de partir
en URSS (en 1934), qu'il allait de temps à autre déposer son bulletin au
ministère de l'Information, qu'il écrivait les *Poèmes indésirables* en même
temps que les *Fragments* tout en écrivant à la Gestapo des lettres évoquant les chambres à gaz, lettres qui auraient été prises pour un joyeux
canular par les SS. Claire Paulhan fait mieux encore puisqu'elle dote en
vrac Robin de langues qu'il n'a jamais parlées, de traductions d'auteurs
qu'il n'a jamais traduits et d'un métier qui lui permet sous l'Occupation,
exploit sans précédent, de vendre son bulletin à Vichy tout en étant payé
par le ministère de l'Information et tout en livrant son bulletin au *Canard
enchaîné* et au *Populaire*, journaux naturellement appréciés par les services
de propagande nazis ; elle allègue (ce que personne jusqu'alors, pas même
les anarchistes les plus virulents, n'est allé jusqu'à prétendre) que Robin a
été tabassé à mort à l'Infirmerie du Dépôt. Bref, pour l'un comme pour
l'autre, il est clair qu'il est devenu possible d'écrire n'importe quoi : le
mythe qu'ils se chargent de défendre justifie tout.

Et, pour l'un comme pour l'autre encore, la biographie fantasmatique
sert d'ouverture à une charge menée de manière similaire :

– Gérard Meudal commence par expliquer que le fonds Robin n'a
  pas été restitué puisqu'il n'a jamais été dérobé : « Les archives de
  la rue Sébastien-Bottin sont-elles si mal tenues qu'on puisse les
  cambrioler à sa guise ? Et comment la maison Gallimard peut-elle
  accréditer la thèse fumeuse d'un complot visant à étouffer l'œuvre
  authentique d'Armand Robin ? » Cette invention d'un « complot »
  par le journaliste permet, à partir de propos qui n'ont jamais été
  tenus, de jeter le discrédit sur la « spécialiste ».
  Claire Paulhan détourne l'attention de la découverte des *Fragments*
  pour accuser la « spécialiste » d'avoir écrit que *Le Monde d'une voix*

est « un livre fictif, une biographie inventée », et de s'en être pris aux publications des éditions Le Temps qu'il fait « violemment mises en accusation » : les citations inventées permettent de jeter le discrédit sur la « spécialiste » et de passer l'édition sous silence.

– Gérard Meudal dénonce « l'universitaire spécialiste de Robin » qui prétend faire une édition « plus scientifique », ce qui, selon lui, n'est pas le cas, et cite, pour preuve, un fragment tardif (donc datable de la période menant aux *Poèmes indésirables*) supposé prouver que les *Fragments* datent de la fin de la vie de Robin.

Claire Paulhan dénonce la publication des *Écrits oubliés* qui témoigne d'« une sorte de terrorisme exégétique, de possessivité territoriale » appuyés sur un travail « certes scrupuleux mais problématique dans la forme donnée à lire, trop passionnel quant au fond ». De ce fond il n'est rien dit.

– Gérard Meudal expose que les *Fragments* ne sont pas la révélation de l'œuvre poétique de Robin : on a découvert récemment tout un cycle poétique dans *La Nation française* de Pierre Boutang. « L'un d'entre eux est consacré aux bœufs du Nivernais. Il n'ajoute rien aux mérites poétiques de Robin mais témoigne d'une certaine clairvoyance : "Je ne veux pas offenser les bœufs du Nivernais, / Bœufs honorables, bœufs honorés, bœufs bien nés, / Donc, je n'encornerai qu'un seul bœuf du Nivernais, / Le seul vilain bœuf qu'on ait vu en Nivernais, / Ce vilain bœuf s'appelait François Mitterrand". »

Claire Paulhan accuse la "spécialiste" d'écrire que le volume des *Fragments* « bouleverse complètement la connaissance que l'on pouvait avoir de l'œuvre de Robin et amène à considérer tout ce qui en était dit », mais, en fait, Robin ne mérite « intérêt » que dans la mesure où il échappe à la « gêne » que provoquent ses *Fragments*. En bref, elle a pris sur elle de rendre compte d'un livre dont elle n'avait rien à dire sinon qu'il était de nature à déranger – mais à déranger quoi, à part le mythe mis en œuvre par *Le Monde d'une voix* ?

Tous deux, et de manière rigoureusement parallèle, ont procédé à une élimination des *Fragments*, dans les deux cas remplacés par l'avatar de Robin, avec son œuvre authentique à chercher ailleurs (y compris, et ce dans un journal d'extrême gauche, du côté de l'extrême droite, pour s'en prendre au président Mitterrand).

Tous deux ont mis fin symboliquement à la fragile émergence des *Fragments*, et tous deux *en haine de la poésie*. Telle est bien la raison qui fait que l'un des plus lamentables poèmes de la fin de la vie de Robin[20] est servi aux lecteurs de *Libération* avec un extrait des *Poèmes indésirables* plaçant les *Fragments* sous le signe de la « merde ».

Mis en ligne par *Le Monde*, l'article de Claire Paulhan, de loin le plus erroné, sert de nos jours encore de référence ultime sur l'édition, non seulement des *Fragments* mais des *Écrits oubliés*.

Au ton lourdement goguenard et au titre scatologique de l'un répond la vulgarité apologétique de l'autre. C'est le ton des pamphlétaires qui se savent au service d'un groupe qui a le pouvoir.

LE MYTHE AU SERVICE DU MYTHE

Nous ne sommes là qu'au tout début de la mobilisation critique contre les *Fragments* ; cette mobilisation n'empêche nullement le livre d'exister et les questions posées d'appeler des recherches, assurément contraires à la *doxa*, mais ouvertes à tous les champs du possible. Il suffirait de prolonger ces fragments par une édition de *Ma vie sans moi* respectueuse des textes et surtout, pour la première fois, mise en relation avec les volumes de *Poésie non traduite* dont les éditions Gallimard possèdent les droits et avec les poèmes épars et les essais rassemblés dans les *Écrits oubliés*. Tout le monde s'accorde sur l'intérêt de ce projet, mais Robert Gallimard me rappelle qu'il faut attendre que l'édition du *Monde d'une voix* soit épuisée. Puis il se retire des éditions…

En 2004, *Le Monde d'une voix* reparaît, tel quel, avec la notice « La vie et l'œuvre » d'Alain Bourdon et *Ma vie sans moi* privée de la partie traduite – pas tout à fait tel quel néanmoins puisqu'un « poème indésirable » a été placé en prime à la fin du volume pour sceller la vision du Poète. Les *Fragments* sont pour lors presque épuisés : il ne sera pas même la peine de les passer au pilon ; ils disparaissent.

---

20 Un poème d'ailleurs non pas « découvert récemment » mais mentionné pour la première fois dans la bibliographie des *Écrits oubliés I*.

Cette réédition ne va pas sans poser question : sans doute n'est-il pas courant qu'un éditeur, possédant les manuscrits originaux et une édition de ces manuscrits résultant d'un archivage effectué pour son compte, choisisse de procéder à une réédition des textes falsifiés ; il n'est pas courant non plus que, possédant les droits de l'édition originale d'un volume composé de poèmes et de traductions, il choisisse de procéder à la réédition d'un volume tronqué ; et d'autant moins courant encore que la falsification des manuscrits a été démontrée par une thèse soutenue en présence de l'un des responsables de la maison d'édition qui a veillé à la publication de l'édition correcte des manuscrits.

Une lettre adressée au poète André Velter, responsable de cette réédition, étant restée sans réponse, les motifs de ce choix restaient obscurs – et s'agissait-il même d'un choix, du résultat d'un moment d'égarement ou de la conséquence d'une totale ignorance de l'œuvre d'Armand Robin ? La réponse devait m'être apportée dix ans après.

Les 20 et 21 novembre 2014, l'université de Montpellier organise un colloque sur la poésie à la radio. Le professeur Pierre-Marie Héron, l'un des responsables de l'organisation du colloque, m'apprend que ma communication au sujet de *Poésie sans passeport* sera suivie d'un entretien d'André Velter avec un professeur au sujet de lui-même puis, le soir, d'une « lecture-performance » intitulée « Ceci est un récital[21] ». L'occasion de l'interroger au sujet de la réédition du *Monde d'une voix* s'offre donc enfin.

Il me faut préciser ici que, n'ayant jamais lu de poèmes d'André Velter, avant de me rendre au colloque, j'estime de mon devoir d'emprunter ses œuvres à la bibliothèque. Mon opinion est que la poésie en est à peu près totalement absente mais qu'il s'agit sans doute d'un homme plein d'entregent et d'énergie.

Pour ce qui est d'obtenir une réponse à ma question, nul espoir : se refusant à toute explication et interrompant ensuite ma communication pour faire savoir au public que l'expérience de *Poésie sans passeport* n'est pas restée, comme je le prétends, sans postérité puisqu'il s'en est inspiré, André Velter se présente comme « l'héritier heureux d'Armand Robin ». Il se met en devoir d'exposer son parcours et j'ai alors la surprise de voir le mythe du Poète auquel j'ai consacré la partie de ma thèse laissée en

---

21   Les actes de ce colloque ont été publiés en 2018 aux Presses universitaires de Rennes sous le titre *Poésie sur les ondes*.

déshérence s'incarner sous mes yeux. Des notes que j'ai prises alors, il résulte (d'après la pensée velterienne) que le Poète est celui qui détient la Parole poétique laquelle est une parole-monde telle qu'insufflée sur terre par des poètes comme Édouard Glissant, Octavio Paz et André Velter lui-même (plus Armand Robin). La parole poétique sert à franchir les bornes étroites des patries que l'on vous assigne. Passant de langue en langue (comme l'a dit Armand Robin), le Poète échappe à l'écrit et invente une nouvelle oralité heureuse qui lui permet de toucher des milliers d'auditeurs, voire d'organiser des meetings de poésie à la Mutualité et de partager ainsi le champ magnétique de la poésie vécue : l'âme du Tibet, la Femme, l'Amour par-delà la mort, tout peut nourrir la vision babelienne du Poète. Qui est présent sous nos yeux.

Il nous est conseillé de lire la thèse de Sophie Nauleau, laquelle montre le rôle capital joué par Robin dans la poétique velterienne. En effet, la thèse de Sophie Nauleau, *André Velter troubadour au long cours*, sous-titrée *Vers une nouvelle oralité poétique*[22], thèse disponible en ligne, expose d'entrée de jeu que le propos d'André Velter a été de prolonger par son aventure radiophonique celle d'Armand Robin :

> « "Pour monter à l'assaut de l'azur / La musique et les mots valent mieux que les pierres." D'où l'aventure scénique et radiophonique d'André Velter voulant recréer une chambre d'échos ou "chambre de Babel" à la mémoire d'Armand Robin, écouteur en temps de guerre des radios étrangères. »

Pourquoi en temps de guerre ? Non pour rendre hommage au travail d'Armand Robin au ministère de l'Information, mais parce que la tragédie menace et qu'il revient au Poète de résister par la « chambre de Babel » :

> Chambre d'un jour, pour une soirée sans lendemain qui chamboule les repères : invités déambulants, courtoisement entassés dans le frigidarium du Musée de Cluny, auditeurs casqués attendant dans le noir, spectateurs de l'Odéon au balcon en pleine scène de ménage à la Jacques Rebotier ou encore rassemblés en *Meeting Poétique* à La Mutualité… tout est envisageable à qui ressuscite la saveur de la voix et des sons. Il est donc inexact de déclarer aux côtés de François Rigolot que « la poésie n'occupe plus aujourd'hui [en Occident] qu'une place restreinte dans l'activité et la sensibilité humaine[23]. »

---

22 Thèse soutenue sous la direction du professeur Pierre Brunel le 31 janvier 2009 à l'université Paris IV.
23 *André Velter troubadour au long cours*, p. 12.

Robin tel que changé en Poète appelle donc à entrer de plain-pied dans la société du spectacle et valoriser ses atouts : pour commencer, la liberté du Poète d'errer de langue en langue…

> La pluralité des langues diffusées à l'antenne tient de la chance, non pas facteur d'incompréhension, mais ferment de la pensée dans sa diversité. Ainsi jadis Armand Robin, écoutant dans sa chambre des dizaines de radios du monde, reste un modèle à suivre. En effet plus les identités s'appauvrissent, plus il importe de marquer la grandeur des échanges, des sonorités et structures de langages pouvant mener à un type nouveau de concorde. « Je m'embarquerai / […] Pour la traduction du bruit » avait prévenu *Aisha*. À tel point qu'en plus de la visée politique déclinée de Babel sur *France Culture*, André Velter a tenu à questionner, sans excès de militarisme ni démagogie, différents « territoires des opérations poétiques ». Après avoir prouvé qu'il est des lieux où la seule issue aux conflits réside précisément dans la confrontation, pour que de la polyphonie naisse une harmonie possible, il a choisi d'en finir, avec un peu plus de vingt ans de *Poésie sur Parole*, en programmant une série d'états des lieux, contemporains et quasi géopolitiques, de la poésie[24].

… Ensuite, sa position d'éternel rebelle :

> *Que ferons-nous d'un ciel privé de notre amour ?* pleurait Armand Robin[25]. Faute de grives, de merles moqueurs ou de vitriol, André Velter broie du rouge :

> Je me blesse à la volée,
> je parle la bouche en sang
> c'est la nuit rouge quand je chante[26].

> En effet la poésie velterienne, aussi exaltée soit elle, ne renie rien des réalités sociales ni de ses engagements. Et la voix politique participe de ce lyrisme aride entre raison sublime et désillusion. Il y a de la furie entre les vers, du feu de barricades et du souffle incendiaire – *J'ai parfois de Caïn l'implacable rougeur* rugissait l'Antéros de Nerval. Il y a de la ferveur, des bruits de forges et des réflexes de flambeur. Enfin il y a la poudre, la braise des grands sentiments et la vie tisonnée, souvent pied au plancher – ou à fond les manettes sur la selle d'un scooter lorsque *ça vire au rouge / sur le pavé*[27]. Le poète n'est pas un cracheur de feu ni fakir marchant sur des charbons ardents. À peine un passager pris et « repris en flagrant délit de vivre / […] sur le scalp du vieux monde[28]. »

---

24 *Ibid.*, p. 182.
25 Armand Robin, « Sans passé », *Ma vie sans moi*, *Poésie*/Gallimard, 2004, p. 27.
26 André Velter, *Ça cavale*, in *Ouvrir le chant*, Le Castor Astral / Les Écrits des Forges, 1994, p. 93.
27 André Velter, *La Vie en dansant*, Gallimard, 2000, p. 114.
28 *Ibid.*, p. 118.

… Et enfin le courage d'affronter l'indicible :

> « Écoute le temps dur se dépouiller de nous » disait Armand Robin en 1940.
> Comment penser après Auschwitz, comment continuer d'écrire, comment
> chanter encore et pour célébrer quoi ? […] Meurtrie, entre mutisme et trau-
> matisme, la poésie cependant résiste à la Seconde Guerre mondiale et à
> son lot d'abominations. Parmi tant d'autres prisonniers dans les camps de
> concentration, Primo Lévi [*sic*] récitait Dante pour rester digne. Avant lui
> Mandelstam, dans son goulag de Sibérie, citait Pétrarque par cœur à ses
> codétenus – la poésie étant la goutte d'eau de l'homme qui marche en plein
> désert[29].

« Écrire après Auschwitz » est dur mais Robin, Mandelstam, Desnos,
Char, du Bouchet, Tsétaïeva, Celan sont convoqués pour montrer que
c'est possible et même qu'il le faut : « Né en 1945, André Velter n'a
connu aucun génocide, juste vécu in extremis dans la proximité d'un
passé meurtrier, dans la rumeur horrifiée d'une mémoire collective. Il
n'en fallait pas davantage. La *solution finale*, tôt ou tard, serait cause d'un
poème. » Et donc André Velter l'a écrit. C'est « Ein Grab in der Luft »
qui figure dans *Au cabaret de l'éphémère* paru chez Gallimard en 2005.
« Contrepoint déchantant un parcours ravagé, ce poème dit l'ascendant
de Paul Celan, énième suicidé de naissance et cependant maître d'une
oralité salutaire. » Robin, ouvrant le chapitre « Écrire après Auschwitz »,
vient en tête d'une kyrielle de poètes, tous « suicidés de naissance » et
« maîtres d'une oralité salutaire » : le poète maudit tel que promu par
Alain Bourdon resurgit donc ici à titre d'atout promotionnel afin d'offrir
un arrière-fond sur lequel la figure du Poète puisse se détacher. Il va de
soi que *Le Monde d'une voix*, avec l'appareil critique forgeant le mythe
du poète maudit, est un produit adéquat, même si Alain Bourdon n'a
pas eu l'indécence de placer l'œuvre de Robin sous le signe de la Shoah.

La bibliographie de Sophie Nauleau mentionne pour Armand Robin
deux titres : *Fragments* et *Le Monde d'une voix* (édition de 2004). C'est
donc en toute connaissance de cause que *Le Monde d'une voix* a été réédité contre les *Fragments* qui faisaient obstacle à l'utilisation de Robin
comme Poète – mais non plus pour faire entrer Robin dans les habits
les plus favorables à sa promotion par mythification : au contraire, pour

---

29 *Ibid.*, p. 51 (début du chapitre « Écrire après Auschwitz ». En 2018, Sophie Nauleau a
    pris la direction du Printemps des Poètes, vaste opération publicitaire annuelle qui fut
    lancée par Jack Lang et d'abord dirigée par André Velter.

assurer par la mythification la promotion d'un Poète tirant profit d'un mythe non seulement rentable mais rentabilisable à partir de lieux de pouvoir habilement contrôlés. En vérité, le colloque de Montpellier, tel que rappelé par le poète André Velter sur son site, s'inscrit dans un ensemble dont il est utile de donner à connaître au moins le début pour permettre de situer l'usage de Robin dans son contexte :

2014, Participation au colloque *Poésie sur les ondes* (Université Paul-Valéry Montpellier 3) le 20 novembre, suivi en soirée au Château de Flaugergues de *Ceci est un récital*, avec Gaspar Claus.

2015, récitals : *Prendre feu* (avec Zéno Bianu et Jean-Luc Debattice, le 8 mars au Périscope à Lyon), *L'insurrection venue du froid* (avec Jean-Pierre Verheggen et Jacques Bonnaffé, le 11 mars au Centre Wallonie-Bruxelles à Paris), *Attiser le feu* (avec Jacques Bonnaffé et François Corneloup, le 13 mars dans la halle des Chartrons à Bordeaux), *Parce que le vie c'est pas assez* (avec Pedro Soler, le 25 avril au théâtre de l'Atrium à Dax). Réalise, avec Zéno Bianu et Sophie Nauleau, une *Petite Bibliothèque de Poésie contemporaine : douze recueils anthologiques de Guillevic, André Frénaud, René Daumal, Armand Robin, Edmond Jabès, Ghérasim Luca, Aimé Césaire, Yves Bonnefoy, Henri Pichette, André du Bouchet, Lorand Gaspar et Philippe Jaccottet* (Gallimard/Télérama). Réédition revue et augmentée de *Extases*, sous le titre de *Pour l'amour de l'amour, figures de l'extase*, avec Ernest Pignon-Ernest (Gallimard). Pour le quarantième anniversaire de l'assassinat de Pasolini, poème-préface *Dans la lumière déchirante de la mer*, d'Ernest Pignon-Ernest (Actes Sud). Édition au Cahier du Museur de *Extérieur noir*, avec une encre sérigraphiée d'Adonis. Rencontre avec Adonis, le 27 novembre à Montpellier, suivi le lendemain d'un récital avec Adonis, Rachida Brakni et le joueur d'oud Mohanad Aljaramani. Rencontre le 3 décembre, à l'initiative d'Émilie Rousseau, à l'université de Toulouse-Le Mirail, suivi d'un récital à la librairie *Ombres Blanches*, avec Émilie Rousseau (voix) et Pierre Moretti (batterie). Le 20 décembre, mort d'Alain Jouffroy, préfacier d'*Aisha* et premier allié substantiel dans le champ magnétique de la poésie vécue.

2016, se marie à la mairie de Bonnieux, le 29 février, avec Sophie Nauleau. Nombreux entretiens à l'occasion des 50 ans de la collection Poésie/Gallimard (*Recours au Poème, Télérama, En attendant Nadeau, Le Monde, La Vie*…) et participations à des débats et des lectures (*CNL, Comédie française, Salon du Livre, FR3, Bibliothèque nationale, librairie Kléber de Strasbourg en compagnie d'Antoine Gallimard*…). Publication de *Loin de nos bases* et de *Le Jeu du monde* (Gallimard). Participation, le 5 avril à Chambéry, à un hommage à Chantal Mauduit, à l'occasion de la sortie du livre d'Alexandre Duyck : *Chantal Mauduit, elle grimpait sur les nuages* (éditions Guérin/Paulsen). Récitals à Strasbourg le 11 septembre, avec François Marthouret, Claudine Charreyre et Louis Rodet ; à Nice le 1er octobre, avec Pedro Soler et Gaspar Claus ; à

Lourdes le 22 octobre, avec Jean-Luc Debattice et Philippe Leygnac ; à Saint-Nazaire le 19 novembre, avec Gaspar Claus ; à Strasbourg le 7 décembre, avec Stanislas Nordey et Gaspar Claus. Année continument assombrie par la mort d'amis *infiniment proches* : Ludovic Janvier, le poète de *Doucement avec l'ange* (le 18 janvier), Gérard Rondeau, le photographe de l'irrémédiable *Grand Jeu* du monde (le 13 septembre), et Jean-Christophe Victor, le compagnon des premières aventures d'Orient (le 28 décembre)[30].

Le barnum poétique occupe une place très particulière dans le champ littéraire : il implique, comme on peut le voir, des universités, des centres culturels, des librairies, des bibliothèques, des maisons d'édition, des théâtres, des organismes d'État comme le CNL, des salons et autres institutions étroitement contrôlées par un personnel au total peu nombreux et bénéficiant de places chèrement acquises. On conçoit que la dissidence y soit impossible et surtout dès lors qu'elle met en cause le rôle du poète et le mythe afférent.

Le poète André Velter précise pour finir qu'il a « assuré la présence de la parole poétique sur France Culture de 1987 à 2008 » et « a dirigé Poésie/Gallimard de 1998 à 2017 », instances suprêmes de légitimation dans un cas comme dans l'autre. Ainsi l'essentiel de ce qui a tenté d'exister dans le domaine de la poésie française a-t-il été filtré et soumis à un pouvoir s'exerçant de manière impitoyable, comme le montre la réédition du *Monde d'une voix.* Le mythe du Poète est, on peut le voir, productif et devrait d'abord s'étudier à partir des avantages qu'il autorise et des conséquences qu'il entraîne. La promotion de Robin contre la part vivante de sa poésie en est une, et il est permis de se demander si ce qui s'est exercé dans son cas ne vaut pas pour l'ensemble de la poésie, telle qu'elle a été exploitée à partir des lieux de pouvoir ainsi contrôlés.

Quoi qu'il en soit, la réédition du *Monde d'une voix* vient s'inscrire dans un long processus dont il n'est que l'un des symptômes, même s'il est le plus décisif et le plus lourd de conséquences, puisque la réédition du *Monde du voix* a non seulement fait disparaître les *Fragments* mais réduit Robin à son avatar.

---

30 http://www.andrevelter.com/bio3.htm. La ponctuation et la typographies sont respectées. Le texte figure sur fond mauve.

MISE EN ŒUVRE DU MYTHE

S'appuyant sur la dénonciation du goulag par les nouveaux philosophes, l'anticommunisme a assuré la vogue de *La Fausse Parole* et a permis à Alain Bourdon d'utiliser les réseaux de la jeune édition (Plein Chant, Le Temps qu'il fait), les réseaux catholiques de droite ou d'extrême droite (*Études, Rivarol...*), les réseaux anarchistes (mais il faut observer que la première opposition au *Monde d'une voix* est venue des anarchistes) et les réseaux néogauchistes pour diffuser le mythe du poète maudit martyr du culte de la Vérité. Enfin, il s'est appuyé sur un réseau d'autant plus efficace que situé à la jonction des autres, et activable tant de la droite ou de l'extrême droite que de la gauche ou de l'extrême gauche, du côté catholique ou du côté anarchiste, à savoir le réseau breton contrôlé de plus en plus puissamment par les nationalistes portés après 68 par la vague de la régionalisation.

Si, avant la parution du *Monde d'une voix*, un journaliste comme Kerdaniel se lance dans une enquête sur Armand Robin, il mène cette enquête au nom de la littérature, et, s'intéressant à une œuvre atypique, il restera jusqu'au bout en marge de l'entreprise de mise en œuvre du mythe par Alain Bourdon. Mais, dès parution du *Monde d'une voix*, Xavier Grall, converti par le barde Glenmor au nationa-lisme breton, se livre, nous l'avons vu, à une exploitation intensive du poète maudit. En octobre 1972, des terroristes bretons du FLB comparaissent devant la Cour de sûreté de l'État : dans le journal *Le Monde* Xavier Grall convoque Armand Robin pour soutenir le juste combat des terroristes. Ses articles sont aussi mal informés que celui de Claire Paulhan : ce qui l'intéresse, ce n'est pas l'œuvre de Robin mais le mythe. À partir de la conférence de Bourdon et Guéhenno à Da Virviken l'ésotérisme panceltique en devient un élément de base : druidisme et christianisme s'unissent pour donner un habil-lage néogauchiste à des mythes d'extrême droite ; la Bretagne fournit

une sorte de liant qui donne au mythe consistance et malléabilité :
« Nous avions un grand poète et nous ne le savions pas », comme
l'écrit l'abbé Tromeur[1].

EXPOSITION

La révélation est fournie par la mise sur pied d'une exposition dont
Alain Bourdon assure la « visite guidée » et dont, en son absence, sa
notice « La vie et l'œuvre d'Armand Robin » distribuée sous forme de
feuille volante donne la clé.

Cette exposition circule dans toute la Bretagne, et Alain Bourdon est
ainsi amené à donner des conférences à Carhaix (où l'exposition est inaugurée le 27 mars 1981), à Saint-Brieuc, Fougères, Lannion, Redon, Tréguier,
Saint-Malo. Puis elle circule hors de Bretagne jusqu'à Montpellier...
Armand Robin fait à cette occasion son apparition dans la presse nationaliste bretonne : *Le Peuple breton*[2], *Al Liamm*[3], *Planedenn*[4], *Armor
magazine*[5]... L'exposition a été réalisée par deux professeurs au collège
de Carhaix, Jean Bescond et Maurice Joubin. Ce dernier, autorebaptisé
Maoris Joubin, est un militant soucieux de défendre le breton et Robin,
en tant que victimes de la France jacobine. Jean Bescond ne se contente
pas de faire circuler cette exposition qui a contribué à porter l'inflation
critique à son apothéose, avec les films de Jean-Paul Fargier et Jean-
François Jung. Désormais, par son intermédiaire, le mythe est pris en
charge et développé avec une sorte d'application féroce. Tout désormais
va venir le servir : publications, anecdotes, répertoire des faits et gestes.

Lors du colloque de la Briantais destiné à donner une caution universitaire à la version autorisée du mythe (et faire oublier la parution des

---

1   *Lettre d'Armorique* (édition spéciale du *Progrès de Cornouaille*), 1er février 1972, p. 1-3.

2   Michel Kerninon, « Poète, anarchiste, breton. Voici vingt ans mourait Armand Robin »,
    Le Peuple breton, nº 210, juin 1981.

3   Georges Monti, « Armand Robin », *Al Liamm* nº 208, octobre-novembre 1981 (traduction
    de Goulc'han Kervella).

4   Fañch Morvannou, *O klask roudoù Armand Robin*, *Planedenn* nº 9-10, automne-hiver 1981,
    numéro spécial de la revue, 104 p.

5   Yannick Pelletier, « Armand Robin », *Armor magazine* nº 143, décembre 1981.

Écrits oubliés), un professeur à l'université de Brest, Jean Balcou, s'était signalé par son adhésion enthousiaste à ce projet. En sa compagnie, et en compagnie d'un militant breton président de l'association Ar Falz et de la maison d'édition nationaliste Skol Vreizh, Paolig Combot, Jean Bescond produit en mai 1989 un numéro spécial de la revue Skol Vreizh, *Armand Robin ou la quête de l'universel*. Ce volume de 84 pages est une version revue, corrigée, étoffée, complétée et illustrée de la notice « La vie et l'œuvre » d'Alain Bourdon. Elle mérite que l'on s'y arrête puisque, mise en ligne sur Internet, elle fait encore, de nos jours, autorité (et a même été présentée comme « la seule fiable », par Anne-Marie Lilti, auteur de la biographie d'Armand Robin parue en 2008[6]). Cette longue chronologie supposée donner toute la vérité sur Armand Robin est insérée entre deux textes qui lui servent tout à la fois d'appui et de caution : d'une part, l'introduction de Paolig Combot intitulée « À la découverte d'un poète vrai » ; d'autre part, la conclusion de Jean Balcou, « Armand Robin dans tous ses états ou peut-être mieux : Les trois états d'Armand Robin ». L'ensemble est suivi par deux pages de photographies extraites du film de Jean-François Jung et par un choix de textes : la dissertation sur la marquise de Sévigné (présentée comme dissertation authentique), un bref extrait du *Temps qu'il fait*, dix-neuf extraits de l'édition du *Monde d'une voix* et de *Ma vie sans moi*, un morceau de poème indésirable ; trois fragments de *La Fausse Parole* et cinq brèves traductions. Ce florilège est suivi de quatre traductions du breton (mais sans le texte breton « faute de place »). Le choix des textes et surtout leur disposition le montrent : traductions, extraits du *Temps qu'il fait* et de *La Fausse Parole* sont inclus comme en vrac dans les extraits du *Monde d'une voix*.

Paolig Combot explique qu'il a connu Armand Robin grâce à une conférence d'Alain Bourdon au stage annuel d'Ar Falz et précise en note : « Alain Bourdon est, avec Françoise Morvan, l'un des meilleurs connaisseurs d'Armand Robin. Ancien condisciple d'Armand Robin au lycée Lakanal, il a sauvé de nombreux inédits, rassemblé et publié les poèmes de *Le Monde d'une voix* (Gallimard, 1968), écrit un *Armand Robin* dans la collection Poètes d'aujourd'hui chez Seghers (1981), contribuant ainsi à le faire connaître. » De même cite-t-il les *Écrits oubliés* pour les amener à cautionner ce qu'ils donnaient pour fable (dissertation

---

6   Biographie préfacée par Jean Bescond (*Armand Robin, le poète indésirable*, Aden, 2008).

insolente, lettre à la Gestapo) en l'assortissant de quelques nouveautés (l'apprentissage de l'hindoustani, de l'urdu et du pakistanais).

Le professeur Jean Balcou procède semblablement : alors que la soutenance de ma thèse a eu lieu cinq mois plus tôt, il n'hésite pas à louer les admirables travaux d'Alain Bourdon et « les travaux décisifs de Françoise Morvan à qui (en attendant sa thèse) nous devons, entre autres, 2 volumes d'*Écrits oubliés*) ». Du fait que j'avais posé ma candidature pour un poste de maître de conférences à l'UBO et qu'il avait été nommé rapporteur, il était pourtant supposé avoir cette thèse sous les yeux...

En réalité, tout le volume est construit de manière à faire oublier ces « travaux décisifs » et à promouvoir le mythe en l'étayant sur des faits revus. Le volume se conclut sur cette note qui résume bien l'ensemble :

> Pour illustrer son film-vidéo sur Robin, J.-F. Fargier a choisi un décor de calvaire (la vie de Robin est un chemin de croix) et de bord de mer (la tentation et le risque de l'absolu). Pour jouer le rôle du poète, il a curieusement choisi un danseur d'opéra, le résultat est étonnant. Ce Robin danse son chemin de croix. Faire danser la détresse, faire danser le malheur, c'est tout à fait cela. Et le cinéaste de conclure justement : « L'œuvre de Robin (écrits et écoutes mêlés) n'a aucun sens hors des perspectives théologiques de la Grâce[7]. »

La chronologie est organisée de manière à rabattre tout le travail de Robin sur l'œuvre du Poète sacrifié. Jean Bescond reprend le récit mythobiographique en le truffant d'ajouts et de précisions qui viennent l'enfler en gardant la structure du mythe : il suffit de supprimer ce qui dérange et de gonfler ce qui peut servir pour arriver à un résultat parfaitement lisse. Nous retrouvons le schéma illustrant la malédiction mais légèrement bousculé :

1. L'enfance dans une ferme misérable
2. Le fissel pour unique langue jusqu'à six ans
5. Le douloureux périple en URSS et les « jours indiciblement douloureux en Russie » donnés pour origine des écoutes de radio.
3. Le génie méconnu par l'institution et les insolentes facéties
[4. Le prodigieux don des langues]
6. L'invention d'un curieux métier en chambre
7. L'héroïsme des écoutes clandestines pour la Résistance
8. La dénonciation à la Gestapo
9. L'inscription par les staliniens sur la liste noire du CNÉ

---

7   *Armand Robin, la quête de l'universel*, p. 63.

10. L'adhésion à la Fédération anarchiste
11. La merveilleuse expansion de la carrière d'un traducteur et essayiste prolifique
12. Les tristes amours avec Monique
13. La ruine et les créanciers
14. La disparition et la mort tragique (avec mention plus haut de Robin fellagha).
15. La parution du *Monde d'une voix* : « tout ce qui a pu être sauvé d'un total naufrage ».

Cette biographie fantasmatique occupe 37 pages sur deux colonnes : photographies, documents à l'appui, bulletins de notes, lettres, dédicaces, tout vient servir le mythe mis en place et truffer la démonstration par ajouts qui sont autant de preuves à l'appui. La biographie est annoncée par P. Combot et redoublée par J. Balcou comme s'il fallait coûte que coûte dérouler le prodigieux récit prouvant *in fine*, comme l'annonce la première phrase du préambule citant l'article de l'abbé Tromeur dans la *Lettre d'Armorique* : « Nous avions un grand poète et nous ne le savions pas ! » (le « nous » désignant, bien sûr, les Bretons). À cela s'ajoute la vision d'un Poète anarchiste et breton odieusement mis au ban : « Aujourd'hui, 26 ans après sa mort, comment se fait-il qu'Armand Robin, l'un des plus grands poètes de ce temps, natif de Plouguernével (1912-1961) continue à [*sic*] être méconnu sinon ignoré, comme si une vaste conspiration s'acharnait à faire régner le silence sur ce poète maudit ? »

EXPANSION

Ces pages données à une revue nationaliste de faible diffusion se trouvent promues au rang d'exposé universel dès lors que Jean Bescond, créant le site armandrobin.org, afin de faire d'Armand Robin « le premier poète du web », les met en ligne et les accompagne non seulement de textes donnés à l'appui[8] mais d'« éphémérides » qui viennent la grossir à l'infini.
Comme saisi d'une frénésie de collectionneur hanté par le souci de pister la moindre trace laissée malgré lui par un auteur qui demandait

---

8   Et souvent publiés in extenso sans copyright.

à être dispensé de biographie, il mène la traque jusqu'à donner non seulement les actes de naissance et de baptême du Poète mais l'arbre généalogique de sa famille, non seulement ses bulletins de notes mais les sujets traités au baccalauréat et les notes obtenues, les dates de ses examens, ses lettres, ses cartes postales, le moindre vestige de note d'hôtel, les ragots de sa concierge, le témoignage du patron du bistrot du coin, les plaintes de l'épouse, les frais du divorce, les droits d'auteurs versés par la SACD, avec bilan comparatif année après année, la date de son permis de conduire, la marque de sa voiture, les cartes à sa nièce Paulette, ses amours avec Monique, « le petit moineau », les dates de leurs ruptures et leurs rabibochages, son flirt avec l'actrice Anne Caprile, leurs rendez-vous et leurs fâcheries, ses appels téléphoniques, ses échanges avec le père Daniélou et le vicaire de la paroisse Saint-Pierre-du-Gros-Caillou, ses cours de pilotage, le nom de son moniteur, les mentions portées sur son livret militaire, la liste de son mobilier, son prix global, le montant des dettes dues au crédit immobilier, la propreté de ses ongles, les ordonnances de son médecin traitant, la liste de ses services de presse, le montant de ses charges de copropriété, le coût de l'huissier, le nom de sa concierge, son Isetta, sa manière de la conduire, son four à infra-rouge et son mixer, l'écureuil Goliath vivant « en liberté » mais qui hélas se serait suicidé, puis la mort tragique, suicide ou tabassage, les propos du patron du bar Chez Marius, l'inventaire de la vente aux enchères et le prix dérisoire du stock de livres acheté trente nouveaux francs par des étudiants quand la concierge estimait qu'il y en avait au moins pour vingt mille francs…

La traque beuvienne est sans fin : semaine après semaine, de nouveaux détails s'ajoutent et parfois, toute une correspondance émerge, ainsi la correspondance avec Jean Balard montrant Robin sous un jour odieux, mais la moindre de ses lignes est impitoyablement citée. Nul respect, nulle décence : tout peut servir à prouver le poète. « S'il possédait une voiture, c'est que la poésie en avait besoin », déclarait Henri Thomas, que Jean Bescond cite avec émotion.

L'article sur Rimbaud donné à *Comoedia* en 1941 prend un caractère prophétique à lire ces milliers de lignes accumulant les preuves d'existence sous forme d'« éphéméride » implacable.

> Il se peut bien que les détectives de la critique aient remporté à son sujet une de leurs plus éclatantes victoires ; qu'importe, de ces cinquante ans de

perpétuelles recherches, enquêtes, commentaires, il sort blanc de toute participation véritable à tout ce dont nous découvrons qu'il s'est occupé. Il surgit entouré d'un aussi grand mystère qu'au premier jour ; il a beau être connu, signalé, pisté, traqué, imité, reproduit, singé, décalqué, il reste « l'introuvable » : quoi qu'on fasse, il reste le mirage qu'il était d'abord. Sitôt qu'on rapporte à lui l'un de ses pas, il faut bien admettre qu'il est déjà bien au-delà.

Plus prophétique encore la conclusion : « Il est bien autre chose qu'un poète ou même qu'un poète pour poètes ; son œuvre poétique disparaît sous l'affabulation dont on l'entoure[9]... »

Tout est organisé pour faire disparaître la part vivante de l'œuvre sous ce qui est bien une affabulation, comme Robin l'écrivait, car il est, page après page, présenté comme le poète libertaire, produisant, malgré quelques regrettables interruptions, une œuvre poétique conforme, avec poèmes indésirables et poèmes satiriques, aimables bluettes et gracieuses fantaisies sur les demoiselles des postes. Tout forme bloc, un énorme bloc proliférant afin de rendre invisible le travail de la non-traduction et le glissement hors de la « poésie pour poètes ». Le site armangrobin.org est fabriqué de manière à faire de toutes les activités de Robin, placées dans des cases, des prolongements de la biographie du « premier poète du web ». Ainsi, les traductions restent-elles des traductions, les articles critiques des articles critiques et les poèmes des poèmes. Plus de détournement, tout va droit au but : la poésie qui constitue le Poète.

Cette poésie, à en croire le responsable du site, est concentrée dans *Le Monde d'une voix* dont les *Fragments* ne sont qu'une autre version, plus précise peut-être mais moins complète : deux faces du même. Jean Bescond va jusqu'à écrire à propos des lamentables poèmes de la fin de la vie de Robin :

> Le poème « Cette jeune Monique va plaire aux PTT » célèbre les amours retrouvées d'Armand Robin avec Monique Dupont... AR a commencé un nouveau cycle : « Poèmes à Winnie et même à Jany ». Plusieurs ont été publiés dans *Le Monde d'une voix* mais n'ont pas été repris dans *Fragments*.

Ainsi le manuscrit intitulé *Fragments* par Robin disparaît-il et le travail de falsification effectué par Alain Bourdon se voit-il légitimé.

---

9   À propos du cinquantenaire de la mort d'un poète », *Comoedia*, 20 décembre 1941, *Écrits oubliés I*, p. 121.

De même les *Écrits oubliés* sont-ils repris sans mention de source pour venir servir la mythobiographie :

1.
Écrits oubliés I, p. 114.
Chargé des écoutes radiophoniques en langues étrangères pour le ministère de l'Information à compter du 1ᵉʳ avril 1941, Robin se trouve plus que jamais en porte-à-faux; ce travail qui lui prend la majeure partie de son temps (entre douze et dix-huit heures par jour, écrit-il à Jean Bouhier...

Jean Bescond, *Armand Robin, la quête de l'universel*, p. 30
Avril. Employé au Ministère de l'Information au service des écoutes radiophoniques en langues étrangères comme « collaborateur technique ». [...] Si l'on en croit Robin, c'était un travail très lourd : de 12 à 18 heures par jour (?)...

*

2.
Écrits oubliés, p. 115
Son inscription à l'École des Langues orientales est attestée en 1941 pour le chinois... (renseignements incomplets : les fichiers manquent...)

Jean Bescond, *Armand Robin, la quête de l'universel*, p. 30
1941. Première inscription attestée à l'École des Langues orientales pour le chinois... (Il se peut qu'il ait été inscrit avant mais les fichiers ont disparu).

*

3.
Écrits oubliés, p. 124
1942. Il n'est pas douteux que Robin joua son existence sur quelques mois et que la rupture accomplie l'année suivante fut préparée par une crise d'une grande violence.

Jean Bescond, *Armand Robin, la quête de l'universel*, p. 30
Sous cette apparence de travail sans histoire il y a sans doute une grande crise qui couve.

*

5.
Écrits oubliés, p. 175
Année de rupture avec les milieux littéraires, avec « cette dérisoire vie bourgeoise... »

Jean Bescond, *Armand Robin, la quête de l'universel*, p. 31
Année de rupture avec les milieux littéraires et bourgeois.

*

6.
Écrits oubliés, p. 210
La période d'anarchisme militant d'Armand Robin semble s'être interrompue dès l'année 1948.

Jean Bescond, *Armand Robin, la quête de l'universel*, p. 38
1948. Fin de la période d'anarchisme militant.

*

7.
Écrits oubliés, p. 265
Parution de Quatre poètes russes (*Blok, Essénine, Maïakovski, Pasternak*) *aux éditions du Seuil en 1949. Ce retour au monde des lettres s'accompagne de la collaboration à diverses revues…*

Jean Bescond, *Armand Robin, la quête de l'universel*, p. 38
1949. Année du retour à l'activité littéraire proprement dite, ponctuée par la publication des Quatre poètes russes (*Maïakovski, Pasternak, Blok, Essénine*) *aux éditions du Seuil.*

*

8.
Écrits oubliés, p. 265
La première mention d'un travail d'Armand Robin pour la RTF concerne l'année 1950 (Comment Melgouenn eut Olwen, *manuscrit remis le 11 avril – mais aucune trace de l'émission n'a pu être retrouvée).*

Jean Bescond, *Armand Robin, la quête de l'universel*, p. 40
On peut aussi noter la première attestation depuis la guerre d'un travail pour la radio concerne l'année 1950 (il dépose en effet la dactylographie [sic] *de* Comment Melgouenn eut Olwen *en avril à la Radio-Diffusion française* [sic] *– mais l'émission a-t-elle eu lieu ?*

À quoi bon continuer ? Ces quelques exemples suffisent ; tout est à l'avenant. Cet usage de la citation mérite attention : passé un certain point, toutes les recherches peuvent être utilisées pour être mises au service du mythe et venir apporter un appoint utile puisque garant de véracité. Mais une véracité accompagnée de la suppression des faits qui dérangent. C'est ce que montrent les publications produites dans la continuité de cette fabrique du mythe.

CONTREFAÇON

En 2006, paraît aux éditions La Nerthe un recueil de lettres d'Armand Robin à Jean Guéhenno et Jules Supervielle, recueil publié et préfacé par Jean Bescond.

En 2008, paraît aux éditions Aden une biographie intitulée *Armand Robin, le Poète indésirable*. Son auteur est une universitaire, Anne-Marie

Lilti, donnée pour « spécialiste d'Armand Robin » bien qu'elle n'ait publié qu'un mince article dans une obscure revue de l'université de Cergy-Pontoise. Cette biographie est préfacée par Jean Bescond.

En 2009, paraît aux éditions Jean-Paul Rocher, un volume de textes d'Armand Robin rassemblés par Jean Bescond, *Le Combat libertaire*. Ce volume est préfacé par Anne-Marie Lilti.

Le but de ces trois livres est le même : constituer une biographie de poète anarchiste de nature à servir le mythe du Poète.

LE « COMBAT LIBERTAIRE »

Les lettres de Robin à Guéhenno (les lettres de Guéhenno étant perdues) peuvent servir le mythe, sous réserve, bien sûr, de dissimuler les raisons pour lesquelles cette correspondance s'interrompt.

À la date du 27 juillet 1940, Guéhenno écrit dans son *Journal des années noires* :

> X... le poète vient me voir. Je l'interroge sur son expérience de soldat. Il me parle de l'armée comme du plus invraisemblable monstre surréaliste. Ce qui n'est pas mal. Quant à l'événement, l'histoire ne l'intéresse pas. Alors il va continuer ses petites recherches, « travailler à ses poèmes ». Au total, il est assuré que sa liberté n'est pas menacée. Il vivra retiré au fond de son fromage poétique. Je l'ai mis à la porte. Ces jouisseurs me dégoûtent. Il eût été ridicule de discuter, d'expliquer que la poésie, la grande, la vraie, est connaissance et, par conséquent, liberté, la liberté même...

Nous savons que Guéhenno avait été indigné de lire l'article de Robin blâmant, dans la *NRF* de Drieu de janvier 1941, ceux qui ont fait le choix de se taire[10]. Si la correspondance s'interrompt, c'est pour une raison connue depuis plus de trente ans puisque j'avais demandé à Annie Guéhenno de vérifier sur le manuscrit si X. était bien Robin. Mais Jean Bescond feint de s'interroger : « *Inexplicablement à première vue, leur correspondance s'arrête en 1940* » : « *Les temps troublés sont favorables aux disparitions du courrier* ».

Encore quelques mois et les *Écrits oubliés* sont démantelés pour céder place à l'œuvre que le Poète, anarchiste du début jusqu'à la fin, aurait pu produire. À l'exception des *Poèmes indésirables*, des *Poèmes d'Ady* (pourtant par la suite vendus par Robin aux éditions du Seuil), et d'une

---

10 Voir *supra*, p. 195.

demi-douzaine de textes déjà publiés ailleurs, tous les textes du *Combat libertaire* viennent des *Écrits oubliés* qui ne sont pourtant jamais mentionnés[11]. Il est d'ailleurs stupéfiant de voir Pasternak enrôlé dans cette croisade quand ses poèmes ont été, eux aussi, revendus aux éditions du Seuil et ont été ensuite republiés[12].

La méthode employée pour faire d'Armand Robin un poète anarchiste est simple : supprimer tout ce qui dérange. Le texte « Une journée » paru dans *Esprit* en 1937 est donné pour le premier texte libertaire de Robin, mais l'éditeur a pris soin de supprimer la note indiquant : « Nous ne nous attardons pas ici aux querelles byzantines entre staliniens, trotskistes, anarchistes, fascistes et autres réactionnaires actuels ou virtuels, aux querelles qui ne peuvent intéresser que des bourgeois ou des intellectuels. »

La « Lettre indésirable n° 1 » à la Gestapo est naturellement présentée comme preuve du combat libertaire, et, pour ce faire, Jean Bescond prend soin d'oublier qu'en 1943 Robin se disait stalinien. Il efface totalement la collaboration à *La Nation française*, et il va de soi que les analyses des bulletins d'écoute montrant Robin proche de l'OAS sont remplacées par la version autorisée des faits : « C'est durant les années 1956-1957 qu'on le voit jouer la provocation en déambulant aux cris de "Je suis un fellagha ! Je suis un fellagha !", ce qui, en pleine guerre d'Algérie, n'arrange pas sa réputation déjà un peu sulfureuse. Mais il est là, à sa façon, en plein accord avec ses camarades de l'ex-Fédération communiste libertaire. » Telle est donc la version autorisée des faits, donnée textes à l'appui[13] : les *Écrits oubliés*, qui n'étaient pas compatibles avec le mythe, ont disparu et ont été remplacés par une publication apte à le servir.

---

11 Ils n'apparaissent que dans la bibliographie avec la mention « indisponibles » (quand les Presses universitaires de Rennes les diffusent encore).

12 *Quatre poètes russes*, Éditions Le Temps qu'il fait, 1991. Il est à noter que toutes les mentions de source sont données avec précision, sauf lorsqu'il s'agit de textes publiés dans les *Écrits oubliés*, qui sont totalement passés sous silence.

13 La volonté d'inclure le moindre texte dans le « combat libertaire » amène d'ailleurs les auteurs à citer tant la lettre du 18 juillet 1935 à Guéhenno qui est une revendication d'apolitisme que l'éloge d'Alain Sergent qui place Robin à l'extrême droite. Plusieurs « lettres indésirables » sont, en revanche, omises, ainsi qu'un long texte sur l'anarchisme (« Principales caractéristiques de l'anarchisme », reproduit in Françoise Morvan, *Armand Robin, bilans d'une recherche*, Annexe III).

LA BIOGRAPHIE DU POÈTE

Doté de l'œuvre adéquate, Armand Robin peut devenir un poète indésirable ainsi rendu parfaitement désirable : la biographie d'Anne-Marie Lilti *Armand Robin, le Poète indésirable* parue en 2008 s'emploie à développer les thèmes habituels en les enrichissant encore.

Sa source est, à l'en croire, la seule fiable, à savoir la brochure de Jean Bescond[14], lequel l'assure en préface « *pour mener à bien cette biographie, il aura fallu rassembler les travaux menés depuis 40 ans car à la mort du poète on ne disposait que de lambeaux informes. Il aura fallu faire le tri, analyser les œuvres y compris les traductions et les articles critiques, compulser les archives des fonds constitués et dispersés, mener des recherches nouvelles car il existe toujours des pans entiers non explorés chez Robin.* » En bref, depuis quarante ans, c'est-à-dire depuis la parution du *Monde d'une voix* suivi de la notice « La vie et l'œuvre » d'Alain Bourdon, rien à signaler : tout restait à faire.

Ayant constaté que cette biographie était massivement constituée d'emprunts non sourcés à ma thèse, je me suis décidée à porter plainte pour contrefaçon : la plagiaire a été lourdement condamnée. Le jugement est lisible en ligne[15] et il n'y a pas lieu d'épiloguer sur le plagiat lui-même, auquel j'ai d'ailleurs consacré un article également mis en ligne[16]. L'essentiel est bien que le plagiat était mis au service du mythe et servait à dénaturer des recherches en toute connaissance de cause : si Alain Bourdon pouvait avoir l'excuse de l'ignorance, Anne-Marie Lilti, qui avait étudié ma thèse de très près, comme les magistrats l'ont démontré, ne l'avait pas. Au-delà même du cynisme, ce qui caractérisait cette entreprise et méritait d'abord intérêt était la certitude dont elle témoignait d'avoir à œuvrer pour rétablir le mythe en détruisant par assimilation ce qui avait pu lui porter atteinte.

Que le mythe du Poète indésirable relève de contrefaçon n'est pas douteux, et que le plagiat soit employé, comme la falsification des textes, la suppression des faits qui dérangent, le travestissement de données établies de longue date, pour conforter cette contrefaçon n'est pas douteux

---

14   « Une excellente chronologie – la seule fiable à l'heure actuelle – très sérieusement documentée, a été réalisée par Jean BESCOND et se trouve dans son ouvrage *Armand Robin, la Quête de l'universel*, édité chez Skol Vreizh » (*Armand Robin, le poète indésirable*, p. 345).

15   http://francoisemorvan.com/plagiat-justice-rendue/.

16   http://francoisemorvan.com/recherche/edition/armand-robin/armand-robin-et-le-plagiat/.

non plus : reste que, condamnée pour plagiat ou non, la biographie du Poète indésirable continue de faire référence et que cette biographie a reçu l'aide du Centre national du livre. Les membres de la commission chargée de distribuer les aides à l'édition – commission qui refuse tant de projets – ont donc vu là un ouvrage adéquat, répondant à l'attente des lecteurs et digne de la renommée des Lettres françaises, une biographie de poète doté de tous les atouts requis : l'enfance douloureuse, le breton porté comme un lourd handicap (car c'est « *une langue morte* », « *une tombe de la pensée* », « *suffisante certes pour les échanges quotidiens, mais qui ne permet pas de se dire poétiquement* »), le prodigieux don des langues, le douloureux voyage en URSS, la révélation de l'anarchisme, la rébellion native, la lettre à la Gestapo, le combat contre la guerre d'Algérie, tout y est mais porté à un degré supérieur par une abondance de détails, de références, de citations destinés à faire foi.

Reste aussi que cette biographie, étayée par *Le Combat libertaire*, a fait l'objet d'articles uniformément élogieux, le plus révélateur étant celui d'un universitaire, Alain-Gabriel Monot, s'exprimant dans le journal représentatif par excellence de l'institution : la revue de la commission Livre et Lecture en Bretagne subventionnée sur fonds publics. L'article est illustré par la photographie d'Armand Robin devant son poste de radio – photographie de Claude Roland-Manuel publiée sans copyright – avec pour légende : « Armand Robin vers 1950-1955 dans l'exercice du métier qu'il a inventé, écouteur/décrypteur des propagandes ». Il s'agit donc bien de l'illustration du mythe, avec l'invention du métier d'écouteur telle que formulée par Alain Bourdon.

> Jean Bescond travaille depuis des années à faire connaître Armand Robin. On lui doit déjà le site internet de référence consacré au poète. Loin des querelles qui ont autrefois déchiré le tout petit monde des autoproclamé(e)s spécialistes de *L'Homme sans nouvelle*, il œuvre avec discrétion et talent au service d'une œuvre qu'il cherche non à s'approprier mais à défendre. Ainsi, il publie aux éditions Jean-Paul Rocher *Le Combat libertaire*, ouvrage fondamental qui reprend de manière intelligemment organisée l'ensemble des articles, *Poèmes indésirables*, traductions, écoutes radiophoniques [*sic*] qui participent de l'activité anarchiste du poète originaire de Plouguernével. Celle-ci est tout entière du côté de la révolte et de la douleur, que la foi impossible en un monde meilleur, de la dénonciation blessée des imposteurs et des « bandits politiques » [...]. On se penchera d'abord dans ce fort volume sur la magnifique lettre à Jean Guéhenno de 1935 (Armand Robin a alors 23 ans) qui marque l'entrée

de l'écrivain en devenir au sein du mouvement libertaire. Relisant ses textes à la fois déchirés et éclairés d'une intelligence critique supérieure, on reste pantois devant tant de lucidité meurtrie. Et l'on est mille fois reconnaissant à Jean Bescond (et à Anne-Marie Lilti, qui signe l'excellente préface de cet ouvrage) de son œuvre d'infatigable propagandiste et de critique inspiré[17].

Cet article exprime le soulagement du représentant local de l'institution littéraire : désormais, nulle « spécialiste » (pis encore « autoproclamée » après un doctorat d'État et des publications ainsi massivement renvoyés à leur inexistence) pour déranger la promotion du Poète, telle qu'elle doit s'effectuer, sous les auspices d'un anarchisme de bon aloi. Le message délivré par Robin est d'une lucidité qui laisse pantois, sous réserve d'admettre que sa lucidité réside en l'expression d'une foi impossible en un monde meilleur. L'appel à s'ébaudir du vide est constitutif du mythe : il se gobe comme l'hostie et la satisfaction du critique est celle du chrétien après la communion.

EXPLOITATION

Plus de contre-discours, plus de textes faisant obstacle : les publications des années 2006 à 2011 témoignent d'une sorte d'euphorie, d'enthousiasme militant, de triomphalisme dans la certitude d'être du bon côté, avec la revendication libertaire susceptible de convaincre un public jeune, avide d'affronter l'autorité et prêt à en découdre par poète interposé : Robin n'est plus le poète excentrique, le poète maudit, le poète prophète mais tout cela à la fois rassemblé sous la figure de l'Indésirable. La déliquescence de la gauche appelle à la révolte pure, dans les marges, et la figure du Poète comme éternel rebelle a de quoi séduire. C'est sur cette base que s'opère la reconstruction du mythe. Émissions de radio, articles sur Internet, multiplication, démultiplication, et démultiplication

---

17 *Pages de Bretagne*, septembre 2009. La revue est l'émanation directe du conseil régional de Bretagne et Alain-Gabriel Monot, enseignant à l'université de Brest, directeur de la revue nationaliste *Hopala !* et auteur de plusieurs anthologies de poètes bretons (*On a mis la Bretagne en poème !*, *Proses de Bretagne*, *Poétique Bretagne : une anthologie de 32 poètes*) est l'un des meilleurs représentants locaux de l'institution littéraire : on le retrouve à la jonction de nombreux lieux de pouvoir.

de la multiplication de commentaires dérivant tous du même credo… Ce qui était possible en 1988, à savoir constituer un corpus montrant la constitution du mythe, est désormais impossible : labile, fluide, sans origine, incontrôlable, le mythe a envahi l'univers et circule, produisant çà et là des variations donnant à l'infinie répétition du même une espèce de constance dans la durée produisant un effet de vérité.

ROBIN CÉLÉBRÉ NATIONAL

Le mythe s'inscrit dans l'esprit du temps : en 2011, Armand Robin est inscrit sur la liste des commémorations nationales. Il peut sembler étrange de commémorer, non le centenaire de sa naissance mais le cinquantenaire de sa mort à l'infirmerie psychiatrique de la préfecture de police (et, d'ailleurs, plus étrange encore de commémorer un auteur qui revendiquait le droit à l'inexistence). Cependant, la commémoration a le mérite de montrer ce qu'est devenu Robin sous sa forme officielle :

> Armand Robin
> Plouguernével (Côtes-d'Armor), 19 janvier 1912 – Paris, 30 mars 1961.
> Huitième enfant d'une famille de cultivateurs, il doit à son acharnement le privilège d'échapper aux servitudes du terroir et de poursuivre des études. Exceptionnellement doué, il est admissible à l'agrégation de lettres. Puis il se lance dans l'aventure sans fin de la connaissance : après le grec, le latin, l'anglais, l'allemand, il apprend le russe, l'espagnol, l'italien. Son bagage lui permet très vite de gagner sa vie : rédaction des *Bulletins d'écoutes* qu'il rédige à partir de l'écoute des émissions radiophoniques internationales, et en même temps publications de traductions et d'œuvres originales. Son premier titre (1940) dit le choix déjà fait de l'exil et du don de soi : *Ma vie sans moi*. Deux ans plus tard, il termine un étrange roman : *Le Temps qu'il fait*. Il y relate les drames dont il fut l'acteur ou le témoin. Cette évocation émouvante peint un univers où la réalité se mêle à la fiction. De 1943 à 1953 les traductions se succèdent ; puis, en 1958, deux volumes de *Poésie non traduite* à partir d'auteurs chinois, russes, arabes, suédois. Dès ses premiers essais, il a rêvé de « coïncider avec toute la souffrance et toute la joie présente à chaque moment du monde[18] ».

Il s'agit d'une version bourdonnienne habilement édulcorée : tout ce qui pouvait faire mauvais effet a été supprimé – le travail au ministère de l'Information, l'inscription sur la liste noire, l'anarchisme, la mort tragique. La Nation a besoin d'un Poète, génial puisqu'on le commémore,

---

18 Recueil des célébrations nationales. Site interministériel des Archives de France, 2011.

mais pas trop maudit, ou le moins maudit possible. Les faits sont donc
revus de manière à venir se placer dans le schéma habituel selon un ordre
positif : Robin est le huitième enfant d'une famille paysanne mais, étant
méritant, il a réussi à échapper aux « servitudes du terroir », a trouvé un
bon gagne-pain grâce à son « bagage », produit une œuvre « émouvante »
et, au final, traduit un grand nombre de langues. Sa carrière est montrée
en expansion constante (jusqu'à la parution de deux volumes de *Poésie
non traduite* la même année, comme une apothéose) et répondant à ses
vœux : dès 1940, *Ma vie sans moi* montre qu'il a choisi « le don de soi »
et, délicate allusion à sa mort, il a su coïncider avec « toute la souffrance
et la joie » du monde.

Tel est donc l'auteur que Jean Bescond, Alain-Gabriel Monot et autres
spécialistes célèbrent, avec récitals poétiques et lecture de la « Lettre
indésirable n° 1 à la Gestapo ». Des poètes viennent dire des poèmes
d'Armand Robin qui est tout à fait devenu un poète pour poètes.

ROBIN POÈTE POUR POÈTES

Preuve en est : la rediffusion du film *La Vraie Légende d'Armand Robin*.
Le 3 novembre 2010, l'INA, la Maison des écrivains, *Le Magazine
littéraire*, le Centre national du Livre (qui a subventionné la biographie
d'Anne-Marie Lilti) et la Mairie de Paris organisent une projection
commentée de ce film qui a été réalisé en 1994 pour France-3.

Quelques mois après la parution des *Fragments*, le réalisateur Laurent
Desprez avait fait appel à moi pour l'aider à réaliser un documentaire à
partir du film tourné en 1969 et 1970 par Paul-André Picton, réalisateur à FR3 ouest. Pendant plusieurs jours, nous avions visionné ce film
tourné en 8 mm : des heures d'entretiens avec Hippolyte Robin, avec
le comte d'Orfeuil (journaliste au *Figaro*) et la comtesse, en leur manoir
près de Rostrenen, avec les « amis d'Armand Robin », Jean Guéhenno,
Alain Bourdon, Claude Roland-Manuel, mais aussi Dominique Aury,
des comédiennes, le boulanger de Rostrenen, le patron du bistro de
l'esplanade des Invalides, Per-Jakez Hélias, Georges Brassens, des paysans de Plouguernével… Le cinéaste a filmé avec crédulité, approuvant
en toute bonne foi les propos d'Alain Bourdon, les mondanités de Jean
Guéhenno et autres commentaires souvent insupportables de vanité
satisfaite : ainsi, sans le vouloir, a-t-il donné un prodigieux témoignage
sur la solitude d'Armand Robin, et une sorte de suite de *Fragments*

sous forme de saga oppressante de la perdition. Mais tel n'était pas le propos de Laurent Desprez qui devait mettre en forme un documentaire actualisé sur Armand Robin. Il entendait terminer sur la restitution des archives aux éditions Gallimard et la découverte des *Fragments*, ce sur quoi, de fait, le film se clôt.

Laurent Desprez s'est efforcé de prendre quelque distance avec le mythe et surtout il a laissé ouverte la possibilité d'une compréhension nouvelle d'une œuvre fragile, mais le film, diffusé pour la première fois en 1994 par FR3, n'a fait, comme il fallait s'y attendre, que relancer la production de clichés ravivant la figure du poète maudit.

En 2010, sa rediffusion est accompagnée d'une sorte de visionnage avec commentaire, comme pour cautionner l'authenticité de la vision du Poète, confié à une poétesse, Valérie Rouzeau, chargée de produire un texte sur Armand Robin. Ce texte, intitulé « Saurons-nous un jour, saurons-nous jamais qui fut Armand Robin, ce miracle, cette catastrophe ? », est intéressant puisqu'il permet d'assister à la solidification du mythe selon les poncifs actuellement admissibles.

Nous avons d'abord un condensé :

> Un enfant inadapté ; burlesque ; la passion de la justice contre toute "fausse parole" ; anarchiste ; traître de mélodrame (…) avec des mains d'étrangleur ; un ange ; un sanglier ; quelque chose en lui de colossalement meurtrier ; un enfant qui sait s'amuser ; mépris de l'argent ; il ne dormait pas il s'écroulait ; son caractère le portait à l'isolement ; pour l'aimer il fallait faire certains efforts ; l'idiot du village ; un gosse ; un regard bleu qui ressemblait au regard noir de Léautaud (…) ; le rimmel du cœur ; vivait dans un rêve ; un homme tourmenté ; des fiancées platoniques ; dru ; enraciné ; fidèle ; singulier ; armé pour la lutte ; volubile ; maladroit ; timide ; perpétuellement malheureux ; très atteint ; capricieux ; de la plus grande délicatesse…

Puis, l'enfance paysanne et la mort sont développées comme démonstration de ce que « la poésie, c'est une manière d'être, une manière de vivre » : l'enfance bretonne et la fin tragique et mystérieuse sont bien la preuve que « son existence aura été un art de vivre incomparable et sans doute un combat de chaque instant ».

Le poète excentrique resurgit sous les auspices de l'humour nécessaire au Poète : « Georges Brassens, son ami de la Fédération anarchiste, insiste sur le côté enfantin espiègle de Robin, et ce me semble bien vu. J'ignorais avant de visionner l'émission de Paul-André Picton que

Armand Robin composait des madrigaux qu'il envoyait à la police ! ou encore qu'il possédait un écureuil pour lequel il avait demandé un professeur d'espagnol ! et puis, qu'il existât une langue nommée le tchérémisse des prairies. » Il n'est plus utile de faire appel au poète maudit : le Poète domine tout, naturellement prophète puisque poète, et même l'écureuil Goliath peut reprendre du service, avec le tchérémisse et autres attributs du poète excentrique venant se fondre pour montrer que Robin offre un vrai modèle de Poète : « Être tout le monde, incarner toute la poésie du monde et être, d'une certaine façon, personne, mais absolument positivement personne, jamais passivement et du coup être un plus qu'étrange quelqu'un ! le grand rêveur Armand Robin est aussi un homme de terrain. Poète des hommes du monde entier, poète des bêtes, des éléments, du cosmos[19] ! »

Robin est redevenu ce qu'il devait être, un Poète, avec son œuvre, *Le Monde d'une voix*, et sa biographie de Poète.

ROBIN REPRIS PAR L'UNIVERSITÉ

Quelques mois plus tard, les Presses universitaires de Rennes publient un épais volume comportant un article de Jean Balcou intitulé « Le débat entre Jean Paulhan et Armand Robin sur la poésie de la Résistance d'après leur correspondance inédite[20] ». Déplorant que cette correspondance n'ait pas encore été publiée (Thierry Gillibœuf, pressenti pour se charger de cette besogne, semble avoir éprouvé quelques scrupules), ce professeur se charge de confirmer la lecture libertaire indispensable au mythe en procédant à une mise en œuvre de la correspondance – la correspondance, à dire vrai, la moins libertaire qui soit puisqu'on peut suivre de 1936 à 1958 l'itinéraire d'un jeune auteur manipulé par le redoutable maître du jeu qui, au total, fait de lui ce qu'il veut, et ce n'est pas sans raison que ses prises de position finissent par se calquer sur celles, aussi troubles et ambiguës que possible, de Paulhan.

Il y aurait certainement toute une étude à faire à ce sujet[21], mais telle n'est pas, bien sûr, la thèse de J. Balcou qui, dans le prolongement

---

19 http://www.m-e-l.fr/medias/extraits-textes/texte%20v.%20rouzeau-armand%20robin.pdf.

20 *Correspondance et poésie*, Rennes, PUR, 2011, p. 219-228.

21 Sur ce rôle de Paulhan, on pourra lire les témoignages d'Étiemble et de Maurice Nadeau, deux jeunes écrivains, également issus de familles pauvres, dont l'itinéraire peut être à

de son *Armand Robin, la quête de l'universel*, se sert de la correspondance pour consolider le mythe du Poète, forcément libertaire puisque Poète :

1. Souffrant d'une blessure identitaire car paysan et breton, Armand Robin souffre d'une « autre blessure double » car en Allemagne en 1933 il a découvert l'horreur du nazisme et la même année travaillant dans un kolkhoze, « l'horrible répression stalinienne ».

2. Heureusement, son « prodigieux don des langues » lui permet d'en apprendre « de trente à quarante », ce qui, en 1936, amène Paulhan à devenir son « mentor ».

3. Robin a travaillé au ministère de l'Information et collaboré à la *NRF* de Drieu mais en même temps il participait à la Résistance et était menacé par la Gestapo.

4. Il s'en prend à la poésie de la Résistance car elle est inféodée à l'idéologie stalinienne. « Or, si Hitler est un monstre minable, Staline reste la bête immonde », donc Robin a raison de s'opposer à Éluard et Aragon.

5. Mais il publie des articles accordant pour finir son pardon à Éluard.

6. « Fondamentalement libertaire, il refuse tout embrigadement » et se met écouteur à son compte pour « lutter contre la fausse parole »…

7. … « à l'aide de la seule parole vraie, celle des poètes » dont il fait « le monde d'une voix ».

Tous les faits sont, comme on peut le voir, mis en œuvre de manière à venir conforter l'antistalinisme de Robin, donné pour constant de 1933 à sa mort. Alors même que la correspondance le montre plus stalinien que les staliniens lorsqu'il s'en prend aux poètes de la Résistance, ce qui suffirait à rendre toute la démonstration invalide, ce fait est éliminé ; les autres sont travestis de manière à autoriser le déroulé parfaitement lisse du mythe, menant comme prévu de la blessure identitaire via le prodigieux don des langues au *Monde d'une voix*. Au terme de l'article, la boucle est bouclée et la version bourdonnienne rétablie. La correspondance, elle aussi, peut *faire foi*, quand bien même elle dirait exactement le contraire[22].

---

bien des égards rapproché de celui de Robin, et qui ont dénoncé son double jeu pervers (il s'agit du thème principal de l'essai d'Étiemble, *Lignes d'une vie*, significativement sous-titré *Naissance à la littérature ou le meurtre du père* ; essai approuvé et prolongé par celui de Maurice Nadeau, *Grâces leurs soient redues*, p. 248). La perdition de Robin ne s'est pas seulement jouée sous les yeux de Paulhan, elle s'est aussi jouée par Paulhan. Il serait intéressant de rapprocher ces essais des volumes de correspondance de Paulhan avec Francis Ponge et Armand Petijean, autres jeunes auteurs ainsi tenus en tutelle.

22 L'article, mis en ligne en 2016, sur un site Internet universitaire de référence, rend naturellement hommage à la biographie plagiée et au site armandrobin.org.

En 2016 paraît aux éditions Les Belles Lettres un essai de Christine Lombez intitulé *La Seconde Profondeur. La traduction poétique et les poètes traducteurs en Europe au XXᵉ siècle*. Professeur à l'université de Nantes, Christine Lombez a été chargée par le professeur Jean-Yves Masson de rédiger l'article Robin de la grande histoire de la traduction française à paraître sous sa direction[23] : le chapitre de cet essai, intitulé « Armand Robin, "un étrange étranger" », a donc valeur programmatique.

La thèse de l'auteur est que « *dans chaque traduction réussie, il y a poème, c'est-à-dire recherche, découverte et mise au jour d'une seconde profondeur* » (p. 331). Il n'est pas dit en quoi consiste la seconde profondeur (la première non plus) mais, en fin de compte, « *si la traduction de poète (et non plus en poète) se voit entourée d'un si épais halo de mystère, c'est peut-être, finalement, en raison de son pouvoir démiurgique (voire thaumaturgique).* » La traduction poétique a une « *vertu vivifiante, pour ne pas dire miraculeuse* », telle est la conclusion. Nous sommes donc dans la mystique et Robin est particulièrement intéressant car « *Poète de toutes les langues (il en connaissait au moins une bonne vingtaine), Armand Robin est un défi pour le regard traductologique.* » (p. 285). Afin de démontrer que, Poète, Robin traduit parce qu'il est Poète, Christine Lombez s'appuie sur la biographie d'Anne-Marie Lilti : qu'il s'agisse d'un texte condamné pour plagiat ne la dérange en rien ; tout au contraire, elle s'y réfère en permanence,

---

23 Cette *Histoire des traductions en langue française* a fini par paraître (Verdier, 2019) mais sans Jean-Yves Masson ; l'article de Christine Lombez sur Robin, quoique criblé d'erreurs, a été conservé. S'imaginant que Robin est allé apprendre le russe « sur le tas » en URSS et s'est pris de passion pour le chinois dans les années 50, Christine Lombez oppose le « poète traducteur » (comme Jaccottet) au « traducteur auteur » (comme Robin). En quoi Philippe Jaccottet est-il plus « poète traducteur » que « traducteur auteur » et Armand Robin plus « traducteur auteur » que « poète traducteur », le mystère reste entier. L'exemple choisi pour expliquer que les traductions de Robin font « entendre sa voix » plutôt que celle de l'auteur montre à lui seul à quel degré d'incompréhension atteint la perception non seulement du travail d'Armand Robin mais du travail de traduction en général. Deux vers des *Douze* de Blok servent à opposer la traduction du « traducteur auteur », Armand Robin, qui fait entendre sa voix à la place de celle de Blok, et la vraie traduction, celle de Katia Granoff. Les deux vers sont (transcrits par C. Lombez) : « *Tovariš, vintovku derji, ne trus'!* / *Pal'nem-ka pulej v Svjatuju Rus'–* ». Autrement dit, mot à mot : « *Camarade, tiens ton fusil, aie pas peur* [tournure familière]! / *Tirons [une balle] sur la sainte Russie.* » / La traduction de Robin est remarquablement juste : « Tiens bien ta carabine, camarade, sois pas poltron! / Sur la sainte Russie, allons, tirons un carton! » / Celle de Katia Granoff ne tient compte ni du style ni du sens ni de la prosodie : « N'écoute pas les inepties / Tire sur la Sainte Russie […]! » / Tel est donc le modèle de traduction proposé comme normal.

reprenant et aggravant le discours habituel : « *Jusqu'à l'âge de six ans, la langue maternelle de Robin fut un dialecte breton, le fissel* ». Aurait-il changé de langue maternelle après six ans sous le choc de la découverte du français ?... « *L'assimilation du français à un âge relativement tardif, lors de l'entrée à l'école primaire, constitua pour lui un choc* » (car les Bretons, vivant en totale autarcie, n'entendaient, bien sûr, jamais de français). Le génie de Robin lui permit d'assimiler le français « *avec une facilité déroutante* » (exploit sidérant pour un Bas-Breton). Pris dans un milieu de rustres, Robin se trouva subir « *un processus d'acculturation douloureux* » qui l'amena à chercher une « langue natale » car, c'est évident, « *ni le fissel ni le français* » ne pouvaient, « *contenir sa soif d'absolu, son désir de pureté* » (p. 265) et donc, en vrac, sous le coup d'une « *passion polytraductrice dévorante* », il apprend l'allemand, le polonais, le russe, le chinois, l'arabe préislamique, ce qui ensuite devient pour lui un « *moyen privilégié de lutte contre une dépersonnalisation qu'il vit avec acuité* » ; il la vit même avec tellement d'acuité que « *le traducteur prendra le pas définitif sur le poète, ces deux versants de la création poétique ne pouvant visiblement pas coexister en lui* ». Ainsi, ultime illustration de l'opinion bourdonnienne relayée par Anne-Marie Lilti, Robin se fait traducteur faute, hélas, de pouvoir rester poète. Mais ça ne fait rien, *nascuntur poetae*, c'est un Poète et donc il est à même de traduire des Poètes en faisant émerger la seconde profondeur, puisque tout se passe en-dessous, pour atteindre au miracle.

L'hommage à la contrefaçon ainsi rendu a du moins le mérite d'inciter à mieux comprendre quels mythes continuent d'alimenter l'institution : « *Appelé à refaire le parcours d'écriture de l'auteur original ("le poème est recréé, mais à partir de sa fin, en remontant vers sa pure origine", pour reprendre les mots superbes d'Armand Robin), le passeur est celui qui saura – c'était déjà le vœu des romantiques allemands – s'approcher de l'Idée même de l'œuvre source...* » L'Idée, le miracle, l'accès à l'ineffable, et le tout en s'appuyant sur des falsifications qui, même condamnées en justice, servent de référence : il ne s'agit pas de donner à comprendre mais de donner à croire, y compris au mépris des faits, des textes et des recherches jugées hérétiques. Dans la perspective d'une apologétique, la contrefaçon n'a pas lieu d'être blâmée : pour peu qu'elle serve le dogme, elle peut même passer pour méritoire. Le mythe du Poète se nourrit du mépris du texte. Et c'est ce mépris du texte qui explique tout à la fois le laxisme régissant la traduction et l'indifférence au plagiat.

ROBIN MIS AU SERVICE DE LA POLITIQUE

Robin en tant qu'auteur atypique, ni poète ni traducteur, flottant hors des limites des genres, errant dans l'univers des ondes loin des clivages politiques et se disant sans existence ne peut servir aucune cause, littéraire ou politique. Le mythe de Robin, lui, se révèle merveilleusement utile pour peu que l'on sache s'en servir, ce qui n'est pas vraiment difficile, le produit ayant été parfaitement mis au point au cours des étapes de la fabrique du Poète.

En 2011, la revue anarchiste *À contretemps* vient compléter le *Combat libertaire* et la biographie du poète indésirable[24] : sous le titre « Flagrant délit d'absence », l'habituelle biographie telle qu'orchestrée par Alain Bourdon ouvre sur une mythification intense du voyage en URSS, puis du travail de traduction, puis du travail d'écoutes et de l'itinéraire politique de Robin réduit à sa collaboration au *Libertaire*, le tout rassemblé dans un portrait d'« Armand Robin l'indésirable » avec, à l'appui, comme de coutume, la lettre à la Gestapo, la demande officielle pour figurer sur toutes les listes noires et autres textes de la période d'anarchisme militant. L'ensemble, assorti d'une bibliographie, forme une synthèse d'apparence sérieuse, réorganisant toutes les recherches pour les soumettre avec la rigueur méthodique du zèle prosélyte au règne de la vraie foi : anarchiste un jour, anarchiste toujours.

Ainsi promu, Armand Robin fournit un label libertaire probant aux militants autonomistes qui entendent faire entrer la Bretagne dans le grand concert revendicatif de l'Europe des régions. Il était hostile à tout enfermement identitaire ? Mais c'est précisément pour l'avoir clamé qu'il peut servir : le vice-président du conseil régional de Bretagne en charge de la Culture publie un essai appelant les Bretons à être Bretons, et pour appuyer cette revendication ethniste ne manque jamais de citer Robin, preuve que le Breton se veut ouvert au monde :

> Je ne suis pas Breton, Français, Letton, Chinois, Anglais
> Je suis à la fois tout cela,
> Je suis homme universel et général du monde entier
> Entre mes dents je prends entier
> Le monde entier

---

24 *L'Écriture et la vie (trois écrivains de l'éveil libertaire, Stig Dagerman, Georges Navel, Armand Robin)*, Paris, À contretemps, Les Éditions libertaires, 2011.

Pourvu que devant les pauvres
S'inclinent les rois[25] !

Le projet d'autonomie de la région promu par cet essai est celui du patronat breton, loin de souhaiter s'incliner devant les pauvres, mais le Poète est d'abord objet de foi.

Enfin, à la croisée des principaux lieux de pouvoir – à savoir les instances politiques régionales (conseil régional de Bretagne et conseils généraux), les services de l'État (Direction régionale des Affaires culturelles et Centre national du Livre), les universités (de Bretagne occidentale, Bretagne-sud, Nantes, Rennes 1 et Rennes 2) et la banque (le Crédit mutuel, membre du puissant lobby patronal breton œuvrant pour faire advenir une Bretagne libre – c'est-à-dire libérée des lois contraignantes de la France républicaine – dans le cadre d'une Europe des régions[26]) –, cette version identitaire est promue pour faire entrer Robin sous forme de Poète dans le *Dictionnaire du patrimoine breton*.

Armand Robin naît à Plouguernével dans une famille d'agriculteurs où on ne parle que le breton. Ses études en français sont brillantes et le mènent au lycée Lakanal, en 1929, mais son échec à l'École normale supérieure l'oblige à terminer à Lyon sa licence de lettres. En 1934, à Paris, il commence à traduire des poètes étrangers, voyage en Europe de l'Est puis, ayant échoué à l'agrégation, se consacre à l'écriture et à sa passion des langues. Au début de la guerre, il publie son premier recueil, *Ma vie sans moi* (1940), collabore à la résistance [*sic*] par ses bulletins d'écoute des radios étrangères. Mais le sentiment insistant de l'échec l'amène à se marginaliser volontairement. En 1945, il rejoint la Fédération anarchiste et publie son roman, *Le Temps qu'il fait*, hommage à son enfance et à sa mère.

À partir de 1949, il fait de la radio et enregistre à la RTF ses *Poésie sans passeport* où il expérimente, dans un multilinguisme apparent, le travail en poésie d'un langage unique et absolu. L'équivalent livresque en sera *Poésie non traduite* (1953-1958). Pris dans un imbroglio sentimental et financier, provocateur, libertaire, malade, il meurt dans des circonstances mal établies en 1961, à l'infirmerie spéciale de la Préfecture de police. La publication récente des papiers récupérés après sa mort nous donne toute la mesure de l'étonnante opération transidentitaire à laquelle Robin se livre dans son œuvre. Passé du breton maternel au français dans une expérience diglossique où le français s'impose comme langue de création, il ouvre cette langue à toutes les autres

25   *Fragments*, p. 169. Ce poème est utilisé par Jean-Michel Le Boulanger dans son essai *Être breton ?* Éditions Palantines, 2013 (préface de Jean-Yves Le Drian).
26   Voir à ce sujet *Le Monde comme si*, Actes Sud, 2002 (rééd. 2004, collection Babel).

464 ARMAND ROBIN OU LE MYTHE DU POÈTE

langues cherchant, dans l'expérience poétique, l'idiome d'avant Babel où effacer l'implicite blessure identitaire, pour retrouver *Le Monde d'une voix* (1968)[27].

Le schéma mythobiographique est simplifié mais demeurent les éléments essentiels :

1. L'enfance dans une ferme
2. Le breton pour unique langue
4. Le don des langues et les traductions
7. L'héroïsme des écoutes clandestines pour la Résistance
10. L'adhésion à la Fédération anarchiste
11. L'expansion de la carrière d'un traducteur à la recherche d'un langage absolu
12. Les tristes amours
13. La ruine et les créanciers
14. La disparition et la mort tragique (à la suite de provocations libertaires)
15. La parution du *Monde d'une voix*

La « marginalisation volontaire » efface d'un coup deux étapes mais l'ensemble n'en est que plus cohérent : ce qui caractérise la version académique du mythe est son pouvoir convaincant dû à une efficace simplification ; faire de la non-traduction une « opération transidentitaire » permet de rabattre les langues sur l'identité et d'en revenir aux origines ; puisque breton, Robin souffre d'une blessure identitaire qui l'amène à se marginaliser, écrire un roman breton (en 1945, porté par l'élan qui l'a amené à adhérer à la Fédération anarchiste…) et traduire pour trouver une langue universelle à la place de sa langue maternelle perdue, le tout aboutissant, comme il fallait s'y attendre, au *Monde d'une voix*.

Parangon de rébellion, le Poète est mobilisable sans peine et exploitable politiquement aussi bien à l'extrême droite qu'à l'extrême gauche en référence au catastrophisme ambiant. Le texte le plus utile à cet égard, et qui est d'ailleurs le texte le plus souvent cité d'Armand Robin, est « Le programme en quelques siècles », l'un des *Poèmes indésirables* écrit au moment où Robin tentait de survivre à une crise qui l'avait laissé incapable de revenir à lui :

On supprimera la Foi
Au nom de la Lumière,
Puis on supprimera la lumière.

---

27 Marc Gontard, *Dictionnaire du patrimoine breton*, Presses universitaires de Rennes, 2013, p. 849-850.

On supprimera l'Âme
Au nom de la Raison,
Puis on supprimera la raison.

On supprimera la Charité
Au nom de la Justice
Puis on supprimera la justice.

On supprimera l'Amour
Au nom de la Fraternité,
Puis on supprimera la fraternité.

On supprimera l'Esprit de Vérité
Au nom de l'Esprit critique,
Puis on supprimera l'esprit critique.

On supprimera le Sens du Mot
Au nom du sens des mots,
Puis on supprimera le sens des mots.

On supprimera le Sublime
Au nom de l'Art,
Puis on supprimera l'art.

On supprimera les Écrits
Au nom des Commentaires,
Puis on supprimera les commentaires.

On supprimera le Saint
Au nom du Génie,
Puis on supprimera le génie.

On supprimera le Prophète
Au nom du Poète,
Puis on supprimera le poète.

On supprimera l'Esprit,
Au nom de la Matière,
Puis on supprimera la matière.

AU NOM DE RIEN ON SUPPRIMERA L'HOMME ;

ON SUPPRIMERA LE NOM DE L'HOMME ;
IL N'Y AURA PLUS DE NOM.

NOUS Y SOMMES.

Prophète d'apocalypse, Robin retrouve le ton liturgique des sermons de son collège rostrenois pour dénoncer ce « on », cette force du mal ultime, cet avatar sans nom de Satan, le Pouvoir. C'est un poème qui ne dit rien, sinon l'urgence de réagir alors qu'il est déjà trop tard, ce qui politiquement n'engage à rien.

Or, c'est ce qui lui donne son pouvoir de conviction – outre qu'il prouve à lui seul le Poète en sa nature de prophète, raison pour laquelle le poète André Velter l'a rajouté à sa réédition du *Monde d'une voix* en 2004. De fait, nous avons là une sorte d'ultime condensé du mythe : les oppositions duelles menant de la Foi au Poète forment un panorama de la croyance développant, d'un côté, les attributs qui font de lui ce qu'il est et, de l'autre, les versions dégradées qui le menacent dans son être : à la Foi, s'oppose la Lumière, à l'Âme la Raison, à la Charité la Justice, à l'Amour la Fraternité, à l'Esprit de Vérité l'Esprit critique, au Sens du Mot le sens des mots (sans majuscule), au Sublime l'Art, aux Écrits les Commentaires, au Saint le Génie, au Prophète le Poète qui sera supprimé en tant que poète sans majuscule). La Lumière fait allusion à l'esprit des Lumières et, de fait, tout découle d'une conception biblique de la parole dictée par Dieu et portée par la foi, conception excluant la raison, la justice, la fraternité, l'esprit critique, autrement dit tout l'héritage de la Révolution française. Pur produit des anti-Lumières, le mythe du Poète poursuit de Herder à Velter son existence tapageuse et pourtant inobservée. Armand Robin aura du moins eu le mérite d'attirer l'attention sur cet avatar et, malgré lui sans doute, de monter en effet qu'à la boursouflure vide du Sens du Mot chacun est libre d'opposer le sens des mots et le respect du texte, si étrangers au barnum poétique.

On me pardonnera, je pense, de terminer sur une petite anecdote : voilà quelque temps, me rendant à la bibliothèque de l'université de Rennes, université alors depuis des semaines en grève, je me suis trouvée traverser le grand hall. Les étudiants avaient sorti les tables et les bancs pour construire des barricades ; des matelas, des couvertures traînaient au milieu de papiers gras, d'affiches déchirées, dans une indescriptible saleté. Au milieu du hall entièrement couvert de graffitis, une colonne portait en lettres gigantesques « Le Programme en quelques siècles ».

Lisant ce poème, face à un étudiant effondré, ivre mort, dans les détritus au bas de la colonne, j'ai pensé à ces vieux soixante-huitards, nantis de postes de professeurs d'université, confits en bourgeoisie et donnant à leurs étudiants l'exemple d'Armand Robin, le maître en rébellion, l'anarchiste pur et dur, combattant pour la liberté au point d'aller mourir dans un commissariat, prophète et martyr.

Suivi de quelques membres du personnel de service, le président de l'université, auteur de l'article Armand Robin du *Dictionnaire du patrimoine breton*, s'en venait balayer les déchets.

Et je me suis revue, petite étudiante, pleine d'enthousiasme et de crédulité, partant à la recherche des textes perdus…

CONCLUSION

Un quart de siècle après, les recherches qui portaient atteinte au mythe ont donc été effacées ; les publications qui ne le servaient pas ont disparu ; les critiques à son endroit sont restées lettre morte et, pour finir, recherches et publications, morcelées, réinterprétées, contrefaites ont été très efficacement réinvesties dans la fabrique du mythe qu'elles entendaient combattre.

L'expérience d'Armand Robin avait le mérite de témoigner d'une tentative d'échapper à la poésie conventionnelle – un genre qui ne pouvait se survivre qu'en échappant aux limites dans lesquelles il était enfermé, réduit à un lectorat de poètes amenés à leur tour à faire tourner une roue sans usage sinon que de tourner, et l'image de l'écureuil Goliath, laissé après la mort de Robin comme un legs fantôme, prenait valeur de symbole. La non-traduction dans sa période heureuse, a été un moyen d'ouvrir la poésie en accordant à la traduction statut d'écriture au sens plein, statut qui lui était et qui lui est toujours dénié : loin d'être une entreprise basée sur un mysticisme visant à la recherche d'une langue originelle, comme Robin l'a malheureusement laissé parfois accroire, l'expérience dont témoignent les *Fragments* est une expérience concrète, donnant lieu aux meilleures traductions et aux meilleurs articles, diffractés en fragments qui les prennent en miroir.

Or, tout le travail de l'institution (éditeurs, critiques, journalistes, universitaires, Centre national du Livre, organismes subventionneurs et organes politiques allant de d'extrême droite à l'extrême gauche, y compris via le régionalisme) a consisté, comme on a pu le voir, à enliser cette expérience fragile sous la promotion d'une figure de Poète aux attributs conçus pour venir s'agglomérer à cette figure mythique et lui prêter une apparence de consistance. On pourrait être tenté de donner une version inverse du schéma mythobiographique, produisant ainsi un

récit qui aurait l'avantage de passer sous silence les articles du dogme
et d'être assurément plus conforme aux faits :

1. Comme Robin l'a souvent rappelé, le fait d'être né dans une ferme bretonne a été
   une chance, et a il a souvent rendu hommage à ceux qu'il appelait « les siens ».
2. Loin d'être des rustres incultes, ses parents ont mis en valeur une ferme
   qu'ils ont transmise à l'un de leurs fils et, à leur mort, ont légué une
   maison ou une ferme à chacun de leurs enfants. Ils lui ont permis de
   faire de longues études.
3. Le fait de parler le breton de haute Cornouaille ne l'a pas empêché d'apprendre
   à lire et à écrire en français avant d'entrer à l'école ; au lycée, il a pu
   découvrir en plus l'anglais, le latin et le grec.
4. Cette ouverture sur le monde lui a donné le désir d'apprendre d'autres
   langues. Grâce aux bourses dont il a bénéficié, il a pu voyager en Pologne,
   en Allemagne, en Italie, et en URSS, faisant de l'apprentissage des langues
   étrangères l'occasion d'un travail novateur de poésie par la traduction, ce
   dont témoigne son premier livre *Ma vie sans moi*.
5. Ce livre aurait pu s'ouvrir sur un grand livre constitué de poèmes et de
   traductions, dont *Le Temps qu'il fait* garde trace.
6. Loin d'avoir inventé un mystérieux métier d'écouteur des radios
   internationales, il a été embauché, grâce à ses relations dans les milieux
   littéraires sous l'Occupation, au ministère de l'Information et ce métier
   l'a amené à se mettre en marge.
7. Vivant de nuit, apprenant de nouvelles langues, dont le chinois, il a connu
   alors une période d'euphorie féconde, écrivant ses meilleurs poèmes,
   en même temps que ses meilleurs articles de critique et ses meilleures
   traductions qu'il a publiés dans la presse littéraire de la collaboration liée
   aux éditions Gallimard.
8. Mais, épuisé, se reprochant ses compromissions, il est entré dans une crise
   qui l'a amené à rassembler dans les *Fragments* les vestiges du grand livre
   qu'il n'était plus capable d'écrire.
9. Il n'a dès lors plus fait que se survivre par le biais de ce qu'il appelait
   non-traduction.
10. Son inscription sur la « liste noire » a été une véritable mise à mort. Il
    s'est mis à produire des poèmes et des lettres indésirables comme pour
    achever de se mettre au ban des milieux littéraires.
11. Il s'est installé écouteur à son compte et a produit un bulletin d'écoute
    qui est à lire dans la continuité de l'expérience de la non-traduction.
12. Son adhésion à la Fédération anarchiste a duré peu de temps et il a tissé
    des liens avec les milieux monarchistes.
13. À la fin de sa vie, sous les apparences d'un homme de lettres et de radio,
    il n'a fait que jouer sa perdition en poursuivant par les langues les plus
    éloignées l'entreprise dont témoignent *Poésie sans passeport*, *Poésie non traduite*
    et ses traductions de Mickiewicz et de Khayam.

14. Sa mort et le sauvetage d'une mince partie de ses manuscrits ont eu pour effet de le transformer en poète maudit.
15. Une désastreuse édition de ces manuscrits sous le titre du *Monde d'une voix* a servi à consolider le mythe du poète qui a englouti toute l'entreprise de la non-traduction et les *Fragments* pour faire servir les textes à la biographie qu'il avait récusée.

Mais ce serait encore calquer les épisodes d'une vie qui se déroulait ailleurs, comme expansion de plus en plus lointaine d'une entreprise de dépossession de soi. Peu après la mort d'Armand Robin, Philippe Jaccottet, on s'en souvient[1], appelait à réunir le meilleur de ses traductions pour montrer ce qu'il avait apporté à la poésie. Il venait alors de publier un étrange récit qui, en nous ramenant à l'essentiel, nous offre une sorte de clé. Le narrateur, évoquant la disparition apparemment inexplicable de celui qu'il appelle son maître, déclare :

> À un moment donné, l'élan de mon maître s'est brisé contre une limite infranchissable ; lui qui ne rêvait que de passages, il n'a pu accepter cet arrêt. Moi, il me semble que c'est à cet arrêt que tout commence, au contraire, et qu'avant d'avoir connu ce refus, la vie n'est qu'un songe destructible, qu'à partir de lui, elle devient indestructible péril[2].

De fait, tout commence avec le glissement hors des *Fragments* vers l'en-dehors du livre et cette épopée poursuivie hors d'une vie laissée à sa déshérence. Il aurait été possible de laisser émerger le continent invisible de la non-traduction et d'appeler à une compréhension concrète du travail de traduction – hélas, comme on a pu le voir, non seulement l'énorme lourdeur du mythe en a interdit l'émergence mais lorsque, malgré tout, des parts vives de cette expérience ont pu être mises au jour, elle les a englouties. Toutes les étapes de l'expérience de la non-traduction, *Ma vie sans moi*, les *Fragments*, puis la masse des volumes menant à *Poésie non traduite*, et les émissions de *Poésie sans passeport* ont disparu : enlisée sous une œuvre poétique déconstruite et réduite au pire, la traduction a été remise à la place subalterne qui lui est allouée ; les bulletins d'écoute n'ont pas besoin d'être lus (les commentateurs qui s'en émerveillent n'en ont, le plus souvent, pas lu un seul, et nul jamais, à part Dominique Radufe, ne s'est soucié d'en rassembler une

1 *Supra*, p. 387.
2 *L'Obscurité*, Paris, Gallimard, 1960, p. 168.

collection – mais ce que Dominique Radufe a pu en écrire, à partir d'une vraie connaissance, a été passé sous silence). S'ils étaient lus, ils ne le seraient, de toute façon, pas puisqu'ils ne serviraient qu'à prouver le génie du Poète, comme ses traductions et ses articles. Ainsi les textes de Robin revendiquant le droit à l'inexistence sont-ils utilisés comme introduction à la fabrique biographique proliférante. Ainsi la fabrique biographique a-t-elle réussi à produire un Poète avec œuvre, et œuvre conforme, c'est-à-dire conforme à un anticonformisme de convention à quoi rien ne doit s'opposer. Car, alors même que l'institution célèbre Armand Robin comme spécimen d'anticonformisme, justifiant même une commémoration nationale à ce titre, tout discours critique est impitoyablement censuré.

Ce qui fait la force de ce mythe, c'est contrairement à ce que l'on pourrait penser, son extrême rigidité. Étudiant le mythe de Rimbaud, Étiemble s'est attaché à montrer la fabrique d'un Rimbaud catholique mais protestant, patriote mais défaitiste, fasciste mais bolchéviste, bourgeois mais aventurier, voyou mais commerçant, selon la démonstration attendue. De fait, une fois le mythe constitué, il s'adapte avec une labilité parfaite aux emplois qui lui sont assignés et peut sembler remarquablement malléable. Mais encore faut-il que sa structure lui permette d'être apparemment tout et pourtant pas n'importe quoi. Dans le cas de Rimbaud, comme dans le cas de Robin, nous trouvons l'enfance malheureuse du génie incompris; le prodigieux don des langues; le don de prophétie; le sacrifice christique; la recherche éperdue de la Vérité; la vie désespérée; l'errance de par l'univers; la mort tragique. Robin semble, en somme, être un pâle avatar de Rimbaud, lequel est lui-même un pâle avatar du Christ. « En accordant trop à l'histoire des poètes, je me demande si nous n'avons pas contribué à les changer en leur légende », demande Étiemble. « Toute biographie, et par sa nature même, tend à devenir ce qu'à Byzance furent les vies de saints. Alors que les mythes indo-européens ont fait une bonne affaire, comme le dit Georges Dumézil, en descendant sur terre pour s'y humaniser (en histoire et en petite histoire) que gagnent les faits humains qui se changent en faits divins[3] ? ». De fait, à peine nommé poète, l'auteur endosse les habits de l'avatar qui le constitue en Poète.

---

3   *Le Mythe de Rimbaud (structure du mythe)*, Paris, Gallimard, 1961, p. 401.

Comme on le sait (et il n'est pas utile ici de se risquer à une étude des origines et de l'histoire du mythe), le terme même de Poète suppose un don spécifique ouvrant sur les vestiges d'une mythologie romantique, elle-même déjà dégradée à l'époque du symbolisme par la promotion du poète maudit mise en œuvre par Verlaine comme faire-valoir. Claude Abastado, qui a étudié le rôle du mythe du Poète depuis le romantisme jusqu'au surréalisme, marque bien ces étapes : dans un premier temps, le Poète s'oppose à « l'homme de lettres » et au « grand écrivain » en ce qu'il est inspiré.

> Une voix parle et lui révèle dans une « extase involontaire » des « mondes inconnus ». On reconnaît l'idée d'une présence intérieure – Dieu, muse ou *genius* – reprise à la tradition néoplatonicienne. Or, entre le poète et cette force qui l'habite, le mythe va nouer une relation dramatique ; il va en faire une force tantôt secourable, tantôt maléfique, et tantôt une puissance cosmique surgie des profondeurs (que Laforgue nommera l'« Inconscient »). Mais dans tous les cas, l'idée d'inspiration, par ses connotations mystiques, authentifie la prédestination du Poète. « La méditation est une faculté, l'inspiration est un don », écrit vers la même date Hugo[4].

Le Poète subit le don qui fait de lui un exclu, un rebelle, luciférien avec Baudelaire et Lautréamont, luciférien et prométhéen avec Rimbaud :

> Le voyant rimbaldien, c'est, au départ, le Mage des *Contemplations* entouré de sortilèges de la magie noire et auréolé de la réprobation de la morale bourgeoise. L'alcool, les drogues, l'homosexualité, la « bohème » n'ont rien que de banal dans les milieux « artistes » mais Rimbaud les assume avec un orgueil qui en change la signification : il en fait un défi, un acte de subversion sociale et métaphysique[5].

Arrivé à son extrême, le mythe cède : Rimbaud s'en va... Mais Verlaine le prolonge en mettant en scène la figure du poète maudit. Face à la mort de Dieu, le poète maudit qui, comme Mallarmé, affronte le Néant, fait office de figure christique substitutive. Sa prégnance est telle que, se réclamant de *Maldoror* et de Rimbaud, André Breton forge une version du mythe qui, avec l'arrivée de nouveaux venus, Antonin Artaud, André Masson, René Crevel, fait de la malédiction le cœur brûlant du surréalisme. Au lendemain de l'Occupation, lorsque le milieu littéraire autour de Paulhan se mobilise pour aider Artaud – ce qui permet à

---

4   *Mythes et rituels de l'écriture*, Bruxelles, Complexe, 1979, p. 64.
5   *Ibid.*, p. 232.

Robin de se montrer plus généreux que les littérateurs du CNÉ qui l'ont condamné –, le mythe est replacé au centre du jeu littéraire, et sert à souder un milieu fractionné par la redistribution des cartes, en 1940, puis en 1944. Le rôle d'Artaud est alors considérable, et la revue *84* est d'ailleurs d'abord fondée pour publier ses textes. Les poètes qui y publient sont, en somme, rassemblés autour d'une malédiction valant pour caution, comme l'écrivait Henri Thomas en préface du premier *Monde d'une voix*.

C'est sur cet arrière-fond et dans la continuité de cette histoire que s'inscrit le mythe de Robin, avec malédiction, dons prophétiques et mysticisme panceltique en prime, version sans doute assez banale mais qui atteint une sorte de paroxysme dans le cas d'un auteur aussi fragile puisque le mythe a pour effet d'anéantir son œuvre atypique, conçue comme non-œuvre et laissée éparse : Robin, sans le mythe de Robin, n'est rien. Il faudrait ajouter que le mythe a aussi pour effet de rendre tout texte publiable, fût-il totalement illisible, de par sa puissance, investissant comme la puissance divine des écrits ainsi donnés à croire, totems, grigris, talismans.

S'efforçant de donner à comprendre la structure du mythe, Étiemble s'est perdu dans une forêt qui, au bout de quarante ans, ne faisant que proliférer, l'a laissé errer, réduit, pour finir, à faire de l'œuvre de Rimbaud le remède au mythe. De son côté, pour rendre compte de l'étrange prégnance du mythe, Claude Abastado constatait que « le scénario du mythe est l'histoire d'une quête dont l'objet, variable selon les versions, représente toujours un "absolu". Cette quête met en œuvre les dons du héros et ses pouvoirs surnaturels. C'est une quête dramatique, triomphante ou tragique, où s'affrontent autour du Poète, avec ou contre lui, des forces qui composent un univers mythique[6] ». Remarquable observation qui amène à se demander si le mythe ne doit pas sa force au fait que sa structure se calque sur celle d'un très ancien mythe dont un conte répandu dans tout le domaine indo-européen a gardé le schéma. Les contes types 550 et 551 du classement international du conte populaire[7] offrent un récit de quête qui se déroule (pour s'en

---

6   Claude Abastado, *Mythes et rituels de l'écriture*, p. 64.
7   Antti Aarne et Stith Thompson, *The Types of Folktale. A Classification and Bibliography*, Helsinki, Academia Scientarum, 1961.

tenir à une version simplifiée des épisodes) selon une structure simple et immuable mais qui peut comporter, comme de coutume, un grand nombre de variantes et de motifs[8].

1 Le dernier fils du roi, le plus chétif, part courir le monde à la recherche d'un remède pour son père qui est malade.
2. Il reçoit un don magique.
3. Grâce à ce don (et à ses vertus propres), il affronte les épreuves qui lui permettent de gagner le talisman capable de sauver le roi.
4. Il est trahi par ses frères et est sacrifié.
5. Mais la vérité éclate et la parole du héros triomphe.

Inutile d'insister sur la parenté, dans le cas de Rimbaud ou de Robin, de la version organisée selon ce schéma : tout peut venir se greffer sur la structure profonde et y prendre sens selon des inflorescences apparemment imprévisibles mais qui se rattachent au tronc central. Inutile d'insister également sur la parenté du mythe originel avec le récit biblique de Joseph et ses frères et les récits des évangiles. Commenter l'œuvre de Rimbaud, ou celle de Robin, c'est participer à un processus invisible sur le mode de la bonne nouvelle ou de la révélation (« Nous avions un grand poète et nous ne le savions pas »). La fonction du mythe étant, comme celle de la religion, de rassembler un groupe autour d'une croyance porteuse de valeurs partageables, on ne s'étonnera pas du ton liturgique employé pour évoquer le surgissement du héros (« Ecce Homo ») et le don qui lui est accordé par la révélation de la Parole :

Il n'est pas douteux que sa destinée passe par des phases et par des lieux qui revêtent par endroits des aspects christiques ou s'insèrent au travers d'images bibliques. Ainsi le voit-on, couronné d'épines, recevoir révélation de la Parole dans le buisson ardent du *Temps qu'il fait*. Cependant si l'itinéraire qu'il suit semble se guider parfois sur les pas de Celui qui s'est fait Homme pour nous Sauver, c'est à rebours en réalité qu'il en reprend la démarche[9].

---

8   Comme le rappelle Marie-Louise Tenèze, les deux types interfèrent au point qu'il est difficile de les séparer : ainsi la version de Luzel collectée en basse Bretagne, « La princesse Marcassa et l'oiseau Drédaine », comporte-t-elle des éléments caractéristiques du type 550 et du type 551. Le type 550 a été nommé « Search for the Golden Bird » (« La quête de l'oiseau d'or ») d'après le conte de Grimm « L'oiseau d'or » ; le conte 551 « The Sons on a Quest for a Wonderful Remedy » (« Les fils en quête d'un remède merveilleux pour leur père »). Voir aussi Vladimir Propp, *Morphologie du conte*, Paris, Éditions du Seuil, 1970, p. 165-170.

9   Alain Bourdon, *Armand Robin*, Paris, Seghers, 1981, p. 63.

Le héros suit donc un itinéraire christique inversé : « La Passion qu'il vit consiste à remonter de l'enfer où sont les hommes et s'il peut jusqu'au plus haut des flammes[10] ». Il subit des épreuves redoutables, mais « la futilité, la vilenie, la lâcheté de la gent littéraire ne le découragent pas[11] » ; après avoir été exclu, jugé dément, il parvient à « rejeter au néant tout ce qui insulte l'esprit : les usurpateurs, les guides abusifs, les duperies, les supercheries, les arrogances doctrinales » qui, en fin de compte, « s'évanouiront dans la mauvaise foi ». Et il peut donc rentrer victorieux porteur du remède que le royaume espère :

> Ce que Babel attend, c'est qu'au-dessus des langages qui sèment la confusion, la parole s'élève d'un traducteur véritable, d'un traducteur capable d'inventer des rapports, d'inventer des accords de bon aloi[12].

Même s'il n'est pas entendu, le héros triomphe pour finir : il « traduit le pari que font les hommes sur l'existence et proclame leur volonté d'accomplissement par l'Esprit, par la parole et la Résurrection du Verbe[13] ». Les étapes du mythe sont redoublées par le calque biblique. Le grand prêtre d'un culte rendu au Poète officie assez efficacement pour rassembler autour de lui des fidèles qui, fût-ce sans le savoir, poursuivent son œuvre et communient dans la même foi. Qu'ils le fassent au nom de l'anarchisme (un anarchisme naturellement, lui aussi, porteur « d'accords de bon aloi ») ne rend que plus manifeste la prégnance du mythe.

Auteur ainsi désœuvré pour être fétichisé, Armand Robin a le mérite de mettre en lumière ce qui, allant de soi, permet au champ littéraire d'éliminer toute résistance. L'un de ses fragments posthumes définit assez bien le rôle qui fut le sien :

> Les pires anomalies dans les langues européennes restaient pour moi ces invités des noces campagnardes qui, par leur extravagance même, vous apprennent ce qui est de bon ton[14].

Le mythe qui s'est élaboré autour de son absence le laisse plus étrange, et plus étranger.

---

10 *Ibid.*, p. 64.
11 *Ibid.*, p. 79.
12 *Ibid.*, p. 88.
13 *Ibid.*, p. 89.
14 *Fragments*, p. 108.

BIBLIOGRAPHIE

PUBLICATIONS ET ÉMISSIONS
D'ARMAND ROBIN

1935

« Claire Sainte-Soline, *Journée* », *Europe*, n° 148, 15 avril, p. 598-600 (critique).

« Maurice Rué, *Vieux chéri* » ; « Karen Bramson, *Lueur dans nos ténèbres* », *Europe*, n° 155, 15 novembre, p. 442 et 445 (critique).

1936

« Robert Neumann, *Basil Zaharoff* » ; « André Maurois, *Magiciens et logiciens* », *Europe*, n° 159, 15 mars, p. 429 et p. 431-432 (critique).

« Emilio Lussu, *La Marche sur Rome... et autres lieux* », *Europe*, n° 162, 15 juin, p. 286 (critique).

« Hommes sans destin », *Europe*, n° 167, 15 novembre, p. 332-348 (texte repris, augmenté et modifié, en première partie du *Temps qu'il fait*).

« Sans passé », *Cahiers du Sud*, n° 189, décembre, p. 879-883 (poème repris dans *Ma vie sans moi*).

1937

« Offrandes », *Mesures*, n° 2, 15 avril, p. 183-187 (poème repris dans *Ma vie sans moi*).

« La fiancée du sabotier », *Yggdrasil*, n° 3, juin.

« Une journée », *Esprit*, n° 60, septembre, p. 734-755 (nouvelle).

« Charles Mégret, *Les Anthropophages* » ; « Nicolas Ostrovsky, *Et l'acier fut trempé* » ; « Roger Breuil, *La Galopine* » ; « Pierre de Lescure, *Souviens-toi d'une auberge* » ; « Madeleine Bourdhouxe, *La Femme de Gilles* » ; « Revue des revues : *NRF* d'octobre 1937 », *Esprit*, n° 62, p. 324-326 (critique).

« Travail de joie », *Cahiers du Sud*, n° 199, p. 620-621 (poème repris dans *Ma vie sans moi*).

« Ma vie sans moi », *Volontés*, octobre (poème).

« Prière », *Volontés*, décembre (poème).

« Essénine : "Je suis le dernier poète des villages", "Je ne vais pas me mettre à me conter d'histoires", "Mon érable sans feuilles" » (traductions), « Vie d'Essénine par un paysan de la région de Riazan » (fausse traduction).

1938

« Stephan Zweig, *Le Chandelier enterré* », *Esprit*, n° 64, janvier, p. 613 (critique).

« Essénine, Poèmes », *Mesures*, n° 3, 15 janvier (trois traductions ; les deux premières seront reprises dans *Ma vie sans moi*).

« Ma vie sans moi », *Volontés*, n° 10, octobre, p. 17-19 (poème daté de 1937 repris dans *Ma vie sans moi*).

« Aladar Kuncz, *Le Monastère noir* » ; « Arnold Kohler, *Coups de bâton* » ; « Henri Calet, *Le Mérinos* », *Esprit*, n° 65, février, p. 758-760 et 762 (critique).

« Liam O'Flaherty, *Le Puritain* », *Esprit*, n° 66, mars, p. 944-945 (critique).

« Prière », *Volontés*, n° 12, p. 15-18 (poème repris dans *Ma vie sans moi*).

« Jean-Marcel Bosshard, *Ces routes qui ne mènent à rien* » ; « André Suarès, *Trois grands vivants* » ; « Pierre Hubermont, *L'arbre creux* », *Esprit*, n° 68, mai, p. 272-273 et 275 (critique).

« Essénine, "Letre à sa mère" » (traduction), *Arts et métiers graphiques*, 15 mai.

« Supervielle, *L'Arche de Noé* » ; « G. K. Chesterton, *Le Club des métiers bizarres* » ; « Giraudoux, *Les Cinq Tentations de La Fontaine* » ; « Robert Aron, *Victoire à Waterloo* », *Esprit*, n° 69, juin, p. 448-449 (critique).

« Jean-Paul Sartre, *La Nausée* » ; « Patrice de La Tour du Pin, *La Vie recluse en poésie* » ; « Maxime Gorki, *Tempête sur la ville* » ; « V. Chichkoff, *La Horde* », *Esprit*, n° 70, juillet, p. 567-569 (critique).

« Celui qui ne peut meurtrir », *Regains*, n° 21, été-automne, p. 99-100 (critique).

1939

« Étonnements du traducteur », suivi de deux poèmes de Juljian Tuwim, « L'arbre inconnu », « Les joncs » (texte et traductions repris dans *Ma vie sans moi*), *Mesures*, janvier.

« Anton Tchekhov, "Le Potiron" », *Volontés*, n° 16, avril (traduction reprise dans *Ma vie sans moi*).

« Pays », *Volontés*, n° 17, mai, p. 33-34 (poème repris dans *Ma vie sans moi*).

« Georges Limbour, *Les Vanilliers* », *Esprit*, n° 77, février, p. 767-768 (critique).

« Mort d'un arbre », *NRF*, n° 305, février, p. 233-235 (poème repris dans *Ma vie sans moi*).

« Vladimir Maïakovski, "Sur une flûte de vertèbres" », *NRF*, n° 307, avril, p. 634-640 (traduction reprise dans *Ma vie sans moi*).

« La nuit parle », « Bergerie », *Cahiers du Sud*, n° 215, avril, p. 208-209 (poèmes repris dans *Ma vie sans moi*).

« Jean Guéhenno, *À propos du journal d'une révolution* » ; « Saint-Exupéry, *Terre des hommes* » ; « J. Witlin, *Le Sel de la terre* » ; « Revue des revues : *Mesures* », *Esprit*, n° 81, juin, p. 453-456 (critique).

« Dieu et son maître », *Charpentes*, n° 2, juillet-août (poème).

« Rainer-Maria Rilke, "Nuit sur la grandeur" », *NRF*, n° 312, septembre, p. 429 (poème repris dans *Ma vie sans moi*).

« René Bichet, *Les poèmes du petit "B"* », *Esprit*, n° 84, septembre, p. 788 (critique).

« Jean Paulhan, *Les Hain-tenys* », *Esprit*, n° 86-87, novembre-décembre, p. 105-106 (critique).

1940

Ma vie sans moi, collection Métamorphoses VIII, 14 × 17 cm, Gallimard, 112 pages, 16 poèmes précédés d'une introduction intitulée « À mes dépens » ; 14 traductions précédées d'une introduction intitulée « Étonnements du traducteur » (Ces 14 traductions d'Essénine, Maïakovski, Calloc'h, Rilke, Tuwim, Poe, Tchékhov seront supprimées lors de la réédition de 1970, puis de 2004 en collection « Poésie-Gallimard »).

« Air de ronde pour lutins », *Esprit*, n° 88, janvier, p. 137-138 (poème repris dans *Ma vie sans moi*).

« Rainer-Maria Rilke, *Contes de Bohème*, » *NRF*, février, n° 317, février, p. 267 (critique).

« Les agrégatifs souffrent-ils d'une crise spirituelle ? » *Le Figaro*, samedi 25 octobre, p. 1 (chapeau signé A. R. et lettre d'un agrégatif refusé qui est, de toute évidence, A. R. lui-même).

« Les agrégatifs souffrent-ils d'une crise spirituelle ? » *Le Figaro*, samedi 8 novembre, p. 2 (suite : opinion des étudiants).

« Les agrégatifs souffrent-ils d'une crise spirituelle ? » *Le Figaro*, mardi 11 novembre, p. 4 (suite : opinion des agrégés).

« Les agrégatifs souffrent-ils d'une crise spirituelle ? » *Le Figaro*, mardi 18 novembre, p. 3 et 4 (suite : opinion d'un professeur, M. Henri Fluchère, et conclusion signée A. R.).

« Temps passés », *NRF*, n° 322, décembre, p. 23-24 (non repris en volume, republié par *Les Cahiers bleus*, n° 18, été 1980).

« Ma vie sans moi », *NRF*, n° 322, décembre, p. 111-112 (poème repris à la fin de *Ma vie sans moi*).

1941

« Domaine terrestre », *NRF*, n° 323, janvier, p. 208-209 (critique).

« Jean Prévost, *L'Amateur de poèmes* », *NRF*, n° 327, mai, p. 753-754 (critique).

« Chevaux », *NRF*, n° 334, décembre, p. 652-662 (troisième partie du *Temps qu'il fait,* incomplète).

« À propos du cinquantenaire de la naissance d'un poète », *Comoedia,* samedi 20 décembre, p. 2 (critique).

1942

Le Temps qu'il fait, collection blanche, Gallimard, 12 × 19 cm, 216 pages, roman.

« Pendant que l'enfant dort », p. 26-35 (critique) ; Goethe, *Dialogue d'Ali et de Fatima* (p. 174-177) ; *Monologue de Mahomet* (p. 179) ; Lermontov, *Le Démon* (p. 178) (traductions) ; « Prière » (poème extrait de *Ma vie sans moi*) in *La Jeune Poésie et ses harmoniques,* volume publié sous la direction d'Albert-Marie Schmidt, collection Saisir, Éditions Albin Michel (le texte de Lermontov n'a pas été repris en volume).

« Témoignage sur la poésie », *Comœdia*, 6 février, p. 8 (entretien).

« Charles Péguy », *Comœdia*, 28 février, p. 2 (critique).

« La garantie mallarméenne », *Comœdia*, 21 mars, p. 2 (critique).

« Paul Claudel », *Comœdia*, 25 avril, p. 2 (critique).

« Paul Éluard », *Comœdia*, 23 mai, p. 2 (critique).

« Léon-Paul Fargue », *Comœdia,* 17 août, p. 2 (critique).

« Serge Essénine, "Quarante cris" », *NRF*, n° 343, septembre, p. 325-326 (repris sous le titre « De profundis quarante fois » in *Quatre poètes russes*).

« Vacances », *Comœdia*, 12 septembre, p. 2 (essai repris dans *La Fausse Parole* avec d'importantes modifications).

« James Joyce », *Comœdia*, 3 octobre, p. 2 (critique).

« Cinq minutes avec Armand Robin », *Le Figaro*, 3 novembre 1942, p. 4 (entretien).

« Pasternak, "Triptyque de la plus belle" », *NRF*, n° 346, décembre, p. 702-705 (poèmes repris dans les *Poèmes de Boris Pasternak).*

Goethe, trois pièces en un acte : *Mahomet* (p. 167 – 172) ; *Satyros* (p. 191-212) ; *Les Dieux, Les héros et Wieland* (p. 213-227) in *Théâtre complet*, Bibliothèque de la Pléiade, Gallimard.

« Poèmes choisis », in *Panorama de la jeune poésie française*, Robert Laffont, Marseille, p. 317-324 (l'achevé d'imprimer porte 1943). Présentation et choix de René Bertelé.

1943

« Boris Pasternak, *L'Avènement du visage* », *NRF*, n° 347, janvier, p. 19-35 (traduction).

« Trois poètes russes : Essénine, Maïakovski, Pasternak », *NRF*, n° 348, février, p. 231-239 (article repris très modifié en tête du volume *Quatre poètes russes).*

« Paul Valéry », *Comœdia*, 13 février, p. 2 (critique).

« Achim Von Arnim, *Mrs. Lee* », *NRF*, n° 349, mars, p. 320-353 (traduction).

« Un poème d'Imroulqaïs », *Cahiers de l'École de Rochefort* (10 avril 1943), 8 pages (repris sans la note d'introduction dans *Poésie non traduite I*).

« *Pâques fête de la joie* », *Radio-Paris, 25 avril.*

« Achim Von Arnim », *Les Folies de l'invalide sur le fort Ratonneau*, *Comœdia*, 22 mai, p. 3.

« Romantisme, symbolisme et surréalisme », *Comœdia*, 18 septembre, p. 1 et 2 (critique).

« Poèmes choisis », in *La Jeune Poésie*, collection *Comœdia*-Charpentier. La notice de présentation concernant A. R. n'est pas signée ; avant-propos de Marcel Arland. Trois poèmes inédits : « Lettre à mon père » (un brouillon fragmentaire de ce texte a été repris sous le même titre dans *Le Monde d'une voix*) ; « Le traducteur » ; « Dieu », p. 30-31 (avec un portrait d'Armand Robin, p. 2).

1945

Les Poèmes indésirables, Fédération anarchiste, 36 pages, (réédition aux éditions Plein Chant en 1979 et aux éditions Le Temps qu'il fait en 1985).

« Renaissance française », *Le Libertaire* n° 8, 8 août, p. 2 (non signé).

« Lettre ouverte aux membres staliniens du Comité national des écrivains », 15 octobre 1945.

« Lettre au ministre de l'Éducation nationale », novembre 1945.

« Lettre à tous les hommes », *Le Libertaire* n° 14, 20 novembre, p. 3 (l'un des *Poèmes indésirables*).

1946

Poèmes d'Ady traduits du hongrois et présentés par Armand Robin, inscrit sur la liste noire du Comité national des Écrivains (avec une introduction d'A. R. intitulée « L'un des autres que je fus » et une étude du professeur Sauvageot sur Ady). Édition mise en vente au profit de la Fédération anarchiste et de la solidarité antifasciste, 64 pages.

Poèmes de Boris Pasternak, inscrit sur la liste noire des écrivains soviétiques, traduits par Armand Robin, inscrit sur la liste noire des écrivains français. Édition mise en vente au profit des militants prolétariens victimes de la bourgeoisie communiste. Fédération anarchiste, octobre 1946, 140 × 190, 32 pages. Postface intitulée « L'assassinat des poètes » (article du *Libertaire*, 4 octobre 1946, augmenté d'une introduction et d'une conclusion). 15 de ces 25 poèmes seront repris avec variantes dans *Quatre poètes russes*, deux dans *Poésie non traduite I* et un dans *Poésie non traduite II*.

André Ady, six poèmes précédés d'une introduction d'A. R. intitulée « L'un des autres que je fus » (texte très différent de l'introduction donnée sous le même titre à la Fédération anarchiste) et d'une présentation d'Ady par Aurélien Sauvageot (reprise dans le volume de *Poèmes d'Ady*). *Revue Internationale*, janvier/février, p. 175-186.

« La farce de Nuremberg », *Le Libertaire* n° 18, 20 janvier, p. 1 et 3 (article politique).

« Deuxième lettre à l'hitléroïde Comité national des écrivains pour demander à rester sur la liste noire », 5 février 1946.

« Pentti-Haanpää, "Trafics d'oiseaux" », *Revue internationale*, n° 3, mars, p. 283-286 (traduction).

« Tou Fou, deux poèmes ("Che-hao police" et "Les adieux de l'homme sans maisonné") », repris dans *Poésie non traduite I*), *Revue internationale* n° 3, mars, p. 283-286.

« Lettre ouverte au Comité national d'épuration pour les Lettres », 30 mars 1946.

« Lettre indésirable du 5 avril 1946. Demande officielle pour obtenir d'être sur toutes les listes noires » (adressée au « Comité d'épuration pour les Lettres »).

« André Ady, En tête des morts », *Le Libertaire*, n° 25, 19 avril, p. 1 (traduction).

« La radio internationale et le silence totalitaire », *Le Libertaire*, 19 avril, p. 1 (article non signé).

« Un poète du peuple », *Plus loin*, n° 2, juin, p. 23-24 (poème extrait des *Poèmes indésirables* avec reproduction de l'avant-propos).

« Le cas Paul Éluard », *Le Libertaire*, n° 36, 5 juillet, p. 3 (article non signé, – l'anonymat fut de rigueur au *Libertaire* jusqu'en septembre 1946 – mais mentionné à la fin des *Poèmes de Boris Pasternak*).

« Lettre au Comité national des écrivains », 7 juillet 1946.

« Nouveaux sauvages dans les forêts » (poème extrait des *Poèmes indésirables), Le Libertaire*, n° 42, 16 août, p. 4.

« À propos de Paul Éluard », *Le Libertaire*, n° 46, 13 septembre, p. 3 (article non signé).

« L'assassinat des poètes : à propos de l'épuration de Boris Pasternak en URSS », *Le Libertaire*, n° 49, 4 octobre, p. 3 (article repris à la fin des *Poèmes de Boris Pasternak*).

« Lettre indésirable n° 31, adressée le 27 novembre 1946 aux membres du Parti communiste ».

« De la maladresse des bourgeois staliniens dans la calomnie », *Le Libertaire*, n° 57, 29 novembre, p. 3 (avec une « Lettre indésirable » au « Comité d'épuration pour les lettres »).

« Alain Sergent, *Je suivis ce mauvais garçon* », *Le Libertaire*, n° 59, 13 décembre, p. 2 (critique).

« Lettre indésirable n° 33, adressée le 14 décembre 1946 à la direction du *Littéraire* ».

« Lettre au ministre de l'Éducation nationale », 14 décembre 1946.

1947

« Épilogue d'une triste histoire », *Le Libertaire*, n° 64, 16 janvier, p. 3 (suite et fin de l'article du 29 novembre 1946 : « De la maladresse des bourgeois staliniens dans la calomnie ») (article polémique).

« Il y a quatre-vingt-douze ministres des Affaires étrangères en France », *Le Libertaire*, n° 66, 30 janvier, p. 3 (article politique).

« L'Union Soviétique, empire des bourgeois sauvages », *Le Libertaire*, n° 67, 6 février, p. 2 (article polémique).

« Lettre indésirable n° 37 adressée le 10 mai 1947 à la rédaction des *Lettres françaises* et au Comité des écrivains ».

« Lettre indésirable n° 43 adressée le 16 septembre 1947 à Pierre Seghers ».

« Expertise de la fausse parole », *Combat*, 18-19 septembre (chronique politique).

« Le dollar, c'est la misère », *Combat*, 21-22 septembre (chronique politique).

« Les radios des États-Unis ou les inexpériences du précapitalisme », *Combat*, 27 septembre (chronique politique).

« Vers l'unité dans les accusations absurdes », *Combat*, 4 octobre (chronique politique).

« Considérations sur le style injurieux », *Combat*, 11 octobre (chronique politique).

« Tentative anglaise entre États-Unis et URSS », *Combat*, 18 octobre (chronique politique).

« Élections françaises et radios étrangères », *Combat*, 25 octobre (chronique politique).

« Quelques remarques sur le "Vychinski" », *Combat*, 1er novembre (chronique politique).

« Une manœuvre psychologique outre-Atlantique », *Combat*, 8 novembre (chronique politique).

« À la recherche des "neutres" », *Combat*, 15 novembre (chronique politique).

« Le thème de la "France menacée" », *Combat*, 22 novembre (chronique politique).

« Lettre indésirable n° 39 », écrite « dans le non-pays, le 12 décembre 1947 ».

« Serge Essénine », *Le Libertaire*, n° 109, 25 décembre, p. 3 (traduction de « La confession d'un voyou » précédée d'une brève introduction).

1948

« Armen Lubin, *Le passager clandestin* », *Le Libertaire*, n° 112, 15 janvier, p. 3 (critique).

« Le mystère de la radio tchèque », *Combat*, 10 janvier (chronique politique).

« Liquidation du pragmatisme », *Combat*, 17 janvier (chronique politique).

« Mise en scène d'éléments d'angoisse », *Combat*, 24 janvier (chronique politique).

« Un petit bourgeois, Jean Kanapa », *Le Libertaire*, n° 114, 29 janvier, p. 3 (article polémique).

« À propos d'"indépendance nationale" », *Combat*, 31 janvier (chronique politique).

« L'obsession de l'économique », *Combat*, 7 février (chronique politique).

« Propos sur l'Espagne », *Combat*, 14 février (chronique politique).

« Restauration du décor "révolutionnaire" », *Combat*, 21 février (chronique politique).

« L'exception finlandaise », *Combat*, 28 février (chronique politique).

« Alexandre Blok, *Les Douze* », *Cahiers de la Pléiade*, n° 4, printemps, p. 161-177 (traduction).

« Le cadavre utile », *Combat*, 13 mars (chronique politique).

« Amateurs de métamorphoses », *Combat*, 20 mars (chronique politique).

« L'Amérique devant le monde d'aujourd'hui », *Combat*, 27 mars (chronique politique).

« La France venue de l'Est », *Combat*, 3 avril (chronique politique).

« Critique de cette chronique », *Combat*, 10 avril (chronique politique).

« Abandon de l'occident », *Combat*, 17 avril (chronique politique).

« Le non-communisme », *Combat*, 24 avril (chronique politique).

« L'URSS a fêté hier le génial Popov », *Combat*, 8 mai (chronique politique).

« La confusion des politiques », *Combat*, 15 mai (chronique politique).

« Une histoire navrante », *Combat*, 22 mai (chronique politique).

« De l'avantage d'être seul », *Combat*, 29 mai (chronique politique).

« Boris Pasternak, "Le dedans d'un bois" », *Combat*, jeudi 21 octobre, p. 4 (traduction précédée de quelques lignes de présentation signées A. R.).

1949

Quatre poètes russes (V. Maïakovski, B. Pasternak, A. Blok, S. Essénine), présentation et traduction d'Armand Robin, bilingue, collection « Le don des langues », éditions du Seuil, 125 × 160, 160 pages (réédition Le Temps qu'il fait, 1985).

« André Ady, "Sur la cime des miracles" », *Combat*, 21 janvier, p. 4 (traduction).

« Poèmes d'André Ady » (quatre poèmes), « Poèmes de Boris Pasternak » (deux poèmes), *84*, n° 7 (traduction).

« Au-delà du mensonge et de la vérité : Moscou à la radio », *Revue de Paris*, avril, p. 106-112 (essai repris dans *La Fausse Parole*).

« Quatre poèmes d'André Ady », *Esprit et vie*, p. 234 (traduction).

« Quatre poèmes d'Attila Joszef », *Revue de Paris*, p. 598 (traduction).

1950

« Comment un métier me prit », *84*, n° 13, p. 53-56 (essai repris dans *La Fausse
    Parole* avec des modifications).
« La mise à mort du verbe », *84*, n° 14, septembre, p. 99-101 (repris dans *La
    Fausse Parole* avec variantes).
« Outre-écoute », *84*, n° 15, octobre, p. 82-84 (repris dans *La Fausse Parole*
    avec variantes).

1951

André Ady, Poèmes, texte hongrois présenté et traduit par Armand Robin,
    bilingue, collection « Le don des langues », éditions du Seuil, 125 × 160,
    174 pages (réédition Le Temps qu'il fait, 1981, mais sans le texte hongrois).
« Le programme en quelques siècles », *Rencontre* n° 7, janvier-février (l'un des
    Poèmes indésirables).
Poésie sans passeport : poésie hongroise : Ady. Club d'essai, Paris IV, 14 octobre.
« Ernst Jirgal, "Élégie de Gide" », *NRF*, novembre, p. 25-28 (repris dans *Poésie
    non traduite I*).
Poésie sans passeport : poésie russe. Club d'essai, Paris IV, 4 novembre.
*Poésie sans passeport : un poète arabe du VIe siècle, Imroul'qais. Club d'essai, Paris
    IV, 18 novembre.*
« Kiruna/Avila », *84*, n° 17, p. 97-100 (deux récits de voyage, le premier daté
    de 1949, le second de 1950).

1952

Poésie sans passeport : poésie suédoise, Fröding. Club d'essai, Paris IV, 6 janvier.
L'oreille voit. Club d'essai, Paris IV, 13 janvier.
L'oreille voit. Club d'essai, Paris IV, 27 janvier.
L'oreille voit. Club d'essai, Paris IV, 10 février.
L'oreille voit. Club d'essai, Paris IV, 24 février.
Chronique de l'œil de Winnie. Club d'essai, Paris IV, 9 mars.
Chronique de l'œil de Winnie. Club d'essai, Paris IV, 23 mars.
Chronique de l'œil de Winnie. Club d'essai, Paris IV, 6 avril.
Poésie sans passeport : poésie bretonne. Club d'essai, Paris IV, 13 avril.
Chronique de l'œil de Winnie. Club d'essai, Paris IV, 24 avril.
Chronique de l'œil de Winnie. Club d'essai, Paris IV, 25 mai.
Poésie sans passeport : Attila Joszef I. Club d'essai, Paris IV, 1er juin.
La principauté des Lettres. Club d'essai, Paris IV, 25 juin.
« Œil contre œil », *Esprit*, n° 195, octobre, p. 506-507 (court article polémique
    sur la télévision).
Poésie sans passeport : poésie des Pays-Bas. Club d'essai, Paris IV, 19 octobre.

Poésie sans passeport : Attila Joszef II. Club d'essai, Paris IV, 9 novembre.

« La véritable mort de Paul Éluard », *Le Libertaire*, n° 336, 27 novembre, p. 3.

Poésie sans passeport : poésie néerlandaise des Flandres. Club d'essai, Paris IV, 7 décembre.

1953

La Fausse Parole, collection « Documents », Éditions de Minuit, 64 pages (réédition Plein Chant, 1979, Le Temps qu'il fait, 2002, réédition) (essai).

Poésie non traduite, collection Blanche, Gallimard, 168 pages (traduction).

Poésie sans passeport : poésie italienne : Ungaretti. Club d'essai, Paris IV, 18 janvier.

Œil contre œil. Club d'essai, Paris IV, 25 janvier.

Poésie sans passeport : Rémizov. Club d'essai, Paris IV, 15 février.

« Pour l'honorer, ils le mangèrent », *Arts*, 24 avril (récit).

Poésie sans passeport : poésie finlandaise, Koskenniemi. Club d'essai, Paris IV, 17 mai.

« Giuseppe Ungaretti, "La douleur jour par jour" », *NNRF*, n° 7, juillet, p. 188-192 (quatre traductions reprises dans *Poésie non traduite*).

« Aeikko Antero Koskenniemi, "Cinquième élégie" ; Pennti Lahiti, poème », *Preuves*, n° 30-31, août/septembre, p. 112-113 (seule la première de ces deux traductions a été reprise dans *Poésie non traduite*).

Belles-Lettres : Ungaretti. Chaîne nationale, 12 octobre.

« Eux-moi », *NNRF*, n° 11, novembre, p. 952-959 (sept poèmes traduits et une note d'introduction reprise en tête de *Poésie non traduite*, ainsi que les poèmes de Tou Fou, Koskenniemi, Fröding, Boutens, Jonkheere, Glanndour et un anonyme).

Belles-Lettres : Ricardo Paseyro. Chaîne nationale, 23 novembre.

« Le peuple des télécommandés », *Preuves*, n° 34, décembre, p. 36-38 (extrait de *La Fausse Parole*, volume indiqué comme étant à paraître aux Éditions de Minuit).

1954

La principauté des Lettres : à propos de Poésie non traduite. *Club d'essai, Paris IV, 24 janvier.*

Belles-Lettres : Pasternak. Chaîne nationale, 8 février.

« Jacques Audiberti, *Rempart* », *NNRF*, n° 15, mars, p. 519-520 (critique).

« Se garer des révoltés », *La Parisienne*, n° 16, avril, p. 454-455 (article polémique).

Belles-Lettres : hommage à Ungaretti. Chaîne nationale, 12 avril.

« Sydney Keyes, poèmes », *NNRF*, n° 19, juillet, p. 169-170 (traduction de deux poèmes repris en *Poésie non traduite II*).

« Charles Le Quintrec, *Les Temps obscurs* », *NNRF, n° 19*, juillet, p. 128-129 (critique).

« Alexeï Rémizov, *Savva Groudzine I* », *La Parisienne*, juillet, p. 865-871 (traduction).

« Avec tumultes mi-muets », *NNRF*, n° 20, août, p. 194-195 (critique).

Belles-Lettres : poésie chinoise. Chaîne nationale, 23 août.

« Dylan Thomas, Poèmes », *NNRF*, n° 21 septembre, p. 567-573 (trois traductions reprises en *Poésie non traduite II*).

« Alexeï Remizov, *Savva Groudzine II* », *La Parisienne*, n° 20 septembre, p. 989-1001.

Belles-Lettres : Sidney Keyes Chaîne nationale, 13 septembre.

« Alexeï Remizov, *Savva Groudzine III* », *La Parisienne*, n° 21 octobre, p. 1121-1127.

« Alexeï Remizov, *Savva Groudzine IV* », *La Parisienne*, n° 22, novembre, p. 1210-1215.

Belles-Lettres : Galczynsky. Chaîne nationale, 8 novembre.

1955

« Robert Mallet, *Amour, mot de passe, Les signes de l'addition* », *NNRF*, n° 26, février, p. 319-320.

« Lettre », *NNRF*, n° 26, février, p. 357-358 (repris sous le titre « Une bisbille » dans *Poésie non traduite II*).

Belles-Lettres : Hölderlin. Chaîne nationale, 13 mai.

« Cl. Galczynski, *Testament dans la nuit* », *NNRF*, n° 28, avril, p. 749-750 (repris en *Poésie non traduite II*). Hölderlin, « Fête de paix », *NNRF*, n° 31, juillet, p. 181-192 (repris sans la dernière strophe en *Poésie non traduite II*).

« Poème pour un bestiaire égyptien », *Les Lettres nouvelles*, juillet-août, p. 95-98.

« Adam Mickiewicz, trois poèmes de Crimée », *Cahiers des saisons*, n° 2, octobre, p. 126-128 (repris dans l'Hommage de l'Unesco).

« Outre-écoute 1955 », *Monde nouveau*, n° 93, octobre, p. 132-137 (texte en prose repris dans l'édition de 1979 de *La Fausse Parole*).

« Adam Mickiewicz, poèmes », *NNRF*, n° 35, novembre, p. 993-996 (traduction de six poèmes repris en *Poésie non traduite II*).

Belles-Lettres : Mickiewicz. Chaîne nationale, 21 novembre.

Soirée de Paris : Mickiewicz. Chaîne nationale, 21 novembre.

« Adam Mickiewicz, 1798-1855 », *Hommage de l'Unesco*, 13 poèmes traduits.

1956

« Alexeï Rémizov, *La Confession de Savva Groudzine* », *Cahiers des saisons*, n° 4, février (une note en troisième page de couverture indique qu'une adaptation radiophonique de *Savva Groudzine* par A. R. avait été enregistrée en 1954 pour le Club d'Essai de la R.T.F. mais n'avait pas été diffusée, « la moitié des enregistrements ayant été mystérieusement égarée »). Texte repris en *Poésie non traduite II*.

« Jacques Audiberti, *La Beauté de l'amour* », *NNRF*, n° 39, mars, p. 527-528 (critique).

Belles-Lettres : *Llywarch Henn*. Chaîne nationale, 5 mars.

Belles-Lettres : *chants de guerre des cavaliers mongols*. Chaîne nationale, 5 mars.

Belles-Lettres : *poèmes mongols*. Chaîne nationale, 28 mai.

Belles-Lettres : *Montale*. Chaîne nationale, 16 juillet.

« Ricardo Paseyro, *Le Flanc du feu* », *NNRF*, n° 44, août, p. 364-368 (quatre traductions reprises dans *Poésie non traduite II*).

Belles-Lettres : *Adam Wazyk*. Chaîne nationale, 22 octobre.

« Adaw Wazyk : deux poèmes ». *La Nation française* n° 55, 24 octobre, p. 6.

« Adam Wazyk, *Poème pour adultes* », *NNRF*, n° 48, décembre (traduction reprise sans la note d'introduction dans *Poésie non traduite II*).

« Adré Ady : "Grain sous la neige" », *La Nation française* n° 63, 19 décembre, p. 4.

1957

« Outre écoute », *NNRF*, n° 52, avril, p. 753-754 (essai sur les propagandes radiophoniques).

« Le Bonaparte des syllabicides », *Cahiers des saisons*, n° 10, avril-mai, p. 302 (critique).

« La veuve du capitaliste », *La Nation française*, n° 94, 24 juillet, p. 9 (poème satirique).

« Poème peint par Chan T'ai âgée de dix ans », *NNRF*, n° 58, octobre, p. 795-796 (traduction reprise dans *Poésie non traduite II*).

« Bébé d'A. et B. », *La Nation française*, n° 106, 16 octobre, p. 8 (poème satirique).

« Le Cycle séverin », *NNRF*, n° 60, décembre, p. 1166-1170 (six poèmes que les éditions du *Temps qu'il fait* ont réuni en volume en 1981, après leur avoir adjoint « La restaurantière »).

1958

Omar Khayam, Rubayat, présentation et texte français d'Armand Robin, Club français du livre, 165 x 205, non paginé (une traduction du persan republiée en collection « Poésie-Gallimard » en 1994 avec une préface d'André Velter).

Poésie non traduite II, collection blanche, Gallimard, 120 × 190, 192 pages.

« L'histoire du Maréchal qui se fit facteur racontée aux enfants tout petits », feuille volante, s.l.n.d.

« L'histoire du Maréchal qui se fit facteur », *La Nation française* n° 110, 15 janvier.

« L'histoire du Maréchal qui se fit facteur », *NNRF*, n° 63, mars, p. 548-549 (texte réduit de 25 à 14 distiques et publié dans la « revue des revues »).

« Vladimir Maïakovski, *Vladimir Maïakovski* », *Les Lettres nouvelles*, n° 59, avril, p. 498-519 (texte repris avec variantes en *Poésie non traduite II*).

« Ricardo Paseyro, poèmes traduits par Armand Robin et Jules Supervielle », *Les Temps modernes*, avril, p. 1800-1805.

« Une rencontre le 4 avril », *Le Monde libertaire*, nᵒ 38, mai (poème repris avec variantes dans *Le Monde d'une voix*).

« Le seul méchant bœuf du Nivernais », *La Nation française*, nᵒ 135, 7 mai, p. 11 (poème satirique).

« Le mois de mai de la France », *La Nation française*, nᵒ 138, 28 mai, p. 8 (poème satirique).

« La restaurantière », *NNRF*, nᵒ 67, juillet, p. 182-183 (poème).

« Mao sans Tao », *La Nation française*, nᵒ 156, 1ᵉʳ octobre, p. 8 (poème satirique).

Vie des Lettres : sur Poésie non traduite II. France III, 10 octobre.

Vie des Lettres : hommage à Pasternak. France III, 30 octobre.

« Omar Khayam, *Quatrains*, » *NNRF*, nᵒ 71, novembre, p. 933-938 (25 quatrains avec une introduction).

« Pasternak poète par son traducteur », *Gazette de Lausanne*, nᵒ 276, 22 novembre (critique, avec la reproduction du poème « Leçon d'anglais » traduit par A. R. et un fac-similé de l'écriture de Pasternak).

« Un algébriste lyrique, Omar Khayam », *Gazette de Lausanne*, nᵒ 294, 13 décembre (critique).

1959

Shakespeare, *Les Gaillardes Épouses de Windsor ; Othello, in Œuvres complètes* (publiées sous la direction de Pierre Leyris et Henri Evans), tome V, éditions Formes et Reflets [Le Club français du livre], 140 × 210, 961 p. (Cette traduction *d'Othello* a été reprise dans le livre de poche en 1964, puis remplacée par la version de François-Victor Hugo ; elle a ensuite été reprise par les éditions Actes sud en 1993 avec une présentation d'Anne-Françoise Benhamou.)

« Georges Lambrichs, *Les Fines Attaches* », *La Nation française*, nᵒ 171, 14 janvier, p. 8 (critique).

« Maïakovski sur la scène de lui-même », *Gazette de Lausanne*, nᵒ 25, 31 janvier (critique).

« Chats et entrechats, ballet, par José Bergamin et Armand Robin ». Illustrations de Léonor Fini, *Gazette de Lausanne*, 7 mars (traduction d'une adaptation de la *Gatomaquia* de Lope de Vega par Bergamin, précédée d'une présentation).

« Serge Essénine auteur dramatique », *Gazette de Lausanne*, nᵒ 90, 18 avril (critique).

« Aldous Huxley, *L'Arbalète et la Pomme* », *Gazette de Lausanne*, nᵒ 131, 6 juin, p. 1 et 15 (critique).

« Milos Macourek (le texte porte "Macovrek"), *Bric-à-brac* », *Gazette de Lausanne*, nᵒ 133, 20 juin (traduction).

« Jacques Chessex, *Une voix dans la nuit, Bataille dans l'air* », *Gazette de Lausanne*, n° 197, 22 août (critique).

1960

Shakespeare, *Le Roi Lear*, in *Œuvres complètes*, tome VI, édition Formes et Reflets [Le Club français du livre], tome VI, (l'achevé d'imprimer indique 1959).

« Lauro Olmo, Polissons », *L'Espagne même*, *Cahiers des saisons*, numéro spécial, p. 584-587 (traduction).

« Quelques exorcismes du roi Lear », *Gazette de Lausanne*, 16 juillet, p. 15 (critique).

« Trois poèmes de Max Ernst », *Gazette de Lausanne*, 13 août, p. 14 (deux poèmes de Max Ernst, une traduction de l'un de ces poèmes par A. R. et un texte d'introduction intitulé « Qui change : le poète ou le bouvreuil ? »).

1961

« Le règne du cœur », *NRF*, n° 97, janvier, p. 164-169 (essai sur les *Lais* de Marie de France rédigé pour le *Tableau de la littérature française* publié en 1962).

« Boris Pasternak, "Leçon d'anglais" », *Gazette de Lausanne*, 21 janvier (traduction incluse dans un article sur Pasternak à l'occasion de la condamnation de sa compagne à huit ans de prison).

« Le sens par le son ou l'art par l'orme », *Cahiers des saisons*, n° 25, printemps, p. 631-633 (poème).

« Serge Essénine, "Lettre à sa mère" », *Gazette de Lausanne*, n° 93, 22 avril (traduction incluse dans un article nécrologique de Franck Jotterand).

« André Ady, "Le détrousseur de mon destin" ; un poème ouighour ; un passage du *Ballet des chats* », *Gazette de Lausanne*, 6 mai, p. 18 (traductions accompagnant un article de Philippe Jaccottet).

« André Ady, "Poème du fils de prolétaire" », *Le Monde libertaire*, n° 71, juin (traduction à l'appui d'un article nécrologique).

« L'homme sans nouvelle », *NRF*, n° 106, octobre, p. 608-618 (nouvelle).

1962

« Marie de France », in *Tableau de la littérature française*, tome I, Gallimard, p. 131-136.

1962

Fragment du « Potiron » de Tchekhov, in Paul Éluard, *Poésie involontaire, poésie intentionnelle*, Seghers, p. 39 (traduction).

1964

Shakespeare, *Othello*, Le Livre de poche (reprise de la traduction parue en 1958).

« L'illettré », *Cahiers des saisons*, n° 38, été, p. 273-276 (cinq poèmes retrouvés par Georges Lambrichs et Claude Roland-Manuel après la mort d'Armand Robin. Ils seront repris dans *Le Monde d'une voix*).

« Madame de Sévigné », *Cahiers des saisons*, n° 39, automne, p. 504-512 (origine identique ; il existe plusieurs versions de cette « dissertation d'agrégation » qui avait été envoyée par A. R. à Jean Paulhan en 1937 ; Alain Bourdon la fait précéder d'un texte intitulé « Un agrégatif agressif »).

1965

« Lettre indésirable n° 1 », *Cahiers des saisons* n° 42, été, p. 150-152 (origine identique).

1966

Anthologie de la poésie polonaise, Éditions du Seuil (contient dix traductions provenant de *Poésie non traduite*).

Eugenio Montale, *Poésies*, Gallimard (contient deux poèmes de *Poésie non traduite II*).

« Fargue », *Cahiers des saisons*, n° 45, printemps, p. 608-610 (brouillon de l'article du 17 août 1942 donné à *Comœdia*).

« Valéry », *Cahiers des saisons*, n° 47, automne, p. 151-154 (brouillon de l'article donné à *Comœdia* le 13 février 1943).

1967

Endre Ady, collection Poètes d'aujourd'hui, Seghers (quatre poèmes traduits – les présentateurs, Guillevic et Gara, écrivent « adaptés »).

1968

Le Monde d'une voix, volume composé à l'aide des textes recueillis par G. Lambrichs et C. Roland-Manuel après la mort d'Armand Robin, présentation de Henri Thomas et Alain Bourdon, collection blanche, Gallimard, 140 × 205, 232 p. (fragments, poèmes divers).

1969

« Double et même salut à Armand Robin et Paul Chaulot », *Mai hors saison* n° 1, décembre (anthologie réalisée par Michelle Benoit, Guy Benoit, Guy Robin, Jean-Pierre Spilmont, Serge Wellens).

1970

Ma vie sans moi, suivi de *Le Monde d'une voix*, préface d'Alain Bourdon, collection

Poésie, Gallimard, 110 × 165, 254 pages (réédition de *Ma vie sans moi* moins les poèmes traduits, réédition du *Monde d'une voix* avec modifications).

1972

« Essénine, Lettre à sa mère », traduction présentée par Franz Hellens, éd. Pierre Alberts, Liège (plaquette de 10 pages sur carton de couleur).

« Poèmes » in *Les Grandes Heures littéraires de la Bretagne* par Charles Le Quintrec, éd. *Ouest-France*, p. 204 à 212.

« Poèmes » in Bernard Delvaille, *Poètes maudits d'aujourd'hui*, Seghers, p. 223-232.

1973

Giuseppe Ungaretti, *Vie d'un homme*, deux traductions de Robin, « Le temps s'est fait muet » (p. 227) et « Ne criez plus » (p. 250).

« Poèmes et fragments retrouvés », *La Traverse* nº 6 (onze textes provenant des archives recueillies par Georges Lambrichs et Claude Roland-Manuel).

1974

« De suppression en suppression ». Citation de l'un des *Poèmes indésirables* (« Le programme en quelques siècles ») *Bleun brug*, nº 199, janvier-mars, p. 11.

1978

« La mort du mauvais riche », *Obsidiane*, nº 3, octobre, p. 2-5.

1979

La Fausse Parole, introduction, postface et notes de Françoise Morvan, édition augmentée de « Outre-Écoute 1955 » et de trois bulletins d'écoute, Cognac, éditions Plein Chant, 144 p.

Les Poèmes indésirables, collection Multigraphies, Plein Chant, 36 p. (fac-similé de l'édition originale).

Gottfried Keller, *Roméo et Juliette au village*, traduction préfacée par Jacques Martin, collection Multigraphies, Plein Chant, 120 × 190, 164 pages (texte issu du fonds recueilli par G. Lambrichs et C. Roland-Manuel).

Armand Robin, Multiple et un, Plein Chant, automne, 240 pages (« Cahier de littérature » consacré à A. R. ; contient de nombreux inédits extraits du fonds Robin).

1980

Le Temps qu'il fait, collection Blanche, Gallimard, 120 × 185, 213 pages (réédition du « roman » paru en 1942).

Les Cahiers bleus, nº 17, hiver/printemps, numéro spécial consacré à A. R.

Les Cahiers bleus, nº 18, été, numéro spécial Robin (suite et fin).

Lettres à l'auteur, in *Armand Robin ou la poésie poignante* par Marcel Laurent (en vente chez l'auteur), p. 201-215.

1981

André Ady, *Poèmes* « présenté et traduit [*sic*] du hongrois par Armand Robin », éditions Le Temps qu'il fait, 120 × 190, 88 pages (reprise de l'édition de 1951 sans le texte hongrois).

L'Homme sans nouvelle, éd. Le Temps qu'il fait, 120 × 190, 113 pages (six articles et divers fragments).

Le Cycle séverin, poèmes, éd. Le Temps qu'il fait, 120 × 190, 17 pages (sept poèmes parus dans la *NRF* en décembre 1957 et juillet 1958).

Ungaretti, *Vie d'un homme*, collection Poésie, Gallimard / éditions de Minuit (reprise en format de poche de l'édition de 1973 dans laquelle figuraient deux traductions de Robin).

Les Poèmes indésirables, Cognac, Le Temps qu'il fait.

« Lettres à Jean Guéhenno », *Plein Chant*, n° 2, mai, p. 29-46.

« Lettre à Jean Guéhenno », *Le Monde des livres*, 7 août, p. 10.

« Maïakovski, "Sur une flûte de vertèbres" », *Obsidiane*, n° 16, septembre, p. 58-64 (reprise du texte paru dans la *NRF* en avril 1939 et dans *Ma vie sans moi* en 1940).

« Achim Von Arnim, "L'invalide fou" », *Plein Chant*, n° 6, novembre/décembre, p. 33-58 (traduction issue du fonds Robin recueilli par G. Lambrichs et C. Roland-Manuel : il s'agit probablement d'un brouillon du texte donné à *Comœdia* les 22 et 29 mai 1943).

Armand Robin ou la Passion du Verbe, par Alain Bourdon, collection Poètes d'aujourd'hui, Seghers, 135 × 160, 200 pages (choix de textes à la fin).

Armand Robin, *Planedenn*, n° 9/10, automne-hiver, 104 pages (quatre traductions du breton par A. R. à la fin de ce numéro spécial de la revue, consacré à une étude biographique entièrement rédigée en breton par Fañch Morvannou).

1982

Les Anciennes Souches, brochure éditée par la Maison de la Culture de Rennes, 56 pages (une émission sur la poésie bretonne suivie de 4 traductions du breton et de 3 articles) avec 6 photographies prises par A. R. Textes rassemblés et présentés par Françoise Morvan.

« Cinq poèmes », in *Vagabondages*, n° 36, février, « Poètes de Bretagne », p. 89-91.

Pâques, Fête de la joie, éd. Calligrammes, 150 × 210, non paginé (texte d'une émission diffusée le 25 avril 1943), avec une « image musicale de Henri Sauguet » et une lettre de Henri-Charles Gervais.

Ricardo Paseyro, *Poésies* (une traduction de Robin), éditions Le Temps qu'il fait, 120 × 190.

1983

Gottfried Keller, *Roméo et Juliette au village* (reprise de l'édition de 1979, sans la préface de Jacques Martin), coll. Poche Suisse, éditions de L'Âge d'homme.

« Alexandre Blok, *Les Douze* » (fragments), in *Poésie russe*, anthologie du XVIIIe au XXe siècle, présentée par Efim Etkind, Maspero, p. 315.

« Lettre à Jean Paulhan » (lettre du 6 septembre 1943, avec texte de présentation non signé), *Autour de la littérature*, décembre, p. 11 à 13.

1984

Deux traductions et deux textes en prose extraits de la revue *Plein Chant* (n° spécial, automne 1979), *Autour de la littérature II*, « Les poètes traduisent les poètes », 22 mars, p. 36-37.

« L'assassinat des poètes », suivi de « Lettre indésirable n° 1 », cités avec une introduction de Georges Randal, *Vertiges*, n° 2, 20 juin, p. 6-7.

« Crépuscule », *Le Monde d'aujourd'hui*, 29/30 juillet, p. x (fragment d'un poème trouvé dans la correspondance Robin-Paulhan (1936).

Lettre à André Dhôtel, citée dans *Le Monde des livres*, 5 octobre, p. 19.

1985

Indésirable (plaquette sans lieu ni date), in 8°, 12 pages (trois poèmes parus dans *La Nation française*, un autre dans *Plein Chant*, automne 1979).

L'Homme sans nouvelle, éditions Le Temps qu'il fait, collection Multigraphies, 120 × 190, 120 pages (reprise de l'édition de 1981).

Quatre poètes russes, éditions Le Temps qu'il fait, 120 × 190, 160 pages (reprise des traductions de Blok, Essénine, Maïakovski, Pasternak parues en 1949 aux éditions du Seuil, avec illustrations d'Alix Romero).

La Fausse Parole, introduction, postface et notes de Françoise Morvan, édition augmentée de « Outre-Écoute 1955 » et de trois bulletins d'écoute, Cognac : le Temps qu'il fait, 1985 (reprise de l'édition parue en 1979 aux éditions Plein Chant).

Roger Richard, « Traduire Ady », essai de Roger Richard, *Études finno-ougriennes* XVII, p. 223 à 238 (étude comparative de poèmes traduits par Roger Richard, Jean-Luc Moreau et Armand Robin).

Obsidiane, n° 27, printemps, numéro spécial Armand Robin, 89 pages (sous la direction de Françoise Morvan).

1986

Écrits oubliés I, essais et articles, textes rassemblés et présentés par Françoise Morvan, Rennes, Éditions Ubacs.

Écrits oubliés II, traductions, textes rassemblés et présentés par Françoise Morvan, Rennes, Éditions Ubacs.

Alexeï Rémizov, *Savva Groudzine*, traduction d'Armand Robin, postface de Françoise Morvan, Rennes, Éditions Ubacs.

Le Temps qu'il fait, Paris, Gallimard (réédition en collection L'Imaginaire).

Poésie chinoise non traduite, Paris, La Tour Champlain.

1990

Poésie sans passeport, texte établi et présenté par Françoise Morvan, témoignages de Claude Roland-Manuel et Jean Négroni, Rennes, Éditions Ubacs.

Expertise de la fausse parole, chronique des radios étrangères, préface et notes par Dominique Radufe, Rennes, Éditions Ubacs.

1991

Ricardo Paseyro, *Poésies*, (une traduction de Robin, Cognac, Le Temps qu'il fait (réédition).

1992

Endre Ady, *Poèmes*, traduction et présentation d'Armand Robin, Cognac, Le Temps qu'il fait.

Fragments, texte établi et présenté par Françoise Morvan, Paris, Gallimard.

1993

Shakespeare, *Othello*, traduction d'Armand Robin, dossier dramaturgique et appareil pédagogique d'Anne-Françoise Benhamou, Arles : Actes Sud.

Arthur Rimbaud, suivi de « Accusé de réception » par Mireille Guillet, Marseille : Ed. Via Valeriano, 1993 (un article de *Comœdia* publié dans les *Écrits oubliés I*).

1994

Quatre poètes russes, réédition, Cognac : le Temps qu'il fait.

Omar Khayam, *Rubayat*, traduction d'Armand Robin, réédition avec préface d'André Velter, Gallimard, collection Poésie.

1995

Shakespeare, *Le Roi Lear*, traduction d'Armand Robin, présentation par Bertram Leon Joseph ; notice par Reginald Gordon Cox ; Paris, Flammarion, GF.

La Falsa Parola e altri scritti, Salorino, Suisse, Edizioni L'Affranchi, 1995 (traduction de *La Fausse Parole* en italien).

1998

Pays. Un poème de *Ma vie sans moi* illustré par Michel Vigouroux, Paris, ESAA Duperré, 1998 (livre d'artiste).

2000

Le Cycle du pays natal. Textes et photographies choisis et présentés par Françoise Morvan, Rennes, la Part commune.

2002

La Fausse Parole, introduction, postface et notes de Françoise Morvan. Nouvelle édition revue et corrigée. Avec « La radio internationale et le silence totalitaire » ; « Outre-écoute 1955 » ; « Outre écoute 1957 » et trois bulletins d'écoute. Cognac, Le Temps qu'il fait, 2002.

2003

Omar Khayam, *Rubayat*, traduction d'Armand Robin, Meknès (Maroc), éditions Les Celliers de Meknès.

2006

Lettres à Jean Guéhenno, Lettres à Jules Supervielle, préface de Jean Bescond, Toulon, La Nerthe, 2006.

Achim von Arnim, *Mrs Lee*, traduction d'Armand Robin, préface et notes d'Antoine Menant, Rennes, les Perséides (traduction reprise des *Écrits oubliés II*, sans mention de source).

2007

La Falsa Palabra, présentation de Jean Bescond, Logrono, Pepitas de calabaza ed, 2007 (traduction en espagnol).

L'Horizon est en feu : cinq poètes russes du XXᵉ siècle, présentation et choix de Jean-Baptiste Para (traductions mêlées à celles de divers traducteurs), Gallimard, collection Poésie.

2009

Le Combat libertaire ; édition établie par Jean Bescond ; introduction de Anne-Marie Lilti, Paris, Jean-Paul Rocher, 2009 (textes majoritairement repris des *Écrits oubliés*, sans mention de source, en vue de démontrer l'appartenance constante d'Armand Robin à l'anarchisme).

2010
Le Cycle du pays natal. Textes et photographies choisis et présentés par Françoise Morvan. Nouvelle édition revue et corrigée, Rennes, la Part commune.

2011
Lettre à la Gestapo, Avant-propos des *Poèmes indésirables*, « Demande officielle pour être sur toutes les listes noires », « L'assassinat des poètes », « Le sort attristant de François Mitterrand », « Outre-écoute 1957 », in *L'Écriture et la Vie*, Paris, À contretemps / Les Éditions libertaires.

2012
Pierre Larcher, *Le Brigand et l'amant*. Deux poèmes préislamiques de Ta'abbata Sharran et Imru' al-Qays traduits de l'arabe et commentés, suivis des adaptations de Goethe et d'Armand Robin et de deux études sur celles-ci, Paris, Sindbad, 2012.
Lo Temps que fai, traduction du *Temps qu'il fait* en limousin par Jan dau Melhau, Toulouse, Letras d'òc, 2012.

2014
Les Poèmes indésirables, Villers-Cotterêts, Ressouvenances, 2014.
Shakespeare, *Le Roi Lear*, traduction d'Armand Robin, présentation par Bertram Leon Joseph ; notice par Reginald Gordon Cox ; chronologie par François Maguin ; bibliographie par Anne Boutet, Paris, Flammarion, GF, 2014.

2015
Armand Robin, in Petite bibliothèque de poésie contemporaine, douze livrets présentant chacun un poète, choix des textes et présentation de Zéno Bianu, Sophie Nauleau et André Velter, Gallimard, 2015.

2016
Armand Robin et Anne Caprile : une amitié d'artiste, 22 lettres précédées d'une introduction de Christian Gury, Paris, Non lieu, 2016.

2018
« Dossier Armand Robin », textes, photographies et diaporama, *Babel heureuse* n° 3, printemps (dossier constitué par Françoise Morvan sur la base d'une exposition réalisée en 2016 pour le centre d'art GwinZegal de Guingamp).

ORIENTATIONS BIBLIOGRAPHIQUES[1]

SUR ARMAND ROBIN[2]

« À la recherche d'Armand Robin », *Les Cahiers des saisons*, n° 36, hiver 1964.

« Entretiens du polyèdre », *Études*, janvier-juin 1969.

Armand Robin multiple et un, Plein Chant, 1979.

LAURENT, Marcel, *Armand Robin et la poésie poignante*, chez l'auteur, Sainte-Laure, 63350 Maringues, 1980.

Armand Robin, Les Cahiers bleus, n° 17, hiver, et n° 18, été 1980.

BOURDON, Alain, *Armand Robin*, Paris, Seghers, 1981.

MORVAN, Françoise, *Armand Robin : bilans d'une recherche*, sept volumes, Université de Rennes 2, 1989 (Presses universitaires de Lille. Atelier de reproduction des thèses, Université de Lille, 1990).

BALCOU, Jean, BESCOND, Jean, COMBOT, Paolig, *Armand Robin, la quête de l'universel*, Morlaix, Skol Vreizh, 1989.

MORVANNOU, Fañch, *O klask roudoù Armand Robin*, Brest, Armorica, 2001.

LILTI, Anne-Marie, *Armand Robin, le Poète indésirable*, Bruxelles, Aden, 2008.

L'Écriture et la vie (trois écrivains de l'éveil libertaire, Stig Dagerman, Georges Navel, Armand Robin), Paris, À contretemps, Les Éditions libertaires, 2011.

HÉRON, Pierre-Marie, ROQUEVIEL-BOUJEA, Marie, PARDON, Céline (dir.), *Poésie sur les ondes*, Rennes, Presses universitaires de Rennes, 2018.

ASPECTS LITTÉRAIRES ET THÉORIQUES

PRÉVOST, Jean, *L'Amateur de poèmes*, Paris, Gallimard, 1940.

BLANCHOT, Maurice, *Faux Pas*, Paris, Gallimard, 1943.

PÉRET, Benjamin, *Le Déshonneur des poètes*, Mexico, février 1945, rééd. Corti, 1986.

AARNE, Antti et THOMPSON, Stith, *The Types of Folktale. A Classification and Bibliography*, Helsinki, Academia Scientarum 1961.

ÉTIEMBLE, *Le Mythe de Rimbaud (structure du mythe)*, Paris, Gallimard, 1961, p. 401.

JAKOBSON, Roman, *Essais de linguistique générale*, Minuit, 1963.

---

1   Ne sont mentionnés ici que les ouvrages qui ont été utilisés et cités dans cet essai.
2   Les articles rassemblés pour étudier la constitution du mythe ont été déposés à l'IMEC où il est possible de les consulter. Aux 666 articles et émissions sur Armand Robin produits de 1938 à 1988 s'ajoutent les articles plus récents et la liste complète des bulletins d'écoutes retrouvés à ce jour. Ces sources bibliographiques seront disponibles en ligne sur le dossier Robin du site remue.net (http://remue.net/spip.php?rubrique435).

LEJEUNE, Philippe, *Le Pacte autobiographique*, Paris, Seuil, 1975.

CHENG, François, *L'Écriture poétique chinoise*, Paris, Seuil, 1977.

Les Poètes de la revue Fontaine, St-Germain des Prés éd., septembre 1978.

ABASTADO, Claude, *Mythes et rituels de l'écriture*, Bruxelles, Complexe, 1979.

BOUCHET, André Du, *L'Incohérence*, Paris, Hachette, 1979.

ETKIND, Efim, *Un Art en crise, essai de poétique de la traduction poétique*, L'Âge d'Homme, 1982.

SCHELER, Lucien, *La Grande Espérance des poètes*, Paris, Temps actuels, 1982.

WELLEK, René et WARREN, Austin, *La Théorie littéraire*, Paris, Seuil, 1982

Les Poètes de l'École de Rochefort, Seghers, 1983.

DEBREUILLE, Jean-Yves, *L'École de Rochefort*, Paris III, 1985.

COMPAGNON, Antoine, *La Troisième République des Lettres*, Paris, Seuil, 1985.

JACOB, Paul, *Li Baï : Florilège*, Gallimard, 1985.

MORVAN, Françoise (dir.), *Armand Robin*, Paris, Obsidiane, 1985.

JAKOBSON, Roman, *Russie, folie, poésie*, Paris, Éditions du Seuil, 1986.

COLLIN, Françoise, *Maurice Blanchot et la question de l'écriture*, Gallimard, coll. « Tel », 1986.

ÉTIEMBLE, *Lignes d'une vie*, Paris, Arléa, 1988.

ÉTIEMBLE, *Le Meurtre du petit père*, Paris, Arléa, 1990.

NADEAU, Maurice, *Grâces leur soient rendues*, Paris, Albin Michel, 1990.

YUANMING, Tao, *Œuvres complètes*, traduction de Paul Jacob, Paris, Gallimard, 1990.

BOURDIEU, Pierre, *Les Règles de l'art*, Pars, Seuil, 1992.

DELARUE, Paul et TENÈZE, Marie-Louise, *Le Conte populaire français*, Paris, Maisonneuve et Larose, 1997.

MORVAN, Françoise, *Le Monde comme si*, Actes Sud, 2002 (rééd. Babel 2005).

NAULEAU, Sophie, *André Velter troubadour au long cours. Vers une nouvelle oralité poétique*, Thèse de Lettres, Paris IV, 2009.

PESSOA, Fernando, *Le Livre de l'intranquillité*, Paris, Christian Bourgois, 2011.

LARCHER, Pierre, *Le Brigand et l'Amant*, Paris, Actes Sud, 2012.

LOMBEZ, Christine, *La Seconde Profondeur. La traduction poétique et les poètes traducteurs en Europe au XXᵉ siècle*, Paris, Les Belles Lettres, 2016.

TRAVAIL D'ÉCOUTE

ELLUL, Jacques , *Propagandes*, Paris, Armand Colin, 1962.

Histoire de la propagande, Paris, PUF, 1967.

ARENDT, Hannah, *Le Système totalitaire*, Paris, Seuil, 1972.

THOM, Françoise, *La Langue de bois*, Paris, Julliard, 1987.

RADUFE, Dominique, *Armand Robin, écouteur*. Mémoire de maîtrise, Brest, Université de Bretagne occidentale, octobre 1988.

CONTEXTE POLITIQUE

PAULHAN, Jean, *De la paille et du grain*, Paris, Gallimard, 1948.

PAULHAN, Jean, *Lettre aux directeurs de la Résistance*, Paris, Éditions de Minuit, 1952.

LÉAUTAUD, Paul, *Journal littéraire*, Paris, Mercure de France, 1968 (rééd. 1998).

LOUBET DEL BAYLE, Jean-Louis, *Les Non-Conformistes des années 30*, Paris, Éditions du Seuil, 1969 (rééd. 2001).

DEBÛ-BRIDEL, Jacques, *La Résistance intellectuelle*, Julliard, 1970.

SENARCLENS, Pierre de, *Le Mouvement Esprit 1932-1941*. Essai critique, Lausanne, L'Âge d'Homme, 1974.

WINOCK, Michel, *Histoire politique de la revue Esprit, 1930-1960*, Paris, Seuil, 1975.

MERCIER, Pascal, *Le Comité national des écrivains*, mémoire de maîtrise, Paris III, 1980.

ASSOULINE, Pierre, *Gaston Gallimard*, Balland, 1984.

ASSOULINE, Pierre, *L'Épuration des intellectuels*, Éditions Complexe, 1985.

STERNHELL, Zeev, *Ni droite ni gauche, l'idéologie fasciste en France*, Bruxelles, Complexe, 1987 (rééd. Gallimard, 2013).

RICHARD, François, *L'Anarchisme de droite dans la littérature contemporaine*, Paris, Presses universitaires de France, 1988.

HEBEY, Pierre, *La* Nouvelle Revue française *des années sombres*, Paris, Gallimard, 1992.

PÉAN, Pierre, *Le Mystérieux Docteur Martin (1895-1969)*, Fayard, 1993.

AJCHENBAUM, A. J., *À la vie, à la mort. Histoire du journal* Combat, Paris, Le Monde éditions, 1994.

WINOCK, Michel (dir.), *Histoire de l'extrême droite en France*, Paris, Seuil, 1994.

LOISEAUX, Gérard, *La Littérature de la défaite et de la collaboration*, Paris, Fayard, 1995,

GRENIER, Jean, *Sous l'Occupation*, Éditions Claire Paulhan, 1997.

SAPIRO, Gisèle, *La Guerre des écrivains (1940-1953)*, Fayard, 1999.

COMPAGNON, Antoine, *Les Antimodernes de Joseph de Maistre à Roland Barthes*, Paris, Gallimard, 2005.

SIMONIN, Anne, *Les Éditions de Minuit (1942-1955). Le devoir d'insoumission*, IMEC, 2008.

CERISIER, Alban, *Une histoire de la* NRF, Paris, Gallimard, 2009.

CANTIER, Jacques, *Pierre Drieu la Rochelle*, Paris, Perrin, 2011.

CRESCIUCCI, Alain, *Les Désenchantés*, Paris, Fayard, 2011.

FOLLAIN, Jean, *Agendas (1926-1971)*, Paris, Pocket, 2018.

CORRESPONDANCES

PONGE, Francis, PAULHAN, Jean, *Correspondance II*, Paris, Gallimard, 1986.

PAULHAN, Jean, *Choix de lettres I, II et III*, Paris, Gallimard, 1986, 1992, 1996.

ARAGON, Louis, PAULHAN, Jean, TRIOLET, Elsa, *Le Temps traversé. Correspondance*, Paris, Gallimard, 1994.

CHARDONNE, Jacques, PAULHAN, Jean, *Correspondance*, Paris, Stock, 1999.

ARLAND, Marcel, PAULHAN, Jean, *Correspondance*, Paris, Gallimard, 2000.

HOVASSE, Jean-Marc (dir.), *Correspondance et poésie*, Rennes, PUR, 2011.

GALLIMARD, Gaston, PAULHAN, Jean, *Correspondance*, Paris, Gallimard, 2011.

JOUHANDEAU, Marcel, PAULHAN, Jean, *Correspondance 1921-1968*, Paris, Gallimard, 2012.

INDEX

TABLE DES MATIÈRES

DEUXIÈME PARTIE

ÉCLATEMENT

TROISIÈME PARTIE

DIFFRACTION

QUATRIÈME PARTIE

PERDITION

CINQUIÈME PARTIE

FABRIQUE DU POÈTE